完整收录历史剧变的辉煌

秉笔直书朝野争斗的内幕

帝王将相大传

国学经典文库 图文珍藏版

线装书局

蔡 京 传

人物档案

蔡京：北宋奸臣。字元长。兴化仙游（今属福建）人。与北宋政治家、书法家蔡襄是同乡。蔡京是王安石变法的坚决拥护者和得力干将。

生卒时间：1047～1126年

性格特点：才学出众，心地险恶。

历史功过：先后四次任相，共达十七年之久。在任期间，设应奉局和造作局，大兴花石纲之役；建延福宫、艮岳，耗费巨万；设"西城括田所"，大肆搜刮民田；为弥补财政亏空，尽改盐法和茶法，铸当十大钱，币制混乱，民怨沸腾。时人称他为"六贼之首"。

名家评点：后人有诗叹云：

乱世义师围汴梁，太师蔡京说宋江。

不顾宋庭官无道，只看梁朝军猖狂。

饶舌欲学苏秦论，坠马只得王朗亡。

小丑跳梁空一场，令人千载笑奸相！

蔡京

投机变法

蔡京，字元长，他出生之时，正值范仲淹等人推行"庆历新政"失败不久，当时的北宋王朝又一次陷入内忧外患的困扰之中。

随着蔡京年龄的增长，转眼间该入学发蒙了，蔡准便将他送入学馆。蔡京的天资的确聪颖，不但跟随先生熟读经书，而且练就了一笔好字。学馆里的先生在教授经文的同时，对于时文中的《岳阳楼记》推崇备至，他也要求学生将其背诵下来。蔡京在先生的要求下，就咿咿呀呀地将《岳阳楼记》背诵得滚瓜烂熟。

时间一晃到了北宋神宗熙宁三年（1070），朝廷又一次开科取士。这时，蔡京已是一个二十四岁的小伙子了，他和弟弟蔡卞一起来到京城汴京（今河南开封），准备考取功名。结果，蔡京、蔡卞兄弟中了同榜进士，蔡京的名次靠前，为甲科第九名。

按宋朝的规定，对进士授官。蔡京被派往钱塘（今浙江钱塘）任县尉，蔡卞被派往江阴（今江苏江阴）任主簿，兄弟二人就此作别，走马上任去了。

且说蔡京，赴钱塘任职时，途经苏州。苏州知府闻知新科进士蔡京路过，便留之盘桓几日，二人吟风弄月，也甚为相得。蔡京早就听说苏州有个官奴，名叫苏琼，颇能作词，便问知府："敢问大人，官奴苏琼于词颇精，何不请来助兴？"

知府听了蔡京的问话，一时高兴，便唤人将苏琼请来。苏琼为人儿面玲珑，此等场面见得多了，她也深深地懂得别人请她这个官奴的用意，入席坐定之后，开口便对蔡京说:"请蔡相公赐一韵脚。"

蔡京随口答道:"以九为韵。"

苏琼一听,便静下来思索了一会,就吟出一首词来。词云:

> 韩愈文章盖世,谢安性情风流。良辰美景在西楼,敢劝一杯芳酒。
>
> 记得南宫高选,弟兄争占鳌头。金炉玉殿瑞烟浮,高占甲科第九。

蔡京听罢,为之大喜,从随身所带的银两中取出一锭,赏赐给苏琼。在苏州游玩了好些日子,因上任事急,蔡京便与苏州知府话别,来到钱塘县。

当时,王安石已被宋神宗任命为宰相,推行新法,颁布了一系列旨在图强的新法令。主要有均输法、青苗法、农田水利法、募役法、市易法、方田均税法、保甲法、保马法、将兵法等,史称"熙宁变法"。在王安石推行新法的过程中,遭到了以司马光为首的守旧派的激烈反对。但由于宋神宗的支持,变法派取得了暂时的胜利。身为小小县尉的蔡京,见变法派得势,便灵机一动,也标榜自己是新法的忠实维护者。但由于蔡京官卑位微,并没有人去重视他,这使得蔡京异常懊恼。

蔡京的弟弟蔡卞却非常幸运,他任江阴主簿时,王安石对其非常欣赏,便将自己的女儿嫁给了他。从此,蔡卞的官运亨通起来,由主簿而国子直讲、侍御史,后来官拜中书舍人兼侍讲。有了这一层关系,蔡京进身的机会也随之而来,加之他又处处标榜自己是变法派,很快由县尉升为舒州(今安徽安庆)推官,不久又调往朝廷,官拜起居郎。

蔡京官拜起居郎不久,朝廷便命他出使辽朝。蔡京也算不辱使命,回朝之后,即被拜为中书舍人。这样一来,蔡京兄弟二人同掌中书舍人一职,荣耀一时。

在朝廷中,蔡京的字是首屈一指的,这也给他带来了升迁的机会,很快便被拜为龙图阁待制、知开封府。就在蔡京飞黄腾达之际,元丰八年(1085)三月,宋神宗病死,其子赵煦继位,是为宋哲宗。由于哲宗继位时尚不满十岁,宋神宗之母高氏便以太皇太后的身份垂帘听政。高氏是个守旧派,所以她垂帘听政之后,便重新启用守旧派大臣,把守旧派领袖司马光任命为宰相,并把变法派纷纷逐出朝廷。面对变法派的失势,蔡京不免惊慌起来,唯恐自己得来不易的高官厚禄化为乌有,他不失时机地摇身一变,又成了守旧派。

恰逢司马光上台之后,要求五天之内在全国废除募役法,改行原来的差役法。当时,对于蔡京来说,这是他讨得守旧派欢心的一次好机会,蔡京不遗余力地在开封府境内推行差役法,将新法中的募役法全部废除,并亲自到政事堂对司马说:

"在下已按公的意思,全部实行差役法。"

司马光听后,非常高兴地夸奖蔡京说:"如果人人奉法如君,那天下的事情有什么办不成的呢?"

受到司马光的夸奖,蔡京受宠若惊,内心满以为这下可以保住自己从变法派那里得到的官位了。但好景不长,台院、谏院便弹劾蔡京说:"蔡京心术不端,挟邪坏法,应当罢黜。"就这样,蔡京被赶出了京城,出知成德军(今河北正定)。但等待蔡京的厄运还没有完结,他到成德军不久,又接到朝廷改派他为瀛州(今河北河间)知州的命令。

自从任瀛州知州以后,蔡京的日子好过了一些。闲暇之时,蔡京一边写字作画,一边琢磨进身的机会。时间一久,守旧派中的一些大臣认为蔡京可用,将其升迁为成都府(今四川成都)知府。但对于蔡京是否可用,守旧派内部也存在争论。谏官范祖禹认为:"蔡京为人,心藏奸巧,见风使舵,有奶即为娘,绝不可大用!"

在范祖禹的竭力坚持下,蔡京的成都知府一职随即被免去,改任江淮荆浙发运使。蔡京闻知范祖禹贬论自己,心中十分怨恨。此后,蔡京一直在地方上任职,始终受守旧派的打击,郁郁不得志。

宋哲宗元祐八年(1093),太皇太后高氏死去,宋哲宗亲政。由于宋哲宗继位以后,守旧派都仰承高氏鼻息,把小皇帝哲宗根本不放在眼里。有时甚至连宋哲宗说话,守旧派大臣也不理睬。随着年龄的增长,宋哲宗对守旧派大臣目中无君的傲慢态度非常憎恶。高氏一死,守旧派失去了靠山。宋哲宗便把那些对自己不恭不敬的守旧派大臣一一逐出朝廷,把原来遭受打击的变法派召回朝廷,并表示要"绍述先圣(即宋神宗)",恢复变法,而且改元"绍圣"。蔡京由于在熙宁变法时站在变法派一边,后来又屡受守旧派的打击,自然也在被召之列,并且官拜户部尚书。

但是,宋哲宗亲政以后的变法派,已不同于往日。他们虽然标榜要绍述先圣之法,却把打击守旧派作为当务之急。章惇被任命为宰相之后,他竟然要对已死的司马光掘坟暴尸,以泄私恨。活着的守旧派官员,也频受打击,贬官的贬官,流放的流放,有的甚至悲惨地死在流放之地。蔡京为了巴结章惇,竭力迎合他的做法,将其发挥得淋漓尽致。与此同时,在恢复新法中,蔡京又竭力替章惇分忧解难,深受章惇的赏识。

当时,在得势的变法派中,对恢复新法产生了分歧。章惇欲在恢复募役法之前,打算置司讲议,久而未决。蔡京便对章惇说:"公只须取熙宁成法就可以了,讲议它干什么呢?"章惇恍然大悟,说:"君言极是!"于是,就把熙宁变法时颁布的募役法,一成不变地颁行天下。这遭到属于变法派的右正言孙谔的竭力反对。

章惇大怒,斥责孙谔为元惇党人。蔡京见状,便乘机弹劾孙谔说:"孙谔身为右正言,不为朝廷分忧,竟敢诋毁先圣之法,真乃大逆不道。"就这样,孙谔被罢去官职,赶出朝廷。

监察御史常安民不满意章惇的专横,对蔡京的奸诈也非常憎恨,便弹劾他们二人说:"蔡京奸足以惑众,辩足以饰非,巧足以移夺人主之视听,力足以颠倒天下是非。章惇以其为心腹,专国植党,排斥异己,妨害绍述先圣之法,寒天下变法志士之心。臣恳请陛下逐蔡京,抑章惇。"

由于宋哲宗对章惇的祖护,常安民的弹劾不但泥牛入海,而且使自己陷入尴尬的境地,也被罢去官职,反而牵连了替他辩护的安焘等人。从此,章惇成了宋哲宗朝中权势最为显赫的人物。在章惇的提携之下,蔡京又一次得意起来,官拜翰林学士兼侍讲,并且监修国史。

蔡京为翰林学士时,有一次宋哲宗宴请群臣,地点安排在西池。当群臣依次登舟时,蔡京一不小心,失脚落入池中,成了落汤鸡。有个叫李元膺的大臣,颇有才气,笑着对蔡京说:"蔡元长这下可弄湿了肚子里的文章。"蔡京闻言大怒,便诬陷李元膺,使他罢官归田,再也没有受到召用。

绍圣四年(1097),宰相章惇、知枢密院事曾布、副宰相蔡卞等人旧事重新,诬陷司马光、刘挚、梁焘、吕大防等,曾与内侍陈衍等内外勾结,欲废宋哲宗。章惇命蔡京、安惇二人穷治这一历史案件。蔡京接受这一任务后，非常卖力。他将内侍太监张士良拘捕到公堂上，严刑拷打，逼其说出陈衍的阴谋。张士良经不住蔡京的残酷折磨，只好信口雌黄。蔡京大喜过望，随即与安惇联合上奏哲宗，说："司马光、刘挚、梁焘、吕大防等，变先帝之法，惧陛下亲政之日，论其欺君之罪，乃秘密与内侍陈衍勾结，欲为倾宫阴谋。于是，他们疏隔太皇太后与陛下，排斥陛下的内侍，旨在去陛下的心腹；驱除先帝的顾命大臣，旨在剪除陛下的羽翼。纵容释放先帝所定的罪人，收留任用先帝所抛弃的人。无君之恶，同司马昭之心；擅事之迹，过赵高指鹿为马。经臣等追究本末，得其实情，昭然若揭。此等大逆不道，死有余辜。"

宋哲宗看了蔡京、安惇的奏折，心中颇为疑惑不解，就问："元祐党人果真如此险恶吗？"

蔡京、安惇异口同声地回答："启奏陛下，他们确有是心，只不过未付诸实施罢了。"

宋哲宗听了，没有再言语什么，随即下诏：将陈衍以谋反罪斩首，将刘挚、梁焘二人贬往岭南，并禁锢他们的子孙，永不录用。属于守旧派的王岩叟、范祖禹、刘安世等，因为他们或为司马光的亲信，或为司马光的学生，也受到此案的牵连。对于蔡京来说，贬了范祖禹，也算自己报了一箭之仇，心中顿觉酣畅淋漓。

蔡京自从熙宁三年（1070）出仕以来，在变法派与守旧派之间投机钻营，练就了一套谄媚上司的本领，成了一个混迹官场的钻营老手。虽然蔡京已身居翰林学士，但他仍不满足，眼睛又盯在了副宰相一职。知枢密院事曾布对蔡京嫉妒不已，非常害怕他官居自己之上，便乘机上奏哲宗说："蔡卞身属副相，兄弟不可以同升。"于是，宋哲宗便拜蔡京为北门承旨，仍兼任翰林学士等职。

蔡京对曾布的做法非常憎恨，但他并未善罢甘休，乘机发挥自己能写善画的本领，将其作为自己晋升的资本。按宋朝惯例，翰林学士要给皇帝、皇后等人献词。蔡京为了取悦哲宗与皇后，特意撰写了四首，其中一句深得欣赏，那就是："三十六宫人第一，玉楼深处梦熊罴。"蔡京高兴之余，又画了两个扇面，作为凉扇进献给哲宗和皇后。宋哲宗夸奖蔡京说："蔡爱卿书法，天下无第二人。"这句话，使蔡京兴奋得彻夜不眠。

但是，章惇、蔡京的所作所为，不得人心，朝野上下交论其恶，有人甚至借童谣以泄心中之愤。当时广为流传的一首童谣说："大惇小惇，入地无门；大蔡小蔡，还他命债。"台、谏两院大臣便借此弹劾蔡京，吓得蔡京身冒冷汗，提心不已。由于后宫对蔡京多有美誉，宋哲宗并没有罢黜蔡京，使这位钻营老手逃脱了历史的惩罚。从此，蔡京在朝廷之中地位日益巩固，他对于权力的追逐也更加急不可待，其奸诈狡猾的本性也逐渐原形毕露。

位极人臣

元符三年（1101），仅仅亲政六年的宋哲宗病死。由于宋哲宗无子，在皇位继承问题上，章惇与曾布发生了分歧。当神宗的皇后向氏主持讨论皇位继承人时，章惇厉声说道："按礼仪和律令，当立大行皇帝同母弟简王。"

向氏不同意，便说："老身无子，诸王皆是神宗庶子。"

章惇说："按礼仪，庶出则论长，以长则申王当立。"

向氏也不同意,找了个借口说:"申王有病,不可立。"

其实皇太后向氏倾向于立端王赵佶,章惇则认为端王赵佶轻佻不似人君。二人实际上在暗里较劲,所以章惇所提人选,均被向氏一口回绝。

当向氏否决申王之后,章惇又欲说什么,这时,知枢密院事曾布乘机发难,呵斥章惇说:"章惇,听太后处分此事,勿多言!"

皇太后向氏见曾布支持自己,便声色俱厉地说:"老身以为,端王聪颖过人,当继承皇位。"皇太后懿旨一下,其余大臣不再反对,章惇也无可奈何。就这样,端王赵佶登上了皇位,他就是历史上有名的昏君——宋徽宗。

皇太后向氏是个守旧派,也是个有点野心的女人。宋徽宗继位之后,向氏并没有完全放弃权力,她模仿太皇太后高氏的做法,和宋徽宗一起处理朝中政事。章惇由于反对徽宗继位,不久即被罢去宰相。在向氏的要求之下,宋徽宗召回了一批被贬官的守旧派大臣,让他们担任要职,并任命守旧派大臣韩琦之子韩忠彦为门下侍郎,不久即拜其为右相。在韩忠彦的活动之下,司马光、刘挚等人都恢复了官爵,守旧派势力又有所抬头。

守旧派的又一次得势,对于蔡京来说,无疑是一次考验。由于他曾依附章惇,徽宗即位不久,便由翰林学士降为端明殿学士和龙图阁学士,这仅是两个虚衔,没有丝毫的权力。不久,宋徽宗又下诏,让蔡京以端明殿学士的身份,出任太原(今山西太原)知府。这时,皇太后向氏发下话来,说:"让蔡京修完国史,再行赴任。"蔡京虽然没有被立即逐出京城,但已失去了往日的威风。谏官陈瓘乘机弹劾蔡京,说他与内侍太监来往密切,徽宗大怒,贬蔡京为江宁(今江苏南京)知府。蔡京心中很不痛快,在京城延迁数月不去赴任。

御史陈次升、龚夬、陈师锡等人,由于憎恨蔡京的为人,便联合弹劾。他们在奏折中说:"蔡京被贬,意颇怏怏,延迁不赴任,是为抗旨不遵,请陛下定夺。"徽宗得知蔡京没有赴任江宁,当下龙颜不悦,便下诏说:"追夺蔡京官职,让其提举洞霄宫。"

蔡京接到圣旨,无比震惊,早已吓得两股战栗,再也不敢在京城停留,连夜南下,去任洞霄宫提举。

就在蔡京被逐出京城不久,朝中形势发生了变化,皇太后向氏交出自己的权力,宋徽宗全面亲政。宋徽宗为了调和一下变法派和守旧派之间的矛盾,便任命韩忠彦为左相,并将拥戴自己继位的曾布拜为右相,做出两派兼用的姿态,并且改年号为"建中靖国",表示要大正至公,消释朋党,平息两派之间的互相打击报复。实际上,变法派和守旧派之间积怨已深,难以弥和。就在曾布任右相不久,便和韩忠彦发生了权力之争。曾布为了获取更大的权力,便又向宋徽宗建议"绍述先圣",鼓动宋徽宗打击守旧派。蔡京闻知朝中形势的变化,心中窃喜,觉得自己又有出头之日了。

再说宋徽宗,他是中国历史上有名的风流天子和昏君,喜欢吟诗作赋,能书善画,宋代人就评说他文采风流胜过李后主百倍。凡能投其所好的人,不论朝中大臣、宫廷显宦,还是市井流浪之人,都能得到重用。宋徽宗亲政之后,便在杭州设立明金局,专门负责搜罗民间书画奇巧,宦官童贯以供奉官的身份主持明金局,经常留居杭州。

蔡京为了能够重返朝廷,加官晋爵,每当童贯来到杭州,便陪他日夜游玩,并将自己所画的屏风、扇面,所写的条幅奉送给童贯,让其供奉给徽宗。童贯对蔡京的字画非常欣赏，便每天派使者送一幅到京城，并附上一些吹捧之词，使得宋徽宗非常高兴，对蔡京大加赞赏。

就在蔡京巴结童贯，以字画博取宋徽宗欢心的时候，朝廷中的权力之争越来越激烈。曾布为了打击韩忠彦，欲让蔡京入朝，以助自己一臂之力。当时，恰逢宋哲宗的皇后为了打发寂寞，一时竟迷恋上道士作法。于是，太常博士范致虚将自己的至交、道士徐神翁推荐给哲宗的皇后，这样一来，徐神翁便可以经常出入后宫。范致虚又秉承曾布的意思，让徐神翁借作法之机，在后宫美言蔡京，并散布非蔡京为相不足以有所作为的言论，过了不久，后宫嫔妃乃至于宫女，都在宋徽宗面前夸赞蔡京。宫中宦官则在童贯的影响下，也纷纷美誉蔡京。宋徽宗在嫔妃、宦官的言语蛊惑下，加之他又非常欣赏蔡京的书画，于是，决定重新起用蔡京，让蔡京任定州（今河北定县）知州。

崇宁元年（1102），蔡京又改任大名府（今河北大名）知府。这时，曾布与韩忠彦的权力之争已达到白热化的程度。宋徽宗则在曾布"绍述先圣"的游说之下，已有意重新行熙宁政事。

属于曾布一派的起居舍人邓洵武，更是游说徽宗的急先锋，他煽动说："陛下乃神宗之子，现任左相韩忠彦乃韩琦之子，神宗行熙宁新法，韩琦表示反对。今韩忠彦更神宗之法，是忠彦为人臣尚能绍述其父之志，陛下为天子反不能绍述先圣吗？要继志述事，非用蔡京不足以有所作为。"他还画了一幅《爱莫能助之图》呈给徽宗，一再表示满朝文武大臣，均欲害政而不欲绍述先圣，非相蔡京不可。

在曾布和邓洵武等人的煽动下，宋徽宗也改变了调和变法派、守旧派的做法，把年号改为"崇宁"，表示要追崇熙宁新法，并于崇宁元年（1102）五月罢免了韩忠彦左相一职。曾布将韩忠彦赶出朝廷，目的在于独自当政。不料，宋徽宗也把蔡京召回了朝廷，并拜为尚书左丞。曾布与蔡京实质上只是暂时的盟友，他们一旦失去共同的敌人，便又一次展开狗咬狗式的权力之争。

蔡京几经起落，又比曾布狡猾无耻，所以他一到朝廷，就投徽宗所好，经常进奉自己的字画，使得龙颜大悦。蔡京绝不满足于尚书左丞，他有更大的野心，眼睛早就盯在了宰相的职位上。这样，曾布又成了蔡京爬向权力之巅的绊脚石，无时不在寻找挪开这块绊脚石的机会。

崇宁元年（1102）闰六月的一天，曾布的儿女亲家陈佑甫欲谋一个官职，恰巧户部侍郎一职空阙。曾布便上奏说："陛下，户部侍郎一职阙如，陈佑甫为人忠厚，臣请以其补阙。"

蔡京闻言，心中大喜过望，乘机奏道："陛下，陈佑甫乃曾布的儿女亲家。爵禄者，陛下的爵禄，作为宰相，怎能以陛下的爵禄去奉送自己的亲戚呢？"

曾布听了蔡京的奏言，知道那是在要挟自己，便愤然与之争辩起来。唇枪舌剑，毫不相让。坐在龙位上的宋徽宗，也被二人的言语惊得目瞪口呆，一时不知如何是好。曾布气愤不过，便大声骂道："蔡京，你这个无耻小人，也不思虑自己如何回到朝廷！不是我曾布，你岂能有今天？真乃虎豹豺狼，不知报恩，反而伤人。"

有个叫温益的大臣，觉得蔡京与曾布太过分了，便怒斥道："曾布，身为宰相，岂能在陛下面前如此无礼！"

曾布听了，非常惶恐，赶忙对宋徽宗说："恕臣失礼！"

宋徽宗这时满面怒容,只说了一句:"免你无罪!"随即罢朝而去。殿中侍御史钱遹见曾布失势,便乘机弹劾他。就这样,蔡京入朝不及两个月,曾布便被罢去宰相一职,降为观文殿大学士,出知润州(今江苏镇江)。

曾布被逐出朝廷之后,宰相之位便空阙下来,蔡京急切地盼望自己能位极人臣。一天,宋徽宗对朝中大臣说:"朕昨夜梦见蔡京作了宰相。"那些趋炎附势的大臣,便立即表示祝贺,蔡京心中充满喜悦。

崇宁元年(1102)七月,宋徽宗下诏拜蔡京为右相。下诏之日,宋徽宗在延和殿设宴款待蔡京,并亲切地说:"自先圣神宗创法立制以来,先帝哲宗继承先圣新法,期间两遭变更,国是未定。朕欲绍述父兄之志,扬我大宋国威,蔡爱卿有何良策?"

蔡京见宋徽宗如此厚待自己,既高兴又诚惶诚恐。听见徽宗问自己,便赶忙起身离席,跪在一旁,磕起头来,口中说道:"谢陛下知遇之恩,臣愿尽死效力。"宋徽宗听了,心中欢喜,更加看重蔡京。

对于曾布,蔡京仍不放心,唯恐他日后东山再起,对自己不利。于是,蔡京便诬陷曾布贪赃受贿,命令开封府吕嘉问拘捕曾布诸子,百般拷打,诱使招供。曾布的几个儿子虽然吃尽了苦头,却始终不承认其父曾经贪赃受贿。蔡京在无计可施的情况下,非常卑鄙地让自己的心腹之人假装证人,将曾布贪赃受贿之事草草定案了事。曾布在蔡京的诬陷之下,被一贬再贬,再也没有回到朝廷任职,于大观元年(1107)死在谪贬之地。

蔡京将曾布彻底置于死地之后,放心地在朝中独揽大权。又于崇宁二年(1103)正月,被宋徽宗拜为左相,成为真正的一人之下万人之上的显赫人物。

元祐党籍

蔡京从一个屡遭谪贬的一般官吏,一朝而位极人臣,其心中的得意可想而知。但是,作为一个心存奸巧的人,他的政治野心是永远不会满足的。蔡京当政不久,又一次野心勃勃地向权力发起挑战。

蔡京上奏宋徽宗说:"陛下欲绍述父兄之志,臣恳请仿熙宁制度,设立都省讲议司,以遂陛下心愿。"

在宋神宗熙宁年间,为了适应变法的需要,特意设置了"制置三司条例司"这一新机构,专门主持变法事宜,其权力极大,甚至于凌驾于宰相之上。蔡京奏请设立的"都省讲议司"与"制置三司条例司"权力相当。他这样做的目的,是为了获取更大的权力。可是,宋徽宗并没有看穿蔡京的险恶用心,看了奏折,反而夸奖蔡京是"王安石再世"!就这样,宋徽宗下诏设立"都省讲议司",并让蔡京提举其事。

自从设立"都省讲议司"之后,蔡京便将亲信吴居厚、王汉之等人安插其中,彻底把持了朝政。从此,朝中官吏的任免、国家财政的收支以及宗室事务,均由"都省讲议司"决定,然后奏请宋徽宗批准了事。不仅如此,蔡京还以"都省讲议司"作为幌子,声称不但要恢复熙宁之法,而且还要将宋神宗欲改变而未暇实施的事情也预以实施。结果,熙宁新法在蔡京的手里成了一锅烂粥。实际上,所谓新法,对于蔡京来说,只不过是一种工具和标签而已,他的骨子里充满邪恶和阴谋。

当时，屯里员外郎孙鼛与蔡京是要好的朋友，他对蔡京的了解非常深刻。有一次，孙鼛对蔡京说："蔡相公，你的确是大富大贵之人，然而才不胜德，恐怕会贻误天下。"

蔡京却不以为然地说："我今已被圣上所用，贵为宰相，愿公助我！"

孙鼛见蔡京并不理会自己的劝告，便叹了口气，怀着良好的愿望说："相公如果确实能谨守祖宗之法，以正确的言论辅佐人主，示节俭之性于文武百官，绝口不提兵战之事，那将是大宋王朝的幸运。"

蔡京对于孙鼛的话语不以为忤，却再也不言语什么，二人便不欢而散。

大权在握的蔡京，对于守旧派大臣憎恨不已，虽然反对王安石变法的守旧派当时大部分已经死去。果如孙鼛所言，蔡京德下于才，他将自己手中的权力当作锋利的剑刃，斩向守旧派，欲置之死地而后快。早在崇宁元年（1102）九月，蔡京拜右相不及两个月，便上奏徽宗："陛下，司马光等人毁先圣之法，应以奸党目之，夺其官爵，方才称陛下绍述先圣之法。"

在蔡京的鼓动之下，宋徽宗下诏说："将元祐年间守旧派及议论过激之人，列籍呈上。"

于是，蔡京将文彦博、司马光等二十二人，苏轼等三十五人，秦观等四十八人，武臣王献可等四人，总共一百零九位大臣以他们的所谓罪状呈给宋徽宗，并上奏说："请陛下御书刻石，以示后人。"

风流成性的宋徽宗欣然命笔，写下了"元祐党籍碑"五个大字，让石匠刻好之后立于文德殿端礼门。

蔡京又讽喻同僚上奏宋徽宗说："近来臣等出京城至州府境内，在陈州（今河南淮阳）有士人问及端礼门石刻元祐奸党姓名，其姓名虽已颁行天下，天下士人却未尽知。近在畿内尚且如此，况边远之地乎！乞降睿旨，以御书奸党姓名刻石于路府州军，示天下之人。"

宋徽宗听从了这一建议，但自己没有再以御笔书写，而让蔡京代笔，命令地方官府照此刻石立碑。

此后，蔡京又花招百出，陷害他人。宋哲宗元符末年，曾发生了一次日食现象，当时朝中的官员议论纷纷，都认为是变法所致。时隔数年，蔡京旧事重提，竟牵连了五百多人，并奏请宋徽宗将这些人列为"邪类"，加以降官责罚。

崇宁三年（1104），蔡京伙同宋徽宗重新将元祐党人以及后来所定的邪类，合二为一，成为一籍，认定三百零九人为"党人"。第二次刻石立于朝堂东壁，并让蔡京书写一遍，在地方官府刻石立碑。

蔡京写好之后，回奏宋徽宗说："臣奉陛下诏书，书写元祐奸党姓名。陛下御书刻石，已立于朝堂东壁，永为万世子孙之戒。又诏臣书之，将以颁之天下。臣为扬陛下美意，仰承陛下绍述先圣之志，谨书元祐奸党姓名，同文本一起奏于陛下，恳请陛下阅之。"

宋徽宗对蔡京的书法大加赞赏，以之颁行天下。宋徽宗与蔡京的做法，引起当时许多有良知的人士的反对。在当时的永兴军（今陕西西安），有个叫安民的石匠被请来刻字，他推辞说："草民是愚昧之人，本不知立碑之意。但如司马相公这样的人，海内皆称其正直，今谓之奸邪，草民不忍刻之名字。"

永兴军的官员大怒,欲加之罪,安民哭泣着请求:"官府之役草民不敢再推辞,只请求在碑石之末不刻写草民贱名,草民恐留骂名于后世。"

永兴军的官员听了安民的请求,一时羞愧难当,只好答应了他的请求。

前后两次刊石立碑,打击守旧派,对于蔡京来说,内心的快感是显而易见的。但蔡京并未就此罢手,为了彻底在舆论上消除守旧派的影响,蔡京上奏宋徽宗说:"陛下,奸党之中,诗文流传民间者不在少数,臣恐其惑民众之心,于绍述先圣不利。"

宋徽宗闻奏,立即下诏说:"为正天下视听,将苏洵、苏轼、苏辙、黄庭坚、张耒、晁补之、秦观、马涓等人的文集,以及范祖禹《唐鉴》、范镇《东斋记事》、刘攽《诗话》、文莹《湘山野录》等书籍的刻版,悉行焚毁。"若不是苍天有眼,今天的人们,恐怕难以再去吟诵苏轼的"大江东去,浪淘尽,千古风流人物"这样震撼人心的词句了!

蔡京打击报复守旧派的同时,对于变法派内的一些人也不遗余力地予以打击,王安石的学生陆佃,以及变法派人物李清臣等人,因得罪了蔡京,竟也被打入"元祐党籍",受到残酷迫害。

章惇曾反对宋徽宗继承皇位,蔡京为讨得宋徽宗的欢心,便上奏说:"陛下,章惇奸邪,目中无君,不恭不敬,请陛下列其为奸党。"宋徽宗虽然没有明确表示赞成,却也没有表示反对。于是,蔡京便自作主张,将章惇以党人对待,连其子孙也受到牵连。

自蔡京拜相以来,受到其打击迫害的朝中大臣,几乎逾千,其中主要是宋哲宗元祐年间的守旧派。"元祐党籍"在蔡京的手中,成了可怕的达摩克利斯剑,他随时随地都可以将其悬于别人的头顶。在蔡京的倾轧下,宋徽宗的朝堂上,充满了奸邪之臣,朝政日益腐败下去。

丰亨豫大

北宋王朝经过宋神宗熙宁变法以后,朝廷之中府库盈满,表面上呈现出一派太平盛世的景象。宋徽宗为此而沾沾自喜,总想粉饰太平。蔡京摸透了宋徽宗的心理,便挖空心思去满足宋徽宗的一切嗜好。君臣二人狼狈为奸,过起纸醉金迷的生活来。

蔡京把《周易》中的"丰亨,王假之"和"有大而能谦必豫"加以发挥,提出所谓"丰亨豫大"的口号,以娱悦宋徽宗。有一次,宋徽宗设宴款待群臣,将玉盏、玉卮摆在宴席上,让大臣们欣赏,并说:"朕欲用此已经很久了,唯恐人们以为太过奢华,只好将其藏之府库,今日以之宴请诸位爱卿,不知以为过否?"

蔡京赶忙说:"陛下,臣以前出使辽国,曾见辽国君臣所用玉盘、玉盏,皆石敬瑭之物。辽人以之炫耀于臣,说本朝无此等物用。今陛下用之,臣为之欣然。再者,玉器可以延年益寿,于礼无妨。"

宋徽宗说:"先帝哲宗曾修建了一个小台,高才数尺,上书者便接踵而至,以为太奢。朕畏人言,若人言一兴,则朕百口莫辨矣。"

蔡京替宋徽宗辨解道:"事若合于礼,人言不足畏也。再者,天下者陛下之天下,陛下即使以天下为用,有何不可?区区玉器,何足计哉!"

听了蔡京的诱惑之词,宋徽宗觉得心安理得了许多,当下龙颜大悦,说:"蔡爱卿之言极是,朕心中无愧矣。"

蔡京乘着酒兴,又见宋徽宗在兴头上,便把自己发挥的"丰亨豫大"口号向宋徽宗阐释了一遍,他说:"陛下,天下承平日久,仓庾盈积,此所谓丰也。而今,宫室制度狭小,与陛下的君德隆盛和国家的富足,甚不相称。以臣之见,应铸九鼎,建明堂,修方泽,立道观,作乐备礼,制定命宝,广建宫室,此所谓大也。天下既已丰亨,即应豫大,陛下则应享天下之奉,于礼于仪,均无不可。"

宋徽宗听了蔡京的荒谬言论,不以为怪,反而大加赞赏,并且下诏一一照办。首先,宋徽宗下令仿夏、周制度,用铜二十二万斤,铸造了显示皇恩浩荡的九鼎,为了安放九鼎,蔡京上奏说:"启奏陛下,应于中太一宫之南建九殿以奉安九鼎,大殿四周筑以墙垣,上施城垛,名之曰九成宫。"

宋徽宗准奏之后,蔡京便派人大兴土木,在很短的时间之内修成了九成宫。至于怎样安放九鼎,蔡京引经据典,搜肠刮肚地上奏宋徽宗说:"九成宫之中,有大殿九间。中间安放之鼎,曰帝鼐,其色黄,为大祠之用,祭以土王之日,祭祀之币色尚黄。北方安放之鼎,曰宝鼎,其色黑,祭以冬至日,祭祀之币色尚黑。东北安放之鼎,曰牡鼎,其色青,祭以立春日,祭祀之币色尚黑。东方安放之鼎,曰苍鼎,其色碧,祭以春分日,祭祀之币色尚青。东南安放之鼎,曰风鼎,其色绿,祭以立夏日,祭祀之币色尚绯。南方安放之鼎,曰彤鼎,其色紫,祭以夏至日,祭祀之币色尚绯。西南安放之鼎,曰皂鼎,其色黑,祭以立秋日,祭祀之币色尚白。西方安放之鼎,曰晶鼎,其色赤,祭以秋分曰,祭祀之币色尚白。西北安放之鼎,曰魁鼎,其色白,祭以立冬日,祭祀之币色尚黑。"

九鼎铸好之后,宋徽宗又下诏,以蔡京为明堂使,主持修建明堂。蔡京为了使自己的"丰亨豫大"口号进一步得到实施,下令搜刮各地的名贵木材运到京城,每天役工上万人,目的仅仅是为了修建一座用来祭祀的明堂。

为了挥霍,早在崇宁元年(1102),宋徽宗就在杭州设立造作局,制造各种精美的工艺品,以供奉朝廷之用。蔡京为了满足宋徽宗对花石的特别嗜好,就对自己在钱塘时认识的大商人朱冲之子朱勔说:"当今圣上,于花石一事,情有独钟,你可以传书乃父,让其密取浙江一带的奇花异石,以资进奉,圣上必悦尔等,富贵何愁?"

朱勔按照蔡京的意思,向宋徽宗进献了一些奇花异石,徽宗果然大为欣赏。为了获取更多的花石,宋徽宗于崇宁四年(1105)在苏州设立应奉局,专门负责搜刮江南的奇花异石。在蔡京的提议下,宋徽宗以朱勔为应奉局提举。朱勔施展自己的掠夺本领,把江南士庶之家可供玩赏的一花一石,均攫为御前之物。当时,从江南搜刮而来的奇花异石,都是通过大运河和汴河以船送至京城,每十船为一纲,称为"花石纲"。

随着奇花异石越来越多地运到京城,宫廷之中已无法容纳,蔡京便乘机上奏说:"启奏陛下,江南花石,日积月累,宫室制度已嫌狭小,难以容纳,宜建新宫,以安放花石。"在蔡京的鼓动下,宋徽宗下诏在宫城之北兴建延福宫,以宦官童贯等五人主持其事。这五个宦官在各自主持的区域之中，竞相以侈丽夸示，把延福宫修建得富丽堂皇。不仅殿阁亭台鳞次栉比，凿池为海，疏泉为湖，而且还修建了鹤庄、鹿砦、文禽、奇兽、孔翠诸栅，豢养各种奇兽珍禽，至于以嘉木名花及怪石堆砌而成的假山，更是不可胜数。

从政和七年(1117)，宋徽宗又下诏修建万岁山，后改名为艮岳。山势模仿杭州的凤凰山，由人工用土堆筑而成，山峰高九十尺，周围十余里，所用山石，皆由各地运至。山上建有亭台楼阁，穷极奢丽。这一切，无一不是蔡京诱导的结果。

在广建宫室的同时，擅长书画乐舞的宋徽宗，又对道教产生了浓厚的兴趣。为了讨好宋徽宗，蔡京便对道士徐神翁说："当今圣上，好方士幻化之术，请神翁举荐一人。"

徐神翁说："温州林灵素可当此任。"

政和六年(1116)，在蔡京的引荐之下，温州道士林灵素入京朝见宋徽宗。林灵素本是个无赖之徒，根本不懂得什么道教，天生了一幅华而已。他一见宋徽宗，便胡诌大话说："天有九霄，最高者为神霄。神霄玉清王乃上帝长子，号长生大帝君，陛下乃长生大帝君下凡。蔡京乃仙官左元仙伯，下凡以助陛下治理天下。"

宋徽宗听了林灵素的胡言乱语，竟然信以为真，龙颜为之大悦，下诏在自己的出生处——福宁殿之东，兴建一座玉清神霄宫，由蔡京亲笔书写了宫名。蔡京书写"玉"字时，把那一点写得笔势险急，有个道士见了，非常感慨地说："此点乃金笔而锋芒毕露，势欲侵王，这岂是我辈之福哉！"那个道士的这一附会之说，也颇有道理。

玉清神霄宫建成之后，宋徽宗又下诏在皇宫附近修建上清玉篆宫，作为专门进道的场所。林灵素的肚子里并没有什么真正的货色兜售，对道家经典也讲不出个所以然来，只是用一些滑稽媟语插科打诨，弄得听者哄堂大笑，宋徽宗却在幄帐之中洗耳恭听。后来，宋徽宗竟下诏自称教主道君皇帝。

蔡京见宋徽宗如此迷信道教，便上奏说："陛下，为弘扬道教，宜汇集古今道教之事，编为《道史》。更应依科举之制，设立道学，道士亦可应试，中者可放任道官。"在蔡京的建议下，宋徽宗下诏让天下遍修道观，每一道观赐田上千顷。

蔡京不仅竭力从各个方面投徽宗所好，自己的生活也非常奢侈糜烂。在京城之中，宋徽宗赐给蔡京的宅地最为宏大宽敞，庭院之中树木如云，遮天蔽日。

宋徽宗为了显示对蔡京的重视，便赏赐蔡京将西邻之地扩为西园。于是，蔡京便毁坏西邻之地的数百间民房，将其圈入自己的园林之中。西园建成之后，一天，蔡京来到园中，问道："西园景致与东园相比，哪个好？"

跟随蔡京的人中，有个叫焦德地说："蔡相公东园嘉木繁茂，望之如云；西园百姓离散，泪下如雨。真可谓东园如云，西园如雨也。"

蔡京闻言大怒，将焦德治罪了事。

在饮食用膳上，蔡京更是奢侈无比。相传蔡京非常喜欢吃鹌鹑，做一碗羹汤便要杀数百只鹌鹑。在一天夜里，蔡京梦到有几千只鹌鹑聚集到他的面前，向他哭诉，求饶它们一命。其中一只鹌鹑上前作诗云：

食君廪间粟,作君羹内肉。

一羹数百命,下箸犹未足。

羹肉何足论,生死犹转轂。

劝君宜勿食,祸福相倚伏。

蔡京以为鹌鹑要向他索赔性命,吓得不知所措,及至醒悟,方知是一场噩梦。尽管如此,蔡京却并未改变他的嗜好。

蔡京家的厨房之中,婢女成群,分工极细,每一项事务都有专门的负责人员,甚至有专门负责切葱丝的婢女。有一个士大夫在京城之中买了个小妾,那个小妾自称是蔡相公家中的厨师,那个士大夫大喜,满以为可以享受蔡京所吃的美味了。一天,那个士大夫让自己新买的小妾作包子,谁想那个小妾竟然说:"恕贱妾不能。"

那个士大夫不解地问道:"既是厨师,为何连包子也作不出来?"

那个小妾答道:"贱妾乃蔡府包子厨内,专切葱丝的婢女。"

此事后来流传出去,成为笑谈。

蔡京每至生日,各地官府便闻风而动,大宗送礼,时称"生辰纲"。所送之礼,均为各地的土特产品。就拿江西产的黄雀肫来说,每年只生产数百瓶,除过上贡朝廷之外,其余便作为"生辰纲"到了蔡京手里。

一天,蔡京在家中宴请宾客,他对家中的库吏说:"取江西官员所送黄雀肫来!"库吏一次就拿出十余瓶,让客人分而饮之。喝完之后,蔡京又回头问道:"尚有几瓶?"库吏答道:"犹有八十余瓶!"宾客无不惊讶,蔡京却恬不知耻地说:"天下之物,取之不尽,诸位只管享用罢了。"

又有一次,蔡京在家中与群僚议事,事毕,便留僚属用餐。蔡京命厨房做蟹黄馒头,仅此一项即花去一千三百多贯钱。

在蔡京"丰亨豫大"口号的影响之下,上自徽宗,下至各级官吏,无不纷纷仿效,竞相奢靡,"熙宁变法"积聚起来的财富被挥霍殆尽。于是,蔡京伙同宋徽宗把"熙宁变法"中的理财措施,作为榨取民脂民膏的手段,对人民残酷地压榨。人民不堪重负,便编出歌谣来咒骂蔡京等人,其中广为流传的一首歌谣说:

"打破筒(指童贯),泼了菜(指蔡京),便是人间好世界。"

三落三起

蔡京自任左相以后,把持朝政达二十余年。这期间、蔡京虽然花招百出,但也免不了有凤凰落架,虎落平阳的时候。每当蔡京被罢去相位时,朝中大臣便群起而攻之,老百姓更是欢天喜地,犹如逢年过节一般。对于蔡京而言,他当然于心不甘,每每罢相之后,就伺机而进,以求复出,上演了一幕幕丑恶无耻的活闹剧。

早在崇宁三年(1104)五月,宋徽宗为了显示对蔡京的钟爱,便封其为嘉国公,并以左相身份守司空之位,权倾一时。但好景不长,就在蔡京得意忘形之际,崇宁五年(1106)五月,有颗彗星拖着长长的彗尾划过天空。在中国古代的封建社会里,由于受天人感应思想的影响,将彗星的出现视为不祥之兆。往往把这一自然现象与皇帝的死亡、政事的失误等紧密联系在一起。为了驱除彗星带来的厄运，动辄以罢免朝中显宦的官爵、广开言路等手段，求得心理上的平衡。作为统治者的宋徽宗，自然摆脱不了历史上的惯用手法，他也下诏广开言路，允许臣民直言不讳地评论朝中政事。

在这样的情况之下，朝野之中受到蔡京打击排挤的大臣，纷纷上书，交论蔡京的险恶。宋徽宗为了上顺天意，下应民心，便于彗星现象发生不久，罢免了蔡京的相位，贬为开府仪同三司、中太一宫使，允许其留居京城，这是蔡京第一次罢去相位。

蔡京被罢去相位的消息一传开，朝野上下无不拍手称快。当时有个太学生，他借用苏东坡《满庭芳》词中的几句讽刺蔡京说："光芒万丈长，司空见惯，应谓寻常。"并加了一句说："传语儋崖父老，只候蔡元长。"儋崖，指海南岛，苏东坡曾谪贬那里，那个太学生是希望宋徽宗也将蔡京贬往海南岛，让那里的父老乡亲等候着蔡京这个举国大奸。

被罢去左相职权的蔡京，其内心自然非常痛苦、惶恐，虽然被允许留居京城，但这对于一个热衷于功名利禄的人来说，并不会起到多大的安慰效果。就在蔡京痛苦万分之际，有一个故旧前往蔡府探望蔡京。二人一见面，蔡京便恬不知耻地拉着那个故旧的手，向他诉说心中的苦闷，说到伤心之处，竟然滴下几滴鳄鱼的眼泪，振振有词地赌咒发誓说："京若有负于国家，即教三子都没有前程！"

就在蔡京被罢相之前，由于自蔡京任左相以后，右相之位一直空阙，宋徽宗便欲拜个右相。蔡京唯恐他人居于右相之位后，与自己争权夺利，便竭力推荐依附自己的赵挺之。在蔡京的建议下，宋徽宗便拜时任观文殿大学士的赵挺之为右相。谁料想，赵挺之拜为右相之后，竟然反戈一击，屡屡上奏蔡京的不是，气得蔡京咬牙切齿。

其实，赵挺之也是个见风使舵的人，时人给他送了个雅号"移乡福建子"。因为他是福建人，曾先后依附于章惇、曾布、蔡京，逐渐至观文殿大学士。章惇、蔡京是福建人，而曾布则是江西人，赵挺之不断地更换主子，所以得了那么个雅号。赵挺之攻击蔡京也是出于争权夺利的目的，但蔡京在朝廷之中的权力炙手可热，使得赵挺之心有余悸，却也着实让蔡京心惊肉跳了一番。

当时，蔡京唯恐赵挺之暗里调查自己的所作所为，赵挺之也恐怕蔡京在宋徽宗那里中伤自己。最后，赵挺之慑于蔡京在朝中爪牙遍布，自己先打了退堂鼓，乞求宋徽宗让他回到青州（今山东益都）故里，昏庸的徽宗竟然准奏。就在赵挺之置办好行装之时，有彗星划过天空，宋徽宗又惊又怕，便以此罢免了蔡京，并下诏给赵挺之说："赵爱卿可于数日后朝见。"

赵挺之得知蔡京罢相，大喜过望，趁朝见宋徽宗之机揭发蔡京说："蔡京窃居相位，援引私党，布列朝廷。又建四辅郡，非国家之利。祖宗之法，屯重兵于京师之地，沿汴河、蔡河安营扎寨，取漕运的便利。今蔡京所建的四辅郡，不修营垒，又不通水运，粮草如何转运？"

宋徽宗说："卿言蔡京所为，皆然，朕且罢之。"

赵挺之所说的四辅郡之事，是蔡京为了掌握兵权，而别有用心地建议宋徽宗设立的，事情发生在崇宁四年（1105）七月。当时，蔡京上奏说："启奏陛下，为强我大宋防御能力，臣以为应当以颍昌府（今河南许昌东）为南辅，升襄邑县（今河南睢县）为辅州，作为东辅，郑州（今河南郑州）为西辅，澶州（今河南濮阳）为北辅。各辅屯马步军二万人，积贮粮草,每个辅郡五百万担。"宋徽宗听从了蔡京的建议。于是,蔡京乘机将自己的姻亲胡师文以及亲信宋乔年等人,安排为四辅郡的郡守。

按宋朝的规定,禁军兵士的月俸为五百钱,蔡京为了固结四辅郡兵士之心,奏请朝廷将四辅郡八万兵士的月俸提高至五千钱。那些兵士对蔡京感恩戴德,无不忠心耿耿,对其唯命是从。朝中官员人等一个个噤若寒蝉,没有一个敢议论此事,宋徽宗对蔡京的狼子野心,也就不得而知,还以为蔡京处处为他分忧解愁呢。

赵挺之见蔡京被罢去相位,便借机将蔡京的险恶用心揭露出来。虽然宋徽宗已答应他罢去四辅郡,但赵挺之意犹未足,觉着不将蔡京彻底揭露,恐留后患。就顺着宋徽宗之意说:"陛下,四辅郡诸营之兵,等尺之高,却十倍于禁卒月俸。屯戍之兵,冒死战于沙场,如若他们见四辅诸营之兵如此,则不替朝廷卖命矣,到那时就悔之莫及了。"

宋徽宗听了赵挺之的话,深以为然,便下诏说:"凡蔡京在相之日所为之事,悉罢之。"并安慰赵挺之说:"赵爱卿无忧矣,天下大旱已久,蔡京罢去相位即大雨沛然,真乃可喜之事。"

听了宋徽宗的话,赵挺之觉着心中畅快了许多,便安心地做起他的宰相来。并将中书侍郎刘逵作为自己的心腹,二人一唱一和屡言蔡京悖理虐民之事。但蔡京岂是善罢甘休之辈,眼见自己在朝廷中的经营要毁于赵挺之、刘逵二人之手,又蠢蠢欲动起来。讽喻自己的心腹上奏徽宗说:"蔡京居相位之日,所改立的法度,皆秉承圣上旨意,不敢视之为自己的事情。今虽罢去相位,犹为朝廷思虑,赵挺之、刘逵等人挟私恨以惑陛下,诤言四起,恐非绍述先圣之意,请陛下明察赵挺之、刘逵二人的奸险用心。"

宋徽宗闻奏,心中便没了主意,觉着自己做错了什么事情似的,又对蔡京以往的种种好处稍稍回忆一番,决定重新起用蔡京为相。但这一次,宋徽宗却表现出了与往日不同的作风,他将此事深深地埋在了心里,没有暴露出丝毫的蛛丝马迹,连赵挺之这个善于察言观色的人也没有察觉出来,依旧在宋徽宗面前喋喋不休谈论蔡京的不是。

有个叫郑居中的大臣,与宋徽宗的妃子郑氏之父郑绅来往密切,探得了一点风声,便借上朝之机对宋徽宗说:"蔡京为相之日,应天下太平景象,兴乐铸九鼎,置居养安济院(即养老院)以周济贫困之人,不知何事逆天威而致罢相。"宋徽宗听了郑居中的奏言,龙颜大悦。等郑居中退朝之后,将郑居中所言告诉了礼部侍郎刘正夫,刘正夫也以为然。于是,宋徽宗怀疑赵挺之、刘逵二人专权乱政,有了罢去二人之心。

蔡京的党羽御史余深、石公弼等人,乘机弹劾刘逵说:"中书侍郎刘逵勾结右相赵挺之,擅政反覆,尽废绍述先圣的良法,启用奸邪之党,险恶用心已昭然若揭,请陛下罢免刘逵之职,以应民心。"早有此意的宋徽宗,二话没说,随即贬刘逵为亳州(今安徽亳县)知州。

蔡京在党羽们紧锣密鼓地张罗之下,终于在大观元年(1107)正月,在罢相不到一年之后,又一次被拜为左相,而且改封爵位魏国公。蔡京恢复相位之后,开始了疯狂地报复,并将自己的亲信纷纷提拔,使得赵挺之在朝廷之中成了一个孤家寡人。到了三月份。赵挺之便在蔡京的攻击之下被罢去右相之职,贬为观文殿大学士、祐神观使,不久便忧惧而亡。

刘逵被贬官之后,蔡京仍然不放过他。不过,蔡京这一次并没有直接陷害刘逵本人,而是拿他的妻兄章惇开刀,诬陷他贪赃枉法,派遣自己的亲信监察御史张茂直,在平江（今江苏苏州）将章惇拘捕。章惇不服，上书朝廷诉冤，于是朝廷便遣侍御史沈畸前往断案。沈畸为人比较正直，他到平江之后，经过仔细审案，觉得章惇无罪，就将遭受牵连的数百人全部释放。沈畸深深地明白，他自己的这一做法肯定会得罪蔡京，于是他仰天长叹道："百官者，乃天子的耳目，应为天子分忧，岂可以趋炎附势，杀无辜而去求得富贵乎！"接着，沈畸将章惇一案的实情上报朝廷，要求予以平反昭雪。

蔡京听后大怒，将此事压了下来，并派心腹之人前往平江办案，把章惇等人又重新拘押看管，谎奏宋徽宗将章惇流放于荒岛上，还把他的家产全部没收。

这时，沈畸还没有来得及返回朝廷，蔡京便讽喻大臣弹劾沈畸说："陛下，侍御史沈畸在平江办之时，毁谤朝廷法度，私自释放有罪之人，意在迎合大臣，以沽美誉，奸恶无比，应当罢黜。"宋徽宗不问三七二十一，糊里糊涂下诏将沈畸贬往信州（今江西上饶）。沈畸乃心高气傲之人，哪里受得了这份窝囊气，不久便忧愤而亡。

宋徽宗有一次请一个叫虞仙姑的尼姑作法，徽宗突然出现了幻觉，看到了所谓的神仙，大肆赏赐虞仙姑。相传虞仙姑时年八十，容貌却如豆蔻少女。蔡京为了娱悦宋徽宗，也设宴款待虞仙姑。正当酒酣耳热之时，忽然跑过来一只大黑猫，虞仙姑即兴说道："蔡相公，认得此猫乎？"

蔡京莫名其妙，茫然答道："不识。"

虞仙姑轻蔑地说："此猫乃章惇转世！"她的话意在讽刺蔡京，蔡京当下心中不乐。后来，宋徽宗问虞仙姑："如何能得太平盛世？"虞仙姑答道："当用贤人。"宋徽宗问道："谁为贤人。"虞仙姑答道："范仲淹之子范纯粹也。"

宋徽宗后来将此事告诉了蔡京，蔡京大恨不已，便挑拨说："陛下，此乃元祐党人所指示，以乱陛下视听，逐之即可。"就这样，虞仙姑被赶出了朝廷。朝中大臣纷纷上书徽宗，要求惩罚虞仙姑，以取悦蔡京，一时间闹得乌烟瘴气。

太庙斋郎方轸对蔡京的飞扬跋扈，深为不满，冒死上书朝廷说："陛下，蔡京心存奸恶，睥睨赵氏社稷，专以绍述先圣之说，蛊惑陛下之心。朝廷之中，执政侍从之官；朝廷之外，帅臣监司之职，莫不出其门下。蔡京每有奏请，诏书一出，即对人说：'此乃陛下之意也。'如有什么不妥之处，即对人说：'京已告诉陛下了。'如此，善则归己，过则推君，是欲让陛下招致天下人的怨怒而已。自元符以来，朝中忠臣义士，受蔡京陷害投之荒域者，不可胜数，可谓无一天不发生，令人发指。再者，蔡京又使人每日以花石禽鸟进献，使陛下迷恋而不能自拔，不知治理天下之乱。今者，若陛下以蔡京为邪类，将其刺配，则天下仕人谁不肯为陛下言其奸险？陛下，依臣愚见，蔡京奸恶已露，其必反也，请陛下诛杀蔡京以安天下！"

宋徽宗看了方轸的奏折，不以为然，竟然荒唐地将奏折向蔡京展示。蔡京看过之后，慌得魂飞在外，赶忙叩头辩解说："陛下，臣蔡京日思夜想，无不欲为陛下分忧，岂敢有造反之心，方轸真乃一派胡言，请陛下明察。"

宋徽宗说："朕知之矣。"

蔡京乘机说道："陛下，方轸危言耸听，欲离间君臣，祸害朝廷，请陛下将其下狱治罪。"

宋徽宗说："蔡爱卿之言，未免有些重了，将其赶出朝廷，流放岭南之地罢了。"

就这样，方轸这位忠臣的言论，到了宋徽宗、蔡京的手里，竟然成了招致祸端的引子,被流放到了岭南。

再说郑居中,他自称是郑妃的从弟,颇得宋徽宗看重。蔡京此次能够恢复相位,也有他一份功劳,他满以为蔡京会提拔自己。当时,郑居中官至翰林学士、同知枢密院使。宦官黄经臣对宋徽宗说:"枢密院乃兵权所在,不宜以内亲居其位。"于是,郑居中被罢为资政殿学士、中太一宫使兼侍读。郑居中闻知黄经臣进言之时,蔡京也在旁边,竟然没有说一句反对的话,而且还表示赞同,当下对蔡京怀恨在心。事也凑巧,都水使者赵霖于黄河之中得到一只两头龟,以为是瑞象,便进献给了朝廷。

朝中大臣对于两头龟一无所知,只有蔡京翻阅了大批书籍,得知两头龟在齐桓公时也曾发现,当下大喜,上奏宋徽宗说:"两头龟者,乃齐桓公所说的象罔,见之者可以称霸于世。"

郑居中与蔡京唱反调说:"天下万物,头岂有两个的?朝中大臣人人骇异,而蔡京独以为瑞应,其心不可测。"

宋徽宗闻言,心中不免生了疑惑,便令朝臣将其放入金明池中,还夸奖郑居中说:"居中爱我。"蔡京闻言,心中恐惧不已,对郑居中恨得牙齿发痒。

大观元年(1107)十二月,蔡京恢复左相刚好一年,又被宋徽宗拜为太尉,还赏赐了他一条玉带。宋神宗之时,也曾赏赐给王安石一条玉带,但规定只准系用三天。而蔡京却将徽宗赏赐给自己的玉带作为常服使用。过了不久,宋徽宗又下诏将蔡京进位太师,蔡京为之得意扬扬。

一天,蔡京与弟弟蔡卞宴饮,对蔡卞说:"观弟之骨相,固然甚佳,但背部单薄,腰部太细。不若为兄之相也!"

蔡卞笑着说:"一国之中,太师岂有两人者?"

但好景不长,到了大观三年(1109)十一月,宋徽宗下诏改封蔡京为楚国公,罢去相位,提举编修《哲宗实录》,这是蔡京第二次罢相。

蔡京被罢去相位之后,朝中大臣纷纷弹劾蔡京,连他的党羽也倒戈一击,交论其恶。曾经依附于蔡京的石公弼上奏说:"蔡京虽去相位,但盘桓于京师,余威震于群臣。愿陛下持决断之心,以绝其后患。"

侍御史洪彦章上奏说:"蔡京朋党误国乱政,公私为之困弊,既去相位,犹处于都城,上希陛下眷顾之恩,中怀跋扈之志,愿陛下早赐英明之断,遣之出京。"

侍御史毛注更是愤愤不已,将蔡京及其党羽揭露了个底朝天。他上奏说:"妖人孟翔,画八卦以为图谶之说,尝作诗以献蔡京,言多不轨,蔡京喜而受之,赐官以报,不觉愧耻。蔡京之妻亡时,张怀素为之卜地,二人游于江淮,题字刻石,后虽暗里使人毁灭证据,国中之人无不知者。蔡京死党宋乔年、林摅,皆窃居要职,以至于朝中之事,多不秉承圣上旨意,依蔡京之意直行而下,重禄厚赏,以结人心,有叵测之心。今已去相位,犹盘桓于京师之地,久而不去,其奸状已显矣,请陛下黜之。"

太学生陈朝老也上奏宋徽宗,把蔡京的罪状列为十四条,说蔡京"渎上帝,罔君父,结奥援,轻爵禄,广费用,变法度,妄制作,喜导谀,箝台谏,炽亲党,长奔竞,崇释老,穷土木,矜远略。"并要求宋徽宗将其投于荒域,以防魑魅再生。

但是,由于宋徽宗的袒护,这些奏折如泥牛入海,没了音信。蔡京则入朝对徽宗哭诉说:"台谏之臣,交论京恶,有剪草除根之意,恳请陛下不要听他们妄言。"说罢,叩头哀求不已,没有丝毫的廉耻之感。弄得宋徽宗也不免生哀怜之心,出言安慰,让其放心。

朝中大臣的弹劾虽然没有动蔡京半根毫毛,但上苍却没有放过蔡京。到了大观四年(1110)五月,彗星又出,加之江、淮、荆、浙等地数月不雨,粮食歉收。于是,御史张克公借机上奏说:"自蔡京辅政以来,擅威作福,权震朝野。兴邪说以耗国用,托爵禄以树私恩,使天下财物殆尽,实为祸乱朝政。援引小人,以为朋党;假借姻缘,布列要职;交通豪民,兴置产业;役天子之将作监,修葺居第;用天子之民夫,漕运花石。无尊主庇民之心,只为营私之计,若此类者,不一而足。前有朝臣奏及,臣不再一一陈列。其为害之大,遐迩之人尽知,请陛下逐其出京师,以应天顺民。"

这一次,宋徽宗不再包庇蔡京了,将其贬为太子少保,杭州居住,不见诏书,不得再至京师。宋徽宗见群臣如此憎恨蔡京,甚为不解,便问户都尚书、同知枢密院事侯蒙:"蔡京到底是怎样个人物呢?"

侯蒙回答说:"假若使蔡京正其心术,虽古代的贤相也无法与之相比。"

宋徽宗闻言,为之默然。

到了政和二年(1112)二月,宋徽宗又欲任用蔡京,他下诏说:"蔡京两居相位,辅朕数年,首倡绍述,勤于政事,降秩居外,已有三年。况元丰时的勋臣,今存者无几,理应优待,可特复为太师,仍封爵楚国公,赐第京师。"就这样,蔡京被召回朝廷,又一次把持朝政。

蔡京一回到朝廷,便将弹劾自己的大臣先后贬官,受牵连者达三十余人,一时朝中有无人之感。而他自己呢,以太师身份总领三省之事,比以前更加有恃无恐。为了迎合宋徽宗,蔡京还玩起了改革官制的花样。在蔡京的蛊惑之下,宋徽宗下诏云:"更开封府守臣为尹、牧,府置六曹,县设六案。朝中之官,太师、太傅、太保为古代的三公,今为三师,古无此称,应依三代之法以三公为真相之职。更左相为太宰,右相为少宰,罢尚书令及文武勋官,而以太尉统领天下兵马。"

蔡京这样做的目的,是为了进一步控制朝廷,他可以以太师身份行宰相之实。但是,经过蔡京这么一改,朝中官吏制度遭到极大破坏,出现了一人身兼十几个职务的现象,致使品级混乱,官员不知自身职在何处,杂乱不堪。侍御史黄葆光当时就提出异议,却被蔡京流放至昭州(今江西平乐)。户部尚书陈显上奏说:"启奏陛下,此次蔡京复用,士民失望。"宋徽宗大怒,贬陈显为越州(今浙江绍兴)知州。陈显是个耿直之人,不愿再去做官,便隐居起来。

蔡京复出不久,有人在民间得到了一个古代的玉圭,将其进献朝廷。宋徽宗非常高兴,将其向群臣宣示,让蔡京议论此事,蔡京说:"此玉圭乃大禹的玄圭,陛下承继大禹的恩惠,行尧的治世之道,故天授陛下以至宝,不胜大庆!"并且要求宋徽宗行授宝之礼,宋徽宗起初没有答应。蔡京为了取悦宋徽宗,再三上奏,终于说动了宋徽宗。

授宝之礼结束不久,宋徽宗便封蔡京为陈、鲁两国公,蔡京没有接受这两个爵位,徽宗只好封其为鲁国公。在这期间,宋徽宗曾七次幸蔡京的府第,所给予的赏赐不计其数,他家里的媵妾也被封为夫人。蔡京本人也因年老,宋徽宗便允其在家中处理政事。这样一来,蔡京便在家中卖官鬻爵。

一天,蔡京的弟弟蔡卞对其兄说:"常州教授某人滞官不升,求弟为之说情。"

蔡京问道:"以何官处之?"

蔡卞说:"他要求提学之职。"

蔡京便拿出笔纸,将蔡卞所说的那个人的名讳及官职写在上面,却忘了书写属于何地。便回头问道:"要何地?"

蔡卞回答:"其家极贫,应以俸禄优厚之地处之。"

于是,蔡京便信笔写上"河北西路"四个字。就这样,河北西路提学一职被蔡京拱手送给了自己的亲信。诸如此类的事情,不胜枚举。对于当时的收贿卖官情况,民间的歌谣说:"三千索,直秘阁;五百贯,擢通判。"

对于蔡京的所作所为,太子赵桓深为不满。有一次,蔡京将大食国的琉璃酒器罗列宫廷,献给太子赵桓。赵桓见状,大怒不已。呵斥蔡京说:"尔身为天子大臣,不以道义相训,却持玩好之器以摇吾志,真可谓荒谬!"于是,令左右将蔡京所献之器全部击碎,扔出宫外,蔡京惭恨而退。

蔡京对太子赵桓耿耿于怀,但他是不敢动太子一根毫毛的,只好对太子身边的人进行报复。蔡京闻知中书舍人兼太子詹事,那天曾以言语激太子,便借故将其贬为洞霄宫提举,池州(今安徽贵池)居住,方才解了心头大恨。

政和六年(1116)五月,宋徽宗下诏拜郑居中为太宰。当时,正值蔡京大兴工役,弄得民不聊生,加之乱变法度,弄得朝廷一片混乱。郑居中以前与蔡京心存嫌隙,便乘机弹劾蔡京,宋徽宗也对蔡京有些厌烦,就让郑居中监视蔡京的一言一行。

蔡京见郑居中有宠于宋徽宗,唯恐其陷害自己,便上奏说:"臣已年逾七十,加之疾病,乞解机务,蒙圣上之恩允臣三日一朝。今臣病已痊愈,筋骨尚勉强有力,伏望圣上许臣日奉朝廷。"宋徽宗表示同意,这实质上使得郑居中的所谓监视大打折扣。

就在蔡京与郑居中暗中较劲的时候,宋徽宗又拜翰林学士王黼为尚书左丞。王黼为人多智善佞,有口才,寡学问,曾依靠蔡京而官至御史中丞,后来任翰林学士。王黼官拜尚书左丞之后,不想再结纳蔡京,便投靠了郑居中。蔡京非常愤怒,准备借故陷害,王黼以他的口才说得宋徽宗龙颜大悦,得以逃脱。当时有人以这件事为素材,写了一首诗。诗云:

> 老火未甘退,稚金方力征。
> 炎凉分胜负,顷刻变阴晴。

对蔡京和王黼的丑恶行径进行了辛辣的讽刺,真可谓一针见血。

到了宣和二年(1120),蔡京第三次被罢去相位,守太师,京城居住。这时,北宋王朝与新兴的金订立了《海上盟约》,双方约定:

〈1〉宋、金从两个方向同时攻辽。金兵攻取辽长城以北的州县,宋兵攻取辽的燕云地区,共同灭辽,任何一方不得单独接受辽的投降。

〈2〉灭辽以后,长城以南州县归宋管辖,宋朝则要把原来送给辽的岁币如数交给金。

〈3〉如果宋兵出师失期,就不把燕云交宋朝管辖。

《海上盟约》订立以后,金朝即对辽展开攻势,接连攻陷了辽的中京大定府(今内蒙古宁城西南大明城)、西京大同府(今山西大同),迫使辽天祚帝率卫兵逃入夹山(今内蒙古包头附近)。宋徽宗也调集号称精锐之师的陕西兵向辽的燕京(今北京)进军,但在此时,方腊起义爆发了,宋徽宗便急忙令军队火速南下镇压,没有如约出兵。直到方腊起义平息后,宋徽宗才于宣和四年(1122)派童贯及蔡京之子蔡攸率十万大军向燕京进发。

蔡京有六个儿子,其中蔡攸、蔡儵、蔡脩皆为大学士,而蔡攸尤得宋徽宗赏识。有一次,蔡攸在宫中陪宋徽宗宴请群臣,宋徽宗高兴之际,对蔡攸说:"朕有一上联,请蔡爱卿对下联。"蔡攸赶忙说道:"请陛下赐联。"

宋徽宗随口说道:"相公公相子。"

蔡攸非常聪明,当即对道:"人主主人翁。"

宋徽宗哈哈大笑,赏赐给蔡攸一杯御酒。其他大臣也纷纷附和,向蔡攸表示祝贺。宋徽宗见状,一时玩性大起,连命蔡攸饮了几大杯酒,喝得蔡攸当时就晕头转向,以至于跌倒在地。蔡攸爬起来对宋徽宗说:"陛下,臣鼠量已穷,以至委顿,愿陛下怜悯为臣。"

宋徽宗笑着说:"使卿若死,朕又灌杀一司马光矣!"

又有一次,蔡攸陪侍宋徽宗祭祀上天,徽宗突然装神弄鬼,说他看到天上有楼台殿阁,蔡攸便煞有介事地说:"陛下,臣觉着那楼台殿阁距地只有数十丈,那里面还有道流童子隐约出现。"

到了后来,蔡攸经常出入后宫。他为逢迎并取悦宋徽宗,竟然在后宫学着小丑的样子,身穿短衫短裤,涂抹青红之色,满口市井淫浪之语,真可谓无耻到了极点,比其父蔡京有过之而无不及。

蔡攸出征燕京之前,对徽宗说:"陛下,臣凯旋之日,请陛下将念四、五都赏赐于臣。"念四、五都是徽宗身边的宠妃,按常理,蔡攸此话有欺君杀头之罪,但宋徽宗却不以为忤,竟然对蔡京说:"太师之子英气若此。"

蔡京非常惶恐地代子谢罪,说:"小子无状,陛下勿怪罪。"

再说进攻辽朝的宋兵,以为辽朝在金兵的打击之下已无力抵抗,燕京唾手可得,根本不作战斗准备,一路上稀稀拉拉。童贯、蔡攸更是胸为战事,竟然对军队下达了不许杀辽兵一人一骑的荒唐命令。结果,在燕京附近的白沟受到辽兵的阻击,宋兵被打得大败。宋徽宗急忙下诏,令宋军撤回边境驻扎。

身在京城的蔡京担忧儿子蔡攸的命运,便写诗寄给蔡攸。诗云:

> 老懒身心不自由,封书寄与泪横流。
> 百年信誓当深念,三伏征途曷少休。
> 目送旌旗如昨梦,心存关塞起新愁。
> 缁衣堂下清风满,早早归来醉一瓯。

蔡京写的这首诗传入宫中,宋徽宗不顾前方战事,却对改诗兴趣大发,他对蔡京说:"太师之诗甚佳,不过'三伏征途'不若改为'六月王师'。"

就在宋兵大败不久,辽燕京小朝廷内部发生了内讧,宋徽宗认为有机可乘,又派二十万大军进攻燕京。但是,此次领兵的主将刘延庆根本没有打胜仗的信心,刚刚碰到辽兵,便自行焚烧辎重逃跑。辽兵乘势追击,宋兵自相践踏,把熙宁变法以来所积聚的大量军需品,都丢弃给了辽兵。

在接连两次惨败之后,童贯、蔡攸为了逃避兵败的罪责,秘密派人到金营面见金太祖完颜阿骨打,约请金兵进攻燕京。完颜阿骨打遂于宣和四年(1122)十二月,率金军攻打燕京,燕京守军在金军的攻击下,彻底崩溃。不久,辽天祚帝也被金军的俘虏,辽朝就此灭亡了。金军攻占燕京之后,因看透了宋朝的腐败和无能,就不肯按原来的协约将燕京交给宋朝。经过讨价还价,金朝只答应把燕京及其所属的六州二十四县交给宋朝,但要求宋朝除把原来给辽朝的四十万岁币交给金朝之外,还得每年另交一百万缗,作为燕京汴州的代税钱,宋朝一一答应之后,金军才从燕京撤走。金军撤走时,把燕京的金帛、子女等席卷而去,留给宋朝的仅是几座空城而已。

金军一撤出燕京,童贯、蔡攸便把宋军的惨败吹嘘成胜仗,宋徽宗也飘飘然沉醉在所谓收复燕云的祝贺声中,给童贯、蔡攸加官晋爵,还立"复燕云碑"以示纪念。就在这时,北宋王朝内部却开始相互倾轧,王黼与太子赵桓不和,阴谋策划立郓王赵楷为太子。蔡攸便与李邦彦勾结一起,将王黼排挤出朝廷。朱勔为了自身的利益,力劝宋徽宗再用蔡京主持朝政,于是在宣和六年(1125),宋徽宗下诏让蔡京以太师身份总领政事。当时,蔡京已年近八十,年老目盲,不能写字,便让第三子蔡絛代理上朝。太宰白时中、少宰李邦彦一切奉行蔡京父子的意旨,只签字画押而已。

蔡京在三落三起中,已快走到生命的尽头,北宋王朝也离灭亡之日不远了。

末日降临

蔡京于宣和六年(1125)再度复职不久,与其子蔡攸发生了矛盾。蔡攸在一些轻薄子弟的挑唆下,与其父蔡京另立门户,父子二人遂成仇敌。蔡攸对于弟弟蔡絛更是恨之入骨,时常寻机陷害他。

当时,蔡絛让自己的门人编写了一部《西清诗话》,里面载有苏轼、黄庭坚等元祐党人的话语,蔡攸便讽喻别人进行弹劾。蔡攸觉着犹不解恨,便赤膊上阵,要求宋徽宗杀蔡絛以正视听。

宋徽宗于心不忍地说:"太师老矣,朕不忍使其老来伤子。"就将蔡絛罢官了事。

接着,蔡攸又与白时中、李邦彦勾结一起,陷害其父蔡京。有一天,蔡攸来到其父蔡京的府第,见其父正与客人谈话,便假托有事,让客人回避。父子二人坐定之后,蔡攸假惺惺地问道:"父亲大人身体可好?"

蔡京答道:"还不错。"

蔡攸装着不放心地说:"父亲大人,让儿子为你把把脉。"说罢,也不管蔡京是否同意,就抓住他的手腕切起脉来,弄得蔡京心中甚是不悦。

蔡攸把完脉,咂咂嘴说:"父亲大人,你的脉势较缓,体中恐已生了疾病!"

蔡京不高兴地说:"胡言乱语,我身体一向很好,根本没有什么疾病。"

蔡攸也不与蔡京争辩,起身说道:"父亲大人,朝中还有公事等着要办,儿不敢久留,就此告辞。"说罢,匆匆离去。

蔡攸离去之后，那个客人不解地说："公子何故如此？"

蔡京这时已明白了蔡攸的用意，长叹一声，对客人说："君不会理解的，此儿欲以我有病罢我相位也。"

蔡京也不是等闲之辈，见蔡攸如此相逼，便上奏要求面圣。不料，当蔡京来到后宫之时，宋徽宗正与童贯、蔡攸在饮酒作乐，弄得蔡京一时不知说什么好。本来，蔡京来后宫是为了说蔡攸的坏话的，到了这步田地只好改口说道："陛下，京衰老目盲，宜去辅政之位。不忍突然离去者，是因为圣上之恩尚未报答，二公亦有所知矣。"宋徽宗、童贯见蔡京也呼其子蔡攸为"公"，都大笑不止。

过了数日，宋徽宗下诏令蔡京上章谢事，蔡京内心实在没有去意。当童贯至蔡府宣诏之时，蔡京哭泣着说："圣上何不再容京数年，而听信谗言以罢京也。"

童贯回答说："我实不知也。"

蔡京在万不得已的情形之下，上章谢事，从此结束了自己的官宦生涯。可笑蔡京，耍尽阴谋，玩尽奸术，到头来竟然栽在儿子蔡攸的手上？

蔡京被罢官之后，便生了一场大病，人们都说他必死无疑。当时朝中有一个叫晁冲之的大臣不以为然，他说："蔡京不会死的。此老败坏国家至此，若使其晏然死于牖下，哀荣备极，岂不是太便宜他了吗？哪里还有什么天道可言？"果然，蔡京又起死回生。

有个叫黄时安的人说："天使蔡京八十不死，病亟复愈，是将使之身受祸。天下不久将大乱矣！"

就在宋徽宗统治集团内部争斗得不开交的时候，新兴的金王朝厉兵秣马，于宣和七年（1125）十月，金太宗吴乞买发兵分两路向南推进，拉开了灭亡北宋的序幕。东路军由右副元帅斡离不率领，进攻燕山；西路军则由左副元帅粘罕率领，进攻太原。当金兵南侵的急报传到开封时，宋徽宗还以为郭药师守着燕山可以安然无事，根本不做任何防御准备。直至金兵从河北长驱而南，宋徽宗这才慌了手脚，急忙把京城的全部禁旅交给宦官梁方平，让他屯兵黎阳（今河南浚县），守卫黄河北岸。同时，宋徽宗也急忙把皇帝之位，禅让给太子赵桓（即宋钦宗），自己却带着宠臣童贯、蔡攸等人，沿汴河逃往南方。

蔡京在家闻知宋徽宗南逃的消息，知道大事不好，也和家人一起逃往南方。蔡京逃离京城时，将他平日所积金银珠宝用船运走，满满装了一大船，全是搜刮来的民脂民膏。为了防备盗匪抢夺，奸诈的蔡京还将其中的四十担金银珠宝，寄放到浙江海盐的族人家中，真可谓用心良苦。

宋钦宗靖康元年（1126），金兵逼近京城开封，钦宗吓得不知如何是好，也准备南逃。这时，地位不高的李纲挺身而出，成为开封军民抗金的中流砥柱。李纲、太学生陈东等人纷纷上书，要求宋钦宗治蔡京、王黼、童贯、梁师成、李彦、朱勔六人之罪。陈东说："蔡京等六人实为六贼，六贼异名而同罪，请陛下处死他们，传首四方，以谢天下。"

宋钦宗迫于舆论的压力，只好将王黼、梁师成、李彦斩首，蔡京、童贯、朱勔贬官流放。朝中大臣不满意宋钦宗的做法，继续揭发童贯、朱勔以及蔡京父子的罪恶，宋钦宗在不得已的情况下，派监察御史到流放地斩了童贯、朱勔、蔡攸、蔡絛。蔡京则被贬为崇信、庆远军节度副使，韶州（今广东韶关）安置。

当时,蔡京已逃至亳州(今安徽亳县),他身边还带着三个宠姬。就在宋钦宗下诏流放蔡京之时,金兵已包围了开封,他们指名索要蔡京的三个宠姬,钦宗便下诏派人到亳州领人。临别之际,年老的蔡京老泪纵横,作诗云:

为爱桃花三树红,年年岁岁惹春风。

如今去逐他人手,谁复尊前念老翁。

蔡京与三个宠姬分手之后,便如丧家之犬,带着家人前往流放地韶州。一路上,蔡京所到之处,人们听说蔡京来了,那些卖饮食之类的商贩都不肯将食物售给他,甚至有人拦住蔡京大骂,以至于无所不道。蔡京所过州县,官吏纷纷驱逐,不准他行走大道,弄得蔡京老泪泉涌,饥饿困乏,成了真正的丧家之犬。面对此等情形,蔡京长叹道:"京失人心,何至于此!"

后来,蔡京行至潭州(今湖南长沙),却无处安歇,只好住在城南的东明寺内,时间是靖康元年(1126),蔡京正好八十岁,他却自称八十一岁。已是风烛残年的蔡京,回想起往日的威风,又看看眼下的惨境,不由得心生感慨,写了一生中最后一首词。词云:

八十一年住世,四千里外无家。如今流落向天涯,梦到瑶池阙下。

玉殿五回命相,彤庭几度宣麻。止因贪恋此荣华,便有如今事也。

将自己一生刻画得惟妙惟肖,似乎充满悔意,但已经晚了。写完这首词不几天,蔡京便呜呼哀哉,命归黄泉。

相传,蔡京死后,没有棺木,只好以当时人常用的"太师青"布裹尸,埋入专门收葬贫病无家可归者的漏泽园中,时人谓之报应。后来,蔡京的一个门人改葬了蔡京,替蔡京辩解,在墓志中写道:"开元之末,姚宋何罪。"姚宋即姚崇、宋璟,他们乃唐代贤相,岂是蔡京这个奸臣可比! 蔡京又岂能逃脱致使北宋衰亡的历史罪责!

蔡京的一生,才欺于德,成了一代大奸。他的所作所为,留给后人太多的思考,不可不以之为鉴,来正我们的用人之道,将我们身边的蔡京扔进猛醒池中,促之猛醒,岂不幸哉!

秦 桧 传

人物档案

秦桧:字会之,江宁(今南京)人。中国历史上十大奸臣之一,因以"莫须有"的罪名处死岳飞而遗臭万年。

生卒时间:1090~1155 年。

性格特点:拨弄是非,造谣离间,言语不多,却很毒,一意孤行,排除异己。

历史功过:摧毁国防,败坏军力。秦桧当国,把南宋之初在与金人的长期抗战锻炼出来的良将劲卒尽加杀害和驱逐。由于秦桧的卖官鬻爵,新上任的军官根本不会治军,只会捞钱,"为将帅者,不治兵而治财,刻剥之政行,而附摩之恩绝;市井之习成,而训练之法坏。二十年间,披坚执锐之士,化为行商坐贾者,不知其几。"(《系年要录》卷 189)。这些人整天朝游暮宴、安富尊荣、醉生梦死,南宋初年军队的抗敌锐气,经秦桧主政二十年间,

秦桧

丧失殆尽。秦桧是宋体字的创始人,但由于人们厌恶他的人品德行,虽然应用他创立的字体,却改称宋体字。

名家评点:卖国求荣的秦桧,在中国几乎是家喻户晓、人人皆知的奸佞之臣。他在宋、金战争中,勾结宋高宗赵构,玩弄权术,丧权辱国,屈膝投降,坑害忠良。他干尽了坏事,不知给国家和百姓带来了多少深重灾难。他的罪恶罄竹难书,他的名字遗臭万年。他是中国历史上一个阴险狡诈,卖国求荣的奸佞之徒。

见风使舵

秦桧(1090~1155 年),字会之,江宁(今江苏南京)人。他出生于一个中小地主家庭,父亲曾做过一些地方的县令,这在宋朝统治阶级中只能算是一个小官。秦桧生活在这样的家庭环境,是不可能马上飞黄腾达的。但秦桧天资聪明且阴险狡诈,他幼年读书时发生的一件小事很能说明问题。一天,教书先生在讲台前正抑扬顿挫地讲着"之乎者也"时,突然下面传来刺耳的鸟叫声。先生感到十分奇怪,忙问:"怎么回事?"同学齐朝秦桧望去。原来,秦桧在听课时不知不觉地走了神,为窗外树枝上几只嬉闹的小鸟所吸引,忍不住学起鸟叫了。秦桧面对先生的发问,居然脸不红、心不跳地回答,说是旁边的同学发出的声音。为了证明刚才的行为不是自己所为,他居然一字不错地将刚才先生讲的课文内容背了出来。由此他得到了先生的表扬,旁边的同学却遭到了斥责。秦桧后来又拜汪伯彦(南宋著名奸相)为师,从他那里进一步学到了一套玩

弄权术、耍弄阴谋诡计的本领。以后他在太学读书的时候,更是两面三刀,阴一套,阳一套。总是以恶人先告状的方法,来推卸自己的责任。同学们为此给他起了个"秦长脚"的绰号,来讥刺他是个善于打小报告的小人。

由于秦桧的家庭并不显赫,因此他曾做过乡村教师。但他对这个职业很不满意,心中一直抱怨祖上为何不积阴德,不让自己成为官宦子弟。为此,他牢骚满腹,说:"若得水田三百亩,不再做那'猢狲王'。"表面看来他要求不高,似乎只要几百亩好田,不再做"孩子王"就满足了。其实,他是在叹息自己命运不济,没有升官发财的机会。可以说,青年时代的秦桧是不得志的,他是在抱怨、焦虑和寻求混入官场的机会中度过的。

为了能够出人头地,秦桧寒窗苦读。终于在1115年他25岁的时候,以科举中了进士,从此开始了他的仕途生涯。为了谋取高官厚禄,他竭尽投机钻营之能事,察言观色,见风使舵,千方百计讨得上司的欢心和信任,不到几年,便青云直上,窃取了礼部侍郎的高位。

秦桧进入仕途的时候,北宋王朝的统治已经走向尽头。北宋建立初年,宋太祖吸取唐朝中期以后,由于边帅权势过重形成藩镇割据的局面,和五代十国时期政权更迭频繁的教训,为了巩固统治,他采取了一系列加强中央集权的措施。他用"杯酒释兵权"的办法,解除了朝中大将和地方节度使的兵权,改用文臣带朝官、京官衔到地方代替武将,各地军队时常调动,将帅也不固定,形成"兵不识将,将不知兵"的局面。军权集中在皇帝一人手中。他派文臣做知州,管理地方政事。后来,又派转运使到各地管理财政。北宋政府通过几种制度的改革,把地方的军权、行政权、财权都收归中央,加强了中央集权。但是,经过改革,逐渐出现了庞大的官僚机构和庞大的军队,造成了北宋日益严重的"积贫积弱"的局面。中间虽然经过王安石推行新政,兴利除弊,但是变法几遭挫折,并未达到富国强兵的目的。而此时的宋徽宗更是个荒淫的昏君。他整日沉湎于酒色、书画、音乐之中,想的是怎样鱼肉百姓,过花天酒地的生活,很少过问政事。奸臣蔡京、童贯等把持朝政大权,大大小小的贪官酷吏使出所有解数,千方百计搜刮人民,弄得民不聊生,怨声载道。胆小的,只好拖儿带女去沿门乞讨;胆大的,就聚众造反。如宋江等人聚居梁山起义;方腊等众据睦州造反。虽然这两支起义军最终都被镇压下去了,但它们却沉重地打击了北宋王朝的统治,北宋政权已处于风雨飘摇之中。

但此时我国东北黑龙江流域及长白山一带的女真族正在迅速崛起。女真族的首领阿骨打建立了一支强大的军队,多次打败压迫他们的辽的军队,并在1115年建立了政权,定国号为金。金建立后,势力迅速壮大,并在1125年与北宋联合灭掉了辽。在与北宋一起灭辽的过程中,金看到北宋统治腐朽,防备空虚。就在这年冬天举兵南下,大举进攻北宋。宋徽宗得知这个消息,当即就吓得昏死过去,皇帝也不要做了,逃命要紧。他赶忙将帝位传给太子,自己带了蔡京、童贯等人南逃镇江避祸。

即位的太子,便是北宋末代皇帝宋钦宗。其实,宋钦宗不比老子强多少,也是个胆小如鼠的昏君,十分害怕金兵,曾几次企图弃城南逃。金兵于1126年(靖康元年)1月,渡过黄河,包围了汴京(北宋的都城,今开封)。本来就无意抗战的钦宗,眼见敌军已兵临城下,便积极进行投降活动,几次派人到金营求和。金军提出了苛刻的议和条件,要宋朝献出黄金500万两,白银5000万两,牛马各万匹(头),绸缎百万匹,并割让河北三镇,还要以亲王、宰相等为人质。面对这么屈辱的议和条件,宋钦宗及李邦彦、张邦昌等昏君奸臣却表示全部接受。但主战派代表李纲等人坚决反对,主张组织城内军民坚守汴京,等待各地勤王军队的到来。李纲的主张得到了朝中大部分大臣的拥护,由此一时主战派占了上风。

当时身为礼部侍郎的秦桧,看到主战派一时声势浩大,便也随声附和,但又不敢触怒钦宗。于是,他单独向钦宗上了一道谈兵机四事的奏章:一是说金人贪得无厌,要割地只能割燕山一路;二是说金人阴险狡诈,要加强防守不可松懈;三是召集百官详细讨论,选择正确意见写进和议之中;四是如金使前来不能引进宫殿。秦桧的建议,一方面迎合了钦宗割地议和的心意,另一方面以主张防守又设法附主战派的呼声,可谓用心良苦。当时钦宗正被主战派的抵抗运动弄得寝食不安,看到还有像秦桧这样体谅自己苦衷的"忠"臣,当然喜出望外。不久,擢升秦桧为殿中侍御史。由于李纲为首的主战派的抵抗及全国各地的援军纷纷赶来,金军看到无机可乘就慌忙北撤了。

金兵撤退后,各路援军被宋钦宗遣散。逃跑的宋徽宗又回到朝廷,李纲等主战派将领遭到排挤。宋钦宗为首的投降派,以为敌人已去,不会再来,又可以安享太平,纵情欢乐了。可是,时过八月,金军再次大举南下,直抵汴京。宋钦宗慌忙召集百官商量对策。最初秦桧以为这次情形还同上次一样,因此,把自己打扮成主战派反对议和。但不久,他发现主战派势单力薄,特别是宋钦宗议和的态度非常坚决,因此吓得一声都不敢吭了。宋钦宗决意议和,将主战派全部排挤出朝。而秦桧因及时转向,不但未遭贬逐,还被提升为御史中丞,权势更大了。

宋钦宗不率领军民抗战,却相信了无赖郭京说他能请"神兵"退敌的鬼话,下令撤去城上守军,大开城门。结果金军乘机涌入城内。汴京沦陷,宋徽宗、宋钦宗父子俩赶忙向金军投降,北宋王朝就此灭亡。金兵在第二年(1127年)四月撤退时,不仅抢走了北宋国库中全部的金银财物,而且还掳走了徽宗、钦宗、皇后、妃子、文武百官等3000多人。

金兵决定北撤时,为了防止赵宋王朝的复兴,把北宋奸相张邦昌立为皇帝,以楚为国号,让他充当傀儡,代金统治中原。金的这一举动,激起了人民的愤恨,也遭到了北宋许多官员的反对。此时,秦桧也站在了反对派官员的一方。他之所以反对张邦昌,并不是为了国家和民族的利益。这在他给金军统帅粘罕的一封信中可以看出:信的开头首先声明自己反对张邦昌,并不是想复辟赵宋王朝,完全是为了金的利益考虑。他提醒金统治者注意,赵宋王朝的统治已达一百多年,在中原的百姓中影响相当大,而张邦昌是一个趋炎附势之徒,名声很臭,百姓对他早就非常痛恨。如果由他来统治北宋的旧地,对金的统治将大大不利。他最后建议金还是保留赵宋王朝,关键是要能够操纵这个朝廷。从这封信中可以看到秦桧之所以反对立张邦昌为帝,一方面可蒙蔽一些不明真相的官员,另一方面又可充分表达为金人献策的真正心意。他的建议虽未被粘罕采纳,但粘罕对秦桧能为金考虑大为赏识,并对他产生了好感。因此金兵北撤时,粘罕点名要秦桧作为"俘虏"前往,表面上是因他反对立张邦昌为帝,实际上是为了准备利用他这条走狗。

因此,秦桧虽作为俘虏到达了金国,但受到了其他俘虏所不能得到的待遇。徽宗、钦宗及其他皇族大臣都受到了金兵的凌辱折磨。燕王赵俣因绝食而死在路上,金兵用马槽收敛他的尸体,埋葬时两只脚还露在外面。原来位极至尊的徽宗、钦宗二帝,被金封为"昏德公""重昏侯",还让他俩穿着孝服去跪拜金太祖庙,对他们百般凌辱。最后将他俩流放到人迹罕至的荒野地区,并派兵严加看管。由于天寒地冻,两帝只能躲进废弃的枯井中御寒。而秦桧由于在此前致信粘罕,向金献媚,金看到他还有利用价值,为了让这条走狗死心塌地为自己效力,非但没流放他,反而还对他大肆笼络一番。在粘罕的引荐下,金太宗召见了秦桧,把他赐给左监军挞懒任用。兀术还专门设宴招待秦桧,并请一些达官贵人的爱妃小妾为他侍酒。秦桧受宠若惊,就卑躬屈膝地投靠了金国,积极为金国出谋划策,成了赵宋王朝的叛逆。

谋取相位

正当汴京陷落后,徽宗、钦宗二帝及皇族大臣等3000多人被金兵押着北上时,徽宗的第九个儿子赵构于1127年5月在南京(今河南商丘)即了皇位,这就是南宋开国皇帝宋高宗。赵构临坛加冕时,想到徽、钦二帝及皇族大臣3000多人的境况,不由扑簌簌地掉下眼泪,向北遥拜了几下,接着诏封群臣。南宋王朝由此建立。

赵构称帝的消息传到金朝,宋徽宗听后非常高兴。尽管他仍没有放弃原来的投降主张,但由于忍受不了痛苦的俘虏生活,希望赵构能够北伐救他出火海。所以,他以赵构登位作为向金乞和、讨价还价的资本,请秦桧代笔写了一封求和信给粘罕。秦桧不负金国对他的"恩惠",利用这个机会,再次表明自己心向金国的态度。他在信中特别以五代时契丹的耶律德光为例,说他攻入汴京灭掉后晋后,将石氏宗室全部北迁,可结果契丹自己反而守不住中原地区,最后让刘知远得去,建立了后汉。因此,秦桧提醒金国统治者注意吸取历史上的这个教训。他建议说,最好的办法是让赵宋政权继续存在下去,金国可派一名自己信任而南宋朝廷又不知底细的宋廷被俘官员,带着徽宗的亲笔信南下劝说高宗,及以后的皇帝都向金称臣纳贡,这样金就能牢牢地控制中原地区。他表示自己愿意担负这一使命。金统治者这时急于用武力消灭南宋政权,故拒绝了徽宗求和信的要求。但对执笔人秦桧大为满意,认为他的确为金着想。

新建立的南宋王朝,实质是腐朽的北宋政权的延续。别看赵构登基时哭得那么伤心,可他和他父兄一样,天生一副软骨头。他在做皇帝前,曾到金营做过人质,亲眼看到金国统治者的野蛮暴虐,如今又看到徽宗、钦宗被俘后过着屈辱的生活,许多皇室人员纷纷被金人折磨而死。他想起这些,不寒而栗,患上了严重的"恐金病"。他只想偏安一地,保持自己皇位即可。因此,他一开始就竭力排斥主战派李纲等人,任用奸相黄潜善、汪伯彦等,为向全国表示自己无意与之抗争,还撤除了黄河沿岸一带的防务,解散各地抗金义军,以此来换取金人的欢心,希望通过签订一纸和约,来保住半壁江山。

可是,南宋最高统治集团的卑躬屈膝,并没换得金的同情。相反,金统治者看到了南宋王朝的软弱,给它造成了可乘之机。1127年冬,金军兵分三路向南宋发动了进攻。宋高宗畏敌如虎,根本不组织抵抗,只是一心乞和。但尽管宋高宗在乞和信中摇尾乞怜,一再表示自己愿意削去帝位,向金称臣,只想保住一个金朝属国的地位,而金统治者根本不予理睬。从1127—1130年,金兵接连南下,并从黄河流域一直烧杀抢掠到长江流域。宋高宗吓得惊慌失措,一路从河南商丘逃到扬州、镇江,再逃到杭州,甚至最后乘船逃到了海上避难。南宋小朝廷成了个逃难的朝廷。

与宋高宗仓皇逃跑形成鲜明对照的是沦落敌手的中原地区人民,他们不堪金兵的掳掠和屠杀,为了保家卫国,纷纷组织义军,进行抗金斗争。一时间,中原地区抗金义旗林立,参加的人民约有100万左右。其中以活跃在太行山区的"八字军"最为著名。这支义军有10余万人,首领叫王彦,义军人人脸上都刺了"赤心报国、誓杀金贼"八个大字,所以称为"八字军"。王彦足智多谋,八字军作战勇敢,曾多次打败金军,威震敌胆。有一次,金兵主帅令其部将去进攻王彦,那位部将竟吓得跪下哭了起来,说"王彦营寨坚如铁石,士兵骁勇善战,自己宁死也不敢前去攻打!"

当然,南宋王朝的大臣中也不都是贪生怕死之徒。在北方人民高举义旗,进行抗金斗争的同时,一些主战派大臣也不顾宋高宗的投降卖国政策,领导军民进行了一系列的抗金斗争。如开封留守70多岁的老将宗泽,曾20多次上书高宗,要求北伐。他率领军民多次打退金军的进攻,在弥留之际,嘴里还念着唐朝诗人杜甫那"出师未捷身先死,长使英雄泪沾襟"的诗句,来抒发生前不能完成抗金复国大业的感慨。最后,他连喊三声:"渡河!渡河!渡河!"带着满腔悲愤离开了人世。

正是由于像王彦"八字军"和宗泽那样的北方人民,及南宋主战派的抵抗,才打退了金军的进犯,1130年8月金兵被迫北撤。南宋王朝总算保住了东南一隅。宋高宗也从海上上岸,重新回到杭州,并将杭州正式定为都城。为了遮人耳目,他改杭州为临安,以此表示这仅是临时安身之地,以后还要收复失地,回都汴京。可是不久,宋高宗就以临安为"偏安",在那里大兴土木,广造宫殿,追求那醉生梦死、腐朽奢靡的生活来了。

但是,宋高宗不想收复失地,金却没有忘记灭掉南宋。就在1129年,金朝以兀术为统帅,兵分数路,再次大举南犯。挞懒奉命从东路进攻,他考虑到秦桧已成为金的忠实走狗,对南宋王朝的情况比较熟悉,可以为自己出谋划策,必要时还可以用他来瓦解南宋军民的斗志。因此,带着秦桧随军南下,还任命他为军师。

挞懒在攻打楚州(今江苏淮安)时进展很不顺利。尽管南宋守军不足万人,但他们同仇敌忾,众志成城,奋勇抵抗。挞懒几万兵力围攻40多天都没有破城,且伤亡过多,粮草将尽,只得悻悻北撤。第二年挞懒再次进攻楚州,同样由于城中军民的殊死抵抗,围攻了100多天都没有取得突破性的进展,挞懒气得暴跳如雷,秦桧也使出了浑身解数,为挞懒出谋划策。他以自己贪生怕死的心理来忖度楚州军民,绞尽脑汁,专门为挞懒起草了一封劝降信,竭尽威胁利诱之词,但也无济于事。后来由于楚州军民孤军奋战,粮尽援绝,终于被金军攻破城池。

南宋爱国军民抗金斗争的事实使金统治者认识到,单凭军事力量是不可能征服南宋的。所以在 1130 年 9 月,金统治者决定一方面高谈和议,以诱惑南宋王朝,使其放松警惕,然后再集中兵力将其攻灭,另一方面决定扶植已投降金国的原南宋济南府知府刘豫为大齐傀儡政权的皇帝,命他统治中原和陕西地区,以引诱南宋投降派破坏抗金斗争。

金统治者为了达到他们在战场上不可能达到全部占领和统治南宋领土的目的,决定派内奸打进南宋王朝,从内部来瓦解它。最后,他们认为秦桧是最合适的人选,一则秦桧被俘后的所作所为,表明他已俯首听命于金国;二则秦桧过去曾给金国上书要求保存赵宋政权,在南宋朝野留下了"忠义"的名声,能掩盖他内奸的面目,南归后在朝廷中也能够站得住脚。而秦桧自投靠金国后,一直希望能为主子效犬马之劳,当他接到充当内奸的使命时,自然喜出望外,十分乐意。

为了不引起南宋政权的怀疑,金国为秦桧南归做了一番精心的筹划。这年(1130 年)十月,秦桧夫妇带了几个随从乘船从楚州来到南宋边城涟水。他们在城周转悠时,被守城的巡逻兵抓住,怀疑是金派来的奸细就要杀他。秦桧慌忙大声分辨:"不要杀我!不要杀我!我是前朝御史中丞秦桧,被金兵掳到北边,今天我是杀死了看押的金兵,抢了一条小船才逃过来的。"南宋守将听后将信将疑,考虑到秦桧是宋钦宗时的御史中丞,可能了解徽、钦二帝被俘的情况,担心杀了他,朝廷追究起来自己担当不起,于是将秦桧押送临安交给朝廷处理。

秦桧到达南宋朝廷后,便按照早已编造好的谎话,描述起他如何杀死看守金兵夺船南逃,一路怎么充满艰险的过程,讲得有声有色,完全如真的一般。

尽管很多朝臣对秦桧的归来存有怀疑,但此时的宋高宗被金兵追杀得若丧家之犬一样到处乱窜,刚回杭州不久惊魂未定,正为乞和求降而寝食不安时,听说被金俘虏了 4 年的秦桧回来了,心想他熟悉金内部情况,或许对自己乞和有用,于是,不顾群臣的怀疑,立即召见了他。秦桧猜透了高宗急于议和的心思。他首先大肆吹嘘自己如何尽心尽力地侍奉徽宗、钦宗,以博得高宗的好感和信任。接着就吹捧金统治者如何守信仗义,自己如何为挞懒所宠信,建议朝廷应该向金国表示顺服,签订和约,这样才能免遭战祸。他表示自己和挞懒有着特殊的私人关系,可以出面沟通朝廷与金的关系,为促成和议效劳。秦桧口若悬河,滔滔不绝地讲着,宋高宗听得聚精会神,面露喜色,连连点头称是。秦桧见时机成熟,便从怀中掏出早已准备好的给金将挞懒的求和书上呈高宗。这一切正中高宗下怀,他对秦桧大大夸奖了一番。

高宗把秦桧看成是能够与金国迅速达成和议的唯一中介人,当然对他非常信任倚重,没几天就任命他为礼部尚书。但秦桧非常狡猾,假惺惺地加以推辞,说自己逃回来主要是表示对赵宋王朝的忠心,而不是来做官的,这就越发赢得高宗的好感。宋高宗特地下诏大肆夸奖秦桧的忠勇,并严禁朝中群臣议论、怀疑秦桧。为了表示对秦桧的信任,三个月以后,高宗又把他提升为参知政事(副宰相),对他宠爱无比。

尽管如此,秦桧还嫌参知政事的权力太小,怕难以完成金统治者的旨意。于是,他觊觎位极人臣的宰相职位。当时的宰相是范宗尹,秦桧表面上很尊重他,暗地里却想方设法排挤他。平时范宗尹与他商量朝政大事,他表面上唯唯诺诺,从无异议;但暗中却仔细盘算,寻找把柄,然后在宋高宗面前诬陷谗害范宗尹。渐渐地,宋高宗对范宗尹产生了恶感,最后将他罢去相职。

秦桧看到相位空缺,就加紧实施谋取相位的阴谋。为了制造舆论,他故弄玄虚地说道:"我有两条妙策,提出来后可以震动天下。"有人问他:"你既然有妙策,为何不讲出来呢?"他就故意说道:"现在没有宰相,提出来后也不可能实现。"当他看到高宗还没有反应时,就迫不及待地跑到高宗前,先吹捧了一番高宗是如何如何"圣明"。见高宗高兴,他便未裸裸地说:"如果我当了宰相,可以实施两条震动天下的妙策。"那么,秦桧所说的可以震动天下的两条"妙策"究竟是什么呢?概括起来讲就是:"南人归南,北人归北。"也就是目前居住在南宋政权统治区域之内的不论是官僚豪绅或士兵百姓,凡是原籍在山东、河北等地的,都要使其返归金政权的统治下;凡是原籍在中原的,都要使其返归伪齐政权的统治下。这两条毒计是秦桧完全秉承金统治者的旨意提出来的,其目的是削弱南宋军队的战斗力,直接为金国吞并南宋铺平道路。可是高宗这个急于求和的昏君,听后居然非常高兴,连连称赞秦桧对朝廷的忠心。于1131年(绍兴元年)8月正式任命秦桧为右仆射、同中书门下平章兼枢密院事(右宰相)。

无耻受降

1131年8月,秦桧凭所谓可以震动天下的两条妙策,讨取了高宗的欢心,爬上了右相的高位。他以为从此自己可以独揽朝政,实现其主子金统治者交给他的使命了。

秦桧的两条妙策一出笼,倒确实震动了天下,当时朝野上下纷纷表示反对。许多大臣接连上书高宗,谴责秦桧的妙策实质是主张解除南宋王朝武装,甘愿接受金国统治和奴役的亡国奸计。南宋军民也异口同声地表示:绝不接受。一时群情激昂,反对的声浪汇成声讨秦桧的怒涛。高宗害怕激起民变,危及自己的统治,所以也转而抱怨起秦桧来了。

秦桧一当上宰相,为了达到自己专权的目的,竭力网罗亲随,培植自己的势力。他在朝廷各重要机构都安插有自己的亲信党羽,还想方设法将左相吕颐浩排挤出朝廷。这还不算,他甚至奏请高宗设置修政局,想架空高宗。高宗看到自己的专制地位受到影响,就对秦桧产生了一些反感,加上许多官员又纷纷指责秦桧的专横霸道,于是更加深了他对秦桧的不满。

秦桧的处境已经不妙,但就在此时,金兵又再次南犯。其实金统治者虽已派秦桧为内奸对南宋诱降,但仍没有放弃用武力消灭南宋政权的行动。它鉴于前几次金兵深入东南,每次都遭到南宋军民的痛击,所以这次采取"先事陕西"的战略,企图占领陕西,由陕入川,再顺长江东下,占领江南。公元1131年金统帅宗弼率军向陕西发动进攻,但遭到了南宋将领吴玠等人的坚决抵抗而归败归。这使高宗对秦桧十分恼怒,认为他没有能够像自己原来所期望的那样,迅速地达成和议。

鉴于以上种种原因,宋高宗出于自身的利害关系,终于在1132年8月,下诏免去了秦桧的宰相职务。

秦桧虽被罢相位,失去了权势,但他决不善罢甘休,伺机有朝一日,能够东山再起,重登相位。

事实上,宋高宗也从来没有间断过乞和的活动。公元1134年,他又派魏良臣、王绘等人前往金营挞懒处求和。临行前,他还特别嘱咐他们说,这次你们前去不要在言语上与金人计较,态度要诚恳,只要金人答应议和,不必考虑金银财物,一切我自有准备。魏、王等人到达金营,见到挞懒后便按照高宗的旨意,向金人奴颜婢膝,甚至连宋也不敢称,而只是称江南,以此表明南宋愿意作为金国附庸的和谈诚意。可挞懒不说同不同意和议,只是一再追问:秦桧现在情况可好?为什么要罢免他的相位?最后,金人还是拒绝南宋和议的要求,并向魏良臣、王绘暗示,真正要议和,非得重新任用秦桧,否则,宋金和谈就休想成功。

魏、王两人回到临安,立即向宋高宗汇报了和谈情况并转达了挞懒等人的意思。高宗对此非常重视,考虑到秦桧深受金统治者的信赖,又与金军统帅挞懒的关系非同一般,看来要实现议和,非秦桧不能。因此,高宗立即起用秦桧,任命他做资政殿学士。

但是,秦桧对小小的资政殿学士一职根本不放在眼里,他的目标是重新登上宰相宝座。他心里盘算,自己过去主要是因为主张议和、反对抗金的事情做得太露骨了,必须吸取教训,采用比较隐蔽的手法,来迷惑宋高宗和朝廷群臣,于是,他常常附和主战派,积极地与他们一起讨论抗金斗争,甚至慷慨激昂地大骂金贼。同时,他迎合高宗决心议和的心理,上书建议:利用被俘的金人,让他们写信给金统治者,讲明南宋朝廷决意议和的意向。为了取得高宗的信任,他还唆使他的一些亲信在高宗面前为他说好话,表忠心。经过一段时间,秦桧果然赢得了部分朝臣的好感,宋高宗也对他越来越器重,不断提升他的官职。公元1137年,秦桧当上了枢密使。

正当秦桧苦心钻营,四处活动时,金国内部发生的一件事情,使他轻而易举地重新登上了宰相宝座。

原来,在公元1135年金太宗病死,熙宗即位后,金国内部发生了激烈的争权斗争,最后挞懒控制了朝政大权。挞懒针对刘豫伪齐政权既不能有效地攻打南宋政权,又不能镇压中原地区人民的抗金斗争,建议熙宗将它废黜,并提出不如暂时接受南宋议和要求,让它向金称臣纳贡,以平息与南宋的长期斗争,待到时机成熟时,再大举南下,攻灭南宋。此建议被金熙宗采纳。公元1137年11月,金废黜了刘豫。这年的年底,挞懒就让南宋使臣王伦回去传信给宋高宗,说明金国同意议和的条件。

王伦日夜兼程,赶到临安面见宋高宗,传达了金的意思。高宗本来一直为不能实现议和而日夜忧虑,他一听到王伦带来的这个"好消息"乐不自支,他进而想到秦桧和现在掌握金国实权的挞懒不是有着特殊的关系吗?以前挞懒就说过,要想议和必须重用秦桧,看来,如今要是重新提升秦桧为宰相,定能进一步讨得挞懒的欢心,和金国议和的把握就会更大。于是,在公元1138年年初,宋高宗不顾大臣们的反对,重新任用秦桧为宰相。

秦桧既受到宋高宗重用,又有金国主子在背后撑腰,于是,就有恃无恐地进行投降议和活动。

当宋高宗和秦桧在朝廷上宣布准备同金议和的决定时,当即引起朝中大臣纷纷议论。许多大臣特别是一些主战派将领,都上书表示坚决反对。

秦桧见大臣们纷纷反对,心想自己要实现金主子的旨意,看来关键是宋高宗的态度。于是,他就向高宗说:"大臣们众说纷纭,都在坚持自己的意见,这哪能决定大事! 如果陛下决心议和,请只和我一个人商量,不要让其他大臣干涉,这事就能成功。"高宗一听,正合自己的心意,当即说道:"那好吧,就照你说的办。"但老奸巨猾的秦桧还不放心,为了试探高宗对议和的态度是否坚决,便对高宗说道:"陛下不要感情用事,请慎重考虑,三天后我再听回音。"过了三天,高宗还是如此回答秦桧。秦桧唯恐高宗还有反复,便请求他再考虑三天。结果三天后,高宗依然这样回答。秦桧这才放心,知道高宗确实坚定不移地要讲和了。于是,他就起草了一份"圣旨",征得高宗同意后,第二天,就在朝廷上神气活现地对文武大臣,宣读了与金议和的"圣旨",并威胁大臣说,议和政策事关国家命运,皇上已做出决断,百官不得干涉,违者以扰乱朝政罪论处。一些大臣不顾秦桧的恐吓,仍然反对议和。秦桧便乘机把他们排挤出朝廷,将他们贬官的贬官,革职的革职,连左宰相赵鼎也被罢官逐出京师。这样,秦桧就独揽朝政大权,为卖国投降铺平了道路。

这年(公元1138年)十月,金国为迫使南宋屈服投降,派使者来临安议和。金使进入宋境后,就要求沿途州县像迎奉宋高宗诏书一样迎奉金帝诏书。这激起了沿途军民的极大愤怒,他们侧目怒视金使,上书高宗强烈要求取消和议,更有几个热血青年想乘天黑将金使杀死,只是由于官府的阻挠而没有成功。

金使到达临安后,气焰更加嚣张,坚持要册封宋高宗为帝。这就意味着高宗要跪拜在金使面前接受金主的册封。大家认为这是南宋政权的奇耻大辱,决不能接受,他们怒不可遏纷纷表示反对议和。朝中许多大臣也不甘受辱,纷纷辞职。而高宗本人不以为耻,他已下定决心,只要能达成和议,金国什么条件都可以接受。因此,他一方面连续下诏欺骗军民,同时威胁百姓不准聚众闹事。此时秦桧深知这一片反对声都是冲着自己而来的,怕高宗迫于舆论而最后变卦,于是就假惺惺地提出要辞职,以要挟高宗。果然,高宗怒气冲冲又恬不知耻地对群臣说:"当初我被金兵追杀时,也曾对敌跪拜过多次,但没有人来过问。而秦桧今天主张议和,你们却对他纷纷指责,逼得他现在竟要辞职。他走了虽无妨,但将来金人只会怪我,哪里怪得到他呢!"大臣们吓得都不敢吭声。

可是,尽管宋高宗议和的态度非常坚决,真的要他当着满朝文武大臣跪在金使脚下接受册封,毕竟感到难堪。但如果不跪,和议又难以成功。怎么办? 连诡计多端的秦桧一时也拿不出两全其美的办法。最后还是秦桧的一个亲信出了个鬼主意:向金使说明高宗正在为徽宗(此时已经在金国去世)守孝,所以不能行跪拜礼,可由宰相来代理。秦桧听后非常高兴,连忙禀告金使。金使也得知南宋军民反对议和的情况,怕把事情弄僵,便不再坚持原来的意见。于是,秦桧不仅导演了这场投降丑剧,而且也乐得充当这场丑剧的主演,代高宗拜倒在金使面前,接受主子的诏书。

公元1139年初,南宋与金正式达成和议。其内容概括起来是:南宋向金称臣,每年向金国进贡白银25万两,绢25万匹;金国把徽宗的灵柩和韦太后归回南宋;金国把原来伪齐政权控制的地区归还南宋。

对于这样的丧权辱国条约,宋高宗、秦桧还郑重其事地当作一件特大喜事来庆祝。一方面为了安定民心,粉饰太平,颁布大赦令;另一方面要大臣们进表祝贺,并给予加官晋爵。

尽管宋高宗、秦桧毫无廉耻地为自己投降的"成功"大肆庆贺。但广大臣民对和议的实质早已一目了然,看到南宋政权实际上已成为第二个伪齐政权,等于亡国了。许多大臣纷纷上书反对和约,抨击秦桧。岳飞在文武百官加官进禄时,被授予"开府义同三司"的尊贵爵号,但他坚决不接受这种可耻的"荣誉",并多次上书朝廷说:"今天的事情(指签订和约)是危险而不是平安,可忧虑而不可庆贺。应当加强防备,而不是论功行赏,被敌人耻笑。"无奈忠言逆耳,高宗哪里听得进去!而秦桧因岳飞多次反对议和,对他恨之入骨,看成是肉中刺,眼中钉,千方百计想除掉他。

冤杀岳飞

宋金议和后,宋高宗认为从此天下无事,可以高枕无忧了。他根本不再考虑什么边防战事,甚至还下令边将不得再派探马进入金方刺探军情,以免引起金的误会。至于金归还的地盘,他更是无意去管理,宋高宗想以此来讨得金的欢心,维持那好不容易得来的安宁局面。然而,宋高宗的诚意,并没有换得金的同情,和议墨迹未干,金兵又大举南犯了。

原来,当初挞懒执掌金国大权时,他主张以政治手腕,通过内奸秦桧的策应来控制南宋,所以实现了和议。但没过多久,金统治者内部又发生了一场激烈的权力斗争,结果是强硬派兀术取得胜利,以"谋反"罪名逼金熙宗处死挞懒,控制了朝政。兀术一向反对议和,认为把原伪齐政权的地盘归还南宋是最大的错误,他主张通过战争,夺回中原

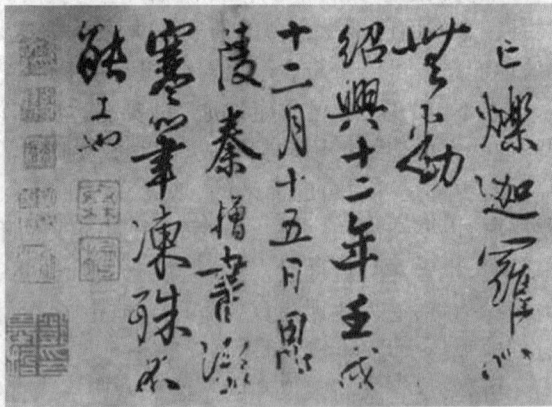

秦桧的书法

地区,同时彻底消灭南宋,统一全国。兀术掌握实权以后,便在公元1140年5月,撕毁和议,亲任统帅,兵分四路,大举南犯。在金兵强大的攻势下,不到一个月,河南、陕西等地相继失陷。接着,金兵长驱直入,向南方杀将而来。

金军的大举南侵，给宋高宗、秦桧等无疑是当头一棒。此时高宗显得十分尴尬，只能以"金人不知信守诺言"来为自己辩解。眼见自己小朝廷就要不保，同时也为朝野要求抗战的强大声势所迫，他不得不做出抗战的表示，正式下诏，组织抵抗。

当时秦桧的处境更是十分狼狈。朝野上下，纷纷揭露、谴责他的卖国罪行。他犹如丧家之犬一般，惶惶不可终日，不时在宋高宗面前痛哭流涕，为自己议和失败辩解，求取宋高宗的同情。同时，也常以拥护抗战的面目出现，以换取人们对他的宽容。结果终究因宋高宗的信任和庇护，他仍然稳稳地坐在宰相的宝座之上。

兀术本来狂妄地认为南宋无能人，军备又十分空虚，可不费吹灰之力，一举扫平南宋。但在金兵攻占陕西和河南以后，继续南犯时却遇到了南宋军民的顽强抵抗，再难向前推进了。

当时南宋人民在国家民族生死存亡的关头，同仇敌忾，奋力抗战。各路抗金大军更是英勇作战，其中以岳飞率领的"岳家军"最为著名。岳家军是在抗金斗争中锻炼成长的一支军队，在岳飞的指挥下，纪律严明，作战勇敢，对百姓秋毫无犯，素有"冻死不拆屋，饿死不掳掠"之称。

岳飞接受任务以后，率军先后攻克了颍昌、蔡州、郑州、洛阳等地，一路所向无敌，战无不胜，使金兵闻风丧胆，弃城而逃。这年（公元 1140 年）秋天，岳飞率领五万轻骑兵进驻郾城，与金军主力相遇。金兀术深知岳飞的厉害，于是动用了他的王牌——拐子马。这拐子马高大强壮，全身披挂厚重铠甲，每三匹马用铁链连成一组，冲陷敌阵时威风凛凛，十分厉害。

这时，岳飞早已派人探知兀术的动静。他认真研究对策，以为拐子马虽然厉害，但有一个致命的弱点，就是一组三匹马必须进退如一，其中只要一匹马不协调，就无法行动，且它虽全身披甲，但马脚还是露在外面，只要设法剁其马脚，一匹倒地，就破了一组，一组失灵，就会连锁反应，造成马翻人倒、不战自乱的局面。主意一定，岳飞就命令军士，将刀斧绑在长竿上，并吩咐明日作战，无需骑马，只要步战，低头先砍马脚，马倒以后再砍金兵。

第二天，双方对阵，兀术的拐子马整齐地排在大军前面，铠甲在日光下闪闪发光，非常威风。岳飞先发制人，不容兀术驱动拐子马，便指挥士兵杀向敌阵。岳飞一声令下，岳家军将士个个争先恐后，奋勇杀敌。岳飞的儿子岳云冲在最前面，手起刀落，已剁去拐子马的一只马脚，大家按照岳飞的吩咐，也都低头弯腰，挥动刀斧，专砍马脚，一时金军人仰马翻，乱作一团。顷刻间，兀术苦心经营的精锐骑兵，便被岳家军摧毁。兀术这才真正领教到了岳飞的厉害，岳家军的勇猛，于是掉转马头，拍马而逃。金兵见主帅逃跑，军心大乱，也纷纷抱头逃窜。岳飞指挥军队，乘势追杀，一直追到了离金兵在中原的大本营开封只有四五十里的朱仙镇，准备与敌决一死战。

这一仗，岳飞指挥岳家军不仅打败了金兀术的精锐部队——拐子马，杀死了无数的金兵，更主要的是使金兵军心动摇，士无斗志。兀术马不停蹄，逃回开封，他哭丧着脸说："我自带兵以来，以拐子马冲锋陷阵，所向无敌。可现在完了，一切都完了!"金兵胆战心惊地龟缩在城中哀叹道:"撼山易,撼岳家军难!"

在岳飞大败兀术主力的同时,南宋其他各路大军韩世忠、张俊部也进展顺利,收复了不少失地。与此同时,北方的人民也在金军背后有效地打击和牵制着敌人,并相约以"岳"字旗为号,等待岳家军渡过黄河配合进攻金军。不少金军将领见岳飞大军逼近开封,担心自己死无葬身之地,就投降了岳飞,甚至金军大将韩常也准备率五万骑兵前来投诚。兀术见大势已去,就命随军老小先行北渡河,自己也准备弃城逃跑。

在抗金形势大好的情况下,岳飞满怀豪情地对部下说:"直抵黄龙府,与诸君痛饮耳!"岳家将士个个摩拳擦掌,纷纷表示誓灭金贼,收复旧山河。但正当岳飞等准备夺回开封,渡过黄河去追杀金兵,收复失地的时候,宋高宗却下令要他撤兵回朝。

原来,宋高宗和秦桧都在抗金的大好形势面前害怕起来,生怕岳飞的胜利会影响他们的议和,因而迫不及待地下令岳飞立即撤兵。

高宗当初之所以下令抗金,是因为金国撕毁和约,大举南犯,危及了自己的统治,所以不得已才做出这个决定的。现在,他见岳飞等人的抗金斗争已取得了很大的胜利,暂时保住了自己的统治,与金重开议和也已有了一定资本,要是继续打下去,不仅会惹怒金人,而且岳飞和人民势力壮大后必然会威胁到自己的统治地位。因此,宋高宗考虑再三决定:宁做"儿皇帝",也不能继续抗金了。

秦桧呢?此时他想,这时要能破坏岳飞等人的抗金斗争,不是给金主子最好的礼物吗?而且抗金得胜,主战派都立了大功,在朝廷得势,自己不要说宰相做不成,恐怕连命也不保了。想到这里,他不禁打了一个寒战,便急忙去见高宗,对高宗说道:"陛下,现在抗金斗争已经达到预期目的。如果再打下去,恐怕会惹怒金人,待他援军到后,那就麻烦了。不如适可而止,乘胜收兵。这时与金议和,也有讨价还价的本钱,一定可以成功。"秦桧的话,正中高宗下怀,于是两人狼狈为奸,在秦桧的竭力怂恿下,宋高宗终于颁发诏令,命令岳飞班师回朝。

秦桧深知,岳飞抗金的态度最坚决,不会轻易撤兵。于是,他想出了一条毒计,首先下令南宋其他各路大军都从前线撤回,然后以"岳飞孤军不可久留"为借口,竟让高宗一天之中连下十二道金牌(红漆木牌上写有金字,由皇帝直接发出,传达最紧急的军令,一天可送五百里),要岳飞火速撤兵,违者以抗旨论处。

此计果然狠毒。岳飞见其他军队都已撤退,自己如不撤兵,就有被金兵包围的危险。再看那十二道金牌,又是那么紧急,那么严厉,心想自己作为一个忠臣,圣旨不可违抗,看来不撤兵不行了。

再说兀术见岳飞军队兵临开封城下,就准备弃城逃跑。当他刚刚上马,忽然一个书生上前拉住了他的马缰,说道:"元帅可不要走,开封可以守住了,岳飞马上就会退兵。"兀术感到很奇怪,就问道:"岳飞拿五百骑兵就打败了我十万骑兵,城中百姓,也日夜盼望岳家军,这城怎么能守得住呢?"那书生狡黠地说道:"元帅您只知其一,不知其二。自古以来,哪有权臣在内而大将能立功于外的呢?"兀术一听,感到书生说的有道理,就决定不撤兵了。他派人一打听,果然岳家军已经开始撤退了,便马上重新整理兵马,又向南杀去,结果把岳飞收复的郑州、蔡州、颍昌等

大片土地又夺了回去

　　岳飞十年的心血，白白地废于一旦。

　　秦桧一心想卖国投降。他想岳飞等人虽然撤了兵，但他们仍然军权在握，自己的投降计划还是难以实施。因此，他就连忙去见宋高宗，说道："陛下，岳飞、韩世忠、张俊三大帅手握兵权，掌握着数十万的军队，一旦他们怀有二心，就会威胁到朝廷的安全。""依臣之见，可以采用明升暗降的办法，把他们的兵权全部收归朝廷。"高宗一听，觉得有理，便依计行事。

　　公元1141年初，宋高宗召见了三大帅，对他们先是大加夸奖了一番，然后"论功行赏"，封韩世忠、张俊为枢密使，岳飞为枢密副使。同时宣布：所有军队，都归朝廷直接指挥。以此削夺了他们的兵权。

　　张俊是个见风使舵、贪图权势的小人，一看到形势不妙，就马上投奔秦桧的门下。

　　张俊在秦桧的授意下，首先造谣说："岳飞曾经主张放弃楚州，退兵保守长江。"秦桧就利用这不实之词，大做文章，在宋高宗面前颠倒黑白地谗害岳飞道："陛下，岳飞身为主帅，不思报效朝廷，杀敌立功，反而贪生怕死，主张放弃楚州而退守长江，分明是动摇军心，阻挠北伐。"昏庸的宋高宗听了秦桧的话，不由大怒。秦桧乘机进言道，岳飞现身居要职，总是朝廷祸害。言下之意要高宗罢免岳飞，将他赶出朝廷。

　　岳飞闻知这些谣言，知道这是秦桧、张俊等人的蓄意陷害，想到自己一片爱国之心，却反遭受奸臣诬陷，十分气愤。于是，他连续三次上书，请求辞职。高宗正为罢免岳飞又苦于没有适当借口而烦恼，现见岳飞主动请求辞职，很是高兴，便假惺惺地挽留了一下，批准岳飞的请求，罢免了他枢密副使的职务。

　　却说这时，兀术鉴于多次进攻南宋失败，自己以武力消灭南宋的计划难以实现，便派使者前来南宋，商谈和议。金使者到达临安后，首先约见了秦桧，将兀术的密信交给了他。秦桧一看，密信上只写了六个字："欲议和，必杀飞。"

　　秦桧本来就对岳飞一直怀恨在心，并不是将他赶下台就罢手了。今见兀术这样吩咐，更加紧了进一步谋害岳飞的阴谋活动。那么怎样才能把岳飞谋杀呢？秦桧绞尽脑汁，觉得只有给岳飞安上一个"谋反"的罪名，这样不仅可杀死岳飞，还可使他全家跟着遭殃。但是由谁出来告岳飞"谋反"呢？他认为此人最好是岳飞的部下，一来可使人深信不疑；二来又可借机搞垮岳家军。

　　秦桧毒计已定，便与张俊等心腹极力搜寻与岳飞有仇的人。他们物色上了岳飞的部将王贵。因为王贵在一次战斗中，看到金兵来势汹汹，表现得有点胆怯，遭到了岳飞的斥责，甚至要将他斩首示众，以整军威，后因众将说情，才免于一死。秦桧一伙心想他肯定怨恨岳飞，不妨可以利用他。但他们找到王贵说明来意后，王贵最初死活不答应，后以他全家生命相威胁，王贵终于屈服了。接着秦桧一伙又在岳飞部将张宪手下物色了一个绰号叫"王雕儿"的无赖王浚。此人生性凶狠，且专干陷害他人勾当，所以人们给他起了个绰号叫"雕儿"。这王浚平时行动散漫，打仗时贪生怕死，常受到张宪的斥责，因此，他对张宪及岳飞都非常怨恨。这时，他见秦桧派人来找他,认为自己升官发财的机会来了,当即答应愿为宰相效劳,出来诬告岳飞"谋反"。

在秦桧的精心策划下,陷害岳飞"谋反"的行动开始了。王浚拿了捏造的状词到王贵那里告发张宪"谋反",说岳飞的儿子岳云写给张宪一封信,让张宪在襄阳反叛朝廷,阴谋把岳飞的兵权重新夺回来。王贵马上将王浚的状纸交给张俊。接着,张俊让王贵设法将张宪骗到枢密院。张俊就在枢密院私设刑堂,对张宪进行严刑逼供。张俊拍案大叫道:"张宪,从实招来!为什么要谋反?是不是岳飞指使你的?"张宪感到莫名其妙,只是大喊:"冤枉!冤枉!"并说:"什么谋反?我不知道你在说什么?"张俊脸胀得像猪肝一样,骂道:"你还装糊涂,不是岳云给你写了一封信,要你在襄阳谋反,并要为岳飞夺回兵权吗?"张宪辩解道:"你说我与岳云有书信来往,那么证据呢?"张俊狰狞地笑道:"信不是在你手中吗?还要狡辩。看来不动大刑,你是不会说实话的。"于是,他喝令手下:"大刑侍候!"可是张宪是个硬汉,尽管张俊动用了各种酷刑,把他打得死去活来,他还是坚贞不屈,一字不招,张俊无可奈何。

秦桧一伙又把岳云抓来,严刑逼供,但也是一无所获。

秦桧不死心,便让张俊伪造一份张宪的"供状",拿了去见宋高宗,对高宗说道:"现在张宪招供了,他承认和岳飞一起准备谋反。"由于谋杀岳飞也是高宗的本意,因此,他根本不管张宪的"供词"是真是假,便马上下令将岳飞逮捕归案。

当时岳飞罢职后闲居庐山。秦桧尽管对岳飞恨得要死,但这时还不敢公然逮捕他,怕引起激变,于是设计诱捕岳飞。他派曾和岳飞结拜过兄弟现已成为自己亲信的杨沂中,执行诱捕岳飞的使命。杨沂中到达庐山岳飞住处后,就用花言巧语欺骗岳飞说,为了张宪、岳云的一点小事,朝廷需要你前去对质一下。岳飞信以为真,随杨沂中来到了临安。

岳飞一到临安,便被秦桧拘捕,直接送到了大理寺审讯。岳飞愤怒地说:"我为国家出生入死,尽忠朝廷,你们为什么要逮捕我!"在大理寺狱中,他先后看见张宪、岳云两人都光着头,赤着脚,脖子上戴着枷锁,手脚上挂着镣铐,浑身上下,血迹斑斑,已被折磨得不成样子。岳飞一见这种惨况,不觉泪流满面,悲痛欲绝。他明白:秦桧这个奸贼要对自己下毒手了。

秦桧派亲信御史中丞何铸负责审讯岳飞。何铸一见岳飞,便大声责问道:"岳飞,老实交代,你为什么要造反?"岳飞气愤地说道:"我要造反?简直一派胡言!我对朝廷的一片忠心,天地可知!日月可鉴!"说着,他猛地掀起衣服,背上露出岳母当年为他刺上的"尽忠报国"四个大字。何铸见后,不觉一惊,显得十分尴尬。他又仔细看了王浚和张俊的所谓张宪供词,觉得证据不足,无法构成"谋反"的罪名。他跑去向秦桧说:"岳飞谋反证据不足,罪名不能成立。"秦桧听后,很不高兴,说:"这是皇上的意思"。秦桧对何铸的行为很不满意,不久就找了个借口,将他排挤出了朝廷。

秦桧决不甘心就此罢休,又改命他的死党万俟卨亲自主持审理岳飞一案。万俟卨主持审讯时,情况就全然不一样了。万俟卨拿着王浚、张俊捏造的材料,大声斥责岳飞："岳飞,皇上待你不薄,你不思报恩朝廷,为何要想谋反,从实招来!"岳飞听他这么一说,气得浑身发抖,愤怒地高声斥道:"我可对天起誓,我岳飞绝对没有做什么对不起国家的事。你们是主持国家法纪的人,决不能陷害忠臣。如果你们冤枉我,我即使到阴曹地府也不会与你们罢休。"岳飞悲愤过极,身体不断摇晃,差点晕了过去。一个狱卒在旁边大声喝道:"岳飞,站好!"真是虎落平阳被犬欺,岳飞这个率领千军万马的统帅,这时却遭到了一个小小的狱卒的训斥。万俟卨见岳飞死不认罪,眼珠一转,又想出一条"罪状"。他奸笑了一声,说:"你既然说无心谋反,那么,你还记得,以前游天竺寺的时候,你在墙上写了'寒门何载富贵'(贫寒出身的人,哪里会有富贵可享)的话吗?"秦桧的一群走卒也跟着大喊大叫:"既然说出这样的话,不是说明要造反吗?"真是欲加之罪,何患无辞! 只要想说你造反,还不能牵强附会,生拉硬扯地找上几条"罪状"吗? 岳飞心里明白,对这些想置自己于死地的秦桧一伙,还有什么道理可讲? 他长叹了一声,高声叫道:"今天我落到了奸贼秦桧手中,还有什么话可说的? 可惜我一片'尽忠报国'之志,今天算是完了。"说完,他闭上眼睛,咬紧牙关,任凭狱卒怎样严刑拷打,再也不吭一声了。

岳飞被诬陷为"谋反"罪名,在朝廷内外掀起了轩然大波。许多官民纷纷上书为岳飞申冤、鸣不平。连审理过岳飞案子的李苦朴、薛仁辅等人,都认为岳飞"谋反"罪名不成立。就算把岳飞所有的"罪状"加在一起,最多判二年徒刑。

秦桧也感到光凭捏造的几条"罪状",没有真凭实据,恐怕难以构成岳飞"谋反"之罪名,将他置于死地。因此,秦桧又煞费苦心地罗列新的"罪状"。他派万俟卨带人抄岳飞的家,翻箱倒柜,想找到一点蛛丝马迹,可一无所获。秦桧仍不死心,于是又凭空捏造岳飞"罪状":秦桧为了使这些"罪名"能够成立,专门悬赏诱招证人,可是除了王贵、王浚等几个肯出卖灵魂的卑鄙小人,谁都不愿出来作证。这样,岳飞"谋反"一案,一直拖了两个多月,还没有做出结论。

此时,金国见岳飞下了监狱,韩世忠罢了官,南宋朝政实际上已控制在秦桧一人手中,于是就答应了宋高宗、秦桧的议和要求。公元1141年11月,南宋和金正式签订和约。和约规定:宋、金两国东以淮水中游、西以大散关为界,中间的唐州、邓州割让给金国;宋朝皇帝向金国称臣;宋朝每年向金国进贡白银25万两、绢20万匹。南宋向金国既是割地、纳贡又是称臣,实际上成了金的附庸国,与亡国相差无几了。金兀术对已下狱的岳飞仍不放心,他一再催促秦桧赶快杀掉岳飞,以绝后患。

宋金和议达成的第二个月的月底,也就是除夕之夜(公元1142年1月28日)。秦桧和他的老婆王氏同坐在东窗下的火炉房,喝着年酒。秦桧一边喝酒,一边还在考虑:岳飞案子拖了很长时间了,还没有最后的结果。怎样才能杀死岳飞,向金国交差呢? 他想着想着,不知不觉把手中的一个柑子都捏碎了,自己却全然没有觉察。他老婆王氏在旁边看到,知道丈夫的心事。这王氏的阴险毒辣一点也不比秦桧差。她就警告秦桧说:"你怎么一直没有决断呢? 要知道捉虎容易放虎难啊!"一句话提醒了秦桧。他牙一咬,随手写了一张小纸字,派人送到大理寺万俟卨处,要他马上将岳飞害死。

历代名相

图文珍藏版

当天晚上，万俟卨等人遵照秦桧的吩咐，最后一次提审了岳飞，逼他在他们炮制的一张供状上画押。岳飞知道这是自己最后的时刻了，他无限悲痛地向牢狱上方仰视了一下，便拿过笔来写了八个大字："天日昭昭！天日昭昭！"（老天明白）。万俟卨恶狠狠地瞪着岳飞，说："岳飞，你死到临头了，还要嘴硬。"说完，他吩咐狱卒将早已准备好的毒酒拿上来，想强行逼迫岳飞喝下，岳飞憎恶地推开狱卒，自己劈手夺过酒盅，从容喝下毒酒。不久毒发，岳飞怒睁双目，倒地身亡，年仅39岁。万俟卨和狱卒吓得瘫倒在地。接着，张宪、岳云也被斩首。

一个抗金英雄，就这样在宋高宗的默许下，被奸贼秦桧活活害死了。这真是一桩千古奇冤。

欲盖弥彰

秦桧谋杀岳飞，天下老百姓无不痛恨，可宋高宗认为能够同金议和及杀害岳飞，都是秦桧的功劳，所以对他更加赏识。为了表彰秦桧，高宗加封他为太师、魏国公。接着又晋封他为秦、魏两国公。秦桧觉得封两国公，与早已为人们所痛恨的北宋奸臣蔡京、童贯的封号相同不大光彩，故请求高宗改封其母亲。于是，高宗就封秦桧的母亲为秦、魏夫人。后来，高宗又封秦桧的老婆王氏为韩、魏国夫人。秦桧的儿子秦熺更是不断得到升迁。即使是秦桧的三个孙子，大的不过9岁，小的还在吃奶，也都被高宗赐以"三品官服"。秦桧的祖宗三代都受到了追封。真是"一人得道，鸡犬升天"。

秦桧虽然已经得到了宋高宗的特殊宠爱，并独揽了朝政大权，但他还不满足，为了更好地巩固自己的相位，继续推行他的投降政策，他又开始了一系列的阴谋活动。

首先，秦桧对威震南北的岳家军极不放心。因此，他千方百计想瓦解其战斗力。此时岳家军由王贵掌管，尽管王贵在陷害岳飞时帮秦桧出了大力，但秦桧考虑到最初拉拢王贵时，他没有立即顺从自己的态度，还了解自己谋杀岳飞的内情，因此就有意将岳飞案情牵连到王贵身上，迫使王贵交出军权，挂个闲职。接着，他派出自己的亲信田师中来掌管岳家军。岳家军将士本来就对秦桧这个奸贼害死了岳飞而义愤填膺，现在看到他又派田师中这个无能之辈来掌管，故很不服气。而田师中虽无治军本领，搞阴谋诡计却很有一套。他采取拉拢一小撮，打击一大批的手段，将反对他的将领一个个陷害排除出军队。很快，田师中把这一支训练有素、能征善战、威震天下，使金兵闻风丧胆的岳家军弄得军心离散，士无斗志。岳家军就此被秦桧一伙瓦解。

秦桧虽已杀死岳飞，搞垮了岳家军，但仍不罢休。他因为憎恨一个"岳"字，竟荒谬地下令将所有带"岳"字的地名全部改掉。

秦桧在冤杀岳飞的同时，又极力扶植党羽，锄除异己。他奉行的用人政策是顺我者昌、逆我者亡。凡是主战派一个个都受到了他的迫害，前面提到过的胡铨因强烈主张抗金，反对议和，甚至要求宋高宗斩秦桧的头以谢天下，因而得罪了秦桧，被贬到广州看管盐仓。但秦桧觉得对胡铨处理还是过轻，不足以起到"贬一儆百"，迫使高宗下诏，说胡铨上疏是以下犯上，扰乱朝政，告诫朝廷内外，不得效行。大臣陈刚中表示支持胡铨上书，秦桧大怒，把他发配到赣州安远县。安远县地处边远地区，条件极差，瘴气很盛，当地谚语说："龙南、安远，一去不转。"意思是说，到龙南、安远是一去不复返了，必然死在那里。陈刚中果然死在了安远。这样的例子不胜枚举。秦桧在打击主战派的同时也对那些对他不能言听计从的大臣，哪怕是他的亲信也不择手段，必置之死地而后快。张俊追随秦桧，和他合谋杀害了岳飞，排挤了韩世忠，最后独掌了枢密院。张俊随着自己权势的日益显赫，对秦桧有时也显得不那么谦恭了。秦桧看到这种情况，就指使亲信弹劾他独揽军权，图谋不轨，最后将他解职。再如万俟卨在帮助秦桧杀害岳飞时，像条疯狗一样上蹿下跳，立下了汗马功劳，一度深得秦桧的信任，被秦桧推荐为参政知事。仅因他后来出使金国，回朝后没有照秦桧的嘱咐，在高宗面前假称金国对秦桧赞扬的话，就此触怒了秦桧。于是，秦桧就找了个借口，罢免了他的参政知事之职。

秦桧为了彻底地清除异己，消灭政敌，以绝后患，将自己的亲信党羽安插在台谏部门。当时，控制了台谏部门，就等于堵塞了言路。秦桧利用这些亲信，一方面就对异己者随意妄加罪名，加以排斥。另一方面又经常为自己溢美，进一步讨取高宗的欢心，巩固自己的相位。一些趋炎附势之徒为了蝇头小利，纷纷投其门下，想方设法讨取奸相的欢心和器重。最典型的要算是四川宣托使郑仲了。秦桧在自己的相府中修了一座格天阁，刚造好，郑仲就献上了一块精美的地毯，秦桧让人铺在房间里，居然长宽正好，一丝不差。原来郑仲预先获知了房间的大小尺寸，是有备而来的。秦桧非常高兴，大大夸奖了郑仲一番。

秦桧当宰相的19年间，不知有多少人遭到了他的打击和陷害。他把持朝政，任用奸佞小人，胡作非为，使南宋朝廷变得十分黑暗腐败。

秦桧不仅在政治上培植亲信，排斥异己，在经济上也贪赃枉法，巧取豪夺，祸国殃民。

秦桧干尽了祸国殃民的坏事，自知为后世所不容。因此，他利用手中职权，设法伪造、窜改当代的历史和自己的历史，粉饰自己的罪行。其中对宋金和战的史实，更是颠倒黑白。他极力给岳飞等主战派抹黑，把自己打扮成忠实于朝廷的大忠臣，设法解除了三大帅的兵权，防止了政变的发生，等等。另外，他还凭空编造了许多颂扬自己功德的历史。总之，秦桧当政时所写的日历、实录、国史之类的官史大都失实和不可信。事实上，秦桧也清楚地知道这一点。因此，他做贼心虚，严禁撰写野史，并大兴文字狱，大肆迫害与他稍有不同意见的人。有一个叫张伯麟的太学生，曾在墙壁上题词："夫差，你难道忘记越王杀害你的父亲吗？"，结果被打了几十大板并刺字充军。又如，秦桧有一次请了一个戏班子到家里演戏。戏中有这样的一段情节：一个小官头上的大环跌落在地后，一个平民就问道："这是什么环？"小官说："二胜环"，平民说："你坐太师椅，为什么把'二胜环'丢在脑后！"秦桧听了这段对白，心想，我就是太师，"二胜环"不是"二圣（二圣指北宋皇帝宋徽宗、宋钦宗）还"的谐音吗？这不分明在骂我做了太师后，就把二圣南还的事置之度外了。于是勃然大怒,下令把戏班子的人全部投进监狱,有的演员就冤死在牢里了。

秦桧的所作所为,完全适应了金统治者的需要,所以金统治者对他非常赏识。当时的金帝完颜亮多次向南宋使者打听秦桧的情况,并要南宋使者转告宋高宗,不得罢免秦桧的宰相职务。

死有余辜

秦桧两次窃据相位,前后任宰相达19年之久。他当政时期,积极充当金国的内奸,破坏抗金斗争,陷害忠良,滥杀无辜,扶植私党,独揽朝政,罪行累累。南宋军民无不切齿痛恨,人人欲杀之。

公元1150年1月的一天,秦桧早朝后,正当他喜气洋洋地坐着轿子回家,经过望仙桥时,突然桥下跳出一位手拿锄刀的大汉,只见他咬着牙瞪着眼,一语不发,猛地向秦桧砍去,只听"咔嚓"一声,锄刀砍断了一根轿柱,秦桧吓得面如土色,眼珠直翻。正当大汉准备再砍时,不幸被秦桧的随从抓住。秦桧又惊又怕,回到家里后,亲自审讯这个大汉。他哆嗦地问道:"你,你是什么人?是谁指使你行刺的?"大汉一阵哈哈大笑之后,把秦桧骂了个狗血喷头:"秦桧你这个奸贼,勾结金人,出卖国家,冤杀岳将军,天下哪个人不想杀你?我施全虽只是个'殿前司'的士兵,但也想为民除害,为国除奸。可惜今天没有把你杀了。可是,我死后,自然还会有人跟你算账,我看你逃到那里去!"秦桧被他气得暴跳如雷,命手下将施全打得皮开肉绽,死去活来,而后将他以极其残酷的剐刑处死。经此惊吓,秦桧从此常常神情恍惚,也常梦见施全手拿锄刀要杀他,乃至经常生起病来。

公元1155年,秦桧一病不起,自知活不长久了。他早就想让儿子秦熺接替自己的相位,以便在自己死后能继续执掌朝政,但一直没有如意。这时,他虽在病中,仍然亲自给宋高宗上了一道奏章,以年老体衰为由,恳求高宗准许秦熺代行使相权。但此时,宋高宗鉴于秦桧倚仗金人撑腰,完全独揽了朝政,天下州县所上的奏章,先送到尚书省,他要怎么办就怎么办,却很少送给自己,甚至他还控制了自己的起居生活,大臣怕他甚于自己。因而,宋高宗为了巩固自己的专制统治,巴不得他早点死去,故拒绝了秦桧的要求。但秦桧还不死心,在弥留之际,将自己的一批亲信召到床前,一面吩咐下人赠与每人大量黄金,一面流着眼泪说道:"我待你们不薄吧。希望我死以后,你们能够保荐秦熺接为宰相。"由此可见,秦桧这个卖国贼至死野心丝毫未减。

这年10月22日,秦桧终于一命呜呼,结束了他罪恶累累的一生。

南宋的老百姓听到秦桧死去的消息后,个个拍手称快,有的还载歌载舞,像过新年一般进行庆贺。甚至连宋高宗也很高兴,这时,许多大臣纷纷上书揭露秦桧的卖国罪行。高宗迫于朝野上下舆论的压力,也被迫恢复一些受到秦桧迫害的大臣的官职,并罢免了秦桧的一些亲信。可是高宗又担心主战派的力量抬头,否定和议,于是仍用主和派万俟卨为宰相,并一再下诏说明过去议和也是他的本意,现在不因秦桧之死而有所改变,而且为了表彰秦桧议和的"功劳",还加封他为申王,谥号"忠献",还想为他立碑刻字,歌颂一番。但终因秦桧做尽坏事,名声太臭,谁也不愿意执笔撰写碑文,以至于秦桧墓上,"丰碑矻立、不镌一字。"

后来,王氏死后,秦桧夫妇合葬在金陵(今南京)。由于他们夫妇两人出卖民族利益,陷害忠良,贪暴残忍,尽管生前篡改历史,乔装打扮,岂料,尸骨未寒,即遭世人唾弃。当地群众把粪便倒在墓上,称之为"秽冢"。甚至时过200多年后,人们对他们仍然余恨未消,公元1485年,有人把这个"秽冢"挖开,把秦桧和王氏两具肮脏的尸骨扒出来,扔到臭水沟里,发泄对奸贼的愤恨。

由于人民十分痛恨秦桧,因此就用故事、传说等各种形式来鞭挞、讥讽他。

而与此形成鲜明对比的是岳飞作为著名的抗金英雄为人民世代所敬仰,常被人们作为学习的榜样。

秦桧夫妇跪照

那么,岳飞冤案是怎样平反的呢?岳飞坟、岳飞庙又是怎样建立起来的呢?公元1162年,宋高宗退位,他儿子赵昚当了皇帝,这就是宋孝宗。赵昚是一个有志抗金,收复失地,报仇雪耻的人。他年幼时,就对岳飞等主战派很敬仰,对秦桧很鄙视。他当上皇帝后,一反高宗对金屈辱投降的态度,积极主张抗金斗争。在朝中大臣和人民的要求下,他宣布为岳飞平反昭雪,追复原官,谥号武穆(宁宗时于公元1204年追封岳飞为"鄂王")并悬赏寻找岳飞的遗骨。不久,有一隗姓平民说知道岳飞的葬身之地。原来,岳飞被害后,狱卒隗顺敬仰岳飞的气节,用一个死犯人的尸体替换了岳飞的尸体。他乘着夜黑人静,背着岳飞的尸体偷偷爬出了城外,在一个菜园里,慌乱地挖了一个土坑,把岳飞的尸体掩埋了。为了以后能够辨认,他将岳飞佩带的一个玉环放在尸体的腰下,最后匆忙地弄了个坟堆。后来,他又在坟上种了两棵柑树,以作为以后辨认的标记。隗顺临终时,嘱咐他的儿子以后要代他年年上坟祭扫。此时隗顺的儿子听到朝廷为岳飞平反,并寻找岳飞的尸骨,就报告了朝廷。宋孝宗下旨将岳飞遗骸迁葬临安西湖边的栖霞岭下(即今天岳坟)。宋宁宗时,于1221年又在岳飞墓旁修建了岳飞庙。明朝时期,因为人们痛恨奸贼,所以铸了秦桧、王氏、张俊、万俟卨四人的铁跪像放到岳飞墓前。后来有人来这里吊唁岳飞时作诗说:"青山有幸埋忠骨,白铁无辜铸佞臣。"就是指的这件事。

　　历史是公正的,秦桧是千古罪人,岳飞是抗金民族英雄,这不仅是"天日昭昭",更是人民心中昭昭!

耶律楚材传

人物档案

耶律楚材：字晋卿，号玉泉老人，法号湛然居士。出身于契丹贵族家庭，生长于燕京（今北京），世居金中都（今北京），是辽太祖耶律阿保机的九世孙。

生卒时间：1190年~1244年。

历史功过：耶律楚材不仅是一位杰出的政治家，而且多才多艺，是一个在文化艺术方面有卓越修养和多种贡献的人。他是我国提出经度概念的第一人，编有《西征庚午元历》，还主持修订了《大明历》。他酷爱诗歌，写过不少诗作，现存于世的有《湛然居士文集》共14卷。

名家评点：惟楚有材，晋实用之。达人先知，曰千里驹。堂堂中书，执政之枢。相我太宗，拓开鸿基。拱立龙庭，上陈帝谟。三灵协和，万象昭苏。舒吾阳和，脱彼剪屠。人文赛开，民献争趋。于变时雍，上登黄虞。厥功何如，请试鼎彝。——宋濂《元史·国朝名臣序颂》

耶律楚材

北国卧龙

耶律楚材（1190~1244年），契丹族，字晋卿，生于金朝中都燕京（今北京），为辽东丹王突欲的八世孙。其父耶律履，本是金代的学者，因其品学兼优，曾仕金世宗，官至尚书右丞。耶律楚材三岁时，父亲须命，这对他的成长有很大影响，幸得其母杨氏良好的书礼教育，加上他天资聪慧，自幼勤学苦读，博览群书，待至青年时期，就已在天文、地理、律历、术数等方面颇有造诣。他深谙儒学，修以佛道，精于医卜之说。他还多才多艺，善抚琴，好吟咏。由于很早就接受"汉化"，精通汉文，所以，用汉文写作潇洒自如，而且文思敏捷，下笔成文，出口成章，极其自然纯熟。

耶律楚材成长在动乱的社会中。当时，整个中国正处在元朝大一统之前的列国纷争阶段，大金国为最强，占据中原，统治着北中国。但时过境迁，它的全盛时期已过，国势一年不如一年了。南宋王朝虽是偏于江左，但时刻也没忘记北上收复失地，不时地向北方挑战。立国甘宁陕的西夏，也对称霸中国怀有野心，趁机与南宋结交，在西北方向侵扰。真是诸强对峙，战事频生。此时，金国西北部的附庸蒙古族也乘机崛起，铁木真自被本部族推举为首领后,经过连年的征战,统一了蒙古。金章宗太和六年(1206年)成为全蒙古的"汗"(皇帝),尊称成吉思汗,是为元太祖。这个新起的蒙古,更是雄心勃勃,在北方不断地向金国发动进攻。

就在这一年,耶律楚材十七岁,他可以出仕了。按照当时全国的规矩,他这个宰相之子享有赐补省掾(协助政府部门长官掌管文书、处理日常事务)官职的特权。可是他本人希望参加正规的进士科考试。章宗认为旧的制度虽然不可更改,但是考试更可以发现人才,于是敕令他应期当面考试。在应试的十七人中,耶律楚材独领风骚,掾吏之职自然成他囊中之物。从此,他便步入政界。此后,他还曾任职开州同知。

成吉思汗的蒙古军事政权确立后,靠着他强大的军事实力,开始向四邻征战。为了免于受到西夏的牵制,成吉思汗决定在攻金之前,先用兵西夏。1205~1209年间,成吉思汗对西夏攻伐三次,大大地削弱了西夏的力量,使之没有出外征战的能力了。接着,经过周密部署后,从1211年起,成吉思汗便大举进兵金国。已走下坡路却一意图谋威服南宋的金国,哪里是成吉思汗的对手,蒙军"所至都邑,皆一鼓而下""凡破九十余郡",直到兵邻金国中都燕京城下。

金宣宗贞佑二年(1214年),金主完颜永济为了逃避蒙军南下的威胁,一面委送其女入蒙,以和亲争得金国喘息的时间。同时,决定把首都南迁至汴(今河南开封)。耶律楚材的全家随之南下,只有他本人被任命为左右司马员外郎,职掌尚书六部日常奏章,协助金国右丞相完颜承晖留守在中都燕京,时年二十四岁。

成吉思汗十年(1215年)五月,围攻燕京年余的蒙军,一举攻克燕京,右丞相完颜承晖自尽殉国,耶律楚材眼看金朝的大势已去,于是在城陷之后,便"将功名之心束之高阁",空怀经天纬地的才智绝迹于世,弃俗投佛,在万松老人(行秀)门下钻研佛理,一去三年。

成吉思汗十三年(1218年),机会终于来了。成吉思汗既定燕地,他逐渐感到人才的重要,这时他听说耶律楚材是位难得的人才,而且又是被金国所灭、与金国有仇的原辽国宗室后裔,便遣人求之,询问治国大计。耶律楚材虽然修身养性,过着隐居的生活,然而他时刻也没忘掉干戈扰攘、生灵涂炭的神州大地,极想依傍靠山,伸出双手去拯救水火中的芸芸众生。得知有雄才大略的成吉思汗要召见他,感到是一个图谋进取的好机会。他二话没说,即刻应召前往,以便使自己的盖世才华得以施展。有一首自咏诗可以表明他此时的心迹:

> 圣主得中原,明诏求王佐。
> 胡然北海游,不得南阳卧。

耶律楚材身材魁梧,髯长鬓美,极其英武。回答成吉思汗的询问,更是声音洪亮而流畅。成吉思汗说道:"辽金世仇,我要为你洗雪国仇家恨。"耶律楚材的回答十分得体:"那是以前的事了。我的祖父已经入侍金朝,既然做了臣下,怎敢和君主为仇呢?"成吉思汗对他的回答十分满意,认为这个人重君臣之情,又恪守信义,是值得信任的。便把他留在身边,以备顾问。耶律楚材学识渊博,受到成吉思汗的宠信,并亲切地称他"长胡子"。耶律楚材此时想的是,历史上董仲舒辅佐武帝以"文治",使得汉家气象恢宏。如今，他也找到了这样的机会。

从军西征

成吉思汗十四年（1219年），蒙古军队在对自己的宗主国金国实施了一连串痛击之后，在军事上完全取得了主动，于是，除了仅用小股兵勇继续对中原金地蚕食鲸吞外，集中精锐之师，进行了著名的西征，攻打花剌子模国。

成吉思汗对西方的征讨，早在1204年就开始了。那时主要是征服西辽国，1218年，成吉思汗终于灭掉西辽，使之领地尽归了蒙古。在征西过程中，中亚大国花剌子模，曾与西辽结过盟，使蒙古与花剌子模两国结下冤仇。近来，花剌子模国王摩诃末又背信弃义，杀死了蒙古派出的使者和骆驼商队，两国又生新恨，这旧恨新仇连在一起，使成吉思汗发誓，非灭掉花剌子模国不可。

在西征开始的前一年春天，成吉思汗特地派人到燕京，召请耶律楚材随军西征。耶律楚材十分兴奋，认为这是对自己的一个锻炼机会。于是，他即刻收拾好琴剑书籍，慨然上路。从燕京到成吉思汗的军营，相距甚远，且路势险峻。他出居庸关，过雁北，穿阴山，越沙漠，经过一百余天的长途跋涉，终于如期到达了目的地。

成吉思汗西征出师的这一天，虽时值夏六月，却忽然狂风骤起，黑云密布，转瞬间大雪飘飘。成吉思汗有些疑虑，不知此为何兆。于是立即把耶律楚材召至帐前，卜问吉凶。他巧妙地利用包括成吉思汗在内的蒙古将士对天文、星象知识了解得很肤浅，又非常迷信的心理，以及蒙古军人对花剌子模国的行为义愤填膺、誓死雪耻的军心，毅然断言："隆冬肃杀之气见于盛夏，这正是我主奉天申讨，克敌制胜的好兆头"。成吉思汗盼的就是这种吉相。于是发十万大军，离开也儿的失河（今额尔齐斯河），奔西南越过天山，向花剌子模国杀去。1222年，蒙古军占领了整个花剌子模和中亚。可谓兵锋西指，所向披靡。

此次西征大胜，成吉思汗认为与耶律楚材的卜吉有关。从此，凡他出战，总是必须有耶律楚材随侍身旁，预测吉凶成败，参赞军政大事。耶律楚材也正是利用这种机会，运用自己的文韬武略，阐发自己的真知灼见。

成吉思汗这个十分勇悍的"一代天骄"，面对西征的赫赫战果，自然是崇武轻文。耶律楚材也深知这一点，意欲以文治国，那就应该不失时机地利用每一个"舞文弄墨"的机会，向君主灌输创治天下，绝不可藐视文士作用的道理。西夏人常八斤因善造弓弩而受成吉思汗的宠用，这更增添了这位武夫的自恃。他不把文臣放在眼里，常常当着耶律楚材的面讽刺说："国家正是用武之际，像你这样的儒者，究竟有何用处？"耶律楚材当仁不让，针锋相对地回敬他："制弓须用弓匠，制天下者岂不用制天下匠？"这机智的词锋，巧妙的辩诘，引起了成吉思汗内心的深思，是啊，光靠武士虽然可以夺得天下，然而"制天下"时还真得"制天下匠"不可。成吉思汗内心折服。此后，他便常对其子窝阔台说："此人（指楚材）是天赐我家，尔后军国庶政，当悉委他处置。"

在进军花剌子模国过程中，耶律楚材曾力主并主持在塔剌思城（在西辽都城虎思窝鲁朵西）屯田。这一恢复发展后方的社会经济之举，对于只知道打仗、掠夺财富的蒙古军事贵族来说，从军事活动转变到恢复发展社会经济，意义重大。

1223 年夏天，成吉思汗回师驻军铁门关。据传当地人送来一只怪兽，独角，身形似鹿，尾巴同马，浑身绿色，嘶鸣声咿唔又似人言。成吉思汗感到奇怪，询问耶律楚材。耶律楚材便从此次西征军事、政治目的均已达到，应尽早结束战事的大前提出发，根据古书上的介绍，借题发挥说："这种兽名叫角端，它的出现表示吉祥。它能做人言，厌恶生杀害命。刚才的叫意是大汗你应该早点回国了。皇帝是上天的长子，天下的老百姓都是皇帝的儿子，愿大汗秉承上天的旨意，保全天下老百姓。"成吉思汗听罢，立即决定结束此次西征，班师回国。

1224 年，成吉思汗仍取道原来的路线回归。在成吉思汗西征之前，曾向西夏征发军队协助西征，西夏拒不出兵，成吉思汗当时无暇征讨西夏，发誓日后一定要给予惩罚。当西征归途中，又获悉西夏与金国缔结和约，无疑等于火上浇油，成吉思汗立即决定征讨西夏。1226 年秋，成吉思汗开始了对西夏的征讨。蒙古军很快就攻下了甘州（张掖）、凉州（武威）、肃州（酒泉），当年冬天，攻克灵州（今宁夏灵武县）。灵州之战，西夏主力消耗殆尽，城陷后，西夏的首都中兴府已成了空架子。1227 年 6 月，夏主请降，西夏至此覆灭。在攻打灵州这个西夏的军事重镇时，破城之后，蒙军众将士，无不争掠女子、财物，独有耶律楚材却取书数部，大黄药材数担。同僚们对他的行为甚是费解。不久，兵士们因历夏经冬，风餐露宿，多得疫病，幸得耶律楚材用大黄配制的药材救命，所活至万人。

耶律楚材随成吉思汗九年，其间战争时间达七年之久。戎马倥偬，驰骋异域的环境，使得耶律楚材难以施展自己的全部才华，英雄无用武之地的冷落感，萌生在他的思想深处。然而，他坚信，实现美好的愿望，以儒术佐政兴国的一天，终会到来的。

整肃燕京

成吉思汗二十二年（1227 年）的冬天，耶律楚材终于回到了燕京。在此前，蒙古军事帝国忙于西土战事，对那些业已归顺蒙古的州郡缺乏完善的社会组织和法律制度，因此，派往各州郡的长官，常常是任情掠取，兼并土地，有的竟随意杀人。其中，燕京留守长官石抹咸得卜尤为贪暴，所杀示众之人头，挂满了市场。面对如此混乱的国情，耶律楚材十分焦急。他从巩固蒙古国长期统治的大计着眼，立即奏请成吉思汗下诏颁律，控制社会的混乱局面。禁令颁出，即：各州郡如果没有奉到盖有皇帝玉玺的文书，不得随便向人民征收财物；死罪必须上呈国家批准。凡违背此项命令的，其罪当死，决不轻饶。由于此法得体，切合时弊，且惩治条文分明，使贪婪暴虐之风有所收敛，社会秩序初步安定下来。

这一年，成吉思汗病逝。依照蒙古国的惯例，成吉思汗的四子拖雷获得其父的直接领地，即斡难河及客鲁连河流域一带蒙古本部地方，并且代理国政，是为元睿宗。

在睿宗监国期间，燕京城中社会秩序颇为动荡，有一大批凶恶的强徒，恃强暴夺，每天傍晚，尚未天黑，这些盗贼竟拉上牛车径往富户人家，去搬取财物。若尽其恶求，便掠财就走，如若稍有不从，就会惨遭杀戮，闹得人心惶恐，国无宁日。睿宗对此有所闻，认为只有耶律楚材可以处理好这件事。于是，特遣耶律楚材和中使塔察儿前往究治。耶律楚材知道，这些杀人越货之徒，如此猖狂，谁也不敢阻拦追究，是大有来头的，因而处理起来会有很多麻烦。但他仍毅然前去查办。耶律楚材经过细心查询,很快便弄清了这些强徒都是燕京留后的亲属及一些豪强子弟。耶律楚材在掌握大量的证据基础上,毫不手软地将触禁者一一缉拿归案,然后拟出法办意见。此刻,这些恶徒的亲族都傻了眼,他们知道耶律楚材执法不避权贵,又不屑钱财,要想减免刑罚,只有把希望寄托在暗中贿赂中使塔察儿上,以从轻了结此事。很快,耶律楚材便了解到这一情况,他找到塔察儿,与之晓以大义,指陈利害。他指出此事并非个人恩怨,而是关系到社会的安定,国家的前途,若出以私心,处理得不妥,与君主与庶民都无法交代。塔察儿听罢悚惧,深知有错,并情愿悉听楚材发落。耶律楚材见他知错能改,便继续同他一起对罪犯逐一审明性质,依法各有处置。其中十六个罪大恶极、民愤最大的首犯,绑赴刑场,枭首于市。从此,巨盗绝迹,燕京秩序得以控制。

这两件事,在一定程度上,表明了耶律楚材治国的才干,因而在高层统治集团中,更加增强了对他的信任。

1229 年,睿宗拖雷已监国两年,按照成吉思汗的遗命,帝位应继传太祖三子窝阔台,但此时没有任何迹象表明拖雷将移权。作为一个有智谋的良辅,耶律楚材清醒地意识到,汗位虚悬或错置,与国与民都不利。在最高权柄面前,古往今来,骨肉之间其豆相煎之事并非罕见。除拖雷外,窝阔台还有个兄长察合台。此人向来性情缜密,为众人所畏,也是汗位的有力竞争者。假若三人真的计较起来,彼此不让,结党营私,岂不断送了国运? 于是,耶律楚材与窝阔台面议,商量尽快召开"库里尔泰会",决议汗位。窝阔台嗣位,早经成吉思汗亲口布告,为什么还要召开大会,经过公认呢? 这是因为,成吉思汗曾有一条特立的法制:凡蒙古大汗,如当新旧交续之时,必须经王族诸将,及所属各部酋长,召开公会,议定之后,方可继登汗位。

是年秋天,成吉思汗本支亲王、亲族齐集克鲁伦河畔议定汗位的承继人。会议开了四十天,仍是议而未决。耶律楚材认为此事不可久拖了,便亲自力谏拖雷:"推举大汗,这是宗庙社稷的大计,应该早日确定。"拖雷仍说:"意见不统一,是否再等几天。"耶律楚材听罢,十分坚定地说:"此期不可变,一过此日,再也没有吉祥的日子了。"拖雷不好再敷衍下去,这样,窝阔台就即了汗位。

登基朝仪,是耶律楚材精心拟制的。在此之前,蒙古族部落乃至蒙古国是没有朝拜礼节的。旧制简率,未足表示尊严。为了确保朝仪的顺利进行,事先,耶律楚材选中了察合台亲王,作为带头执行者。楚材对他说:"王虽是皇帝的哥哥,但也是个臣子,应该对皇帝以礼下拜。若你下拜,做了一个臣子应该做的事,那么就没有人会有异议了。"察合台认为此话有理,在正式的登基大典上,便率领众皇族和臣僚跪拜廷下。这样,耶律楚材一举除掉了蒙古国众首领不相统属的陋习,制定了尊卑礼节,严肃了皇帝的威仪。

对于这些粗犷成性、散漫惯了的蒙古君臣,尽管有了讲究礼仪的好开端,但在日常的执行过程中,有许多人仍难以适应;就连朝会有些人也误期甚至乱来。为此,窝阔台准备惩治那些违制的臣子。耶律楚材认为时机尚未成熟,过于严厉,贸然从事,会引起混乱。他巧妙地进奏说:"陛下刚刚即位,宜暂示宽宥。"窝阔台采纳了他的意见,从轻发落了违者,果然效果很好。

定策立制

蒙古帝国在成吉思汗时代,才进入奴隶制社会,窝阔台即位以后,其管理的国域,多为已经进入封建社会的北中国,所以,使这位少主在治理国家上显得力不从心,加上应兴应革的事太多,真是一时摸不到头绪。此时,全靠耶律楚材尽心竭力,定国策,立制度,出台了一系列当务之急的法令,加速了这一民族的封建化进程。

在颁发法令之前,首先规定了既往不咎的政策。对那些因法律不明,而误触禁网,按当时的老规矩必杀无赦的百姓们,不追究颁发政策前的法律责任,或给予从轻发落。这是抑制蒙古一向滥杀,因获某种罪过而死者不计其数的最有效的办法。同阁的一些臣僚讥笑他,说此举实过迂阔。耶律楚材不为所动,力排众议,反复而耐心地把得民心者得天下的道理讲给太宗听,终得圣准。

接着,耶律楚材便制定颁发了十八项法令,成为官民遵照执行的准绳。包括官吏设置、军民分治、赋役征收、财政管理、刑法执行等。这些采撷自中原的先进制度,列为蒙古国策的法令,可以说是历史性的决策,对后来正式确立的元代政治制度奠定了基础。如实行军民分治后,军职不得干预民事,军队由国家直接掌管。这样,不仅遏制了军官的骄横不法,同时也打击了分裂割据的势力,保证了国家政治上的巩固和统一。

蒙古贵族崇尚武功,根本没有税制观念,他们看不到这样下去会兵强而国蹙。以近臣别迭为代表的人主张,以牧业为主来保证国用,认为"汉人无补于国,可悉空其人以为牧地"。耶律楚材极力反对这种将燕京农业地区变成牧场的倒退措施。他深知如今的蒙古国已是一个多民族的国家,应行汉法,大力发展农业,如果保守地强调畜牧,是狭隘的,不合国情的落后政策。他直截了当地给太宗算了一笔账:"陛下马上要南征金国,军需从何而来? 仅靠畜牧是远远不够的。假使发展燕赵的生产,以地税、商税、及盐、酒、冶铁税,外加山泽之利,可以获利五十万两银,八万匹帛,四十万石粮食,足以供给南征。这不远胜于变农为牧吗?"窝阔台经过认真考虑,认为颇有道理,便命耶律楚材全权筹划,立行征税制度。耶律楚材领旨后,即刻在河北一带建立十路征收税使,遴选汉或女真中有德才的士人,如陈时可、赵昉等名儒充任。1231 年秋天,窝阔台在云中行宫中,面对十路课税使陈列在朝廷之上的金、银、帛、粟等税物,十分欣喜,这时他才真正懂得了耶律楚材力求行汉法的好处。他高兴地对耶律楚材说:"你虽然没离开我左右,却能使国用充足。南国的臣僚中,有谁能比得上你吗?"耶律楚材自谦地答道:"南国的臣僚比我强的人很多。"窝阔台嘉其功劳,赐以美酒。当即下令任命他为中书令(宰相),把典颁、庶务的大权交给他,且吩咐朝臣,政事不分大小,都要禀报他。他自己也是有事必与耶律楚材商酌,以进一步权衡得失。

随着法制的健全和实施,国家日益兴旺起来。但那些自身权益受到侵害的豪强贵族们,到处散布谗言诋毁耶律楚材。有人说:"耶律楚材中书令援用亲旧,必有二心,应奏知大汗,斩杀此人。"耶律楚材听了并不计较,他坚信自己的言行是出以公心的。好在窝阔台自有明察,深责其诬。对于谣言传播最恶毒者原燕蓟留后长官石抹咸得卜,太宗命楚材鞫审之。耶律楚材以国事为重,不把个人的恩怨记在心上,宽宏大度地奏请太宗日后再行处置。这种高尚的品德很受太宗的赏识,正是耶律楚材精忠为国,处处从大局着眼,时时以社稷为重,殚思竭虑,而且长于韬略,才使得蒙古帝国迅速强大起来,政权也得以日益稳固。

出策灭金

窝阔台三年(1231年),蒙古国经过休养生息,国力日渐强盛,于是,窝阔台又把南征灭金的行动提到了议事日程。其实,南征这一思想,早在成吉思汗时就已确立。蒙古灭掉西夏,就是为了吞并金朝扫清外围。西夏已亡,既解除了蒙古的西顾之忧,又使金朝失却了犄角之助。窝阔台认为时机业已成熟,便大举南进。

耶律楚材了解蒙军以往作战的陋习,凡攻城邑,拒守者城陷之时,不分军民,悉数杀尽。随着南征日期的逼近他深感不安,认为枉杀滥杀,不但使黎民百姓罹难,而且只能促其军队拒降。临战前,他进谏太宗;为确保人民的生命安全,将河南一带的当地民众迁往山后,采凭植田,让其远离战火。接着,又诏令金国逃难之民,降者免死。有人曾认为降者是危急则降,缓和便逃,还能补充敌人的兵源,实难赦免。耶律楚材不以为然,建议窝阔台策造白族若干,发给降民使归本土,蒙古兵士不得侵害之。此举,不但救活了无数的百姓,更重要的是消除了中原人民对蒙军的畏惧和仇视心理,为其顺利进军扫清了障碍。

窝阔台渡过黄河,占据郑州,遣将军速不台围攻汴京。金军用"震天雷""飞火枪"守御。"震天雷"是以铁罐盛满炸药,点火引爆,可穿透铁甲;"飞火枪"系以铁管注入火药,能烧伤十余步之敌。汴京攻守战历时十六昼夜,城内外死伤多达百万人。蒙军无速胜之法,金军无久守之志,双方于当年四月罢战讲和。蒙军北退至河、洛,徐图破城之策。

窝阔台汗四年(1232年)十二月,蒙军思得良策,遂派遣王檝赴南宋商议夹击金国。当时,南宋虽然朝有忠正之臣,野有敢死之士,但最高决策者畏葸厌兵,甘心苟且偏安,执行着北宋以来"内紧外松"的旧章法,致使朝政极度腐败,国势日渐衰微,上下难为一体,竟如一盘散沙。蒙古对南宋政局的昏暗、衰败心明如镜,早已蓄有远谋。只是出于灭金需要,暂行笼络利用。南宋却对蒙古估计不足,况且也无对付时局的良策,只是面对残局,胡乱应酬。当久专朝政的南宋丞相史弥远之侄史嵩之披露蒙军遣使消息时,朝廷多以为大可借机报复金国宿仇。思虑清醒的大臣如赵范等人却引以为忧,说道:"宣和年间,宋金海上订盟,其约甚坚,终究取祸,不可不鉴。"

所谓"宣和之盟",是指北宋徽宗宣和二年(1120年),宋命大臣赵良嗣北行,约会方兴未艾的金国,夹攻辽国,口允功成之后,宋朝收复燕蓟失地。结果,五年之后辽亡;当年十月,金军背盟,南下侵宋,徽宗惶惧退位,其子钦宗即位;越一年,金人掳走徽、钦二帝,北宋灭亡。

时过仅百余年,应是殷鉴不远。连金哀宗完颜守绪也已窥出蒙古野心,说道:"蒙古灭国四十,遂及西夏;夏亡遂及于我;我亡,必及于宋。唇亡齿寒,自然之理。"可是,南宋君臣多已忘记前车之失,再次重蹈覆辙。当年十二月,宋理宗遣人报使订盟。蒙古许俟成功之后,可将黄河以南土地归宋。

蒙古得到南宋应援,当即再遣大将速不台进围汴京。

历代名相

图文珍藏版

次年（1233年）正月，金国将领崔立发动汴京政变。这又是来自敌人营垒内部的接应，城陷指日可待。值此时节，速不台奏请窝阔台："金人抗拒持久，我军将士多有伤亡，待城陷之日，宜尽行屠戮。"耶律楚材听到屠城预谋，急忙驰骑赶来入奏："将士暴露于野数十年，所欲得者无非是土地、人民。得地而无民，又有何用！"这已点到至关重要之处，可窝阔台仍然犹豫不决。谋臣的智慧是多方面的，楚材见以公论尚不足使窝阔台速下决断，便施了个假私济公的伎俩，巧借私欲来打动大汗，说道："奇巧工匠、厚藏人家皆会萃于此地。一旦斩尽杀绝，大汗将一无所获。"窝阔台听了这一席话，真的动了心，立刻准其所请，下令只把金国皇族完颜氏杀掉，其余一律赦免。

四月，蒙军入汴京。当时为逃避战乱留居汴京者凡一百四十七万人，皆得保全性命。

六月，蒙军攻取洛阳，金哀宗完颜守绪走归蔡州（今河南省汝南）。

窝阔台汗六年（1234年）正月，金哀宗传位于宗室完颜承麟，是为金末帝。登基典礼刚刚结束，蒙、宋合兵攻入蔡州，完颜守绪自尽，完颜承麟为乱兵所杀，金国遂告灭亡。

河南初平，蒙军俘获甚多。还师之日，逃亡之人十有七八。窝阔台汗立下禁令：凡逃亡之民以及收留资助者，灭其全家，乡社连坐。于是，逃者不敢求舍，沿途不敢留宿，以致饿莩遍野。耶律楚材念及民心向背，又从容进谏："河南既平，民皆大汗赤子，又能逃何方？为何因一俘囚，连坐而死数十百人？"窝阔台省悟，遂撤销此禁令。

金亡之后，西部秦、巩等二十余州久未能克。耶律楚材献计说："往年蒙军获罪，多有逃往此地者。因恐新旧二罪并罚，故以死拒战。倘若许以不杀，将会不攻而自克。"窝阔台下诏赦免逃亡旧罪，又宣布废弃杀降之法，诸城接连请降。这可谓善战者以攻心为上。

倡兴文教

文治与武治是打天下、治天下的相辅相成的两个方面，二者缺一不可。蒙古军弓劲马肥，兵强将勇，其武力之盛可谓无与伦比，疆域之大也是空前绝后的。但是要统治这么辽阔的国土，尤其是治理文明发达程度较高的中原和江淮地区，必须具备有效的思想工具。时至十三世纪，每个卓越的政治思想家，在总结古今中西几千年的统治经验之后，不难看出，已有的三教九流诸种思想，各具特长，又各有所短。佛、道教义最善于麻醉，但失之消沉，难以引作主要统治工具；而儒家学说虽不免陈腐之气，但在久经沧桑之后，已融会各家的思想精华，不断注入新的血液，也不断改变着自己的存在形式。在当时，它仍为思想武库中最为精良的武器，是使封建王朝延年益祚的治世妙方。历史的规律是不可逃避的，落后的民族以武力征服了先进的民族，却不免被先进民族的思想所征服，被这个民族所同化。对此，只有高明的思想家才能意识到。而通今博古的耶律楚材，比其他蒙古贵族有更清醒的认识。他认为："穷理尽兴，莫尚佛法；济世安民，无如儒教。"简言之："以佛治心，以儒治国"，是最高明的做法。

早在第一次西征时，耶律楚材就已成竹在胸，对单纯的崇武思想予以批驳，把儒者看作是最高级的工匠——"治天下匠"，为蒙古人的政治思想统治奠定了理论基础。后来，蒙古军攻破金国许州（今河南许昌），俘金军资库使姚枢。铁木真因北廷罕有士大夫，特加重用。

窝阔台即位后，耶律楚材又参照中原礼教，确定了尊君抑臣的朝仪。他还对窝阔台说："天下虽得之马上，而不可以马上治。"还经常宣传"周孔之法"的妙用，并推荐了一批名儒到政府任职。

窝阔台汗五年（1233 的）四月，蒙军开进金都汴京，金亡在即，中原已在掌握之中，而偏安江左的南宋也在其预谋已久的铁蹄征掠之下。值此，力兴文教，崇奉儒术势在必行。耶律楚材将其作为当务之急，赶忙遣人入城收求孔子后人，得其五十一世孙孔元措，奏请袭封为"衍圣公"。又付予林田庙地，为之修孔庙，建林苑。又下令招收战乱中散亡的礼乐人才，并设置太常礼乐吏员，召集名儒梁涉、王万庆、元著等人，在东宫讲释九经。楚材又亲率大臣及其子孙学习经义，钻研孔孟之道。另外，还在燕京等地建立编修所、经籍所，从事文化教育活动，文教事业开始兴起。

窝阔台汗八年（1236 年），蒙军攻宋，杨惟中、姚枢随军参赞。攻陷德安府（今湖北安陆）等地后，又得名儒江汉先生赵复，携之北上燕京，聚徒讲授儒家经典。从此，北方始重经学。姚枢也得以初窥程、朱性理之书。

窝阔台汗九年（1237 年），耶律楚材启奏："制器必用良工，守成必用儒臣。儒臣之事业，非积数十年恐未易成。"窝阔台说："果真如此，我可任儒者为官。"于是，楚材具体制定了校试办法，分为经义、辞赋、论三科，命宣课使刘中、杨奂等人到各路考试。还规定：儒者被俘为奴者，亦皆释放就试；倘有家主隐匿不放，以死处罪。这年一举得士子四千余人，其中四分之一是被赦免奴隶身份的儒者。

窝阔台汗十年（1238 年），杨惟中从征蜀、汉等地便收集周、程、张、朱等书，回至燕京，建立太极书院，修筑周子祠（周敦颐祠堂），以赵复为师，传授理学。

其后，儒生出身的太原路转运使吕振、副使刘子振因贪赃枉法获罪。窝阔台借此责备耶律楚材："卿言孔子之教可行，儒者为好人，何故乃有此辈？"楚材回答得很妙："君父教臣子，亦不欲令陷不义。三纲五常，圣人之名教，有国家者莫不由之，如天之有日月也。岂得缘（因）一夫之失，使万世常行之道独见废于我朝乎！"这段对话，反驳得有理有力；不能因为有逆子贰臣，就来否定君、父神圣，也不能因为有无耻文人，就来否定孔、孟之道。

经过耶律楚材首创此议，并从正反两面反复规谏，儒学在蒙古上层政权中渐渐据有一席之地。后经学者杨惟中、姚枢等人悉心收集理学书籍，罗致儒、释、道、医、卜等人才，终使"武功"极盛的蒙古统治者，又逐步收到"文治"之效。

儒家学派为权势者规划了一整套统治术，权势者为"先圣先贤"封送了一顶顶华丽桂冠，并虔诚地顶礼膜拜。在已历上千年的封建时代，儒学成为华夏地区各色王朝的国魂，成为汉和各少数民族统治者的命脉。耶律楚材为蒙古贵族夺取了儒学这面思想旗帜，无疑是在汉人的心理、舆论方面抢占了重要地盘。这对于取得业已开始的蒙、宋战争的胜利，完善统一后的元朝国家机器，尤其对于一向疏于文教的蒙古族历史的发展，均起到不可低估的作用。

献计理财

耶律楚材不仅是一位卓越的政治家,而且是一位杰出的理财家。如同其政治、军事活动一样,他在经济活动中,亦处处贯穿着高人一筹的谋略思想。

自成吉思汗之世以来,因西域战事未息,无暇拟定中原税制,官吏乘机聚敛,中饱私囊,资财多达万万,而国库却十分空虚。

窝阔台汗二年(1230年),近臣别迭等奏称:"汉人不事畜牧,无补于国,可一律逐走,空出其地以为牧场。"耶律楚材知道,如今治理辽阔的多民族国家,必须改变偏重畜牧的思想。他针对蒙古贵族的狭隘和无知,反驳说:天下之广,四海之富,岂有无用之地,更无无用之民。他还依据对汉族地区财力、税收的估算,极言征税之利:"大汗南伐,军需应有所出。若能均定中原地税、商税和盐、酒、冶铁、山泽之利,每岁可得银五十万两、帛八万匹、粟四十余万石,足以供给军资,为何说汉人无补?"

这些极有诱惑力的数字,自然能打动窝阔台汗。他立命楚材试行征税制度。楚材奏请建置燕京等十路征收课税使,长官选用汉或女真中有才学的士人。如陈时可,赵昉等名儒,都被入选。而辅佐征税者,多用楚材原先在中都时的旧部。

窝阔台汗三年(1231年)秋,十路征收课税使进献征税簿籍和金、帛、谷物,陈满于云中行宫。窝阔台笑对楚材说:"你不离我身左右,而能使国用充足。南国臣子,有能比得上卿的吗?"楚材幽默地说:"南国之臣皆贤于我。我不才,方留燕,为大汗所用。"窝阔台嘉其谦逊,赐以美酒。

窝阔台汗六年(1234年)灭金之后,蒙古军臣计议编制中原民户,以便征收

耶律楚材雕像

赋税。大臣忽都虎等主张以丁为户。耶律楚材对此想得更为深远:丁系青、壮年,能四处游离,可居则居,不可居则逃。因此,他指出按丁立户之害:"中原向无以丁收赋之法,一旦丁逃,则赋无所出,应当按户确定。"经过再三争议,终于按楚材的想法实行。这样,用老、幼牵制青、壮,使初编制的户口比较稳定地存在下来。

往年,蒙古将相大臣每俘获人户,往往寄留在自己所经营的州郡,作为私产。耶律楚材奏请检核全国户口,使之隶属郡县管理;停止以往实行的将土地、人民分给蒙古贵族之法,禁止贵族匿占民户,违令者杀。

窝阔台汗八年(1236年)秋,忽都虎献上各地户籍。窝阔台一时忘乎所以,竟许诺

把部分州县赐给各亲王和功臣。耶律楚材对中国从战国、秦汉以来分封与郡县制的演变与斗争了如指掌，在关键时刻，坚持了进步历史观，言简意赅地陈述了分封之害："裂土分民，易生嫌隙。不如多以金帛赠予亲王功臣。"可是，窝阔台既已许诺，苦于不便食言，楚材便为之想了个变通办法："受封州县的亲王和功臣，可像朝廷任命的州县官吏一样，照例征收贡赋，岁终颁布收入金帛谷物数量，使之不得擅自课征。"

窝阔台依计而行，遂确定了财政税收办法及数额。

这样，蒙古在以畜牧业为主转向以农、牧各业并重的经济轨道时，使税制初步健全，形成按户、地、丁三者并行科税的制度。

既定常税，朝臣多以为赋敛太轻。耶律楚材又引经据典，阐述轻徭薄赋的奥妙。他说："初定法时虽然轻而有信，其后仍失之贪暴；若初定法时既已贪暴，其后则弊端更甚。"

耶律楚材还着手制定了手工业、商业和借贷等项制度。

当时，官府工匠制造器物，大量浪费，侵吞国家资材，十之八九化公为私。窝阔台汗八年（1236年），楚材下令进行普遍考核，对用工用料、制作时日及其报酬均作出具体规定，以为定制。

在商业、信贷方面，随着国家版图的扩大，西域等地商人甚为活跃，借贷之事渐渐盛行。州郡长官多借商人银钱以敷官用，利息连年积累，竟致数倍于本银，叫作"羊羔儿利"。至期无力偿还者，有的便典当妻子为奴。窝阔台汗九年（1237年），楚材规定，凡借贷者，以本息相等作为极限。民间负债而实无力偿还者，官府为其代偿。

这一年，楚材还奏请划一度量衡，确立钱钞通行之法，定均输之制。

窝阔台汗八年（1236年），于元奏请民间交易使用交钞（纸币）。耶律楚材鉴于宋、金两国的经验、教训，提议说："金章宗时初行交钞，与铸钱同时通行。官府乐于发出交钞，而恶于收回，以至纸币贬值，持万贯钱仅能换得一张面饼。因此，民力困竭，国用匮乏。此事当引以为戒。现今印造交钞，应不过万锭。"

楚材从国计民生的大处着眼，可谓虑之深矣！窝阔台依议，这一年，蒙古始行交钞。

由于庶政粗备，人民得以休养生息，经济随之复苏、发展。

省事除害

耶律楚材经常重复他的一句名言："兴一利不如除一害，生一事不如省一事。他也是按照这一原则从政的。

自窝阔台汗二年初定征税之制，至窝阔台汗六年灭金，四年之间，税收年年增加。及窝阔台汗十年（1238年），每岁课银多达一百一十万两。

在此期间，富人刘忽笃马、涉猎发丁、刘廷玉等欲以一百四十万两银"扑买"（承包）天下课税。蒙古君臣嗜利心切，本拟允准。作为政治家、理财家的耶律楚材却深知民力、财力均有一定极限，即所谓"度"，超过度，必会变利为害，转福为祸。为此，他谏阻说："此辈皆贪利之徒，欺上虐下，为害甚大。"这次，幸喜窝阔台纳谏，停止此议。

到了窝阔台汗十一年（1239年），译史安天合为诣媚右丞相、回鹘人镇海，引荐回鹘商人奥都剌合蛮"扑买"天下课税，数额增至二百二十万两。窝阔台终于利令智昏，将一国课税，转手出卖给巨商。为此，耶律楚材再次极言辩谏，以至声泪俱下，辞色甚厉。窝阔台难忍楚材的激越言辞，竟扼腕攘臂，气急败坏地说："你难道要搏斗不成？"楚材见大汗失态，才不便强争。稍停之后，窝阔台语带讥诮地说："你要为百姓一哭，我却要试行此法。"楚材已知力不能止，喟然叹息说："民之困穷，将自此始！"楚材的确料得不错，把国家财政命脉恭手交给回鹘商人，他们必将以成倍的数额榨取百姓，人民怎能不陷入穷困境地。

决策伐宋

窝阔台汗六年（1234年）正月蒙古灭金之后，长城内外结束了三权鼎立局面，形成了大江南北的蒙、宋对峙，势态更见明朗，而斗争愈趋激烈。在这个政治棋盘上，孰胜孰负，要看双方执政者的眼光和谋略。

同年六月，宋将赵范、赵葵建议收复三京（东京汴京、西京洛阳、南京商丘），倚黄河天险和各处关隘抗拒蒙军。因有右丞相郑清之附议，是月宋兵入汴京；次月，入洛阳。

赵、郑诸人意在恢复国土，其志可嘉，可惜不得其时。一则蒙、宋军力、财力过于悬殊，二则南京君臣多无战心。当时，参议官邱岳就曾劝阻赵范，说道："方兴之敌，新盟而退，正值气盛锋锐，岂肯捐弃所得以予他人！我师若往，彼必突至，非但进退失据，开衅致兵必自此始。况且千里长驱以争空城，既得之后当勤愧饷，否则，后患无穷。"乔行简等大臣也顾虑"机会"不合，岁饥民穷，国力不继，外患未必除，内忧或从起。说道："规恢进取，必须选将练兵，丰财足食；而今将乏卒寡，财匮食竭，臣恐北方未可图，而南方已先骚动。"

南宋到了这般地步，已是进退维谷，和战无门。即使有一两个出类拔萃的栋梁之材，值此大厦将倾的时刻，也难得回天之力。

果然不出邱、乔等人所料，蒙古获悉汴京、洛阳军报，立即为其预谋已久的对宋战争找到借口，旋命塔思率军南下。同年八月，宋军终因粮草未集，兵溃两京，所复州郡皆为空城，再次落入蒙军手中。

窝阔台汗七年（1235年），南宋派遣程苗通使蒙古，欲约和好。但是，战场上失去的东西，绝难在谈判桌上捡回来。蒙古正在利用时机，加紧制订灭亡南宋的计划。

蒙古君臣朝议征服四方之策，有人主张：遣西域回回等族征江南，遣汉人征西域，利用民族间的敌视心理，使之两相屠杀，交互制御。耶律楚材权衡利弊，提出自己的见解："中原、西域相去辽远，未至敌境，人马疲乏；兼之水土失宜，将生疾疫。宜各从其便。"结果又从楚材之议，遣阔端、曲出等攻南宋；命拔都、速不台、蒙哥等征西域；命唐古鲁火赤伐高丽。

蒙古以其极盛的兵力和高昂的士气，征伐孱弱、松散的周边诸国，犹如虎趋羔羊。几十年间，南宋便覆亡于蒙军铁骑之下。

极诤巧谏

耶律楚材历仕成吉思汗、拖雷和窝阔台汗三朝，长达三十余年。君臣相得，是他能够施展盖世才华、实现政治抱负的前提。但是，所以能够君臣相得，尽管不容忽视这几位蒙古君王的雄风伟度，更不应忽视耶律楚材的奇才大略和忠正廉直。两方面的结合，是奠定良好君臣关系的基础。

在成吉思汗一世，耶律楚材是形影相随的股肱大臣，曾被视为"天赐我家"，尊崇至极。

窝阔台汗一世，耶律楚材有顾命之义，拥立之功，为其屹立于王廷埋下根基。但更重要的是他呕心沥血地为蒙古帝国运筹策，定制度，使这个新生的庞大政权得以生存。他披肝沥胆的忠正气质，又不能不使蒙古君臣肃然起敬。正是基于此，窝阔台汗把耶律楚材当作自己的偏得，国家的骄傲。早在他即位的第三年，就当面盛赞耶律楚材说："南国之臣，复有如卿者乎？"窝阔台汗八年（1236年），即灭金后的第二年，蒙古诸亲王集会，大汗亲自给楚材奉觞赐酒，由衷地说："我所以推诚任卿，因有先帝之命。非卿，则中原无今日。我所以能安枕无忧，实赖卿之力。"当时，正值西域诸国和南宋、高丽的使者前来通问，语多虚妄不实。窝阔台颇为得意地指着楚材对来使说："你国有这样的人才吗？"来使皆回答："没有。此人大概是神人。"窝阔台高兴地说："你们唯有此言不妄。我也猜想必无此人。"

正由于这样的知遇之情，更由于耶律楚材的气质和胆略，使他能够在国家政治生活中发挥着极其重要的作用。

窝阔台汗八年，侍臣脱欢奏请：简选官室美女，充用后宫。窝阔台诏令依奏实行，耶律楚材却故意拖延不办。窝阔台十分生气，严辞斥责楚材。楚材却乘机进谏说："已选美女二十八人，足以备用，如再选美，臣恐扰民，正欲复奏。"窝阔台沉思许久，点头答道："此举可罢。"

不久，窝阔台又欲向全国征用母马。这样一来，蒙族地区向来畜牧，倒无所谓；中原一带素事农桑，不得不弃农就牧，难免使农牧诸业失调。为此，耶律楚材谏阻说："田蚕之地，难以产马。如行此令，必然害民。"窝阔台又准其所奏。

对于耶律楚材的奏议，言听计从者不乏其例，而不听不从者也不胜枚举。遇到后者，他或者犯颜极诤，或者婉言巧谏。凡属国是，决不轻忽。

一次，两个道士互争尊长，各立门户，私结党羽。其中一个门派勾结宫中宦官和通事大臣杨惟中，捕捉并虐杀另一门派的道徒。耶律楚材执法严明，不避亲贵，竟把杨惟中也收捕讯问。宦官畏忌在心，反而控告楚材擅捕大臣，又扯出另外一些违制之罪。窝阔台大怒，竟把楚材囚系治罪。不久，窝阔台自悔失策，下令释放楚材。楚材拒不让松绑，并进言道："臣备位公辅，执掌国政，大汗初令囚系老臣，想来有可治之罪，应当明示百官，论述不赦之理。如今释臣，是我无罪，也应明示无罪之由，岂能轻易反复，如戏小儿。这样下去，国有大事，何以执行！"这真是临之以威，竟使朝中众臣相顾惊愕。窝阔台竟也开明，只得认错，说道："朕虽为帝，难道就无过失之举吗？"然后，再三用温言抚慰。楚材趁此机会，陈奏时务十策：1.信赏罚；2.正名分；3.给俸禄；4.官（任用）功臣；5.考殿最（考查官吏优劣）；6.均科差（调整赋役）；7.选工匠；8.务农桑；9.定土贡；10.制漕（水）运。这十件政事因皆切合时务，准令悉数施行。

蒙族饮酒之风甚盛，窝阔台更是嗜酒如命。登位之后，竟然天天与大臣酣饮，不醉不休。耶律楚材屡谏，窝阔台不听。后来，楚材拿着被酒浸泡腐蚀的酒器铁口，启奏说:"酒能腐蚀铁器,何况五脏!"这则是动之于情,使窝阔台幡然醒悟。他对着近臣夸赞说:"你们爱君忧国之心,有像'长髯人'的吗?"于是一方面赏赐楚材金帛,一方面下令近臣;每日只能进酒三盅。

长此以往,耶律楚材与窝阔台结下了难解之缘、腹心之情。一次,楚材与诸亲王宴饮,醉卧车中。窝阔台看到后,亲赴楚材营帐,登车摇撼呼唤。楚材正沉沉熟睡,遇人打扰,禁不住心中烦恼,口中竟吐不逊之辞。待他睁开惺忪醉眼,见是大汗到来,惊得酒醒七分,翻身而起,叩拜谢罪。窝阔台说:"卿有酒独醉,竟不与我同乐啊!"说完,长笑而去。

名臣忧死

窝阔台汗十三年(1241年)。在蒙军南进节节胜利的时刻,蒙古历史上的一代杰出帝王窝阔台突然染病不起。

皇后六神无主,召问耶律楚材。楚材趁此机会,再次借天命以尽人事,抒发自己的政见,敦促说:"如今任使非人,卖官鬻爵,囚系无辜甚多。古人一言而善,荧惑退舍。请赦天下囚徒。"皇后一心要救活窝阔台,来不及再说什么。楚材却怕窝阔台日后反悔,又说:"非君命不可。"一会儿,窝阔台稍稍苏醒,楚材同皇后一起入奏,请求赦免无辜罪人。事关为己祈福,窝阔台当即允准。其时,他已口不能言,只得连连点头,表示首肯。楚材得时不怠,连夜去宣读赦书。

不久,窝阔台渐渐痊愈。这年冬天十一月四日,性喜田猎的窝阔台又要骑马负弓,驾鹰牵犬,出郊竞射,耶律楚材念及大汗年事渐高,身体尚未复原,更担心游猎无度会妨害政事,便借演论术数极言谏阻。左右侍臣却怂恿说:"不骑射,无以为乐。"结果窝阔台连续疯狂驰骋五日,死于外地行宫。

当初,窝阔台留有遗诏,待他过世之后,以其孙失烈门(养子曲出之子)为嗣。如今窝阔台一死,第六后乃马真氏立召耶律楚材,询问汗位承继之事。楚材知有先帝遗命,说道:"此非外姓之臣所应过问,自有先帝遗诏,望能遵嘱而行。"乃马真氏不从,竟然自己临朝称制。耶律楚材一时难以阻挠,只得徐图良策。

乃马真后崇信奸邪,擅作威福。回鹘巨商奥都剌合蛮用重贿买通乃马真后,得以专政用事,权倾内外。廷臣畏惮此人,或缄口不语,或趋炎附势。

耶律楚材早在奥都剌合蛮承包课税时,就已预见到奸商干政的祸害,并曾拼死谏阻。如今看到苦果酿成,五内俱焚,只好舍命面折廷争,言人所难言。善心的人目睹此状,均为他提心吊胆。可他只为国运着想,余皆置之度外。

乃马真后二年(1243年),又有所谓"天变告警",出现了"荧惑犯房"的星宿运行现象。时当忌辰,耶律楚材先行安定众心,免致扰攘。不久,朝廷有兵事。因变起仓猝,乃马真后下令分授兵甲,挑选心腹,甚至要西迁而避祸乱。楚材进谏:"朝廷为天下根本,根本摇,天下将乱。臣观天道,必无大患。"有了这个定心丸,数日之后,上下安然如旧。

之后,朝政紊乱,国事日非。乃马真后竟将国家御宝大印交予奥都剌合蛮,并给他朝廷空白信笺,使他任意填写,擅发政令。耶律楚材抗议说:"天下本是先帝的天下,朝廷自有宪章，今欲紊乱制度，臣不敢奉诏。"经他强争，此事遂告中止。

　　不久，乃马真后降旨："凡奥都剌合蛮所建白，令使倘若不书，斩断其手。"耶律楚材又挺身而出，凛然谏净说："国家典故，先帝悉委老臣，令使又有何责。事若合理，自当奉行；如不可行，死且不避，何况断手！"乃马真后不悦。楚材辩论不已，竟朗声陈辞："老臣事太祖（成吉思汗）、太宗（窝阔台）三十余年，无负于国，皇后岂能无罪杀臣。"乃马真后虽然饮恨在心，却因他是先朝勋旧，孚望朝野，不能不敬畏三分。

　　作为一个忠正老臣，久见朝纲难申，未免忧思伤神。天长日久，耶律楚材终于愤悒成疾，于乃马真后三年（1244 年）抱恨长逝，卒年五十五岁。

　　耶律楚材当政之年，一向廉洁奉公，所得俸禄时常分与亲族，以表资助，却不肯私授亲旧官职。他说："睦亲之义，但当资以金帛。若使从政而违法，我不能徇私恩。"

　　耶律楚材死后，有人诬告说："楚材在相位日久，天下贡赋，半入其家。"乃马真后命近臣检视其家，仅见十几把琴阮（阮为古琵琶中的一种，形似月琴），另有古今书画、金石、遗文数千卷。至此，人们更叹服其廉。

颐和园耶律楚材祠

　　耶律楚材生前多有诗文写作，后人代他结集为《湛然居士集》。

　　元文宗至顺元年（1330 年），因耶律楚材有佐运经国立制之功，元代立国规模多由他奠定，追赠他为太师、上柱国，追封广宁王（一说懿宁王），谥号"文正"。

　　耶律楚材对蒙古立国中原有杰出贡献，为缔造中华民族建立了不朽业绩。因此，他死时，蒙汉人民多有震动，以致哀恸不止。后人对他的评价也极高，甚至以周朝的周公、召公作喻。清朝乾隆年间，为"襃贤劝忠"，在今北京颐和园为他建祠塑像。

张居正传

人物档案

张居正：字淑大，号太岳，江陵（今湖北江陵）人。嘉靖进士，授编修，嘉靖时以侍讲学士领翰林院事。隆庆元年（1567）入阁。

生卒时间：1525～1582 年。

性格特点：魄力非凡，智慧超群，雄才大略，廉洁奉公。

历史功过：整饬朝纲，巩固国防，推行一条鞭法，使奄奄一息的明王朝重新获得勃勃生机。

名家评点：张居正一生功过兼有之，但作为一个封建士大夫，能任劳任怨地工作，敢于整顿松弛的政治秩序，能使国富民丰，边疆安全，也称得上是一个正直的好官。

张居正

少年得志

张居正的祖先系安徽凤阳定远人，是朱元璋部下的兵士。曾随大将军徐达平定江南，立功浙江、福建、广东，授归州长宁所世袭千户。其后，张居正的曾祖父张诚由归州迁往江陵，张居正的祖父张镇为江陵辽王府护卫。张居正的父亲张文明曾先后 7 次参加乡试，但均落第。

嘉靖四年（1525 年）五月初三，张居正降生在江陵。其时，曾祖、祖父、父亲均健在。刚一出世的张居正，即被全家视为掌上明珠，爱护备至。无论是生活和启蒙学习方面，张居正都得到特殊的照顾。他 5 岁时，即被送到学校念书。由于张居正天资聪颖，学习用功，因此不到 10 岁就懂得经书的大义，诗词歌赋更是出口成章，信手可成。

嘉靖十五年（1536 年），12 岁的张居正，以才华出众考中头名秀才，成为名震荆州的小秀才。

嘉靖十六年（1537 年）中秋八月，适逢三年一度的科考。正是鹅黄绿肥、黄花满地的日子，天高气爽，晴空万里，武昌城内，来自府县的学子云集一起，人流车马不断。

此次秋闱如此隆重，与湖广巡抚顾璘的重视分不开。这位当朝著名才子，3 年前赴任湖广，恰逢他在任的首次秋闱，心情自然格外激动。他真希望全省莘莘学子俱各怀绝学，奋力考出优秀成绩，也不枉他勤勉视政的心血。倘能出一两个经天纬地之才，国家幸甚，桑梓生辉，岂不是给他脸上增光？！

这天早上，考场考官们开始阅卷。顾璘闭门谢客，独坐花厅，静候结果。忽然他脑子里猛回忆起一件事来，那是一年前，本省学政曾告诉他说，荆州发现一少年才子，名叫张居正,12岁应考便以头名得中秀才。顾璘独自揣摩,不知这位少年张居正会不会来应试呢?

这时,监试御史喜滋滋地跨进门来,急忙向顾璘汇报:"此次秋闱可谓硕果累累,人才了得!"随手将一摞试卷递了过来。

顾璘急切地问:"御史大人,将要录取的头名是谁?"

"想你巡抚大人绝料不到,竟是一个13岁的少年秀才,名叫……"

"名叫张居正!对吗?"顾璘忙抢着说。

监试御史很是吃惊,只见顾巡抚放声大笑:"我已有先见之明!"他随即抽出张居正的试卷仔细品阅,横挑细查,见其果然气度恢宏,辨析严谨,丝丝入扣,一股凛然才气跃然纸上。

顾璘不禁拍案叫绝,立即命人召来了张居正。

只见张居正唇红齿白,眉清目秀,方巾儒服,气度不俗。顾璘打量良久,顿生爱怜之意。

"张居正,你年来弱冠,我且问你,长大以后有何志向?"顾璘问道。

张居正忽闪着机智清亮的目光,略加思忖,亮开童音答道:"学生常听父母言及,昔先曾祖平生急难振乏,常愿以其身为褥荐,而使人寝处其上,使其有知,绝不忍困其乡中父老。学生当以曾祖为效尤,宏愿济世,不仅以身为褥荐,即有欲割取吾耳鼻,当亦乐意施与!"顾璘大为惊诧,想一13岁少年竟有如此宏论,心中暗暗称奇。他又手指厅外院墙边一丛翠竹说:"你可否以竹为题,即刻作一首五言绝句?"

张居正凝神视竹,略加思考,未等顾璘一口茶呷完,他已念出声来:

> 绿遍潇湘地,
> 疏林玉露含。
> 凤毛丛劲节,
> 只上尽头竿。

顾璘一时呆愣在那儿,好半天才回过神来。他确信张居正乃将相之才,他日必能成大器,不过他又认为张居正年纪太小,如果此次让他中举,他会不会骄傲自大而误了前程呢?倒不如先不录取他,再刺激一下他,使其能更加发奋读书,才具老练,今后必将前途无量。

于是,尽管考试成绩名列前茅的张居正,却在他13岁这年的科举考试中未能如愿以偿。

三年后,16岁的张居正英姿勃发,又参加了乡试,欣然中举。16岁中举,在当时也是少有的,许多人都很羡慕他、夸奖他。张居正并没有自满,他特地去晋见顾璘。

顾璘非常高兴,解下自己身上的犀带,送给张居正,感慨地说:"古人云,大器晚成,此为中才说法罢了。而你并非中才,乃大才。是我耽误了你三年功名,直到今天才中举。你千万不能以此为满足,再不求进取了。"

张居正谦恭地一揖道:"感激您的教导。大人实乃学生的再生父母,指点之恩没齿不忘!"

顾璘见张居正很理解自己,愈觉欣慰,不由得谆谆叮嘱道:

"我希望你抱负远大,志向高洁,要做伊尹、颜渊,万不可只做一个年少成名的秀才,一个仅会舞文弄墨、吟风唱月的腐儒! 要记住你的济世宏愿!"

张居正万分感动,眼中闪着激动的目光,再次向顾璘深深拜谢⋯⋯

初涉政坛

嘉靖二十六年(1547年),张居正23岁中二甲进士,授庶吉士(见习官员,三年期满,例赐编修),进入官场,开始登上政治舞台。

这时的朝廷,内阁大学士是夏言、严嵩二人。严嵩并无特殊才干,只会谄谀媚上,以图高官厚禄。严嵩表面上对夏言谦恭有礼,暗中却伺机陷害报复他。夏言是个很有抱负的首辅,他任用曾铣总督陕西三边军务。当时,蒙古鞑靼部盘踞河套地区,经常南下进犯,烧杀抢掠,为非作歹。曾铣在夏言的支持下,提出了收复被蒙古人占领的河套地区的计划。河套地区东西北三面濒河,南面临近榆林、银川、山西的偏头关等边镇,土地肥沃,灌溉便利,适宜农桑。控制河套地区,对于明朝北面的边防有着重要的意义。曾铣率兵屡败敌人,得到明世宗的赞同和支持。可是,严嵩为了陷害夏言,利用明世宗害怕蒙古鞑靼军的心理,攻击夏言、曾铣等收复河套地区的计划是"好大喜功""穷兵黩武"。这时,恰巧宫内失火,皇后去世,世宗皇上崇奉道教,认为这是不祥之兆。严嵩趁机进谗言说:"灾异发生的原因就是由于夏言、曾铣等要收复河套地区、混淆国事造成的。"昏庸无能的明世宗信以为真,立即下令将夏言罢职,曾铣下狱。内阁中凡支持收复河套地区计划的官员分别给予贬谪、罚俸和廷杖的处分。不久,鞑靼军进犯延安、延川等地,严嵩又抓住这一机会,给世宗进言说,鞑靼军是因为曾铣要收复河套地区而发的兵。世宗又按开边事之衅罪把曾铣处死。害死了曾铣,夏言还在,严嵩不把他置于死地是不甘心的。数月后,鞑靼接连进攻大同、永宁、怀来等地,京师告急,世宗急得团团乱转。这时严嵩又进谗言说,这完全是夏言支持曾铣收复河套引来的祸患,又捏造了夏言曾经受贿的罪行。结果,夏言也被世宗处死。夏言一死,严嵩便爬上了首辅的高位,完全掌握了内阁大权。

张居正作为一个刚刚登上政治舞台的新科进士,根本无法左右当时的政局。不过,通过朝廷内一次又一次争权夺利的斗争,使他认清了当时政治的腐败。于是在嘉靖二十八年(1549年),张居正写了一篇《论时政疏》,系统地阐述了他改革政治的主张。然而遗憾的是,并未引起严嵩和世宗的重视,这篇奏疏没有 被采 纳。

嘉靖二十九年(1550年)六月,鞑靼进犯大同。宣、大总兵仇鸾是个草包,他的总兵官职是用重金向严嵩买来的。因此,面对敌人的进攻,他胆战心惊,无有良策,只好向敌方送去重金,乞求人家不要进攻自己的防区。鞑靼接受重礼后,挥兵东进,相继攻占北口、蓟州,直逼通州,京师告急。明世宗吓得胆战心惊,遂下诏勤王。仇鸾为了邀功,博得世宗欢心,主动增援。世宗命其为平虏大将军,节制各路兵马。由于各地军队日夜兼程,直奔京师,于是粮食无法自带,负责粮饷的户部不能及时拿出钱粮,使明世宗异常恼怒,一气之下,罢免了户部尚书李士翱的官职。

敌人直逼城下,明军被围在城中无计可施,只能眼巴巴地看着敌人在城下烧杀抢

图文珍藏版

掠为所欲为。兵部尚书丁汝夔迫于手下将士要出城杀敌的压力,连忙向严嵩请教。严嵩对他说:"不能出城和敌人交战。我们在边塞上打了败仗还可以向皇上隐瞒实情,可是眼下在皇上的鼻子底下,万一吃了败仗,皇上怪罪下来,你我如何交代呀!"于是,尽管有许多大将要求和敌人作战,都被一一驳回,丁汝夔哪敢违背严嵩的旨意!鞑靼兵在城郊抢掠了大批财物,又见京城久攻不下,遂回师西去。平虏大将军仇鸾这时又耍起了他的小聪明,他命手下杀了几十个老百姓,把他们的头割下来向皇上邀功,被封为太保。

尽管敌人退去,但生性多虑、心胸狭窄的明世宗仍觉得很不是滋味。想自己堂堂大明皇上,竟被小小的鞑靼人囚困于京城,简直是奇耻大辱。由于这一年是庚戌年,所以历史上把这一事件定名为"庚戌之变"。明世宗怒气难消,把这一切全怪罪于兵部尚书丁汝夔的身上,指责他治军无方,退敌无策,坐以待毙,贻误战机,并下令将他逮捕。丁汝夔预感事态严重,遂想起向严嵩求救,严嵩对他说:"你不用担心,只要有我在,保证你不会死的。"谁知过了不长时间,丁汝夔即被杀害。

庚戌之变时,张居正就在京城里。他亲眼看见了所发生的这一切事件及其内幕,对严嵩的误国卖友行径深恶痛绝,对仇鸾之流弄虚作假,欺上瞒下的丑恶表现极为愤慨,深深地感受到权奸当国,政治黑暗,官吏腐败,自己的政治抱负和远大理想在如此环境下怎能得以实现?对此,他已心灰意冷,无意再留在京师。嘉靖三十三年(1554年),张居正借口请假养病,毅然离开北京回到故乡江陵。

在江陵一住就是3年。这期间,张居正并没有停止实现自己的抱负的努力,他深入实际,调查研究,详细地分析和了解民间所存在的各种问题,从而他对时弊的认识更加深刻,改革的方向更加明确,改革的决心更加坚定。

嘉靖三十六年(1557年),张居正怀着革新政治的抱负,由江陵再次回到北京,再次投入到激烈争斗的政治漩涡中,他决心为实现自己的改革目标,为老百姓的幸福,在这政治漩涡中乘风破浪、披荆斩棘地大干一番。

嘉靖三十八年(1559年)五月,徐阶晋升为吏部尚书,次年又由少傅晋升为太子太师。张居正亦由翰林院编修(正七品)晋升为右春坊右中允(正六品),兼国子监(相当于国立大学)司业(相当于副校长),高拱为国子监祭酒(相当于校长)。这时严嵩与徐阶的矛盾日益激化。由于严嵩年事已高,工作中常常出现纰漏,世宗皇帝颇为不满,严嵩遂渐渐失去宠信。一次,皇上问方士蓝道行:"谁是朝中的奸臣?",蓝道行说:"严嵩是最大的奸臣,留待皇上正法。"之后当御史邹应龙上疏揭发严嵩父子罪行时,世宗帝便毫不犹豫地把严嵩罢职。

严嵩倒台后,徐阶继任为内阁首辅,张居正欣喜若狂,笑逐颜开,为一个新时代的到来而兴奋不已。因为徐阶是张居正任庶吉士时翰林院掌院学士,在翰林院的名分上,徐阶是张居正的老师。徐阶对张居正的为人处事和聪明才智也很赏识,他对张居正寄予很大的希望,把其视为国家的栋梁之才。张居正也竭尽全力协助徐阶工作,二人真是相得益彰。嘉靖四十五年(1566年),明世宗逝世后,徐阶和张居正又以世宗遗诏的名义,革除弊政,平反冤狱,颇得人心。

明世宗逝世后,隆庆帝即位。次年二月,张居正晋升为吏部左侍郎兼东阁大学士,入阁参与机要政务。这时高拱因为与徐阶不和而离开内阁,所以朝廷大事基本上均由徐阶和张居正管理。张居正如鱼得水，使自己的聪明才智得以尽情发挥，令朝中官员刮目相看。

这是一个闷热的仲夏之夜，入阁之后满怀鸿鹄之志的张居正坐在书案前，沉思默想，不时汗流如注。蚊虫叮咬，他却全然不顾，一心只想着要将自己的肺腑之言奉献给皇上。直到子夜时分，他才考虑成熟，便欣然命笔。先写《省议论》，他痛切地指出："朝廷之间，议论太多，或一事而甲可乙否，或一人而朝由暮跖，或前后不觉背驰，或毁誉自为矛盾，是非淆于唇吻，用舍决于爱憎，政多纷更，事无统纪。"接着又写《核名实》，他厌恶那些自己不做事，又空喊"世上无人才"的人，认为其所以有此印象，是因为对文武群臣"惟名实之不核，拣择之不精，所用非其所急，所取非其所求"，所以才造成了是非不分，赏罚不明的状况。他诚恳要求皇上无论对任何官员，都要"以功实为准"，在使用上不能"眩于声名、拘于资格、摇之以毁誉、杂之以爱憎"，更不能"以一事概其平生，以一错掩其大节"……他一写而不可收，洋洋洒洒，又一口气写出了《振纪纲》《重诏令》《固邦本》《饬武备》，共计6件大事，遂题名为《上陈六事疏》。

张居正一心想为国家社稷贡献自己的力量，谁知他那掏心掏肝的满腔心腹话，换来的只是昏庸无能的隆庆皇上几句不冷不热的话："览卿奏，俱深切时务，责部、院议行。"一切再无下文了。

隆庆二年（1568年）七月，徐阶在举筹失措中被迫归田，高拱再次入阁兼掌吏部事，控制了内阁大权。高拱这个人是非兼半，他有他值得称道的一面，也有令人憎恶的一面。高拱最大的优点是非常重视发现和培养起用人才，尤其是善用有德有才的年轻人。他考核官员，唯以政绩为准，从不问出身和资历，而且在选派官员时特别注意年龄和健康。他规定凡50岁以上者，均不得为州县之长，不称职者立即去之。他当政时起用了一批优秀人才，张居正就是其中之一。

但是，高拱为人傲慢，刚愎自用，又很不善于听取下级的意见。因此，张居正虽然有幸在内阁任职，但有高拱在他之上，他想尽展才华，大干一场，又是一件非常难的事情。

力挽狂澜

月隐星稀，全城万籁俱寂。钟鼓楼上刚敲过四更椎鼓，位于西城的大学士张居正的寓所前，就已开始忙乱起来，家人们里外忙活，为张居正上朝作准备。

年近五旬的张居正，精力充沛地走了出来，匆匆钻进轿子，在轿夫的一声吆喝下，轿子载着他，直向长安门而去。

他前脚刚踏进朝房，后即传来一声雷鸣似的声音：

"张阁老，今日早哇！"

张居正回头一看，原来是首辅大学士高拱。

"啊，高阁老，您早……"张居正谦恭地向他拱拱手。看到这时已来了不少大臣，张居正又忙不迭地和他们打招呼。

日复一日的上朝，张居正面对这些各具形态的同僚们，总不免有些感慨。光阴荏苒，岁月催人。回想他20多岁入京为官，辗转43岁得以进入文渊阁，他已记不清究竟上了多少次朝。他只记得,每次上朝,他都满怀一腔抱负进入皇极门,到散朝时,却往往带回去一肚子失望。

凤楼上第三通鼓响了,文武百官鱼贯进入皇极门,文东武西站立殿下,静静地等候皇上上殿。

等了好长时间,没有一丝动静。张居正心中不觉一怔:皇上今日恐怕又要大驾临迟了。真是没有办法,隆庆帝登基不过6年,竟足足有3年之久上朝时一言不发,宛如一尊木雕傀儡,令人哭笑不得。

太阳已冉冉升了起来,仍不见皇上露面,百官们站得两腿发麻,头晕目眩,纷纷交头接耳窃窃私语起来。高拱和张居正面面相觑,不知如何是好。

张居正抬头望了望大殿之上那空空如也的御座,真想仰天长叹:唉,中原民不聊生,国库一贫如洗,边关狼烟未熄,可皇上……唉!

足足半个时辰后,方听汉宫内高声传呼:“皇上驾到——”只见隆庆帝头戴金丝皇冠,身穿绣龙黄罗袍,在一群太监的簇拥下无精打采地进入大殿。

原来,隆庆帝荒淫无度,自昨天下午就沉溺于慈宁宫中,与李贵妃颠鸾倒凤,直至精疲力尽。今早起来后,便觉头重脚轻,呼吸急促,在宫中耽误了好长时间才强撑着上朝。

谁知刚一入座,隆庆便觉一阵虚火攻上心来,顿时感到头要迸裂,五脏六腑仿佛被什么东西搅乱了。他霍地站起来,嘴角不停地抽搐。一旁的掌印太监孟冲、秉笔太监冯保一看大惊失色,忙上前将他扶住,搀入乾清宫。下跪的文武百官一个个如五雷轰顶,目瞪口呆。

一会儿工夫,一太监气喘吁吁跑上平台,口传圣旨:“着文渊阁大学士高拱、张居正、高仪入宫受命。其余百官退朝!”

三位大学士慌忙入宫,只见皇上面如土色,陈皇后与李贵妃愁容满面,悲哀难忍,年仅10岁的太子翊钧肃立在御榻旁边。

秉笔太监冯保宣读诏书:

“朕嗣统方六年,如今病重,行将不起,有负先帝付托。太子正值幼冲,一切托付卿等,宜协辅嗣皇,遵守祖制,则社稷之功也。”

三人喉头哽咽,强忍悲痛,叩头谢恩,回文渊阁中等候消息。

三人在阁中坐定,一时间默默无语。

“二位阁老都在想什么呀?”高拱的嗓门向来粗声大气,张居正凛然一惊,抬头望望高拱那咄咄逼人的目光,讪讪地说:“没想什么,无非是为皇上担忧而已……”

“我有一言说在前头,请二位三思。值此多事之秋,我等同受顾命,任重道远,理当精诚合作,同辅幼皇治理天下,断不可怀有二心!”高拱语气昂奋地对张居正和精神颓唐的高仪提出警告。

张居正不觉有几分激愤,心中暗道:“好不晓事!急着排异,所为何来呢?”他不会忘记,高拱现在权倾朝野,又极好斗,短短的几年里,他就先后赶走了4位大学士,那气概确乎非凡。

他稳定一下情绪,转过头来,见高拱仍在盯着他看,遂以极诚恳的语调对高拱说:

“首辅尽可放心,一切仰首辅筹划。居正不才,愿与首辅通力协助,共渡艰危,此乃国家大幸矣!"

但高拱万万没有想到,与他作对的并不是张居正,而是大太监冯保。张居正也不曾料到,自己竟渔翁得利。

隆庆帝逝世后,10岁的太子即将成为新的皇上,冯保可谓扬眉吐气,他要好好治一治高拱。

原来,冯保本来在内宫仕途上一帆风顺,很快被嘉靖帝擢升为秉笔太监。后来,掌印太监出缺,冯保自信该由自己顶补这一最高职务,不料首辅大学士高拱偏偏在皇上面前举荐了平日他最瞧不起的陈洪,后又推荐了孟冲,冯保气得要命,他认定这是高拱故意给他难看,好在皇上短命,他因相伴太子,因此与皇后、李贵妃过从甚密,故而随着太子的登基,他也一下子从幕后走到了台前。

冯保开始发挥自己的聪明才智和能言善辩的口才,与高拱展开了一场暗中较量。他向皇后及贵妃推荐张居正,贬低高拱;又千方百计地为自己升为掌印太监铺平道路,讨得了皇后及李贵妃的欢心,她们对他真可以说是言听计从。

太子朱翊钧继承帝位后,改年号为万历。

冯保顺利地当上了掌印太监,又兼东厂督主,可谓宫内宫外大权在握,因此他把高拱根本不放在眼里。张居正目睹冯高二人的争斗,预感到朝廷又要有一场暴风雨来临了。他本想兴利除弊,扶正祛邪,有一番作为,以酬青云之志,却又遇到高拱刚愎自用,难容他人。隆庆帝刚刚驾崩,又要有一场你死我活的争斗展开了……他知道自己无法左右这些,于是他决定不去参与,顺其自然,以静制动。

终于,高拱与冯保的争斗有了结果。这天一上朝,就见御前太监跨前一步急急宣布:"两宫太后和皇上有特旨在此,文武群臣细听着!"

接着,由冯保展旨,高声诵读:

"告尔内阁五府六部诸臣!大行皇帝宾天之先,召内阁三臣至御榻前,同我母子三人,亲授遗嘱曰:'东宫年少,赖尔辅导'。无乃大学士高拱,揽权擅政,威逼自专,通不许皇帝主管。我母子日夕惊惧,便令回籍闲住,不许停留……"

真如晴天霹雳,高拱又羞、又怒、又恨、又急,气得他三魂爆炸,七窍生烟,从脚下到头顶渗出阵阵冷汗,差点儿没昏过去。

张居正望着高拱远去的背影,一股凄凉之感顿时涨满全身,在听旨之初他或许还颇觉暗喜,可此时,他已说不清是喜是悲,抑或是忧?他的思绪变成了一匹野马,在狂荡地无目标地胡乱驰骋。

高拱被罢了官,高仪不久也作古,剩下张居正一人独守文渊阁,一身挑起了首辅的重任。

十年寒窗,坎坷升迁。一生功名所求,现已达到了顶峰,真可谓一人之下,万人之上。他清醒地知道自己所处的位置将会是祸福旦夕的险境,是死活相拼的战场。凡行事做人,当更加小心谨慎。

自然,张居正心中也充满着实现凤愿的喜悦和整治朝政的壮志,踌躇满志之情与优柔慎微之心兼而有之,倒使得张居正处理事情时相得益彰,既有深思熟虑的见地,又不乏义无反顾的勇气。

督导幼主

明神宗朱翊钧当皇帝时年仅 10 岁,因此皇帝的教育问题成为内阁首辅张居正的头等大事。

张居正深感教育好一个皇帝是一件利国利民的事情,于是他自己毅然肩负起教育小皇帝的责任。他每日除安排好功课外,还专门为万历帝讲解经史;将每日早朝改为每旬三、六、九日上朝,其余时间均安排给万历攻经读史;又请李太后移居乾清宫,让其与万历同住,以便朝夕照护,调理管束。

万历读书的地方叫文华殿,坐落在紫禁城东部,为历代皇帝就读省事之处。

10 岁的万历帝,尽管身已为人主,心则终属童稚。他爱玩、爱闹,天性活泼,兴趣广泛。可当了皇帝,一切由不得他了。严厉而令人敬畏的张居正先生不仅亲自为他讲解经史,而且还为他任命了五个讲经说史的老师,两个教书法的老师,为他编订了厚达一尺多高的讲义。每日上午,他要学经书、书法、历史。这其中,还要在冯保和其他宦官的协助下,把当天臣僚们上奏的本章一一亲览,在张居正"禀拟"旁边用御笔作出批示。他有时觉得很有趣,尽写些"如拟""知道了"一类的字,如同练习书法……吃过饭后的时间他本可以自由支配,却仍不敢懈怠半分,因为李太后和冯保叮嘱他要温习功课,第二天必须把所学的内容背诵出来。如果准备充分,背书流利,张居正先生就会颂扬天子圣明;如果背得结结巴巴或读出别字错字,张居正便会以严师的身份加以训斥,使他感到诚惶诚恐。

在这样严厉的督导下,万历的学业自然不断长进,然而他的天性也日渐受到压抑。登位不过六个月,他似乎已尝到了皇帝不好当的滋味。

转眼已是次年正月,春回大地,花信伊始。再过 3 天就是上元节了,万历记起父亲在世时,每逢上元,便会牵着他满宫转悠,那遍地的烟火、新奇的宫灯,把紫禁城照耀得如同白昼,令人叹为观止,流连忘返。如今正值自己登位正式起用万历年号的头一年,一元伊始,万象更新,自己何不也趁机热闹一番,轻松轻松?

想到这里,他不觉心荡神摇,手握朱笔,字斟句酌,拟出一道手谕,要宫中精心布置,广扎彩灯,庆贺新元,并要为李太后整修行宫,以表节日不忘思孝之意,如此等等。写完,他反复看了几遍,自觉非常满意,自登基以来他第一次发号施令,感到很兴奋,不觉手舞足蹈起来。他叫随侍太监将自己的手谕立即送交文渊阁。

不到半个时辰,只见张居正匆匆赶来。一见面,就问万历帝:"刚才的手谕真是陛下之意吗?"

万历见张居正面色严肃,吃了一惊,不知自己办错了什么事,讷讷答道:"是……是朕本意。先生以为有何不妥吗?"

"陛下有所不知。本朝自嘉靖、隆庆以来,国库日见亏空,每岁收入仅 250 万两,而支出却高达 400 万两,如此入不敷出,足见国体衰微,生机凋敝,当全力开源节流,以图振兴朝政。陛下应力戒浮华虚荣,厉行廉洁俭省,以作全国之表率。"

万历被张居正一番话说得无话可答,他意识到手谕必定是下不成了,心里很有些不舒服。可张居正是首辅大人,又是自己的老师,那道理讲得有根有据,天衣无缝,不舒服也得听,于是他忙说:"就以先生所言,朕即刻收回成命。"

"若得如此,实乃社稷苍生之福。"张居正有些感动,他从内心暗暗叹道:真是个明事理,晓大义的幼皇啊!

转眼暑天渐过,已是鹅黄蟹肥了。

万历勤学苦读,手不释卷。除了一早一晚在乾清宫起居,大部分时间全消磨在文华殿中。

张居正作为老师,为了让皇帝学得快点,好点,就根据皇上的年龄特点,亲自编撰了一部《历代帝鉴图说》供皇上学习。这部书里写了历代皇帝的故事,图文并茂,好读好记,小皇帝非常爱读,整天翻来翻去。

毕竟万历还是个孩子,他有时觉得太压抑了,就想偷偷地到别处去玩玩。一次,他正在四处乱转,一没留神,脑袋撞在殿中的一根大立柱上,撞得他怒从心起,提脚向那根柱子踢去,那柱子岿然不动,倒把脚撞得发麻。此时,上下一起疼,万历更加恼火,便四处寻找东西,巴不得猛摔一阵子解心头之恨。猛抬头,忽见母亲慈圣太后手书巨幅匾额,高悬头上,"学二帝三王治天下大理大法"十二个大字虎视眈眈地盯着他,万历不禁打一寒战,意识到自己的身份,顿收了出去游玩的非分之想,又在那儿欣赏起柱子上的对联来。

<blockquote>
四海升平,翠幄雍容探六籍;
万几清暇,瑶编披览惜三余。
</blockquote>

<blockquote>
纵横图史,发天经地纬之藏;
俯仰古今,朝日就月将之益。
</blockquote>

这些对联均出自张居正之手,万历看来似懂非懂,他只晓那无非都是劝他好好读书,时时警醒,做个贤明君主,以给祖宗争光,青史垂名。至于如何贤明,怎样才算得贤明,他却昏昏然,大概就是要听张先生和母后的话吧。想到这儿,万历赶紧回到房内去,继续学习起来。

一天,明神宗万历要练习写大字,张居正把明太祖的《太宝箴》拿给他说:"你就写这个吧! 你不仅要写好,而且还要会背诵,会讲解。"

万历像个小学生,认真地写着、念着、背诵着,面对墙壁一句一句讲解着。张居正看了满意地点了点头。

张居正作为皇帝的大臣,是俯首帖耳极力维护幼主。可作为皇上的老师,他从来都是非常严厉的,该批评的该指正的从不手下留情,他一心只想着把皇上教育成一个好皇上。

在张居正的谆谆教导下,万历一天天长大,一天天成熟起来,他已明白了不少为人处事的道理和治理天下的策略。

为了检验万历帝学习的成绩,张居正给他讲了一个宋仁宗不爱珠宝玉器的故事。故事讲完了,他说:"自古以来,那些只看重珠宝的君主,却不可能干出大事来。"

万历帝马上接着说:"珠宝是没有用处的东西,贤臣良将才是真正的宝贝。"

张居正一听，露出几分喜色，连忙夸奖说："陛下说得很对。凡是圣明的君主，重视五谷，而对珠玉看得很淡薄。因为五谷能养人，珠玉呢，饿了不能当饭吃，冷了不能当衣穿。"

"先生说得有理。"万历帝说，"宫里的人都喜欢珠玉，可每年的赏赐，我都很节省，不轻易拿珠玉赏人。"

"陛下这样圣明，真是大明朝的福气，也是黎民百姓的福气。"张居正高兴地称赞着，他想：皇上已经可以担当起治理国家的重任了，他总算没有辜负先帝的嘱托。

巩固边防

耳闻目睹了"庚戌之变"的张居正，对国家的安全和军队的素质极为担心，他从那时起就在谋划着对边防的整顿，发誓一定要使边关安定，人民和睦，尤其是汉族和少数民族的关系问题，更是张居正所关心的问题。

隆庆元年（1567年），张居正入内阁参政后，鞑靼首领俺答率军直逼山西中部，北京危在旦夕，尽管后来敌兵在大肆掠夺之后引兵北退，但皇上和大臣均意识到非彻底整顿软弱无力的边防了。当时任内阁首辅的徐阶，有个任工科给事中的吴时来上疏推荐谭纶、戚继光驻兵于蓟州，加强北部边防。这一建议马上得到首辅徐阶的支持，但由于新任兵部尚书霍冀对情况并不熟悉，而张居正与吴时来、谭纶、戚继光又都是徐阶所重用的人。这样，在内阁中主持整顿蓟、辽，巩固边防的重任就落到了张居正身上。张居正从整顿边防入手，才正式开始了他酝酿已久的改革事业。

张居正大胆地任用了一批智勇双全的将领，对他们"委任责成"，"信而任之"。因此，"一时才臣，无不乐为之用，用必尽其才"。他所重用的谭纶、戚继光、李成梁、王崇右、方逢时等人，都大显身手，充分发挥了他们的才华和智慧。

当时，北边战守的重心在蓟州。御倭名将谭纶、戚继光主持蓟州防务后，张居正给予大力支持。谭纶提议造筑敌台，张居正立即答复："昨议增筑敌台，实设险守要之长策，本兵即拟复行。"谭纶遂与戚继光"图上方略，筑敌台三千，起居庸至山海，控守要害。"

想当初，建立过赫赫战功的抗倭名将戚继光，奉调从浙江北上蓟州，总理蓟州、昌平和保定三镇的防务，担负起守卫京师大门的重任。他从内心里感激朝廷的信任，怀抱着战死疆场的烈烈壮志走马上任了。然而，等待他的却是一片令人揪心的景象：但见烽火台犹如土堆一般，军士中老弱病残，衣衫褴褛。兵器更是刀卷口、枪折尖、弓失箭。更头疼的是那些多如牛毛的文官们，既不懂带兵打仗，又不谙兵法韬略，却总爱对武将们指手画脚，乱出主意。

幸运的是，他上任后强烈要求改革蓟州军备的想法，得到了内阁大学士张居正的赏识和支持。他暗暗庆幸遇上了这么一位可亲可敬的知音。无论他有何计划，只要一封信写到张居正那儿，很快便有答复。戚继光在短短的几年里，整编防区，训练新军，一切均按他的计划有条不紊地进行着，使他的军事才能再次得到充分的发挥。戚继光以对倭作战的浙江兵士为骨干，根据蓟州的地理条件和同蒙古骑兵作战的特点，从实战出发，构筑工事，加强军事训练。

天高气爽,晴空万里。蜿蜒起伏的城墙上,雉堞高耸,旌旗飘扬,昔日又低又薄的、形同摆设的旧边墙已焕然一新;每隔百步新筑的敌楼,高出城墙丈余,如同一个个雄壮的哨兵,昂首挺立。戚继光豪情满怀仗剑挺胸地站在山顶,欣赏着自己的防御工事,眼前幻化出一幕幕战斗场面:

狼烟滚滚,刀枪猎猎。敌寇如潮水般蜂拥而来,却在这固若金汤的防线面前一触即溃……

不久前,张居正又给戚继光送来亲笔信,告诉他朝廷将派人来检验他练兵的成果。信中特别叮嘱他须妥善安排,说这是幼皇登基后首次派官员出巡,既可向幼皇表忠,亦可令朝野不明之士开开眼界,总之是一次绝好的机会。戚继光十分明白张居正的良苦用心,他自然不能辜负这位新任首辅多年来对他的信任和支持。经过几天的冥思苦索,一个以组织一场军事演习的办法来展示他治军成果的计划终于形成了,他要让张居正放心,让皇上满意。

戚继光就这样备常不懈,励精图治,在他镇守蓟州 16 年间,这里一直相安无事,边界太平。在整顿边防的过程中,张居正与戚继光私人之间也结下了深厚的友谊。

在辽东方面,张居正任用出身贫寒,但有大将之才的李成梁镇守。从隆庆元年起,李成梁在辽东屡败蒙古土蛮入犯,其后被提为总兵镇守辽东。李成梁镇守辽东 22 年,先后十次连奏大捷,其武功之盛,是数百年来未曾有过的。

万历三年,辽东朵颜的长董狐狸屡次挑衅,朝廷大臣一片恐慌。这个仗是打还是不打?众说纷纭,莫衷一是。张居正经过再三权衡,果断地提出,此仗非打不可。他认为辽东的那些土蛮向来骄横,他们又想通贡,又不愿称臣,对他们绝不能手软,须以威当先,在威上才可谈恩。况今日辽东远非昔日可比,总兵李成梁骁勇善战,且有戚继光从侧翼钳制。若长董狐狸果真来犯,正可趁机予以重创,打下他的气焰,让他痛定思痛,乖乖就范。这对整个边防之巩固将获益匪浅。他立刻修书,分别致函李成梁、戚继光,要他们加紧侦察巡逻,掌握详情,准备迎敌。半月之后,长董狐狸纠合数万余骑包围了辽阳城,自以为大功告成,殊不知早落入李成梁和戚继光布下的天罗地网之中。一场激战下来,长董狐狸人马死伤过半,尸横遍野,鬼哭狼嚎,长董狐狸左冲右突,惨败而逃。

辽东大捷彻底地灭了敌人的威风,使他们再也不敢进犯了,这样一来,辽东一线太平无事,人民安居乐业,处处一派和平安宁的景象。

在宣化、大同方面,张居正任用王崇古、方逢时镇守。他们修边墙,开屯田,加紧练兵,防御力量大大加强。

在张居正的主持下,经过几年的努力,扭转了长期以来边防败坏的局面。战守力量日益增强,蒙古犯边,逐年减少。

在加强防御力量的同时,张居正积极寻求改善蒙汉关系的门路,他命令沿边将帅,要抓住一切有利时机,积极发展同蒙古的友好往来,有一线的和平希望,也不要轻易兵戈相见,一切为广大人民的生命财产及生活安宁着想。宣、大总督王崇古屡次派遣同蒙古有关系的人,深入蒙古内部,发表文告并宣布:番汉军民凡由蒙古投奔汉族地区者,一律以礼相待,接纳安置。这些在蒙古地区果然引起很大反响,投奔人口越来越多。隆庆四年(1570 年),鞑靼土默特部落的汗王俺答、俺答的儿子黄允吉、孙子把汉那吉三代人共同争夺美貌漂亮的女子三娘子。后来,那三娘子被俺答一人独占,其孙子把汉那吉妒火中烧,一怒之下奔赴大同,叩关投降。宣、大总督王崇古和大同巡抚方逢时一面款待把汉那吉,一面上书朝廷,要求借此封贡通市。要不要接纳把汉那吉,在朝廷里出现了严重分歧。张居正主张接纳,认为接纳了把汉那吉是改善蒙汉关系,发展同俺答友好往来的绝好契机。而很多大臣则反对接纳把汉那吉,认为那样必将招来大祸。也有人主张干脆杀掉把汉那吉,以绝后患。在朝廷上下议论纷纷、莫衷一是的情况下,张居正力挽狂澜,一面火速派人嘱咐王崇古说,接纳把汉那吉一事,事关重大,一定要慎重行事,切勿简单处置,坐失良机。同时,张居正又将此事原委以及应采取的对策,报告了皇上,终于使隆庆帝下决心接纳把汉那吉。

接纳把汉那吉后,俺答果然亲率重兵前来索要,致使朝野震动,许多人都惶惶不可终日。不仅原先反对接纳把汉那吉的人认为这下可引来了祸患,就是一般人也都认为捅下了大乱子。这时,张居正一面要王崇古坚持初议,审定计谋,勿为众言左右;一面又给王崇古出主意、想办法,要他开展攻心战术。按照张居正的部署,王崇古立即派遣鲍崇德为使臣出使俺答军中,告诉俺答说他的孙子把汉那吉生活得很好,明朝待他甚厚。接着又说明,把汉那吉不是我们引诱来的,而是他本人仰慕中原文化自动投奔来的。我们对把汉那吉以礼相待,俺答反而兴师问罪,岂非恩将仇报!如若迫使双方开战,则把汉那吉的生死难以预测。俺答听了觉得言之成理,复派使臣至大同。王崇古让把汉那吉穿上红袍玉带与俺答使臣会晤。随后,王崇古又以明朝皇帝的名义表示,愿礼送把汉那吉返回蒙古,把汉那吉十分感动,遂与王崇古洒泪告别。俺答见到其孙把汉那吉在明军的护卫下安全归来后,欢喜若狂,立即决定退兵,并上表称谢,表示今后永不犯边。从此,明朝与俺答终于结束了长期以来的对峙状态和战争关系,揭开了和平友好的新篇章。

在蒙汉关系改善的基础上,张居正积极主张对俺答实行"封贡通市",即朝廷封俺答以一定的官爵,定期朝贡、互市,和睦相处。

把汉那吉返回蒙古后,俺答再次请求"封贡通市"。按照张居正的主张,宣、大总督王崇古正式向朝廷建议,对俺答宜实行"封贡通市",发展友好往来。兵部尚书郭乾以先皇圣训为依据,坚决反对,甚至有人攻击王崇古与俺答有密议,有人说王崇古害怕打仗,所以主张"封贡通市"。许多人认为,讲和示弱,封贡通市,后患无穷。张居正对这种观点,进行了具体的分析,指出现在是俺答乞求"封贡通市",这与汉代的和亲,宋代之议和是完全不同的。他在给王崇古的信中说:"封贡事乃制虏安边大机大略,时人以媢嫉之心,持庸众之议,计目前之害,忘久远之利,遂欲摇乱而阻坏之。国家以高爵厚禄畜养此辈,真犬马之不如也。"张居正为了支持"封贡通市",向穆宗隆庆皇帝详细陈述了"封贡通市"的好处,并用明成祖加封蒙古和宁、太平、贤义三王的史实为依据,请求隆庆帝援例实行。在张居正的努力下,终于决定封俺答为顺义王,三娘子也被封为忠顺夫人,规定每年贡马一次,并在大同、宣化等地选定十余处开设互市。俺答的夫人三娘子由于发自内心地仰慕中原文化,愿做治世巾帼,在此后的岁月里,尽意协助俺答共守边界安宁,制止那些尚武之徒的烈性。由此深得蒙汉两族人士的尊重。每逢她生日之际,宣、大总督和大同巡抚都邀她欢宴,以示祝贺。这样一来,双边关系日益密切和好,蒙汉人民如同一家,共享太平盛世。

"封贡通市"的实行,有力地促进了蒙汉两族社会经济的发展。蒙古的金银、马匹、牲畜、皮裘、木料等物,源源不断地流入内地;中原地区先进的生产技术、生产工具、种子等,亦在蒙古地区广泛传播开来,使大片荒野变为良田。开矿、冶炼以及各种手工业技术,都迅速发展起来。

张居正通过重用英勇善战的将帅,整顿边防,加强战守,改变了正统以来边防日益废弛的局面;通过重用足智多谋的边帅,改善蒙汉关系,改变了自明朝开国以来一直与蒙古所处的敌对关系和战争状态,发展了两族之间的友好往来,促进了我国多民族的统一国家的形成和发展。如果说,洪武和永乐年间,是用以攻为守的策略保证了北部边防稳固的话,那么,自张居正改善蒙汉关系以后,则是以和睦修好保证了北部边界的安定。这是完全符合历史发展趋势和各族人民共同愿望的。

创考吏法

张居正出任内阁首辅后,针对朝中空议盛行、不务实事、人浮于事、政令不通的现状很是担忧。他曾和内阁次辅、大学士吕调阳对此作过多次讨论,慷慨激昂,痛陈时弊,激奋之情溢于言表。他下决心要彻底改革吏治,为他的一系列改革铺平道路。因为他现在纵有许多想法,都是无法施行的。自己的主张要靠外廷这些部、科、院的大小官员去办,如何才能把这群各自为政、一盘散沙似的"散兵游勇"捏合成一支令行禁止、进退自如的精锐之师呢?他心里一直在默默地思考着。

谁知,一班大臣竟在一起高谈阔论,说是他们原以为张居正在朝,当行帝王之道,现在看其一番言行,不过是富国强兵,仅此而已,未免令人失望……

张居正听到后,心里很不是滋味。他对大臣们的不相知,委实感到愤懑。想自己当国后,也议了几回政,可才涉及富强二字,就有人斥为"霸术",非"王道之政",真令人啼笑皆非。孔子论政,开口便说"足食","足兵";周公立政,也何尝不欲国之富强?

吕调阳很同情张居正,见他心情不好,便柔声相劝道:"首辅做事一向光明磊落,一心为公,些许小人之见,有何惧哉?"

张居正摇摇头说:"不然。我所顾虑的是此类人不是太少,而是太多。就因为朝廷官员力量不集中,自嘉靖、隆庆以来,多少才智,全用来补东耗西,左遮右挡,遂使事无所成,相互抵消。久而久之,真才实能之士不能得进,刁钻逢迎之人却稳如泰山。更有甚者,主钱谷者,不对出纳之数;司刑名者,未谙律例之文……以此如何侈谈治国安邦?想人臣受国厚恩,坐享利禄,务要强根本,振纪纲,同心效国,怎能不思恩图报,尽在那里效臭腐老儒之余谈,兴无谓争斗之陋习呢?"

这样一针见血,痛快淋漓的政论,吕调阳还很少听到过,不由得肃然起敬,吕调阳心中暗暗激起了一股热流,想与张居正协力做几件名垂青史的事情,他略一思索,向张居正建议道:"不如由首辅大人您创议,会商诸大臣,草拟法令,奏请御批后,诏告天下,凡不务实事,空发虚论的游谈之士,皆不得提迁,务使勤勉卓著的贤明人士为国尽才!"

张居正轻叹一口气。他心里明白,吕调阳是只见其然,未见其所以然。法令也好,章程也好,一切的一切,只是纸笔的浪费。纸从北京南纸店里出来,送进衙门,经百官之手办过之后,又出衙门,转悠一大圈,进另一衙门归档,从此便销声匿迹,不见天日。

即使再拟一百个法令，又有何用？他心里清楚得很，个中症结不在这里，张居正指了指公案上堆放着的厚厚一叠《大明会典》，劝慰地说道：

"足下有所不知，本朝法令、典章已经够用，毋庸多立。盖天下之事，不难于立法，而难于法之必行；不难于听言，而难于言之必效。若询事不考其终，兴事不加审查，上无综核之明，人有苟且之念，虽使尧舜为君，亦恐难有所建树！"

吕调阳听后恍然大悟，大有"与君一席话，胜读十年书"之感，连连点头称是，说："首辅所言切中要害，使我茅塞顿开。法之不行，实为人不力也。不议人而议法，无异于隔靴搔痒，不着边际。不知首辅对此已有何良策没有？"

"这个嘛——"张居正沉吟片刻，笑笑说："今晚正逢十五，明月当空，请足下往吏部杨大人处去一趟，相约到敝舍小聚，一同商议如何？"

"如此甚好。"吕调阳答应道。

晚上，皓月当空，一片清辉。吕调阳和吏部尚书杨博一同来到张居正寓所，三人品茗赏月，共商国是。

张居正取出一份文稿对他二人说："今日请二位来，是想同商要事。此乃准备奏请对各衙门随时考试的拟稿，务请二位仔细品评，不吝赐教。"

吕调阳和杨博二人借着烛光，从头仔细看来，只见那奏疏文稿上写着：

臣等窃见近年来，奏事繁多，各衙门题覆，殆无虚日。然奏事虽勤，实效甚微。言官议立一法，朝廷曰"可"，置邮而传之四方，则言官之责完矣，不必去问其法果便否；部臣议除一弊，朝廷曰"可"，置邮而传之四方，则部臣之责完矣，不必去问其弊果除否。某罪当提问，或碍于请托之私，概从延缓；某事当议处，或牵于可否之说，难于报闻。如此从政，指望有所作为，岂不难哉？臣居正于先帝时，曾上《陈六事疏》，对此早有专议。特请自会伊始，凡六部都察院，遇各章奏，俱先酌量远近，事情缓急，立定程期，置文簿存照，每月终注销，其有转行复勘，提问议处，催督查核等项。另造文册二本，一送科注销；一送内阁查考。每于上下半年缴本，类查簿内事件，有无违限未销。若各巡抚、巡按官，奏行事理，有拖延迟缓者，由该部纠之。各部、院注销文册，有容隐欺蔽者，由臣等纠之。六科缴本具奏，有容隐欺蔽者，由臣等纠之。如此，月有考，岁有稽，不惟使声必中实，事可责成……

二人看完，抬起头来。吕调阳早已按捺不住，拍手大叫道："一矢中的，妙不可言，观后如同喝了一杯陈年老酒，可谓通体醋畅！"

杨博也对张居正投去佩服的目光，"首辅此议想是由来已久吧？"

"先帝尚在就有想法了，日日所思，几回夜不成寐。"张居正见他二人非常满意，心里充满感激和兴奋之情。

早在隆庆六年十二月，张居正就奏请纂修世宗、穆宗两朝实录。他在奏疏中指出，世宗实录从隆太元年起开馆纂修，历时6年未能完成，其原因就在于没有"专任而责成之故"。他提出："事必专任，乃可以图成；工必立程，而后能责效。"据此，他责成申时行、王锡爵专管《世宗实录》纂修，张溶专管《穆宗实录》，并要他们定出逐月进度、完成期限、岗位责任、检查办法、考核制度等。由于要求具体，职责分明，考核严格，奖勤罚怠，两部实录均按期完成。这是张居正考成法的最初运用。在纂修实录过程中，张居正深深感到立限考成是行之有效的方法，治理国家也是这样。

万历元年(1573年)十一月,张居正上疏请行考试法,神宗批准了他的请求。

对官吏政绩进行考核,是明代早已流行的制度。按明制,京官每六年考察一次,叫作"京察",地方官每三年考察一次,叫作"大计"。但是在吏治败坏,法令不行的条件下,这些制度或者流于形式,或者成为官员们争权夺利的工具。张居正目睹了官场中的丑剧和官吏们的不法行为,深刻认识到不仅要对各级官吏进行定期考察,而且对其所办的每一件事都要规定完成期限,进行考成。即所谓"立限考事""以事责人"。

张居正考成法的具体内容,正如他给皇上的奏疏中所讲的,最主要的有以下两条:第一,六部和都察院把所属官员应办的事情规定完成期限,并分别登记在三个账簿上,一本由部、院留作底册,一本送六科,一本呈内阁。第二,六部和都察院按照账簿登记,对所属官员承办的每件事情,逐月进行检查,完成一件,注销一件,如若没有按期完成,必须如实申报,否则以违罪论处;六科亦根据账簿登记,稽查六部的执行情况,每半年上报一次,并对违限事例进行议处;内阁同样亦根据账簿登记,对六科的稽查工作进行检查。这样,六部和都察院检查所属官员,六科稽查六部,内阁监督六科,层层检查,内阁总其成,内阁遂成为名副其实的政治中枢,这就是张居正的统治体系,也是张居正对明代吏制的一大改革。

明代的内阁,创建于永乐初年。洪武十三年(1355年),明太祖朱元璋废除丞相制度后,丞相之权遂分归六部。这样,六部都直接对皇帝负责。明成祖即位后,为适应处理繁多的朝政的需要,任用一批品级较低的文职官员,于午门外文渊阁值班,参予机务,始有内阁之称。这时的内阁仅仅是协助皇帝处理政务的秘书厅,权力极小。直到仁宗和宣宗时期(1425—1435年),内阁的权力才逐渐大起来。内阁的第一把手即首辅大学士,叫内阁首辅,相当于丞相。但由内阁和内阁首辅直接控制从中央到地方各级官吏的制度,则是张居正改革的成果。

六科是明初设置的政治机构。明代的国家政务分属吏、户、礼、兵、刑、工六部,各部均设尚书、左右侍郎。明初于六部之外,又设置了吏、户、礼、兵、刑、工六科,各科均设有都给事中、左右给事中、给事中等官。六科对六部有封驳、纠劾之权,是六部的监察机关。张居正用六科控制六部,这是明代的"祖宗成宪",但用内阁来控制六科,则是他的创举和变革。张居正的统治体系,正是在这个变革的基础上确立起来的,他之所以能够令行禁止,成为历史上著名的"权相",其组织保证即在于此。张居正当政期间所推行的各项改革,都是通过这个组织系统贯彻执行的。张居正加强中央集权的主张和措施,实质上就是加强内阁的统治权力,使内阁成为发号施令的指挥中心。

对久已虚弱的朝政来说,考成法的颁布实施恰如一股春风,催发了那些枯枝朽叶,文武百官,九卿科道,均为之一振,不敢有丝毫大意,均小心翼翼,唯恐有半分差池。各部、院均认真仔细地执行考成法,对未按立限完成的违限事件,稽查的处罚极为严格。如万历三年(1575年)正月,查出各省抚按官名下未完成事件共计273件,抚按诸臣54人。凤阳巡抚王宗沐、巡按张更化,广东巡按张守约,浙江巡按肖廪,都以未完成事件数量太多而被停俸三月。万历四年(1576年),朝廷规定,地方官征赋不足九成者,一律处罚。同年十二月,据户科给事中奏报,地方官征赋不足九成受到降级处分的官员,山东有17名,河南2名;受革职处分的,山东2名,河南9名。运用考成法来整顿赋税,迅速改变了拖欠税粮的状况,做到了民不加赋而上用足。

由于考成法赏罚分明,随事考成,因而使官员们办事的效率大大提高了,整个明朝政府自上而下,如同一台流水线作业的机器,各项工作稳定而有序地进行着。

反腐倡廉

通过立限考成,使每个官员都有了明确的职守,这样管理起来自然方便多了。张居正以推行考成法为中心,决心使腐败到极点的吏治得以整顿,使腐败之风得以改变。

张居正依据立限考成的三本账,严格控制着从中央到地方的各级官员。每逢考核地方官的"大计"之年,张居正便强调,要把那些秉公办事、实心为民的官员列为上考,把那些专靠花言巧语骗取信任的官员列为下考,对于那些吃粮不管事的冗官,尽行裁革。万历八年(1580年),张居正下令撤去了苏松地区擅自添设的管粮参政,并责成吏部检查各省添设官员人数,核实上报。万历九年(1581年),一次裁革冗员(闲散官员)169名。在他当政期间,裁革的冗员约占官吏总数的十分之三。与此同时,张居正又广泛搜罗人才,把那些拥护改革、政绩卓著的官员,提拔上来,委以重任,信而用之。万历四年(1576年)十月,万历帝审阅了关于山东昌邑知县孙凤鸣贪赃枉法的报告后,问张居正:孙凤鸣进士出身,为何这样放肆呢?张居正说:"孙凤鸣正是凭借他进士出身的资历,才敢这样放肆。以后我们用人,应当视其才干,不必问其资历。"皇帝赞同了他的意见。这样,张居正以圣旨作依据,彻底打破了论资排辈的传统偏见,不拘出身和资历,大胆起用人才。他主张用人时要"论其才,考其素",即对才能和品德进行全面考察。同时,他又注意到每个人的长处和短处,用其所长,避其所短,被他选中的文武官员都在改革中发挥了骨干作用。

对于因工作政绩而被赏罚的官员,无论是升迁或是被革职,他们都是心服口服的,可是对于朝廷上下滥用职权、以权谋私、行贿受贿等问题,却很难判断是非,尤其是难以公平处理。有些官员大量侵吞国家财产,欺压百姓,但因政绩突出,甚至还会被升迁。

面对此种现象,张居正觉得有必要针对具体问题,制订出行之有效的办法,彻底打击这股腐败风。

正在张居正着手制订新法规的时候,忽然接到了吕调阳送来的奏本。张居正一看,原来山东布政司,报告孔圣人后代"衍圣公"每借进京相觐之名,沿途骚扰各路驿站,苛派强索,百端生事,且夹带走私,交通沿线深以为苦,提请朝廷务必出一万全之策予以制止。

张居正看后,面色阴沉,坐立不安。这件事非常紧急,却又非常棘手,这也正是他近日在反复思考的问题。这件事的处理,有关国家体制,弄得不好就要伤筋动骨。

吕调阳得知张居正的心思后,忙说:"我查过《太祖实录》,有关驿递的规定异常严密,非有军国大事没有使用的权利,即使公、侯、驸马、都督奉命出行,也只准随带从人一名。《实录》还记载吉安侯陆仲亨从陕西回京,擅行使用驿站车马,被太祖知道后,痛责他不念民间疾苦,胡作非为哩!"

"对!此典故我也多次与圣上提到过!"张居正没料到吕调阳倒预先有过一番深思熟虑,不觉拍手叫好。"可是,毕竟已经时过境迁啦!"张居正又忧愁起来。

是啊，太祖时代毕竟早已过去了。当年，够资格使用驿站的标准只有6条，而现在呢，竟已扩充到50条之多，且条条都有勘合（类似今天的护照、签证），京师勘合由兵部发出，其余由各地巡抚和巡按发出，发只管发，从无缴还期限，一张勘合，几成终身之用，更可转赠他人，以作人情。如此一来，驿递各线深受其害，领用勘合之人到得驿站，如同拿了尚方宝剑，百般索取，全都无偿征用，尽入私囊……所有这些，张居正早就了然于心，只是未想出什么好办法来。

吕调阳见张居正愁眉紧锁，以为他顾虑太多，有些急不可耐，冲口说道："这送上门的机会不利用，首辅更待何时？"

张居正不由得一怔，他望望吕调阳一副跃跃欲试的样子，不觉为他日渐进取的气概而暗暗吃惊，"足下之意莫非是要我拿衍圣公来开刀？"

"一不做，二不休，此举定能震慑四方！"吕调阳信心十足。张居正满意地点点头。

张居正低头认真思索了一会儿，眼睛一亮，拿定主意，便又问吕调阳："照旧例，圣人后代该是九月进京朝觐吧？"

"是的。"吕调阳点点头。

"好！我们务必赶在此之前，草拟一项驿递新规告天下，令各路驿站着即执行。"张居正下定决心，以驿递新规为契机，彻底整顿腐败现象。

"对对对，有考成法作后盾，驿递新规当可畅通无阻；赶在九月之前即刻颁下，又可令衍圣公之流自入瓮中。"吕调阳摇头晃脑品评一番，越品越有滋味，不禁畅怀大笑起来。

张居正经过深思熟虑，反复推敲，又参考了明太祖时的条规，终于制订出一部新的驿递新规来。

正值此时，吏部尚书杨博患病，他怕自己病难痊愈，一旦不测，不能叶落归根，又恐多扰张居正，索性写下辞呈，请求回老家山西蒲州调理。

张居正接到司礼监转来的这份辞呈，心中很是不安，急匆匆来到杨博家看望他。张居正想劝杨博留下来继续协助他改革，但看到杨博这副病态，又不忍心强劝他留下。张居正哽咽着说："居正受命于多事之秋，才疏学浅，勉为其难。幸得杨兄多方关照，且身体力行，为居正分忧解难，每思于此，实难舍杨兄……唉，这也是居正缘份太浅呐！"

杨博费力地摆摆手："首辅言重了。博一老朽，官场一生，空负圣恩。惟晚年知遇首辅，也算做了几件有益之事，博平生足矣！还望首辅百尺竿头，更进一步，锐意进取，以图中兴大业！"

张居正感激地连连点头："杨兄所嘱，居正铭记在心。"

两人叹息了一会儿，杨博又问起驿递新规的事，张居正告诉他只待颁诏了。杨博听后，忘了自己是大病之人，执意要听听条款细目。张居正无奈，只好细细陈述一番。

当张居正陈述到"凡内外各官"这一条时，猛想起杨博即刻要致仕回故里，正应着不能给驿的禁令，不觉有些窘迫，便止住不往下说了。杨博情知有故，偏不住地催他，张居正只得吞吞吐吐继续念完。杨博仔细听完了，微微颔首称善说："很好。想驿弊一除，不惟使弄权之人收性，更可解百姓之苦也！"他顿了顿，长长吁了一口气，转而面带笑容，不无高兴地说："此一来，博有幸能成为第一个执行新规的人了。"

张居正忙说："不，不，杨兄可另作他论……"

杨博很坚决地摇了摇头说:"首辅不必再劝,博早已作安排,三天前家人即已雇好牛车,只待请行了。"

"那如何使得? 杨兄病体,怎经得牛车长行颠沛? 再说,新规尚未颁下,杨兄完全可以暂循旧例呀!"

杨博仍旧摇摇头说:"新规虽未颁布,可满朝谁不知首辅正整治驿递? 不能正己,焉能正人? 值此紧要关头,我不能让首辅为难,就让我效最后一次力吧!"

张居正非常感动,他紧紧地握住杨博的手,再也说不出什么来了,他胸中奔涌着一阵阵激情。多好的大臣啊! 如朝中官员均如杨大人这般,何愁腐败不除,何愁国家不兴?

从杨府出来后,张居正更加坚定了他改革驿递的决心,他要立刻请求皇上下诏施行。

驿递新规颁发后,混乱不堪的驿站得到大大改观,许多人立刻收敛了自己的行为,不敢再滥用职权,违法强索驿站财物了。万历五年(1577 年)正月,张居正开始对违制使用驿站的官员进行严惩,处罚了不少违纪官员。据《明实录》和《国榷》记载,万历八年(1580 年)五至十二月八个月中,违制使用驿站受处罚者达 30 人之多。其中革职者 7 人,降 6 级者 11 人,降 3 级者 8 人,降 1 级者 3 人,降职者 1 人。张居正的弟弟张居敬,由京回乡,保定巡抚主动发给勘合使用驿站,张居正得知后,除令其弟交回勘合外,又对保定巡抚进行了严厉批评。

这样,经过张居正整顿,改变了长期以来无法改变的滥发勘合、滥用驿站的混乱状态。既保证了军国要务的畅通,又节省了大量开支。

在整顿吏治过程中,张居正针对法纪废弛,君令无威的状况,把执法与尊君联系起来,以伸张法纪为中心进行整顿。辽王朱宪㸐原是他的少年朋友,朱宪㸐长大后在江陵一带横行不法,民愤极大,地方官无人敢过问。朝廷派人去调查,由于他百般阻挠,公开抗拒,致使调查人员不敢如实报告他的不法行为。张居正得知后,毅然亲自抓这个案子,他秉公执法,不徇私情,毫不心慈手软,将朱宪㸐废为庶人,终于为江陵除了一霸。当时,权势极大的太监冯保的侄子冯保宁,也凭借其叔父的权势,狐假虎威,横行不法,鱼肉乡里,醉打衙门官吏,严重触犯刑律。张居正一面派人向冯保说明情况,一面将冯保宁杖打四十,革职待罪。由于他雷厉风行地伸张法纪,有力地抑制了各种违法犯罪活动,保证了朝廷的安定团结,官员的清正廉洁,人民群众也能安居乐业,过着和平安宁的生活。

改革税制

张居正的改革,是先由军事、政治着手,逐渐向经济方面推广。

明中叶以来,随着土地兼并的发展和吏治的腐败,豪强地主与衙门吏胥相勾结,大量隐瞒土地,逃避税粮,无名征求,多如牛毛,致使民力殚竭,不得安生。私家日富,公室日贫,到了非革弊整治的时候了。

大学士张四维和吕调阳纷纷向张居正提出建议,要求立即改革赋役,兴利除弊,并推荐了"一条鞭法"。

所谓一条鞭法，早在嘉靖年间就由部分有识之士在福建、江西等地开始实行了。最初由福建巡抚庞尚鹏提出。他主张把国赋、徭役及其他名目繁多的杂税、杂征、杂差统统合为一体，按照各家各户的具体境况重新核实编定，将有丁无粮的编为下户，有丁有粮的编为中户，粮多丁少和丁粮俱多的编为上户。在总数确定后，按照丁、粮比例，将所有赋役派到丁、粮里面，随同完纳。此即"一条鞭法"。但是，自那时起到现在50年来，朝中对此争论不休，各陈利弊，以致政令屡行屡止，从来未成统一之策。

对"一条鞭法"，张居正不是发明者。但他清楚地看到此法于小民有利，且能稳妥地确保国库收入。在他入阁之后，也曾几次支持过福建、江西一带的推行。但这一条鞭法是否就是改革赋役的最好办法呢？对此，他一则未考虑成熟，二则户部又无得力之人。他一向认为事在人为，再好的措施办法，没人去执行，亦是空话。就在前不久，他看到户部奏请万历下诏，要追征田赋积欠，每年带征三成。尽管他知道此法有些不妥，但想到一些殷实之户，确有爱拖欠赋税的顽习，拖久了也就不了了之，倒是穷家小户势单力薄，不敢违命。久拖久欠，不光国库收入不稳，且也是一笔湖涂帐。所以他不得不禀拟"准奏"。此诏一下，各地巡按便纷纷有疏，都说百姓负担太重，朝廷催科太急……由此他更坚定了从根本上改变赋役制度的决心，也从中看出了户部不力，缺乏一个明智有办法的领导。于是他对张四维和吕调阳说："诸位提及一条鞭之法使我颇受启发。变革赋役，居正只是痛感必要，心如火焚。至于具体做法，尚未成熟。不过，当务之急是尽快加强户部力量。"

三人如此议论一番，认为户部总管天下钱粮，干系重大，须选一持重精明且善理财的人来管理户部。议来议去，张居正觉得还是辽东巡抚张学颜比较合适。因为张学颜前不久曾上书，揭发辽东御史刘台贪污受贿，巧取豪夺，并以非法所得在家乡放贷买田，逃避赋税，鱼肉乡民。其文列论地方赋役诸多弊端，言简意赅，一针见血，是个难得的户部尚书的料。于是张居正开始写请予任命张学颜为户部尚书的奏疏。

上任后的户部尚书张学颜马不停蹄，深入各地调查研究，掌握了许多科派如毛，万民哀号的情况，回京后一一向张居正做了汇报。他感叹道："赋役之弊，确乎到了非变不可的地步了，学颜在辽东任上，虽也曾在力所能及的范围里抑豪强，查田地，清溢额，减科派，但也只是杯水车薪，无济根本。想宛平仅一县之地，每年杂差乱征数之不尽，天下一千一百多县，又当何论？"

张居正默默地看着张学颜英姿勃发的神态，心中暗暗高兴。看他上任才十几天，便将户部情况了然于心，每日勤勉视事，且极善体察下情，必能成为自己得力的臂膀。于是他想再试试张学颜的能力如何，遂问道："目前赋役之变，当以何者为要？"

"这……"张学颜停了片刻，见张居正对自己充满信任，也不推辞，便直截了当地说："为今之计，只有诏令天下行一条鞭法！"

又是一个主张一条鞭法的。张居正暗暗喝彩，却又故意问道："一条鞭之法，有极言其不便者，有极言其便者。毁誉不一，众说纷纭。但不知你是如何看法？"

张学颜慨然应答："我以为行一条鞭法有四大好处。"

"哪四大好处?"

"其一,简化名目,把国赋、徭役及其他杂税杂征合为一条,下帖子民,备载一岁中应纳之数,除此再无其他科赋了;其二,公平合理,田多赋多,田少赋少,丁粮差重者派银亦重,差轻者派银亦轻,轻重均派于众,未尝独利独累于一人,使惯于欺隐规避者无所用其计,巧于营为者无所施其术;其三,扶正抑恶,将里甲办征改为官收官解,使官吏难于贿赂之门,里胥惧行索骗之计,世风一清;其四,以银代役,可使小民闭户而卧,无复追役之扰而尽力其田亩,于稼穑之计有百利无一害。"

"好!辩析明了,切中要害!"张居正竟忘情地拍案叫绝起来。那长髯被他口中气息吹扑得微微哆嗦。他顿了顿,望着张学颜,不禁感慨地说:"政以人举矣!若得天下为官之人都似足下这般清醒,朝政何愁不能中兴?"

张学颜谦虚地笑了笑说:"既然首辅看法一致,那我明日即修疏奏请,尽快施行一条鞭法。"

要推行一条鞭法,首先就得将天下田亩清丈清楚,这样才好合理分配。张居正及时提出先在全国范围内丈地亩、清浮粮,并请朝中大臣就此各献良策。户部尚书张学颜首先发表意见:"清丈一事,实百年旷举。首辅有此创议,乃社稷之幸。只不知首辅于此事有多大决心,是一清到底呢?还是试试而行?"

"此话怎讲?"张居正感兴趣地问。

"清丈事,在小民实被其惠,而于官宦之家,则殊多未便。据我所知,别的不说,单北京、山东、河南三处地带的田地,十之七八尽入勋戚权贵之家。一旦清丈起来,意见不同,碍于情面,摇于众论,畏首顾尾,患得患失,则良法终不可行,于社稷无补,倒徒增事端,又如之奈何?"

张学颜的一番议论深邃明达,促使在场的人进一步考虑到问题的严重性。张居正听了大为高兴,他从心底赞叹张学颜精明,几句话就说出了要害。张居正当着众大臣之面,清楚地表明了他的态度:"既为大政,就得令行禁止,不得含糊。定出具体条件,一经颁告,管他权贵官豪,一并受此约束。无论如何,除钦赐公田外,但有余数,尽数报官,按一条鞭之规,该纳粮纳粮,该当差当差,不在优免之列。惟此,才说得上精核,说得上一清到底。"

张居正责成户部尚书张学颜亲自主持清丈。凡庄田、民田、职田、荡地、牧地,通行丈量,限三年完成。所丈土地,除皇上赐田外,一律按地办纳粮差,不准优免。

户部随后颁布了统一的《清丈条例》,规定了各级官员的职责及其完成期限。嘉靖以来,不断有人提出的清丈天下田亩的倡议,在张居正的努力下终于付诸实施了,这是当时震撼朝野的一件大事。

由于清丈田亩触犯了官僚、贵族、豪强地主的利益,所以遭到了他们的抵制和反对,有些地方官对清丈田亩很不认真、很不得力,有的甚至公开袒护豪强,迟迟打不开清丈局面。张居正知难而进,坚定不移,他表示"只要对国家有利,不怕个人安危"。他运用考成法,严厉督查各级官员认真清丈,对阻挠清丰的宗室、豪强,严加惩治。他下令:"但有执违阻挠,不分宗室、宦官、军、民,据法奏来重处。"他告诫百官，"清丈之事，实为百年旷举"，不应"草草了事"、必须"详审精核"，"务为一了百当"。这样清丈田亩工作终于冲破重重阻力，在全国范围内推广开来。

万历九年(1581年)九月，山东清丈完毕，增地36万余顷，吏部对有功官员进行了嘉奖；同年十二月，江西清丈完毕，增地6万余顷，巡抚、巡按等官12人受到嘉奖；同时，松江知府闰邦宁、池州知府郭四维、安庆知府叶梦雄、徽州掌印同知李好问，都因清丈田亩不得力、不认真，受到停俸戴罪管事处分。此后，各省陆续清丈完毕，有关官员都根据在清丈中的功罪，分别给予嘉奖和降处。

这次清丈达到了预期的成功。仅据北京、山东、河南统计，清出隐占田亩就达50余万顷。至清丈完毕统计，全国田亩总数达到7013900余顷。由于扩大了摊派税粮的负担面，初步做到"粮不增加，而轻重适均。"

清丈田亩的告成为全面改革赋役制度创造了条件，户部尚书张学颜亲自起草的一条鞭法终于到了可以全面推行的时候了。万历九年(1581年)，张居正下令在全国推行一条鞭法。这个一条鞭法正如张学颜所说的，有许多好处，其主要特点是：

第一，赋役合并，化繁为简。其办法是通计各省、府、州、县田赋和徭役的总量以及土贡、方物等项征派，归之一总，统一征收。

第二，差役合并、役归于地。明代的差役征派有三种：按户征派的叫作里甲，按丁征派的叫作均徭，临时征派的叫作杂泛。从征派形式来说，又有役差(即直接服役)和银差(即输银代役)的区分。一条鞭法规定，所有的徭役(包括里甲、均徭、杂泛)全部折成银两缴纳，取消了扰民极大的役差征派；一条鞭法还规定，将银差摊入地亩，按亩征收。如有的"丁六粮四"(即将银差的十分之四推入地亩征收)，有的"丁四粮六"，有的"丁粮各半"等。

第三，田赋征银、官收官解。田赋征派，除漕粮交纳实物外，其余部分一概征银。规定必须缴纳实物的漕粮，亦由民收民解(即押送)，改为官收官解。明初实行粮长制，以纳万石田赋为一粮区，推其纳粮最多者为粮长，负责田赋的催征、经收和解运，称为民收民解。其后弊端丛生，遂改为官收官解。

一条鞭法的推行是与张居正创行考成法，整顿吏治、抑制豪强、清丈田亩密切配合的，没有这些条件，一条鞭法就难以推行。可以说一条鞭法的推行是张居正改革最主要的归宿。张居正推行一条鞭法的直接目的是为了整顿赋役、克服财政危机、稳定明朝的统治，但它所产生的积极作用和重大影响，却远远超越了张居正的主观愿望。

一条鞭法将一部分户丁银摊入地亩征收，减轻户丁征派，加重土地负担，是有利于社会经济发展的。在地主制经济高度发展的明代，土地绝大部分在地主手里，户丁绝大多数在农民一边。把户丁银转入土地摊派，也就由农民一边转移到了地主方面。当然，这种转移并没有改变剥削的实质。它只不过是由对劳动力的直接榨取转化为对地租的再分配罢了。国家加重对土地的征派，豪强地主千方百计地逃避这种征派，正是国家与地主之间瓜分地租再分配的斗争。但是，国家放松对于劳动力的直接控制，则为工商业的发展提供了方便条件。再加上一般工商业者并不占有土地或很少占有土地,从而也就摆脱了繁重的征派。一条鞭法推行以后,商业资本向土地投资的现象大大减少,即或有余资亦不置田产。一条鞭法关于赋役折银缴纳的规定,既是商品经济发展的反映,反过来又进一步促进了商品经济的发展,同时它还正式肯定了白银在赋役征收中的法定地位。所有这些,都是有助于资本主义萌芽和社会进步的。

一条鞭法从明中叶酝酿至万历年间通行全国,历时一个半世纪,几经周折,时行时停,最后定为国策,不能不归功于张居正顺应历史潮流、因势利导的努力。

门生发难

张居正自任内阁首辅后,一心为国家社稷着想,尽心尽力地辅佐教导幼主明神宗万历皇帝,力劝他亲贤臣,远小人,慎起居,戒游侠。又劝他罢节浮贵,量入为出,裁汰冗员,严核财赋。他积极进行改革,殚精毕智,勤劳于国家,且舍生取义,不为毁誉所左右;兴利除弊,严肃法纪,敢当重任。由于他的勤勉努力,使万历以来,主圣时清,吏治廉勤。纪纲振肃,风俗淳朴,烟火万里,露积相望,漠北骄虏,俯首称臣。

然而,也正因为如此,他难免得罪了不少人。他们对张居正的改革触及了自己的利益十分仇视,千方百计要与之作对。也有的人与张居正政见不和,甚至嫉妒其才能和权力。他们认为张居正以宰相自居,挟天子以令天下,事无巨细,均须听命于他,也太专权霸道了。种种不满和矛盾,不断地困扰着张居正,给他的改革带来了一定的阻力。

万历初年,礼部尚书陆树声就因看不惯张居正的一系列做法而辞职。

陆树声在朝中算是个清流首领,向来恃才傲物,天生一副侠肠,把功名看得很淡。张居正对他很尊重,曾以后进之礼前往参谒。可他却不冷不热,弄得张居正好不尴尬。他对张居正的所作所为颇有些看不惯,不免时时耿耿于怀。在他看来,当首辅的应行大政,倡王道,举孝贤,清世风,而张居正一会儿节省钱粮,一会儿派员巡边,一会儿要裁夺冗员,全是些鸡毛蒜皮的事儿。有一次,一名给事中提醒他说,有几件事他还未办,督他抓紧,不然将据考成法如实报呈阁部。他听后不觉恼羞成怒,大发了一顿脾气,竟拂袖而去,一连几天也不进礼部办事了。

戚继光与李成梁两军大败长董狐狸,获得辽东大捷后,举国欢庆,惟张居正却心绪不佳。想辽东御敌,本是他一手筹划,周密布置,又赖边关诸将同心协力,终将犯寇一鼓而歼,他为什么会不高兴呢?

原来,问题出在报捷上。

按照惯例,此次辽东大捷,应由辽东巡抚张学颜向朝廷奏报,不想半路杀出个程咬金,巡按御史刘台来了个捷足先登,把捷报抢先送入京师。从程序上说,这似乎只是个手续上的错误。然而,张居正看得很清楚,这实际上是一种越权行经!巡按不得过问地方军事,这在本朝正统年间就曾明文规定。再说,辽东御敌,刘台既未参与军务,又未指挥实战,何由你来报捷?巡按既可报捷,那么,负实际责任的巡抚岂不就可卸责？此对封疆大事，必又生出新弊端。

张居正在阁中向吕调阳和张四维说了自己的想法，他二人也觉得颇有道理，从综核名实的立场看来，不能就此放过。经过研究，张居正决定对刘台的处置可先礼后兵，先请旨动问，薄示警戒，看其态度再作他论。同时可上疏奏请降诏，重申巡按之职只能是振举纲维，察举奸弊，摘发幽微，绳纠贪残。而巡抚则要措处钱粮，调停赋役，整饬武备，抚安军民，两者不得混杂。

辽东巡按御史刘台自发出捷报后，就天天在盼着朝中降旨封赏。谁知，他盼来的圣旨不仅没有加官晋爵的份儿，反而对他严加劾询。把个刘台气得七窍生烟，一腔邪火统统化作对张居正的切齿仇恨。他茶饭不思，冥思苦想，精心写就一份奏疏，欲报此申饬之仇，一泄私恨。所以那奏疏开门见山，毫不掩饰：

"臣闻进言者皆望陛下以舜、尧，而不闻责辅臣以帛、夔。何者？陛下有纳谏之明，而辅臣无容言之量也。高皇帝鉴前代之失，不设丞相，治归部、院。文皇帝始置内阁，参预机务。其时官阶未峻，无专肆之萌。二百年来，即有擅作威福者，尚惴惴然避宰相之名而不敢居。乃大学士张居正，俨然以相自处，自高拱被逐，擅威福者三四年矣……"

张居正自入阁以来，还从未遇到过这样居心险恶的弹劾之章，直气得头皮发麻，四肢发抖，那怒火烈焰腾腾地在胸中燃烧起来。此时，他真如万箭穿心，悲愤交加。他想起本朝开国二百余年，还从来没有门生弹劾座主的事，偏偏自己在隆庆五年采取的进士刘台，竟会如此无情，这刺激的确太大了。

张居正一气之下上书自请解职。小皇上得知后立刻召见张居正，细声劝解张居正："不想有些畜物，狂发悖言，动摇社稷，令先生受惊了！"

就这一句话，张居正听后亲切万分，心中涌起阵阵暖流，那眼泪竟簌簌地掉了下来，万历见状，心甚不安，走下御座，亲手扶张居正站起来，说道："先生请起，朕当逮问刘台，以免他人效尤！朕不可一日无先生，就请先生照常入阁视事吧！"

张居正只好收回辞呈，继续回阁，重理国事，而刘台则被削职为民，从此离开了官场。

刘台事件尽管平息了，但在张居正的心灵上，却从此蒙上了一层难以擦掉的阴影。

谁知不久，因为父亲的去世，又引起了一场门生发难的风波。

按旧例，父母去世后要在家守孝3年。可是关于张居正的守孝问题，皇上和朝中大臣却意见不一。万历帝降旨："朕元辅受皇考付托，辅朕冲幼，安定社稷，朕深切依赖，岂可一日离朕？"皇上命令张居正不必回家乡守制。

正在张居正犹豫不决的时候，以吏部尚书张瀚为首的一批张居正的门生又对他刀剑相逼，逼他离阁回乡。

翰林院编修吴中行乃隆庆五年进士。那年，正是张居正主考，依例而言，张居正便是他的"座师"。这种"师谊""门谊"，向来很为科甲出身的人所重视，可吴中行这人天生傲骨，又正是年少气盛。他趁张居正丧父之机，想轰轰烈烈地闹腾一番，给青史留下个不徇私情的光辉形象。

时隔一天,张居正的又一门生,翰林院检讨赵用贤又上疏,诬称张居正不奔丧是不明法纪,背徇私情……

紧跟着,刑部员外郎艾穆、主事沈思孝又联名上疏,指责张居正不修匹夫常节,不做纲常之表率,愧对天下后世……

天哪,怎么又是自己的门生?他想起当年大奸相严嵩满朝结怨,人人痛恨,却还没有一个他的门生或同乡去攻击他。如今,他竟连严嵩都不如了吗?

张居正此时已激愤到了极点,他几步冲到桌边,提起了毛笔。他浑身上下热血奔涌,什么圣贤之训,什么人伦道德,统统见鬼去吧!我张居正为国、为民,胸怀坦荡,忠孝就是不能两全!非顾及哪些虚名清议做什么?

他飞快地在纸上写下一疏:

"殊恩不可横干,君命不可屡抗。既以身任国家之重,不宜复顾其私。臣连日自思,且感且惧,欲再行陈乞,恐重获罪戾。遂不敢再申请,谨当恪遵前旨。候七七满日,不随朝,赴阁办事,随侍讲读。"

写毕,张居正连连长叹了几口气,好像要把数日来的闷气全都吐个干净。最后,他竟扬起一拳狠狠击在桌上,那枝毛笔从笔架上震落下来,滚到一迭梅花素笺上,立时,洁白的笺纸被染上了几大滴墨迹。

死后受屈

经受了几次门生发难的沉重打击和为父奔丧的长途跋涉,张居正忽然身患重病,卧床不起,经过多方医治不见好转。

张居正自知行将不起,遂连上两疏,恳求万历准允致仕归去,以求生还江陵故土,万历始终不准。

这天,万历帝亲自派遣的一大群太监,文渊阁中的大学士张四维、申时行以及在京的各部尚书们密匝匝聚集在张居正病榻前。

张四维探身床前,向奄奄一息的张居正轻轻地说:"首辅,朝中同僚都来看你了,你可有话要说?"

张居正微微睁开眼,无神的眼睛缓缓扫过众人,又无力地闭上。嘴唇嗫嚅着,断断续续吐出几个字:"有劳……诸位了……"

他嘴唇嗫嚅着,声音却微弱得听不清了。守候在床头的家人将耳朵贴近,仔细一听,方缓缓告知张四维道:"家主是问清田丈亩之事进展如何?"

张四维不禁微微一愣,不料首辅病成这样,却仍念念不忘国事,一时竟不知如何回答。户部尚书张学颜趋步到床前,对着张居正一字一顿地说着:"便告首辅:清丈基本完成,全国田亩总数为七百零一万三千九百余顷,比弘治十五年以来增加了三百多万亩,可见这次清丈异常成功。"

"好……好。"张居正枯黄的面颊掠过一层喜色。

张居正艰难地喘了几口气,眼睛陡地睁大,现出一种异样的光。他手指万历身边的长随太监奋力说道:"贱体积……劳致病,已成朽木,然……犬马依恋之心,无时无刻不在……皇上左右……"他眼睛里溢出一滴晶莹的泪珠。此时,他仿佛用尽了全部精力,头猛地一沉,手臂像断了线的风筝无力地垂了下来。

此时是万历十年(1582年)六月二十日。张居正终于遗下他呕心沥血建树的改革业绩以及年近八旬的老母、30余年的伴侣、6个儿子、6个孙子,静静地离开了人间,终年58岁。

张居正病重期间,明神宗万历皇帝曾十分伤心,送给他许多珍贵药品和补品,并对他说:"先生功大,朕无可为酬,只是看顾先生的子孙便了。"张居正病逝后,神宗下诏罢朝数日,并赠他为上柱国,赐谥文忠,据谥法解,"文"是曾任翰林者常有的谥法,"忠"是特赐,"危身奉上曰忠"。显然在赐谥时,神宗对于张居正功勋业绩的估价是相当高的。

然而,张居正尸骨未寒,时局却急骤逆转。没过几个月,明神宗就变了脸,加上那些在改革中被张居正得罪的人添盐加醋地告状,张居正立刻遭到自上而下的批判。

张居正过去的改革其所以能得以顺利进行,在很大程度上取决于神宗与他保持了一致的态度。这种局面由两种因素决定,一是自嘉靖以来与日俱增的政治危机的猛烈袭击下,统治阶级再也不能按照原来的样子继续统治下去了,所以反对改革的势力未能占据上风;二是由于神宗即位后,年仅10岁,他对身兼严师和首辅的张居正又敬又畏,处处听从其指点,因此对进行的改革并无疑议。在这种形势下,张居正代表的是地主阶级的整体利益,行使的是至高无上的皇帝的权力,所以才使其改革取得了迅速成功。

张居正故居

后来,情况却发生了很大变化,一方面改革已见成效,危机已经缓解,官僚和贵族们在贪婪的本性驱使下，强烈要求冲破改革时期所受的节制，并进而废弃改革；另一方面，神宗皇帝随着年龄的增长，对于"威柄震主"的张居正日益不满起来，嫌张居正把自己管得太严，使自己不能自由地行使权力。张居正活着的时候，他不敢怎么样，现在张居正死了，他就谁也不怕了。

张居正死后，司礼太监张诚、张鲸在神宗面前拼命攻击张居正的主要支持者大太监冯保，随即冯保被逮捕，家产被查抄。冯保的失势，势必导致对张居正的不利，于是一场反冯运动同时也拉开了弹劾张居正的序幕。

正如曾被张居正逐出朝门的原兵部侍部汪道昆所总结的："张公之祸是在所难免的。这个中缘由，乃因为张公欲有所作为，必揽大权在手。而这大权非是别人，乃当今天子之权！张公当权便是天子的 失位 ，效忠国家意味着蔑 视皇上！功高震主，权重遭忌，此即张公无法逃脱的必由之路。"

明神宗态度的变化，在反对改革的官僚和贵族中引起强烈反响。那些受过张居正批评的人，趁机告状，原来巴结张居正的人也都反过来说他的坏话了。明神宗听了朝中这些人的话，下令把被张居正改革过的旧东西都恢复起来。张居正创行的考成法被取消，官员不得任意使用驿站的驿递新规被废止，张居正重用的官员被罢黜，好多被裁处的官员，一个个又官复原职，重新被起用。

万历十一年（1583年）三月，明神宗诏夺张居正上柱国封号和文忠赐谥，并撤销其儿子张简修锦衣卫指挥的职务。不仅如此，当有人告发张居正专权，要谋反，他家里一定藏着许多财宝时，神宗皇帝也不仔细打听，就马上下令："张居正简直是作恶多端，快给我抄了他的家！"

万历十一年五月，张宅被抄。所有的金银财宝都被搜了出来。十余口人被活活饿死，长子敬修自杀，三子懋修投井并未死，保存了一条性命。但神宗听了还不满意，干脆又下令说："张居正生前专权乱政，干了许多坏事，本当把他的尸首从棺材里拉出来斩首，念他在朝廷办事多年，就免了。不过，对他的亲属不能轻饶，都给我充军去！"在刑部尚书潘季驯的乞求下，神宗才勉强答应留空宅一所，田地10顷，以赡养张居正的八旬老母。

明神宗曾对张居正说过，要照顾好他的子孙的，可是在张居正死后不久，其家里人便死的死，判刑的判刑。一个为国家的富强建立了功绩的人，反倒成了罪人！这个结局，张居正生前万万没有料到的。就连张居正生前所重用之人，如张学颜、方逢时、梁梦龙等辈，也均遭遣还籍。

张居正的改革是顺应历史潮流的。他所建树的业绩并没有因为改革的废止全部付诸东流。例如，封贡通市，改善蒙汉关系，并没有因为张居正改革的废止而消失。恰恰相反，在张居正死后，蒙汉两族的友好往来依然存在，并不断向前发展。清代魏源在追述蒙汉关系的改善时说："高拱、张居正、王崇古，张驰驾驭，因势推移，不独明塞息五十年之烽燧，且为本朝开二百年之太平。"又如，改革赋役制度，推行一条鞭法，在张居正死后，仍一直向前发展。这种情况表明，明神宗虽然可以凭借至高无上的皇权废止张居正改革，查抄张居正的家产，但却改变不了"天下不得不实行一条鞭法之势"的历史潮流。

　　历史是无情的。张居正死后,他的改革被废止了,明神宗如小鸟出笼,无拘无束,他嗜酒、贪色、恋财,满足私欲,大肆发作。他横征暴敛,挥金如土。朝廷上下荒淫腐败,糜烂不堪,各种社会矛盾急剧发展起来,一发而不可收。再也无人能力挽狂澜了。

　　面对日益衰败的朝廷和处于水深火热之中的人民,许多有识之士又想起了张居正及他的改革业绩。明熹宗天启二年(1622年),熹宗帝下诏为张居正平反昭雪。崇祯三年(1630)礼部侍郎罗喻义又挺身而出为张居正讼冤。直到崇祯十三年(1640年),崇祯皇帝终于下诏恢复张居正长子张敬修官职,并授予张敬修的孙子同敞中书舍人。

　　尽管此后由于政治腐败,明王朝开始走上灭亡的道路,致使张居正的改革设想没能继续坚持下去。但是从天启、崇祯皇帝对张居正及其改革的肯定,可以说明张居正忠心耿耿辅佐小皇帝,为革除积弊,创建新政,呕心沥血,鞠躬尽瘁,他的功绩是不可磨灭的。"恩怨尽时方论定,封疆危日见才雄",后人在江陵张居正故宅题诗抒怀,堪称对张居正身后功过是非的真实写照。张居正不愧是明代最杰出的政治家、改革家。

严 嵩 传

人物档案

严嵩:号勉庵、介溪、分宜等,他是明朝重要权臣,擅专国政达20年之久,累进吏部尚书,谨身殿大学士、少傅兼太子太师,少师、华盖殿大学士。为中国历史上著名的权臣之一。

生卒时间:1480~1565年

性格特点:贪贿揽权,两面三刀。能伸能屈,使用苦肉计。

历史功过:严嵩为官专擅媚上,窃权罔利,并大力排除异己,还吞没军饷,废弛边防,招权纳贿,肆行贪污,激化了当时的社会矛盾。晚年,为明世宗所疏远,抄家去职,两年而殁。

名家评点:《明史》称严嵩"无他才略,唯一意媚上,窃权罔利。"

严嵩

谈迁在《国榷》(卷64)中予以很高评价:"世庙起正德之衰","厘正诸儒,严迪德之选;革藩镇之诸阉,废畿甸之皇庄,夺外戚之世封,抑司礼之柄用,——"朝政为之一新。其最大成就莫过于果断革除镇守中官,正如《明史·张忠传》所言:"(世宗)尽撤镇守内臣及典京堂仓场者,终四十年不复设,故内臣之势,惟嘉靖朝少杀云。"

归隐钤山

明孝宗弘治十八年(1505),在明政府最高等级的科举考试中,来自江西分宜的一名考生中了进士。此人年方二十四岁,身材颀长、眉眼灵活、声音洪亮,他就是后来成了中国戏剧舞台上著名白脸奸臣的严嵩严惟中。

封建社会中才子文人们考取功名的目的都是为了得到高官厚禄以光宗耀祖,但是初入仕途的严嵩却运气不佳:他刚刚被授以翰林院编修(正七品)之职,正待继续攀登,却被一场突如其来的恶疾折磨却卧床难起。万般无奈的情况下,他只得向朝廷乞请病假。谁知这病假一休就是十几年,因为在他归家养病的时候,明朝历史上出现了一个流氓皇帝。

严嵩考中进士的当年,三十六岁的孝宗病死,十五岁的皇太子朱厚照继位,是为明武宗。武宗登基的第二年(1506),改年号为"正德"。

朱厚照自幼顽劣,毫不明事理;做了皇帝之后,仍是一天到晚疯疯癫癫,拿朝政当儿戏。他一点儿都不喜欢父亲临终前寄以辅君之任的顾命大臣们,反而信用服侍自己的太监。于是乎一夜之间,刘瑾、马永成、高凤、罗祥、魏彬、丘聚、谷大用、张永这八名太监蒙武宗提拔占据了各个要害部门。他们为非作歹,被当时世人称作"八虎"。

"八虎"之中,刘瑾最受宠爱。他认字识书、通古知今、能说会道,是太监中的人才。为谋私利,他大投武宗所好,每日领着这个不着道的顽童不是击球走马、就是追鹰逐兔,要么就是耗费巨资在皇宫之中修建"动物园"。有时候武宗白天玩儿的不尽兴,晚上就不睡觉接着玩儿。一个为了游玩儿连觉都懒得睡的人,又哪里会有什么"闲"心思去管理百官和万民呢?所以武宗不仅将大权交付给刘瑾,还不许他前来请示,于是刘瑾就干脆当起了二皇帝,把群臣的奏折都拿回家里去批断,最终大权独揽,成了"小太祖"。

刘瑾春风得意时,对其他七"虎"态度恶劣,引起了同类的不满。张永就曾经在武宗面前殴打刘瑾,还是武宗叫谷大用出面为二人设宴才排解了纠纷,但是张永一直怀恨在心。正巧正德五年(1510)四月庆府成化王朱真晼以"诛瑾"为名反于宁夏,张永和督御史杨一清率兵平叛之后,二人就合谋攻讦刘瑾。武宗喜怒无常,说变脸就变脸,竟将刘瑾"乘木驴往来剐于东西市"了。

但是刘瑾死后,武宗又将大权委于佞幸江彬、钱宁,自己或在宣府行宫之中淫乐,或做扮了强盗在夜里袭击民居、抢夺民女的游戏,乐不可支。为使臣下不要扫了他的兴,他还正儿八经下旨告诫大小官员:"我在宣府之中吃的饱、穿的暖、玩儿的也好,快乐无比。你们自己好好工作,不许来打搅我、惹我生气!"正德六年(1611)六月,他又突发奇想,给自己刻了一枚文为"大庆法王西天觉道圆明自在大定慧佛"的金印,封自己做"大庆法王"!

在江彬等人的鼓动下,武宗又想到江南游玩儿,为此他于正德十三年(1518)忽然下了一道圣旨说"加镇国公朱寿为太师、威武大将军,派他南下出差"。群臣绞尽脑汁,也想不出谁是镇国公朱寿,后来有人忽然想到宣府行宫名为"镇国府第",大家这才恍然大悟——原来"镇国公"就是皇上自己!身为一国之君竟同臣下开这种玩笑,引起了大臣们的不满,他们纷纷上疏劝阻。武宗大怒,将反对派一百四十人关押、罚跪、廷杖,其中十一位大臣被打死,其余人被谪戍削籍。

武宗失道,朝政不稳。正德十四年(1519)六月,徙封南昌的安化王朱宸濠趁机作乱。他称"奉太后密旨,令起兵入朝",企图谋反。武宗闻报后不知忧国忧民,反而大喜,觉得自己南下有名了,就又下了一道圣旨,让"威武大将军朱寿"南下平叛。其实在武宗南下的途中,提督南雄的督御史王守仁已频传捷报;等他抵达涿州时,王守仁已平息叛乱并抓获了朱宸濠。但是武宗怕朝臣知道后会因此劝谏自己归朝,就扣住捷报,不让朝臣知道战况。他自己则继续南下。

武宗每到一处,都大肆骚扰百姓,为了证明自己的"威武",他竟然想把朱宸濠扔到湖中,然后自己再跳下去将其捞上来!随行人员怕皇上此举会送了命,拼命劝阻武宗才悻悻作罢。但他并不甘心,到了正德十五年(1520)八月,又让王守仁重新报捷,自己身着戎装,在旧都南京的广场上先放了朱宸濠,再伐鼓鸣金而擒之,给其戴上枷锁,总算是"亲自"平了"叛乱"。

这年的十月,武宗在臣谏军怨的情况下不得不班师回朝。归途之中,他仍是极端不安分。路过清江时,他非要泛舟积水池中,结果失足落水。经多方抢救,武宗虽然保住了性命,但大冬天在凉水中扑腾了那么久,不可避免地染上了重疾。

勉强回到北京后,武宗身体极度虚弱,但恶习不改。他不愿静养,而急着举办大规模的祭祀仪式,向祖宗天地再显"威武"。可是"威武"未竟,他就呕血于地。正德十六年(1521)二月,这个"大庆法王""威武将军""大明皇帝"三位一体的怪物死于他生前精心修建的"豹房"。

朱厚照一生祸国殃民,是一个典型的昏君。他在位的十六年间,忠良难敌奸佞、大臣斗不过宦官。朝中的大小官员权同虚设,徒伴食虎狼而已。远在江西的严嵩面对险恶局势不能不有所顾虑,所以正德一朝,他不思复出。他在家乡的钤山堂中苦读十余年、读书破万卷。当山外乱作一锅粥的时候,严嵩已经打下了深厚的古文功底、一手漂亮的诗词文章而享誉天下了。

但严嵩磨剑十年,并不是为了以善属诗文之誉而终老钤山。他一直想要完成自己昔日的未竟之业,因此他一直密切注意时局的变化,等待时机。

这机会终于等来了。

出山复出

明武宗死后无子嗣位。封建社会旧制:"父死子继"不成,亦可"兄终弟及"。但是武宗又没有亲生的兄弟。

国不可一日无君。经杨廷和等顾命大臣议定、皇太后张氏(孝宗皇后)批准,英宗的嫡孙、孝宗的亲侄、武宗的叔伯弟弟、兴献王的独子朱厚熜继皇帝位,是为明世宗、年号"嘉靖"。

朱厚熜自幼生长在安陆的兴献王府,无论对宫中太监还是对朝中大臣都很不熟悉。不熟悉难免就不信任,不信任难免就不重用——这种情况下他势必重新招兵买马、擢升新人,培植亲信。严嵩看准了这个形势,觉得有机可乘毅然出山。

严嵩初还朝时,并不得志。他被派往旧都南京,先在翰林院任侍讲、后在国子监任祭酒。无论是侍讲还是祭酒,均为学官,品秩不高:前者正六品、后者从四品。但是此时明廷开始了"大礼议",这"大礼议"于严嵩而言,真可谓"好风凭借力,送我上青云。"

朱厚熜虽是以孝宗之"子"、武宗之"弟"的身份继承的王位,但他极为孝顺、时刻不忘兴献王朱佑玩杭夫妇才是自己的亲爹娘。从安陆入京时,他就不听大臣劝谏、拒用皇太子的仪式入文华殿、坚持到奉天殿继位,表面上是表示谦逊,事实上是因为他根本不承认自己是孝宗的"皇太子";即位后第五天,他就将兴献王的崇把问题提上了日程。

问题摆上桌面以后,以杨廷和为首的一派大臣坚持"为人后者为之子",认为世宗既已承了大统,就不应再有私心去顾念私情;主张尊孝宗为"皇考"("考"在此意同"父")、尊兴献王为"皇叔考"。以观政进士张璁为首的一派"小"臣却认为世宗是以兴献王世子的身份继武帝皇帝统、而不是继任孝宗后嗣,因此主张世宗应考兴献王而不应考孝宗,否则就是人为地使兴献王本来有儿子却变成了没儿子、世宗本来有生父却变成了没生父。双方各持己见、僵持不下,史称这一场争议为"大礼议"。

虽然世宗对杨廷和的建议不满而对张璁的说法很赞许,但杨廷和等人固执己见、并拉出慈寿皇太后张氏做招牌,只同意世宗称其父母为兴献帝、后。世宗不甘示弱,也托皇太后之名在帝、后之前加"皇"字。杨廷和对此耿耿于怀,正巧嘉靖元年(1522)正月世宗完成郊祀仪式后清宁宫后殿起火,杨廷和趁机说这是因为世宗强尊父母为皇帝皇后的做法惹恼了神灵。世宗无奈,被迫去掉"皇"字。"大礼议"的这一阶段,杨廷和一派明显占了上风。但杨廷和屡持己见,还打击异己、提拔与自己意见一致的人,引起世宗强烈不满,他不得不乞休而去、最终被削职为民。

杨廷和罢去不久,张璁伙同南京刑部主事桂萼、吏部员外郎方献夫等人又旧话重提,建议世宗称兴献王为"皇考"、称孝宗为"皇伯考"。尽管杨廷和旧部激烈反对,世宗还是采纳了张璁等人的提议,于嘉靖三年(1524)称父母为"本生皇考恭穆献皇帝""本生母章圣皇后",不久又去掉"本生"二字,引起轩然大波:一百多名朝官闻讯后在左顺门外静"跪"示威,要求世宗收回成命。世宗两次降旨劝退,大臣们无动于衷。世宗发了脾气,就命锦衣卫将为首的大臣捕入诏狱,想给群臣一点颜色看看。不料群臣不仅不退,还一起大哭,哭声惊天动地。世宗这回下了狠心,遂命捕一百三十四人下狱,然后将参与这次"示威"活动的四品以上官员扣俸禄、五品以上官员打板子,同时大张旗鼓地迎兴献王灵位于京、奉于"观德殿"、尊称"皇考恭穆献皇帝"。

"大礼议"虽然有人情的因素在其中,但它的实质是统治阶级内部的争权夺利,是以世宗为首的新势力和以杨廷和为首的旧势力的一次较量。双方都打出"礼""孝"的旗号,其实各怀鬼胎:杨廷和是武宗临终的顾命大臣,维系孝宗、武宗的系统才能显示他的"顾命"作用;世宗则想借此机会抑制当时身居要职、手握重权的内阁首辅杨廷和,同时也想选拔一批同自己一条心的新"干部"。较量的结果,世宗取胜。

"大礼议"中拥护世宗的人多是中下级官吏,他们希望能借此机会改变自己的命运并且很多人也的确达到了目的,严嵩就是其中最具代表性的一个。

严嵩早就以他涉猎群书的慧眼看穿了"大礼议"的实质也预见了"大礼议"的结局,但苦于地位较低且远离京师,干着急插不上什么话。嘉靖七年(1528)七月,严嵩忽然鸿运临头——他竟然有机会以礼部右侍郎的身份奉世宗之命到安陆去祭祀兴献王的陵寝!他欣喜若狂,知道跳龙门的机会终于来了。

严嵩极其认真、虔诚地完成祭祀任务之后,马上给世宗写了一份报告,详细地汇报了祭祀的全过程。在这份报告中,严嵩写下了对他一生而言至关重要的话:

"臣下完全按照陛下的意思举行祭把恭穆献皇帝时,天气非常的合乎人意,需要下雨时就下雨、需要晴时就晴了。并且在祭祀前后、石产枣阳,群鹳集绕;碑入汉江,河流骤涨。这一种神秘而又吉祥的现象,分明是上天对陛下偏爱之情的流露,请求陛下令大学士们撰写文章记载这些瑞兆,然后刊之于石、以示天下。"

一番胡言乱语,却直说到世宗心窝里去。世宗一声令下,严嵩立刻官至南京吏部尚书、秩阶正二品——这才只是他得宠的开始。

"近水楼台先得月",严嵩饱读诗书,焉能不懂这个道理。虽然他已是二品大官,可是远离皇上,总是不利"进取"。故而他又开始打调往北京的主意。

嘉请十五年(1536),严嵩以给皇上拜寿为由抵达京师,这一来他可就不大想走了。等了些日子果然又等来些机会:当时朝廷正想集中人力重修《宋史》,而严嵩工于古诗古文的名声早已扬至京师,所以大学士们就请求皇上留下严嵩帮忙。刚好过了不久礼部尚书夏言又入内阁,礼部尚书空缺,严嵩遂得任礼部尚书兼翰林院学士,正式留任北京。

　　嘉靖十七年(1538)，"大礼议"余波又起,世宗竟然想尊恭穆献皇帝称宗、入太庙配天,并想将其陵寝显陵的规格提高到与长陵(朱棣之陵)一般。大臣闻言群起反对,严嵩起初也觉得这个要求太过分了,所以也稍示反对。但看见皇上怒气冲冲,又想到自己的位置来之不易,态度马上就转了个一百八十度的大弯儿。他不仅尽改前说,还亲自动手、仔仔细细条画了世宗所需整个祭把过程的礼仪规章。世宗大喜,对严嵩大加表扬之余,还赐给他许多银币。精神奖励和物质奖励的结果,是使严嵩更坚定了一心媚上的信念。祭祀过程完成后,严嵩又故作神秘,向皇上报告说行礼的时候他看见天下有祥云片片,这必是上天对皇上的褒奖,并建议群臣因此恭贺皇上。群臣并来莫名其妙,但凡人多有虚荣和虚伪本性,就如同现在很多人为表现自己"材料特殊"而在遇见不管是真是假的气功师发气时都称自己有"异感"一样,大臣们也就推顺水之舟,假装也看见了"祥云"、一起恭贺皇上。随后严嵩又施展看家本领,挥毫泼墨,写下了洋洋洒洒的《庆云赋》和《大礼告成颂》,纪念世宗的"功德"。世宗看后倍感欣慰,还命将两文交付史馆刊印发行。

　　严嵩接连做的这几件事情都堪称皇上心意,所以不久就被加官太子太保(从一品),连皇上巡幸外地时都得以跟随左右,而得到的赏赐也与"辅臣"同等级别了。

入直内阁

　　世宗表示对严嵩的喜爱时就赏赐给他与辅臣相当的东西,可见世宗的心中,辅臣是何等的重要。其实所谓辅臣,就是内阁大臣。

　　明初太祖朱元璋因嫌丞相之权太重,所以在惩处结党营私、专权跋扈的丞相胡惟庸之后即罢设丞相而分其权于户、吏、礼、工、刑、兵六部。但是朱元璋还是觉得应有专职的辅政大臣,于是仿宋制置殿阁大学士以备顾问。当时殿阁有华盖殿、武英殿、文华殿、文渊阁、东阁;各殿阁大学士官秩不过五品,且有明文规定不准他们参与国政。明成祖朱棣继位后,命近幸之臣"并直文渊阁,预机务",从此阁臣的设置成为常例。这些阁臣们的办公室在皇宫内的文渊阁,每日前往办公,连饭都由宫中供应;他们常侍天子殿阁之下,"为避宰相之名,又名内阁"。

　　明宣宗朱瞻基死时,太子朱祁镇(后来的英宗)年仅七岁零两个月。宣宗放心不下,即在遗诏中说明:"家国政务,必禀明皇太后(仁宗皇后)、皇后(宣宗皇后)行之",事实上就是让皇太后和皇后垂帘听政。但是当时的皇太后不愿违背祖训中关于后妃不得予政的规定,就将政事委于内阁,要求一切大事都交由内阁定夺,自己只负责审批工作。因此当时内阁大臣权倾朝野、阁权开始重于部权。当时阁臣最大的权力所在就是"票拟",即草拟对臣僚各种奏章的处理及皇帝诏书,握有此权,就等于掌握了处理国家大事的权力。

　　明中叶起,阁臣中资格最老、最受皇帝宠信的大学士称为首辅,其余人称为群辅。

　　世宗上台后,先赶走了老首辅杨廷和,之后将大礼议中支持自己的张璁等人先后委以首辅之任并扩大了内阁的票拟之权。内阁权重,故而入阁成为严嵩短期的奋斗目标;他的敲门砖仍是"媚上"。

世宗做皇帝时才不过是个十五岁的孩子,可是他极端迷信神灵、崇尚道教。嘉靖二年的时候,他就在宫中设坛斋醮(所谓斋醮,就是僧道设坛祈祷);后来又先后将龙虎山道士邵元节及其道友陶典真召进宫中,分别封他们为"致一真人""秉一真人",大肆设坛建醮。建醮时需用一些祷祝词,这些祷祝词要用朱笔写于青藤纸上,故又称"青词"。世宗热衷祈祷,自己又写不出多少青词,就特意命令一些大臣住在宫中夜以继日地替自己完成这项工作。青词的内容很是空洞无聊、荒唐可笑,例如一篇青词写道:

> "洛水玄龟初献瑞,阴数九、阳数九,九九八十一数,数通于道。道合元始天尊,一诚有感。
> 岐山丹凤两呈祥,雄鸣六、雌鸣六,六六三十六声,声闻于天。天生嘉靖皇帝,万寿无疆。"

但是其形式却要求对仗、华丽,没有些文采,很难写得出来。

严嵩看出门道以后,马上投身于青词写作的队伍。有钤山的十余年苦读,写这种东西对他而言实在是小意思。他只不过略施小才,就把诸多同仁的作品比成了垃圾。世宗也很快就发现在所有收上来的青词之中,有严嵩所著最为可意,所以对严嵩很是器重。

除了写作青词,严嵩还另辟蹊径,他为秉一真人建造了一座富丽堂皇的府第,讨得了秉一真人的欢心。秉一真人一高兴,就免不了到皇上面前美言严嵩几句。

眼看事态按计划进展,严嵩入阁有望,但是内阁首辅突然出手阻拦。

夏言是严嵩的同乡,正德十二年(1517)中的进士。虽然夏言中进士比严嵩晚了十二年,但因一直在朝做官,且"性警敏、好属文"深得世宗喜欢,所以官职一直在严嵩之上。严嵩心里很不服气,可是表面上却对夏言极为恭敬,言必称其为"先进"。夏言自视甚高,根本就看不起严嵩,同时见他善于讨好皇上,爬的又那么快,就对他有了戒备之心。夏言本来在内阁之中说一不二,其他阁臣都对他唯唯诺诺,他才不想让严嵩这个危险分子呆在自己身边。

严嵩揣知了"乡党"的心意,行事就更加小心谨慎。一天他准备了丰盛的饭菜,亲自跑到夏言家想请他吃饭,谁知夏言听到仆人通报之后,不仅不答应赴宴,甚至连严嵩的面都不肯见。严嵩恨得咬牙切齿,看起来却大大咧咧、毫不在意,还跑回家把酒菜送到夏言府上一字排开,然后跪坐在那里恭恭敬敬地等夏言入席。从此夏言虽然更加蔑视严嵩。于是就对严嵩掉以轻心。轻敌往往是导致失败的重要原因,夏言虽以警敏著称,却未能识破严嵩的诡计——严嵩如此下贱的目的,正是要让对手更加看不起自己、更不屑留意自己;只有这样,自己才能攻其不备。就在夏言不加防备的情况下,严嵩找到了下手的时机。

世宗最喜欢臣下顺从自己的心意,但是严嵩发现夏言有两件事做的令世宗很不开心——一是世宗明令阁臣们入宫时可以以马代步,这本来已经是一种优待了,但夏言不善骑马,总是坐在轿子进进出出,自己优待自己;二是皇上不喜欢旧式帽子,就命匠人制作了几顶香叶道冠,不仅自己戴在头上,还赏给那些善写青词的大臣们以示恩宠,但夏言觉得身为人臣头戴这种稀奇古怪的帽子有些不伦不类,所以不戴。两件事情都不称帝心,世宗嘴上虽未说,但严嵩早已猜到皇上心里去了。刚好严嵩也得了香叶道冠,他马上就戴上去见皇上——不仅是戴上,还精心加工,在上面又罩了一层薄纱以示爱惜。皇上见状非常高兴,觉得自己可找着了一个"知己",就特意将严嵩留下谈天说地。言谈之间,严嵩忽然眼泪"夺眶而出",忍不住抽泣起来。世宗大惊,不知道这老头儿好好的为什么这般伤心。细问之下,严嵩才抽抽噎噎、添油加醋地诉说了夏言对自己的种种凌辱。世宗本来就对夏言一肚子的气,闻言暴怒,马上下令革了夏言的职,将他赶出了朝廷。

夏言罢去之后,在嘉靖二十一年(1542)的八月,严嵩终于如愿以偿地被拜为武英殿大学士、兼以礼部尚书的身份入直文渊阁。此时的严嵩,已经六十一岁了。

首辅之权

人往高处走,严嵩入阁之后的打算并不是做普通辅臣的一员,而是要做内阁的首辅。可惜初入阁门,他资历尚浅。夏言虽罢,还有早已入阁的翟銮,所以翟銮先以次序接掌了首辅之权。面对这种情况,严嵩不急不躁,再候良机。

严嵩首先要做的事情,仍是继续讨皇上喜欢。他入阁时虽已年过六十,但精神抖擞、不逊少壮。他主动辞去礼部尚书的职务,一头扎进内阁的值班室、每天都从早忙到晚,甚至创下几个月不回家梳头洗脸的历史记录。世宗对此大为惊叹,觉得从来都没有见过如此勤勉的大臣,就专门赏赐给严嵩一枚文为"忠勤敏达"的银记,并加官太子太傅(从一品)以示表扬;"忠勤敏达"的同时,严嵩密切注意翟銮的举动,想寻找他的疏漏。在入阁的第二年,他终于揪住了翟銮的小辫子。

嘉靖二十二年(1543),翟銮的两个儿子在会试中双双上榜。会试是中央级的科举考试。翟銮"二子登科",自觉荣耀非常、喜不自禁。可是善于"思考"的严嵩却从翟家的这件大喜事中思考出了问题,他到处散布谣言,说哪会那么容易就有一家在会试中同时考中两个人的事情呢,说不定就是翟銮利用职权从中舞弊。翟銮正高兴的忘乎所以,忽然被泼了这么一盆子凉水,自然气急败坏。他马上上疏申辩并请求立即复试。孰不知严嵩等的就是翟銮这一招,因为翟銮被气昏了头容易忘事儿,严嵩的记性却很好——世宗早就规定了大臣被劾时不许上疏辩解,而应先自己好好反省、再听候圣裁。违反皇上规定的人能有什么好下场呢? 果不出严嵩所料,世宗一见翟銮之疏就大发脾气,怒斥翟銮不候旨而辩,气头上就削了他的职。

初任首辅的严嵩还是比较谨慎的。他本想独揽票拟之权,但随后入阁的吏部尚书许瓒和礼部尚书张璧却大为不满,许瓒还大发议论,指责严嵩"何夺我吏部,使我旁睨人!"严嵩见自己根基不稳,为防肘腋生变,就假意求皇上说:"凡有宣召,乞与成国公朱希忠、京山侯崔元及瓒、璧偕入"。成国公朱希忠和京山侯崔元是当时内阁之外最有权势的朝臣。

世宗早就一门心思"玄修",根本懒得见那么多大臣,自然没有同意严嵩的要求,但心里却对严嵩的"无私"精神大为感动,这一激动就又加其官为吏部尚书、谨身殿大学士、少傅兼太子太师。结果严嵩通过这一他本来就料定不会被批准的请求,不仅讨了皇上的欢心、讨了同仁们的欢心、讨了阁外重臣的欢心、衬托了夏言的独断专行、升了

历代名相

图文珍藏版

官加了俸、还堵住了以前以后说自己揽权的那些人的嘴——我本想同大家一起处理政事,但皇上只让我一个人去听宣召,我怎么敢违抗圣旨呢? 这一箭何止是双雕!

有诗云"子系中山狼,得志便猖狂",其实得志猖狂在更大的程度上说是人的本性。严嵩原本一直夹紧尾巴是为了向上爬,爬到一定的高度之后,就难免有些得意。一得意就容易忘形,一忘形尾巴就露出来了。他忍不住日渐骄横,引起了世宗的不满。同时他忽略一个重要的隐患,那就是夏言虽罢,但却并没有死。

夏言免职归家后,一直都不甘心,一直都伺机东山再起。他当初亦因青词获宠,见世宗仍斋醮不已,就重操旧业,想靠此技艺绝处逢生。并且每逢年节和世宗寿辰,他必然上表祝贺,自署名为"草土臣",意思是说自己虽已无官职、身在草野,却不忘皇恩、仍当自己是皇上的臣子。久而久之,世宗大受感动。恰逢此时许瓒因年老多病而退休、张璧也已病死,内阁已是人去阁空,就是一个严嵩在那里兴风作浪,所以嘉靖二十四年(1545)十二月,世宗下令重新起用夏言为内阁首辅。

尽管世宗为了安慰严嵩又给他加了一个少师的头衔,但将被他排挤走的上司重又任命为他的上司,这还是令严嵩在很长一段时间里活的异常沉重。

夏言官复原职以后,又像从前一样高傲,在严嵩面前也更加盛气凌人。严嵩对这一切毫无办法,只得暂时忍气吞声。

夏言要对严嵩做的事情当然不只是让他生气,夏言始终牢记前仇。他入阁没几日就查到严嵩之子贪污的恶行,想要借此惩治严氏父子。严嵩知道后十分害怕,赶快领着儿子去找夏言求情。到了夏言的家门口,门卫却奉了主人的命令不让他进去。不得已严嵩只好拿出银两贿赂了门卫,然后溜进夏家,一直找到夏言的寝室。夏言见了严嵩就马上躺到床上闭目养神,严嵩则跪在床边痛哭流涕,如此良久。到夏言觉得已将严嵩侮辱够了,这才傲然表示可以放过他的儿子。此后严嵩对夏言恨之入骨,为了扭转被动挨打的局面,他从戒备进入了暗斗。

严嵩知道夏言致命的弱点就是目中无人、骄傲自大,所以自己在这方面就格外注意。两人都是近臣,世宗难免会时不时地叫小太监到各人家里去传达点事儿。夏言见了这些小太监们不是不理不睬,就是厉声呵斥,把他们当作自己的奴仆一般。可这些小太监到了严嵩府上则会受到盛情款待,严嵩一定会拉着他们的手留他们吃东西喝茶,走时还会在他们的袖子中塞点银子。于是小太监们回到皇上身边都争先恐后地夸赞严嵩,说夏言的坏话;同时皇上若有什么行动,小太监们也会忙不迭地跑去向严嵩通风报信。

严嵩和夏言都是因写青词获宠。一天世宗忽然想知道这两个笔杆子得宠后是否还像从前一样"忠心",就决定派人去侦察侦察。严嵩这边早早就得到了消息,可夏言却蒙在鼓里。所以每当"侦察兵"在夜里潜入夏言家时,就发现夏言正呼呼大睡;而潜入严嵩家里,则见严嵩正秉烛夜战——不是端肩耸眉做沉思状、就是伏案做奋笔疾书状。世宗得到报告后,心思就又偏向了严嵩。后来再向二人要青词,严嵩信手就拈来一篇好稿子,而夏言则因年纪大了(其实他同严嵩一样大)变得很懒惰,不想再绞尽脑汁写这种劳什子,就拿出多年前的作品糊弄世宗。不料世宗在这种事情上记性极好,夏言的以旧代新每次都被他发现,因此他就更讨厌夏言而加严嵩为华盖殿大学士。夏言处境危险,自己却浑然不觉。

严嵩见夏言的媚上手段远不如自己,就从暗斗进入了明争。他打听到锦衣卫督都陆炳遭人弹劾后到夏言家行贿求情时也被罚跪了很长时间,就找来这个与自己有过相同经历的"同志",一起密谋算计夏言。

嘉靖二十七年(1548)正月,督御史曾铣上疏建议收复明宪宗成化年间被蒙古人抢占的河套地区,受到夏言的大力支持,夏言并奏请皇上赐曾铣可以诛杀节帅以下的尚方宝剑。世宗开始心有所动,但不久又因澄城山崩、京中大风而疑神疑鬼。严嵩趁机攻讦夏言擅权自用、好冒边功;同时又指责曾铣不负责任,异想天开;并表示夏言欺人太甚,自己无法再与之共事,请求辞职。他当然知道世宗舍不得他走——他要是走了,谁写青词呢?果然世宗对他好言相劝,将夏言狠批一顿后勒其退休,同时派锦衣卫缇骑捕捉曾铣。

这一次严嵩想可得置夏言于死地了,不然谁知道哪一天这个对头又会骑到自己脖子上!所以曾铣被捕之后,他马上授意陆炳向世宗汇报说夏言因受了曾铣的贿赂所以才帮助曾铣。世宗又想起夏言索要尚方宝剑的事情,越想越气,于是下令缉捕夏言。

夏言被迫退休之后只好踏上归途,还没到家呢,就被从半路上抓回了京师。他上疏竭力辩冤,诉说自己是被严嵩陷害,但此时的世宗只信严嵩,不信夏言,不仅不听他的辩解,还将他作为曾铣的同党论斩了。夏言的妻子也受到牵连,被流放到广西"支边"。

夏言一死,再无人有能力与严嵩争做首辅。内阁大权,悉归严嵩。

严嵩窃政

有了一次首辅之权得而复失的经历后,严嵩从中吸取了一个教训,那就是无论如何在皇上面前都不能得意忘形,因此他开始更加恭谨地事奉世宗。世宗也就真的被他蒙蔽了,在嘉靖二十九年(1550)八月,又加其为上柱国。严嵩竭力推辞,说:"尊无二上。'上'这个字只能陛下使用,人臣哪里配称。太祖虽设了这个官职,但当时人臣之中功列第一的开国元勋徐达也只不过封为左柱国,因此臣恳请陛下不要让臣担任这个职务。"——如此"谦逊知礼"的大臣,除严嵩之外,哪里还能找到第二个呢?从此以后,世宗在心里对严嵩除了赞赏,就是无比地信任。

世宗自幼迷信,随着年龄的增长,就更迷信到无以复加的地步:他连自己的一只猫死了,都要令大臣撰词以醮,一大臣想出"化狮为龙"的妙语,他才转悲为喜;他总是企盼天降祥瑞,一太监趁夜在空果盘中放了一只桃子,等他起床后告诉他是天上掉下来的仙桃,他也深信不疑。

世宗还一心向道,渴望长生不老、得道成仙。早在嘉靖九年(1530)的时候他就开始"玄修",不愿接见大臣;十三年(1534),他又以身体不适为由,要从此"专一摄养、以候大报"。十九年(1540),才刚刚步入壮年的世宗就表示要让皇太子监国,以便自己"静摄"。此言一出,朝廷哗然。太仆寺卿杨最上疏,劝谏世宗说:"皇宫内静养玄修的皇帝自古有之,但哪里有一个人白日升天做了神仙呢?"世宗大怒,立即下令杖其一百。杨最年老体弱,刚杖至五十,人就死了;世宗却觉得仍不解恨,又下令杖尸五十。大臣们面面相觑,各自都出了一身冷汗,再无人敢阻止皇上"成仙"。

要想成仙，仅玄修、静摄、以青词建醮是不够的，还要服食仙丹。道士们介绍给世宗的仙丹，不过是用小女孩的经血练制的一种红色药丸。这经血自然采自诸多的宫女。明末文人王世贞曾写过一首《西城宫词》描述这些可怜的女孩子们：

> 两角丫青双结红，灵犀一点非曾通。
> 自缘身作延年药，憔悴春风雨露中。

终于有一天她们不堪凌辱，奋起反抗。

嘉靖二十一年（1542）十月的一天，世宗醉卧西宫，以杨金英、苏川英为首的十几名宫女想借此机会除掉这个欺侮自己的坏蛋，她们先用一块抹布蒙住世宗的脸，然后捺肚子的捺肚子、压腿的压腿，杨金英则拿了绳子往世宗脖子上套。忙中出乱，杨金英不小心将绳子打成了死结，急忙把世宗勒不死。危急关头，"革命"队伍中出了叛徒——一名叫张芙蓉的宫女临阵脱逃，飞报皇后。结果十几名宫女自然免不了惨死，但世宗当时也被折腾的气息垂绝，鼻孔出血，良久复苏。

宫婢之变之后，世宗便常年居住在西苑万寿宫中，不回大内，不见朝臣。

世宗的乖戾举动甚合严嵩的心意：移居西苑，使日夜在西苑中内阁值班室办公的严嵩更利于同他联络"感情"；不见朝臣，更使严嵩成了他与大臣之间的传声筒——这传声筒的作用可非同小可，若想欺上瞒下，只需将嘴一张一合。

伴君多年，严嵩还看透了世宗的为人，看清了世宗的脾性。他发现世宗自以为很聪明，又很自信；很果决，又颇护已短；还喜欢故意得出与众不同的结论。据此他总结出一套经验：首先要顺从皇上的心思说话办事。其次是只要君宠在身，就不要怕群臣攻劾自己——皇上喜欢护短，攻击他的宠臣岂不是同攻击他一般？再次就是要想打击某人，得先在皇上面前夸他一两句，然后再给他安上一个皇上深恶痛绝的罪名；想要提拔某人，得先在皇上面前挑他几个小毛病，然后再说说他所"具备"的皇上喜欢的因素。

在世宗的眼里，严嵩是个难得的"忠臣"，但他太过自信以至没有意识到，正是这个"忠臣"，在他的保护之下，利用他的信任和弱点，盗取了他的大权。

严嵩窃政的主要表现之一，是把自己变成了除过名称之外地地道道的丞相。

朱元璋在罢黜丞相之后曾立下毒誓，规定后人不许再提设相之事，否则"本人凌迟，全家处死"。严嵩虽闭口不言设相，事实上却权同丞相，他利用票拟之权和经常面圣的条件，把手伸向各个政府机关、总理百官。百司奏折，往往先至严嵩，后报世宗，一时内阁门前，官来吏往，热闹非凡。而阁内同事，也被他挤兑的难发一言。因此多数大事，都由他一人定夺。

严嵩窃政的主要表现之二，就是随意陟黜百官。这其中若说有原则可依的话，那原则就是：异我者贬，同我者擢。

由于严嵩并无治国才干，徒以媚上得官，同时又被发现有贪污恶行，所以引起了许多大臣的不满，他们接连上疏弹劾严嵩，这些人就是严嵩要贬黜的主要对象。虽然他们的疏奏是上给皇上，但是严嵩的辩才足以饰非，更何况有那么善于糊弄皇上。如严嵩初入阁时，御史谢瑜、给事中童汉臣等就上疏说严嵩是一个大奸，结果严嵩跑去世宗处一不申辩，二不说上疏之人的坏话，只是装作很纳闷的样子对世宗说：太平盛世，哪里就那么容易地出一个大奸呢？言下之意，就是暗示世宗只有昏君当道才会有大奸出现，谢瑜等人是在说世宗不是好皇帝。世宗勃然大怒，谢瑜、童汉臣的下场是奉"旨"回籍去做老百姓。之后又有给事中历汝进上疏论严嵩奸恶被贬官、削籍；刑部郎中徐学诗论严嵩奸恶被抓入诏狱拷问、削职为民；御史赵锦请罢严嵩被抓入诏狱、削籍；等等等等。

后来严嵩觉得这样一个一个地"收拾"太不过瘾，就干脆另想妙计。刚好明朝有考核官吏的制度，严嵩就将考课京官的权力收归己手，一张网撒下去就打尽了无数异己——甚至不仅是异己，连同异己们沾点亲带点故的都可能遭殃，如徐学诗的哥哥徐应丰就受到弟弟的牵连，被削去中书舍人之职。

都说是"男儿膝下有黄金"，但是男人之中的软骨头却数不胜数。严嵩的权势熏天，使许许多多没出息的士大夫争相拜倒在他的面前。严嵩也借机遍引私人于要地。

赵文华是严嵩的旧交：严嵩在国子监任祭酒的时候，赵文华还是一介书生，两人当时即有了师徒之情。赵文华中了进士后被授以刑部主事之职，可他很是不争气，在考核官员中因不合格而被贬谪。他生性狡猾，见严嵩官运亨通，就赶忙前来投奔，双膝一软，做了严嵩的义子。严嵩看不停有人弹劾自己，干脆就把赵文华安置到通政司做了右通政。通政司专掌内外疏奏封驳之事，"凡四方陈情建言、申诉冤滞、或告不法"等疏奏尽入于此。

仇鸾本是一名犯罪军官，坐废已久。他见严嵩权重，也打通关节，跪在严嵩脚下，做了人家的干儿。叫"爹"的回报，是摇身变成了宣府、大同的总兵。镇守重镇、手握兵权，为以后的挟寇自重、居"功"邀宠奠定了基础。

鄢懋卿因深倚严嵩而被任为总理两浙、两淮、长芦、河东四运司的盐政大臣，破了历史记录（大臣理盐政，无总四运司者），尽握了天下利柄。钱多的以至要用文锦装饰厕所，用白金装饰尿盆。

吴鹏、欧阳必进、高耀、许论均因倚结严嵩而得任各部尚书；文选郎中万寀和职方郎中方祥更被称为严嵩的"文武管家"；严嵩的办公室里，常有百官点头哈腰、奔走往来，热闹的如同自由市场一样。后来吏部尚书李本的手中有一张京官的清单，单上共列一百余人，其中上等官三十余人多为严嵩的亲子干儿，中等官三十余人多为其爪牙鹰犬，下等官三十余名多为有才学之士——他们后来也多因不识时务而遭罢贬。

严嵩引置私人的目的，是要让他们服从自己，帮助自己。这些人若是影响了自己的利益，严嵩照样对他们不客气。

赵文华本是倚靠严嵩才发了家，但他羽毛稍丰后，就想越过干爹这一层直接同皇上联系。知道世宗想长生不老，赵文华就瞒着严嵩给皇上献了一瓶百花仙酒并附疏说："这种酒的酿制方法是臣下从一个仙人那儿得来的，喝了以后可以不死。严嵩也知道这个配方，他都那么老了每天还能够活蹦乱跳就是这酒效的活例证。"世宗见疏后就对严嵩有些不满，他跟身边的太监咕咕说："严嵩早就知道了这个秘方也不知道呈献，只会自己享用！"严嵩得到消息后马上面圣，声明自己从来没有喝过什么药酒，至于狗命为什么这么长自己也不知什么缘故。见皇上消了气儿，他赶忙回去找赵文华算账。

把赵文华叫到内阁之后，严嵩对他严加盘问。赵文华起初装傻，做出一脸莫名其妙的表情，说自己什么也没有皇上献。等严嵩拿出了他的密疏，他才知道自己闯了祸，赶快跪在地上一边哭一边认罪一边请求宽恕。到阁臣们实在看不过去一齐替他说话，严嵩才高声叫"滚"。

赵文华一心想等干爹消气，也不敢走远，就一直爬在门缝上观察严嵩的脸色。过了好一会儿，他想再进去解释解释，谁知刚一进去，严嵩就叫左右将他拖了出去。赵文华大窘之下，只好去找干娘通融。女人心软，欧阳氏见这个"儿子"哭得可怜，就答应安排时机，替他们"父子"调解。

一天严嵩回家休息，夫人准备了宴席。众义子们都陪坐在"爹娘"的身边，唯有赵文华听从欧阳氏的安排躲在一边眼巴巴地伸长脖子观望。等严嵩喝得差不多了，欧阳氏就故意问："今天举家在座，怎么不见文华呢？"严嵩气哼哼地说："那个奴才辜负了我的一片心意，怎配坐在这里！"欧阳氏借机就劝严嵩。

看严嵩的脸色有所缓和，赵文华飞跑过去跪趴在严嵩脚前抽泣不已。严嵩没有防备，一下子被他弄得不好意思，只好留他入席。从此之后，赵文华再也不敢对严嵩有一点造次。

仇鸾得志后也是忘恩负义，他恃帝宠想同严嵩平起平坐，但严嵩还是把他当儿子看，这令他十分地生气。他开始寻找机会到世宗面前诋毁严嵩，一度还真说的世宗不大搭理严嵩了。有一次严嵩照往常一样要进西苑面圣，走到西华门门口，却破天荒第一次被门卫拦住了，门卫竟然问他要圣上召他的手谕！他站在那里傻愣半天，眼看着其他阁臣一一入内，气的老泪纵横。后来查到是仇鸾在捣鬼，就决定给这个"逆子"点颜色看看。正在他想方设法的时候，仇鸾却忽然病死了。他不仅不觉得"老天开眼"，反而为这个家伙没死在自己手上甚感遗憾，于是他又指使陆炳状告仇鸾私盟边寇、诱敌引入，是卖国贼，终于激怒了世宗，使仇鸾死后也不得安宁——被从棺材里拉出来戮了尸。

看到赵文华的经历和仇鸾的下场，严嵩的私人们只有更加听主子的话，惴惴事嵩，严嵩的势力也就愈加巩固了。

边境之乱

明王朝建国之后虽将蒙古人赶回大漠，但北方边境地区一直都不得安宁；同时南方沿海，又常有倭寇作乱。"南寇北虏"，始终是明廷的边患。

明世宗继位后，北方边疆吃紧。本来蒙古人骚扰北方时总是来去无常、为患不久；但自从他们抢占了河套地区，形势就发生了变化。河套包括今天内蒙古及宁夏境内的黄河沿岸，三面临河、土质肥沃、宜耕宜牧，拥有了河套，就等于拥有了南下进犯的基地。嘉靖年间，蒙古俺答部以要求明政府开边互市为名，经常往来套区、扰乱边防。三边总督曾铣目睹边民苦难，就上疏请战，说"套贼不除，中国之祸未可量"，建议收复失地、驱逐凶残。世宗接疏后颇壮铣节，同意了曾铣的请求。曾铣一面率军突袭套区俺答部下，一面积极寻求复套方案。不料曾铣的努力稍有起色，就大祸临头，这祸源就是夏言。

其时严嵩正与夏言斗法，见夏言支持曾铣，马上为私忘公。他为害夏言，先害曾铣，在世宗耳边搧风点火说："北虏难以尽除，河套也根本不可能收复。师出无功，还要花费许多财力。其中大臣们都知道这个道理，只不过因为曾铣勾结夏言，大家畏惧夏言不敢说罢了"。曾铣最终成了首辅之争的牺牲品，他本人被斩首弃市，妻子也被流放到两千里之外。曾铣死后，再无人敢提复套之事，而俺答则继续犯边——严嵩为营私报怨，竟祸害的明庭北边一片混乱，终于酿成了"庚戌之变"。

嘉靖二十九年（1550），俺答率大军南下，先犯大同。当时的大同总兵正是严嵩一手提拔的仇鸾。仇鸾一见蒙古兵来势汹汹，怕打了败仗受到上面的责怪，慌忙向俺答摇尾乞怜。他偷偷派人送过去很多金银珠宝，求俺答放过自己去打别人，并保证不与俺答交火。俺答收了贿赂，满心欢喜，移兵东去，然后由蓟镇长驱直下。仇鸾在事先得知俺答去向的情况下，假装自己有先见之名，上疏世宗，说据他"估计"京师将有危险，并回兵勤王。果然不久俺答就兵临北京城下，仇鸾因此成了世宗的新宠，官至大将军。

俺答一到北京城外，就先掳去八名守城将士，让他们受罪几日后给世宗带回一封书信，信中以极其傲慢不敬的措辞要求世宗下令开放边境以促成双边贸易、发展蒙汉经济。

世宗接信后不知如何是好，就向老爱卿严嵩"讨教"。严嵩根本就没有一点儿治国安邦的才略，见了这种阵势，早已傻了眼儿。听皇上问自己该怎么办，急忙推脱责任，说"外交事宜都是由礼部负责的，陛下还是去问礼部吧。"旋即又觉得如此说法太显自己无能，就又自作聪明地给世宗壮胆，说："蒙古人不过是饿极了来讨点吃的，等他们吃饱了自然就会退兵"。世宗在严嵩的撺掇下，准备用皮币珠玉向俺答乞和。

礼部尚书徐阶、司业赵贞吉等人闻讯大惊失色，他们费尽口舌，晓之以理、动之以情，总算阻止了世宗的愚蠢举动。他们还提出退敌之策，建议世宗先假意答应俺答的请求，稳住对方，然后召兵勤王。世宗转忧为喜，一一采纳他们的主张。

相比之下，严嵩觉得自己很没脸，便心生嫉恨。回到内阁正生闷气呢，赵贞吉却偏偏又跑来找来商议犒军之事。严嵩心烦，就闭门不见。赵贞吉本来就对严嵩的无能大为不满，见他态度又如此恶劣，不禁怒火中烧。恰逢此时赵文华也前来探望干爹，见状很是幸灾乐祸，就调侃赵贞吉说："你快算了吧。天下大事都得慢慢商议，今天谈不成，改天再说嘛。"赵吉贞当即臭骂文华："你只不过是权贵门前的一只狗而已，哪里配得上提什么天下大事！"严嵩在里面听见了，就决意报复。后来他假意推荐赵贞吉负责犒赏城外守军，暗中却指使私人从中作梗。赵贞吉在得不到户部、兵部等有关单位协助的情况下，只能"孤军奋战"。等他费尽周折、雇佣民车终于把赏银送到士兵手中时，俺答已经因得到满意的答复而退兵了。于是严嵩立即弹劾赵贞吉，说他延误工作、有负重望，并将他廷杖九十，谪往外地。

为了不让徐阶、赵贞吉等人的主张顺利施行，严嵩还下令私人仇鸾和兵部尚书丁汝夔等不抵抗，告诉他们说如果在边境打了败仗还可以隐而不报，但是在京郊打了败仗就会包藏不住。结果私人们严守主子的命令，听由蒙古兵烧杀掠夺，坚营不战。他们的行为颇犯众怒，俺答退后，臣民纷纷上疏告状。当时仇鸾恃宠还能安然无事；丁汝夔可是难敌众矢，被收押于狱。严嵩见状生怕丁汝夔会牵连自己，就决定丢卒保车。他派人去告诉丁汝夔："天塌下来有严大人替你担着，你不必害怕，但不要乱说话，只等着重见天日就是了。"丁汝夔信以为真，就放宽了心傻吃傻睡，毫不知为自己辩解。到狱卒打开牢门要将他送往刑场处斩时，他还非常兴奋，以为自己被无罪释放了。死到临头,他才仰天惨呼:"严嵩骗我!严嵩害我!"

由于严嵩的无能和私心,俺答的这次进犯使明朝蒙受了巨大的损失。蒙古兵在京郊趾高气扬了八日之久,不仅大肆欺侮百姓、满载而归;还大灭了明军士气,使明廷威严扫地。因为这一年是农历庚戌年,所以这一事件被称为"庚戌之变"。庚戌之变之后,北边边境之乱更加没完没了了。

北乱未平,南乱又与之遥相呼应。倭寇对南方沿海地区的肆虐在嘉靖时期已登峰造极。百姓所处,是真正的水深火热,他们不甘做人鱼肉,奋起自卫。朝廷也派出军队,联合地方,共同抗倭。这种情况下,严嵩不仅不思为国分忧,反而觉得有利可图。他先后将自己的孙子严效忠、严鹄送往南方军中,然后授意手下胡编滥造,一会儿说他们奋勇迎敌,一会儿说他们斩首七级,两个小孩子都因此得了官职。兵部郎中周冕对这种冒领边功的行为予以揭发,竟被严嵩指为"挟私"而下狱削籍。

严嵩不仅让孙子沾尽抗倭之光,对义子也很是照顾。赵文华对兵事一窍不通,但很想逞一逞统率军队的威风,严嵩就满足他的愿望,将他派往南边祭祀海神、督察军情。赵文华到任之后只顾过瘾、不知抗敌。他见总督张经对自己好像很不恭敬,就接连上疏诬告张经纵贼养寇、贻误战机。就在这个时候,张经率军取得了抗倭以来最大的胜利——王江泾大捷。见状赵文华又赶忙上疏说这次大捷是在自己的指挥下获得的。可怜张经本立大功,却因严嵩与赵文华的里内外合而最终被置于死地。

杀了张经,赵文华继续凌辱官兵、贪污受贿、颠倒是非、牵制兵机。文武将吏们都排着队去向他交纳财货以表"忠心",军纪大坏。他还极善抢功,不论哪位将领打了胜仗,他都有本事将功劳拉扯到自己头上。世宗身在西苑、足不出户,多数军情,都由严嵩报禀。结果赵文华被世宗视为一个人物,官加少保。赵文华非常乖巧,他将抢来的功劳又往严嵩头上扣,告诉世宗:"臣下所做的一切,都是恩师所教"——严嵩将边事搅得一塌糊涂,到头来还因边事更加受宠!

富可敌国

自古以来,权钱相连。有钱即可邀权,有权即能生钱——只要当权者喜欢。

严嵩就非常喜欢钱。在他刚刚迁至京师、任礼部尚书时,就开始利用手中之权发家致富。当时他总理重修《宋史》事宜,此项工作需选译字诸生,入选者光荣无比,说不定又可得一官半职,所以应选的人很多。选谁不选谁全看严嵩的意思,而严嵩的意思又全在于钱。于是大家都争先恐后地前往严府送礼行贿,致使严嵩"通贿无算"。

世间行贿之人在行贿之时也颇识形势,高官能给人的利益总是比低官更多一些,所以高官受贿就比低官方便。随着地位的提高,严嵩索贿的对象和数额自然也有了变化。甚至一些宗藩乞封之时,也要向严嵩纳贿;所纳之贿,动以千计。

嘉靖二十年(1541),交城王绝了后,当时辅国将军表柙想袭承王位,就派遣校尉任得贵至京交通官员,将黄金、白银共三千两送入严家;永寿共和王的庶子惟熄和嫡孙怀燨争立时,也以白银三千两贿嵩。两事败后其他受贿官员都被贬谪、戍边,严嵩却因青词之功安然无恙。

严嵩入阁之时已经六十有余。都说老年人的特点之一是爱财。如果这是一条普遍现象,那它在严嵩身上表现的则是超常明显。他索贿的理由越来越多,不仅升官要交钱,犯了事儿也要交钱——他是根据罪行大小与交钱多少相结合的原则来决定对"犯人"的处理方法的,如张经入狱后行贿五千两银子最终也未免一死,而另一个叫王汝孝的官员失律后行贿三千两银子就得以免死戍边。

明庭国难当头,严嵩想不出方法固边防敌,却不忘将索贿的范围扩至边疆:时北边有"膊子在门前、宰相还要钱"之谣;南边则有赵文华替干爹大肆搜刮——他回朝时带给干爹的礼物是珍宝数万。

虽然老话说"无官不贪",但贪到如严嵩一般的官员还是少见。严嵩在任期间回老家探亲时,满载家资的交通工具竟然有"辎车数十乘、辌车四十乘、楼船十余艘"。连他自己都觉得如此规模实在太吓人,就将这些车船之上打上官署的封识,欺骗沿途各处。他不仅在北京拥有院落三四个、人工湖数十亩的豪华府第,在江南的扬州等风景如画的名城也各有"别墅"。他的家中床为象牙、帷上流金,女孩子们都穿着龙凤绣衣、满身珠宝金玉,甚至连一个仆人严年都拥有家资数十万!严嵩的儿子一次酒后失言,曾说:"朝廷无我富",到严嵩事败后人们才知此言并非虚诳,因为官府从其家抄出黄金三万余两、白银二百零五万五千两,其余珍宝服玩亦可折数百万两!

严嵩富可敌国的家产看似刮自百官,其实百官并不会变出钱来,它们说到底是来自民间。百姓不堪其挠、愤而作谣:

"介溪介溪,好不知几。
福祸到头终有报,只争来早与来迟!"
("介溪"是严嵩的别号。)

谗言构陷

严嵩窃政误国、奸态无状,许多有正义感的大臣都忍不住犯颜直谏。对这些人严嵩毫不手软。窃皇上之权削夺他们的官职都算是对他们的优待;其中一些不知退却的勇士,更被严嵩谗言构陷,赔上了身家性命。

嘉靖三十二年(1553)正月,兵部员外郎杨继盛上疏揭露严嵩的十大罪、五大奸,将严嵩的恶行一一排列出来。疏中说:

"如今国家混乱,内外交困,外贼是俺答、内贼就是严嵩。攘外必先安内,要除俺答,必先灭严嵩。严嵩的罪恶,不仅世人共睹、大臣们屡屡上疏陈述;连上天都显示征兆,提醒皇上。例如去年春天,雷久不声,占卜的结论是'大臣专政';冬天时太阳下边又有大片红色云团出现,占卜的结果是'下有叛臣'。方今之时,除了严嵩,还有哪个大臣具备专政、叛君的条件呢?况且严嵩也早有专政、叛君的行为,他行丞相大权、窃陛下大权、掩陛下功治、怠票拟职责、冒领朝廷军功、引用悖逆之臣、滥行驱黜之权、祸国殃民、流媚结之毒于天下。不仅如此,他还将陛下左右侍者都变成了自己的间谍、把陛下的纳言之官都变成了自己的鹰犬、把厂卫之臣变成自己的姻戚、把中小官吏变成自己的奴仆、把一些才望出众的人变成自己的门客。

严嵩的确已是罪大恶极,希望陛下降旨将他正以国法。陛下如不相信臣下所言,可召裕王朱载垕、景王朱载训查问。"

杨继盛字仲芳,河北徐水人。他七岁时就死了母亲,晚娘进门后对他百般虐待,勒令他每日牧牛。

每天早晨杨继盛牵着牛从村里走过时,都会看见别家孩子结着伴儿去私塾上学。杨继盛非常羡慕他们,时常会拴好了牛就跑去私塾趴在窗户外面偷听先生教书。后来他实在很想上学,又不敢跟父亲提起,只好去求哥哥。哥哥看他年幼,颇以为然,就说他:"你这么小一个小孩子,要读什么书呢?"继盛委屈万分,就反驳哥哥:"我这么小一个小孩子,都可以放牛就不能读书吗?"哥哥看他执拗,就到父亲处替他说话。父亲最终答应他一边放牛,一边读书。

一直到十三岁的时候,杨继盛才有机会正式进入学校。他知道家里穷,能供自己读书很不容易,就更加刻苦努力。后来乡试中了举人,得以进入当时的最高学府——国子监。在国子监中,他也是非常优秀的学生,深得学官们的赏识。

嘉靖二十六年(1547),杨继盛又中了进士,被授以南京吏部主事一职。秩品虽低,他却一心报国。庚戌之变中,他对仇鸾的行径十分鄙夷,并义愤填膺。他上书极言议和辱国,使仇鸾大恨。仇鸾在世宗面前将着袖子大骂继盛,说:"这小子根本没有亲眼看见蒙古人的势力有多么强大,所以才把退敌之事想得那么简单!"严嵩也在一旁帮腔。杨继盛一片忠心,换得贬官狄道典史。

狄道地处偏远,汉番杂居,民人多无文化。杨继盛到任之后,积极开办学校,教地方上的年轻人学习经典。学生多来自贫寒之家,杨继盛不愿让他们像自己小时候一样受苦,就常常资助他们,为此甚至卖掉了自己的坐骑和妻子的衣服。当地百姓深受感动,爱之如父,也呼其为"杨父"。

仇鸾奸露之后,世宗忽然想起了远谪几千里的杨继盛,先将他迁至山东诸城做知县、又使他官复原职,不久又升他为刑部员外郎。

严嵩当初虽与仇鸾同一战壕,但后来又与仇鸾执仇。他看杨继盛也是仇鸾的仇人,就想拉他入伙,并将其升作兵部员外郎。谁知杨继盛一是眼里揉不进沙子,二是不肯见利忘义。他耳闻目睹严嵩的恶行,准备与之斗争到底。他的妻子总是劝他。

严嵩得报后虽然震怒,但不久就想出了对策。他奏禀世宗说:这杨继盛一直忠心报国,现在怎么开始胡言乱语、挑拨君臣关系。他疏中说我罪大恶极,说上天都示了警,皇上还不惩罚我,这分明是暗示皇上有眼无珠;另外告我就告吧,还把二王抬出来,也不知什么意思,二王贵为亲王,岂能随便牵连?

一番话果然激怒了世宗,他马上下令将杨继盛杖打一百,送往刑部拟罪。

很多人都难以挨过一百大杖。有同情杨继盛的人偷偷给了他一枚蚺蛇胆,告诉他说服后可受杖不死。杨继盛谢过此人、却之不纳,说"我自己有胆,还要这蚺蛇之胆干什么?"遂毅然受刑,面无惧色。

杨继盛入刑部之后,犹羊入虎口。刑部侍郎王学益和尚书许论都是严嵩私党,他们很快就按照严嵩的意思将杨继盛定罪,罪名是"诈传二王令旨"。这一过程中刑部郎中史朝宾曾想主持公理,他指责贼党说:"杨继盛疏中只说二王可证明严嵩奸恶,哪里有半句二王令旨？国家的法律岂容如此践踏！"但好人没好报，严嵩知道他的言论后竟将他贬往高邮县去做了一个小小的判官。

世宗起初并无意定杨继盛死罪。杨继盛即被严嵩系于牢狱，受尽折磨。杖刑之后，他满身创痕；肉腐于身，伤势不愈。一夜杨继盛被剧痛惊醒，见腐肉不去、新肉又腐，就打碎瓷碗，以碎片截去腐肉；见腐肉系于筋膜，又割断筋膜。狱卒听到动静后提灯来到牢房，见此情景手抖的连灯都拿不住了，但杨继盛却神态从容、意气自如。

杨继盛的遭遇和气节很为稍有良知的朝官们所赞赏。每逢他上堂受审，现场都被诸臣围得水泄不通。还有些大臣相约想营救继盛出狱。

严嵩的爪牙们探到这些消息后赶快如实回禀。严嵩自谓不能养虎遗患，就下定了杀心。刚好此时张经为赵文华所诬，严嵩揣知皇上必杀此人，就杨继盛的名字附于张经的辩疏之尾并奏。世宗像往常一样不加细看，只大笔一勾就将疏中之人判了死刑。

杨继盛之妻张氏听到判决结果后伏阙上疏，疏中写道：

> "臣的丈夫谏阻议和，被仇鸾所陷，贬谪狄道，幸得昭雪，一年之内四次迁官，他衔此重恩故图上报。他是因为误听了市井庸人、无用书生们的议论方写了那些胡言乱语呈献皇上。幸亏皇上宽宏大量，不令杀他。他虽有罪过，但杖后入狱，肉烂筋断、日夜刑具加身，已经备受苦楚。自他入狱之后，家里贫困交加，臣只能昼夜纺织才能维持生活。他两次上疏获罪都因皇上的恩德而免于一死。如今他却被严嵩混入张经一案，要奉旨处决。如果皇上真的觉得他罪不可赦，臣甘愿代夫送命。臣死不足惜，只要丈夫能活世上，他必有一日可以执戈持矛、杀敌报国。乞请皇上能给他一个机会，让他日后战死疆场！"

此疏字字血泪，且言辞巧妙——既给世宗戴了个高帽子、又申明了冤情，若能顺利抵达世宗手中，杨继盛的命运或可改写。可惜它先到了严嵩手中，而严嵩也知其威力，于是压下不报。

嘉靖三十四年（1555）十月，杨继盛终于被枭首示众，时年刚满四十。

杨继盛一死，严嵩谗害忠良的恶名立刻传遍天下，他也索性就此大挥屠刀。

杨继盛死后两年，沈炼又做了严嵩刀下之鬼。

沈炼，字纯甫，浙江会稽人。嘉靖十七年（1538）进士，官任锦衣卫经历。他为人刚直，疾恶如仇。

庚戌之变中赵贞吉力主抗战，令沈炼对他十分敬佩。赵贞吉被贬之后，沈炼仍然常在大臣之中称道他当日的对敌策略，引起严嵩爪牙、吏部尚书夏邦谟的不满。夏邦谟一日终于发作、怒斥沈炼："区区小官，整日还妄谈什么国家大事！"沈炼不服，当即反驳："正因为大官不谈，小官才谈！"并上疏要求朝廷"以万骑护陵寝、万骑护通州军储，而合勤王之师邀击其（指俺答）惰归，必大捷。"但当时只要是有关边事的奏折都被严嵩扣压不报。沈炼听说后就直接将矛头指向严嵩，上疏指责他虽受国重任，却又傻又笨又贪婪，不知治国安边，只知全家保妻子；并历数其大罪，请求皇上杀掉严嵩。当时严嵩已大权在握，世宗又只知护短，所以沈炼白撞了一回枪口，被暴打一顿、谪往保安。

沈炼到达保安后，当地百姓知道了他被谪的前因后果，都非常敬佩他、善待他，还把孩子都送到沈炼处上学。沈炼就以忠义大节教育这些孩子们，常举严嵩为反面教材。孩子们为了给老师出气，每日都争着谩骂严嵩。沈炼还制作了三个草人，在他们身上分别贴上李林甫、秦桧和严嵩的名字，领着孩子们对"奸相"轮番射击。

严嵩知情后简直要气炸了肺。他的私党杨顺、路楷二人则顺着主子的心意肆意诬告沈炼"阴结死士、击剑射击"；并让一个白莲教的叛徒把沈炼的名字写进白莲教徒的花名册中，诬其通匪。奴才们做好了准备工作，严嵩即以"通叛"的罪名将沈炼逮捕抄家。嘉靖三十六年（1557）十月，沈炼被严嵩杀害，他的两个儿子也因受到牵连而命丧杖下。

溺纵独子

严嵩一生中最喜爱的人，就是他的独子严世蕃。

严世蕃别号东楼，他长得很是难看，不仅身体肥胖、脖里粗短，还是一个独眼龙。但他颇通国典、晓畅时务，聪明过人。

虽然媚上和写青词一直都是严嵩的拿手好戏，但票拟答诏和处理政事他却远不及自己的儿子。世宗崇"玄"，其所下手诏亦往往是"玄"不可言，令严嵩把两只眼睛瞪得再大也看不出所以。但世蕃却能够"一目"了然，他指点父亲，常中帝意。严嵩由是大喜，干脆把各个部门的文件都拿到家里去让儿子批改，遇事常说"等我和儿子商量后再作打算"。

严世蕃最喜欢做的事情就是玩弄父亲从皇上那儿偷来的权柄。他熟谙京城内外各类官职的饶瘠险易，因而明码标价，公开卖官鬻爵。一时不肖之徒纷纷奔走其门，用来装礼品的箩筐竟在他家门外的大路上排起了长队。因贪虐被革职在家的仇鸾最初就是通过重贿严世蕃才跟严嵩搭上的线，而后被重新起用的。

既然能用父权用人，也就能用父权害人甚至杀人。抗倭名将总兵俞大猷为人耿直、不善滑刺，不知道去阿附世蕃，世蕃生了气，就令手下诬其作战不利、将其罗至狱中。后来朝臣们可惜俞大猷是一员骁将，恐他被严世蕃所害，就一起凑了三千两银子送给严世蕃，这才使俞大猷免了死罪，但仍要以平民的身份前往大同戍边。总督侍郎王忬藏有古画，严世蕃想霸归己有，就派人前去索要。王忬不忍割爱，拿了一幅赝品出来。谁知严世蕃是这方面的专家，一眼即识破真伪，大怒之下，又令人诬陷王忬守边不力；而后严嵩替子出气，将王忬论斩弃市。

严世蕃从未参加过科举考试，但凭借父亲的关系一迁再迁，从尚宝少卿迁为太常少卿、从太常少卿迁为太常卿，最后当上了正三品的工部右侍郎。虽然身居高官，严世蕃却不具备一点点高官应具备的气质风度，他的生活方式，十分放荡不经。他每日拥娼抱妾、与狐朋狗友们在家里纵酒；有时身居要职的官员或父辈官员有事前来，他也毫不知礼，拉住他们就灌酒，直至灌醉了才罢手；有时心烦，还会在同事的脸上画上五颜六色以取乐。他宣淫无度，公然叫嚣："朝廷哪有我快乐！"

上梁不正下梁歪,严世蕃的仆人爪牙们也个个恶似凶神,他们时常在主子的怂恿下打家劫舍,欺男霸女,无恶不作。

严世蕃的诸多恶行被许多大臣看在眼里,气在心头,时常有人上疏控告他。虽然严嵩弄权,每一次都能使事情不了了之;但是目睹儿子如此胡作非为,欧阳氏还是感到痛心疾首。她多次提醒严嵩,说"你难道忘记了我们一家从前在钤山堂度过的那些日子了吗?那二十年中我们虽然清苦,但何等的清静安闲啊!"严嵩回首往事,也有些惭愧,但是再要想严驭恶子,为时已晚了。

严嵩并没有想到,自己和儿子的命运早已紧紧相连;自己对儿子的溺纵,其实已经给自己日后事败埋下了伏笔。

事败斩首

嘉靖四十年(1561),严嵩已近八十高龄了。这么大一把年纪了,有时难免会有些精力不济。从嘉靖二十一年入阁到这会儿,他已经叱咤风云二十年。但是从这一年的新年伊始,他就开始走下坡路了。

这年正月,世宗和宠姬在西苑放烟火,不小心让火势蔓延,烧毁了万寿宫。

自宫婢之变以来,世宗就一直居于万寿宫中;万寿宫烧了,他一下子没有了住处。只好先将就着住在西苑另一宫殿——玉熙宫中。玉熙宫很小,世宗住的闷闷不乐,急召阁臣商讨对策。

严嵩心里只想着皇上不愿回住大内,就奏请皇上移居离宫,但他忘记了一段有关离宫的历史。正统年间(1449),蒙古军队大举进犯,明英宗在太监王振的挟持下亲征被俘,他的弟弟监国郕王朱祁玉被主战派大臣拥立为帝。次年英宗南归,但朱祁玉拒不让位。为防英宗与大臣合谋复辟,他就将英宗囚于离宫。虽然英宗后来还是复辟成功了,但是离宫总归给人不吉利的感觉。所以听了严嵩的建议,世宗满肚子的不高兴。

此时的内阁之中,早已有了一个人物,他就是庚戌之变中堪称帝意的徐阶。徐阶人很聪明,他入阁之后自忖不是严嵩的对手,就一面小心翼翼地事奉严嵩,一面大写青词以邀帝宠。但他遇事比严嵩机警。看到严嵩的建议未被接纳,他就奏请立即重修万寿宫。世宗大喜,马上准奏;徐阶也马上行动,次年三月,万寿宫就重新建成了。世宗为奖励徐阶,加其官为少师;而对严嵩,不过多发了一百石俸禄而已。

恰好这一年严嵩的妻子又去世了。按照封建礼制,这时严世蕃应该护送母亲的灵柩回归故土安葬,但严嵩此时根本离不开儿子了——儿子一走,就无人能替他"工作"。所以他就乞求皇上说"我这么老了,只有这么一个儿子。希望陛下允许他留下来陪伴我,让我的孙子替他归丧。"世宗不知实情,以为严嵩真的是怕老来孤单,就同意了他的请求;但因世蕃正服母丧,不得入内阁板房。无奈严嵩每拿了手谕,只得差人飞送回家找世蕃定夺。

而这时的严世蕃已被溺纵地连父母都不放在眼中了。虽然在服母丧、虽然知道父亲在等回音,他却只管同姬妾们饮酒作乐,对送回来等候自己批改或定夺的文件爱答不理。往往是严嵩伸长脖子等了好半天，也等不来儿子的只言片语。有时负责传送手谕的太监等得不耐烦，就不停地催逼严嵩。无奈之下，严嵩只好硬着头皮胡乱对答一下。好多次文件都已送回去了，严嵩又忽然想起来写错了东西，又追到皇上那儿索要回来重新改过。世宗对此非常不满，此后军国大事全都同徐阶商定；交给严嵩的任务只是斋醮符箓而已。

严嵩也觉察到皇上态度的转变，但因年龄太大，再无心无力与人斗智斗勇。他念及自己当权二十年中罪过太多，怕日后终会身败，也想笼络徐阶，给自己留一条后路。他在家中置宴，请徐阶前往。酒酣之时，他将家人如数叫出，同他们一起向徐阶蒲伏下拜，然后唱然长叹，说：

严嵩雕像

"我说死就要死了。我的这些家人，还要仰仗先生善待他们。"徐阶表面上对严嵩大加劝慰，并指天发誓，说"没有严大人的提拔就没有我的今天。我若是忘恩负义与严氏作对，绝对没有好下场！"但心中也知道除奸的时机已经成熟了。

不久宫里来了一个名叫兰道行的道士，极善扶乩，因此甚得帝宠。一天世宗忽然想占卜辅臣贤否，兰道行就摆开阵势假装通了灵，然后得出结论说"严嵩父子弄权"。世宗听了将信将疑，就问："如果真是这样，那上玄为什么不除掉严嵩还让他活了这么大岁数呢？"兰道行灵机一动，回答："上玄要将他留给皇上正法。"世宗想起二十年来严嵩伴君内阁的种种情状，还是下不了决心，默然良久。刚好这一天忽降大雨，御史邹应龙因事外出未带雨具，就跑到一名内侍家中避雨。听内侍讲了这件事情，他就想借机弹劾严嵩。

当夜邹应龙做一奇梦，梦见出猎时一高山挡道，拔箭张弓，屡射不中；山的东面有一座小楼，楼上覆草、草上有一堆屎。醒后他苦思了很久，终悟其意："高山"，嵩也，射之不中，说明劾他无功；东楼，世蕃也，草屎在其上，言其易败。于是邹应龙立刻上疏弹劾严世蕃贪污受贿等诸多不法行状；对严嵩之过，仅以"植党弊贤、溺爱恶子"一笔带过。并保证说"如臣言不实，愿斩臣首悬之篙竿，以谢世蕃父子。"

疏上，世宗心动。他虽然在感情上舍不得惩处严嵩，但对严世蕃的种种劣迹早已不满，因此降旨将严世蕃捕入诏狱。对严嵩的处理，不过是让他"光荣退休"，每年还要给他发禄米百石。

严世蕃骄纵惯了，入狱后一点儿都不害怕。严嵩的私党鄢懋卿、万寀等也极力为他开脱罪名，最后定罪时，说他贪污的赃银才不过八百两。严世蕃因此被遣戍雷州。

严嵩退了休，世宗却不高兴。他想起两个二十年的"交情"总是有些伤感，甚至流露出要传位太子从此做太上皇的糊涂心思。严嵩听说后知道皇上心中仍有自己一席之地，连忙表演"痴心不改"此时严嵩的这等苦心已不再是为再上官场，他的目的是想让心爱的儿子重新回到自己身旁。看世宗开始下诏安慰自己并赐给自己许多银币，他就上疏乞怜：

"臣已经八十四岁了，但儿孙却都远戍千里之外。臣说死马上就会死，到时候把身后之事托付给谁呢？惟愿陛下可怜臣老来无依无靠，降旨把严世蕃放回来，伴臣了此残生。"

世宗接疏后就恩准因受父亲严世蕃牵连也远戍在外的严鸿归家侍养老头儿。不管怎么说，孙子回来了一个，这也是努力的成果。严嵩满怀信心，正准备进一步行动，不料严世蕃却开始自取灭亡。

严世蕃未到戍所，在半路上就偷偷往回跑。严嵩闻讯，大惊失色，连呼"儿误我多矣！"但世蕃潜回家中后，他还是高兴多于担心。

严世蕃逃跑的同时，与他一起戍边的爪牙罗龙文也半路逃脱，潜入深山，招纳亡命之徒，乘轩衣蟒，推严世蕃为主，扬言要取邹应龙和徐阶的人头。徐阶此时已继任首辅，他闻报后一面严加防备，一面开始着手准备给严氏父子以毁灭性的打击。

严嵩这时候却正为父子团聚而其乐融融，完全忘记了媚上和防敌。严世蕃也不知收敛，照旧耀武扬威，他一下子雇用了四千工匠大造房屋，抢占公地、强拆民房、为害地方，甚至还唆使工匠们用石砾瓦块投掷路过的地方官吏。地方官员据实上奏，世宗再度诏捕严世蕃和罗龙文。

严世蕃早已成了二皮脸，再入牢笼后仍旧气焰嚣张，振臂高呼"任他燎原火，自有倒海水"，他仍将希望寄托在父亲的一张老脸上。但是这一次他低估了徐阶的能力。这会儿徐阶已是今非昔比，他已决计要将严世蕃置于死后。谋划再三，徐阶最终利用皇上痛恨倭寇的心理，诬奏严世蕃和罗龙文通倭、谋反并企图逃往日本，使世宗最终下定了杀掉严世蕃的决心。

嘉靖四十四年（1565）三月，严世蕃被斩首于西市。是日百姓持酒互贺，沈炼的学生将沈炼官、名书于布帛之上，举于头顶，前往观看行刑。

同年同月，严嵩终被削籍、抄家。

严嵩把持朝政整整二十年，积累家产何止千万贯，但到头来却失子丢官，甚至连生活都没有了保障，只得寄食于故旧之家，两年以后老病而死。不知他春风得意时，有没有想过自己的晚景竟然如此凄凉。

曾国藩传

人物档案

曾国藩：初名子城，字伯涵，号涤生，谥文正，汉族，湖南省长沙府湘乡县人。晚清重臣，湘军的创立者和统帅者。清朝军事家、理学家、政治家、书法家，文学家，晚清散文"湘乡派"创立人。官至两江总督、直隶总督、武英殿大学士，封一等毅勇侯。

生卒时间：1811~1872年。

安葬之地：长沙城西南15公里处望城县平塘镇桐溪寺后伏龙山上。

性格特点：脾气倔、忍性重、吃得苦、不怕输、有蛮劲、好争胜。

历史功过：镇压太平天国，攻克天京。

名家评点：梁启超对曾氏倾心推崇，称"吾谓曾文正集，不可不日三复也。"梁在《曾文正公嘉言钞》序内指曾国藩"岂惟近代，盖有史以来不一二睹之大人也已；岂惟我国，抑全世界不一二睹之大人也已。然而文正固非有超群绝伦之天才，在并时诸贤杰中，称最钝拙；其所遭值事会，亦终生在指逆之中；然乃立德、立功、立言三不朽，所成就震古烁今而莫与京者，其一生得力在立志自拔于流俗，而困而知，而勉而行，历百千艰阻而不挫屈，不求近效，铢积寸累，受之以虚，将之以勤，植之以刚，贞之以恒，帅之以诚，勇猛精进，坚苦卓绝……"。

曾国藩

正如辛亥革命中的章炳麟对曾国藩的评价一样，近百年来仁者见仁，智者见智，对曾国藩褒扬者有之，斥骂者也不乏其人。早在曾国藩镇压太平天国时，即有人责其杀人过多，送其绰号"曾剃头"。到了1870年"天津教案"，不少人骂他是卖国贼，以致曾国藩也觉得"内咎神明，外咎清议"，甚至有四面楚歌之虑。辛亥革命后，一些革命党人说他"开就地正法之先河"，是遗臭万年的汉奸，建国后的史学界对他更是一骂到底，斥为封建地主阶级的卫道士、地主买办阶级的精偶。

民国著名的清史学家萧一山在《清代通史》中将曾国藩与左宗棠对比："国藩以谨慎胜，宗棠以豪迈胜。"

中国现代史上两位著名人物毛泽东和蒋介石都高度评价过曾国藩。毛泽东青年时期，潜心研究曾氏文集，得出了"愚于近人，独服曾文正"的结论。即使是在毛泽东晚年，他还曾说：曾国藩是地主阶级最厉害的人物。蒋介石对曾氏更是顶礼膜拜，认为曾国藩为人之道，"足为吾人之师资"。他把《曾胡治兵语录》当作教导高级将领的教科书，自己又将《曾文正公全集》常置案旁，终生拜读不辍。据说，他点名的方式，静坐养生的方法，都一板一眼模仿曾国藩。曾国藩的个人魅力，由此可见一斑。蔡锷将军对曾

氏以爱兵来打造仁义之师的治兵思想推崇备至:"带兵如带子弟一语,最为慈仁贴切。能以此存心,则古今带兵格言,千言万语皆付之一炬。"(《蔡松坡先生遗集》(二),第5页)。左宗棠对曾国藩的挽联:知人之明,谋国之忠,自愧不如元辅;同心若金,功错若石,相期无负平生。

耕读世家

曾国藩字伯涵,号涤生,于清嘉庆十六年十月十一日(1811年11月26日)出生在湖南省长沙府湘乡县一个名叫白杨坪的偏僻的小山村里。这个村子坐落在湘乡、衡阳两县之间的高嵋山下,离湘乡县城一百二十里(今属双峰县)。白杨坪一带是丘陵山区,山青水绿,林茂竹长,风景十分秀丽,只是消息闭塞,文化相当落后。曾国藩在一首诗中说,"恨我不学山中人,少小从耕拾束薪","世事痴聋百不识,笑置诗书如埃尘"。就是追述他幼时生活的环境。

曾氏祖籍衡阳,清初迁于湘乡县荷塘乡大界里,嘉庆十三年(1808)他的祖父又把家迁到白杨坪。

曾国藩的祖父名玉屏,字星冈。父亲名麟书,字竹亭。曾麟书兄弟三人,排行居长,老二早殇,老三曾骥云无男,以兄子曾国华为继子。曾国藩一姊、三妹、四弟,共兄弟姊妹九人。曾国藩在兄弟五人中排行居长,二弟曾国潢字澄侯,称老四;三弟曾国华字温甫,称老六;四弟曾国荃字沅甫,称老九;五弟曾国葆字季洪,后改名曾贞幹,字事恒。曾国藩最小的妹妹早夭,实际上只有兄弟姊妹八人,以曾国葆最小,曾国藩称其为季弟。

曾氏迁于湘乡之初,家境并不富裕,直到曾国藩的高祖曾应贞(字元吉)一代,才渐渐富裕起来。据曾国藩说,曾应贞年轻时家中贫困,后来发起家来,积聚了价值数千金的产业,盖起几处宅院。曾应贞年老时,除留下衡阳境内的四十亩养老地和一处宅院外,其余全部分给了他的子孙,从此"子孙岁分其租以为常"。因为曾家的剥削生活是从曾应贞开始的,所以湘乡曾氏的族谱就从他序起。传至曾国藩的祖父曾玉屏一代,曾应贞其他支脉的子孙已大多衰落,唯独曾国藩一家日渐富裕,成为一个据有百余亩土地的地主。

曾国藩的祖父曾玉屏是个颇善于经营的乡下财主,曾家的产业在他手上得到很大发展。曾玉屏年少时游惰不事生产,经常骑着马跑到湘潭同一些纨绔子弟鬼混,或相逐于闹市,或日高酣睡。后接受别人的劝诫,卖掉马匹,徒步回家,从此终生未明而起,苦心治理自己的家业。他家当时有一部分梯田,垅峻如梯,田小如瓦,耕作起来很不方便。他带领长工凿石开壤,日夜苦干,终于把小块梯田开挖填补成大块平整土地。为了增加农作物的收获,他精心研究节令与种植的关系;为了提高剥削量,他亲自督率长工耕田种菜、养鱼喂猪,彼此杂作,无稍空闲。曾家就是这样通过自身的劳动和对雇工的剥削(后者是主要的,前者数量有限)积聚起一份财产,并使之逐步增多。后来曾国藩把这套发家致富的经验总结为"考、宝、早、扫、书、蔬、鱼、猪"八字,作为治家的信条,用以教育其诸弟子侄。考就是祭祀祖先,宝就是接待亲族邻里,早即早起,扫即勤扫屋宇庭院,书、蔬、鱼、猪就是读书、种菜、养鱼、喂猪。这八个字比较全面地反映了乡下土财主的生活。

曾国藩为官以前，他的家庭大约仅达到中小地主的水平，不少地方还保留着一些富农的特点。据他自己说，他的祖父、祖母和母亲，都一直没有脱离辅助性劳动，自己小时候也干过一些放牛、砍柴之类零活，但没有参加过主要劳动；甚至曾国藩做了两江总督之后，他还时常令女儿和儿媳每人每年给他做鞋一双，以考查她们的女工。他与曾国荃同时封爵之后，又特地写信嘱咐在家掌管曾氏家政的四弟曾国潢说："余与沅弟同时封爵开府，门庭可谓极盛，然非可常恃之道。记得己亥正月星冈公训竹亭公曰：'宽一虽点翰林，我家仍靠作田为业，不靠他吃饭。'此语最有道理，今亦当守此二语为命脉。望吾弟专在做田上用些工夫，以辅之以书、蔬、鱼、猪、早、扫、考、宝八字，任凭家中如何贵盛，切莫全改道光初年之规模。"这些情况都直接间接地反映了曾家当时的经济状况及其对曾国藩的影响。

曾玉屏不仅是个生财有道的财主，同时也是个武断乡曲的小土棍。他"声如洪钟，见者惮慑"，村里人无不畏惧。邻里间发生什么纠纷，曾玉屏常常居间排解，充当仲裁人。倘若有人不服，他便大发雷霆，声色俱厉，往往使一些性情倔强的当事人神气沮丧，就此罢休，甚至还要携樽登门道歉，方可了结。

曾玉屏在家里更是个专制暴君。他独断专行，说一不二，对家人动辄责骂，无人敢于流露出丝毫不耐烦的表示。曾国藩的祖母平时"虔事夫子，卑诎已甚，时逢愠怒，则竦息减食，甘受折辱"，以求得曾玉屏的谅解和欢心。曾玉屏对长子曾麟书要求尤苛，"往往稠人广坐，壮声诃斥。或有所不快于他人，亦痛绳长子，竟日嘀嘀，诘责愆尤，间作激宕之词"。而曾麟书面对父亲的无理辱骂，总是"起敬起孝，屏气负墙，踧踖徐进，愉色如初"。

曾氏先祖虽有过粗识文字之人，但并无人参加过科举考试。曾玉屏幼时本来是有条件读书的，但由于他放荡游惰，不以读书为意，所以早年弃学，文化程度不高。后来他成为乡里的头面人物，遇事又喜欢跑在人前指划，因而深感没有功名的缺憾，决心让自己的子孙上学读书，猎取功名，以跻入士绅的行列。他教督其长子曾麟书，"穷年磨砺，期于有成"。但曾麟书很蠢笨，十六次院试都名落孙山，直到四十三岁那年才考取一个秀才，仅比曾国藩早一年入县学。曾玉屏深恨其不争气，常常加以不堪忍受的责骂。曾麟书亦自知才短，无望仕进，遂"发愤教督诸子"，将光大门第的希望寄托在曾国藩兄弟身上。他为了教会自己的儿子，不惜一切努力，使尽了各种办法。曾国藩后来回忆当时的情形说："国藩愚陋，自八岁侍府君于家塾，晨夕讲授指划，耳提不达则再诏之，已而三复之。或携诸途，呼诸枕，重叩其所宿惑者，必通辙乃已。"

曾国藩六岁上学，七岁起开始在他父亲执教的家塾中学习。曾麟书是个忠于封建礼教的教书先生，经常向儿子灌输封建思想，并对他实行严格的监督和训练。这个时期，曾国藩除读《四书》《五经》外，还读《史记》《文选》等其他书籍。曾国藩自幼聪明，勤奋好学，在少年时期已小有才名。相传十四岁那年，他父亲的好友欧阳凝祉（号沧溟）到家塾中访友，看到曾国藩的诗文，大加赞赏。曾麟书亦有意卖弄一下儿子的才学，便请命题试之。曾国藩即席赋诗一首，欧阳一见大喜，认为前程无量,遂将自己的女儿许与曾国藩为妻,此即曾国藩的正妻欧阳氏。

曾国藩跟着他父亲学习了十余年,自二十岁那年起开始到外地上学。先是求学于衡阳唐氏家塾和湘乡涟滨书院,道光十三年(1833)考中秀才后,又入湖南的最高学府——长沙岳麓书院学习。当时岳麓书院的山长是欧阳厚钧。欧阳厚钧字福田,号坦斋,嘉庆四年(1799)进士,曾任郎中、御史等官,年逾四十而以母老告归,主讲岳麓书院前后达二十七年,弟子著名者有三千人。正是在这里,曾国藩开始比较系统地接受封建思想教育和湖南学风的熏陶,对其思想的形成和发展产生了很大的影响。

曾国藩在岳麓书院学习了大约一年左右,道光十四年肄业之后,随即考取湖南乡试举人。这年年底曾国藩开始从家中动身,前往北京参加会试。但是,道光十五年的会试和第二年的恩科他都没有考中,只好南归返乡。曾国藩此次进京,虽然会试落榜,但却使这个生长深山的"寒门"士子大开眼界。留京期间他曾精心阅读了韩愈的古文和一些经史书,返乡途中又用借贷和典当衣物的钱在江宁买了一部二十三史。回家后曾麟书对他说,你借钱买书我不怕,可以尽力想法替你偿还,你但能圈点一遍,就算对得住我了。这几句话对曾国藩起了很大的激励作用,从此闭门不出,在家发愤苦读了一年。后来,还把他父亲的这几句话写在日记上,为自己限定进度,立下誓言:"嗣后每日点十页,间断不孝。"从而使曾国藩养成了对历史和古文的爱好,为以后更为广泛地研究一些学术问题、总结历代封建统治者的经验教训打下了基础。所以他后来回顾自己的治学过程时说:"及乙未到京后,始有志学诗、古文并作字之法。"

道光十八年曾国藩再次赴京参加会试,中第三十八名贡士。殿试取三甲第四十二名,赐同进士出身。朝考一等三名,改庶吉士,入翰林院庶常馆深造。道光二十年一月庶吉士散馆,列二等第十九名,授翰林院检讨,秩从七品。从此,开始了他为期十二年的京宦生活。

少年壮志

曾国藩在青年时代功名心是很盛的。他的好友刘蓉说他"锐志功名,意气自豪"。曾国藩自己也承认,当时最大的心事是"急于科举"。相传曾国藩成进士时,名列三甲,按照过去的惯例,三甲进士多不能入翰林,曾国藩以此又羞又愤,"即日买车欲归"。由于劳崇光(已授官翰林院编修,"有名公卿间")多方劝慰,坚留不已,并答应为他帮忙,才使曾国藩回心转意,按时参加了朝考。

科举考试的顺利更加助长了他锐意进取的志向。曾国藩原名子城,字居武,中进士之后,"其师某病其鄙俗,始为改之"。在此之前曾国藩已改号涤生,按照他的解释,"涤"即"涤其旧染之污","生"即"从前种种譬如昨日死,从后种种譬如今日生"。这两件事联系起来,无疑是表示要涤除旧习,焕然新生,做一个藩屏封建国家的忠臣。他在诗歌中经常抒发感慨,表白志向,自比于李斯、陈平、诸葛亮等"布衣之相",幻想"夜半霹雳从天降",将他这个生长深山的巨材抛出天外,闻于当今天子,用为国家栋梁,并十分自信地表示,"莫言书生终龌龊,万一雏卵变蛟龙"。他在给亲友的信中讲得更为直率,称"凡仆之所志,其大者盖欲行仁义于天下,使万物各得其分;其小者则欲寡过其身,行道于妻子,立不悖之言以垂教于乡党。"又说:"君子之立志也,有民胞物与之量,有内圣外王之业,尔后不忝于父母之所生,不愧为天地之完人。"总之,就是要按照修身、齐家、治国、平天下的儒家准则,为清王朝干一番大事业,成为忠实维护封建秩序的地主阶级一代圣贤。他还向人表示,君子当以不如尧、舜、周公为忧,当以德不修、学不讲为忧,并以"不为圣贤,便为禽兽,莫问收获,但问耕耘"四语铭于座右,用来鞭策自己。这就是他的门徒所说的"毅然有效法前贤、澄清天下之志"。

曾国藩治学是从道光二十年担任翰林院检讨后开始的。当时的所谓学术,既无自然科学和社会科学的分科,也无其他学派的地位,实际上只有儒学一家。儒学经过长期的发展和内部派系的兴衰变迁,及至道光中期,主要有义理、考据、经济、辞章及今文经学五个学科或门派。至于他们的相互关系与兴衰变化,则应追溯到清朝初年。

清王朝是少数民族入主中原而建立起来的一代政权,虽采取一些措施,如实行中央六部堂官旗员与汉员缺额对等,地方官旗员与汉员参用,吸收一部分汉族士绅参加满洲贵族为主的各级政权,但满汉藩篱坚固,民族歧视明显。这就无形中不断提醒汉族官绅民众的民族意识,使他们无时不感到自己在遭受着异族的统治。这个统治者高高在上,指挥一切,而自己面对着一些民族间的不平等、不公平,则只能服从,只能忍耐。这无疑会对清朝统治者产生不利影响,然而,这又是清王朝对待汉族官绅民众的根本方针,绝对不可能改变。因为满洲贵族只有通过这种方式,使旗人凌驾于汉人之上,给它种种特权和恩惠,才能增加本民族内部的凝聚力,达到利用少数人统治多数人的目的,借以保持其在中原的统治地位。再者,满洲贵族虽以弓马强悍征服了人数众多的汉族,但人数既少,文化程度又低,若打破民族界限,用人唯贤,科考取士,他们很快就会淹没在汉民族的汪洋大海之中,难以维持其统治地位。清朝统治者为了达到既能保持其特权地位、又能模糊汉人民族意识的目的,取得一箭双雕的效果,在采用哪一学派的思想作为本王朝的统治思想方面做了认真的选择。由于程朱理学特别注重伦理道德,将三纲五常强调到空前未有的高度,而其中作为纲中之纲的"君为臣纲"一条尤为适合满洲贵族的口味,所以几经审慎地考虑,决定采用程朱理学作为他们对全国官绅民众实行思想统治的主要工具。正是出于这一原因,清初的几代帝王都采取种种措施,极力推崇和倡导程朱理学,甚至亲自钻研、讲习。昭梿称,康熙帝"夙好程朱所著,几暇余编。其穷理至性处,虽夙儒耆学莫能测。""尝出'理学真伪论'以试词林。又刊定《性理大全》《朱子全书》等书,特命朱子配祀十哲之列",将朱熹的塑像塞进孔庙大成殿,与孔子最著名的弟子并列排放,从而将他的地位抬到空前未有的高度。企图借助于朱熹的伦理说教,将满汉间的民族关系变为君臣政治关系,使汉人自觉接受满洲贵族的统治,服服帖帖地称臣,真心实意地效忠,而忘记满汉间的民族界限。同时,对一批热衷于"君君臣臣"的伦理说教理学家大加提拔重用,一时汉员显官如熊赐履、李光地、汤斌等"皆理学耆儒"。不过,这些人只会重复前人的说教,学术上没有创新,虽在统治者的大力扶植下名利双收,煊赫一时,但除方苞以文学名世外,在学术发展史上都没有什么名气,更很少为后人所知。

然而,这只是清代政治与学术的一个方面,而事实上还存在着与之对立的另一方面。清军入关之后,残酷地镇压汉族各阶级、阶层的反抗,却无法征服汉族人民的民心。这不仅表现在以天地会为代表的下层人民经久不断的反清复明活动,即在汉族士人之中,也有一部分人不满于满洲贵族的统治,通过他们的学术著作与学术活动,采取这样那样的形式,将他们的这种情绪表现出来。其中有些人通过一些文字游戏,有意无意地表达对前明的怀念或对满清的藐视,但很快遭到清政府"文字狱"的残酷镇压,不仅自己身陷囹圄,且使亲朋好友受到株连。于是另一部分人便总结经验教训,采取更隐蔽、更高级、但却完全合法的斗争方式,以名物考据打击清朝统治者所刻意扶植的程朱理学,以汉、宋门派之争的形式,曲折地表达汉族士人对清朝统治者更深层次的反抗情绪。他们不仅在政治高压下表现出高尚的独立人格,而且在学术上取得很大的成就,一时硕果累累,名儒迭出,在中国文化史上创造出一个辉煌灿烂的时代。

方苞字凤九,又字灵皋,安徽桐城人,晚年自号望溪,诸门生、学者称他为望溪先生。他出身于官绅名士之家,其父"民族意识甚强",清代初年仍经常书写一些怀念亡明的诗词,以抒发内心的感慨。与之友善、过从较密者,亦多为前明遗老。父辈的这种思想感情对青年时代的方苞产生很大影响。后来他在回忆这段经历时曾说:"仆少所交,多楚越遗民,重文藻,喜事功,视宋儒为腐烂。因此,二十年未尝涉宋儒书。"正是这种思想基础,导致他与怀有反清情绪的同乡学者戴名世结为密友,并为其《南山集》作序。康熙四十九年(1710)戴名世的《南山集》为御史所劾,本人被收狱处死,方苞亦因为该书作序而株连入狱。解至京师后,先判死刑,后经多方营救免死,而将本人与整个家族改隶汉军旗籍充当奴婢。康熙五十一年(1712)以其为天下名士,奉旨转隶武英殿总管和素名下为奴。嗣后,连日奉命撰写为清王朝歌功颂德的文章,受到皇帝的赏识,旋即以白衣入值南书房,教诸王子读书。如此度过了长达十年半为人犯、半为王子师的生活。1723年雍正帝继位,将方苞及其家族赦免放归原籍。从此,方苞对清朝统治者又是恐惧又是感激,完全放弃了原来不合作甚或反对的立场,彻底归顺新王朝,不断用自己的作品向清王朝效忠。这样,他也就愈益受到清朝统治者的信任与重用。又过了十年,即雍正十一年(1733)擢内阁学士兼礼部侍郎。又四年,即乾隆二年(1737)擢礼部侍郎。这时方苞年已七十,不仅身跻卿贰,且成为皇帝的亲信。雍正遇有大政方针,往往咨询于方苞;方苞遇咨多密陈己见,"于是盈廷侧目矣。"只是原因不明,不知究竟是出于嫉妒还是对其人格的鄙视,服刑反而成为接近皇帝的机缘,钦犯变成了亲信,人们的惊讶总是不可免的。

不过,这究竟是个别的例子,虽较为典型,但却不能代表大多数。大多数汉族知识分子对清王朝政治态度的根本转变,当在嘉庆年间,而推动这一转变的根本原因,应是嘉庆初年的白莲教起义。川楚白莲教大起义给予清王朝以沉重的打击,成为其由盛到衰的转折点。它无情地揭去清王朝"太平盛世"的面纱,将各种社会矛盾暴露出来,使清朝统治者与广大士人受到巨大的震惊。面对共同的敌人,汉族知识分子的头脑渐渐清醒起来,他们终于认识到,只有将农民起义镇压下去,保住清王朝的统治,才能保住自己的身家地位。这样,阶级利益压倒了民族利益,阶级矛盾掩盖了民族矛盾,往日的一切"复明"梦想也就变得毫无意义;况且,经过一百数十年的时间,清王朝的统治已经完全巩固下来,他们也看不到有如元朝统治者那样的迅速败亡的迹象,于是广大汉族知识分子的政治态度也就产生根本性的变化,由反对或不合作转而拥护、归顺,甚至主动、自觉地去效忠清王朝。他们逐渐将自身的利益同清王朝连为一体,其政治希望不再是清的灭亡和明的复兴,而是寄托于清王朝的巩固与发展。这样,他们的注意力也就渐渐开始转移,不再集中于学术上的一些旧案,不再向故纸堆中寻慰藉,更不再借打击归顺清朝的理学家来发泄自己对异族统治的不满。其中的一些有识之士,开始逐渐把自己的眼光转向社会现实问题,探索解决这些问题的方法,以求得清王朝的长治久安。于是,广大汉族士人对清王朝政治态度的变化带来学术风气的转变,盛极一时的考据学经过乾隆、嘉庆两朝的发展,终于在道光年间衰落下来,其在学术上左右潮流的领袖地位,渐为方兴未艾的经世致用之学所取代,学术风气为之一变。

经世致用之学又称经世济用之学,简称经济之学,但不是今天的经济学,而是包含政治、经济、军事、科学、技术等项内容的综合学科,实际上是当时的政治学。这一学派倡导学以致用,着眼于当前亟须解决的政治与社会问题。道光年间这一学派的主要代表人物是陶澍、林则徐、魏源等人。鸦片战争前他们的主要精力放在内政方面,诸如兴修水利,清理财政,整顿漕务、盐务等,取得了显著成效。时任两江总督的陶澍对两淮盐政的治理成效尤为突出,其所推行淮南纲盐之法、淮北票盐之法遂成定制,多年之后仍为后人所师法。两淮盐政由两江总督专任,亦自陶澍始。

鸦片战争的发生则给当时的士人以极大的震动,堂堂天朝大国,竟惨败于"岛夷"小国手下,惨败之余又被迫签订了丧权辱国的《江宁条约》,使中国由一个独立国变为半独立国。于是关心国家命运的知识分子眼光转而对外,开始总结鸦片战争失败的教训,寻求强国御侮之策。他们一面介绍海外各国的情况,了解外国的长处,提出"师夷之长技以制夷"的思想;一面要求对照外国改造中国自身,提出学习西方某些制度,对中国的一些制度实行改革的主张。与鸦片战争前有所不同的是,当时作为地方大吏的陶澍,既手握重权,又得到清政府的支持,所以,思想上的认识可以立刻化为行动,并取得成效;而鸦片战争后的魏源等人,只是一些幕僚与学者,因而,他们的认识和主张十几年间一直停留在思想上,保存在著作中。虽然如此,但却使风气发生改变,广大士人渐以经世致用为尚,不再以闭门治学为荣,形成新的习尚,一时风靡全国。

对于这些情况曾国藩当时还不甚了解,因而在治学方向和内容上带有很大的盲目性。后来他在回忆自己治古文辞的过程时说:"仆早不自立,自庚子以来稍事学问,涉猎于前明、本朝诸大儒之书,而不克辨其得失。闻此间有工为古文诗者,就而审之，乃桐城姚郎中鼐之《绪论》，其言诚有可取。于是取司马迁、班固、杜甫、韩愈、欧阳修、曾巩、王安石及方苞之作悉心而读之，其他六代之能诗者及李白、苏轼、黄庭坚之徒亦皆泛其流而究其归。"又说："国藩初解文章，由姚先生启之也。"姚氏后人姚永璞也说，"昔永璞先考慕庭府君尝言，吾师戴存庄孝廉入都，曾文正询古文法，存庄以《惜抱轩尺牍》告之。文正由是益肆力文章"。通过这一时期的钻研，曾国藩不仅加深了对古文的兴趣，初步摸到做文章的诀窍，也受到桐城派思想观点的影响，把"文"提到与"道"相埒的地位。他在《欧阳生文集序》中称赞姚鼐说："当乾隆中叶，海内魁儒畸士崇尚鸿博，繁称旁证，考核一字累千万言不能休，别立帜志曰汉学，深揂有宋诸子义理之学，以为不足复存，其文尤芜杂寡要。姚先生独排众议，以为义理、考据、辞章三者不可偏废，必义理为质而后文有所附、考据有所归。一编之内唯此尤兢兢。当时孤立无助，传之五六十年，近世学子稍稍诵其文，承用其说。"当然，曾国藩所说的"诵其文，承用其说"的"近世学子"包括自己在内。不过，这一阶段曾国藩主要是自学，既无老师指教，也没有朋友与他一起切磋琢磨，学术上进展不快。更重要的是，由于曾国藩名利心切，学无专精，随着时间与兴趣的转移，治学方向与内容亦不断改变。他在交往中发现，梅曾亮、何绍基已经走在他的前面，在古文这个领域里自己很难超越同辈，一举成名，所以便另找出人头地的途径。后来他对这一转变自我解释说："初服官京师，与诸名士游接。时梅伯言以古文，何子贞以学问书法，皆负重名。吾时时察其造诣，心独不肯下之，顾自视无所蓄积，思多读书，以为异日若辈不足相伯仲。"但究竟应该读些什么书？又怎样读书呢？当时曾国藩仍是心中无数。于是便专拣名人著作阅读，自觉不自觉地转到治理学的道路上。

曾国藩治理学是首先从阅读《朱子全集》开始的。道光二十一年七月，曾国藩从琉璃厂买来一本宋代理学家朱熹的《朱子全集》（又称《朱子全书》），回家后便随即阅读起来。为了弄清治学门径，三天后又去向他的同乡长辈唐鉴登门求教。唐鉴号镜海，湖南善化（今属长沙市）人，翰林出身，历任检讨、御史、府、道、臬、藩等官，道光二十年内召为太常寺卿。他"潜研性道，宗尚闽洛"，号称理学大师，在京师士林中颇有声望。因而曾国藩慕名投拜，向他请教"检身之要，读书之法"。唐鉴告诉他，读书"当以《朱子全书》为宗"，此书最宜熟读，即以为课程，身体力行，不宜视为浏览之书。并说"治经宜专一经，一经果能通，则诸经可旁及。若遽求尽精，则万不能通一经"。为了进一步强调理学的重要地位和关键作用，唐鉴对曾国藩说："为学只有三门，曰义理，曰考核，曰文章。考核之学多求粗而遗精，管窥而蠡测；文章之学非精于义理不能至；经济之学即在义理之中。"又说："经济不外看史，古人已然之迹，法戒昭然，历代典章制度不外乎此。""诗文词曲皆可不必用功，诚能用力于义理之学，彼小技，亦非所难。""经济之学"是经世济用之学、经世致用之学的简称，几乎囊括了政治、经济及天文、地理等各方面的知识，与今天经济一词的含义不同。在此之前，曾国藩的主要精力都集中在应付科举考试上，目光被限制在应制时文（即八股文）和试帖诗的狭小范围内。做官之后，他虽曾摸索过做古文和诗词的方法，但终属支离破碎，对学术问题和治学方法缺乏系统了解与基本知识，因而对唐鉴的话感到见所未见，闻所未闻，大有顿开茅塞、一新耳目之概。他在当天的日记中写道："听之昭然，若发蒙也。"在给贺长龄的信中也说，"国藩本以无本之学寻声逐响，自从镜海先生游，稍乃粗识指规"。他在写给诸弟的信中回忆自己的治学过程时讲得更为详尽："兄少时天分不甚低，厥后日与庸鄙者处，全无所闻，窍被茅塞久矣。""近得一二良友，知有所谓经学者、经济者，有所谓躬行实践者；始知范、韩可学而至也，马迁、韩愈亦可学而至也，程、朱亦可学而至也；慨然思尽涤前日之污，以为更生之人，以为父母之肖子，以为诸弟之先导。"可见唐鉴等人对他鼓舞之大、影响之深。

《朱子全书》书影

　　曾国藩按照理学家的严格要求进行修身养性，是从道光二十二年冬天开始的。本来，在上年夏天唐鉴向他传授"读书之法"时，同时也谈到了"检身之要"，要他"熟读"《朱子全书》，"即以为课程"，并举倭仁的例子说，"近时河南倭艮峰（仁）前辈用功最笃，每日自朝至寝，一言一动，坐作饮食，皆有札记，或心有私欲不克，外有不及检，皆记出"，希望他引为榜样，将读书和修身结合起来，同时进行。但曾国藩并没有完全照办，尽管每天专心阅读《朱子全集》，却并未作修身札记，也未做静坐功夫。这种情况一直延续到道光二十二年十月一日，曾国藩向倭仁请教修身之道。倭仁告诉他"研几功夫最要紧"。倭仁说："颜子之'有不善未尝不知'是研几功夫也；周子曰'几善恶'，《中庸》曰'潜虽伏矣，亦孔之炤'，刘念台先生曰'卜动念以知几'，皆谓此也。失此不察则心放而难收矣。"还说，"心之善恶之几与国家治乱之几相通"。最后倭仁告诉他，必须"写日课"，并且要"当即写，不宜再因循"。倭仁所说的"几"，就是思想或事物发展过程中刚刚露出的苗头，所谓"研几"就是抓住这些苗头加以认真研究，从而发现其发展趋势和利害关系。其"克己之法"就是通过静坐、札记等自省功夫和相互讨论，将一切不合封建圣道的杂念消灭在微露苗头之时，以使自己的思想沿着封建圣贤所要求的方向发展，并且将学术、心术、治术连通一气，使学问得到增长，道德水平得到提高，从而逐步体验和学习治理国家的本领。这就是理学家一套完整的修、齐、治、平理论。

　　经过一个时期的学习和实践，他发现理学家的这一套治学和修身办法不适合自己的情况，遂改弦更张，将研究理学的目标仅限于领会其精神实质，即所谓"粗识几字，不敢为非，以蹈大戾"，不再盲目仿效别人搞什么静坐自省、修身日记之类，其

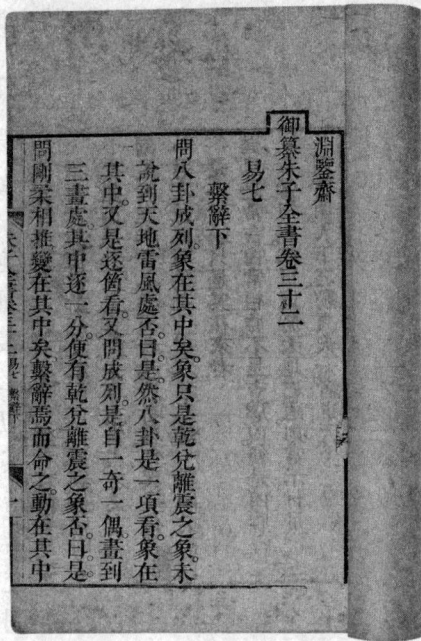

治学内容也改为主攻古文,兼治理学。一年后,他在家书中对弟弟们说:"余近来读书无所得","惟古文、各体诗自觉有进境,将来此事当有所成就。"数月之后又更为自信地说:"若如此做法,不做外官,将来道德文章必粗有成就。"可见他这时的主要精力集中在钻研古文诗词上,并略有进展,颇为得意,但并没有放松对理学的学习和个人修养的要求,不过改变了办法而已。同时,他治理学也不再限于阅读程朱的著作,开始追溯而上,阅读张载、周敦颐的书,并对它们产生越来越浓厚的兴趣。只是在道光二十二年末及其后一个相当长的时间,对考据学仍抱轻视态度,把它当成细枝末节,明确表示"考据之学吾无取焉"。

曾国藩学习文字训诂是道光二十六年的事。这年九月曾国藩在城南报国寺养病,携去段玉裁所注《说文解字》一部,随手翻阅。当时汉阳刘传莹也住在这里。刘传莹治古文经学,精通考据,曾国藩便向他请教。刘传莹也正为考据学"无当于身心"的修养而感到苦恼,遂向曾国藩学习理学。于是二人经常相互学习,取长补短,遂成好友。曾国藩通过与刘传莹的交往受益甚大,不仅使他由此懂得了考据学,弥补了学识上的缺欠,而且使他进一步开阔了眼界,提高了认识,在学术上走上全面发展的道路。他在给刘蓉的信中表达自己在学术上的见解和志向时说,"于汉、宋二家构讼之端皆不能左祖,以附一哄,于诸儒崇道贬文之说尤不敢雷同而苟随";而"欲兼取二者之长,见道既深且博,为文复臻于无累"。同时,在治学上曾国藩也不再独宗程朱,而是由程朱上溯到周敦颐和张载,尊奉孔、孟、周、张为儒学正统,将程朱理学和许郑汉学一概归之于不无偏颇的支流旁系。他说:"能深且博而属文复不失古圣之谊者,孟氏而下惟周子之《通书》、张子之《正蒙》,醇厚正大,邈焉寡俦。许、郑亦且深博,而训诂之文或失则碎;程、朱亦且深博,而指示之语或失则隘。"而自己治学则"上者仰企于《通书》《正蒙》,其次则笃嗜司马迁、韩愈之书,谓二子诚亦深博,而颇窥古人属文之法"。以上这两方面都明确地表现出曾国藩在学术上独树一帜、自成一家的思想。这是曾国藩治学思想上的一个大的飞跃,对当时学识的增长和以后在学术上的发展都有很大影响。

宦海沉浮

曾国藩在仕途上的发展是颇为顺利的。他于道光十八年(1838)中进士,道光二十年授翰林院检讨,道光二十七年即超擢内阁学士兼礼部侍郎衔,道光二十九年又升授礼部右侍郎,并于此后四年之中遍兼兵、工、刑、吏各部侍郎。十年七迁,连跃十级,这在当时是很少见的。对于生长深山、出身寒门的曾国藩来说,真可谓"朝为田舍郎,暮登天子堂",变化如此之快,连他自己都感到事出意外。他在升任内阁学士时写信对他祖父说:"六月初二日孙荷蒙皇上破格天恩,升授内阁学士兼礼部侍郎衔,由从四品骤升二品,超越四级,迁擢不次。"又不无自负地写信对他的弟弟说,湖南"三十七岁至二品者本朝尚无一人","近年中进士十年而得阁学者,惟壬辰季仙九师、乙未张小浦以及余三人"。在给朋友的信中他说得更加坦白:"回思善化馆中同车出入,万顺店中徒步过从,疏野之性,肮脏之貌,不特仆不自意其速化

图文珍藏版

至此，即知好三数人，亦不敢为此不近人情之称许。"曾国藩升发如此之快，究其原因不外有二：一是个人勤奋干练，在士林中有一定声望；二是得到穆彰阿的垂青，受其举荐。而后一条尤为重要。如果没有穆彰阿的援引，无论他多么勤奋好学，聪明能干，要在十年内爬上二品京官的高位，都是不可能的。所以颇为洞悉内情的王闿运就坚持认为，曾国藩的迅速发迹，主要得力于穆彰阿的扶持，比他稍后的人也大都持同样看法。

穆彰阿（1782—1856）字鹤舫，满洲镶蓝旗人，姓郭佳氏，翰林出身。他甚得道光皇帝信任，是鸦片战争时期有名的投降派。后来有人评论穆彰阿说："在位二十年，亦爱才，亦不大贪，惟性巧佞，以欺罔蒙蔽为务。"这个说法是比较符合实际的。

曾国藩戊戌年会考中式，正总裁就是穆彰阿，二人遂有师生之谊，时相往来。曾国藩有几分才干，对穆彰阿在鸦片战争中的民族投降主义政策十分称赞，所以甚得穆彰阿的器重和赏识，处处受到关照。道光二十三年大考翰詹，穆彰阿为总考官，交卷之后，穆彰阿便向曾国藩索取应试诗赋，曾随即回住处誊清，亲自送往穆宅。这一次拜访似乎成为曾国藩其后飞黄腾达的起点。在此之前，曾国藩之秩品一直滞留未动；从此之后，则几乎是年年升迁，岁岁加衔，五年之内由从七品一跃而成为二品大员，前后的变化是非常明显的。一些稗史曾对曾国藩官运的这一转机做过生动的描述：一天，曾国藩忽然接到次日召见的谕旨，当晚便去穆彰阿家中暂歇。第二天到了皇宫某处，却发现并非往日等候召见的地方，结果白白等了半天，只好退回穆宅，准备次日再去。晚上，穆彰阿问曾国藩说："汝见壁间所悬字幅否？"见曾国藩答不上来，"穆彰阿怅然曰：'机缘可惜。'因踌躇久之，则召干仆某，谕之曰：'汝亟以银四百两往贻某内监，属其将某处壁间字幅炳烛代录，此金为酬也。'"明晨入觐，则皇帝所问，"皆壁间所悬历朝圣训也。以是奏对称旨，并谕穆曰：'汝言曾某遇事留心，诚然。'"从此曾国藩"骎骎向用矣"。曾国藩对穆彰阿也极为感激，穆彰阿被罢斥后，曾国藩每过穆宅，总不免感慨一番。二十年后，曾国藩赴任直隶总督前进京陛见时，还专程拜访穆宅。后来曾赴天津办理教案，恐自己再无机会进京，又专门写信，令其子曾纪泽再次前往穆宅，向穆彰阿的儿子萨廉致意。

道光三十年咸丰皇帝对穆彰阿的惩处虽然丝毫没有牵连曾国藩，但却使他失去一个有力的后台。从此以后，每遇到关键时刻和重大问题，皇帝身边很少有人为他说话，办起事情来也就很难再像以前那样顺利。道光三十年至咸丰十年间，清政府对他时冷时热，忽信忽疑，久久不愿把地方督抚大权交到他的手里，致使他在政治上事事棘手，处处碰壁，可能与此有很大关系。

鸦片战争后的清王朝，就像《红楼梦》中连遭大劫的贾府一样，一下子塌了架子，暴露出老大腐朽的本质。与此同时，中国人民却在鸦片战争的炮声中惊醒过来，开始注意世界发展大势，重新考虑中华民族的前途和命运，以新的斗争反抗外国资本主义列强的侵略和清朝的封建统治。鸦片战争后的十年间，革命形势日益高涨，两广、湖南尤著先声。鸦片战争前，广州是中国的唯一对外口岸，不少物品通过湖南、广西运往广东；鸦片战争后，外贸中心渐次移至上海，广州贸易量减少，昔日运输线上的水手、驮夫等陷于失业。同时，鸦片战争时曾招募大批勇丁，战后骤加裁撤,也使这一大批人无以聊生。另外,这几省历来是会党活跃的地区,他们将走投无路的广大群众串联组织起来,不断发动反抗斗争,对于革命形势的发展亦起了推动作用。

曾国藩对清政府的态度是矛盾的。首先,他拥护这个政府,因为这个政府是地主阶级的政治代表,同曾国藩及其家庭的根本利益是一致的,正是这个政府,为曾国藩本人和家庭的发展提供了可能性。曾国藩出身中小地主,生长偏远山村,如果没有科举制度,无论他多么聪明能干、刻苦攻读,都不可能爬上官僚阶层。就他个人来说则尤为幸运,其科考之顺利、升迁之迅速、地位之显、兼职之多,都是当时一般中小地主出身的知识分子望尘莫及的,所以曾国藩对清政府充满感激之情和效忠之念。他在给朋友的信中说:"一介贫窭,身跻六曹,且兼摄两职,若尚不知足,再生觊望,则为鬼神所不许。"他在家信中又进而表示:"自是以后,余益当尽忠报国,不得顾身家之私。"但另一方面,他对清政府又是不满意的。首先他不满清政府的腐败。他认为道光末年到处造反的严重局面,都是官吏的贪暴和腐败造成的。咸丰元年他在写给朋友的信中谈到这年春天广西农民起义迅速发展的原因时说:"推寻本源,何尝不以有司虐用其民,鱼肉日久,激而不复反顾。盖大吏泄泄于上,而一切废置不问者,非一朝一夕之故矣。"结果官逼民反,危及整个地主阶级的统治。这是曾国藩至为痛恨的。其次,他也不满清政府对中小地主利益的过多侵害。他在《里胥》一诗和《备陈民间疾苦疏》中,就部分地反映了当时社会的真实情况和他的这种不满情绪。《里胥》诗写道:"贫者勉自效,富者更可悲。隶卒突兀至,诛求百不支,蓿蓿纨绮子,累累饱鞭笞。前卒贪如狼,后队健如貔,应募幸脱去,倾荡无余资。"他在《备陈民间疾苦疏》中列举了三大苦情:"一曰银价太昂,钱粮难纳也";"二曰盗贼太众,良民难安也";"三曰冤狱太多,民气难伸也"。显然这都是为中小地主阶层鸣冤诉苦的。

正是曾国藩的这种矛盾态度,决定了他对清政府的基本立场和对策,即企图针对清政府的种种弊政进行一些改革,以使它变得坚强有力,从而能够担负起镇压农民起义、维护封建制度的任务。

咸丰皇帝上台之后,为了挽回人心,渡过难关,除罢黜穆彰阿、惩办耆英外,还下令征言,命各大臣就用人、行政事宜各抒己见,封章密奏。曾国藩以为时机已到,便在一二年内连上奏章,希图说动清朝皇帝,采取措施,革除弊政,从政治、军事、经济、文化各方面对清政府进行一番整顿。道光三十年他上了两个奏折,一是谈人才的发现、培养和考察;一是推荐李棠阶、吴廷栋、严正基、王庆云、江忠源五人人才可用。但这些奏折呈上之后,并没有发生什么实际效果,而政治形势却继续发展。不久,在广西金田村爆发了太平天国起义,将全国革命形势推进到一个新阶段,清朝的政局也为之一变。

金田起义是太平天国革命领袖洪秀全有组织、有计划地发动的。洪秀全(1814—1864)原名仁坤,广东花县人,中农家庭出身,自幼生活在劳动人民中间。他的家乡官禄𫮃村距广州90里,长期受到三元里等群众反英斗争的影响,养成了强烈的爱国主义思想。洪秀全自幼读书,成年后在村塾任教,因屡试不中,激起对整个封建制度的不满和反抗。他忧国忧民,又为自己的不幸遭遇愤懑不平,在绝望之中逐渐觉醒,把个人的命运和国家的前途联系起来,毅然以天下为己任,决心推翻旧王朝,建立新政权。为此,他进行了大量的准备工作,道光二十三年创立农民革命团体拜上帝会,并发展了冯云山、洪仁玕等最早的一批会员。翌年又同好友冯云山等去广西贵县传教,组织发动群众。随后洪秀全返回原籍,编写了《原道醒世训》《原道觉世训》《原道救世歌》三篇论文;冯云山则到桂平县紫荆山地区进行传教活动,发展了杨秀清、萧朝贵、韦昌辉、石达开、秦日纲等一批群众领袖和骨干分子,会员群众达二千人。二人不谋而合地为一场农民革命打下了思想和组织基础。道光三十年六月,洪秀全下令拜上帝会群众于十月一日(1850.11.4)在金田村团营(即各路起义大军集合编队),道光三十年十二月十日(1851.1.11)举行起义,建号太平天国。

清政府对广西的情况反映是很迟钝的,而对拜上帝会的情况则知道得更晚。开始,清政府的主要注意力一直集中在遍地开花的天地会方面,直到金田起义前夕,清兵与拜上帝会群众发生了一场大战,清政府才发现这支革命力量。由于清军对太平军的作战一开始就连吃败仗,因而引起清政府的特别注意,感到这支队伍不同于一般会党群众,遂集中主要兵力对太平军实行跟追堵截,只用少数兵力对付天地会起义。不过这时他们对太平天国内部的情况还不甚了解,往往称拜上帝会为"添弟会",并把韦昌辉当成主要领导人,还不知道太平天国的领袖是洪秀全。但太平天国起义在统治阶级内部所引起的震动,早已从广西前线传到清朝的统治中心北京,成为官员们私下谈论的主要话题。

对于这种情况的出现,曾国藩却并不感到意外,他似乎早就隐隐约约地感到,清朝政治弊端层出,必有此一天。使曾国藩着急的是,面临全国四面起火、处处狼烟的形势,清政府财政拮据,军队衰朽,根本无力对付这场战争;而尤为严重的是对于这种极为紧迫的情况,清朝当轴者却懵然无知。他在给朋友的一封信中描述自己的焦急心情说:"内度身世,郎署浮沈,既茫乎未有畔岸;外观乡里,饥溺满眼,又汲汲乎有生涯日蹙之势。进不能以自效,退不能以自存,则吾子之迫切而思以吁于九阍者,实仁人君子之至不得已也。"为了引起清廷的注意,及时采取有力措施,曾国藩于咸丰元年三月再次上疏,提出裁兵、节饷、加强训练三项措施,企图首先从军队着手,打开一个新局面。他说:"天下之大患盖有两端,一曰国用不足,一曰兵伍不精。"他在列举了清朝军队的腐朽状况后指出:"医者之治疮痈之甚者,必剜其腐肉而生其新肉。今日之劣弁羸卒,盖亦当量为简汰以剜其腐者,痛加训练以生其新者",否则永远也不能扭转这种武备废弛的状况。接着他列举大量事实说明"兵贵精而不贵多"的道理,并提出一个裁减绿营兵五万的计划。他解释说,此举付诸实施,每年可节省饷银一百二十万两,若专用于救荒赈贫和废除捐例,又可使社会情况和吏治大为改善。

但是,咸丰皇帝下令征言不过是故弄姿态,装出孜孜求治的样子,以挽回人心,并没有决心革除弊端,一新其政。所以继位年余,政治情况毫无起色,而军事上作战失利的消息却从广西前线不断传来。开始清政府四处调兵,打算把太平天国革命扼杀在摇篮里。但是前线将帅矛盾重重,各持己见,不仅钦差大臣李星沅与广西巡抚周天爵意见分歧,文臣与带兵将领不和,而且广西提督向荣和随后调去的广州副都统乌兰泰也各不服气,互相掣肘。因而指挥不统一,行动不一致,一再失利。太平军在金田起义之后很快占领大湟江口,向武宣方面进发,沿途吸收天地会起义群众,声威大壮,由起义时的一两万人发展到三万人。咸丰元年二月,洪秀全在武宣县境内的东乡称天王,并任命杨秀清、萧朝贵、冯云山、韦昌辉分别为正军师、又正军师、副军师、又副军师,兼领中、前、后、左各军主将,石达开为右军主将,使领导体制日渐形成;同时各项条规陆续制定,作战经验也一天天丰富起来。咸丰皇帝见李星沅、周天爵软弱无能,即将二人革职,任命自己的舅舅、首席军机大臣、大学士赛尚阿为钦差大臣,担任广西前线的最高统帅,以统一指挥权,并任命顺天府尹邹鸣鹤为广西巡抚,协助赛尚阿办理粮饷事务。在朝臣中,赛尚阿地位最高,与咸丰皇帝关系最亲,将他派往前线,足以说明事态的严重,因而咸丰皇帝的这一举动在朝野上下引起了更大的震动。

曾国藩看到形势日趋紧迫,而自己的建议又不被采纳,呼天不应,报国无门,也就不能不感到惶急和愤懑。他在给朋友的信中说,自去春求言以来,朝廷各大臣献纳不下百余章,"或下所司核议,以'毋庸议'三字了之;或通谕直省,则奉行一文之后,已复高阁束置,若风马牛不相与"。"书生之血诚,徒供胥吏唾弃之具,每念及兹,可为愤懑"。而正是这种对地主阶级和清政府的一片"血诚",使曾国藩在困难面前不肯退避,于咸丰元年四月鼓足勇气再上一疏,其锋芒直指咸丰皇帝。他在家书中对弟弟们说:"廿六日余又进一谏疏《敬陈圣德三端预防流弊》,其言颇过激切。"他所以甘冒风险上此奏折,主要是由于自己"受恩深重,不能不报"。他认为,"官至二品,不为不尊;堂上则诰封三代,儿子则荫任六品,不为不荣。若于此时再不尽忠直言,更待何时乃可建言!"他上疏的目的是为了杜绝咸丰皇帝的"骄矜"之气和扭转廷臣的"唯阿之风"。他认为咸丰皇帝天资聪明,"满廷臣工遂不敢以片言逆耳,将来恐一念骄矜,遂恶直而好谀","是以趁元年新政,即将此骄矜之机关说破,使圣心日就兢业,而绝自是之萌。此余区区之本意也。现在人才不振,皆谨小而忽于大,人人皆习脂韦唯阿之风。欲以此疏稍挽风气,冀在廷皆趋于骨鲠,而遇事不敢退缩"。

其实这并不是曾国藩个人一时心血来潮。在此之前,他曾不断收到朋友的来信,其中刘蓉和罗泽南的信尤起了激励作用。刘蓉在信中说:"大疏所陈,动关至计,是固有言人所不能言、不敢言者;然言之而未见其效,遂足以塞大臣之责乎?国是未见其益,而闻望因以日隆,度贤者之心不能不歉然于怀也。"又说,"不爱钱,不惜死"的壮语虽足可明志,但却未可"慰天下贤豪之望,尽大臣报国之忠"。罗泽南的信未见原文,仅从曾国藩的复信中透露出一二句。曾国藩送上奏折之后,复信对罗泽南说,来信所谈"有所畏而不敢言者,人臣贪位之私心也;不务本而徒言其末者,后世苟且之学也"四语,"乃适与拙疏若合符节","今录往一通,阁下详览而辱教之。山中故人如刘孟容、郭筠仙昆季,江岷樵、彭筱房、朱尧阶、欧〔阳〕晓岑诸君,不妨一一寄示,道国藩忝窃高位,不敢脂韦取容,以重负故人之期望者,此疏其发端也"。很明显,曾国藩此举并不是个人的孤立行动,而是在一部分地主阶级知识分子的支持和推动下采取的。这些支持者的绝大多数,后来都成为曾国藩集团的骨干成员,所以这件事在这个集团形成和发展的历史上有着重要意义,从某种意义上可以说,这是曾国藩集团前期集体采取的第一个政治行动,其结果直接影响着这个集团未来的发展道路。

十余年的京官生活,尤其是地位的变化和理学的熏陶,使曾国藩的思想境界有了很大不同,已经由极力谋求个人和家庭的发展一变而为整个地主阶级和封建制度争生存。但是,当他不顾个人安危,决心为挽救清王朝江河日下的形势而竭尽一切努力时,却发现他曾引以为自豪的二品京官并不能为他提供什么帮助,这就使他早年那颗热衷功名的心渐渐冷淡下来。所以他在《孙鼎庵先生六十寿序》中说自己"急于科举而淡于仕宦者又与先生之志趣相类",并在一首诗中发出"补天倘无术,不如且荷锄"的慨叹。

咸丰二年六月,曾国藩得江西乡举试差,并获准事罢回家探亲。他得此机会如释重负,立即登程南下。走到安徽太湖县境内的小池驿,忽然接到其母江氏去世的讣闻,遂迅速由九江乘船西上,急急回籍奔丧去了。

赛尚阿赶到广西之后,清军内部不和的问题仍然无法解决。各路清军围困永安半年,指挥始终不能统一,行动也难于一致。咸丰二年太平军从永安突围北上,各军多遥遥尾随,惟乌兰泰穷追不舍,遂为太平军伏兵所败,不久即在桂林城外被太平军打伤,死于阳朔。于是太平军的主要对手就剩下向荣一人了。自从蔡村大败又遭赛尚阿参劾之后,向荣一直心怀不满,消极观望。太平军由桂林解围北上后,清政府命向荣跟追,向荣称病留驻桂林,拒不从命。咸丰皇帝愤而将其革职留用,亦无济于事,直到赛尚阿被劾革职,他才匆匆由桂林赶到前线。

曾国藩行至武汉,从湖北巡抚常大淳处得知长沙被围,便从岳州改行旱路,经湘阴、宁乡转回故里,从此开始了为期四个月的乡居生活。

创建湘军

曾国藩在白杨坪居住了不到半年。在这短短的几个月中,太平天国革命又有了很大发展,全国政治形势也发生很大变化。

当太平军围困长沙时,从各地赶来的清军又从外面将太平军包围。清军方面,城内外共有一大学士、两总督、三巡抚、三提督,总兵十一二员,兵勇六七万人。但由于没有统一指挥,所以行动很不一致,除向荣一试败北之外,其他各部皆观望不进,以致太平军夜半撤围北走,直到第二天上午清军才发觉,亦不敢紧追。因而太平军一路顺风,渡洞庭湖后如入无人之境,仅月余时间,即克岳州,占汉阳,下武昌。消息传到北京,清政府一片惊慌,立即下令将署理钦差大臣、署理湖广总督徐广缙革职拿问,改任湖北提督向荣为钦差大臣,倚为长城。然而他已经吃尽了太平军的苦头,既不敢穷追紧逼,更不敢迎头拦截,只不过远远尾追而已;直到太平军攻占江宁后,向荣才赶到城外,在孝陵卫一带扎下大营。这就是史书上所说的清军江南大营。不久,琦善又在扬州设清军江北大营,与向荣一起威胁和监视太平天国的首都天京。

太平军水营与湘军的作战图

在太平军的进攻面前,各地驻军更是一触即溃,有的甚至闻风而逃。太平军从全州至武昌攻占所有各城,都没有遇到强大的抵抗。江忠源后来曾大发感慨地说:"军兴以来,法玩极矣!全州以失援陷,而赴援不力者相仍;道州以弃城陷,而望风逃溃者接踵。驯至岳州设防不能为旦夕之守,九江列舰不能遏水陆之冲,文武以避贼为固然,士卒以逃亡为长策。"曾国藩也说:"自军兴以来二年有余,时日不为不久,糜饷不为不多,调集大兵不为不众,而往往见贼逃溃而未闻有与之鏖战一场者,往往从后尾追而未闻有与之拦头一战者。其所用兵器,皆以大炮、鸟枪远远轰击,未闻有短兵相接,以枪钯与之交锋者。"在太平军的打击下,清朝绿营兵的腐败无用暴露得就更加明显。

嘉庆初年镇压白莲教起义时,清政府曾号召所在地方官举办团练,协助绿营兵堵截追杀。最出名的团练武装主要有两股,分别由四川惯匪罗思举和游民桂涵带领,其凶残亡命过于官军,为清政府屠杀革命人民效尽犬马之劳。后来二人皆官至提督。鉴于这一历史经验,清政府在镇压太平天国革命和各地会党活动之初,就非常重视团练的作用。早在道光三十年九月,清政府就指示两广总督徐广缙亲赴广西劝谕士绅举办团练,至咸丰元年四月,广西地方官向清廷奏称,广西已通省举办团练,并一再奏报团练武装捕杀当地会党群众的情形,为反动士绅请功。团练武装不仅在各地拦击小股起义队伍,袭杀零散会党群众,还直接配合清军围剿太平军。太平军紫荆山根据地的双髻山要隘,就是当地团练武装配合清军向荣部攻陷的。咸丰二年太平军进入湖南,清政府又命令两湖地方官,尤其湖南官员举办团练,并令原湖北巡抚罗绕典驰赴湖南,协助湖广总督与湖南巡抚劝谕士绅,办理团练。不过当时还没有任命团练大臣。到了这年秋天,清政府见各地官员出于种种原因,不能有效地组织当地士绅举办团练武装,太平军所到之地,整个统治机器顷刻瓦解,遂采取两条措施,加紧举办团练。一是扩大举办团练的范围。自咸丰三年二月起,清政府发布命令,要求全国各省地方官普遍举办团练,不再限于太平军已经到达的地区。二是任命丁忧或请假在籍的官员为团练大臣,利用其人地两熟、便于联络各地士绅的条件,专门负责团练事务,以弥补地方官之不足。

清政府最早设团练大臣是咸丰二年八月,任命的第一个团练大臣是江西团练大臣、前刑部尚书陈孚恩;接着,当年十一月二十九日(1853.1.8)任命曾国藩为湖南团练大臣;十二月二十五日任命在籍养病的前广西巡抚周天爵为安徽团练大臣;不久,又命工部侍郎吕贤基、翰林院编修李鸿章回安徽原籍办团练。不过这时设置团练大臣还仅限于太平军势力所及各省,人数也比较少。自咸丰三年二月将举办团练的政策推行于全国各省之后,团练大臣也一天天多起来,至当年二月底止,短短一个月内,就先后任命四批团练大臣,连陈孚恩、曾国藩、周天爵、吕贤基在内总计达45人,人数最多的山东一省就有团练大臣13人,比它稍次的江苏省也有团练大臣8人。同时,清政府还命令内阁将咸丰皇帝历次下达的有关举办团练的谕旨以及嘉庆年间明亮、德楞泰的《筑堡御贼疏》、龚景翰的《坚避清野议》刊刻印发各省,参照执行。由此可以看出清政府的团练政策和为动员各地土豪劣绅举办团练所做的努力。

湖南地主阶级具有丰富的镇压农民反抗的经验,其举办团练的历史也是由来已久的。早在乾隆末年,辰州府凤凰厅同知傅鼐就曾用普遍筑堡办团、募勇集练成军的办法镇压了湘黔边境的苗民起义。道光以来,反动士绅募勇成军镇压农民和少数民族起义的例子更是屡见不鲜,史不绝书,其中最突出的事例是江忠源。江忠源的家乡新宁县文化非常落后,"清代向无捷乡试者,迨丁酉科江忠源以拔贡中式,人谓之破天荒",以是小有名气。但因其赌博嫖妓,遂为湖南"礼法之士"所不齿,惟与欧阳兆熊、郭嵩焘、曾国藩等人友善。道光二十七年江忠源家乡新宁县爆发雷再浩起义,被他募勇镇压下去。由此名声大噪,保为知县,简发浙江,很快实授秀水知县,不久丁忧回籍。咸丰元年六月赛尚阿充任钦差大臣,疏调江忠源随营差遣。他闻命即起,迅速赶往广西前线,留在乌兰泰幕中参谋军事,并令其弟江忠濬募勇五百名带往广西随营作战,号称楚勇,甚得乌兰泰赏识。这是湖南乡勇最早出省作战。咸丰元年底,江忠源从永安城外回家养病,闻太平军围攻桂林,又立刻增募新勇,力疾再出,并邀请刘长佑为助手,兼程赶赴桂林军营。刘长佑(1818—1887)字子默,号印渠,湖南新宁人,出身于一个小富绅家庭。自幼读书,屡试不中,在岳麓书院先后读书十二年,直到道光二十九年始考取拔贡生。这年冬,雷再浩旧部李沅发在新宁起义,刘长佑亲自组织团练,参加了镇压活动。转年经江忠源引荐,在京求见曾国藩。曾国藩对他"深相爱重",一见即"叹曰:'戡乱才也'"。他与江忠源自幼气味相投,又是姻亲,所以一得到邀请便欣然应命,从此开始了镇压太平天国革命的反革命生涯。在桂林城外,江忠源、刘长佑率领的楚勇曾屡次与太平军交战,江忠源亦因此迁为知府。后因与向荣意见不合,离营回湘,闻太平军从桂林撤围北上,欲入湖南,急在湘江上游的险要地段蓑衣渡设伏袭击太平军,致使太平军兵力损耗一半,辎重给养全部丢弃,杰出领导人冯云山壮烈牺牲,遭受起义以来从未有过的损失。当时长沙兵力空虚,士无战心,城墙倾圮,城门残缺不全,若太平军沿湘江顺流而下,攻取长沙是很容易的。由于江忠源的袭击,迫使太平军不得不弃舟登陆,绕道湘南,以致丧失了攻克长沙的最好机会。其后江忠源又间道趲程赶往长沙,参加了各路清军防守长沙的战斗,并因长沙城守及镇压会党起义之功擢为道员。

曾国藩的家乡湘乡县也是湖南举办团练最早的县份之一。早在道光二十九年曾国藩的二弟曾国潢就在家乡组织"安良会",对付吃"排饭"的饥民。咸丰元年刘东屏、刘蓉父子和曾麟书、曾国潢父子在湖广总督程矞采、湘乡知县朱孙诒的支持下组织团练武装,镇压湘乡县境内的抗粮斗争。他们亲自购置眼线,率勇捕人,连自己的亲戚朋友也不放过,很快把这场斗争镇压了下去。咸丰二年春太平军久攻桂林不下,广西巡抚邹鸣鹤即移咨湖广总督程矞采,言太平军有入湘之象,让湖南方面早做准备。消息传出后,湖南各县官绅纷纷举办团练,而湘乡知县朱孙诒则尤为积极。他亲自召集各乡巨绅议定团练章程,并在湘乡县城和永丰、娄底两处分设三个团练局,号召各乡士绅普遍办团。同时还在湘乡县城成立总局,请曾国藩的父亲曾麟书以湘乡首户巨绅总其成,并敦请著名士绅罗泽南、刘蓉等协办本县团练。

罗泽南(1807—1856)字仲岳,号罗山,自幼家贫,十九岁起以教书为生。他刻苦攻读,屡应乡试不中,直到道光三十年才被湘乡知县朱孙诒举为孝廉方正。罗泽南早年交游不广,道光十八年始与刘蓉交好,道光二十四年又与郭嵩焘、郭崑焘兄弟相识,直到咸丰元年在善化贺长龄家教书时方与曾国藩通信。罗泽南是个忠于封建礼教的士人,多年来潜心程朱理学,并著有《西铭讲义》《人极衍义》等书,甚为曾国藩所推崇。曾国藩说罗泽南之志"以为天地万物本吾一体,量不周于六合,泽不被于匹夫,亏辱莫大焉"。他曾长期在善化、湘乡等地教书,向青年学生灌输封建伦理观念,培养出一大批忠于封建秩序的儒生。湘军骨干人物王鑫、李续宾、李续宜、蒋益澧、刘腾鸿、杨昌濬、刘典等都是他的学生。王鑫(1825—1857)字璞山,原名开作,字家宾,二十岁入县学,同年投到罗泽南门下为弟子,初办团练时王鑫最积极,在罗泽南诸弟子中地位亦最高,湘乡练勇集训之始,他就独领一营,所以后来的湘军将领多为罗、王、江、刘旧部。李续宾(1818—1858)字迪庵,湖南湘乡人。李续宜字克让,号希庵,李续宾胞弟。李续宾年少时膂力过人,不喜读书,因亲老家贫,以贩煤养亲并供弟读书。罗泽南欣赏他的"孝友",将他兄弟二人一并收为弟子。蒋益澧字芗泉,刘腾鸿字峙衡,杨昌濬字石泉,刘典字克庵,皆为湘乡人,罗泽南办团练时他们都一齐参加进来,后来皆成为著名的湘军将领。

太平军进入湘南地区后,湖广总督程矞采曾令湘乡知县朱孙诒募勇千人赴衡州防堵,从此,湘乡县不仅有遍布各乡的团丁,还有一支由官府出钱、集中于县城进行编练的练勇。当时湘乡练勇有一千多人,分为中、左、右三营,分别由罗泽南、王鑫、康景晖带领(后来右营营官改任邹寿章)。太平军离开湖南后,罗泽南因办团练出力被保为候补训导。

除新宁、湘乡而外,湖南的其他县份也办起了团练,用以对付会党起义和群众抗粮斗争。其组织办法与湘乡相似,通常是各乡普遍办团,同时招募部分乡勇在县城集中训练,称为练勇,费用由各府、县官库支给。其余各乡团练则由各乡绅自行筹集,自行经管。在镇压各地会党和防堵、袭击太平军的活动中,除以上两县外,辰州、宝庆、泸溪、浏阳等地的练勇也比较有名,皆已编练成军。这些练勇就成为后来曾国藩创办湘军时最初的组织基础。

曾国藩于咸丰二年十二月十三日(1853.1.21)接到寄谕,令其协同巡抚办理湖南团练,镇压农民反抗。当时,他刚在两个月前将其母的棺柩厝置于居室之后,还没有来得及举行葬礼,接到这个谕旨,不由使他左右为难起来。当时太平军离开湖南不久,各地会党十分活跃,纷纷起事,犹如一锅即将沸腾的开水。对地主阶级来说,镇压这些在太平天国革命鼓舞下即将起来造反的群众,尽快恢复封建秩序,不能说不是当务之急。这也正是曾国藩日思夜想、视为至重至大的问题。他在丁忧乡居期间所写的《保守太平歌》,其主旨就是动员地方士绅组织起来对抗农民革命的。既有如此机会,何不出手一试?从这方面想,曾国藩觉得是应该出山的。但想到另一方面,又使曾国藩感到难于成事,顾虑甚深。他一怕丁忧期间出来任事受人讥笑,二怕在自己家乡办理地方事务多有不便;不过这还都是次要的,更为主要的是,他痛恨统治阶级当权者的腐败无能和一般地主士绅的软弱散漫,担心难以同这些人合作。倘若事事掣肘,处处荆棘,则自己无望成功,有缘受过。与其将来自遗后悔,不如现在就深居不出。他在给朋友的信中描写当时愤愤不平的心情说:"今日不可救药之端,唯在人心陷溺,绝无廉耻。……窃尝以为,无兵不足深忧,无饷不足痛哭,独举目斯世求一攘利不先、赴义恐后、忠愤耿耿者不可亟得,或仅得之而屈居卑下,往往抑郁不伸,以挫、以去、以死,而贪饕退缩者果骧首而上腾、而富贵、而名誉、而老健不死。此其可浩叹者也。"想到这些,又使曾国藩神气沮丧,裹足不前,遂具疏辞谢,陈请终制,准备交张亮基代发。

不料就在这时,忽然接张亮基的来信,惊闻太平军攻克武汉的消息。曾国藩的心立刻紧缩起来,深恐太平军一旦反攻过来,巢穴不保,安身无处,因而心为所动,感到深居山林,亦非乱世良策,又对自己的决定踌躇起来。恰在此时,郭嵩焘受张亮基之托,连夜赶到曾家,敦劝曾国藩出山。郭嵩焘对曾国藩说,你"本有澄清天下之志,今不乘时而出,拘于古礼,何益于君父?且墨绖从戎,古之制也"。这些话正中曾国藩的下怀,只是难于改口。于是郭嵩焘又去动员曾国藩的父亲,曾麟书亦同意郭的看法,怂恿曾国藩出办团练。这样,曾国藩既有保全桑梓的名号,又有父命可秉承,就不怕别人疑其用心、讥其不孝了,因而破釜沉舟,决意出山。后来他在给江忠源的信中解释自己的这一思想变化时说:"大局糜烂至此,不欲复执守制不出之初心,能尽一分力,必须拼命效此一分,成败利钝,付之不问。"这些话是基本符合他的实际情况的。这也说明,他在乡居的几个月中思想又深化了一步。他之所以把问题看得那么难,就是因为他对问题想得比当时的一般人深透得多,要解决这些问题就绝不是小修小补所能奏效的,因而不干则已,干必从头做起,放手大干。曾国藩就是带着这种拼命直前、不顾一切的情绪投入对农民阶级和内部反对派的斗争的。

咸丰二年十二月十七日(1853.1.25),曾国藩和郭嵩焘一起从家乡动身前往长沙。途经湘乡县城时,又特意会见了朱孙诒、罗泽南、刘蓉、王鑫等人。他们刚接到湖南巡抚张亮基征调湘乡练勇一千人赴省守卫的札饬,便与曾国藩一同启程,二十二日赶到长沙。这些人也就成为曾国藩办理团练、训练湘军的最初班底。

太平军离开湖南后,湖南原有驻军大部分跟随向荣一起尾追而去,因而造成湖南省城长沙和全省各地兵力空虚的局面。对于这种状况,曾国藩深感忧虑,一方面害怕太平军重新打回来,攻打长沙,本省无力防守;一方面又怕群众起来造反,省城与各县无兵可派。曾国藩的担心并非无据。太平军攻克武昌后声势大震,已成不可阻挡之势,虽然暂时移兵下游,但依照曾国藩之见,必有重新打回来的一天,只不过时间早晚而已。因而长沙没有重兵守卫是非常危险的。当时湖南各地的会党群众,尤其衡阳、永州、郴州、桂阳地区和宝庆府,在太平天国革命的鼓舞下十分活跃,若不及时镇压下去,必然变成第二个广西。曾国藩对这种情况的担心并不亚于前者。倘若两种情况同时出现,交相呼应,湖南就不为官府所有了。因而曾国藩一到省城,就面临两个最迫切的任务:一是加强防卫省城的军事力量,太平军一旦来攻,可据城防守;二是迅速将各地会党镇压下去,清除太平军的内应,恢复和稳定被打乱的封建社会秩序。这两件事都必须赶在太平军打回湖南之前做完,否则结局不堪设想。

针对上述情况,曾国藩采取了三种对策。曾国藩认为,对付集中而强大的太平军,必须有一支凶悍敢战的军队。有了它,太平军返回湖南,可以据城抵抗,守卫"桑梓";太平军不来湖南,则可以出省作战,主动进攻。而这支军队的来源不外两个途径:一是从外省调拨,一是自己募勇训练。从当时情况看,第一种办法是行不通的。各省既已自顾不暇,何有兵力支援别省?况且即使费尽气力拼凑一些,也不一定顶用。因而最好的办法还是募勇训练,自己解决。湖南巡抚张亮基早已想到了这一点,并且在此之前已札调湖南一些府、县的练勇来省城助守。曾国藩带领湘乡练勇赶到长沙时,各县练勇也陆续赶到,其中主要有新宁县的新宁勇、辰州府的辰勇、宝庆府的宝勇、浏阳县的浏勇、泸溪县的泸溪勇等。曾国藩还就如何办理团练和集训练勇的问题与张亮基进行过讨论。曾国藩认为,"团练仅卫乡里,法由本团酿金养之,不饷于官,缓急终不可恃"。因而提出将所调各县练勇改为募勇,训练成军,用以对抗太平军和镇压本省各地会党活动。张亮基同意了曾国藩的意见,遂将调集省城的各县团练武装改为官勇,由湖南巡抚和团练大臣负责指挥,关发粮饷。当时曾国藩称湖南官勇为"大团"。他到达省城的第二天,就在征得张亮基的同意之后,发出了他早已拟好的奏折。曾国藩在奏折中说,太平军既破武昌,就有重回湖南的可能,长沙为省城重地,不能不严为防守。现在湖南兵力空虚,长沙防御薄弱,而邻近各省又无兵可调,因于湖南省城立一大团,就各县曾经训练之乡民,择其壮健而朴实者招募来省,参照前明戚继光、近人傅鼐成法,实力操练,以便镇压各地大股农民起义和守卫省城。可以说这是曾国藩募勇成军的最初设想。

曾国藩虽然身为团练大臣,但并不相信团练武装在对太平军的作战中能发挥什么作用。他认为,嘉庆年间虽有依靠团练武装镇压白莲教起义的成功经验,但至咸丰初年,情况发生了很大变化,已不甚适用。首先是饷源不同。嘉庆初年,团练费用出自国库,因而可以大力举办,不会增加地方和民间负担。到了咸丰初年,清政府财政拮据,军饷尚且难以为继,何有余力供给团练费用?因而团练经费概由地方士绅自筹自管,与官府无涉。其次是作战对象不同。当时的白莲教起义人少分散,此伏彼起,内部宗派分歧,没有统一指挥,利于各地团练武装堵截追袭,各个击破。而太平军则组织严密,指挥统一,水陆并进,号称百万。一旦行动起来,急如风雨,力过千钧,清朝正规军八旗、绿营且逃之唯恐不速,团练武装何能螳臂当车?更有甚者,如果委任不得其人,承办人员乘机搜刮民财,必使走投无路的广大群众起而反抗,无异火上浇油。这样来举办团练,不仅不能达到自救的目的,反而会引火烧身,加速灭亡。这在历史上是不乏其例的。明代末年加派辽、练、剿三饷所引起的严重后果,对清朝来说可谓"殷鉴不远"。曾国藩熟悉往代历史,深恐发生这种情况,所以对举办团练一事采取不求其成,但防其弊的态度,即使团练自行瓦解也在所不惜。他在给朱孙诒的信中说,"去冬之出,奉命以团练为名,近来不谈此二字,每告人曰乡村宜团不宜练,城厢宜练不宜多。如此立说,明知有日就解散之弊,然解散之弊尚少;若一意操切行之,则新进生事者持札四出,讹索逼勒,无所不至,功无尺寸而弊重邱山,亦良可深虑也。"他在给张亮基的信中则干脆说:"惟团练终成虚语,毫无实裨,万一土匪窃发,乡里小民仍如鱼听鸣榔、鸟惊虚弦,惶怯四窜,难可遽镇也。"

但曾国藩是团练大臣,咸丰皇帝给他的任务是"帮同办理本省团练乡民搜查土匪诸事务",并没有让他募勇练兵,建立军队。所以他不得不打着办团练的旗号,把自己的计划纳入其中,以求名正言顺。为此,他在"团练"二字上大做文章,将本来并无二致的一个名词"谬加区别",一分为二,一则称"团",一则称"练",把它变成高下悬绝的两种不同组织。他说:"团练二字宜分看:团即保甲之法,清查户口,不许容留匪人,一言尽之矣;练则制械选丁,请师造旗,为费较多。"后来他在向别人介绍经验时又说,"团练一事,各省办法不同,议论各异,约而言之不外两端:有团而兼练者,有团而不练者。团而不练者不敛银钱,不发口粮,仅仅稽查奸细,捆送土匪,即古来保甲之法;团而兼练者必立营哨,必发口粮,可防本省,可剿外省,即今日官勇之法。国藩于咸丰二年冬奉旨办团练,即募乡勇一千零八十人在省集训","系在藩库支饷。余皆团而不练,不敛民财"。可见曾国藩当时虽名为团练大臣,但对于一般乡团并无太大的兴趣。他既没有机械执行清政府的命令,也没有盲目效仿前人,照抄邻省,而是根据实际情况和地主阶级的根本利益,打着办团练的旗号另搞一套,志不在团练,而在建军。应该说,曾国藩的政治眼光还是高出清政府和同时流辈的。他自己对此亦非常得意,说"默思所行之事,惟保举太滥是余乱政,不办团,不开捐是余善政"。

曾国藩集练的湖南官勇第一次出省作战,是咸丰三年赴援江西之行。这年夏天,湖北按察使江忠源奉命帮办江南军务,由湖北广济前往江南大营赴任,行至九江,惊闻太平军欲攻打南昌的消息,急忙赶到南昌城中助守,以所带兵勇过于单薄,奏请增援。曾国藩同湖南巡抚骆秉章商定,派楚勇二千、湘勇一千、镇筸兵六百,共计三千六百人,由夏廷樾、朱孙诒、郭嵩焘、罗泽南率领,分三批启程前往南昌。结果带兵书生心狠手拙,在南昌城下遭到太平军的伏击,死骨干七人、兵勇七八十人,罗泽南的得意门生谢邦翰、易良干、罗信东、罗镇南等同日毙命。曾国藩听到这个消息且喜且忧：喜的是书生临阵敢战，远胜绿营员弁，亦证明他不用营弁、纯用书生带兵的办法切实可行；忧的是初集之勇尚不善战，尤其谢邦翰、易良干等人皆为罗泽南手下得力骨干，竟一战死去，不能不使曾国藩痛心。当时湘勇虽数逾两千，经过训练者实则只有三营一千多人。罗泽南带往江西的一千湘勇，也只有一营受过训练，其他两营皆是未经训练的新募之勇，谢邦翰营即其中之一。从此曾国藩更加重视对新勇的训练，把它看作决胜的基础。

　　曾国藩对付个别群众和小股会党反抗活动的政策是"就地正法"。其具体办法是令各地团练头子直接捕杀和捆送形迹可疑、眉眼不顺之人，或批令各县就地处决，或送往省城交他讯办。当时政局动荡，天下大乱，一般地主富户都不敢公开同贫民、会党作对，各地肯于出面办理团练的多是为恶一方的土豪劣绅。他们平时武断乡曲，鱼肉百姓，一旦办起团练，就更是无法无天，成为当地的土皇帝。他们所纠集的乌合之众虽然打起仗来没什么战斗力，但其残忍嗜杀则过于清朝的正规军。所以曾国藩说，"以之御粤匪则仍不足"，但"以之防土匪则已有余"。为了迅速地把各地农民的反抗活动镇压下去，曾国藩大张绅权，积极扶植这帮反动地主，用以对付贫苦农民和会党群众，并美其名曰"借一方之良锄一方之莠"。所谓"良"即"良民"，指那些积极起来维护封建秩序的土豪劣绅；"莠"即"莠民"，指那些不甘忍受封建剥削和压迫的贫苦农民。

　　曾国藩还提倡以本乡、本族之绅捕杀和捆送本乡、本族敢于反抗之民，"轻则治以家刑，重则置之死地"，处治大权尽归团长、族长掌握，这样既了解情况，又可避免引起乡村或宗族间的争斗。开始，曾国藩与张亮基商定，各地团练头子抓到会党群众捆送省城者，概交湖南首县善化县审理；后来曾国藩嫌其杀人不多不快，便在团练大臣公馆设立审案局，甚至已经送到善化县的人，也要强行提来杀掉。曾国藩早就对清朝地方官吏腐败无能深怀不满，更不信任承办案件的胥隶、书役人员，决心于司法机关之外设置新的机构，自行审案杀人。他在给朋友的信中说："顷已在公馆立审案局，派知州一人、照磨一人承审匪类，解到重则立决，轻则毙之杖下，又轻则鞭之千百。敝处所为，止此三科，巨案则自行汇奏，小者则惟吾专之，期于立办，无所挂碍牵掣于其间。案至即时讯供，即时正法，亦无所期待迁延。"

　　他为了调动州县官员和土豪劣绅的积极性，将过去衙门办案的"一切勘转之文、解犯之费都行省去，宽以处分，假以便宜"，为这些恶棍捕杀和捆送农民大开方便之门。同时，对被捆送者的处置，既不依照法律条文，也不需任何证据，惟土豪劣绅们的言辞和要求为据，稍加讯问，立即结案，重则砍头，轻则杖毙，最轻的也要鞭之千百，瘐死狱中。总之，曾国藩的审案局就是阎王殿，土豪劣绅犹如无常鬼，凡是被各地团练头子捆送审案局的人，就休想活着回去。据曾国藩自己奏称，截至咸丰三年六月止，仅四个月内，审案局就直接杀人一百三十七名，其中"立予正法"者一百零四名、"立毙杖下"者二名、"监毙狱中"者三十一名。曾国藩批令各县就地处死者和后来捕捉的串子会群众九十二名尚不在其内。他自己后来承认杀了二百多人，实际当大大超过此数。

当时湖南会党的势力是很强的,虽有一部分随太平军离开湖南,但潜在势力仍然很大,他们正积极活动,准备发动较大规模的起义,整个形势若箭在弦上,弯弓待发。湖南地方官明知此情却莫敢如何,深恐激成大变,引火烧身,因而相与掩饰,以求苟安一时,其情形与太平天国起义前夕的广西非常相似。曾国藩咸丰三年春在奏折中描写当时的形势说:"湖南会匪之多人所共知。去年粤逆入楚,凡入添弟会者大半附之而去,然尚有余孽未尽。此外又有所谓串子会、红黑会、半边钱会、一股香会,名目繁多。往往成群结党,啸聚山谷,如东南之衡、永、郴、桂,西南之宝庆、靖州,万山丛薄,尤为匪徒卵育之区。""盖缘近年有司亦深知会匪之不可遏,特不欲祸自我而发,相与掩饰弥缝,以苟且一日之安,积数十年应办不办之案而任其延宕,积数十年应杀不杀之人而任其横行,遂以酿成目今之巨寇。"由于曾国藩的残酷镇压,致使已经发动起来的起义尽被扑灭,正在酝酿的起义销声匿迹,被冲乱的封建秩序迅速得以恢复,地主官绅重新巩固了自己在广大城乡的统治,使湖南不仅没有成为一个新的革命策源地,反而成为曾国藩集团镇压太平天国革命的首要基地。

当统治阶级用正常的法律手段无法镇压人民的反抗时,总是采用一种非常手段。所以,曾国藩的做法虽然遭到人民的痛恨和一部分士绅、官员的反对,但却得到清朝最高统治者咸丰皇帝的支持。咸丰三年二月曾国藩上奏自己办理团练的政策时说,对于"教匪""盗匪""会匪"以及逃兵、溃勇、乞丐、游手等"游匪","尤认真查拿,遇有形迹可疑曾经抢掠结盟者,即用巡抚令旗,恭请王命,立行正法。臣寓馆设审案局,派委妥员二人,拿获匪徒,立予严讯。即寻常痞匪,如奸胥、蠹役、讼师、光棍之类,亦加倍严惩,不复拘泥成例,概以宽厚为心";又说:"当此有事之秋,强弱相吞,大小相侵,不诛锄其刁悍害民者,则善良终无聊生之日,不敢不威猛救时,以求于地方有益。"他向皇帝表示:"臣之愚见,欲纯用重典,以锄强暴。但愿良民有安生之日,即臣身得残忍严酷之名亦不敢辞;但愿通省无不破之案,即剿办有棘手万难之处亦不敢辞。"奏折呈上之后,咸丰皇帝立即在上面朱批道:"办理土匪,必须从严,务期根诛净尽。"当曾国藩在湖南官场中极为孤立的时候,得到咸丰皇帝的这个朱批,如获尚方宝剑,再不怕地方官员的反对和社会舆论的谴责;湖南大吏对曾国藩的这套做法虽有反感,亦不敢公开进行阻挠,只好听之任之。这样,曾国藩就在近代史上开了最恶劣的先例,撇开一切法令条文和司法机关,不经任何法律手续,随意捕人、杀人。因而,他受到其后所有反革命刽子手的崇拜和效法,同时也受到革命人民和一切正直学者的批判。早在清朝末年就有人指出:"就地正法之制倡于湘乡(指曾国藩),秦、隋之暴所未有也。不经法司而可以杀人,则刑部为虚设,而民命同于草芥。淫刑已逞,残酷已极,彼尚不肯奏改于贼平之日,而谓其不得已之苦衷可以告天地,质鬼神,其谁信之?"应该说,这些话是很有道理的。

团练大臣既非地方大吏,又非钦差大臣,非官非绅,处境尴尬,是很难有所作为的,更何况力排众议,独辟蹊径?有人说,曾国藩初办团练时,一到长沙就受到"三宪"的轻慢。这里所说的"三宪"当为湖南巡抚潘铎、布政使徐有壬、按察使陶恩培,这是张亮基调走后的情况。湖南巡抚张亮基对曾国藩还是很支持的,曾国藩的出山,甚得张亮基敦促之力。张亮基在长沙时,曾国藩办事很顺利。可惜好景不长，不几天张亮基即被调走，改任湖南布政使潘铎署理巡抚，原云南布政使徐有壬调任湖南布政使，按察使则是刚由衡永郴桂道提升不久的陶恩培。这三个人都不买曾国藩的账，对曾国藩集练的官勇尤为歧视。特别是徐有壬、陶恩培二人，始终反对曾国藩，有时甚至有意刁难，不断发生矛盾，双方结怨甚深。咸丰三年三月潘铎因病请假，前湖南巡抚骆秉章重任旧职，这一变动对曾国藩的处境也并没有带来什么改善。虽然就整个来说，骆秉章是同曾国藩集团配合最好的地方大吏，但在咸丰三、四年间对曾国藩的做法并不理解，虽然没有发生什么公开冲突，但关系却相当淡漠。这就使那些对曾国藩不满的湖南官吏感到有机可乘，无所顾忌，曾国藩也就更加孤立，难以在长沙立足了。

曾国藩在湖南搞得如此狼狈，主要还是由于他手伸得太长，越职侵权，一味蛮干，令湖南大吏无法容忍。例如曾国藩所设审案局随意抓人杀人，便是对湖南司法机关（提刑按察使司）的公然蔑视和侵越；令绿营军官与练勇一起会操，以及弹劾德清、保荐塔齐布，便是对提督权力的蔑视与侵越。他之所以这样做，并非不懂得这层道理和湖南官吏的心理，而是有意标新立异，独出心裁，摸一摸老虎屁股。他在给龙启瑞的信中说："今年承乏团务，见一二当轴者自藩弥善，深闭固拒，若唯恐人之攘臂而与其间者。欲固执谦德，则于事无济，而于心亦多不可耐。于是攘臂越俎，诛斩匪徒，处分重案，不复以相关白。"在给骆秉章的信中也说："侍今年在省所办之事，强半皆侵官越俎之事。以为苟利于国，苟利于民，何嫌疑之避？是以贸然为之。"这样，在湖南官员中就不能不引起对曾国藩的憎恶和不满。

按照清朝常例，各省绿营兵辖于总督，巡抚及其以下文官，除兼有提督衔者外，不得干预抚标营以外营兵操练事务。湖南设有提督，绿营操练例由提督负责，巡抚无权过问。曾国藩以在籍礼部侍郎帮办团练事务的身份，当然更无权干预营务了。但是曾国藩却不避嫌疑，通过塔齐布渐渐把手伸向了绿营军。塔齐布（1817—1855）字智亭，满洲镶黄旗人，姓陶佳氏。曾国藩刚到长沙时，曾聘请三位教师教练官勇武艺，塔齐布为其中之一。后来曾国藩辞去其余二人，仅留塔齐布一人，令其教练辰勇和宝勇。当时塔齐布以都司署理抚标中营守备，因其剽悍骁健，无一般旗人和绿营官弁的腐败习气而甚受曾国藩的赏识，一再为他保奏，很快由都司而游击，而参将。塔齐布对曾国藩感恩戴德，唯命是从；曾国藩为取得清政府的信任，亦有意礼贤下士，倾身交纳这个旗人出身的绿营末弁。二人遂交往渐密，事事相依。

曾国藩练勇，除每日进行军事训练外，还规定三、八两日进行政治训练，其具体办法是由曾国藩亲自对兵勇训话，重点是纪律教育和为人处世之道。从咸丰三年四月起，又通过塔齐布传令营兵会操，并与练勇一起听取政治训话，虽盛夏亦无一日之间断。绿营将骄兵惰，一向蔑视团练，轻视文官。在他们看来，曾国藩以团练大臣令他们与练勇会操，简直是一种污辱。此外，他们平日根本不进行认真训练，更兼有烟酒恶习，何能忍受"夏练三伏"之苦？因而对曾国藩此令大为不满，尤以长沙协副将德清反对最力。结果，令出之后，惟塔齐布独领所部前往，其余驻长沙各营不仅拒绝会操，还指责塔齐布谄事曾国藩，群起而攻之。曾国藩闻之，遂以平日惰于操练、战时临阵退避为由参劾德清。德清不服，前赴湖南提督鲍起豹处诉冤,并反控曾国藩六月操兵为虐待军士,塔齐布与练勇会操为破坏营制。鲍起豹遂扬言,盛夏操兵乃虐待军士,敢有违令操演者军棍从事! 塔齐布闻之畏惧,从此再不敢领营兵前去会操。湖南司、道官员等见此情景心中暗喜,认为是对好事者应有的惩戒。在这种气氛下,绿营兵就更加气焰嚣张,肆无忌惮。

不久,鲍起豹的提标兵(又称永顺兵)与塔齐布统带的辰勇因赌博发生斗殴,提标兵鸣号列队,准备讨伐辰勇。曾国藩欲杀一儆百,稍抑绿营兵这种怯于战阵而勇于私斗的风气,遂移咨提督,指名索捕肇事士卒。鲍起豹非常气愤,故意大肆张扬,公然将肇事者捆送曾国藩公馆。提标兵群情汹汹,散满街市,先去围攻塔齐布,毁其居室,塔齐布匿于草中幸免丧命;接着又于当晚冲进曾国藩的团练大臣公馆,枪伤随身亲兵,几乎将他击中。曾国藩狼狈万状,只得向骆秉章求援。曾国藩的公馆就设在湖南巡抚衙门的射圃内,中间仅一墙相隔,事情闹到这般地步,近在咫尺的骆秉章竟装聋作哑,坐观事态的发展,直待曾国藩前去打门,方才故作惊讶,出而解围。骆秉章一到,便给肇事者亲自松绑,并向其赔礼道歉,而对备受屈辱的曾国藩却无一语相慰。事过之后,骆秉章对永顺兵和鲍起豹亦无追究弹劾之词,永顺兵事件遂不了了之。更使曾国藩难堪的是,长沙城中浮言四起,湖南巡抚及司、道官员皆认为曾国藩不应干预兵事,永顺兵事件实属自取其辱。这样,曾国藩就再也无法在长沙待下去了,只好借口湘南形势不稳,须亲自坐镇,于咸丰三年八月离开长沙,移驻衡州躲避。事后他给骆秉章复信解释说:"自六月以来,外人咎我,不应干预兵事,永顺一事竟难穷究。省中文武员弁皆知,事涉兵者,侍不得过而问焉。此语揭破,侍虽欲竭尽心血,果何益乎? 是以抽掣来此。"

这件事给曾国藩以非常强烈的刺激。经过这次打击和挫折,使他愈益感到绿营兵的腐败不可用,从而更加坚定了另起炉灶、重建新军的决心。同时也使他感到,他所从事的反革命事业是异常艰难的,在他前进的道路上每走一步都会遇到障碍,而欲达到自己的目的,不仅须要战胜强大的太平天国革命者,还要排除墨守成规的所谓"文法吏"的层层阻难。要战胜这些反对派,不仅取决于内部斗争,而且决定于对太平天国军事斗争的成败。因而在自己立足未稳的时候,不想把永顺兵一事反映上去,在咸丰皇帝面前打一场毫无意义的笔墨官司,而是发愤图强,百倍努力,以求早日练成一支精锐的反革命武装,借以取代八旗和绿营等常备军的地位和作用,担负起镇压太平天国革命、支撑清王朝封建政权的任务。用他自己的话说,这叫作"好汉打脱牙和血吞"。后来他在聊天时对心腹幕僚赵烈文说:"起兵亦有激而成。初得旨为团练大臣,借居抚署,欲诛梗令数卒,全军鼓噪入署,几为所戕。因是发愤募勇万人,浸以成军。其时亦好胜而已,不意遂至今日。"当然,这不过是曾国藩事成之后的自鸣得意之词。然而也可以从中看出他的性格特点和碰壁之后的心理状态。

早在京宦时期曾国藩就认为,绿营兵惰将骄,窳败已甚,不经过一番大力裁汰和痛加训练,根本无法担负起镇压太平军的任务。当时他的建议没有被清政府采纳。回到湖南后,经过一个时期的观察和体验,对绿营兵有了进一步的认识,从而认为"居今之世,用今之兵,虽诸葛复起,未必能灭此贼",只有改弦更张,另建新军,才有"成功之一日"。

但是未来的新军究竟采取哪种形式呢?这是曾国藩需要考虑的第一个问题。当时,清朝统治者用以镇压人民反抗的武装力量主要有兵、勇和团练三部分。兵又称额兵,是有固定编制的国家军队,其中包括八旗和绿营两部分。八旗即八旗骁骑营,又称旗营,是满洲贵族入关前建立的武装力量,共约二十五万人。绿营以执绿色旗帜得名,是满洲贵族入关以来陆续收降改编的汉族地主武装,共约六十四万人。八旗和绿营皆有兵籍,弁兵父子相承,世代为业。勇指国家临时招募的官勇,有事临时招募,事过随即遣散。这是清政府在遇有战事而兵力不足的情况下采取的一种临时措施。鸦片战争时清政府就曾招募过官勇;太平天国革命兴起后,清政府也曾募集过官勇。江南大营悍将张国梁所统带的就是勇营,穷凶极恶过于绿营;江忠源带往广西的楚勇也属于官勇的性质。团练则是散布乡镇的地主乡团武装,基本上不脱离生产,属于民兵的性质。八旗和绿营都是封建国家的常备武装,团练和官勇则是非常备武装;营兵和官勇经费出于国库,团练自咸丰初年以来基本上由民间筹资,乡绅经管。官勇不同于团练,也不同于营兵,介于二者之间而又兼有二者的特点,带有半官半民的性质。曾国藩既认为绿营兵不可用,又认为团练武装难以得心应手,遂选择了官勇的形式。

另起炉灶、重建新军的思想,曾国藩早在咸丰二年底建议张亮基将所调各县练勇"改募成军"时就很明确。他在给宝庆知府魁联的信中解释采取这一决策的原因说:"就现在之额兵练之而化为有用,诚为善策。然习气太盛,安能更铸其面目而荡涤其肠胃?恐岳王复生,半年可以教成其武艺;孔子复生,三年不能变革其恶习。故鄙见窃谓现在之兵不可练之而为劲卒,新募之勇却可练之使补额兵。救荒之说,自是敝邑与贵治急务。"

曾国藩对绿营军制的改革主要表现在两个方面:一是以募兵制代替世兵制,二是将"兵为国有"变为"兵为将有"。前面已经讲过,绿营兵实行世兵制度,基本上是父子相承,当兵为业,绿营子弟成年后即可随营习武,称为随军余丁,一旦营中出现空额,便可补缺吃粮。所以,绿营一般不从外面招募,只有在余丁不足时才自外募兵补缺。湘军属官勇性质,数额不定,全部招募,且随着形势的变化和需要的不同随时增减或裁撤。曾国藩为了不使湘军染上绿营的种种恶习,首先要求湘军在组织上与绿营彻底割断联系。他认为,绿营的腐败习气已"深入膏肓,牢不可破",只有"尽募新勇,不杂一卒,不滥收一弁","特开生面,赤地新立",才能"扫除陈迹",练成劲旅。他还说:"国藩数年来痛恨军营习气,武弁自守备以上无不丧尽天良,故决不用营兵,不用镇将。"曾国藩规定,湘军士兵主要招募健壮、朴实的山乡农民,不仅不收营兵,也不要集镇码头上油头滑面之人,更不要曾在衙门当过差的书役、胥吏之类。湘军的军官,主要招聘绅士、文生充任,对政治、思想和身体条件都有一定要求。曾国藩在给朋友的信中提出四条标准,请人为他物色湘军军官。他说:"带勇之人,第一要才堪治民,第二要不怕死,第三要不急急名利,第四要耐受辛苦。治民之才不外公、明、勤三字,不公不明则诸勇必不悦服,不勤则营务细巨皆废弛不治,故第一要务在此。不怕死则临阵当先,士卒乃可效命,故次之。为名利而出者,保举稍迟则怨,稍不如意再怨,与同辈争薪水,与士兵争毫厘,故又次之。身体羸弱过劳则病,精神乏短者久用则散,故又次之。"又说:"四者似过于求备,而苟阙其一则乃不可以带勇。""大抵有忠义血性,则四者相从以俱至;无忠义血性,则貌似四者终不可恃。"可见条件虽多,关键还是政治思想表现。曾国藩选拔军官始终坚持政治标准第一的原则,只要被他认为"有忠义血性"者,不论营弁、营兵、书生,都可录用。后来成为湘军名将的塔齐布、周凤山、鲍超、杨载福都是营弁或营兵出身。至于其他条件,则各有高低差等,更可以在战争中磨炼和培养了。

为了加强对士兵的控制和湘军内部的团结,曾国藩又在两个方面做出了努力:一是加强各级军官的权力,下级绝对服从上级,士兵绝对服从军官;二是募勇的地域原则和私人情谊至上的原则。曾国藩规定,湘军的招募,统领由大帅挑选,营官由统领挑选,哨官由营官挑选,什长由哨官挑选,士兵由什长挑选。曾国藩认为,"口粮虽出自公款,而勇丁感营官挑选之恩,皆若受其私惠,平日既有恩谊相乎,临阵自能患难相顾"。曾国藩还认为,一营一军之中若募有两地的士兵,必然造成地区之间的不和。因而不如干脆只用一地之人,可以利用地域观念和同乡感情加强团结。所以湘军一般只在湖南募兵,又主要在长沙、宝庆二府招募,尤以湘乡最多。湘军不论在何地作战,凡添新勇,都要回湖南招募。湘军军官外省人间或有之,而士兵则外省人极少——只是到了后期,才偶尔募集少量外省士兵,以补充兵源的不足。为防止士兵逃跑,曾国藩还规定,凡应募者必须取具保结,并将其府县里居及父母、兄弟妻、子姓名详细登记入册。这样士兵就不敢逃离营伍;即使有逃跑者,亦可按籍捉拿归案。对于湘军内部的关系,曾国藩规定:一军之权全付统领,大帅不为遥制;一营之权全付营官,统领不为遥制。"如封建之各君其国,庶节节维系,无涣散之虞"。为了保持湘军从大帅到营、哨官的垂直指挥系统,曾国藩规定,只看事寄轻重,不管官位尊卑。即使士兵已保至提、镇大员,而营官仅止从九品,士卒也要绝对服从于营官。营官之于统领亦然。

这样,士卒由私人关系转相招引,军官则凭个人好恶任免,官与官之间也靠同乡、同事、师生、朋友等私人感情相维系,遂形成湘军各树一帜、各护其长的风气,久而久之,逐渐变成一支军阀武装。

对于兵勇的训练,曾国藩一开始就比较重视。曾国藩初到长沙时曾训练过三营湘勇,其后在镇压湖南各地会党起义中甚感得力。而派往江西的一千湘勇则有两营从未进行过训练,因而伤亡惨重,不堪一战。正反两面的经验使曾国藩的认识又大大提高了一步,进而增强了练兵的信心和决心。他在给骆秉章的信中说:"不练之兵断不可用。侍今年在省练过三营,虽不足当大寇,然犹可以一战。六月援江之役,新集之卒未经一日训练,在江不得力,至今懊悔。"他在批札中也一再强调,乡勇不难于招募而难于训练,并详列训练的内容和要求,令部下遵行。曾国藩把训练的内容和要求分为两部分,一称为"训",一称为"练"。"训"侧重于政治与思想方面,"练"侧重于军事与技艺方面。他说:"新募之勇全在立营时认真训练。训有二,训打仗之法,训做人之道。训打仗则专尚严明,须令临阵之际,兵勇畏主将之法令甚于畏贼之炮子;训做人之道则全要肫诚,如父母教子,有殷殷望其成立之意,庶人人易于感动。练有二,练队伍,练技艺。练技艺则欲一人足御数人,练队伍则欲数百人如一人。"训做人之道又包含两方面的内容,一是纪律教育,一是封建伦理教育。湘军初立时查禁甚严,尤其严禁吸食鸦片。因为军队要求士卒体魄健壮,而鸦片不仅使士卒搞坏身体,而且容易学会偷盗、抢劫,破坏纪律。所以严禁吸食鸦片一条明文载于营规,各军皆然,而其他诸禁则各军略有不同。据说老湘营查禁最多,左宗棠禁止赌博,王鑫则连饮酒都禁止,空闲时间只准练习武艺,优者给予奖励。

曾国藩对湘军进行纪律教育,主要是出于政治斗争的需要,目的在于使湘军不致像清朝的其他军队那样漫无纪律,肆意抢劫,以改变政治上的不利地位。当时太平军纪律严明,秋毫无犯,所到之处深受群众欢迎。而清军,尤其潮勇则奸淫掳掠,无所不为,受到社会上各阶层的反对和谴责,使清政府在舆论上处于很不利的地位。为了挽回人心,改变政治上的不利局面,把群众从太平军方面争取过来,曾国藩从一开始就很注意对湘军进行纪律教育,其主要方式是将官兵集合起来,由他亲自训话。他在给张亮基的信中说:"练勇之举亦非有他,只以官兵在乡不无骚扰,而去岁潮勇有奸淫掳掠之事,民间倡为谣言,反谓兵勇不如贼匪安静。国藩痛恨斯言,恐人心一去不可挽回,誓欲练成一旅,秋毫无犯,以挽民心而塞民口。"为达此目的,他"每逢三、八操演,集诸勇而教之,反复开说至千百语,但令其无扰百姓";以至"每次与诸弁兵讲说,至一时数刻之久,虽不敢云说法点顽石之头,亦诚欲苦口滴杜鹃之血。盖欲感动一二,冀其不扰百姓,以雪兵勇不如贼匪之耻,而稍变武弁漫无纪律之态"。由此也可以看出曾国藩的政治眼光和对本阶级的忠诚是高于一般清朝官员的。同时,这样带着明确的目的对军队进行政治和纪律教育,也是历来所没有的,可以说是曾国藩的一项发明创造。

湘军的编制以营为基本单位,营以下为哨,哨以下陆师为队,水师为船,马队为棚。起初湘军仅有陆勇数千人,营以上不再设官,各营直辖于曾国藩。当时曾有人提议设总统管辖各营,曾国藩没有采纳。后来湘军人数渐众,遂于营官之上设置统领、分统等官统辖各营。统领之制始于咸丰四年二月湘军东征之初,曾国藩率水陆一万七千人自湖南出发往攻湖北的太平军,为便于统辖,遂设水、陆营务处各一人,水路为褚汝航,陆路为朱孙诒。他认为,历来军营皆有统带大员,"或称翼长,或称统领,或但称营务处",名称不同,其实质并无区别。所以他有时称其为总统,有时称之为总提调,尚无固定名称。长沙整军和城陵矶大战之后,水师仅存杨载福、彭玉麟、李孟群三支,陆师只有塔齐布、罗泽南二部。咸丰四年底五年初李孟群离开水师,湘军水陆大将就只有塔、罗、杨、彭四人了,统领的名称大约是在此前后开始使用的。咸丰六年下半年后湘军人数迅速扩充,统领也日益多起来。至咸丰末年,湘军人数愈众,李续宜、多隆阿、鲍超、曾国荃皆领万人左右,为便于统辖,遂又于统领之下设置分统以管辖各营。分统之制始创于胡林翼。他首先在李续宜部设置分统,时间在咸丰十年。同治元年(1862)曾国藩把它推广于曾国荃、鲍超两军,始称分统。设立分统之初,李续宜部不足万人,分为四军,李续宜自将一军,另设蒋凝学、萧庆衍、成大吉三分统,各领二至三千人。鲍超的霆营约十五营九千人,分为三军,鲍超自领一军,另设娄云庆、宋国永两分统,每人约领五营三千人。曾国荃部约三十营一万五千人,分为六军,曾国荃自领一军,另设彭毓橘、萧孚泗、张诗日、刘连捷、易良虎五分统,每人约统五营二千五百人。后吉字营增至三万五千人,霆营增至约一万九千人,分统人数或所统兵员亦相应增加。

湘军陆师营制最初为每营三百六十人,大约是咸丰二年朱孙诒奉程矞采之命募集湘勇时与刘蓉、罗泽南、王鑫等人一起制定的。曾国藩移驻衡州后,咸丰四年十二月又与罗泽南、刘蓉、郭嵩焘、曾国葆改定营制,每营加长夫一百二十人、抬枪十六人,成五百人之数。但这次所定营制未收入曾国藩全集,在别处也未发现原文。咸丰八年曾国藩再出后,又于咸丰十年参照左宗棠、王鑫、胡林翼、李续宜诸家营制,同李榕一起详定营制,对各项章程规定得甚为详细完整。这个核定过的营制后来收入曾国藩全集中,谈湘军营制者皆以此为本。水师营制大约是咸丰三年十月改定陆师营制时制定的,亦未收入曾国藩全集,而被王定安转录入《湘军记》一书中。据罗尔纲先生考证,曾在咸丰五年至六年间作过个别修正。马队营制,据罗尔纲先生考证最初制定于咸丰九年,同治四年或五年,曾国藩曾在镇压捻军期间做过修改,改定后的马队章程亦被收入曾国藩全集中。

湘军饷章亦与绿营不同。曾国藩认为,绿营兵所以缺乏训练、战斗力甚低,一是差役太重,二是坐饷太低。绿营兵平时每月饷银马兵二两,战兵一两五钱,守兵一两。清朝初年尚可维持生活,及至道光、咸丰年间已不够五口之家食用,因而不得不出营做小贩谋生,再加上经常离营供差,就很少有时间在营训练了。曾国藩为了使士兵为他卖命,除每营增加长夫一百二十人以减轻士兵的劳役负担外,还提高了士兵平日粮饷供应标准。湘军饷章是咸丰三年十月改定营制时制定的。当时往来于湖南的各路兵勇很多,饷章各有不同,张国梁勇营每人每月饷银五两四钱,江忠源楚勇,每人每月饷银四两五钱。咸丰三年夏,内阁学士、帮办军务胜保曾奏请招募陆勇,每月饷银四两五钱,经户部议准,以后江南大营募勇即照此办理,定为奏销常例。曾国藩参考这几种饷章,尤其江忠源、张国梁勇营饷章,量为酌减,制定了湘军粮饷章程。规定陆师营官每月薪水银五十两,办公银一百五十两,夫价银六十两,共计二百六十两,凡帮办、书记、医生、工匠薪水及置办旗帜、号补各费用统统包括在内。其他各弁兵每月饷银为哨官九两,哨长六两,什长四两八钱,亲兵护勇四两五钱,伙勇三两三钱,长夫三两。水师兵饷营官与陆师营官同,头篙、舵工与哨长同,舱长与什长同,惟哨官薪水为陆师两倍,每月银十八两。总计湘军饷用,大约平均每人每月需银六两。曾国藩为防止各军统领多设官员、长夫、冒领军饷,特在饷章中规定,凡统带千人者月支饷银不得超过五千八百两,统带万人者不得超过五万八千两。

湘军饷章对弁兵薪饷的规定是相当优厚的,尤其是营官和统领,连曾国藩都不能不承认"章程本过于丰厚"。统计其各项收入,营官每月为二百六十两,分统、统领带兵三千以上者三百九十两,五千以上者五百二十两,万人以上者六百五十两。故王闿运说:"将五百人则岁入三千,统万人岁入六万金,尤廉将也。"湘军将领除多隆阿一外,"人人足于财,十万以上赀殆百数"。于是,"将士愈饶乐,争求从军"。这固然调动了湖南农民,尤其绅士、文生的从军积极性,但同时也为日后筹饷带来困难。为解决这个矛盾,湘军采取发半饷的办法,一般只发五成饷,欠饷数月以至半年成为普遍现象,久而久之,形成风气,士兵亦习以为常。为防止士兵离营,甚至有意拖欠军饷,或扣下大部分饷银存入公所,等士卒遣散或假归时进行核算,酌发部分现银以充川资,其余部分由粮台发一印票,至湖南后路粮台付清。若士兵擅自离营,欠饷、存饷即被没收,不再发给。这样,士兵苦无川资,又恋于饷银,也就不会轻易离营了。同时,士兵一旦假归或遣散回家,就能领到一大笔银两,对未曾应募入伍的人也可以产生巨大的诱惑力。这样,曾国藩就达到了一箭三雕的目的:既减轻了筹饷的困难,又防止了士兵的逃跑,还能引诱大批农民和书生踊跃应募。

湘军分为水、陆两部。陆师的建立最早应从咸丰三年算起。这年夏天曾国藩同江忠源商定练勇万人的计划,初步确定了湘军的规模。曾国藩打算编练成军之后,概交江忠源指挥,以为镇压太平天国革命的军事资本。这年秋天,又奉创办水师之命,遂改原定集练陆师万人的计划为水、陆各五千人,营制亦改为每营五百人。然而这时湘军陆师的实际人数已大大超过五千人,因而不得不对现有各营进行缩编。曾国藩提出,邹寿章、周凤山、储玫躬、曾国葆和新化勇各为一营五百人不变,塔齐布、罗泽南各将两营七百人缩编为一营五百人,王鑫六营约二千二百人缩编为三营一千五百人,其余遣散。王鑫不服,认为这是曾国藩借故打击自己,并诉之于骆秉章。骆秉章认为王鑫所募新勇可用,无须遣散。从此王鑫率营脱离曾国藩,投靠骆秉章的门下。又因罗泽南年岁(四十六岁)较大,不愿再次远征,而湘南地区仍有天地会的活动,亦须留有一定兵力,遂将罗泽南部湘军留驻衡州。这样,随同曾国藩出征的陆师就仅有六营三千人了。恰在这时,平江知县林源恩投书曾国藩,愿充一营官。曾国藩令其募平江勇五百,编为一营;另外又令朱孙诒、邹世琦、杨名声各募一营,凑成十营五千人之数,使湘军陆师初具规模。

湘军水师的筹建晚于陆师,它是在曾国藩移驻衡州后开始的。清朝绿营水师分为外海和内江两部分,外海水师驻广东、福建沿海,内江水师驻长江沿岸各要隘。至咸丰初年,外海水师尚存,而内江水师久已废弛,两湖三江皆无炮无船;偶有少数炮船,亦不过在民船上装炮而已,实不能作战。自咸丰二年十一月太平军在益阳、岳州得民船万只,建立水师之后,千船百舸,蔽江而下,千里长江完全控制在太平军手中。翌年太平军围攻南昌之初,曾有个名叫黄经的御史上奏清廷,请饬湖南、湖北、四川造船练兵,从水上攻击太平军。咸丰皇帝遂批令两湖、四川照奏执行。命令发到湖南后,骆秉章甚感为难,便以力所不及为由将其搁置起来,不予照办。及至郭嵩焘赴援南昌,见太平军驻兵船上,进退自如,往来迅速,感到欲与太平军争雄,必先建水师,夺回舟楫之利,遂向江忠源提出筹建炮船的建议。江忠源对此极为重视,马上上奏清廷,请饬两湖、四川造船,并由广东购洋炮千尊,以装备炮船,兴建水师。清廷依议,这年八月再次命令两湖、四川制造战船,并令广东购洋炮五百尊交湖广、四川,安置船上,顺流而下,与下游水师夹击太平军。命令传到湖南后,曾国藩便与骆秉章商定,以筹建水师自任。这是湘军筹建水师之始。开始一个阶段,既缺资金,又无人才,甚至连适合造船的木材也找不到,只好购买钓钩、小舨之类民船加工改造,暂充炮船。这年十月清廷令曾国藩赴援湖北,曾国藩以水勇未练、炮船不齐予以拒绝,并乘机奏请提取存放长沙的广东解往江南大营的饷银四万两,以为购炮造船的经费。曾国藩得到这批银子后,造船的速度便大大加快了。

由于湖南无人懂得炮船船式,工匠亦不会造船技术,曾国藩在造船过程中曾遇到过很大困难。最初制造大筏以压风浪,后又仿端午竞渡之舟制造战船,结果均告失败。后来,岳州水师守备成名标、广西同知褚汝航来到衡州,才使曾国藩懂得拖罟、快蟹、长龙诸船式。这时在广西购置的大批木材也运到了,曾国藩遂于衡州设总厂,湘潭设分厂,由成名标、褚汝航分任监督,召集大批工匠,日夜兴工,赶造战船。在拖罟、快蟹、长龙各船即将修造完工的时候,曾国藩邀请黄冕前往船厂参观。黄冕曾在江南办过海防,熟悉水战船式。他建议曾国藩每营添造十只舢板船,其船身短小,轻巧灵活,便于在河湾港汊行驶,可补快蟹、长龙之不足。曾国藩接受了这个建议,即日开工,日夜赶造舢板船。曾国藩不仅在造船上精选木料,不惜工本,力求坚固耐用,而且对于炮的质量与安装亦很讲究。他认为当时中国各省铸造的大炮炮身笨重,射程很短,即如二三千斤的重炮仍不如数百斤洋炮的射程,且时常有炸裂的危险。所以曾国藩不惜重金,派人从广东购买大批洋炮,并组织人力反复研试,解决了一系列技术难题,把它安装在战船上,建成了当时中国技术最先进的内河水师。咸丰四年正月湘军船炮齐备,计有大小船只三百六十一号,其中拖罟大船一号,快蟹船四十号,长龙船五十号,舢板一百五十号,用钓钩船改造而成的战船一百二十号。同时在船上装备大小炮五百七十门,其中新购洋炮三百二十门,从广西借来一百五十门,提用本省一百门,炮重二三百斤至三千斤不等。

湘军水师的营制略同于陆军,五千人分为十营,四营募自湘潭,六营募自衡州,营官分别由褚汝航、夏銮、胡嘉垣、胡作霖、成名标、诸殿元、杨载福、彭玉麟、邹汉章、龙献深担任。水勇的募练晚于陆师,大约是与改造钓钩船同时开始的。水勇的招募也较陆军为难。湘乡人多以上船为苦,视水战为畏途。文生、绅士亦多不愿担任水师营官。招聘营官的消息传出后,士人以为延请陆师营官,纷纷应聘;而一旦知道是水师,即掉头而去,走之唯恐不速。杨载福和彭玉麟后来皆为水师名将,而初由陆师改水师时,亦曾大费口舌,经曾国藩反复开导,才稍去畏难情绪,勉强应命。杨载福字厚庵,湖南善化人,后来同治皇帝载淳为避己讳,亲为改名岳斌。杨载福出身绿营世兵家庭,自幼习骑射,成年后补缺入营当兵,咸丰二年以镇压李沅发起义和防堵太平军有功,升为宜章千总,咸丰三年秋入湘军陆师。彭玉麟字雪琴,湖南衡阳人,幼年丧父,寡母以纺纱、织布的微薄收入供其读书。彭玉麟自幼聪明,刻苦攻读,甫成年而入县学,后以家贫,另谋生计。开始在衡阳城守协副将手下充掌书记,后又为一富商在耒阳看仓库,从而学会了一些骑射技击武艺和经商本领。咸丰二年因参与镇压李沅发起义和对抗太平军保为绿营把总。但彭玉麟不愿以文生补授武职,拒不受命,由耒阳回到衡阳继续为富商代管商业,咸丰三年秋应募入湘军陆师。开始,杨载福与彭玉麟皆在曾国葆营,曾国葆以为他们才可大用,将他们推荐给曾国藩,曾国藩亦欣赏他们的才干,遂令他们召募水勇,充水师营官。当时曾国藩的水师营官除成名标、褚汝航外皆不习水战,其困难之大是可以想见的。尽管如此,曾国藩经过一番努力,毕竟还是搞起了一支内河水师,且在技术、装备上大大超过太平军。这也正是曾国藩得意的地方。

曾国藩原打算将水陆各军练好之后再上奏清廷,出省作战。不料他刚把练勇万人的计划告诉江忠源,就被江忠源合盘奏出,结果船炮未齐就招来咸丰皇帝的一连串征调谕旨。第一次是咸丰三年十月,太平天国西征军进至蕲、黄一带,武汉危急,清廷接连下令曾国藩率炮船增援湖北;第二次是咸丰三年十一月中下旬,太平军大将胡以晃进攻庐州,清廷令曾国藩督带船炮兵勇速赴安徽救援;第三次是咸丰四年正月,太平军袭破清军黄州大营,清廷再次催促曾国藩赴援武汉。曾国藩深知太平军兵多将广,训练有素,绝非一般农民起义队伍可比,没有一支劲旅是不能贸然去碰的;况且与太平军争雄首先是在水上而不在陆上,没有一支得力的炮船和熟练的水勇,是无法与拥有千船百舸的太平军相抗衡的,甚至连兵力调动和粮饷供应都会发生困难。因而打定主意,船要精工良木,坚固耐用;炮要不惜重金,全购洋炮,船炮不齐,决不出征。他在给朋友的信中说,"剑戟不利不可以断割,毛羽不丰不可以高飞"。"此次募勇成军以出","庶与此剧贼一决死战,断不敢招集乌合,仓卒成行,又蹈六月援江之故辙。虽蒙糜饷之讥,获逗留之咎,亦不敢辞"。一时形成"千呼万唤不出来"的局面。

其实清廷催曾国藩赴援外省,不过以湖南乡勇可用,令其前去配合绿营作战,以解决兵力不足的困难,这也是过去常有的事,绝非要他充当主力,独力担负与太平军作战的重任。所以当曾国藩在奏折中处处以四省合防为词,声言"事势所在,关系至重,有不能草草一出者"时,咸丰皇帝即以讥讽的口吻在奏折上批道:"今观汝奏,直以数省军务一身克当,试问汝之才力能乎否乎? 平日漫自矜诩,以为无出己之右者,及至临事,果能尽符其言甚好,若稍涉张皇,岂不贻笑于天下!"可见咸丰皇帝对曾国藩是很不理解的,在他看来不过是无知书生的好高骛远和自我吹嘘,并非深思熟虑的举动,因而咸丰皇帝再次促其"赶紧赴援",并以严厉的口吻对曾国藩说:"汝能自担重任,迥非畏葸者比,言既出诸汝口,必须尽如所言,办与朕看。"曾国藩接到谕旨后仍然拒绝出征,他在奏折中陈述船炮未备、兵勇不齐的情况之后,激昂慷慨地表示:"臣自维才智浅薄,唯有愚诚不敢避死而已,至于成败利钝,一无可恃。皇上若遽责臣以成效,则臣惶悚无地,与其将来毫无功绩受大言欺君之罪,不如此时据实陈明受畏葸不前之罪。"并进一步倾诉说:"臣不娴武事,既不能在籍终制贻讥于士林,又复以大言偾事贻笑于天下,臣亦何颜自立于天地之间乎! 中夜焦思,但有痛哭而已。伏乞圣慈垂鉴,怜臣之进退两难,诚臣以敬慎,不遽责臣以成效。臣自当殚尽血诚,断不敢妄自矜诩,亦不敢稍涉退缩。"咸丰皇帝看了奏折,深为曾国藩的一片"血诚"所感动,从此不再催其赴援外省,并以"朱批"安慰他说:"成败利钝固不可逆睹,然汝之心可质天日,非独朕知。"曾国藩"闻命感激,至于泣下",更以十倍的努力加紧了出征的准备。多少年后,他还对此念念不忘,并专门请人从京中抄回原奏(因底稿在九江水战中座船被俘而丢失),与咸丰皇帝的朱谕一起保存,"同志恩遇"。

出师受挫

太平军定都天京(今南京)后,旋即开始了西征。西征军在再度攻克汉口、汉阳后,分军进攻湖南。1854 年 2 月 27 日占领岳州,连下湘阴、靖港、宁乡,形成长驱直入的形势,前锋距湖南省城长沙仅有六七十里,长沙城内一片惊慌,曾国藩派塔齐布、周凤山、杨载福分率水陆湘军沿湘江北上迎击。太平军见湘军来势汹汹,便退出岳州,退往湖北。后遇自汉阳西上的林绍璋部援军,两军汇合后再次南下,杀向湖南。湘军占领岳州后,塔齐布、周凤山乘势进占湖北通城。4 月 4 日,王鑫部在羊楼司与太平军接战,大败,逃回岳州。4 月 7 日,太平军攻城,王鑫缒城而出,曾国藩率部退守长沙,太平军乘胜出击,占岳州、靖港、宁乡,前锋攻克湘潭,形成对长沙的钳形攻势。

曾国藩虽然吃了败仗,但湘军主力并未受损。为了冲破包围,曾国藩于 25 日先派塔齐布率陆军对湘潭太平军猛攻,接着又派褚汝航、彭玉麟、杨载福率水师五营驰援。湘军水师凭借船炮的优势,冲溃由民船组成的太平军水营,经过 7 天激战,攻陷湘潭。湘军另一路由曾国藩率领,于 28 日攻打靖港。由于太平军炮轰舟逼,又遇西南风发,水流过急,湘军战船不能停泊,中炮起火,纷纷逃窜,五营水兵尽遭歼灭。陆军见状亦夺浮桥纷纷溃逃,曾国藩执剑督阵,并树令旗于岸边,上书“过旗者斩”,士卒皆绕旗狂奔,曾国藩过去曾多次讥笑清朝绿营兵不能打仗,今看到自己训练的湘军也一败涂地,感到无脸见江东父老,一气之下,跳入江中,想一死了之,幸被随员救起逃回长沙。

靖港战后,曾国藩对湘军进行了组织整顿。凡溃散之勇皆在裁撤之列。曾国藩的弟弟曾国葆在被裁之列。而与太平军拼命的彭玉麟、塔齐布、杨载福营则允许大量增募新勇,这样使湘军总人数很快扩充至一万余人。

1854 年 7 月 7 日,曾国藩派褚汝航、夏銮、彭玉麟、杨载福率水师 4 营进逼岳州。7 月 24 日,太平军迎战失利,连夜退守城陵矶要塞。8 月 9 日,陈辉龙、沙镇邦、褚汝航、夏銮四人率部飞舟直抵城陵矶下,落入太平军早已设好的伏击圈内,全部被歼,曾国藩闻报“伤心陨涕”。

8 月 11 日,湘军塔齐布在战斗中杀死太平军猛将曾天养,太平军无心恋战,退往湖北。湘军于是水陆并进,乘势入鄂。太平军见湘军其势汹汹,于 10 月 13 日夜间弃城逃往田家镇,湘军于是占领武昌。

咸丰帝得知湘军攻占武昌的消息,十分高兴,立即任命曾国藩署理湖北巡抚,并在奏折上批道:“览奏感慰实深。获此大胜,殊非意料所及。朕推奖业自持,叩天速赦民劫也。”他还眉飞色舞地对军机大臣说:“不意曾国藩一书生,乃能建此奇功。”另有一人进言说:“曾国藩以侍郎在籍,犹匹夫耳。匹夫居间里,一呼,蹶起从之者万余人,恐非国家之福也。”咸丰帝顿悟,从此严奉祖训,不肯把地方督抚大权交给曾国藩。恰好曾国藩收到其署理湖北巡抚的谕旨时,假意推辞,免得由于丁忧期间立功受职而为人讥笑,有碍“名节”。然而曾国藩的辞谢奏疏还没送到北京,咸丰帝改变了主意,他在曾国藩的奏折上批道:"朕料汝必辞,又念及你要整师东下,署抚空有其名,故降旨令汝毋庸署理湖北巡抚,赏给兵部侍郎衔。"接着又倒打一耙说:"汝此奏虽不尽属固执,然官衔竟不书署抚,好名之过尚小,违旨之罪甚大,著严行申饬。"曾打下重镇不但未得赏,反受申斥,感到悲哀。且湘军在战后未经休整,又要东征,从而使湘军数年内陷入进退维谷的境地。

1854 年 12 月 8 日,彭玉麟率湘军水师前队进抵九江江面。12 月 17 日,塔齐布、罗泽南率湘军陆师攻陷广济,旋又进占黄梅。太平军节节败退,最后退入安徽。面对湘军的反扑,太平军翼王石达开奉命赴江西主持军务。双方在九江一带展开了激烈的争夺战。

1855 年元月 15 日,塔齐布亲督湘勇进攻九江北门,太平军数十门大炮齐发,湘军伤亡过多,不能攻入。元月 18 日,湘军对九江四面合攻,塔齐布攻西门,罗泽南攻东门,胡林翼攻南门,王国才攻北门。太平军在守将林启棠的指挥下,分路抗御,伤毙湘军二百余人。

1855 年元月 29 日,太平军利用湘军水师急于求战的心理,把湘军轻便战船一百二十多艘诱入鄱阳湖,然后沉大船于鄱阳湖口,使之不得驶出。从此,湘军水师被肢解为外江和内湖两部分。外江水师只剩下运转不灵的长龙、快蟹等大船。当夜,太平军以轻快小船攻袭湘军外江水师,共焚毁湘军大船九艘,中等船只三十余艘。2 月 11 日夜,太平军对湘军水师再次发动袭击。这天晚上月色昏黑,太平军抬小筏数十只入江,挟带各种火器,钻入湘军船队放火。湘军水师大乱,纷纷挂帆而逃,曾国藩的座船被太平军俘获,清政府赏给他的"扳指、翎管、小刀、火镰"都成了太平军的战利品,曾国藩羞愤已极,再次投水自杀,被幕僚救起,用小船送入罗泽南营中。他遥望江内水师纷纷溃逃,只有少数船只停在周围,念及自己惨淡经营起来的湘军水师,竟遭如此下场,深感大势已去,欲仿效春秋时晋国大将先轸为榜样,策马赴敌而死,慌得罗泽南等人紧紧抓住马缰,苦苦劝解才作罢。

太平军两袭湘军水师成功后,迅即发动反攻。4 月 3 日,太平军三克武昌。曾国藩命胡林翼还援湖北,塔齐布留攻九江,自己到南昌恢复内湖水师。1855 年 10 月,为争取战略主动权,又派罗泽南回军武昌,夺取上游。这时塔齐布已卒于军,江西兵力空虚,石达开展开强大攻势,将曾国藩围困于南昌。其时,杨秀清调石达开回天京攻江南大营,于是,太平军失去了夺取南昌,攻占江西全省的大好战机,使濒临绝境的曾国藩获得了生路。

1856 年 12 月,湘军胡林翼、李续宾、罗泽南等部乘石达开东返之机,进攻武昌,罗泽南攻城身死,随后攻占武昌,并连陷黄州、大冶、蕲州、兴国等府县。胡林翼派曾国华进攻瑞州,湖南巡抚骆秉章遣曾国荃援吉安,江西形势才有改变。但因湘军在江西处于客军地位,军饷物质主要仰求于江西,江西官吏视之为额外负担,有人对曾故意刁难,谩骂攻击,致使曾国藩在江西步步荆棘,处处碰壁。

1857 年 3 月,曾国藩父亲去世,为摆脱军事上的失败和政治上屡受攻击的困境,他马上向朝廷奏报丁忧,并不待批准即委军而去。清政府给假三月,令其回籍治丧。1857 年 6 月假满,咸丰帝令曾国藩"赴江西督办军务",曾国藩不想再过客

图文珍藏版

位虚悬的日子,请求在家守制三年,并向咸丰帝摊牌,诉说自己督军五年来带兵作战的艰难情况。一是以侍郎督军,"徒有保举之名,永无履任之实",自己"居兵部堂官之位,而事权反不如提镇";二是以侍郎带兵,既无财权,又无赏罚黜陟之权,遇事掣肘,兵饷没有保障,动辄受到断饷的要挟;三是没有钦差大臣的职衔,更没有正式印信,处处受到地方督抚的歧视与刁难。最后,曾国藩向咸丰帝郑重表示:"臣细察今日局势,非位任巡抚,有察吏之权,决不能以治军;纵能治军,决不能兼及筹饷。臣客寄孤悬之位,又无圆通变济之才,终恐不免贻误大局。"

十分明显,曾国藩此疏是借"终制"之名向朝廷索取实权,对曾国藩心存戒心的咸丰帝于是顺水推舟,准其开兵部侍郎缺,在家守制。

再度出山

曾国藩在家守制期间,对他前几年的经验教训进行了全面总结。对于到处碰壁的原因,除悟出领兵而未兼地方实权这一道理外,还对自身修养方面的种种弱点作了一番认真检查。同时他的亲戚朋友亦对他以往一味蛮干的做法给予一些批评、劝导,使他对自己在对人处事方面的种种错误有所悔悟。一年之后再次出山,曾国藩的处世作风有了很大转变,便与这一时期的自我反省有着很大关系。

这种转变主要表现在两个方面:一方面曾国藩从此较有自知之明。后来他在给其弟的信中说:"兄昔年自负本领甚大,可屈可伸,可行可藏,又每见人家不是。自从丁巳、戊午(指咸丰七年、八年)大悔大悟之后,乃知自己全无本领,凡事都见得人家几分是处,故自戊午至今九年,与四十岁前迥不相同。"另一方面则较前工于应酬,日趋圆滑。胡林翼批评他再出之后"渐趋圆熟之风,无复刚方之气"。他自己也承认,"寸心之沈毅愤发,志在平贼,尚不如前次之志;至于应酬周到,有信必复,公牍必于本日完毕,则远胜于前"。以前,曾国藩对官场风气是很厌恶的,为此到处与人发生矛盾,受到舆论的讥讽。他在给朋友的信中说:"国藩从官有年,饱历京洛风尘,达官贵人优容养望,与在下者软熟和同之气,盖已稔知之。而惯尝积不

曾国藩行书八言联

能平,乃变而为慷慨激烈,轩爽肮脏之一途,思欲稍易三四十年不白不黑、不痛不痒、牢不可破之习,而矫枉过正,或不免流于意气之偏,以是屡蹈愆尤,丛讥取戾"。罗汝怀也说曾国藩向"无大僚尊贵之习"。经过几年的斗争之后,曾国藩发现,他既不能改变这种状况,又离不开这种场合,这样就只好向官场风气屈服,并进而学习这一套,以求适应于这种乌烟瘴气的环境。正像他后来所表白的那样,"吾往年在外,与官场落落不合,几至到处荆榛。此次改弦易辙,稍觉相安"。这一转变从侧面反映出曾国藩由中小地主的政治代表向封建权贵的转化。在此之前他还带有一点山野村夫的土气,此后则日趋世故圆熟了。这也表明曾国藩做官的本领大有提高,较前更善于做官了。

然而认识上的转变过程同时也是个痛苦的自省过程,所以,当曾国藩觉悟到"今是而昨非"时并没有得到多少快乐,而是立刻为"愧悔"往事的情绪所控制,每忆起昔日种种"与官场不和之事",辄陷于新的苦恼之中。

乡居期间,使曾国藩颇感苦恼的另一件事是舆论的压力。曾国藩以往所在与人龃龉,对人苛求不已,这一次却是委军奔丧于前,伸手要权于后,权未到手继而坚卧不起,这就与其理学家的身份很不相称,同往日的忠君言词大相径庭。因而招来种种责难与报复,又成为众矢之的。其他朋友的批评、规劝尚为可忍,令他最为不堪的是左宗棠的攻击。左宗棠权倾三湘,"肆口诋毁,一时哗然和之",曾国藩心亏理短,无词可辩,遂"得不寐之疾"。据说,自此以后曾国藩对左宗棠一直耿耿于怀,虽在镇压太平天国革命的问题上能够和衷共济,相互配合,但个人感情上却嫌隙甚深,无法泯除。后来他在向人谈起与左宗棠"致隙始末"时说,"我生平以诚自信,彼乃罪我欺,故此心不免耿耿"。

更使曾国藩感到痛苦的是他离开了阶级斗争的战场,不能为地主阶级立功。在曾国藩家居的一年中,全国形势发生了很大变化。曾国藩离开江西时,太平军与湘军正在争夺江西,九江、吉安、瑞州等地尚处于相持不下的局面。此后不久,石达开率二十万大军出走,江西太平军兵力空虚,湘军乘机攻下九江、瑞州、抚州等地,将整个湖北和江西的绝大部分地区控制在自己手里,并开始向安徽方面进攻。曾国藩在这种形势鼓舞下,对未来局势的发展做了完全错误的估计,认为一年之内就可以把太平军镇压下去。因而他很怕战争很快结束,使其失去立功扬名、光宗耀祖的大好时机,对上一年拒绝出山一事颇感后悔。他在给曾国荃的信中说:"愿吾弟兢兢业业,日慎一日,到底不懈,则不特为兄补救前非,亦可为吾父增光泉壤矣。"又说,近来胡林翼等人皆"大有长进,几于一日千里,独余素有微抱,此次殊乏长进"。后闻湘军攻陷九江,杨载福、李续宾皆赏穿黄马褂,官文、胡林翼皆加太子少保衔,更使曾国藩羡慕不已,坐立不安,再也无法在家中呆下去了。

由于"心殊忧郁",曾国藩常因细微小事怒斥弟媳,谩骂诸弟。他在家一年之中,和曾国荃、曾国华、曾国葆都闹过别扭,而且几乎都是曾国藩挑起的,且性情粗暴,语言卑陋,与官场中的曾国藩判若两人。这也从侧面反映出曾国藩的本色和他当时的心境。

与此同时,湘军的情况也发生了很大变化。湘军本来是曾国藩一手搞起来的,

图文珍藏版

其将领全由曾国藩一手培养与提拔,甚至连其统帅人物如胡林翼等,都得到曾国藩的保奏。但是到了咸丰八年,不消说胡林翼官至巡抚,复加"宫保"(即太子少保)衔,即如当年以千总应募的杨载福也已官至提督,而曾国藩却仍是在籍侍郎。另一方面,则是湘军将领皆听他的号令,只有他可以统一指挥各路湘军,其在湘军中的地位是无人可以代替的。因而骆秉章和胡林翼很想让曾国藩出山,一方面可以加强湘军各部分的联合,助自己一臂之力,同时亦可为曾国藩谋得一地方实权。咸丰八年三月石达开率二十万大军由饶州、广信一带转入浙江,很快攻占常山、江山等地,并对衢州发起围攻。胡林翼遂奏请起复曾国藩带兵赴援浙江。清政府同意这一奏请,谕令曾国藩再出统军;这时骆秉章亦奏请派曾国藩统兵援浙。曾国藩接到谕旨后,再不敢提统兵大员非位任巡抚不足以成功的话,六月三日接旨,七日(1858.7.17)即从家里起身,很快赶往长沙,开始了援浙之行。

曾国藩这次出山,与骆秉章、左宗棠、胡林翼商定由湖南出兵,江西、湖北供饷。拨归曾国藩指挥的部队最初不足万人,其中有萧启江的果字营四千人,张运兰的老湘营四千人,吴国佐约二、三营。后行至湖北兰溪,李续宾见其身边无兵,遂拨出朱品隆、唐义训两营一千人任亲兵,护卫大营。曾国藩令这两营士兵径赴河口,与张运兰的部队会合,而自己则绕道南昌拜会江西巡抚耆龄。耆龄与曾国藩的合作虽不如后来的毓科,但毕竟比昔年的陈启迈、文俊要好得多。这样,曾国藩与地方大吏的关系也得到改善,再不像咸丰五、六年间的情形了。

咸丰八年八月八日(1858.9.14),曾国藩到达江西广信府铅山县的河口镇暂时驻扎。这时石达开已从衢州撤围,南走福建;其间虽有一部突然返回江西,引起一阵骚动,但稍有接触复又退回福建,因而曾国藩并没有什么仗好打。不久他由河口出发,先后辗转于弋阳、双港、金溪等地,九月九日到建昌,准备出云际关入福建。此时刘长佑军已先期驻扎新城县,亦准备出关入福建。曾国藩命萧启江、张运兰分由广昌、杉关入闽,他的大营则一直驻在建昌,未再向前移动。曾国藩这次出山以来未遇强兵,未打硬仗,真可谓处处得手,一路顺风。不料正当他梦想一年之内把太平天国革命镇压下去的时候,波涛骤起,风云突变,迅速改变了湘军与太平军之间的力量对比。

石达开走后,洪秀全做了几次争取工作都没有奏效,便自兼军师,为扭转岌岌可危的形势采取了一系列措施。他首先罢免了不得人心的两个兄长,重新起用林绍璋,令其与蒙得恩一起管理朝政,又分别任命陈玉成、李秀成、李世贤、韦俊为前、后、左、右军主将,从而加强了内部团结和领导力量,使内讧后一度混乱的政治局势逐步稳定下来,军事力量亦得到一定程度的恢复。当时,清军利用天京内讧后的形势连陷镇江、浦口等重镇,步步进逼,妄图在咸丰八年内攻陷天京。面对清军的攻势,李秀成在这年七月于安徽枞阳齐集众将,约期会战,共解天京之围。七月中旬,陈玉成联合李世贤等军进克庐州(今安徽合肥),随即挥戈东进,于八月下旬初会合先期到达的李秀成军,在滁州乌衣渡大败清军,接着乘胜追击,直下浦口,破清军江北大营,解天京之围。

湖北方面的湘军攻陷九江之后不久又大举进犯安徽。八月,湘军悍将李续宾和都兴阿、多隆阿、鲍超合军攻陷太湖，随后都兴阿等经石牌直抵集贤关外，李续宾分兵攻取潜山、桐城，打算两路夹攻安庆。此时忽闻庐州被太平军攻破，李续宾数奉咸丰皇帝立即夺回庐州的严命，于二十天内连陷桐城、舒城，九月底进扎庐州城南七十里的三河镇。三河城小而坚，地当要道，又是太平军的屯粮之所，所以太平军在此坚固设防，驻扎重兵，使李续宾屯兵坚城之下，寸步难行。

陈玉成闻李续宾进攻三河，急忙回兵，并奏请天王令李秀成随后赶到，共救安徽。十月初，陈玉成率兵赶到庐江城南的白石山、金牛镇一带，先分兵一支切断李续宾的后路，并阻击舒城敌人的增援，然后会合随之赶到的李秀成军，将围攻三河的湘军严密包围，发动猛攻。李续宾连年苦战未得休整，进入安徽后又悬军深入，一再分兵，屡犯兵家大忌；再加上所至饱掠，士无战心，其战斗力已经大大降低。对于这些情况李续宾是知道的，攻陷舒城之后，他曾将这些情况报告武昌，并请求派兵援助。其时李续宜率四千人屯黄冈，唐训方带三千人在英山，湖北是完全有兵可派的。然而这时胡林翼已回籍治丧，不在湖北；湖广总督官文忌恨湘军，收到李续宾的告急军报后，一不发兵增援，二不令其退兵，使其陷于进退维谷的困境。李续宾正当九江骤胜之后、名满天下之时，为一股虚骄之气所支配，既不肯自行撤退，又不肯接受他人建议，"先收庐江"以固后路，遂致孤军锐进，陷于死地。当时太平军内部团结，配合良好，乘得胜之势，士气高涨。所以陈玉成、李秀成联军发起攻击后不过几天的时间，李续宾部六千精锐即被全歼，舒城、桐城湘军及进攻安庆的都兴阿军亦闻讯败退。李续宾是湘军的骨干，曾东冲西闯不可一世，陈玉成歼此一军，不仅使太平军重振军威，也使其本人威名远震，成为湘军将领闻风惊惧的人物。

李续宾的覆军丧命，对于曾国藩集团是个沉重的打击。其时胡林翼正丁忧在籍，"一日，公（指胡林翼）居丧幄，忽急卒驰书至。公发书，大恸仆地，呕血不得起，家人惶骇，良久始苏"。他还在给胜保的信中说："三河溃败之后，元气尽伤。四年纠合之精锐，覆于一旦，而且敢战之才、明达足智之士亦凋伤殆尽。"曾国藩也闻之大恸。这不仅由于三河一战使他赖以起家的这支精锐武装顷刻覆灭，其六弟曾国华亦同时毙命；而且因为经此一战之后，军事形势迅速变化，使他一年之内消灭太平军的梦想彻底破灭。他在给曾纪泽的信中说："军情变幻莫测，春夏间，方冀此贼指日可平，不图七月有庐州之变，八、九月有江浦、六合之变，兹又有三河之大变，全局破坏，与咸丰四年冬间相似，情怀难堪。"也就是说，三河之战对双方攻守形势所引起的变化，与当年湖口、九江之战差不多。足见其影响之大。由于形势的变化，曾国藩、胡林翼也不得不改变自己的计划。胡林翼放下丧事，连夜赶回湖北收拾残局，曾国藩亦奉命援皖。

曾国藩本打算由南昌坐船经湖口沿江入皖，不料正当他准备启程的时候，忽然接到江西巡抚的咨文，请他派兵攻打景德镇。据守景德镇的太平军是与石达开决裂后由福建折回江西的杨辅清部，咸丰八年十一月，他们刚占据景德镇不久就遭到清军的进攻。杨辅清乘机发动反击，将其击溃。江西巡抚无兵可派，便移咨曾国藩求援。曾国藩只好将萧启江四千人留在江西南部，监视石达开的行动，把张运兰的四千人从福建调回进攻景德镇。由于久攻景德镇不下，他自己也只好仍把大营留在建昌。

咸丰八年十二月，李鸿章来到建昌。李鸿章（1823—1901）字少荃，安徽合肥人，其父李文安与曾国藩是道光十八年进士同年，道光二十五年李鸿章以"年家子"从曾国藩学习应试诗文，甚受器重。道光二十七年李鸿章中进士，改庶吉士入馆学习，二年后散馆授翰林院编修。此时曾国藩已升任礼部侍郎，李鸿章仍常往问业，关系甚为密切。曾国藩一生中收过不少门生，而真正亲赴门下问业受教者，则只有李瀚章、李鸿章兄弟二人。咸丰二年夏曾国藩离京，李鸿章始与他的老师分别，而书信往还则始终不绝。咸丰二年底三年初，李鸿章随工部侍郎吕贤基回籍办团练对抗太平军，十一月吕贤基死于舒城，李鸿章则因与皖抚福济的师生关系找到新的靠山。咸丰七年，李鸿章因一再临阵脱逃而为福济所厌弃，令其离开安徽，回京叙职。从此李鸿章失去立足之地，四处游荡。当时其兄李瀚章正在曾国藩幕府，负责总理粮台、报销等事，随报销总局驻南昌、九江间的吴城镇。这次李鸿章来访，是从其兄处专程前来拜会老师的。曾国藩见其闲居无事，便把他留在自己属下，先令其招募马队，继令其随曾国荃攻打景德镇，后又令其充任幕僚，负责草拟书牍章奏，甚得曾国藩赏识。曾国藩曾对身边幕僚说："少荃天资于公牍最相近，所拟奏咨函批皆有大过人处，将来建树非凡，或竟青出于蓝，亦未可知。"李鸿章也说："从前历佐诸帅，茫无指归，至此如识南针，获益匪浅。"真可谓气味相投，相得益彰。李鸿章初到时只是个候补道员，不到一年即实授福建延建邵道，从此步步高升，成为曾国藩的亲信大将。咸丰九年初，石达开由福建经江西南端辗转入湖南，萧启江尾追而去，脱离了曾国藩的指挥。二月中旬，曾国藩将大营移至抚州，并令朱品隆回湘招募新勇四千人在抚州城外训练，以补足万人之数，待其练成之后，即派往景德镇助攻。四月底，曾国藩的九弟曾国荃到达抚州，曾国藩即将新旧各勇五千八百人交其指挥，令其带往景德镇，和张运兰一起攻城。

曾国荃最初募勇赴赣主要依靠吉安知府黄冕，其主要目标是攻陷太平军据守的吉安府城，因而这支湘军称吉字营。起初曾国荃与湘军宿将周凤山一起行动，后周凤山营溃败，黄冕就把整个部队六七千人统交曾国荃指挥。攻陷吉安后，曾国荃即将旧勇解散，自己也回家送钱送物，置田盖房。这次再出之后，所统军队主要是新募之勇，旧勇只有一千八百名，但名称未变，仍称吉字营。从此这支军队脱离湖南巡抚的指挥，成为曾国藩的嫡系。曾国藩还曾邀请刘长佑同行，因刘长佑染病在身，其部卒亦久战疲劳，病者太多而未果。

曾国藩本来打算攻陷景德镇后就带兵入皖的，不料景德镇还没有攻下，情况又发生了变化。咸丰九年六月，石达开久围宝庆不下，便有入川之意。骆秉章探知此情，便函会胡林翼，通过官文上奏清廷，请求派曾国藩入川预为布防，以确保湖北饷源。当时湖北湘军筹饷以川盐厘金为大宗，故把此事看得至关紧要；同时亦是为曾国藩个人谋得川督一席，使其有一落脚之地。六月十三日夜间，杨辅清以军粮垂尽弃城走皖南，第二天湘军进占景德镇。

不久，因张运兰的老湘营闻石达开入湘，人人欲回湖南护家，军心动摇，不可再用。曾国藩因势利导，将其派回湖南作战，曾国荃的吉字营亦撤回抚州。于是曾国藩便结束江西的军务,准备带兵入川了。

咸丰九年七月七日(1859.8.5),曾国藩率领他的幕僚属员从抚州启行,由陆路前往南昌,然后登船沿赣江北上,经鄱阳湖入长江,溯流西行,打算经湖北入川。行至黄州会见胡林翼后,情况又发生了变化。奏派曾国藩入川本来是胡林翼的主意,原以为清政府会因此将川督一职授予曾国藩,借以为其谋一块地盘。等命令下来以后胡林翼才发现,清政府仍只令曾国藩督军,不肯授予地方大权。胡林翼认为,与其让曾国藩这样入川,依旧处于客军虚悬的地位,还不如将其留下,与自己合兵一处进攻安徽。这样不仅兵力加厚,取胜较有把握,而且集两人的智力,考虑问题也会更加周到。而曾国藩自己则更不愿入川,他在给左宗棠的信中说,"凡治事公则权势,私则情谊,二者必居其一",自己这次入川,既无地方大权,又无朋友相帮,"虽欲独办一事难矣"。因而还是留下来依靠胡林翼为好。于是胡林翼便通过官文奏请曾国藩暂缓入川,与自己一起进攻安徽。曾国藩刚走到武昌附近的阳逻镇,就收到咸丰皇帝新的命令,同意官文的奏请,令曾国藩暂缓入川,驻扎湖北,以图安徽。曾国藩接奉上谕后继续上行,在武昌驻了一个月后即返回巴河,与胡林翼共同筹划进攻安徽的步骤和路线。

清政府的这一决定成为曾国藩一生中的重要转折点,从此之后,不仅兵饷的供应有了保证,而且处处得手,事事有人相帮,再不像在江西、湖南时的情形了。曾国藩后来追忆自己的经历时说,以往在湖南、江西,办事都不顺利,时常遭人冷淡、排挤,甚至受到凌辱和斥骂。咸丰八年起复再出后,亦"倏而入川,倏而援闽",丝毫"不能自主"。自咸丰九年与湖北合军,胡林翼"事事相顾,彼此一家,始得稍自展布"。

曾国藩赴川途中,行至南昌,遇见了他的最小的弟弟曾贞幹。曾贞幹原名曾国葆,字季洪,在曾国藩诸弟中最早带兵打仗。咸丰四年因在岳州、靖港连吃败仗,遂将兵勇遣散,回乡闭门闲居。咸丰八年十月曾国华死于三河,曾国葆声言为兄复仇,遂更名贞幹,字事恒,奔赴湖北投军。胡林翼令其募勇两营随己作战,取名湘恒营。这一次他本来是去抚州看望曾国藩的,不料曾国藩已启行赴川,遂追至南昌。不久,曾贞幹与曾国荃合军一处,对太平军作战,成为曾国藩的一个重要助手。

曾国藩进攻安徽的中心目标是太平军重兵设防的安庆。他在奏折中称:"自古办窃号之贼与办流贼不同","剿办窃号之贼,法当剪除枝叶并捣老巢。今之洪秀全据金陵,陈玉成据安庆,私立正朔,伪称王侯,窃号之贼也"。他认为,"自洪、杨内乱,镇江克复,金陵逆首凶焰久衰,徒以陈玉成往来江北,勾结捻匪,庐州、浦口、三河等处叠挫我师,遂令皖北糜烂日广,江南之贼粮不绝"。因此,"欲廓清诸路,必先攻破金陵";"欲攻破金陵,必先驻重兵于滁、和,而后可去江宁之外屏,断芜湖之粮路;欲驻兵滁、和,必先围攻安庆,以破陈逆之老巢,兼捣庐州,以攻陈逆之所必救。诚能围攻两处,略取旁县,该逆备多力分,不特不敢悉心北窜齐、豫,并不敢一意东顾江浦、六合。盖窃号之贼未有不竭死力以护其本根也"。在他看来,天京之所以长期不能攻陷,太平天国之所以能在内讧之后声威再振,就是因为有滁州、和县、安庆以为屏蔽,有陈玉成联合捻军往来游击,屡次打败湘军与胜保等人的进攻。

若集中力量进攻安庆，陈玉成必然全力来争，这样就可迫其进行战略决战。如能攻陷安庆，消灭陈玉成这支部队，天京的攻陷也就只是个时间问题了。所以他把攻陷安庆当作中心目标，甚至把它看成清王朝生死存亡和曾家气运兴衰的关键。

至于向安庆进兵的具体路线，最初胡林翼定为三路：都兴阿、多隆阿、鲍超与杨载福水军循江攻取安庆为第一路，曾国藩出太湖以取桐城为第二路，胡林翼自英山攻向舒城、六安为第三路，每路万人左右。当时袁甲三正驻扎临淮关督办安徽军务，听到胡林翼的计划非常紧张，认为这会把太平军赶向淮北。清廷也担心安徽太平军会兵锋北指，威胁北京，因而令曾国藩、胡林翼再行斟酌，以求万全。曾国藩遂与胡林翼商定，改三路进兵为四路进兵：第一路由宿松、石牌取安庆，曾国藩亲自担任；第二路由太湖、潜山进攻桐城，多隆阿、鲍超担任；第三路由英山、霍山取舒城，胡林翼担任；第四路由商城、固始进攻庐州，李续宜担任。由于李续宜迟迟不来，回来后又改驻青草塥，以为游击之师，因而这个四路进军的计划没有实现，实际上还是三路进兵，其所做的改变只是把担任第一路和第二路的人员调换了一下。三路部队各有不同的作战任务，其在整个战役中的地位和作用亦有所不同：第一路的任务是围攻安庆，为四路部队的主力；第二路的任务是切断庐州与安庆的联系，阻击庐州方面的援军；第三路的任务与第二路相似，所不同的是，除阻击太平军的援军外，还要防止太平军由安徽进入湖北，袭击胡林翼的后方。表面上看，好像第一路的任务最艰巨，其实第二路的部队最吃重。因为安庆一旦被围，陈玉成必然全力解救，其援军所造成的巨大压力，可能主要会落在第二路身上；然而一旦取胜，第一路必居首功，而第二路出力最大反而功居次位。所以这一变动对曾国荃甚为有利而不利于多隆阿，遂成为他们日后不和的根源。

咸丰九年十月二十四日（1859.11.18），曾国藩率军万人从巴河出发，经黄梅进驻宿松，并派李榕、朱品隆带兵前往太湖，与湖北方面的部队会合。湖北方面的军队由多隆阿、鲍超、唐训方、蒋凝学分别统领，总计约二万余人，已先期到达太湖城外。两路湘军会齐后，便对太平军据守的太湖发动进攻。太湖地当湖北通向安庆的要道，战略位置极为重要，是双方必争之地。太湖之战实际上也就成为安庆决战的序幕。十二月底陈玉成率大军援救太湖，扎营七十余座，欲自外包围进攻太湖的湘军。胡林翼当时已由黄州移驻英山，他闻讯后立即致信曾国藩，要求改变战略部署，仅留少数兵力监视太湖，集中主要兵力对付援军。并任命多隆阿为总统，统一指挥前线各军。

多隆阿字礼堂，姓呼尔拉特氏，满洲正白旗人，原驻防黑龙江，咸丰三年调入关内，先从胜保，后从僧格林沁，咸丰八年又调往湖北，隶荆州将军都兴阿部下。咸丰九年初都兴阿因病离营，多隆阿改归湖广总督官文和湖北巡抚胡林翼调遣，这年秋授为福州副都统，仍留安徽办军务。多隆阿基本上仍保持着关外旗人的气质，剽悍、质朴，精于骑术，颇善骑战；但甚为傲慢，对汉人、汉官极为轻视。由于胡林翼与官文关系较好，又善于笼络人心，所以多隆阿独乐于听从胡林翼的指挥，对曾国藩则从不买账。曾国藩本来不愿把前敌指挥权交给多隆阿，只是碍着胡林翼的面子，不得不勉强同意。湘军各将对此亦坚决反对，李续宜、曾国荃迟迟不来，直到太湖之战结束后才回营,主要就是这个原因。这样,多隆阿所能指挥的湘军大将就只有鲍超一人了。

鲍超字春霆,四川奉节人,其父为绿营世兵,本人以随营余丁考补绿营额缺。最初从向荣转战广西,不久入湖南长沙协标,后属塔齐布,以勇悍闻名。咸丰四年曾国藩在长沙整军时,调鲍超入水师营,隶杨载福部下充任哨官,后因拔救胡林翼于生死呼吸之间,为胡林翼所知。咸丰六年冬胡林翼令其回湖南募勇,改领陆军,初仅五营三千人,渐增募至六千余人。鲍超初隶荆州将军都兴阿,都兴阿因病离去后改由多隆阿统辖。鲍超本亦不愿听从多隆阿的指挥,只是碍于胡林翼的面子忍屈服从。他见太平军来势甚猛,欲在太湖附近进行阻击。多隆阿不许,一定要他带兵四千到太湖东北的小池驿驻扎,以阻挡太平军的大队援军。这里远离湘军的其他部队,唯与多隆阿较近;而多隆阿作战从来不顾别人,对鲍超亦弃置不肯援救,因而鲍军就成为湘军最突出、最孤立的部分。结果为陈玉成大军团团围困达二十余日,弹尽粮绝,几乎重蹈李续宾的覆辙。正当危急之时,胡林翼派金国琛、余际昌率军一万一千余人越天堂水吼岭袭击太平军之背,遂使鲍超乘机从垒中冲出,向太平军发动反攻。陈玉成作战失利,粮储被焚,只好于咸丰十年正月二十五日放弃太湖,连夜撤走。太湖是安庆的门户,太湖既失,湘军便长驱直入,进围安庆,仅剩下枞阳一线与桐城相通。这时李续宜、曾国荃自湘来皖,鲍超回川养伤。曾国藩、胡林翼根据情况的变化再次调整了兵力部署,议决由曾国荃围攻安庆,主任攻城任务;多隆阿驻桐城,主任阻援任务;李续宜驻军桐城、潜山间的青草塥,以为游击之师,主要任务是策应两路主攻部队,迎击援军,实际上是曾国藩、胡林翼专门用来打援的一支机动兵力。咸丰十年五月初叛徒韦俊在杨载福、彭玉麟水师配合下攻陷枞阳镇,使安庆完全处于湘军的严密包围之中。从此安庆内外隔绝,供应中断,日益陷入困境。

不料正当此时,太平军再破清军江南大营,并顺势东取苏州、常州,引起清廷一片惊慌,曾国藩乘时取得两江总督一席,遂可大展其夙志。

咸丰九年三月,正当洪秀全感到佐政无人的时候,拜上帝会最早的成员之一、洪秀全的族弟洪仁玕由香港辗转来到天京,很快被封为军师、干王,受命总理朝政,从而加强了太平天国的领导力量。当年十二月太平军各路将领齐集天京,共商破敌之策,洪仁玕遂献"围魏救赵"之计。他认为欲解天京之围,不可力攻,只可智取,须先发兵一支直指杭州,攻敌必救;待清军分兵远去,再回军猛攻江南大营,必然奏捷,清军可破,天京之围可解。洪秀全采纳了这一建议。咸丰十年二、三月间,李秀成率军攻破杭州外城,击毙浙江巡抚罗遵殿,江南大营果然派张玉良援浙。李秀成见敌中计,急速回兵,会合陈玉成、杨辅清、李世贤等部击破清军江南大营,和春、张国梁仓皇出逃。太平军乘胜追击,连下苏州、常州各城。于是和春自缢,张国梁落水而死,江苏巡抚徐有壬自杀于苏州,两江总督与其他江苏官员逃往上海,一时形成树倒猢狲散的局面,苏南财富之区遂入太平军之手,从而大大加强了太平天国的力量。

江南大营的崩溃是对清政府的沉重打击。江南大营的和春、张国梁等人虽然没有多强的战斗力,但毕竟是所谓国家经制之兵,在清政府眼里,总觉他们比曾国藩募练的官勇可靠,因而将他们部署在天京城下,打算重施故伎,让湘军苦战,由绿营收功。江南大营再度崩溃后,清政府在南方的绿营武装已基本瓦解,无法重新组织起对天京的包围,从此只好依靠曾国藩湘军来镇压太平天国革命了。曾国藩集团早就看透了清政府的这种用心,亦早知江南大营是自己走向胜利的政治障碍,因而一听到江南大营溃败的消息,无不备感鼓舞,额手称庆,以为终有出头之日。清军江南大营始溃,左宗棠"闻而叹曰:'天意其有转机乎?'"有人问其故,他说:"江南大营将蹇兵罢(疲),万不足资以讨贼,得此一洗荡,而后来者可以措手。"胡林翼也表示:"朝廷能以江南事付曾公,天下事不足平也。"可见,击溃清军江南大营之举,固然是太平天国军事上的胜利,但更是曾国藩集团政治上的重大胜利,而归根到底还是湘军的胜利,正是太平军用自己的手搬去了湘军脚下的障碍,为其迅速发展扫清了道路。

早在李秀成进攻杭州时,清政府就有些心慌意乱,急令曾国藩与杨载福水陆东下,以分散太平军的兵力。不久,清政府闻江南大营溃败,苏州、常州危在旦夕,又强令曾国藩从安庆撤围东下,救援苏州、常州,并说曾国藩进攻安庆,屯兵坚城之下,遽难得手,即使能够很快攻下安庆,倘若苏州、常州有失,亦属得不偿失。其实当时苏州、常州已被太平军占领,曾国藩也已知道这一情况,只是清政府尚未收到奏报。在这种情况下,曾国藩当然不会放弃进攻安庆的计划而东攻苏州、常州。清政府见曾国藩不动,便先行赏给曾国藩兵部尚书衔,授以署理两江总督之职,令其兼程驰赴江苏上任,以保卫苏州、常州,收复失地。江苏、浙江是中国最富庶的地方,也是清政府的主要财源和粮食供应基地,因而,苏州、常州的得失对清政府来说确乎是至关紧要的。清政府将两江地方大权交给曾国藩,目的是要他为朝廷收回并保住这个钱库和粮仓。赵烈文后来评论这一任命时说:"迨文宗末造,江左覆亡,始有督帅之授。受任危难之间,盖朝廷四顾无人,不得已而用之,非负扆真能简畀、当轴真能推举也。"不过,说咸丰帝对曾国藩署理江督的任命是"不得已而用之"当属确论,而认为非"当轴真能推举",则未必尽符事实。

曾国藩终获江督一席,甚得肃顺推荐之力。肃顺时任军机大臣、协办大学士、户部尚书,甚得咸丰皇帝信用。他和文庆是清政府中最为重视汉族官员作用的满族官员,他们都认为,要把太平天国革命镇压下去,保住满洲贵族的江山,非重用汉族官吏不可。对于曾国藩、胡林翼、左宗棠等湖南领兵将帅知之尤深,"颇能倾心推服"。平日与客谈论,常心折曾国藩之"识量"、胡林翼之"才略"。在镇压太平天国革命过程中起过重要作用的湖南巡抚骆秉章、湖北巡抚胡林翼等均以能够得到提拔重用,都与肃顺的推荐有关。原两江总督何桂清被革职之初,咸丰皇帝欲以胡林翼署两江总督,肃顺进言说:"胡林翼在湖北,措注尽善,未可挪动,不如用曾国藩督两江,则上下游俱得人矣。"咸丰皇帝采纳了这个建议,遂有曾国藩署理两江总督之命。

长期以来,曾国藩经常为得不到督抚大权而感到苦恼。他认为,自从军以来,自己所以处处榛莽,事事不能自主,无法充分发挥作用,皆因手无地方大权之故,因而时常暗自吐露自己的不平情绪和压抑心情。咸丰九年十月驻扎巴河时,偶与李榕谈到当时的政治问题,遂勾起他的心思。他在当天的日记中写道:"申夫(李榕字)自黄州归来,稍论时事,余谓当竖起骨头竭力撑持。三更不眠,因作一联云:养活一团春意思,撑起两根穷骨头。"移驻黄梅之后,又在日记中写道:"思身无际,甚多抑郁不适于怀者,一由褊浅,一由所处之极不得位也。"毫无疑问,所谓"所处之极不得位",就是指统兵而未能兼管地方,不能做到"事权归一""操持在我"。清政府命其署理江督两月之后,随即实授两江总督,并授为钦差大臣,督办江南军务,遂使曾国藩如愿以偿。从此曾国藩实权在握,得以自行展布,大显身手,亦一扫往日郁闷心情。

胡林翼闻曾国藩署理江督,又得钦差大臣衔,异常兴奋,立即致函曾国藩,要他加募新勇四万,放手大干,于原定进围安庆的"三小支"部队外,另筹"两大支"武装力量,一出扬州,一出杭州,而曾国藩本人则居中指挥,率兵一支"从徽、宁鼓行而东",然后三路会合,直取太平天国的首都天京,以加速镇压太平天国革命的战争进程。曾国藩的幕僚姚体备也提出类似的计划,要他派兵两支分取下游,一支由沈葆桢率领取苏州、常州,一支由李元度率领取浙江。而曾国藩却认为这些计划都是不现实的,决心置江浙于不顾,仍把战略重点放在安庆,继续采取稳扎稳打、步步为营的战术,坚持先取安徽,后取江浙,力争上游,以上制下的战略方针。他在给清廷的复奏中说:"自古平江南之贼,必踞上游之势,建瓴而下乃能成功。自咸丰三年金陵被陷,向荣、和春等

胡林翼

皆督军由东面进攻,原欲屏蔽苏、浙,因时制宜,而屡进屡挫,迄不能克金陵而转失苏、常,非兵力之尚单,实形势之未得也。今东南决裂,贼焰益张,欲复苏、常,南军须从浙江而入,北军须从金陵而入;欲复金陵,北岸则须先克安庆、和州,南岸则须先克池州、芜湖,庶得以上制下之势。若仍从东路入手,内外主客形势全失,必至仍蹈覆辙,终无了期。"而"安庆一军目前关系淮南之全局,将来即为克复金陵之张本",所以"安庆城围不可遽撤"。这就是曾国藩的基本战略思想,可以说比清政府的看法高明,比胡林翼的看法切实。从军事理论上讲无疑也是正确的。

为了既坚持原议,又给苏州、常州士绅以希望,略尽署理江督之责,在基本部署不变的情况下,曾国藩又制订了一个在长江南岸布兵三支的计划:一支由池州进攻芜湖,一支由祁门经旌德、太平进图溧阳,一支由广信入浙江。曾国藩自任祁门一路;令李元度募勇三千,合饶廷选平江勇二千五百人任广信一路;芜湖一路暂时未作具体安排。曾国藩还就兵饷大计与胡林翼做了进一步磋商,决定由湖南出兵员,

湖北、江西供饷,集湘、鄂、赣三省之力夺取安徽。不久,清政府批准了曾国藩的计划,不再坚持撤安庆之围而移兵苏州、常州的要求;同时,还依照潘祖荫等人的保奏,赏给左宗棠四品卿衔,令其帮办曾国藩军务。从此曾国藩又增添了一个得力助手。

左宗棠本在湖南巡抚骆秉章幕中充任幕僚,甚得骆秉章信用,遇有部下向骆秉章汇报请示工作,骆辄令其去问"左师爷",致使左宗棠有"左都御史"之称,意谓左宗棠的权力大大超过骆秉章。左宗棠才气四溢,精力过人,"自刑名、钱谷、征兵、练勇与夫厘金、捐输,无不布置井井,洞中机要"。同时他还大力整顿吏治和财政、税收制度,裁撤冗员,剔除中饱,抽收厘捐,使湖南中产阶层以下负担减轻,全省财政状况却大为好转,办事效率显著提高,很快变成一个兵精粮足的省份,将大批兵员、粮饷、船只、枪炮、弹药、衣物等源源不断地供给出省作战的湘军,成为曾国藩集团镇压太平军和各地农民起义的首要基地。左宗棠虽未出仕,而久已被视为湘军集团中仅次于曾国藩、胡林翼的第三号人物,所谓骆秉章之功则左宗棠之功,并非虚语。据说石达开围攻宝庆时,实际上指挥湘军与太平军作战的就是左宗棠。因而湖南官员和湘军将领皆看左宗棠的眼色行事,奉若神明,不敢稍违。

左宗棠恃才自傲,性情狂放,这样一来,就愈益目中无人了。有一天,署理湖南提督、永州镇总兵樊燮找骆秉章议事,向骆秉章施礼罢,未向在座的左宗棠行跪拜大礼,仅一揖而已。左宗棠立即质问为何不向他行礼,樊燮以未有朝廷命官向师爷行礼之制度抗声相对。左宗棠勃然大怒,破口大骂,力批其颊,事后又以骄倨罪将樊燮革职。樊燮以二品武职大员竟为一个举人所如此侮辱,心不能忍,上控于湖广总督官文;以湖南藩司文格为首的一批官员,早就对左宗棠裁冗员、剔中饱等事怀恨在心,亦乘机煽动,暗中支持。官文遂罗列罪状上奏咸丰皇帝。清廷对此事极为重视,立即指令正在武昌主持乡试的主考官钱宝青查办此案,倘确有不法情事,即将左宗棠就地正法。这样一来,骆秉章慌了手脚,一面出章奏保,一面请王闿运在京城活动,全力援救左宗棠。当时王闿运正在肃顺家中教书,遂向肃顺求援。肃顺表示,必俟内外大臣有人保奏,皇帝问起时,方可说话。于是保荐左宗棠的奏折雪片般向咸丰皇帝飞来,至有"国家不可一日无湖南,而湖南不可一日无宗棠"之语。咸丰原以为杀一举人无关大局,不想竟兴如此大波;且同一左宗棠,评价判若霄壤,不能不有所疑问。肃顺乘机保荐,大加推崇,左宗棠遂得保全,并有以四品卿衔襄办曾国藩军务之旨。

左宗棠初闻大案之起,情绪非常懊丧,于咸丰九年底退出骆秉章幕府,随即携女婿陶桄启程赴京,准备参加当年的会试。此时京中已流言满城,广布罗网,单等左宗棠的到来。胡林翼闻讯惊慌,急忙致函安襄郧荆道毛鸿宾,令其派员专候,阻止左宗棠进京。左宗棠行至襄阳,见到胡林翼信,知北京已不可去,只好改行英山大营,会见胡林翼。咸丰十年闰三月底又从英山赴宿松,会见曾国藩,要求领兵自效。不久胡林翼也专程赶到宿松。曾国藩、胡林翼、左宗棠经过反复磋商,决定由左宗棠回湖南募勇五千人,独领一军,在景德镇一带作战。左宗棠在曾国藩这里只住了二十天即启程返湘。在这二十天中,左宗棠"昕夕纵谈东南大局,谋所以补救之法",自与客游者有所不同,所以在曾国藩的幕僚名单中也留下左宗棠的大名。当曾国藩接到咸丰皇帝令左宗棠以四品卿衔襄办军务的谕旨时,左宗棠已离开宿松,尚未从湖南返回。从此左宗棠对清政府感激涕零,拼命图报,在两军战场上,于曾国藩、胡林翼之外,太平天国又增加了一个新的凶恶敌人。

曾国藩、胡林翼进攻安庆一开始就采用围城打援的策略,其目的不仅限于攻陷安庆这一军事重镇,更力图进行战略决战,歼灭太平军主力陈玉成部。这一方针是胡林翼首先提出并加以部署的,后来得到曾国藩的支持。他们为了实现上述战略意图,一再调整兵力部署。当时湘军水陆各营总兵力大约有五六万人,以多隆阿、李续宜两军较强,曾国荃一军较弱。曾国藩令曾国荃围城,多隆阿、李续宜两军打援,杨载福、彭玉麟水师封锁水道,兼管运输。这就使打援部队无论在质量和数量上都大大强于围城部队,兵力分配大约为二与一之比。所以王闿运在《湘军志》中说:"安庆之围也,林翼计曰,用兵之道,全军为上,得地次之,今日战功破敌为大,复城镇为下。古之围者必四面无敌,又兵法十则围之。若我兵困于一隅,贼必以弱者居守,而旁轶横扰,乘我于不及之地,此危道也。然不围城则无以致贼而求战,故分三军,一军围,二军战。"这里所说的"致贼而求战",就是调动敌人,迫其就范,最后聚而歼之的意思。同时围城部队亦兼顾打援任务。五月初攻陷枞阳之后,曾国荃乘陈玉成回师天京和东征苏州、常州之机,用不可食用的霉变陈米千石、银数千两雇佣饥民开挖两道长壕,深、宽各一两丈,内壕困安庆守军,外壕拒援师,安庆城三面都被包围在长壕之内,惟临江一面和东门外菱湖一段未修壕墙,由水师负责巡守。

曾国藩采取这一策略进攻安庆不是偶然的,长期以来湘军就采用这种办法对付能攻善守的太平军,使太平军无法发挥自己善于打运动战的长处,屡遭挫败,迭失各城。最初,挖壕筑墙不过是湘军的自卫办法。湘军初起,常在夜间受到太平军的袭击,曾国藩遂令湘军每日扎营后,无论一夜两夜,都要挖壕筑墙,用以自卫。后来湘军进攻武昌时,不仅为太平军救援部队所攻,也常常受到城内守军的反击,罗泽南就是在攻近城门时被从城中突然冲出的太平军击伤致死的。咸丰六年七月石达开率大军援救武昌,胡林翼、李续宾兵力单薄无力抵御,遂于青山、鲁巷间筑垒挖壕,将东湖、南湖、汤孙湖、青菱湖等 一带湖群连接起来,并以水师炮船封锁水面,形成一道防线,内困武昌,外抗援军,使石达开无计可施,终于在当年十一月乘天京内乱之机攻陷武昌。从此湘军引为成功经验,在九江、瑞州、吉安,都是沿用这个办法将城攻陷的。不过当时重点都放在围城上,主要目标是攻陷城池,打援也是为攻城服务的。安庆之战则把这一办法向前发展了一步,把重点放在打援上,有计划地逼使对方进行战略决战,以歼灭太平军的有生力量。为此集中了曾国藩和胡林翼所能指挥的几乎全部兵力,造成湘军在安庆地区的显著优势。这也是前所未有的。

然而,这样一来就造成了他们后方兵力的空虚。江西尚有左宗棠五千人在景德镇,吴坤修、普承尧数千人在九江,湖北则黄州以上无湘军一卒一将,仅有官文率少数绿营兵驻防。这是湘军整个战略部署上一大漏洞,使之有懈可击,无论武昌、九江或南昌,只要被太平军攻克一城,安庆之围就会不攻自解。因而尽管曾国藩、胡林翼通力合作,考虑周密,苦心孤诣地在安庆地区设下坚固的攻防体系,造成局部优势,但并不是不能打破的。

洪仁玕毕竟是一位知识分子出身的太平天国领导人,虽然他没有陈玉成、李秀成等将领那样丰富的实践经验和卓越的组织才能,但在军事战略上却有较远的眼光,高人一筹。他善用"围魏救赵"之策,在提出虚攻杭州、实捣江南大营的正确建议之后,又提出分兵两路合取武汉以解安庆之围的计划。这个计划又称第二次西征,得到陈玉成、李秀成二将的一致赞同和洪秀全的批准,遂于咸丰十年三月天京军事会议上商定,兵分两路,陈玉成由长江北岸进兵,李秀成由长江南岸进兵,于第二年三月在武昌、汉阳城外聚齐,合取武昌、汉阳。李世贤、杨辅清、黄文金等亦属于南路部队,与李秀成一起行动。这个计划正好击中湘军的要害,是当时解救安庆的唯一正确的方针。

太平军西征部队南路各军的必经之地皖南是个丘陵山区。在靠近浙赣边界的群山之中有一块小盆地,祁门县城就在这盆地的西端(其东还有黟县、休宁、歙县,同属徽州府),所以李鸿章说"祁门地形如在釜底,殆兵家之所谓绝地"是不无道理的。曾国藩却认为,皖南地连赣、浙、苏三省,战略地位十分重要,"我守之,则可通敝处与尊处之气,可以固景德镇、湖口之防;贼得之,则隔我三面之气,阻我进兵之路,利害甚钜"。为了使安庆围城湘军与江西后方连通一气,目前可阻太平军由浙、赣两省进援安庆之路,将来即为进兵苏南张本,曾国藩不顾所有人的劝阻,决心进驻祁门,与太平军争夺皖南。于是曾国藩、胡林翼决定,曾国荃留下继续围攻安庆,抽出鲍超六千人、朱品隆和唐义训二千人、杨镇魁一千人,并将张运兰四千人从湖南调回,共集兵一万三千人随曾国藩渡江南下,进驻祁门。

咸丰十年五月十五日(1860.7.3)曾国藩从宿松动身,先乘船至东流,然后陆行至祁门,当时随行的部队只有朱品隆等三千人,曾国藩令其步行至华阳镇渡江,然后赶到祁门会齐。张运兰的老湘营直到七月二十四日才到达祁门,四天后即由祁门拔营,经旌德进援宁国府。鲍超请假探亲迟迟不归,八月二十二日始至祁门,以无故逾期革勇号。这时霆营已由宋国永、郑阳和带领进扎太平县,本拟解宁国围,后闻宁国被太平军攻克,遂成徘徊不进的局面。

曾国藩进驻祁门不久,太平军开始第二次西征,以救援安庆。七月底八月初,西征南路部队杨辅清、李世贤、黄文金、刘官芳、赖文鸿、古隆贤等率部进入皖南,展开大规模的军事行动。八月十二日杨辅清等攻克宁国府,毙督办宁国军务、湖南提督周天受;八月二十五日李世贤等击溃李元度的平江勇,夺取徽州府城,兵锋直指祁门。曾国藩是第二天收到徽州失守的军报的。正当他为失去徽州、东面粮路已断焦急万分的时候,忽又接到英法联军进逼北京、咸丰皇帝仓皇出逃、严令鲍超驰援京畿的上谕与咨文。曾国藩捧诏悲泣,一下子堕入难以自拔的焦思苦虑之中。

英国侵略者通过鸦片战争在中国攫取大量特权之后并不满足,为了掠取更多的特权,自咸丰四年起又开始进行所谓修约活动,提出广泛的侵略要求,实际上是要求签订一个新的不平等条约;其侵略要求被清政府拒绝之后,英国侵略者便联合法国,发动了第二次鸦片战争。这次战争从咸丰六年九月英法联军进攻广州开始,由南而北,由小而大,时战时停,前后延续了四年。咸丰十年六月英法联军从清军不予设防的北塘登陆,很快击败僧格林沁率领的精锐骑兵,攻占天津,并向北京方向推进。七月底八月初,英法联军在通州张家湾和京东八里桥再次击败从天津退回的僧格林沁残部和由北京赶来增援的胜保部队,直逼北京城下。咸丰皇帝令恭亲王奕䜣留守北京,准备与外国人谈判,自己则带领嫔妃宫监和亲信大臣由圆明园仓皇逃往热河;同时接受胜保的奏请,在逃跑途中接连发布谕旨,令各地督、抚、将军迅速带兵来京"勤王"。其中最早的一个谕旨就是给曾国藩的,要他饬派鲍超带领湘军二三千人"兼程前进,剋日赴京,交胜保调遣"。这个命令是八月十一日发出的,二十六日送到曾国藩手中,恰是太平军攻克徽州的第二天。当时曾国藩孤守祁门,自身且吉凶未卜,哪有心思发兵北援?然而他深悉这道谕旨的分量,不敢有丝毫马虎,急忙四处发信,找人谈话,与胡林翼、左宗棠及部下将领、幕僚商讨对策。结果大都认为应该北援,连他本人和胡林翼也感到事关"勤王",无可推诿,这就使他们为难起来。

首先,他们不愿放鲍超率兵北援。鲍超是湘军中以勇悍出名的将领,他所率领的霆营是湘军极为重要的一支机动兵力。自三河之战全歼李续宾后,湘军将领多怕陈玉成的威名,敢于同陈玉成对抗者只有多隆阿、鲍超二人。多隆阿在挂车河设营,主要目的就是为阻击陈玉成自桐城进援安庆,因而不能再行移动,曾国藩手中可资对付陈玉成援军的机动兵力只有鲍超一军。这是他们不放鲍超北援的首要原因。其次是他们对胜保存有戒心,认为胜保名为调兵勤王,实为挟君命以夺湘军兵将。曾国藩、胡林翼皆靠湘军起家,无不以兵权为命根子,当然不愿把鲍超这样的猛将拱手送给胜保这个屡战屡败的大草包。

但是北援毕竟是"勤王"之举和反抗外国武装侵略的行动,若托词推诿,拒不发兵,不仅有可能被人加上"不忠"的罪名,而且还会遭到社会舆论的抨击,赏给一顶"卖国贼"的帽子。这后一点对他们说来是尤为可怕的。胡林翼在一封信中对曾国藩说:"疆吏争援,廷臣羽檄,均可不较;士女怨望,发为歌谣,稗史游谈,诬为方册,吾为此惧。"对于这一点曾国藩亦有同感。然而当时正值徽州失守、祁门危急之际,曾国藩正需鲍超赴援以救燃眉,若将鲍超抽走,必然影响安庆战局,危及自身安全,因而无论如何也不能派鲍超北援。

那么究竟应该怎么办呢?有没有一种既能保全名誉又可免于北上的办法呢?曾国藩苦思焦虑不得善策,急得如同热锅上的蚂蚁,连续几天"通夕不能成寐"。他在给朋友的信中说:"弟自接奉谕旨,饬派鲍镇一队北上,涕泣旁皇,不知所以为计"。又说:"自徽州失守,京信危急,弟实忧皇竟日,在室中徘徊私恸,几不能办一事。"不料李鸿章寥寥数语便使曾国藩从困境中解脱出来。

当时李鸿章正在曾国藩幕中。曾国藩为慎重起见,就当否北援一事"集文武参佐各立一议,多以入卫为主"。李鸿章力排众议,"独谓夷氛已迫,入卫实属空言,三国连衡,不过金帛议和,断无他变",而"楚军关天下安危,举措得失,切宜慎重"。主张"按兵请旨,且无稍动"。曾国藩接受了这一建议。这时李续宜也来到祁门,他大约是受胡林翼派遣,专为商议北援之事而来。经连日磋商,曾国藩遂于九月六日上奏清廷，请求由曾国藩、胡林翼二人中指派一人统兵北上，护卫京畿。不过究竟谁去合适，须由咸丰皇帝钦定，一经接到明谕，无论曾国藩或胡林翼，即刻动身。为了掩人耳目，曾国藩还列举了种种理由，诸如湘军士兵惮于北行，途中筹饷困难，鲍超堪为战将，但非独当一面之才等。据曾国藩称，这个主意是李续宜出的。他在给胡林翼的信中说："楚军入援之谕本日始行复奏，恭亲王之咨，亦钞折咨呈复之。兹将折稿录呈台鉴。主意系希庵所定，与侍初计相符。"

将在外君命有所不受，自古出征大臣即有机动专断之权。曾国藩若真心北援，无须一定要咸丰皇帝指派统兵人选，无论曾国藩、胡林翼何人统兵，都可由他们自己商定而行。当时奉命北援的各省督抚多亲自带兵北上，有的还携带粮饷，都是自己商定的，上谕并没有让他们亲自带兵，拒不奉命者只有曾国藩和苗沛霖二人；况且曾国藩过去两次奔丧都是发疏即行，从不要批准，为什么这次就一定要等咸丰皇帝的批准呢？至于曾国藩、胡林翼二人中何人统兵并无什么两样，即有微小差别又何关大局？显然曾国藩这样做的目的就是为了拖延时间。不过做得非常巧妙，不是直接提出要不要鲍超北援的问题，而是另出题目，要咸丰皇帝来做文章。按照他的计算，自祁门至北京，往返奏报大约需要一个月的时间，曾国藩估计，在这段时间里或者清政府已与外国侵略者订立城下之盟，或者另有他变，那时局势就大为不同了。

不过这毕竟是一种估计，曾国藩做事是向来不寄望于侥幸的。为此，他也做了一些准备，以免万一准行，临时陷于慌乱。他打算，若咸丰皇帝万一令其北援，就拨出兵力万人、月饷银五万两，由湖北负责筹措和运输。如令胡林翼带兵，即由李续宜偕行，大军退守湖北，暂不进兵皖北；如令他带兵，即由左宗棠偕行，大军退守江西，暂不进兵皖南。而无论属于哪种情况，安庆之围都坚持不撤。这样部署对安庆战局虽无重大影响，但毕竟分去一万人的机动兵力，整个形势就被动多了。因而上奏之后，唯恐咸丰皇帝会真的令他或胡林翼北援，倘若如此，就弄巧成拙，反不如派鲍超带兵二三千人应付一下合算。各种患得患失的考虑使他陷于不可名状的苦恼和不安。他为了减轻等待中的焦虑，便希图从神灵那里找点安慰。九月二十四日夜间曾国藩卜了两卦，一问咸丰皇帝会不会派他北援，二问鲍超、张运兰进攻休宁能否得手。当然神灵无法解答这些问题，也不会给他任何帮助。曾国藩就这样在煎熬中度过了一个来月，直到十月四日方接到廷寄一道，称"和议"已成，鲍超、曾、胡均毋庸北援。

《北京条约》的签订本是中国人民的灾难，它给中华民族带来极大的耻辱和损害，这使每个稍有爱国心的人，包括左宗棠在内，无不痛心疾首。然而曾国藩则完全相反，他一见到"就抚业有成议"的寄谕，便立刻兴高采烈起来，在当天的日记中写道，"旬日寸心扰扰无定，因恐须带兵入卫，又须进规皖、吴，兵力难分也"；今接奉此旨，"可专心办南服之事矣"。他还在给胡林翼的信中说："奉到寄谕，言抚议就绪，鲍军可不北行，初六日请派入卫之疏殆不准行，吾辈得以一意筹议南事，岂非至幸！"

北援一事是曾国藩围攻安庆期间的一个小插曲。这件事本来只是一场虚惊，并未产生什么实际影响，但它却像一面镜子，使人从中更加清楚地看出曾国藩的真面目。英、法侵略中国的第二次鸦片战争是中国近代史上的一件大事，它与中华民族的命运息息相关，而一心剿灭太平天国革命的曾国藩集团却觉得不值一顾。他们在考虑问题的过程中，始终没有把中华民族的根本利益放在心上，唯有迫不及待地盼望清政府与外国侵略者早一点订立卖国条约，以撤销北援命令，使他们得以全力对付太平军。曾国藩"先安内而后攘外"的思想由来已久，而唯有这次在北援问题上表现得最为典型，最为集中，可以说是他思想发展中的一个重要标志，表明他的这种反动思想已经发展为一条顽固不化的思想政治路线。

在这场闹剧中，李鸿章扮演了一个关键性的角色，第一次显露出他出色的外交才能，正是在他的启发下，曾国藩、胡林翼二人才放弃北援的初议，按兵不动，以往返奏报的办法拖延时间，静待时局之变。最后事态的发展果如所料，从此李鸿章更为曾国藩、胡林翼所器重。后来曾国藩令人将这次献议集为一册，称《北援议》，足见其对此事是何等重视。

一场虚惊总算过去了，然而曾国藩还没有来得及嘘口长气，瞬息万变的军事形势就把他推入新的险境。

正当曾国藩为北援问题苦思焦虑、惴惴不安的时候，李秀成率领的二次西征南路主力部队进入皖南。咸丰十年十月十九日（1860.12.1），李秀成带大队破羊栈岭进克黟县，距曾国藩祁门大营"仅八十里，朝发夕至，毫无遮阻"。当时曾国藩身边只有三千防兵。驻扎休宁的张运兰更是岌岌可危，无暇旁顾，只好急调鲍超驰援祁门。曾国藩自料难活，连遗嘱都写好了。祁门大营的幕僚惊慌失措，乱成一团。程桓生表示要大家"死在一堆"，其余一些人则打好行李放在舟中，准备随时逃跑。曾国藩见人心已散，不可强留，便心生一计，声言愿走者发给路费，危险过后仍可回来。这样一来这些人反而不好意思走了，只好提心吊胆地留下来。可惜李秀成在休宁柏庄岭与鲍超、张运兰大战失利，随即匆匆撤兵南下，经屯溪、婺源转入浙江，使曾国藩白拣了一条命。在此期间，曾国藩表面上谈笑风生，神态自若，内心则极为恐惧。据说李秀成退兵之后，鲍超率亲兵一队前往祁门大营拜见曾国藩，"众迓之于营门，国藩亦从容而出。超下马，将行礼，国［藩］遽趋前抱持之曰：'不想仍能与老弟见面！'言已泪下"，"不复能自持矣"。可见这次祁门被围，在精神上对曾国藩打击之重。

李秀成虽然走了，但太平军仍有大批人马留在皖南，尤其在占领徽州以后，太平军随时都有可能进攻祁门。所以曾国藩令鲍超留驻渔亭，张运兰驻扎黟县，以加强祁门大营的防卫力量。但由于皖南地形特殊，兵力对比上湘军又处于劣势，因而曾国藩仍没有从根本上摆脱困境。

十一月初，太平军兵分三路再次向祁门地区发动进攻。东路破德清、婺源直趋祁门，西路破建德、鄱阳转攻景德镇，北路入羊栈岭进逼黟县。曾国藩四面楚歌，再次陷于惊恐之中。他在家信中说："自十一月来，奇险万状，风波迭起，文报不通者五日，饷道不通者二十余日"。曾国藩用兵皖南全靠江西之饷，徽州被太平军攻占之后，浮梁、乐平、景德镇一线成为祁门大营唯一的对外通道，一旦被太平军攻占，就会文报不通,粮饷断绝,立刻陷入困境。此次太平军进攻祁门的诸路人马中西路军人数最多,大约不下二万人,主将为太平军著名骁将黄文金,成为对湘军的最大威胁。因而曾国藩急调鲍超赶赴景德镇救援。可惜黄文金与鲍超、左宗棠军激战负伤,率军退回皖南,使曾国藩得以很快恢复粮道,渡过危机。但此后不久却又发生了更为严重的情况。

先是李世贤从江西婺源向湘军左宗棠部展开进攻,咸丰十一年二月十三日(1861.3.23)在婺源甲路击败王开琳等营,迫使湘军退回景德镇。与此同时,刘官芳等人分路攻入榉根岭,二十五日对扼守历口的湘军营盘发起攻击。历口是出入祁门的交通孔道,距曾国藩大营仅二十里。曾国藩闻讯惊慌,急派朱品隆带兵往援。刘官芳等闻援兵将至,急急解围而去,退出岭外。不料祁门危机刚刚解除,江西方面又传惊耗。二月三十日李世贤等攻克景德镇,并跟踪追击,向乐平发起进攻,兵锋直指祁门。曾国藩文报不通,饷道中断,内外隔绝,陷于绝境。三月三日曾国藩由祁门移驻休宁,率领岭内各军张运兰、娄云庆等八九千人进攻太平军坚固设防的徽州城,企图从这里打开一条通往浙江的粮道,以求死里逃生。他在日记中写道:"此举关系最大,能克徽州,则祁、黟、休三县军民有米粮可通接济;不能克徽,则三县亦不能保。是以忧灼特甚,夜竟不能成寐,口枯舌燥,心如火炙,殆不知生之可乐、死之可悲矣。"不料湘军闻四面被围,军心动摇,士气低落,自三月四日赶到徽州城外,几次进攻都未能得手。三月十二日集兵再战,曾国藩令各军会攻东门,自晨至暮,列队终日,竟不能组织起一次进攻。晚间,太平军暗开城门,出城劫营,湘军全军大溃,二十二营中散掉八营,仅有十四营尚能保持建制。第二天太平军跟踪追击,围攻休宁,曾国藩只好退回祁门。此时曾国藩悲观到了极点,他再次写好遗嘱,安排后事,准备应付最坏的情况发生。他在给儿子曾纪泽的信中说:"此间局势危急,恐难支持,然犹力攻徽州,或可得手,即是一条生路。"不料全军崩溃,"与咸丰四年十二月十二日夜贼偷湖口水营情形相仿"。又说:"目下值局势万紧之际,四面梗塞,接济已断,如此一挫,军心尤大震动。所盼望者左军能破景德镇、乐平之贼,鲍军能从湖口迅速来援,事或略有转机;否则,不堪设想矣"。恰在这时,李世贤在乐平附近与左宗棠交战失利,遂弃景德镇东走浙江,湘军粮道复通,曾国藩也就再一次逃了活命。不过这一次对他教训颇深,他在写给曾纪泽的遗嘱中说:"行军本非余所长。兵贵奇而余太平,兵贵诈而余太直,岂能办此滔天之贼? 即前次屡有克捷,已为侥幸,出于非望矣。尔等长大之后,切不可涉历兵间,此事难于见功,易于造孽,尤易于贻万世口实。余久处行间,日日如坐针毡。""近来阅历愈多,深谙督帅之苦。尔曹惟当一意读书,不可从军,亦不必做官"。可见曾国藩当时的心理是何等灰暗,情绪是何等沮丧! 从此之后,曾国藩再不肯亲临战场督战、指挥了。

自到祁门以来,曾国藩没有轻松过一天,正像他在给亲友书信中经常描述的那样,危机四伏,一夕数惊,无日不在惊涛骇浪之中。自从进攻徽州溃败之后,再不敢逞英雄、充硬汉,乘乐平取胜、军情好转之机,顺坡下驴,赶紧离开祁门这一险地。三月二十七日曾国藩从祁门启程,四月一日到达东流,将大营设置在靠江岸停泊的大船上,由水师护卫。这样,就再也不用担心会遭到太平军的围歼了。

在祁门期间，曾国藩不仅军事上屡遭困厄，人事方面也极不顺心，其中使他最感苦恼者莫过于李元度的改换门庭和李鸿章的借故溜走。在曾国藩的诸幕僚中，除郭嵩焘、刘蓉这些老朋友外，就数李元度资历最早了。尤其在曾国藩几次被人"打落门齿"之时，连郭嵩焘、刘蓉这些老朋友都不肯出来，勉强拉出来的也很快借口离去，唯有李元度始终不渝，与曾国藩同甘共苦地渡过六七年艰难的岁月。这种支持和忠诚对曾国藩来说真是太重要了，使他在书信中经常说一些感激李元度的话，至有所谓"三不忘"之说。曾国藩在家丁父忧期间写信对李元度说："足下当靖港败后宛转护持，入则欢愉相对，出则雪涕鸣愤，一不忘也；九江败后特立一军，初志专在护卫水师，保护根本，二不忘也；樟镇败后鄙人部下别无陆军，赖台端支持东路，隐然巨镇，力撑绝续之交，以待楚援之至，三不忘也。"他借用庄子"生也有涯，知也无涯"的话说，唯此三不忘者"鄙人盖有无涯之感，不随有生以俱尽"。还说："自读礼家居，回首往事，堆堆于辛苦久从之将士，尤堆堆于足下与雪琴二人。"

然而，李元度擅长文学却不擅带兵，对部下更是用人唯亲，一味放纵，因而屡遭挫败，只是由于曾国藩私情袒护才仍得重用。曾国藩进兵皖南，保奏李元度为徽宁池太广道，令其回湘增募新勇三千人，再加上原由饶廷选带领的旧平江勇五营，共合五千五百人，驻防徽州，为曾国藩把守门户。曾国藩事前反复告诫，要他遇太平军攻城，只可固守，不可出城决战。李元度故违节度，在李世贤率大军进攻徽州时轻率出城开仗；后见形势不利，又率先逃跑，致使全军奔溃，徽州失守，危及祁门。李元度逃走之后，不即返回大营，而在浙、赣边境犹豫徘徊，经月不归；及至回到大营，又不束身待罪，竟擅自向粮台索还欠饷，径回湖南去了。曾国藩对此又悔又愤，决心将其参劾革职。

不料，当曾国藩正要奏参李元度时，却遭到文武参佐的群起反对，无不怨其忘恩负义。他的得意门生李鸿章反对尤力，带领全体幕僚为李元度求情，声称若定要劾奏李元度，学生不为具疏。曾国藩不肯让步，说你不草奏，我可以自己动手。李鸿章"力争之不能得，愤然求去"。曾国藩"立遣之"，令其赴延建邵道任。李鸿章随即告辞，离开曾国藩的幕府，扬长而去。李鸿章早就不愿在祁门待下去了。曾国藩初至祁门，李即提出，"祁门地形如在釜底，殆兵家之所谓绝地，不如及早移军，庶几进退裕如"的意见。曾国藩不听，李鸿章"复力争之"。曾国藩说："诸君如胆怯，可各散去。"李鸿章无奈，只好硬着头皮待下去。现为李元度一事关系弄僵，李鸿章便乘机溜掉。曾国藩对此非常愤懑。他在那天的日记中写道："日内因徽州之败深恶次青，而又见同人多不明大义，不达事理，抑郁不平，遂不能作一事。"又说，与人谈起"次青在徽州误事之情，日内中心恼怒殊甚"；更怨李鸿章弃己而去，不是同他患难与共之人。最后曾国藩还是不顾别人的阻挠，力排众议，将李元度弹劾革职。

不料李元度回到湖南之后，又通过邓辅纶与浙江巡抚王有龄拉上关系。咸丰十一年初募勇八千人，名曰安越军，赴援浙江，投奔王有龄的门下，并随即撤销革职处分，升任浙江按察使。曾国藩对此更加恼火，他在给朋友的信中引用春秋时豫让的典故，指责李元度"以中行待鄙人，以智伯待浙帅"，从此"公私并绝，无缘再合"。同治元年（1862）曾国藩再参一片，将李元度革职；接着御史复加参劾，终使李元度被判充军,受到重罚。

曾国藩对李元度如此恼恨不是偶然的。当时湘军负敢战之名,不少省份的督抚大员都想拉一些湘军营官,以护卫自己的安全。浙江财源富饶,巡抚王有龄又以善于聚敛出名,早就想打湘军的主意。最初浙饷专供清军江南大营,和春、张国梁败死后,又专供在皖南督办军务的张芾所属部队。咸丰十年八月太平军攻克宁国,击毙周天受,大军拥入皖南。王有龄骤起恐慌,认为皖南这一屏障既失,浙江必首当其冲,急遣使者赴祁门向曾国藩求援。曾国藩筹饷甚难,早就垂涎于浙江财富,正欲谋得浙饷,见浙抚遣使求援,以为原供江南大营的浙饷必转供湘军。不料来使竟"语不及军饷",曾国藩遂以"兵勇未集"为辞,拒绝援助浙江,甚至连业经奏明在案的派遣刘培元、李元度带兵援浙一事也一笔勾销。王有龄见公开求援不成,就私下进行活动,千方百计地挖湘军的墙脚。王有龄先拉刘培元,结果为胡林翼致函劝阻,没有搞成。接着又去拉李元度,许以撤销处分,官升藩司。胡林翼闻讯,又急忙去信加以劝阻。怎奈李元度急于转祸为福,不听劝告,遂改换门庭,投靠浙抚王有龄门下。曾国藩初劾李元度,仅以其战败负罪,只有"公"愤而无"私"恨,很有点挥泪斩马谡的意味;侯闻李元度改换门户,则公私并发,新旧账同算,决心加以严惩。在此前后,投靠外省督抚的陈由立等人也都受到惩治。可见曾国藩一再参劾李元度,不仅为显示自己赏罚严明,不徇私情,也是为了杜绝外省大吏引诱湘军将领擅自出走,以维护湘军实力。

攻陷安庆

从军事角度讲,安庆之战的参战双方战略方针都是正确的,然而湘军方面出谋划策、决定问题和用兵打仗者都是曾国藩、胡林翼二人,而太平军则策划者为洪仁玕,决策者为洪秀全,执行者为陈玉成、李秀成等带兵将领,因而双方行动起来就显得大不相同。

因为安庆的安危关乎太平天国的全局,而解救安庆的时间又非常急迫,所以洪秀全在批准李秀成顺手拿下苏州、常州的东征计划时只给他一个月的时间,令其一月之内肃清回奏。但李秀成随意迁延,擅自改变计划,经天王一再催逼才迟迟返回天京,致使西征计划的执行推迟了三个月,直到咸丰十年八月才开始行动。

太平军二次西征开始后,北路陈玉成部行动很快,咸丰十年八月中旬率军自天京渡江西进,不过数日便到达捻军的根据地定远。在这里,陈玉成联合捻军龚得树、孙葵心等部,声威更壮。十月中旬陈玉成进至桐城西南挂车河地区,企图突破湘军阵地,直接救援安庆。但同多隆阿的几次交锋,皆因无法抵御其马队的冲击和包抄而一再失利。十月底,陈玉成退至庐州休整了两个多月之后,咸丰十一年正月底率五万大军自桐城出发,连克英山、蕲水,二月八日占领黄州,逼近武汉。胡林翼闻讯惊慌,骂自己是"笨人下棋,死不顾家",急调彭玉麟、李续宜水陆两军回救武汉。当时湖北兵力空虚,只有湖广总督官文率三千防兵驻守武昌,战斗力极差。闻太平军来攻,整个武汉三镇官员、富户逃徙一空,散兵游勇乘机抢掠,形成混乱不堪的局面。彭玉麟在给曾国藩的信中描写那里的情形说,"当夫初八贼破黄州时,武昌城人民一空,不堪笔叙。各粮台、军火局闻警散尽,阎丹初(即阎敬铭,时总办湘军后路粮台兼理营务)呼唤不灵,愤极自尽";"满城无人","仅秀相(即协办大学士官文)司道数人在省垣以内而已"。胡林翼深怕武昌失守,在太湖急得连日呕血,"大病垂危,后事均预备"。不料英国侵略者公然出面干涉,帮助曾国藩、胡林翼渡过难关。

英国海军中将何伯当时正沿江察看《天津条约》和《北京条约》中所规定的对外开放商埠,行至武汉,闻太平军攻占黄州,急派参赞巴夏礼赶到黄州会见陈玉成,以所谓维护武汉的商业利益为借口,公然反对太平军攻取武汉。这种强盗逻辑显然是不值一驳的。可惜年轻的陈玉成对外国侵略者缺乏认识和斗争经验,在这生死存亡的紧急关头竟轻易为巴夏礼所骗,答应不攻武汉,在形势极为有利的情况下放弃了第二次西征的预定目标。随后陈玉成留赖文光驻守黄州,等待南岸李秀成的消息,自己率原定进攻汉口的两支部队转而攻取黄陂、麻城、德安等地。三月九日陈玉成在随州闻安庆事急,迅速东援,带兵二万由广济、黄梅返回安徽,三月十八日攻入集贤关,对围困安庆的曾国藩部湘军展开猛攻。

当陈玉成兵临武昌、汉阳的时候,李秀成还在江西境内徘徊。由于李秀成对救援安庆抱着消极态度,所以直到咸丰十年九月底才从安徽太平府动身,一路东闪西躲,招兵买马,行动非常迟缓。十月下旬李秀成破羊栈岭逼近祁门,一遇鲍超便绕道南下婺源,经玉山、常山去浙江过年,直到咸丰十年底十一年初才转入江西境内。李秀成连攻广丰、广信皆不下,正月二十七日进围建昌。当时曾国藩很紧张,唯恐太平军进攻兵力空虚的江西省城南昌。他在家信中说:"若建昌有失,恐其径犯省城;若建昌幸保无恙,亦恐其由樟树以犯瑞、临;一至瑞、临,则九江、兴国、武宁、义宁、通山、通城处处震动,安庆之围必解矣。"同时他又害怕西征湖北的陈玉成突然回来袭击围困安庆的曾国荃部湘军。因而急忙将鲍超调往江西,令其驻扎在彭泽附近的下隅坂,专为"两著之用:一著救安庆官军被围之急,一著防贼由樟树、瑞、临窜出九江"。后见李秀成攻建昌、抚州皆不下,又未能在樟树渡江,转而沿赣江南下,便松了口气。他在家信中对曾国荃说:"李秀成自入江境,不特未破一府城,并未破一县城,其机已钝,或不能成大害。"不久李世贤进占景德镇,切断皖南湘军粮道,曾国藩急调鲍超驰往乐平,协助左宗棠对李世贤作战。不料李秀成三月十日在吉水渡过赣江,第二天占领吉安,随即沿江北上,进逼瑞州、临江。

曾国藩闻陈玉成率军入集贤关,心里很紧张,预料必有一场恶战,一面令曾国荃拼命顶住,坚守待援,一面令鲍超由景德镇驰往安庆救应。不料曾国藩刚发出命令,就接到九江守将吴坤修"瑞、临失守(其实李秀成攻临江不下,仅占瑞州),九江警急"的军报,遂又"飞函止鲍军北渡,请其在下隅坂歇息几日,怀(指安庆)急则北渡援怀,浔(指九江)急则西渡援浔"。这时曾国藩已离开祁门,由进山时的原道动身返回东流。三月二十九日,即发函的第二天,在赣、皖边境一个名叫沙滩的地方见到专程赶来请示进止的鲍超,曾国藩与之面订,"安庆急则援安,九江急则援九,维舟以待初二确信"。经过三天的观察,曾国藩见李秀成没有动静,预料他没有胆量和气魄进攻九江,遂毅然做出决定,四月一日一到东流就发出命令,催鲍超驰援安庆,先解曾国荃被围之急。果然不出曾国藩所料,李秀成攻占瑞州后没有进攻九江,而是绕道义宁、武宁分两路入鄂,轻易放弃了配合陈玉成救援安庆的大好机会。

自太平军举行第二次西征以来,湘军内部便发生了意见分歧,议论纷纷,各持己见,甚至连胡林翼都发生了动摇,神态慌乱,大有江郎才尽之概。而曾国藩则仍然较为清醒和坚定,两眼死死地盯着安庆,不为浮议所动摇。他在给朋友的信中说:"自今春以来艰难万状,逆党之救援安庆,其取势乃在千里之外。江西被陷一郡五属,湖北被陷二郡十一属,皆所以掣官军之势、解安庆之围。论者多思撤皖围之兵,回顾腹地之急,又有所谓弃皖南祁、黟等县敛兵退保江境者。鄙意皖围弛则江北之贼一意上犯鄂境,祁、黟退则江南之贼一意内犯抚、建,故始终仍守原议。"又说,太平军在江西、湖北攻城略地,"皆所以分兵力,亟肆以疲我,多方以误我。贼之善于用兵,似较昔年更狡更悍。吾但求破安庆一关,此外皆不遽与之争得失,转旋之机只在一二月可决耳"。他下定决心,"纵使江夏(即武昌)或有疏失,安庆围师仍不可退"。因为太平军"纵有破鄂之势,断无守鄂之力,江夏纵失,尚可旋得,安庆一弛,不可复围"。他还一再致函,反复叮咛曾国荃,"无论武、汉幸而保全,贼必以全力围扑安庆围师,即不幸武、汉疏失,贼亦必以小支牵缀武昌,而以大支回扑安庆,或竟弃鄂不顾。去年之弃浙江而解金陵之围,乃贼中得意之笔,今年抄写前文无疑也。无论武、汉之或保或否",总以陈玉成"回扑安庆时官军之能守不能守,以定乾坤之能转不能转。安庆之壕墙能守,则武、汉虽失,必复为希庵(即李续宜)所克,是乾坤有转机也。安庆之壕墙不能守,则武、汉虽无恙,贼之气焰复振,是乾坤无转机也"。因而,"此次安庆之得失关系吾家之气运,即关系天下之安危"。为了使曾国荃心中有数,曾国藩还与之约定:"万一贼由集贤关攻安庆各营之背,弟须坚守五日。鲍军现在下隅坂,若渡江救援,一日可以渡毕,两日可抵集贤关,纵有风雨阻隔,五日总可赶到。"在曾国藩的鼓动下,曾国荃决心不惜一切住安庆壕墙,对陈玉成大军进行了顽强的抵抗。

陈玉成入集贤关后,一面派吴定彩带所部千人入安庆城助守,一面在菱湖南北两岸筑垒十八座,参差相连直至集贤关,并用小船往来湖中,向安庆城内送粮物。虽然暂时稳定了安庆的形势,但总的来说却并没有打破敌人对安庆的重围。与此同时,从天京出发救援安庆的洪仁玕、林绍璋军,以及由芜湖北渡的黄文金部,在练潭、挂车河一带为多隆阿所阻,无法与陈玉成会合,遂造成陈玉成在集贤关内孤军奋战的局面,几次进攻都未能突破曾国荃的壕墙。四月四日陈玉成"传令回战",并将所部退至集贤关外"宽博有余之地",摆出立即撤走的姿态。胡林翼得知这一情报后,以为陈玉成马上就要撤走,因而致函鲍超,要他不要急于同陈玉成开仗。不料陈玉成退到集贤关外并没有立即撤走,休整三天之后复于四月七日返回集贤关内,对曾国荃后壕发动猛攻。

由于往返奔波,久战疲惫,再加上眷属拖累,鲍超霆营迟迟不肯启行,本来两天可以到达的路程,直到第四天还仍杳无音讯。曾国荃望援不至,便致函胡林翼,责其不应令鲍超"勿急性",致使鲍军"迟行",并要他增调多隆阿、成大吉两军,将陈玉成围歼于集贤关内。胡林翼接信后连发六函，催鲍超驰赴集贤关，并调多隆阿，成大吉二军速往集贤关。四月九日多隆阿带兵进驻磨山，并报告胡林翼说，他已函会曾国荃、鲍超、成大吉，"定于十一日（即5月20日）三面会剿"。陈玉成再次入关后苦战三日仍无进展，四月十日闻鲍超进至大桥头，遂留兵八千守集贤关内及菱湖两岸各垒，留刘玱琳率兵四千于集贤关外守赤冈岭四垒，自率马、步五六千人连夜从马踏石退走桐城，与洪仁玕等共商破敌之策。

陈玉成预计很快就可回到安庆，故令刘玱琳率四千精兵坚守赤冈岭四垒，以阻击鲍超军，保护关内各营。不意回到桐城后连战失利，始终未能突破多隆阿的防御阵地，桐城援军无法进抵集贤关；又遇连降暴雨，练潭骤涨九尺，马踏石一线为湘军水师封锁，自己也无法返回安庆，遂使曾国藩有可乘之机。

鲍超、成大吉赶到集贤关外，始知陈玉成已于昨晚撤走，遂将刘玱琳的守垒部队团团包围。曾国藩预料陈玉成"不能遽回怀宁"，便将鲍超、成大吉万余精兵留下，令其日夜猛攻赤冈岭四垒，力求在陈玉成返回前将其攻克。与此同时，曾国荃也在关内挖掘长壕，将菱湖两岸太平军十八垒自后围住，切断其与刘玱琳部队的联系。

胡林翼闻陈玉成撤走，本打算将鲍超、成大吉二部调往桐城，助多隆阿防守挂车河阵地，得悉曾国藩围歼刘玱琳的计划后，"喜幸得于意外"，立刻改变计划，令鲍超、成大吉听从曾国藩的指挥，专意攻垒，务期必克；并写信对鲍超、成大吉说，陈玉成"弃四垒而自窜桐城，凡孤垒必无守法"，此以术愚人，"非兵法也"，以鼓励其必胜信心。结果五月二日第二、三、四三垒被鲍超、成大吉攻破，李仕福等三千将士被俘，惨遭杀害。第二天夜间，刘玱琳率第一垒战士八百人突围而走，至马踏石为大水所阻，大部被追兵所俘。刘玱琳等二百人已乘船离岸，又为湘军炮船拦截，八百英雄无一幸存，全部被害。不久，菱湖南北两岸十八垒亦被陆续攻破，守垒将士八千人壮烈牺牲。

曾国藩久闻刘玱琳的大名，为表示敬畏之心，甚至在书信中称其为"玱翁"或"玱林先生"，并特为注明："敬其人，故称先生"；"爱其人，故称翁"。他还反复告诫所部，务"须严密巡逻，无令玱翁一人逃脱"。足见其对围攻刘玱琳一事何等重视！曾国藩闻湘军破赤冈岭二至四垒，杀李仕福等广西战士"千余人"，即认为其意义胜过以往"克一大城，获一大捷"，赤冈岭一战之后，必使陈玉成军势"为之大衰"。胡林翼闻刘玱琳为首的四千精锐"诛戮殆尽"，立即致函曾国藩表示祝贺，称鲍超、成大吉攻毁赤冈岭四垒，"功抵塔忠武岳州、李忠武九江"。就是说其功可与塔齐布攻陷岳州、李续宾攻陷九江相比，必将引起湘军与太平军之间力量对比和攻守形势的重大变化。曾国藩为攻克赤冈岭四垒亦付出巨大代价，鲍超、成大吉两军伤亡精兵"三千余人"，为"军兴所未有也"。由此亦可看出曾国藩所下决心之大，可谓是一场不惜代价的血战！

陈玉成不顾兵法之忌，将刘玱琳的四千精兵置于孤危之地是个极大的失策。刘玱琳部是一支以广西老兄弟为骨干的百战精锐、陈玉成全军的中坚。陈玉成以往东征西战，所向有功，在很大程度上依仗刘玱琳之力，所以曾国藩称刘玱琳所部为陈玉成"平日第一悍党,战守可恃者"。刘玱琳一军的覆没不仅使陈玉成军势大衰,也使整个太平军锐气大减,其损失是无可弥补的。赤冈岭一战对安庆和陈玉成的命运都产生了决定性影响,足见陈玉成这一失策带来多么严重的后果!

当陈玉成、洪仁玕、林绍璋、黄文金以及姗姗来迟的杨辅清在桐城地区与湘军悍将多隆阿苦争苦斗的时候,李秀成大军已放弃瑞州,经义宁、武宁进入湖北,连克兴国、大冶,于五月八日攻占武昌县,与赖文光的部队隔江相望,并辗转收到关于江北军情的报告。当时李续宜虽已回到湖北,但兵力单薄,既不能兼顾南北两岸,也难保武昌省城无恙。因而胡林翼闻讯又惊慌起来,先是要求调鲍超回援,曾国藩没有同意,继又提出撤安庆之围,以抽出多隆阿回救武汉。四月二十六日他写信对多隆阿说:"弟反复筹思,竟日不决,继思兄之威名方略,贼所深畏,如兄上援,功效必速。"又说:"尊处之能否上援,总以安庆撤回(围)不撤回(围)为定。"但撤围与否须由曾、胡二人决定,所以第二天胡林翼即致函曾国藩,与之商量说,"礼堂(即多隆阿)自请回援鄂疆","如安庆米多,必应奏撤,亦应坚守潜、太、石牌,而后以多公重兵回剿鄂疆"。结果又遭曾国藩反对。最后经二人在华阳镇面商,决定派鲍超、成大吉回援湖北,胡林翼带成大吉先行,霆军稍迟继发。后来曾国藩又背信弃义,撤销了鲍超援鄂之令,命其暂驻宿松,观望安庆的形势。据当时形势和胡林翼的精神状态,如李秀成联络江北赖文光部队全力攻打武汉,胡林翼必不顾曾国藩的反对,飞调多隆阿回救省城根本之地;而多隆阿一旦撤走,曾国荃也只好乖乖地撤围了。正如赵烈文所说,李秀成既已"兵至鄂省南境,更进则武昌动摇,皖围解矣"。然而李秀成一心只想招兵买马扩大地盘,很少考虑全局利益和他人安危,听到李世贤在乐平吃了败仗,又闻鲍超率军回援,便于五月底迅速自湖北撤退,移兵进攻杭州。这样,安庆解围的最后一个机会也就随之丧失了。

陈玉成回到桐城后,几次进攻都没能攻破多隆阿的挂车河阵地,经过较长时间的准备之后,七月二日再次发动更大规模的进攻,不料又遭失败,只好将部队撤往桐城。陈玉成见无法打破敌人的阻击,便带领洪仁玕、林绍璋、黄文金、杨辅清等部四五万人自桐城西入湖北,然后"由蕲州境折而下行",经宿松、石牌进抵集贤关外。七月十九日陈玉成率军再入集贤关,在"关口毛岭、十里铺一带扎营四十余座,散布山冈",安庆城内守军"亦列队西门,遥遥相应",第二天起即对曾国荃湘军的外壕发起连日不断的猛烈攻击。

这时城内守军已断粮多日,沿江炮台亦被湘军水师陆续攻破,处境极为困难。自咸丰十年五月初枞阳失守安庆合围之后,城内守军粮运已断,除二援安庆时陈玉成送入城内一部分粮食外,仅靠从唯利是图的外国商人那里高价购得一些米粮,赖以煮粥充饥。曾国藩闻城内接济未断,心里很着急,但他又不敢强令禁止外国人将米卖给太平军,于是便指示水师加强巡守,凡遇有向安庆送米的外国船只,就将船主礼请至营,出高价将米粮全部买下,以切断安庆太平军的接济。陈玉成再入集贤关后,又在菱湖两岸修筑十垒,并试图用小船向城内运送米粮,但都为湘军炮船所拦截,这样安庆城内军民就连稀粥也喝不上了。

曾国荃兵分两路,一面抗拒援军,一面加紧开挖地道,准备用炸药轰城;同时他还在旧壕之后开挖新壕,旧壕既破,新壕已成。于是太平军层层破旧壕,湘军层层开新壕,陈玉成虽然督率各路援军不顾伤亡攻击甚猛,城内守军也发起攻击,但始终未能打破敌人的壕墙。事后有人曾向赵烈文转述当时激烈的战斗情景说,"前月中旬援贼至石牌,进扎集贤关,二十日、二十一日扑东门外长壕,二十二日巳刻扑西北长壕,人持束草,蜂拥而至,掷草填壕,顷刻即满。我开炮轰击,每炮决血衢一道,贼进如故,前者僵仆,后者乘之。壕墙旧列之炮装放不及,更密排轮放,调增抬、鸟枪八百杆,殷訇之声如连珠不绝,贼死无算而进不已,积尸如山。路断,贼分股曳去一层,复冒死冲突,直至二十三日寅刻,连扑一十二次"。"凡苦战一日一夜,贼死者万数千人,我军死者百余人,用火药十七万斤,铅子五十万斤"。八月一日(1861.9.5),曾国荃部湘军轰倒北门城墙,越壕而入,太平军将士饥困不能举刀枪,主将叶芸来以下一万六千人全部壮烈牺牲。

曾国荃攻入安庆之后便开始了残暴的烧、杀、淫、掠。赵烈文日记载:安庆陷落之后,太平军将士被杀"万余人","男子鬓龀以上皆死"。妇女的命运更惨,除太平军各官眷属妇女自尽者数十人外,"余妇女万余俱为兵掠出"。湘军见物即抢,所掠金银衣物"不可胜计","兵士有一人得金七百余两者。城中凡可取之物扫地以尽,不可取者皆毁之。坏垣剧到地,至剖棺以求财物"。惟英王府"备督帅行署中尚存物十七,余皆悬磬矣"。于是曾国荃部下士兵凡入城者人人都发了大财。从此之后,曾国藩兄弟也越来越把纵兵抢掠作为吸引士兵和鼓舞士气的手段,湘军的反动本质也就更加暴露无遗。有人估计,安庆一战太平军伤亡精锐约有三万余人,其中死于攻战者万余人,城陷后被杀者万余人,被俘或投降后被杀者万余人,实际上可能还大于这个数字。曾国荃的部下将领朱洪章曾详细记述过湘军杀俘经过:"章(即朱洪章)专弁往请九帅(即曾国荃)来营",面商如何处理战俘的问题。曾国荃"言曰:'悍贼甚多,如何筹之?'章曰:'唯有杀最妙。'九帅曰:'杀亦要设法。'章曰:'营门缓开,将逆匪十人一次唤进,只半日可以杀完。'九帅曰:'我心不忍,交子办之。'章当时回营预备,自辰至酉,万余贼尽行歼戮,乃往销差"。曾国荃杀俘之后,又恐手段过于残忍,在"冥冥中"受到惩罚,遂在给曾国藩的信中流露出后悔之意。曾国藩立刻复信训诫说,"既已带兵,自以杀贼为志,何必以多杀为悔"?对太平军这样一群造反者,"虽周孔生今,断无不力谋诛灭之理。既谋诛灭,断无以多杀为悔之理"。可见曾国藩之残忍嗜杀较其老九尤过之。从此以后曾国荃愈益凶暴残忍、肆意杀人放火而毫无忌惮了。

创办洋务

攻克安庆之后,曾国藩筹划兴建了近代中国最早的军事工业——安庆军械所,是为中国洋务运动之始。

曾国藩的洋务思想最早起萌于1860年底。当时,第二次鸦片战争刚刚结束,咸丰帝惊魂未定,从《北京条约》中掠走大片中国领土的沙俄政府转而拉拢清政府,表示愿意助剿太平军和帮清政府采买洋米。清政府拿不定主意,令各部大臣和地方督抚议奏。曾国藩复奏认为："目前资夷力以助剿济运,得纾一时之忧,将来师夷智能造炮船,尤可期永远之利。"这是曾国藩为首的洋务派最早提出了学习外国先进技术,兴办近代军事工业的主张。

曾国藩主张"师夷智",主要是向洋人学习制炮造船技术。安庆军械所成立后,首先制造洋枪洋炮,第二年又试制小火枪,该机由华蘅芳、徐寿负责设计施工。1863年制成了一艘木壳小轮船,该船长及两丈八九尺,取名黄鹄。1864年1月,曾国藩带领幕僚登船试行,在江中行驶了八九里,据曾国藩推算,约计一个时辰行二十五六里。尽管低速,但毕竟是中国人自己仿造的第一只小轮船。所以,曾国藩当时兴高采烈,大受鼓舞,对中国学造洋轮一事充满希望,把它看作取得成功的开端。他在日记中写道:"试造此船,将以次放大,续造多只。"为了进一步扩大军事工业的规模,1863年9月,曾国藩在安庆两江总督署内召见留学美国耶鲁大学的容闳,与他商议筹划在上海建立机器厂,并委派他为出洋委员,领款六万八千两白银赴美国购买机器。1865年春,容闳购买了一百余种机器回国,这是中国有史以来大规模引进西方先进设备的创举。同年,李鸿章在上海成立江南制造局,买来的机器全部并入该局内。

安庆军械所遗址

江南制造局是洋务派创办的规模最大的军事工业基地,建有机器、木工、铸铁、轮船、枪炮、火药、子弹、水雷、炼钢等厂。1867年有工人五百名,1869年达到一千三百名。曾国藩任命徐寿总理局务。1867年,曾国藩回任两江总督后,于当年春天奏留海关洋税二成,以其中一成充作造船费用,在江南制造局下设立江南造船所,专门负责炮船的试制工作。1868年,江南造船所造出第一艘轮船,取名"恬吉",意为"四海波恬,厂务安吉"。该船"汽炉、船壳两项,均系厂中自造","船身长十八丈五尺,阔二丈七尺五寸"。曾国藩亲自乘船试航至采石矶,往返一百八十里,逆水上行达到每小时三十一里,顺水则达每小时六十二里多。"恬吉"号同"黄鹄"号比较起来,规模和速度都提高了一大步。到曾国藩去世前为止,该局又陆续建造了三艘轮船,分别命名为"操江""测海""威靖"。

随着制造业的发展,曾国藩认识到翻译与介绍西方技术书籍的重要性。他说:"翻译一事,系制造之根本。洋人制器,出于算学,其中奥妙皆有图说可寻,特以彼此文义杆格不通,故虽日习其器,究不明夫用器与制造之所以然。"于是他组织人员致力于西方科技书籍的翻译工作。从1867年开始,在江南制造局内设翻译馆,由徐寿主其事。先后聘请美国人傅兰雅、玛高温,英国人伟烈亚力为翻译。译出了《机器发轫》《汽机问答》《运规指约》等一百八十余种科技书籍,对中国近代科学技术的发展产生了不可忽视的影响。

为了进一步学习与掌握西方的科学技术，培养封建地主阶级所需要的人才，曾国藩向清政府建议向西方派遣官费留学生。他上奏说："拟选聪颖幼童，送赴泰西各国书院，学习军政、船政、步算、制造诸书，约计十余年，业成而归。使西人擅长之技，中国皆能谙习，然后可以渐图自强……收远大之效也。"1871年夏，留学生预备学校在上海成立。次年春，曾国藩病逝，但派遣留学生的计划仍继续推行。1873年夏，第一批官费留学生三十人在陈兰彬的率领下前往美国，到1875年共派了一百二十名留学生。这些留学生中，有我国著名铁路工程专家詹天佑，有我国第一批矿业工程师邝荣光、陈荣贵等，有曾出任国家电报局长的朱宝奎等。这些人对推动中国近代科学技术、文化的发展，起了不可忽视的作用。

曾国藩等人倡导并掀起的洋务运动，使闭关自守的中国看到了自身以外的世界，打开了向西方学习的窗口。这种开放性的措施，为借鉴、汲取西方先进的文化以及发展本国的科学技术做出了大胆的探索，刺激了中国资本主义的发生与发展，开启了中国近代工业的先河。

攻陷天京

曾国藩在制订围攻天京的计划时，采取的仍是围城打援的老办法，令鲍超由宁国、广德进取句容、淳化为东路，多隆阿由庐州、全椒进取浦口、九洑洲为西路，曾国荃由芜湖、太平取秣陵关为南路，李续宜由镇江进兵为北路，四路会齐，共取天京。其中南路担任主攻，其余三路均为游击之师，担任打援。三路打援部队中以西路最重要，东路次之，北路又次之。但在实际作战过程中，四路部队的进展却很不平衡，西路与南路发展很快，北、东两路迟缓。当曾国荃一军袭占太平府、芜湖、金柱关等处，为进围天京扫清障碍时，李续宜所部蒋凝学等正受阻于寿州，鲍超霆军尚未到达宁国。惟多隆阿已攻陷庐州，他本可挥师东进，却又按兵不动，迟迟不赴合军天京之约，遂使曾国荃一军形成孤军深入的形势。

多隆阿不愿会攻天京是事出有因的。湘军将领多为湖南人，地方主义极强，尤其曾国荃，依仗曾国藩的权势，贪婪跋扈，排斥异己，极难与人合作，与当时的湘军将领鲍超、多隆阿、杨载福、彭玉麟皆不和。围攻安庆时，多隆阿任桐城一路，首当陈玉成等援师攻击之冲，出力最大。结果，曾国荃有攻陷安庆之名，列首功，受上赏，而多隆阿自嫌功高赏薄，远不如曾国荃，气得大病一场。多隆阿"素以文官不可亲，且己不识汉字，而亦恶儒吏"，不愿听从曾国藩的调遣，经过安庆这次教训，看透了曾氏兄弟令他人出力，而自己收功受赏的贪鄙之心，就更不肯与曾国荃协同作战；加之唯一能调动他的湘军大帅胡林翼已于头年死去，因而当攻占庐州后，曾国藩致函要求如约会攻天京时，多隆阿即以"军事权宜专一"为辞，拒绝赴约，并暗示决"不与曾国荃同处"。曾国藩"具言如先约，一听公指挥"，多隆阿仍不为所动。官文亦不愿多隆阿与曾国荃合军天京城下，以加速曾国藩的成功。这时正有一支四川农民起义军入陕，陕西形势紧张，已奏派多隆阿部将雷正绾赴援。官文见多隆阿不愿东下,遂再次奏请派多隆阿统兵入陕。清政府也认为关中地位重要,很快批准了这一请求,命多隆阿为钦差大臣,统军西征。命令下来后,"官文益喜当上意,决意遣之"。多隆阿遂留石清吉领五千人守庐州,自率一万五千人开赴陕西,"合军江宁之谋不复听矣"。

当同治元年四月二十五日曾国荃率军进扎天京城外不远的板桥一带时,曾国藩恐其贸然进兵,五月六日收到军报后急致书曾国荃,令其原地驻扎,以待多隆阿军之至。信中说:"接沅信,知已进扎周村,距金陵不满四十里。余既以为慰,又以为惧。金陵地势宏敞,迥非他处可比。进兵之道,须于太平、采石南路进一枝,句容、淳化东路进一枝,浦口、九洑洲隔江进一枝。镇江北路纵无兵来,此三枝必不可少;句容东路纵无兵来,隔江一枝则断不可少。此次弟不候多军至九洑洲,而孤军独进,余深为焦虑。又上游南陵空虚,季弟不留兵守之,于宁国、芜湖均有妨碍。望弟暂屯扎周村一带,以待多军之至,季弟分兵守南陵,以固后路。"第二天又再致书曾贞幹说:"沅弟进兵,究嫌太速,余深以为虑。一则北岸多军未到,二则后面句容一路无兵,恐援贼来抄官军之尾,望弟与沅稳慎图之。"

经过安庆一场恶战,曾国藩用兵更加谨慎,着着求稳;一般湘军将领亦锐气大减,专讲持重,不肯稍涉风险。惟曾国荃贪欲正盛,功利心切,一心独吞天京财货,不惜冒险蛮干,这就导致在用兵思想上曾国荃就与其他将领发生矛盾。早在咸丰十一年九月底十月初,曾国荃返回安庆与曾国藩商量增兵大战时就已有不同意见,"诸将争谋旁郡",多以孤军直逼天京为非。今见曾国荃轻兵疾进,不待邻军之至,湘军内部更是议论纷纷,不仅自家兄弟感到"不放心","外间亦人人代为危虑",皆以为曾国荃一军"新营太多,兵不可靠,几于众口一词"。然而当曾国藩写上面那封止其进军的信时,曾国荃已于三天之前进驻雨花台,悍然不顾多隆阿军至之与否,孤军独进,顿兵天京城下。曾国藩闻之"大惊,手书诮让,令趣退。且书告诸将,吾弟轻踏死地,必无万一幸,诸将务告全军,毋从俱死"。曾国荃回答说,"诸军士自应募起义,人人以攻金陵为志,今不乘势薄城下,而还军待寇,则旷日持久,非利也。若舍金陵别攻宁国、广德,或取颍、寿闲地,则将士无所见功","虽鲍、张亦益厌攻战,将去公而归耳"。"且贼方踞苏、常,闻江宁攻急,必更来援,兄遣别将间袭苏、常,贼必骇凶,吾因而乘之,殄贼克城,在此举矣"。并认为,从战术上看,"逼城而屯亦足以致寇,军势虽危,顾不可求万全"。"竟不退"。曾国藩无奈,只得一面令曾国荃筑垒自固,等待多隆阿军之至;一面致书官文,要求派人追回多隆阿,止其西行。当时多隆阿一军西去未远,尚有一线希望。曾国藩在信中说,"舍弟一军进逼金陵,屯驻雨花台畔","鄙意欲请多军会剿金陵,合围西北","纵不能遽克金陵,必可为游击之师"。"顷读大疏,奏以多帅援秦","闻入秦之贼人数不满三千","阁下前奏雷镇西援应可了事,多公全军入关"必成"进退两难之象";何况"江南贼数之多比秦何止百倍,财赋之盛比秦何止十倍"!今"特此飞商,求阁下与渭帅熟筹,如以刍言为然,则趁此数日多军启行未远,尚在可东可西之间。敝处昨日奏片,亦略提数语,未敢畅言,盖楚军向来和衷之道,重在函商,不重在奏请也"。示意官文应按照湘军一贯的处事原则,根据曾国藩的函请改议重奏,以中止多隆阿军西行,改令东进。不料官文"业建议,不肯止",根本不买他的账,遂使曾国藩会攻天京的计划落了空。

多隆阿远走陕西,不肯与曾国荃合军围打天京,正中曾国荃的下怀,因为这样就不会有人与他争功了。但这却加重了曾国藩的顾虑。首先在军事上极为不利。原先曾国藩打算仍用攻安庆时的老办法,让多隆阿苦战,他们兄弟收功。多隆阿悍勇善战,所部人数多,战斗力强。若能两部合军,再加上水师配合,预计可很快攻下天京。但多隆阿却偏偏不来会合,遂使曾国荃一军进退失宜,二三万人屯兵坚城之下,既无力攻城,亦无力打援,完全陷于被动挨打的境地。同时在舆论上对曾国藩也不利。曾国荃独扎雨花台,不少人认为他急功躁进,不自量力;也有人认为多隆阿的西走是因"与国荃不和",指责他们兄弟不能容人。而最使曾国藩担心的还是清政府的态度。清朝是满洲贵族执政的一代政权,最忌汉族官吏手握重兵。所以从开始搞湘军起,曾国藩、胡林翼等就非常注意笼络旗人。湘军将领中旗人统领最著名者,前期为塔齐布,后期为多隆阿,曾国藩、胡林翼都加意培植,特别重用,以稍减清廷猜忌之心。多隆阿远走陕西后,天京城下统带重兵者就只有他们兄弟二人了,会不会遭到清廷的疑忌呢?这不能不引起曾国藩的忧虑。同治元年秋天以来,长江南岸各军传染病流行,鲍超一军最重,曾国荃、张运兰、左宗棠各军以及杨载福、彭玉麟水师亦无一幸免,鲍超、张运兰、杨载福等亦纷纷病倒。曾国藩以力微任重为辞,乘机上奏清廷,要求清廷"简派在京亲信大臣驰赴大江以南,与臣会办诸务";并说"今年军事甫顺而疾疫流行,休咎之征,莫可推测。中夜默思,惟求德器远胜于臣者主持东南大局,而臣亦竭力经营而左右之,庶几补救于万一"。就是说要求清廷派人来主持江南军务,自己退居次位,改当助手。这显然是进行试探,看清廷对他是否信任。那拉氏当然能够看透他的这种用心,所以对曾国藩"温旨慰劳",言疾疫流行非你一人之咎,"或者朝政阙失,上干天怒,君臣当痛自刻责"云云,曾国藩"读之感激涕零"。这样,在政治上总算使他放下心来,暂时打消了顾虑。但在军事上应当采取什么办法来消除多隆阿西走入陕带来的不利后果呢?究竟是进是退?或者须采取什么措施以作补救呢?时间没有容曾国藩多想,更没有来得及采取什么措施,李秀成就统率大军进抵天京城下,为解救天京之围而对曾国荃雨花台大营展开猛烈进攻。

当曾国荃抵扎雨花台再次围困天京时,李秀成正率领大军在上海郊区与英法侵略军、华尔洋枪队(即所谓"常胜军")以及李鸿章的淮军大战。闻天京被围,曾召集众将在苏州开过一次会议,认为目前无法战胜湘军,决定两年之后再去解救天京之围,眼下仅往天京城内多运些粮食及弹药物资就行了。但洪秀全不同意这种意见,连下严令,催其率军赴援。李秀成无奈,只得进行广泛动员,除留下少数兵力在上海与敌人周旋外,亲率十三名将领二十万人前往上游解天京之围。李秀成所以在救援天京的问题上表现得这样勉强和消极,除了他不顾大局的本位主义思想作祟外,也反映了他轻视上游的战略思想。直到此时李秀成仍不认识上游的重要性,继续谋求在下游的发展。当时庐州失守,英王陈玉成牺牲,长江北岸已无大支太平军,洪秀全要保住天京这一太平天国革命的根本重地,也就只有依靠江浙地区和李秀成的支持,因而再次与李秀成发生矛盾。在天王严责下,李秀成虽然服从了命令,但这一思想问题并没有解决,这就不能不对以后的战斗产生一定影响。

李秀成分太平军为三路,一支由杨辅清、黄文金率领攻打宁国,阻止鲍超增援;一支由陈坤书率领进攻芜湖、金柱关,断曾国荃饷道;李秀成亲率主力部队围攻曾国荃雨花台大营。结果杨辅清、黄文金一支虽未攻下宁国,尚达到了阻援的目的,而陈坤书一支却被湘军水师击败,未能切断湘军粮道。李秀成率领的主力部队从同治元年闰八月二十日起,对曾国荃雨花台大营前后围攻了四十六天,战斗打得非常激烈,轮番冲锋,枪炮齐鸣,有时甚至日夜不停地攻击,但始终未能攻破曾国荃的长壕。李秀成从雨花台撤围之后又搞了一次"扫北",结果在退回南岸时遭到湘军水师的袭击,伤亡十几万人。从此以后太平军就再也无力组织对天京的大规模救援了。

当李秀成大军日夜猛攻雨花台曾国荃湘军大营时,曾国藩忧灼万分,夜不成寐,动辄向部下僚属发脾气,有时甚至"绕室旁皇,不能自主"。他在家信中说:"余两月以来十分忧灼,牙疼殊甚,心绪之恶甚于八年春在家、十年春在祁门之状。"在给李续宜的信中则说:"鄙人心已用烂,胆已惊碎,实不堪再更大患",以"不情之请"务求丁忧在家的李续宜仿胡林翼"闻变即出"之例,百日之后迅速出山,以助自己一臂之力。其时曾国藩无处可调援兵,只好派赵烈文赶往上海向李鸿章求援,要求将原属曾国荃指挥的程学启等四千人调回,增援被困在雨花台的湘军。而李鸿章正倚程学启为长城,坚决不肯放行,只答应让吴长庆、张树声率刚刚招募的几营新兵留下守城,替换出原有守城部队,开赴雨花台助守长壕。经过这场惊吓,曾国藩胆子更小,很后悔当初没有把曾国荃的部队坚决撤回来,所以当李秀成显露即将撤兵的迹象时,曾国藩就立即致书曾国荃,令其以追击为名乘机退兵。信中说,太平军"处心积虑以求逞于我,我轻心深入,以侥幸于不可得之城,弟之骤进,余之调度,皆轻敌而不能精审。此次经一番大惊恐,长一分大阅历。如忠(指忠王李秀成)、侍(指侍王李世贤)等酋解围而去,弟当趁势退兵,以病伤羸弱者循江滨退至金柱关,精选锐者整队追贼,追至大官圩、小丹阳一带,与鲍军互为声援,待新募之卒到后认真整练,再行进兵。弟由高淳、东坝、溧阳以进宜兴,鲍由建平、广德以进长兴,两路排进,相去常在百里以内;水师棋布于丹阳、石臼、南漪等湖,与陆军相去常在数十里内,旌旗相望。弟以金柱为后路根本,鲍以芜湖为后路根本,处处联络,庶无全局瓦裂之患"。又说:"若长扎雨花台,以二三万劲旅屯宿该处,援贼不来则终岁清闲,全无一事;援贼再来则归路全断,一蚁溃堤。此等最险之着,只可一试再试,岂可屡屡试之,以为兵家要诀乎?"此后曾国藩又连连写信,促其退兵,一月之间几乎件件家信谈及此事,并搬出所谓"呆兵""活兵"之说,反复解说改攻东坝、溧阳之利和株守天京城下之害,真可谓苦口婆心。不料曾国荃竟不为所动,坚扎雨花台,不肯少退,杨载福也不肯就此退兵。曾国藩与左宗棠商量,左宗棠"亦谓不宜轻退"。然而曾国藩周围的智囊人物和其他湘军将领纷纷进言,指责曾国荃孤军轻进,皆认为他并"非能克金陵之人",坚决要求将兵撤回,改攻他路,特别是在李秀成退兵之后的一段时间里议论尤多。曾国藩亦于心悬悬,筹思无计,最后决定亲走一遭,俟巡察前线各营之后,再行酌情处理。临行,曾国藩写信对左宗棠说:"敝处兵力本不甚单,自进逼金陵,遂觉处处不敷分布。当时舍弟所以冒昧骤进者,一则恃与多帅有约,可由九洑洲南渡会剿;一则芜湖、梁山连夺重险,军势顺时,有不暇细审耳。""弟至金陵审察一番,如果围师可以撤退,则分剿东坝、高淳、二溧一带,兵力足敷分布,局势亦较紧凑。惟舍弟坚持不退,厚庵亦以退兵为耻,去冬曾以奉质阁下,亦谓不宜轻退,顿兵荡荡坚城之下,形见势细,未得者茫如捕风,而已得者又复糜烂,展转图维,羌无定计,敬求荩筹为我策之。"可见曾国藩当时顾虑重重,是没有一定主意的。

同治二年正月二十九日(1863.3.18)曾国藩从安庆动身,前后花了近一个月的时间,亲自检查了曾国荃雨花台大营和滁县、和州、巢县、无为等地的湘军营地壕墙,二月二十八日到安庆。曾国藩认为围城湘军营盘坚固,各部之间关系协调,遂撤销退兵之议。

李秀成退兵之初,曾国藩还于报告军情的同时"仍请简派大臣会办军务",折中历述军中的各种困难之后说:"臣反复筹思,实恐溃败决裂,尽隳前功。闰八月十二日臣奏请简派大臣来南会办,仰蒙优诏慰问,未荷俞允。顷接严树森来咨,有皖北各军统归臣处调度之奏,诚恐圣主误采外间浮伪之名,不察微臣竭蹶之状,直待贻误事机,再行陈奏则已晚矣。查三年以前,江南钦差大臣一人,两江总督一人,督办徽防一人,督办宁防一人,管辖李世忠、苗沛霖两军之钦差大臣一人。臣今一身所处兼此五人之职,而又新添安庆、池州等沿江十余城,即使才力十倍于臣者已有颠蹶之患,况如臣之愚陋乎?"这次奏请依如前折,仍带有试探的性质。不过这次没有再提"简派在京亲信大臣"来江南"主持"诸务云云,而说"吁恳皇上天恩,简派大臣与臣会办诸务,纵不能复前此五人之旧,但能添一人二人,俾臣责任稍分、案牍稍简,更得专精竭虑,图报涓埃"。显然是要求增派大臣帮助自己,而不是要求将自己改充助手了。对于这个奏折,未见清廷的明确批复,但显然是不允所请。曾国藩自此之后亦未再奏请。从此,大江南北,江浙四省,统统归于曾国藩的掌握之中,遂成为清朝实力最强的地方官吏。

为了解决围困天京兵力不足的问题,曾国藩陆续增募新勇,使曾国荃所统部队很快增加到三万五千人。同时曾国藩又将李续宜所部萧庆衍、毛有铭及叛徒韦俊等军一万五千人调至天京城下助攻,使围城湘军仅陆军人数即达五万人,这样就不再感到兵力单薄了。于是曾国藩便集中兵力对天京发动了新的攻势,企图完全合围。同治二年五月,曾国藩调鲍超率军攻占江浦,随后与水军联合攻陷太平军坚固设防的九洑洲。这样,天京与下游联系的唯一通道和粮食供应线即被切断,仅余天堡城下一线山间小路与外界相通,实已无济于事了。

同治二年十月底,由于叛徒郜永宽等人的出卖,苏州城很快落入淮军手中。同治三年二月底,杭州也被左宗棠湘军攻陷。此时不仅天京以北的和州、六合、江浦等早已控制在湘军手中,而且天京以南的溧水、高淳、句容、金坛、丹阳、常州等地也都陆续被湘、淮军攻占,天京遂变成一座在敌人严密包围下的孤城。但是,天京军民在洪秀全的领导下,依靠坚固的设防和上下一致的团结,同敌人进行了英勇顽强的斗争,居然在极为艰苦的条件下坚持了数月之久,致使曾国荃湘军陷入困境。

湘军进攻天京,无非采用军事进攻与政治瓦解两手。军事攻城一是乘夜偷爬城墙,一是开挖地道用炸药轰城。天京城周长九十六里,曾国荃围城部队虽数逾五万,一旦分布开来,仍然"寥如辰星";况且墙体坚固,墉堞高峻,最低之处犹有七丈以上,要攀越城墙硬攻进去,亦非易事。同治二年十一月十日(1863.12.20)李秀成由苏州回到天京,专门负责守城。他经验丰富,恪尽职守,在士兵中又有一定威信,这就大大加强了天京的防卫力量。同治三年正月天堡城失守后,湘军进至太平门,完全断绝了城中粮食来源,情形更加困难。但天京军民仍然坚持斗争,一次又一次地挫败敌人的进攻,使其无论夜间爬城还是开挖地道,都未能奏效。太平军除在城墙上加强巡哨严密监视敌人外,还在城内多挖地窖,埋放大缸,令人蹲在缸内谛听,以确定敌人开挖地道的方位,然后或与敌人对挖地道,使其炸药不能奏效;或用重锤将敌人的地道砸塌,破坏其轰城计划。有一次,敌人虽然轰倒了一段城墙,但仍隔着护城河,不能迅速涌进,遂被太平军重新封死,坚守如故。

曾国荃在军事进攻的同时,还派出大批间谍进行诱降活动,利用各种关系打入天京城内,策动政治上不坚定的分子叛变,从内部瓦解太平军。有时湘军将劝降书一类反动宣传品射入城内,希望有人拾起,主动与他们联系。太平天国了解到敌人的这些伎俩后,针对敌人的破坏活动,相应采取了一些切实有效的措施。天王洪秀全通令全城,有得敌人文书者必须上报,不准私拆,违者严惩。由于天京将士在政治上比较坚强,能够同心同德,团结对敌,所以一次又一次地挫败敌人的阴谋,使敌人的企图落了空。有一次,湘军与城内太平军中的叛徒约定,夜间杀死城上哨兵,接应他们爬进城去。结果中途被城上哨兵发现,没有成功。以后湘军又搞了几次类似的阴谋,也都遭到失败,损兵折将,空赚得一番烦恼。

太平天国粉碎敌人阴谋的一个较大案件,就是陈德风图谋投敌事件。陈德风是太平军驻天京城内的一个将领,已封松王,与湘军萧孚泗私通,事泄后被洪仁发锁拿监押。李秀成一向与陈德风交厚,得知后以重金将其赎出,保陈德风不死。不久,李秀成的妻舅宋永祺又与曾国荃手下的一个幕僚勾上关系,在天京进行活动。他先与李秀成说明来意,又去串通陈德风。陈德风听后半信半疑,写信向李秀成探询核实,恰被掌刑部的莫仕葵发现。这件事曾一时轰动全城,宋永祺、陈德风虽被李秀成贿保不死,但敌人的阴谋亦因此败露,未能得逞。从此天京上下进一步提高了警惕,使曾国荃的政治阴谋愈难施展。由此可见,曾国藩所说的天京非他城可比、天王非他人可比,是有道理的。当时天京所遇到的困难远甚于苏州、杭州等城,而始终没有发生将领叛变献城、献门的事,全军上下尚能团结一致,坚持到底,这不能不归功于洪秀全的坚强领导。李秀成虽在守城方面有一定功劳,但政治上糊涂动摇,敌我不分,只能像在苏州一样扮演保护坏人的角色,在粉碎敌人的政治阴谋上是不可能发挥什么好作用的。显然,把洪秀全描写成一个毫无作为的木偶或不得人心的暴君是违背历史事实的。

军事强攻和政治瓦解既然都不见成效,曾国藩也就只好寄望于天京军民粮尽自毙了;然而这样一来,却使湘军自身遇到前所未有的困难。其中最突出的是粮饷短缺、士气低落和疾疫流行。自同治元年秋季以来,湘军江南各部即患流行病,直到第二年秋仍未停止。疾病使湘军不断减员,战斗力大为削弱。由于医药缺乏,这次流行病不仅造成大批士卒死亡,也使不少骨干分子丧命。曾国藩最小的弟弟曾贞幹就是因长期患病死于雨花台大营的,其幕僚甘晋、徽宁池太广道姚体备和鲍超部下悍将黄庆、伍华翰等亦皆死于传染病。同治三年以来,湘军流行病渐止,生病的士卒和将领也陆续痊愈,但粮饷缺乏的情况却日益严重起来。咸丰十年湘军进围安庆时,水陆不过六万,由曾国藩发饷的人数不到两万。而到同治三年初,仅由曾国荃统率的围困天京的陆军即达五万人,由曾国藩负责筹饷的总人数则达九万人。若按每万人月饷六万两计算,须每月筹饷五十四万两;即使每月发饷五成,也须二十七万两。这就大大增加了筹饷的困难。虽自同治元年以来每月增粤厘十万两、上海协饷五万两,但沿江厘金日益减少,自同治三年春起各省协饷也不再解送,所以实际收入增加无几。同时各省湘军人数不断增加,最多时总数达三十万人,这就造成各省争饷的情况。即使由曾国藩发饷的部队,各军之间也相互争饷。例如左宗棠湘军已由最初的六千人发展到四五万人,原来指定的抽厘局卡供不应求,左宗棠想从李鸿章每月四万的协饷中分润一部分,却遭到曾国藩的反对,二人发生矛盾。曾国藩将此款全部解送雨花台大营,交曾国荃发放。即使如此,曾国荃一军仍收入大减,同治三年以来所"得饷项之少,为历年所无"。

与此同时,粮食的供应也发生了困难。由于战争的破坏和自然灾害,江、皖一带米价大涨,饥民成群,生产遭到很大破坏。而皖南徽州、宁国、池州、太平各府尤为严重,有的地区完全变成遍地榛莽的荒野,行经此地者"常竟日不见烟户,不逢行人",满目悲凉景象。这就使湘军自食苦果,不仅筹饷不易,购米也发生困难。同治三年以来,曾国荃围城部队和鲍超宁国一军所购食粮,米价皆涨至七千余文一石。这两支部队总数近七万人,按每人每月五十斤口粮计算,亦须米三百多万斤,不仅需款甚巨,且采购无所。故曾国荃一军后来只能发饷四成,而且口粮供应不上,士卒只好靠稀粥度日。同治三年二月底,赵烈文从雨花台大营写信对欧阳兆熊说:"勇丁每月所领不及一旬之粮,扣除米价等项,零用一无所出。兼之食米将尽,采办无资,勇夫餬粥度日,困苦万状。""若再过月余,并粥俱无,则虽兄弟子侄,亦不能责其忍死奉法。每念及此,不觉通身汗下。"还说,天京"城池过大,塘埭高峻,至低之处犹及七丈以外";太平军"复工于设守,梯冲百具,无所用之,止可严守长围,绝其接济,以待其自毙之一策。而贼赍未尽,我食先匮,此则非智力之所得济,无可如何者也"。曾国藩也说,"近来饷项奇绌,金陵营中竟有食粥度日者","我军欠饷十六七个月,又值米价昂贵,时时以乏食为虞、以哗溃为虑,不知何日竟此一篑之功"。

为解燃眉之急,曾国藩曾致函李鸿章,向其借粮。李鸿章竟以不堪食用的霉变陈米敷衍塞责。曾国荃对此极为气愤,欲立即将米退回。有人劝他说,与其退米,尚不如卖给饥民,得款后再到别处另行购买。曾国荃接受了这个建议,才未因此事与李鸿章闹翻。

粮饷的困难又触发了湘军的内部矛盾,引起连锁反应。湘军初起,士气尚可,将领亦能约束队伍。由于当时胜负未卜,曾国藩比较注意当地士绅对部队的反映,对名声过坏或引起公愤者亦曾严加惩处，以求挽回人心。自安庆之战后，大局已定，湘军锐气大减，士气日趋低落，内部约束放松，纪律也一天天坏起来。曾国荃一军进围天京后，久顿坚城之下，斗志日益松懈，更无纪律可言。尤其同治三年以来，湘军士卒经常四处抢劫，奸掠妇女，完全变成赤裸裸的匪类。湘军合围之后，太平天国为了缓和天京城内的粮荒，曾将大批妇女儿童放出，令其自谋生路。不料他们一出江东桥，就遭到陈湜部湘军的拦截，多数被扣留营中，年轻妇女无一幸免。江北农民渡江耕种，更是屡遭抢劫，甚至连做饭的锅铲都给夺走。同时湘军内部的矛盾也日益尖锐起来。同治三年三月，萧庆衍部首先发生闹饷事件，"曾国荃忧惶无计"，急向其老兄请示对策。为了缓和内部矛盾，以免激成诈变，曾国藩"函嘱"曾国荃，因"其欠饷太久，不可过绳以法，只宜多方抚慰，藏此一篑之功"。从此曾国荃对部下更加放任自流，各级军官也不闻不问，远远避开，湘军纪律就愈益日坏一日了。

有一次，赵烈文为江东桥放出的妇女被抢问题去找陈湜，要求查出放走，陈湜不管。赵烈文又去找曾国荃，要求曾国荃出面制止，并对纪律进行整顿，不要抢劫百姓。曾国荃对他说："欠饷过多，勇丁多食糜粥，各统领、营官俱愧见之，无颜更绳以法。目下食米将尽，采办无地，更一月不破城，必成瓦解之势。"又言"夜梦登山至顶，顾视无返路，进退不可，疑非吉兆。言次神色忧沮"。纪律问题没有解决，反而勾起了曾国荃的满腹忧伤，致使能言善辩的谋士赵烈文也感到"无言可以慰解"。可见曾国藩兄弟处境之困迫、心情之沉重已经到了何等地步。不料正当此时，沈葆桢突然不经函商，径直奏请，将原来解往雨花台大营充作军饷的江西厘金全部扣下，留作本省军用。这一下正好触到曾国藩的痛处，遂在曾国藩、沈葆桢之间引起一场争夺江西厘金的斗争。

曾国藩与江西巡抚间的军饷之争由来已久。咸丰四年至七年间，江西巡抚陈启迈等视曾国藩为客军，双方屡起冲突，关系很僵，在很大程度上就是因争夺军饷、厘金引起的。咸丰八年曾国藩再出，江西巡抚毓科等与曾国藩合作得很好，尽本省所出，全力支持曾国藩。咸丰十年曾国藩担任两江总督后，先后奏明将江西漕折、厘金等项全部提取，充作军饷，成为曾国藩的主要饷源之一。当时江西巡抚手中没有军队，防卫江西的任务主要由曾国藩部湘军负责，双方相依为命，关系尚可维持。同治元年以后，曾国荃移兵下游，鲍超转入皖南、苏南，左宗棠进入浙江，江西兵力空虚，遂成为湘军系统中的薄弱环节。尤其苏州、杭州、高淳、溧水等处被湘、淮军陆续攻陷之后，大批太平军拥入江西。曾国藩自感兵力单薄，无力分兵援救，也就听之任之，不肯过问。沈葆桢接任江西巡抚后，很快搞起一支江西本省的军队，并将席宝田、江忠义、周宽世等军陆续奏调江西，使军饷开支大增。为供养这些军队，沈葆桢便将原来供应雨花台曾国荃大营的款项一笔笔截留下来，充作军饷。同治元年八月奏准截留江西漕折银五万两，同治二年五、六月又将九江关洋税截留。这年三月曾国藩始奏准提取九江洋税三万两以清积欠，不料九江道蔡锦青刚将洋税银一万五千两解送曾国藩粮台，就遭到沈葆桢的斥骂，勒令将原款追回。曾国藩无奈，只好忍气吞声，如数退款。同治三年三月沈葆桢再次奏请截留江西厘金，统归本省支用。曾国藩闻讯惊慌，急忙具疏力争，请求江西厘金仍归自己征收，"不可遽改局面，动摇军心，致生功亏一篑之变"。结果户部偏袒沈葆桢，有意压制曾国藩，不仅将江西厘金归沈葆桢征收，还在复奏中称两湖、川、赣每月协解曾国藩军饷十五万五千两，即使不能全解，每月亦有十万两的进款。使其打输了官司，又背上广揽利权、贪得无厌的罪名。

曾国藩接到上述部文极为忧愤，一怕军饷太绌，围城湘军哗溃；二怕久掌兵权，引来祸灾。他在日记中写道："日内郁郁不自得，愁肠九回者，一则以饷项太绌，恐金陵兵哗，功败垂成，徽州贼多，恐三城全失，贻患江西；一则以用事太久，恐中外疑擅权专利。江西争厘之事，不胜则饷缺兵溃，固属可虑；胜则专利之名尤著，亦为可惧。反复筹思，惟告病引退，少息二三年，庶几害取其轻之义。"遂于同治三年三月二十五日上奏清廷，请求给假养病，以示退避。他在奏折中说，自同治三年以来，四川、两湖应解之协饷从未解过一次，江西偶解一万五千两，而又立即追回。"臣才识愚庸，谬当重任，局势过大，头绪太多，论兵则已成强弩之末，论饷则久为无米之炊。而户部奏称收支六省巨款，疑臣广揽利权。如臣虽至愚，岂不知古来窃利权者每遭奇祸？外畏清议，内顾身家，终夜悚惶，且忧且惧"；并吓唬清政府说，现今"臣所居职位，昔年凡六人任之"，臣"曾经两次奏请简派大臣来南会办，未蒙俞允。今兵弱饷绌，颠覆将及"，一旦大局决裂，"臣亦何能当此重咎"？实际上这也是向清政府施加压力。而此时沈葆桢也陈请开缺，以示不得江西厘金誓不罢休的决心。清廷无可奈何，只好将江西厘金一分为二，使曾国藩、沈葆桢二人各得其半，并将李泰国购轮船的退款五十万两拨归曾国藩使用，为他们两相和解。曾国藩得款后立刻销假，"力疾"任事；沈葆桢也不再辞职，一场争饷闹剧才告结束。

由上海拨归曾国藩使用的五十万两轮船退款，其中二十九万两已送往英国，实际上很难得到，只有下余二十一万两尚存上海、九江等关，可以立刻提取。此外，曾国藩还得到李昭寿捐款三十万串，饷盐与赤金折银十五万九千余两，六月之后每月又可增收淮北盐厘八万两，这样曾国藩的乏饷问题才基本解决。同时曾国藩还从湖南借谷四万石，大致解决了缺粮问题，渡过了经济上的难关。然而天京城内的粮荒却日甚一日的严重起来。

原来天京吃粮主要靠江北供应。安庆、芜湖及滁州、和县等地陆续被湘军攻陷后，天京米粮改由苏州、常州供应。九洑洲陷落后，苏州、常州粮路又断，仅靠东坝、二溧接济少数粮食，经天堡城下由太平门运入城内。天堡城丢失后，湘军完成对天京的严密包围，陆上接济全断，只有个别洋人和沿江商人用小船将少数粮食运进城内以图重利。后来湘军水师巡查日严，偷运常遭截获，进粮愈来愈难，愈来愈少。同治二年冬，太平军还在天京城内种了些小麦，但数量太少，杯水车薪，无济于事。然而，在这样困难的条件下，天京军民仍然坚持斗争，特别在天堡城失守后，防守更加严密。曾国荃百计使尽，一无效应，致使曾国藩也不得不承认，天京将士之坚忍，"似更胜于九江之林启荣、安庆之叶芸来"，发出"竟不知何日始是了义"的哀叹。

但是，苏州、杭州失陷后，上层统治阶级中"人人望金陵速克"，尤其同治三年以来，"苏、浙克城甚多，独金陵迟迟尚无把握"，外间议论纷纷，各种"不入耳之言语纷纷迭乘",不断传来,还有人"作《老妇行》以讽刺金陵战事",致使曾国藩兄弟处境更加窘迫。曾国荃"肝病已深,瘤疾已成,逢人辄怒,遇事辄忧"。曾国藩亦"愠郁成疾,他在给曾国荃的信中说:"近来外侮纷至迭乘,余日夜战兢恐惧,若有大祸即临眉睫者。"又说:"余日内所患者三端:一则恐弟过劳生病,弁勇因饷绌散漫;二则恐霆营人心散漫,另生祸变;三则恐汉中大股东窜,庐、巢、和、滁俱不能守,西梁山亦无兵可以拨防。"总之,到同治三年四月间,天京内外的攻守双方都已精疲力尽,太平军固属山穷水尽,而湘军也已成强弩之末了。可惜陈得才率领的远征西北的太平军部队撤回至湖北、安徽境内时,因缺乏粮食和敌人阻截未能进抵天京城下,否则将使曾国藩兄弟更形狼狈,天京之战也会更加旷日持久。

为了独占攻陷天京这一头等大功,曾国荃对围攻天京一事完全采取包揽把持的态度,只准自己一家经营,不准外人插手。多隆阿的远走陕西与此很有关系,鲍超、杨载福都曾参加了对天京的围困,后来又先后离去,也是这个原因。在此期间还有几起奉命前来助攻者,也都被他们兄弟以种种借口加以拒绝。

同治元年闰八月李秀成救援天京期间,围攻曾国荃雨花台大营甚急,曾国藩无处可调援兵,急派赵烈文赴沪求援。当时李鸿章除令吴长庆等率新兵替出沿江防兵增援外,还派白齐文率洋枪队赴天京城外助守。曾国藩听到这个消息非常紧张,唯恐洋枪队来争夺攻陷天京之功,又怕天京财富被洋人抢去,心中很不愿其来援。但李鸿章业已决定,阻拦已来不及,只好为曾国荃出谋划策,预为布置。曾国藩指示老九,断不可令白齐文的洋枪队入长壕之内与包围天京城的湘军共守,只可让他率军往攻九洑洲、下关或其上游的太平军,以分军势。由于白齐文也不愿只在天京外围作战或增援上游,以至劳而无获,遂鼓噪索饷,抢劫粮台银两,殴伤苏松粮道杨仿。为此李鸿章将其革职,增援天京城外湘军一事亦随之告吹。曾国藩兄弟空受一场虚惊。

同治二年二月,英侵略军头子士迪佛立任职期满归国,特意赶到裕溪口去见曾国藩,要求仿照"常胜军"建立一支一万零四五百人的洋枪队,包打天京及江浙各城。曾国藩敏感地意识到此举对曾氏独占攻克天京之功极为不利,因此态度非常冷淡,仅"答以须函商总理衙门定夺",实际上是借词推托,予以拒绝,以后再没提起这事。

不久又发生了阿思本舰队之事。这件事比上述情形复杂一些,但也有类似之点。同治元年二月清政府在代理海关总税务司赫德的怂恿下,决定建立一支近代化舰队,用以进攻太平天国的首都天京,并指令赫德写信给正在英国养伤的海关总税务司李泰国,委托他代为办理。李泰国企图乘机控制中国未来的海军大权,遂很快购买轮船七只、趸船一只以及舰队所需的各种枪炮设备,并于同治元年十月擅自与英海军上校阿思本签订为期四年的合同,规定阿思本对舰队有完全的指挥权和用人权,只服从由李泰国传达的中国皇帝行得通的命令,他人不得干预。阿思本招募英国士兵六百人上船充当水手,于同治二年八月将舰队开到上海。清政府拒绝接受李泰国与阿思本擅自签订的合同,议定阿思本舰队由所在地方督抚节制,攻打天京时受两江总督曾国藩和江苏巡抚李鸿章节制,由曾国藩、李鸿章推荐的水师营官蔡国祥指挥,阿思本为副营官,仅管外国弁兵及教练中国人掌握技术事项。阿思本坚决拒绝服从中国政府的管辖,声言决不能使自己沦为戈登那样的屈辱地位,如不答应他的条件,宁可将舰队带回英国予以解散,也不把它交给他人指挥。他的蛮横无理的主张得到英国政府的支持。清政府无奈,企图向阿思本妥协,让阿思本独领舰队,中国营官仍带自己的舢板炮船,与其一起停泊。这实质上是将中国的海军大权交给了英国侵略者,以保留这支徒有虚名的舰队。

曾国藩则坚决反对这一主张。他在给奕䜣的信中以强硬的语气指责总理衙门出尔反尔,屡次变更自己的主张。并说,"洋人本有欺凌之心,而更授以可凌之势;华人本有畏怯之素,而又逼处可怯之地"。倘若洋人因而蔑视中国营官,"不特蔡国祥断不甘心,即水陆将士皆将引为大耻"。曾国藩最后声言,与其如此,不如早为之谋,宁可白白扔掉二百余万两白银的船价、费用等款,也不要这样的舰队。清政府见英国人和曾国藩都不肯让步,只好收起折中方案,将新购舰只全部退回,结果仅得到轮船的本价银五十万两,白白扔掉了一百二十万两白银。

不过秉心而论,在这件事情上曾国藩的主张还是对的。退回轮船虽然在经济上受到损失,但在政治上挫败了英国侵略者企图控制中国海军的野心,在一定程度上维护了中国主权。而倘若依照奕䜣等人"委曲求全"的办法,中国将受到更大的损失。在这个问题上,曾国藩比清政府态度坚决,表现出一定的深谋远虑,这是应该肯定的。但这只是问题的一个方面。他所以表现得那样坚决,并非像他自己表白的那样完全出于"公心",而是另有个人的打算。其一,以我为主,万不可喧宾夺主,军权旁落。曾国藩惩于绿营兵将骄兵惰、不听指挥的教训,要求他的军队下级绝对服从于上级,士兵绝对服从于军官,宁可无兵也决不做徒拥虚名的统帅。他所以反对洋枪队赴援,事先指示曾国荃不让"常胜军"入长濠与湘军共守就是出于这种考虑。他说:"白齐文部下,名为洋兵,实皆广东、宁波之人,骄侈成俗,额饷极贵,弟断不宜与之共处。凡长壕之内,总须主兵强于客兵,一切皆由弟做主,号令归一,而后不至偾事。至嘱,至嘱。"因而他决不会允许阿思本舰队不受他的节制,不听他派出的营官指挥,而又要同他指挥的湘军同攻天京,联合作战。如果做不到这一点,他就宁可解散舰队、退掉舰只,也决不要这个"节制调遣"的虚名。其二,他害怕洋人独吞或瓜分攻陷天京之功和天京财富。自从清政府实行所谓"借夷助剿"的政策之后,就打算借洋人的力量早点攻下天京和苏州、杭州等几个内地大城市,把太平天国革命镇压下去。曾国藩只赞成借洋兵助守上海,以保此财赋之区,坚决反对借洋兵攻取天京和苏州、杭州等地,并一再向清政府申明自己的主张,名之曰"助防不助剿"。

清政府当时虽然表示同意曾国藩的主张,但始终没有完全放弃自己原来的想法。清政府所以花费巨款购置和装备阿思本舰队,其首要目的就是用它来攻打太平天国的首都天京。李泰国久已垂涎于天京财富,并打算破城后将太平天国的将士和城内居民当作猪仔掠卖外国,再发一笔洋财,因而对于攻打天京一事非常热心,一再要求带"兵船协攻金陵"。李鸿章闻讯后,立即上书奕䜣,以湘军已经攻陷九洑洲为词极力进行阻挠,并托即将进京的南洋通商大臣薛焕向总理衙门代为"转致金陵无须兵船会攻"之意。但李泰国仍纠缠不已。总理衙门令李鸿章转商曾国藩兄弟,催其"速攻金陵,如迟迟不克,兵船必往,殊难谕禁"。李鸿章深知曾国藩兄弟的用心,故极力替其斡旋,以阻止李泰国船队(即阿思本舰队)前往天京"协攻"。但李鸿章比曾国藩更怕洋人,很担心一切努力付诸东流,薛焕、奕䜣都无法劝阻洋人的要求,最后竟然发出"时事至此,可为痛心"的哀叹。可见当时矛盾之尖锐。

李泰国要求"协攻金陵"已为曾国藩所不许,他所提出的瓜分天京财富的条件就更遭到曾国藩的反对。李泰国向清政府提出,由他率领阿思本舰队包打天京,所得财富之半赏给洋兵,另一半作为运送猪仔之费。清政府没有接受这个主张,最后与李泰国议定,若阿思本舰队独破天京,所得财富百分之三十归清政府,百分之七十送给洋兵充赏;若与湘军合伙攻破天京,清政府抽成不变,湘军与洋兵各得百分之三十五充赏。

协议达成后,奕䜣等人立即致信通知李鸿章,李鸿章又将信转给曾国藩,使其全部了解到清政府与洋人的意图。因而曾国藩千方百计地进行阻挠,绝不允许阿思本舰队独吞或瓜分攻陷天京之功与天京财富,使自己期望已久的功劳和财富化为泡影。他力争对阿思本舰队的控制权也含有这种成分。若这支舰队由他控制,他尚可事先将舰队远远调开,使洋人无法靠近天京,就像李鸿章对待戈登洋枪队那样,于淮军开进苏州前夕即将其调往昆山,只准其出力,不准其进城。这支舰队若不听曾国藩指挥,他也就无法做出这种安排。总之,曾国藩在对待阿思本舰队的问题上,既有维护国家主权的考虑,也有他个人的打算。结果谈判决裂,舰只退回,英国侵略者企图控制中国海军大权的阴谋破了产,李泰国也无由参与攻陷天京后的分赃活动,使曾国藩的双重目的都得以实现。但在对待李鸿章来援的问题上则纯出于个人目的;尤其曾国荃,他反对李鸿章增援的原因完全是出于偏私和贪婪之心。

李鸿章攻陷苏州、常州诸城之后,即屡奉会攻天京之旨,只是不知道曾氏兄弟的态度,不敢轻举妄动,于是便致信曾国藩进行试探。曾国藩知道李鸿章欲来增援的意思后,又去信与曾国荃商量。信中说:"细思少荃会剿金陵,好处甚多。其不好处,不过分占美名,后之论者曰:润(指胡林翼)克鄂省,迪(指李续宾)克九江,沅(指曾国荃)克安庆,少荃克苏州,季高克杭州,金陵一城沅与荃各克其半而已。此亦非甚坏之名也,何必全克而后为美名哉?人又何必占天下之第一美名哉?如弟必不求助于人,迁延日久,肝愈燥,脾愈弱,必成内伤,兄弟二人皆将后悔。不如及早决计,不著痕迹。少荃将到之时,余亦必赶到金陵会剿也。"曾国藩这样不厌其繁地反复劝导曾国荃,其动机不外有二:一怕曾国荃无力独自攻陷天京,转致生出意外;二怕侥幸攻陷天京,功名太盛,招人嫉妒。但曾国荃拒绝一切劝告,执意包打天京,独吞果实。曾国藩遂设词拒绝李鸿章说:"舍弟所部诸将素知阁下与贱兄弟至交多年,无不欣望大旆之西来。而所疑畏者亦有两端:一则东军富而西军贫,恐相形之下士气消沮;一则东军屡立奇功,意气较盛,恐平时致生诟谇,城下之日或争财物。请阁下与舍沅弟将此两层预为调停,如放饷之期能两军普律匀放,更可翕和无间。"就是说，你来是可以的，但必须有一个条件，即湘、淮两军平均发饷。当时淮军饷源充足，发放及时，成数亦高，大大优于湘军，要使两军平均发饷，是李鸿章所无法接受的。

李鸿章阅信之后便已心领神会，知曾国藩兄弟口头表示欢迎，实则拒绝赴援，故出此种题目以相刁难。于是他便上奏清廷说："曾国荃军两年围攻，一篑未竟，屡接来书，谓金陵所少者，不在兵而在饷。"并以天气炎热、士卒疲敝为由极力推延赴援之期，称须攻陷湖州之后方可动身。同时致书曾国藩说："屡奉寄谕，饬派敝军协剿金陵，鄙意以我公两载辛劳，一篑未竟，不敢近禁脔而窥卧榻；况入沪以来，幸得肃清吴境，冒犯越疆，怨忌丛集，何可轻言远略？常州克复，附片借病回苏，及奏报丹阳克复，折尾声明金陵不日可克。弦外之音，当入清听。"曾国藩收到李鸿章的信函和奏折抄件，知其不会来援，心里非常高兴，这样就既不用担心李鸿章前来争功，也不用害怕湘、淮两军会因争夺财物而发生哄斗了。但是天京迟迟攻不下毕竟是曾国藩的一块心病，曾国荃的身体更使他为之忧虑。所以过了不久，又动起请求李鸿章率军赴援之念。

一日，黄翼升至安庆会见曾国藩，"盛言"李鸿章对天京战事的"关切"和淮军"炮队之利"。与此同时，洋枪队头子戈登在察看天京攻防形势之后，亦向曾国藩"面递一说帖，言攻金陵须调苏州开花炮等语"。曾国藩心为所动，认为天京迟迟不下，若生出其他变故，或天京太平军大队冲出，或湘军饷绌而溃，或曾国荃因心情焦躁而病情转重，发生有如塔齐布猝死九江城下之事，还不如借李鸿章之力早日攻下这一坚固设防的孤城。于是决心不顾曾国荃的反对，上疏奏请李鸿章带兵来援，"并咨请先派炮队来金陵"。随后又去信对曾国荃说，"少荃意在助我兄弟成功，而又不敢直言，其意可敬"。还说："观少荃屡次奏咨信函，似始终不欲去攻金陵，若深知弟军之千辛万苦，不欲分此垂成之功者。诚能如此存心，则过人远矣。"力图劝曾国荃放心，李鸿章实无争功之心，不要再三坚辞固拒。

其实，淮军弁勇并非不想前来争功争财。刘体智《异辞录》云："方诏之日促也，铭、盛诸将皆跃跃欲试。或曰：'湘军百战之绩，垂成之功，岂甘为人夺？若往，鲍军遇于东坝，必战！'刘壮肃曰：'湘军之中疾疫大作，鲍军十病六七，岂能当我巨炮？'文忠存心忠厚，终不许。"所谓"存心忠厚"，不过是"迁延不行，显然让功之意"。所以，曾国藩对李鸿章"益感不置"。"及大功告成，文忠至金陵，官场迎于下关，文正前执其手曰：'愚兄弟薄面赖子全矣。'"不过李鸿章让功并非全由"存心忠厚"，而主要还是出于自身利害的考虑。曾国荃历尽艰辛攻夺天京，无非贪功贪财，其弁兵上下甚至忍饥挨饿都不肯散去，亦不过为了攻进城中大抢一通。吉字营过去在吉安、景德镇、安庆都是这样干的，兵法所谓"用贪用憨"似亦此意。所以淮军若来助攻，中途是否会遭到鲍超霆营的拦截，尚难断定，而与曾国荃吉字营的火并，则似乎是不可避免的。同治三年六月十五日曾国荃接到李鸿章来函，获悉刘士奇炮队及刘铭传、潘鼎新、周盛波等二十七营一万四千人已奉命来天京城外助攻，当时曾国荃正在天堡城行营，遂将此信一一传示诸将，并大声说："他人至矣，艰苦二年，以与人邪？!"众将齐声回答："愿尽死力！"于是曾国荃在全军上下进行总动员，

历代名相

图文珍藏版

决心不顾一切,抢在淮军到达之前攻陷天京,以独得陷城首功和天京财物。

天京西、北、南三面濒临长江和秦淮河,水道纵横交错,无路进兵;东面山峦起伏,以钟山最高,为历代陆路攻城进兵之地。钟山有三个高峰,太平军在靠近天京的一座山峰上建一坚固的大碉堡,取名天堡城;天堡城至太平门一段山峦俗名龙脖子山,太平军在其离城不远处建一大碉堡,取名地堡城。天堡城地势高于城墙,装有重炮多门,俯视城内外,致使湘军只能远远扎营,无法对太平门实行封锁。湘军夺取天堡城后,地堡城仍在太平军手中,虽已对天京完全合围,但仍无法靠近城墙根,故几个月中多次开挖地道都未成功。同治三年六月初湘军得地堡城后,曾国荃采纳李臣典的建议,将百余门大炮安放在龙脖子山上,层层排列,日夜不停地向城墙上猛轰;同时又将大批柴草掷于城下,高与城齐,摆出即将攻城的姿态。这样就使太平军在城上无法立足,更难看到城下的情况,注意力又被吸引到防备攻城方面,遂使湘军获得在城墙根下开挖地道之机。当地堡城尚在太平军手中时,湘军李臣典部曾在太平门外、龙脖子山下开挖一条地道,后因离城太近,无法继续开挖而中途报废。李臣典利用这个废弃地道,日夜兼工,轮班开挖,花了五昼夜的时间,于六月十五日开挖成功。十六日上午地道装好炸药与火线,约定正午点火。这时城内太平军发现了这一情况,急派兵一队由太平门冲出,扫算捣毁地道,并放火引爆,以破坏敌人的作战计划。不料湘军很快赶到,太平军匆匆撤回,未能达到预期的目的。

天近中午,湘军攻城部队齐集山下地道口后,准备爆炸成功后一齐向里冲杀。不料在决定战斗序列时却发生了难产,迟迟无人肯冲头阵。当曾国荃派朱洪章询问各营营官,何营愿作头队、何营愿作二队时,"再三询之,无人敢应"。朱洪章无奈,复改口问道:"请以职分高低定先后,何如?"仍无人答话。当时萧孚泗已实授福建陆路提督,李臣典已实授河南归德镇总兵,论职位当属最高,理应充任一、二队。朱洪章问萧孚泗,萧孚泗却低头不语;又问李臣典,李臣典则要求朱洪章"拨精兵一二千人与之"。朱洪章气愤不过,大声抗辩说,与其拨兵给你,何如我来充头队?众营官乘机起哄,鼓动朱洪章充头队。朱洪章骑虎难下,只好答应。于是最后议定朱洪章担任头队,刘连捷担任二队,分兵三路,依次推进。战斗序列定下之后,各分统又齐集曾国荃面前书写军令状,后退者就地正法。这时曾国荃已摆出破釜沉舟的架势,亲自在天堡城坐镇指挥,只等地道爆破的成功。

同治三年六月十六日(1864.7.19)正午,曾国荃下令点火,一声巨响,炸塌城墙二十余丈,一时烟炎冲天,头队士兵四百余人全部死于烟尘之中,后面各营踏尸而过,乘机冲入城中。此时天京城内断粮已久,主要靠吃野菜度日,战士早已饥疲无力。尽管太平军连续组织了几次大规模的反击,但都没有成功。天到申时,天京九门皆破,落入湘军手中,太平天国革命也随之宣告失败。

湘军冲入天京后,开始了疯狂的烧杀淫掠。湘军一进城就到处放火,以火当武器,为他们开路。所以湘军攻到哪里,大火就延烧到哪里。及至傍晚时分,全城已经变成一片火海,"烟起数十道,屯结空中不散,如大山,绛紫色"。湘军攻入城中之后,遭到太平军的坚决抵抗,开始争夺街巷,随之展开逐院逐屋的争夺。当太平军身陷重围，感到突围无望、防守无力时，便纷纷放火自焚，以保持革命的节操。当时天京的各王府中，除无人据守的天王府、忠王府、英王府等少数外，多数王府皆发生这种情况。他们还提出"弗留半片烂布与妖享用"的口号，主动烧毁一些物资，以示与天京共存亡的决心。不过这种情况在整个天京所占比例不大，据当时在南京目击此事的赵烈文估计，太平军"所焚十之三"，湘军"所焚十之七"。这个估计大约是比较客观的。不过这只是陷城之初的情形，其后之火则全系湘军所为，就与太平军无关了。

湘军等除用火作为进攻的武器外，还用火作为灭迹的手段。无论王府、民宅，大肆掠劫一通后，随即付之一炬，一走了事。所以湘军攻陷天京之后，天天抢劫，天天放火，大火连烧十余日，虽六月二十一日后全城火势渐熄，但仍有一二处火烧不止，直到二十四日下了一场大雨，才将大火完全浇灭。

湘军一冲入城内，残忍的大屠杀就开始了。他们首先要杀害的是进行坚决抵抗的太平军将士，甚至连已经去世并秘密掩埋的太平天国革命领袖洪秀全的遗体，也要挖掘出来加以污辱，以发泄其反革命仇恨。但据目击者的观察，当时被杀害的人中太平军战士所占人数并不多，而更多的却是天京城内的老百姓。天京城破时，城中不过三万人，除一般居民外，太平军只有一万人，能够作战的青壮年战士不过三四千人，其中随李秀成突围而出者有千余人，缒城而下者亦数目可观；另外，还有一些人被俘后替湘军寻找地窖、挖掘和扛抬金银物品，出城后随之放走，逃了活命，所以被杀的太平军，包括死于大火者至多也不过几千人。而实际上被杀的一般居民则远远不止这个数字。攻陷天京的当天晚上，湘军就基本上控制了整个天京城，虽然有几个王府仍在进行抵抗，前后持续了四五天，但总的说来战争状态已经基本结束了。可是这场大屠杀却一直持续了十余日，杀人的目的并不是为了攻夺城池，而是为了抢劫财物和奸淫妇女；杀戮的主要对象也不再是太平军战士，而是天京城内的和平居民，尤其是老人、儿童和中年以上妇女。曾国藩的心腹幕僚赵烈文在日记中记述他所目睹的情形说，城破五日之后，仍然是"尸骸塞路，臭不可闻"。又说："计破城后，精壮长毛除抗拒时被斩杀外，其余死者寥寥，大半为兵勇扛抬什物出城，或引各勇挖窖，得后即行纵放。城上四面缒下老广贼匪不知若干。其老弱本地人民不能挑担又无窖可挖者，尽情杀死。沿街死尸十之九皆老者，其幼孩未满二三岁者亦斫戮以为戏，匍匐道上。妇女四十岁以下者一人俱无，老者无不负伤，或十余刀、数十刀，哀号之声达于四远。其乱如此，可为发指。"可见曾国藩在奏折中所说的破城之后各军"分段搜杀，三日之间，毙贼共十余万"纯属谎言，不过是为他们迟迟不能攻下天京和破城后烧杀淫掠辩护，所谓"秦淮长河尸首如麻。"也多是一般居民，尤其老幼病弱，太平军战士为数则很少。

对于天京的财物，湘军是垂涎已久的。他们围困天京以来，宁可忍受缺粮乏饷的煎熬而不肯散去，主要就是盼望破城之日大抢一通，发一笔横财。因而湘军一占领城池，就开始了肆无忌惮的抢劫。他们先抢王府，再挖地窖，接着就逐户搜抢居民财物，剷地拆屋，掘坟盗墓，直至公私荡然，洗劫一空。为了抢掠财物，他们残杀了大批老人和儿童，甚至不惜互相厮杀。城破十余日内，街上经常出现湘军士兵成群结伙相互火并的情景,非为争抢财物,即为争夺妇女。有时他们抢红了眼,对外营营官也不客气,禹汲三、朱星槛、唐新泉都曾遭受过外营士兵的抢劫,几乎送了命。

当时不仅攻城部队横行无忌,四出抢劫,连留在城外看守营寨的老弱兵勇也空营而出,入城参加抢劫。甚至负责警卫曾国荃司令部的兵勇和各棚长夫、厮役等非作战人员也都进城搜刮财货,肩挑手提,成群结队,满路都是抢劫而归的士兵,且一日往返不知几回。李秀成所以能够保护幼天王冲出城去,最后几个王府所以能够坚守数日不下,主要是由于这个原因。那些没有亲自动手的文员幕客,就在家低价争购士兵抢来的赃物。他们箱箧俱满,交相夸示,津津乐道,终日不厌,实际上也变相地参加了这场抢劫,不过由于文人的虚荣,有点遮遮掩掩、羞羞答答罢了。除抢劫财物者外,还有人抢劫幼儿。六月十九日,有一文案委员至城,见一幼儿刚八岁,长得眉清目秀,"强夺之归,其母追哭数里,鞭逐之"。此虽非杀人抢物,而活活割离人家的骨肉,其残忍亦与杀人无异。

在这场浩劫中,受欺辱最甚的还是妇女,湘军在烧、杀、抢的同时还肆意糟蹋妇女。他们随意闯入民宅奸淫妇女,甚至光天化日之下,公然在大街上"搜曳妇女,哀号之声不忍闻"。一个被掳往湖南的天京少女黄淑华自述自己的悲惨遭遇说:"今岁六月,官军复金陵,余方庆出水火而登衽席矣。孰意克城之二日,则有乱兵至,杀二兄于庭,乃入括诸室。一壮者索得余,挈以出,弟牵其衣,母跪而哀之。彼怒曰:'从贼者杀无赦,主帅令也!'遂杀母与弟。长嫂至,又杀之,掠余行。而仲嫂则不知何往。余时悲痛哭詈,求速死。彼大笑曰:'余汝爱,不汝杀也。'遂系余其居,旋迁于舟,溯江而上。"同舟被掳者还有另外两个姑娘,一姓张,一姓金,金姓者中途跳江而死。由此,匪兵不敢对黄淑华威逼太甚,故得保洁其身。行至湘乡,黄淑华先一日将自己的不幸遭遇写成两帖,一密藏于贴身之处;一贴在旅店墙壁上,并题诗表示自己必死的决心。第二天,黄淑华设计杀死姓申的湘勇和另一同行匪徒,为家人报了仇,自己也随之悬梁自缢。可见赵烈文所说的沿街尸体十之九皆老者,余为未满两三岁的幼儿,"妇女四十岁以下者一人俱无"的现象完全是湘军抢劫财物、掳掠妇女时造成的,大约四十岁以下的妇女多被这些匪徒抢走了,包括黄淑华那位"不知何往"的"仲嫂",她们要冲出这五万野兽包围的可能是很小的。而那些老年人大约是为救护自己的女儿或儿媳被杀的,那些未满两三岁的幼儿则很可能因与自己的妈妈难分难舍而惨遭毒手。

湘军对于烧杀掳掠的对象是不问其政治态度的,拥护太平天国的人姑且不论,即使反对太平天国、拥护湘军的人亦很少幸免于难,除黄淑华外,属于这种情况者仍大有人在。有一个原住天京城内的人,不知何时跑到泰州,很可能是逃亡地主之类,最低限度也是在政治上拥护湘军、反对太平天国革命的人。他听到湘军攻陷天京的消息后,就带着妻儿行李返回天京。不料湘军兵勇看上了他的老婆和钱财,遂"指为'余党',掠其妇女,括其囊箧而去"。此人向姓唐的营官哭诉,"唐不敢问",只好向隅而泣。这件事并非发生在破城之初,而是在湘军攻陷天京后的一个月零八天,直到此时,"城内各军尚纷乱不止,兵勇互相掠夺,时有杀伤"。

天京浩劫的制造者和罪魁祸首就是曾国藩的胞弟曾国荃及其亲信将领。他们攻陷安庆时就曾大抢一通，发了横财。天京之富百倍于安庆，无疑会对他们产生更大的吸引力。曾国荃所以力主冒险进围天京，甘受缺粮乏饷之苦而拒绝外援，主要就是为了独得天京财货。所以，他在破城之后便放纵士卒烧杀淫掠，而反对整顿秩序。这场浩劫刚刚开始不久，即六月十六日夜间，赵烈文就请他亲自出面，制止部下的暴行，赶快整顿秩序，加强各处的守卫，以防止太平军残部乘机而出。结果遭到他的坚决拒绝。第二天，赵烈文又亲拟制止滥杀、保护妇女等四条，要求曾国荃榜示街衢，以为禁令。曾国荃又拒绝"止杀"一条，致使其他各条皆流为空文。几天之后，曾国荃虽然签署了告示，贴遍全城，禁杀良民、禁掠妇女等，但却无人遵守。甚至连曾国荃手下的几个大将，如彭毓橘、易良虎、彭椿年、萧孚泗、张诗日等人都"唯知掠夺，绝不奉行"。赵烈文曾想将各营掠夺的妇女搜查出来，遣送回去。不料到处碰壁，无人支持，连曾国荃亲自委任的"善后总办"彭毓橘、陈湜等人也极为推诿，骂赵烈文"不识时务"。其实赵烈文既非天生善人，亦不同情太平天国革命，只是身为苏南绅士，又受曾国藩委托，欲稍维护一下家乡的地方利益和曾国藩个人的政治声誉，免遭舆论的攻击。曾国荃却因而对他极为反感，二人的关系弄得很僵，直到曾国藩赴天京巡察时，才勉强为之和解。

在这场奸淫掳掠中，曾国荃部下最突出的代表是萧孚泗和李臣典。萧孚泗一冲进天王府就大肆抢掠，"取出金银不赀，即纵火烧屋以灭迹"。李秀成被陶大兰等人出卖捆送萧孚泗营之后，萧孚泗不仅谎报系自己派队擒获，还派人将陶大兰等人及其家属"全数缚至营中，邻里亦被牵曳，逼讯存款，至合村遗民空村窜匿"。对于这些出卖太平军将领的家伙来说，欲得赏钱反遭拷掠之苦，自属罪有应得；然而此事却暴露出萧孚泗贪婪无耻的面目，以致赵烈文都骂他"丧良昧理，一至于此，吾不知其死所"。

李臣典则是个贪色无耻之徒。攻破天京后，他随意掳掠妇女，终因奸淫过度而致病，十余天后死亡。当年李臣典才二十七岁，壮年遽亡，引起种种议论，曾国藩兄弟和一些无聊文人曾为其多方掩盖，说他是因开地道受伤而亡。但真相终究是隐瞒不住的，朱孔彰在《中兴将帅别传》中就直言不讳地揭露了此事，所谓"公恃年壮气盛，不谨，疾之由也"，即是说他自恃年轻力壮，奸淫妇女过多，是其生病致死的根本原因。

对于这些贪婪无耻的家伙，曾国藩兄弟不仅不予制止、不加惩罚，反而大加鼓励，李臣典、萧孚泗都被封为功臣，赏赐甚厚，授予爵位。曾国藩赶到天京后，还特意至李臣典营看望，对于他的死倍感惋惜。据传，朱洪章以萧孚泗、李臣典不肯任头队，功反列在自己之上，又得子、男爵，心"殊不平，谒忠襄（即曾国荃），语及之。忠襄笑而授以佩刀，曰：'捷奏由吾兄主政，实幕客李鸿裔高下其手，公可手刃之。'洪章一笑而罢"。其后一些文人为朱洪章作传或谈及攻陷天京事，也往往为朱洪章鸣不平，谓朱洪章先登，应为首功。其实奏列李臣典首功，全是曾氏兄弟的主意，幕僚岂有这样大的权力？这不过说明萧孚泗、李臣典二人在统治阶级中是很不得人心的，仅因为是曾国荃的心腹亲信，才受到包庇重用和格外的赏赐。

经过一个多月的大烧、大杀、大抢，参加攻城的每个湘军军官和士兵都发了大财。他们不仅将城内的金银衣物洗劫一空，甚至连建筑物上的木料也拆下来，从城墙上吊出，装船运回湖南。当时整个长江之中，千船百舸，联樯而上，满载从天京抢来的财物、妇女，日夜不停地向湖南行驶。而这些人都是曾国荃的部下，多是湘乡人，所以多年之后湘乡还流传着到南京去发财的说法。

当然，发财最多的是曾国荃本人。虽然他没有亲自走街串巷地逐户抢劫，到头来却谁也没有他得到的赃物多。因为那些参与抢劫的人都知道，要使自己抢来的东西牢靠，就得将最好的一份儿首先送给自己的头子，以保其余。于是士卒向哨官进贡，哨官向营官献礼，最好的珍品异物便通过分统之手源源不断地送到曾国荃面前。曾国荃所以不肯认真禁止部下的烧杀掳掠，就是为了坐地分赃，"多多益善"。据当时人的估计，曾国荃"于此中获资数千万"，"除报效若干外，其余悉辇于家"。此后曾国荃在家大量抢购民田、树木，广起宅第，致使民怨沸腾，舆论大哗，"老饕"之名满天下。当时清政府曾下令追查天京贮金的下落，曾国藩只好以连自己也无法相信的"实出意外"四字虚语搪塞。后来他又为其胞弟抱委屈，说什么"吾弟所获无几，而'老饕'之名遍天下，亦太冤矣"云云，则纯属谎言，充分暴露了他的虚伪性。在这一点上，尚不如他的小女儿曾纪芬直爽些。曾纪芬说，她九叔"每克一名城、奏一凯战，必请假回家一次，颇以求田问舍自晦"。这一说法完全属实，曾国荃从军以来，共陷吉安、景德镇、安庆、天京四城镇，每次都请长假回家购田盖屋，这是谁都无法否认的，不过以往几次都无法与天京这次相比而已。可见他贪婪本性由来已久，胡作非为径行不顾，曾国藩无论如何煞费苦心地为其掩饰都是惘然的。正像有人说的那样，湘军攻陷天京，"淫掠之惨，具载各书；湘军满载金银子女，联樯而上，万目共睹"，是谁都无法掩盖的。

曾国藩所以为其老弟鸣冤叫屈，一则为曾氏一家脸面，二则因曾国荃所为并不违背他的主张。当阿思本舰队欲来助攻天京时，曾国藩就曾为所获赃物的分成问题与清政府有过协议；后来李鸿章欲来增援时，曾国藩又恐湘、淮两军"抢夺不堪"，引起不和。可见曾国藩早就准备破城之后让湘军官兵大抢一通的。倘若他能像赵烈文那样明确和坚决，曾国荃及其部下未必敢于如此放肆。即如对于天京财物，曾国藩虽不像其老弟那样贪得无厌，但亦未必不染一指，上文所述曾国荃"报效若干"之中，很难说就没有曾国藩的一份儿；即使是一尘不染，曾国藩身为湘军最高统帅，对天京浩劫也是难以推卸罪责的。无怪乎清末理学家夏震武愤怒地斥责他说："行军以纪律为先，立国以纪纲为重，救民水火之中而不敢淫掠，兵亦贼矣！"当然，夏震武是站在地主阶级的立场上来讲话的。这也表明，湘军在天京的抢劫不仅为广大人民所痛恨，也引起统治阶级中一部分人的不满。

经过这场浩劫，这座繁华的古都几乎变成一片废墟。赵烈文曾在日记中不止一次地描述天京遭劫后的荒凉景象说，满目残墙断壁，遍地碎砖烂瓦，连一棵树都很难找到，更不消说昔日的楼台亭榭、虫鸟花卉了。这种情景使曾国藩都不得不承认这是一场空前的"浩劫"，"自五季以来生灵涂炭殆无逾于今日"。李鸿章署理两江总督后，面对这副残破景象，也感到"善后无从着手"，说"一座空城，四周荒田"，

"无屋,无人,无钱,管、葛居此,亦当束手","似须百年方冀复旧"。何绍基甚至提出"宜竟废一切,另移督署于扬州"。其残破情景概可想见。

剿捻失败

"捻"是自康熙年间以来一直存在于民间的群众反清团体,主要活动于山东、河南、江苏、安徽一带,史家称之为"捻党",俗称"捻子"。由于不断受到清政府的残酷镇压,捻党一直处于秘密、半秘密状态,人数不多,活动亦受到很大限制。鸦片战争之后,阶级矛盾和民族矛盾日趋尖锐,捻党也开始活跃起来,组织规模和活动地区都有所扩大,并开始武装反抗清军的镇压。咸丰元年太平天国革命爆发后,捻党大受鼓舞,乘机而起,遂在各地组织军队,发动起义,同清政府展开武装斗争,成为太平军的忠实盟友,史家称之为"捻军"。捻军曾长期与太平军联合作战,双方互相支持,互相鼓舞,壮大了革命声威。咸丰六年天京事变之后,太平军所以能够连战取胜,再振声威,在很大程度上是由于得到捻军的支持与合作。同治元年,随着庐州的失守和陈玉成的牺牲,捻军在皖北陷于孤立无援的境地。僧格林沁乘机发动进攻,同治二年攻陷捻军的根据地雉河集,捕杀了捻军领袖张洛行,并在蒙城、

捻军奇制曾国藩

亳州一带展开疯狂的大屠杀,使数万群众无家可归。这些不甘屈服的人们重新集结起来,在张宗禹、任化邦等人的领导下转入湖北、河南境内,继续坚持斗争。同治三年,以陈得才为首的远征西北的太平军为解天京之围迅速回军东下,在鄂、皖交界地区与捻军会合,使人数扩大到几十万人,分编为四支大军,展开援救天京的斗争。同治三年六月天京陷落,西征太平军与捻军闻讯沮丧,军心动摇,组织涣散,濒于瓦解状态。僧格林沁和官文乘机率军进攻,在湖北麻城和安徽霍山接连打败太平军和捻军。最后陈得才自杀,马融和叛变,主力部队被敌人歼灭,仅剩下两支较小的部队保留下来,一支退回陕西南部,一支在赖文光的领导下转战于鄂、豫、皖地区,继续坚持斗争。

赖文光,广西人,咸丰元年以农村小知识分子投身革命,参加金田起义。次年被选拔担任文职官员。咸丰六年天京事变后弃文就武,开始带兵打仗,咸丰八年始隶陈玉成部下。咸丰十一年冬随陈得才远征西北,同治三年陈得才牺牲后遂成为江北太平军和捻军的最高领导人。赖文光是太平军中少有的文武兼备的将领,他在极为困难的条件下,很快将张宗禹、任化邦、牛宏升(又名牛洛红)为代表的蒙城、亳州群众数万人团结在自己周围,并吸收范汝增等兵败后自江南北渡的太平军将领,组成新的领导集团,誓同生死,为恢复太平天国而战。赖文光按照太平军的组织原则,对捻军重新进行整编,改变了过去那种半兵半民的分散落后状态,使之成为正规化的野战部队。同时改变太平军后期固守一城一地的战术,采取大规模运动战对付敌人,并在战斗中大量夺获敌人马匹、装备,逐步以骑易步,建立起一支精锐骑兵。改编后的捻军连骑逾万,急如狂飙,组织严密,战术灵活,成为一支精劲的革命军队,史家称为"新捻军"。太平天国革命失败后,捻军就成为反抗清朝反动统治的主力。新捻军除日行一二百里的大规模流动战术外,还往往在有利的条件下,采取骑兵两翼包围、步骑配合紧逼压阵的方法杀一个回马枪,消灭穷追不舍的敌人。因而捻军不战时急走如风,敌人追之不及;一旦要战时则骁勇异常,使敌人陷入重围而无法逃脱。

对于捻军这一新的变化,僧格林沁是不甚了解的,他依旧用过去的老眼光看待捻军,继续采取穷追不舍的战术,因而作战往往失利。对于这种情形,曾国藩是看得很清楚的,并且料定僧格林沁总有一天要做捻军的刀下之鬼,但出于种种原因,使他采取见死不救、冷眼旁观的态度。僧格林沁原为蒙古科尔沁郡王,由于镇压太平天国北伐军有功被封为亲王,骄横愚顽,残酷暴虐,是个典型的蒙古贵族。他所率领的三盟骑兵曾是捍卫清朝京师的主要武力,被清政府倚为长城。但自咸丰十年在抵抗英法联军的作战中一败再败之后早已军势大衰,远非昔比了。咸丰十年十一月僧格林沁奉命赴山东剿捻,同治元年又奉命督办山东、河南军务,势力达于皖北,开始与湘军直接间接地发生关系。这时清政府原有的八旗、绿营已基本被太平军所摧毁,僧格林沁的部队便成为清朝中央政权抵制湘、淮系地方军阀的唯一的武装力量。然而就其作战经验来说,僧格林沁远不如曾国藩,部队的战斗力也不如湘、淮军。但是僧格林沁乘着蒙古贵族的虚骄之气,非常蔑视和憎恶曾国藩与湘、淮军,动辄上奏弹劾,施以欺压,甚至故意怂恿叛降无常的苗沛霖向湘军寻衅,然后借机攻击湘军。僧格林沁还怂恿陈国瑞部下将领宋庆杀害李昭寿部将,以攘夺其功,事后反以李昭寿部将攘功入奏,要求查办。李昭寿当时受曾国藩统辖,这就不能不使曾国藩大有打狗欺主之感。诸如此类的事件在皖北经常发生,曾国藩皆不敢置辩,忍气吞声,步步退让,遂积怨于心,此其原因之一。其二则由于曾国藩集团狭隘的地方观念。湘、淮军将领各有门户,地方主义极强,又颇重私人交情,作战时内部尚可互相支援,但对这个集团之外的清军将领是向来死活不顾的,僧格林沁何能例外? 即使僧格林沁不排斥和欺压湘军,曾国藩也不一定会真心援救僧格林沁,何况早就对他怀恨在心了呢。

同治三年九月,赖文光在湖北蕲水击毙清将石清吉,并将成大吉包围在蕲北。

清政府急调曾国藩驰赴鄂、皖交界处救援。曾国藩于十月二十二日上奏清廷,以临阵指挥非其所长和三钦差(指曾国藩、官文、僧格林沁)集中于四百里内,恐为捻军所轻视为理由,拒绝亲赴蕲水,要求自己驻扎六安、安庆,仅派刘连捷前赴黄州,听候官文调遣。曾国藩所以不愿赴鄂,主要就是为躲避僧格林沁,恐为其部下所欺。不久捻军解围而去,成大吉脱险,清廷遂命曾国藩毋庸西上,而改派刘连捷、刘铭传赴河南剿捻,归僧格林沁调遣。湘、淮军将领本已各有门户,不愿听从他人指挥,又闻僧格林沁曾鞭笞棍责湖北两提督,其部下往往仗势欺人,遂使他们望而却步,不愿北上。曾国藩也不愿将湘军将领交给僧格林沁调用,一接到上述命令,就打算将刘连捷、朱南桂、朱洪章三军遣散,仅派刘铭传前赴河南。后来清政府撤销这一命令,他才改变裁勇打算,将刘连捷等军保留下来。僧格林沁也不愿湘、淮军来援,"以为皆不能战,奏止之;又曰皖军为上,豫军次之,楚军为下"。所谓皖军,即指安徽地方官员英翰等人纠集的军队,豫军指张曜、宋庆等人的军队。这些杂牌军连苗沛霖、李昭寿的军队都对付不了,根本不能与湘、淮军相比。僧格林沁这样讲,不过是有意贬低湘、淮军,极力否定他们在清朝武装力量中的中坚作用,同时也表现了他的愚顽。其实他反对湘、淮军北上,正中曾国藩的下怀。曾国藩遂命刘连捷退回皖南、刘铭传回驻原防,袖手一旁,单等僧格林沁的败亡之讯。

僧格林沁愚顽不化,曾国藩冷眼旁观,这就给捻军提供了很好的歼敌机会。同治三年冬,捻军在邓州唐坡地方大败僧格林沁的军队,僧格林沁率数十骑逃入邓州城内,才免于被歼的命运。不久捻军进攻南阳,再败僧格林沁。同治三年底,捻军在河南鲁山大败僧格林沁的蒙古骑兵,阵斩恒龄、苏伦堡。僧格林沁气得暴跳如雷,杀救援不力的将领富精阿以泄愤。接着捻军又先后击败河南巡抚张之万于叶县,围团练大臣毛昶熙于汝宁,并乘机在汝宁扩军。兵员得到补充之后,捻军越黄河故道进入鲁西南地区。这时僧格林沁一心要找捻军决战,为部将报仇,跟在捻军后面日夜穷追,一月之间,奔驰不下三四千里。捻军利用僧格林沁急于求战的心理,故意避而不战,每日行军一二百里,拖着清军打圈子。捻军战士每人配备两三匹马,交替骑乘,行军速度大大超过敌人。为了不使敌人失去目标,捻军始终与敌人保持一二日路程,敌人追不上时,就停下来休息;待敌人追来时,又上马急驰。这样捻军就可以乘间隙稍事休息,而清军则日夜兼行,疲劳不堪。开始时僧格林沁尚可抖擞精神,伏鞍驰骋;到了后来,累得连马缰绳也举不起来,在脖子上挂条布带子,将手绑在上面,以便驭马。有时僧格林沁连饭也来不及吃,饿了就下马道旁,喝酒数杯,然后又上马继续追赶。连日连夜的急驰使骑兵都无法支持,步兵就更疲惫不堪了,他们用两只脚跟着马匹跑,有时甚至几天都吃不上一顿饭,不少人被拖死、累死。至于步兵掉队、马步脱节、骑兵离散,更成为司空见惯的事,久而久之也就习以为常了。为了追赶捻军,僧格林沁经常远远脱离大队,率少数精骑跟追,这就为捻军聚歼这支反动武装提供了机会。

捻军见自己的初步目的已经达到,便制定周密的作战计划,布下天罗地网,准备一举歼灭僧格林沁,为死难兄弟和广大群众报仇。同治四年四月下旬,捻军将僧格林沁引入预先布好的伏击圈内,在山东菏泽西北的高楼寨将其团团包围。当时数万清军被远远甩在后面,僧格林沁身边仅有数千骑兵和陈国瑞等数员将领。结果除陈国瑞带伤只身逃走外,其余全部被歼,僧格林沁被一个年轻的捻军战士杀死在麦垄里,结束了他罪恶的一生。

僧格林沁的覆灭使清政府极为震恐。起初清政府本想让僧格林沁单独将捻军镇压下去,以提高满蒙贵族的威望,对抗新起的最大地方实力派曾国藩军政集团。后来发现他无力对付新捻军时,又想让湘、淮军助攻,以达到湘、淮军苦战,僧格林沁收功的目的。无奈湘、淮军观望不前,僧格林沁又力加排斥,清政府只好撤销这一计划。捻军进入山东后,清政府和曾国藩都发现僧格林沁已落入捻军的圈套,如不及早改变方针,难逃败亡的命运。怎奈这位刚愎自用的王爷一心要同捻军拼命,已经完全丧失了理智,拒绝一切建议,遂致主帅丧命,全军瓦解。清廷见自己手中唯一的一点武装力量被歼,捻军声威大震,只好依靠湘、淮军来对付这支革命劲旅。

然而,当曾国藩接到北上剿捻的命令时,却正值其心境不佳,颇有些踌躇不定。这是因为在此之前清廷内部刚发生了一场权力之争,对曾国藩的情绪和政治命运都产生了不小影响。同治四年三月七日(1865.4.2),那拉氏亲拟诏旨,斥责恭亲王奕䜣妄自尊大,目无君上,暗使离间,诸多挟制等等,革去议政王和其他一切差事,不准干预政事;后来虽恢复了首席军机大臣的职务,仍令其掌管总理衙门,但议政王的称号却从此取消,再也没有恢复过。尤为重要的是,经过这次打击,奕䜣在那拉氏面前完全屈服下来,处处谨慎,遇事模棱,不敢轻易表示异同,在统治阶级中的威望和影响也渐趋衰微。这件事首先由蔡寿祺"希旨"发难,词连劳崇光、骆秉章、刘蓉、李元度、曾国藩、曾国荃、薛焕等汉大臣多人,既直接打击了奕䜣,又间接打击了曾国藩等汉大臣。

那拉氏此举一时震惊朝野内外,对曾国藩更如一个晴天霹雳,被完全惊呆了。听到消息的当天,他在日记中写道:"是日阅京报,见三月八日革恭亲王差事谕旨,有'目无君王,诸多挟制,暗使离间,不可细问'等语,读之寒心憛懔之至,竟日忡忡,如不自克。"四天后,曾国藩在江宁城外的中关见到彭玉麟,二人独乘一舟,相对密谈,"言及国事及渠家事,欷歔久之"。数日之后,彭玉麟在给朋友的信中说:"何物蔡寿祺丧心狂吠,以珰人之授意,竟敢害于忠良;倭公(指大学士倭仁)不侃侃而言,亦竟阿于取好,议政其周、召,若辈其管、蔡乎? 天下有心人能不愤恨欲死! 不才欲以首领进词,而爵相(指曾国藩)极力劝阻,须俟城内(指京师言)动静,再作道理。兄不学无术,不平欲鸣,抑恨荳吐,其如愤火中烧何!"又说:"国家堪忧,殊喘余生,安得即赋归去,遁迹山林,不阅世事耶!"就是说,他本来是打算"遁迹山林,不阅世事"的,看到"国家"成这个样子,不得不改变原计。他们当时的情绪和谈话内容由此可见一斑。直到二十天后,曾国藩仍为此事"怛然寡欢","惵然不安",虽然那拉氏在他的一等侯之上复加"毅勇"二字,也没有给他带来任何安慰,反而使他感到"不以为荣,适以为忧"。同时,他的几个保案都为吏部议驳,这就大大加深了他的顾虑,使其感到自己已渐为清政府所冷淡和疏远。他在给曾国荃的信中说:"部中新例甚多,余处如金陵续保之案、皖南肃清之案,全行议驳,其余小事,动遭驳诘。而言路于任事有功之臣责备甚苛,措辞甚厉,令人寒心。"在这种情况下出兵打仗，显然是难于奏功的。但他出于对捻军的仇恨和对封建统治阶级的忠诚，还是决心受命，怀着郁郁不乐的心情北上剿捻。这就为他后来的失败埋下伏机。

曾国藩是同治四年五月五日（1865.5.29）接到北上剿捻的命令的，清政府令其星夜出省，赶赴山东"督剿"；接着又令其节制直隶、山东、河南三省旗、绿各营及地方文武员弁。当时"都中五城严缉奸细。神机营各军训练加勤"，气氛非常紧张。清政府焦灼如焚，唯恐捻军乘胜北渡黄河，袭击北京，一面令直隶总督刘长佑、山东巡抚阎敬铭亲赴黄河沿岸督办防务，阻击捻军北渡；一面连发谕旨，催曾国藩迅速启程。但是曾国藩却因兵力未集、粮饷不凑迟迟不能动身。幸好李鸿章先派出潘鼎新率军五千乘轮船至天津，以备堵截捻军北上之路，这才解除了清政府的危机，也使曾国藩得以从容准备。

首先，他分析了捻军的特点。他认为，捻军似"流寇"又非"流寇"。捻军纵横千里，行踪不定，像是"流寇"；而有蒙城、亳州根据地，系恋老家，又不像"流寇"。因而对付捻军的办法既应异于太平军，而又不同于一般"流寇"。据此，他决定对付捻军的战略原则是军事进攻和政治清查相结合，双管齐下。由于皖北、豫西一带民圩经常受到"官兵"的扰害，至有"贼过如篦，兵过如洗"之语，因而"民圩仇视官兵"，同情捻军，"客兵过境，圩寨不肯开门，虽州县亦无可如何"；而捻军过境，则"留粮济之"。曾国藩为割断捻军与群众的联系，使捻军成为无水之鱼，遂决定在军事进攻的同时实行恶毒的查圩政策，令各圩坚壁清野，"不复留粮供贼而肯开门迎兵"。为达到这一目的，曾国藩专门派人到各圩进行政治清查，对"拒官纳贼"的圩头及同捻军有联系的群众加以逮捕和杀害。在军事上，曾国藩接受僧格林沁的教训，采取跟追和拦截相结合的办法对付捻军，以达到"以静制动"的目的。他见捻军连骑满万，行动迅速，足迹遍及鄂、豫、皖、苏、鲁五省，深感自己责任过重，力难顾及，便上奏清廷，为自己划定作战区域，以明确责任。他提出黄河以南，沙河、淮河以北，贾鲁河以东，运河以西为他的作战区域，其间包括豫、皖、苏、鲁四省十三府、州，除此之外，则由各省督抚负责。他的计划是：先以水师炮船封锁黄河，防止捻军北入直隶，威胁北京；同时于临淮、周口、徐州、济宁四镇驻防重兵；另筹两支精锐部队作为游击之师，自后跟踪追击，使捻军无论走到哪里，都受到跟追、堵截，无法活动，无处立足，最后达到聚而歼之的目的；而自己则以徐州为老营，临淮、济宁、周口为行营，根据军情的变动随时移动驻扎，以便就近指挥。

为了解决供应问题，曾国藩决定在江宁设后路粮台，在徐州设前路粮台，在清江设转运粮台，由江南供饷，责令李鸿章督办。运粮渠道以运河为主，辅以淮、颍等河，将粮食、物资分别囤积于徐州、周口、济宁、临淮四处，以减少步兵携粮行军之苦。

要实施上述计划，除调集水师和训练马队外，还须数万人的步兵。为拼凑这支兵力，曾国藩伤透了脑筋。经历年裁撤，曾国藩昔日的十余万湘军所余不及两万，且士气低落，军心不稳。刘松山、易开俊统带的老湘营，是曾国藩认为唯一可用的部队，听说去山东剿捻，士兵却纷纷起而反对，要求遣散回籍。刘松山立砍数人，才将这场骚动暂时镇压下去。后来这支部队走到清江浦，再次发生骚动，群起索饷鼓

历代名相

图文珍藏版

噪,有的人要求请假,有的乘机逃跑,最后刘松山放走了一部分人,才把部队勉强带过黄河故道。

驻守江宁的部队则更为糟糕。当时江宁尚有湘军十六营,其中十二营已决定裁撤,仅有四营是准备留下驻防的部队。曾国藩原欲留六营三千人作为自己的卫队,其余全行裁掉。不料北上剿捻的消息传出后,没有一营愿意留下,纷纷要求回籍。曾国藩无奈,只好从十六营中勉强挑出二千人,编为四营,另从湖南招募新勇两营,凑成六营之数,由张诗日统带,充任亲兵。这样总共才拼凑起九千人,远远不能满足需要,所以曾国藩镇压捻军起义就只能以淮军为主力了。淮军的士兵主要来自皖北,不像湘军那样畏惧北方寒苦、不习食用麦面,所以也没有纷纷要求退伍的问题。但淮军是李鸿章组织训练的部队,非李家兄弟不能指挥,虽然曾国藩奏请李鹤章管营务处、李昭庆协助军务,仍不能指挥自如,从而为他后来的失败预伏下另一因素。曾国藩调集的北上剿捻的淮军,主要有刘铭传、张树声、周盛波三支部队,加上提前乘轮赶赴天津的潘鼎新一军,共有两万两千人。另外,曾国藩还奏请将原为鲍超购买的口外战马八百匹解往徐州,并命令僧格林沁残余的马队集中徐州,进行整顿,打算从中挑选出一部分战马和人员,与新购马匹一起组成新的马队,以为游击之师。

经过二十多天的准备,直到这年的五月二十八日曾国藩才从江宁动身。这时捻军已由山东南下皖北,并将安徽布政使英翰包围在雉河集。曾国藩本来打算先赴徐州筹建马队的,这时只好临时变计,改道先赴临淮关,以便就近指挥湘、淮军解救雉河集之围。曾国藩先将救援不力的易开俊解职,把所部三千人统交刘松山指挥,前往雉河集救援,并急调已先赴济宁的刘铭传回军皖北,配合刘松山作战。捻军见湘、淮军大批回援,立即主动撤围,分两路向西转移:一支以张宗禹为首进入豫西,往返于南阳、襄阳一带进行流动作战;一支由赖文光带领转入鄂东地区,进行休整。

曾国藩见捻军已无渡河北上进逼北京的危险,便奏请清政府将驻扎在张秋(今山东东阿县西南)的潘鼎新军调往济宁,接替陈国瑞的防务,将陈国瑞军调至清江浦。接着令刘铭传驻周口,刘松山驻临淮,张树声、周盛波两军合驻徐州。同时派李榕将僧格林沁的残部带往徐州,等待曾国藩到达后分别去留,重新组建马队,配合湘、淮军作战。又令李昭庆负责训练一支新马队,练成后自成一旅,充任游击之师,担任自后跟追袭击的任务,同上述四镇结合起来,以实现自己最初设想的作战方案。

曾国藩此次受命剿捻,用兵较杂,不仅有湘军、淮军,还有僧格林沁残部,因而指挥起来就难以再像以前那样得心应手。他所遇到的第一个令人头疼的问题就是陈国瑞的问题。陈国瑞字庆云,湖北应城人,出身无业游民,十几岁参加太平军,后投降清军,被总兵黄开榜收为义子,先后隶于袁甲三、吴棠部下,复辗转归于僧格林沁。陈国瑞素以悍勇著称,并因镇压皖北太平军和平定苗沛霖出力,积功保至浙江处州镇总兵。同治四年捻军围歼僧格林沁,诸将皆以赴援不力获罪,遭发遣、革职、降调不等,连山东巡抚阎敬铭、布政使丁宝桢均被议处,唯独陈国瑞以战功素著免于议处，虽革去提督衔，但仍以总兵帮办军务，并代领僧格林沁残众，护理钦差大臣关防，驻扎济宁。曾国藩因济宁军心不稳，恐再次受到捻军的袭击，特先派刘铭传赶赴济宁助守，驻扎济宁城北的长沟集。陈国瑞一向骄暴成性，又被袁甲三、吴棠、僧格林沁等人奉为骄子，倚为长城，因而所至欺压诸将，却无人敢于抗争。他见淮军先入长沟，心已憎恶，又对刘铭传部的洋枪垂涎三尺，竟想强行夺取。于是陈国瑞自率亲兵五百人突入长沟，见人即杀，连杀数十人。但其时僧格林沁已死，主帅易人，淮军再也不怕他了；加上刘铭传平时傲气十足，从不甘居人下，向为李鸿章所娇宠，那肯任其欺压？刘铭传闻讯即发兵围攻陈国瑞，将其亲兵五百人全部打死，并生擒陈国瑞，关在空楼之上，连饿三天，仅给少许稀粥，以使其存命，直至陈国瑞涕泣告怜，刘铭传始将他放走。陈国瑞回去之后立即向曾国藩控告刘铭传，刘铭传亦在曾国藩面前指责陈国瑞，于是二人在火并之后又在曾国藩面前打开了官司。

　　曾国藩久已憎恶陈国瑞的骄横不法，但因其为清政府所倚重，对他难以奈何，只好死马当作活马医，冀其稍为收敛。曾国藩在陈国瑞告状的禀帖上批有数千字，历数其半生功罪，劝其改过自新，并与之约法三章，令其遵守。怎奈陈国瑞冥顽不化，仍事抵赖狡辩。曾国藩见其复禀毫无悔改之意，立即将其奏参，追究只身逃脱、不顾主帅之罪。陈国瑞终被撤去帮办军务名号，褫去黄马褂，暂留处州镇总兵实缺，责其戴罪立功。曾国藩这一批一参立见成效，陈国瑞一下子仿佛矮了半截，乖乖地跑到曾国藩面前低头认错。从此老老实实听从曾国藩的命令，立即由济宁移驻清江浦，再不敢抗命不从，调皮捣蛋。曾国藩降服了陈国瑞，原属僧格林沁的其他将领也就无人敢于梗命了。但曾国藩在调动淮军时却遇到了更大的麻烦。

　　淮军将领为李鸿章所一手提拔，门户甚紧，又以曾国藩驭将较严，不如李鸿章宽松，因而皆不愿听从曾国藩的指挥，往往阳奉阴违，不肯奉命。命令甫下，淮军诸将当面应承，背后却写信给李鸿章，要求改变前命，挑肥拣瘦，推三磨四；若不如愿，即消极怠工，变相抵制，拖延不肯执行。李鸿章虽把军队交给曾国藩，但仍遥执兵柄，诸将每有请托，辄为代请，一再进行干预，使曾国藩不得不将准备向淮军各将下达的命令预先写信告诉李鸿章，然后再由李鸿章下达。这样往往贻误战机，落后一着。其中尤为突出者是刘铭传和李昭庆的例子。曾国藩觉察到四镇之中惟周口地当要冲，四面受敌，战略地位最为重要，为兵家必争之地，须有一支较强的部队驻守。因刘铭传一军人数最多，装备最好，战斗力较强，本人也精明能干，优于他将，因而决定派刘铭传驻扎周口镇。但刘铭传不愿驻扎在这个危险之地，遂致函李鸿章，请其代为求情，将他调往他镇。李鸿章也害怕自己的实力遭受损失，便写信给曾国藩，从中进行干预。同时，曾国藩认为马队最为重要，其第一支马队更不肯交给他人，便将李昭庆调入营中，负责筹建马队，将来马队练成也就由他指挥。李鸿章却认为让他弟弟充任游军太危险，害怕捻军突然反戈一击，使李昭庆遭到僧格林沁的命运；李昭庆也不愿担任这个苦差事。于是李鸿章又写信给曾国藩，代其弟求情，要求改换他将。曾国藩不允所请，刘铭传即在李鸿章的授意下称病不起，向曾国藩请假，致使曾国藩无法调动部队，进行正常的军事指挥。曾国藩为此非常恼火。他在给李鸿章的信中说："目下淮勇各军既归敝处统辖，则阁下当一切付之不

历代名相

图文珍藏版

管,凡向尊处私有请求,批令概由敝处核夺,则号令一而驱使较灵。""自问衰年气弱,但恐失之过宽,断无失之过严,常存为父为师之心肠,或责之,或激之,无非望子弟成一令名、作一好人耳。"曾国藩与李鸿章约定,"以后鄙人于淮军,除遣撤营头必须先商左右外,其余或进或止,或分或合,或保或参,或添勇,或休息假归,皆敝处径自主持,如有不妥,请阁下密函见告。"经过这次交涉,李鸿章稍事缩手,刘铭传不再装病,李昭庆也只好统带游军。从而使风波暂时平息下来,使曾国藩的处境稍有好转,但并没有解决根本问题。

同治四年八月四日(1865.9.23),曾国藩由安徽临淮移驻江苏徐州。然而清政府又令其节制豫、鄂、皖三省军务,并移驻河南许州,以便居中调度。曾国藩没有接受这个命令,仍坚持前议,守定自己的分区战守计划和四镇布防之策。这时捻军仍分两支进行活动,张宗禹一支留屯豫西南阳境内,赖文光一支则离开鄂东辗转进入山东。曾国藩急调驻扎徐州的张树声一军赶赴山东,同驻守济宁的潘鼎新联合进攻捻军。同时调临淮刘松山军移驻徐州接防,而令原驻徐州的周盛波一军驻扎河南归德(今河南商丘市),将原来的四镇布防改为五镇布防。这是曾国藩对初定作战计划的第一次改动。

曾国藩在徐州期间,除积极派人到口外购置战马、催令李昭庆加紧训练马队,准备建立新的骑兵外,还对僧格林沁残存骑兵进行了整顿。僧格林沁残存马队集中至徐州者共有三支一千七百余名,加上陈国瑞新调来的察哈尔马队一千名,共计两千七百余名。最后从中挑出一千八百余名,编成三支马队,分由色尔固善、讷穆锦、温德勒克西管带,充任游军;另挑出五十余名随营差遣,其余老弱疾病者一律遣撤回旗。当时捻军约有步兵六七万人,骑兵近万人,即使分开活动,每支亦不下马步三四万人。曾国藩觉得自己的马队人数太少,根本不能与捻军抗衡,便令新逃选的色尔固善马队与张树声的弟弟张树珊马步两军移驻周口,抽出刘铭传一军充任游击之师;同时遵从清政府的命令,兼管苏、鲁、鄂、豫、皖等数省军务,不再局限于原定十三府、州的作战区域,随捻军所至,跟踪尾追;而原定五镇之兵仍旧驻扎不动,以备捻军流动时迎头截击。

由于各镇之间相距数百里,空隙甚大,捻军往来穿行,流动自如,纵横驰骋于河淮之间的千里平原上,刘铭传虽疲于奔命,亦无可奈何。同治四年底李昭庆马步各营九千人练成,使游军增加为两支,对捻军仍然追堵无效。曾国藩无可奈何,只好奏请增加兵力。同治五年正月,奏调淮军将领刘秉章来营襄办军务,三月初又奏陈霆营饷需解决办法,请派鲍超率军赴豫南、鄂北一带剿捻。鲍超是湘军后期最凶悍的将领,天京陷落前夕奉命调往江西,随后拨归沈葆桢管辖,因而各军陆续裁撤后,他仍保有二十五营一万五千人,在湘、淮各军中成为人数最多的一支。曾国藩令其裁去步勇五营三千人,留步队二十营一万二千人,招募马勇三千二百人,按新营制编马队二十营,由江西、湖北、江苏月供饷银十一万四五千两,迅速北上剿捻。

曾国藩由江宁出发时,共调集湘、淮军三万一千人,以后各军陆续扩充,又新增李昭庆一军八千人,兵力已有四五万人;今又增加鲍超、刘秉章两支新军,使总兵力达七万多人。曾国藩根据以往作战的经验和兵力的变化,再一次改变作战方针,调整了兵力部署，仅留少数弱兵驻防徐州、济宁、归德、周口、临淮五镇，抽出大支强军充任游击之师，分数路跟踪追击捻军。鉴于捻军经常分开活动，时分时合，灵活机动，于是曾国藩将湘、淮军组成四支游军：潘鼎新、周盛波为一路，刘松山、张诗日为一路，刘秉章、杨鼎勋为一路，刘铭传、李昭庆为一路。令潘鼎新、周盛波、刘松山、张诗日四军专门对付张宗禹、牛宏升；令刘秉章、杨鼎勋一路专门对付赖文光、任化邦；刘铭传、李昭庆暂驻济宁、徐州一带休整。这四支游军当时都布置在豫东、苏北、皖北、鲁西南一带，即曾国藩原先为自己划定的作战区域以内。此外，捻军经常活动的豫西、鄂东一带也相应增加了兵力。新调来的鲍超霆军驻扎河南汝宁、南阳一带，湖北境内则有曾国荃的新湘军。同治五年正月下旬清政府起用曾国荃为湖北巡抚，三月，他招募新勇一万五千人，分别由彭毓橘、郭松林统带，赶赴湖北对捻军作战，这支部队被称为新湘军。同时曾国藩还密参河南巡抚吴昌寿、山东巡抚阎敬铭不懂军事，清政府遂将吴昌寿降调，阎敬铭降职留用，令李鹤年补授河南巡抚，山东布政使丁宝桢署理山东巡抚。丁宝桢是贵州平远人，以庶吉士回籍办团练，因功简放湖南岳州知府，后又超升为陕西署理按察使。这时恰遇原籍山东历城的湖南巡抚毛鸿宾刚接到清政府要其募勇赴援山东的命令，毛鸿宾遂奏请改丁宝桢为山东按察使，令其募湘勇千人，赴山东剿捻，山东团练武装由此而起。丁宝桢虽非湖南人，但靠湘勇起家，间接属于湘军系统，由他署理鲁抚，有利于同曾国藩相配合。

曾国藩经过这番努力，原以为总会收到一些效果，不料捻军往来如故，虽然连篇奏报某日某地获一胜仗，其实不过是跟着捻军打转转，并没有损伤捻军的一枝一叶。这是因为新捻军虽由太平军发展而来，但在很多方面接受了太平军的经验教训，其战略、战术、战斗作风等方面又增加了许多新的特点。捻军的步兵虽不如太平军多，"而骁骑逾万，剽疾过之"，很善于打运动战和交手仗。曾国藩说，在同太平军作战时，只有在突然遭遇时才偶尔打交手仗，这种场合几年都遇不到一次。而与捻军作战，不战则已，战必短兵相接，排阵对刺，湘、淮军不耐劳苦，时间稍长便不能支持，急急收队。为此捻军很瞧不起湘、淮军。湘、淮军虽然武器精良，每队都装备洋枪，还不如陈国瑞的部队能战。所以曾国藩在家信中说，"人皆言捻子善避兵，只怕打不着，余则谓不怕打不着，只怕打不胜，即鲍、刘与之相遇，胜负亦在不可知之数"，随之发出"岂天心果不欲灭此贼耶？抑吾辈办贼之法实有未善耶"的哀叹。这主要指步兵而言。至于骑兵，湘、淮军数量既少，质量尤差，更不是捻军的对手，除刘铭传的骑兵仰仗毕乃尔炮队的配合，敢于同捻军打几个回合外，其他各军的马队皆不敢与捻军的骑兵开仗。捻军走时他们追不上，一旦回头反击，杀个回马枪，他们又招架不住。所以，虽然游兵很多，仍不过你来我往，追来追去，并无多大战果，连曾国藩都不得不承认，"淮、霆各军将近五万，幼泉（即李昭庆）万人尚不在内，不能与之一为交手，可憾之至"。一年多的战争暴露出曾国藩作战方针的种种弱点，正像有人分析的那样，"临淮之去周口也数百里，周口之去徐州也数百里，徐州之去济宁也数百里。骑兵之力不出百里，步兵之力不出十里，使贼避兵而行，抵隙乘虚，蔓延肆扰，无论驻扎之老营株守无益，即游弋之劲骑亦将奔命不遑"，想用这种办法打败捻军是根本不可能的。

曾国藩见重点驻防和马队追击都未能奏效,便改变战术,实行防河之策,企图利用自然地形设置防线,限制捻军的活动区域,以达到聚而歼之的目的。早在曾国藩剿捻之初,刘铭传一到河南,就根据当地的地形特点,提出防守沙河之策,当时的设想是把捻军赶到沙河以南加以消灭。由于当时兵力较少,曾国藩只愿负责贾鲁河以东、运河以西、沙河与淮河以北、黄河以南地区,无力顾及沙河以南;同时他也没有充分认识到河道的作用,所以没有接受这个建议。同治五年以来,曾国藩见重点布防不能制服捻军,便在增调兵力、添置马队的同时,开始注意利用自然河道限制捻军的活动地区。同治五年二月,他由徐州移驻济宁,沿途查勘运河、黄河,并根据自然地形划分若干区段,由直隶、河南、山东各省的部队和淮军分段设防,以明确专责。

关于运河的防守,他与山东巡抚阎敬铭、漕运总督吴棠商定,微山湖以北至长沟一段由淮军潘鼎新部防守,长沟以北至黄河南岸由山东派兵防守,微山湖以南、八闸及宿迁等处由淮军刘秉章部防守,窑湾、成子河一段由漕督吴棠派兵防守。水浅地段要开壕筑墙,无法挖壕修墙的地方要设置木栅,多驻防兵,力扼捻军通路(微山湖一段水深,捻军无法通过,无须设兵防守)。关于黄河的防守,曾国藩与直隶总督刘长佑、山东巡抚阎敬铭商定,以山东范县豆腐店为界,将黄河分为两段,其上东明、长垣一段由刘长佑设防,其下张秋、东阿等处由阎敬铭设防。曾国藩防守黄、运两河的目的,是企图将捻军的活动范围限制在黄河以南、运河以西,以保住山东大部分地区,尤其不让捻军北渡黄河,威胁清朝的统治中心北京。在此前后,捻军曾长久徘徊于山东单县一带,几次打算东渡运河都没有得手,这就大大增强了曾国藩对防河的兴趣和信心。同治五年六月,曾国藩见张宗禹一支已由沙河渡河南下,赖文光一支也有南渡淮河的迹象,遂采纳刘铭传的建议,决定防守沙河、贾鲁河,将鲍超、刘松山、张诗日、刘秉章、杨鼎勋五支游兵调至贾鲁河以西、沙河以南地区,力图把捻军赶至豫西、鄂东一带山区加以消灭。他在奏折中声称,"贾鲁河沙淤已久,万难兴挑","沙河上下千余里,地段太长"。"防此两河本系极难之事,唯念臣处马队不敌贼骑,战事既无把握,不能不兼筹守事;且防河之举办成则有大利,不成亦无大害,是以仍就前议,竭力兴办"。又为河南巡抚李鹤年辩解说,"以豫省各军全力守此七十里,似乎顿兵不进,难免外间浮议。然此七十里者全系沙地,开挖深壕犹恐旋开旋壅,汛地虽少,防御甚难,但使扼防得力,将来可与追剿之兵同一论功请奖","不贪驰剿之虚名,或收制贼之实效"。还说,"臣于军事未办就绪者向不轻易具奏。因臣主聚兵防河之说,恐使李鹤年蒙顿兵不进之讥,不得不预先奏明"。"设两河防务不能办成,或有损于大局,臣愿独当其咎,不与李鹤年相干"。这实际上也是为自己辩白,预留后步。可见,曾国藩采用此策虽然决心很大,但亦属万不得已之计,对其成败实无把握,很有点试试看的味道。

同治五年七月底,赖文光率军渡贾鲁河西去,有与张宗禹会合的征兆。曾国藩急调刘铭传、张树珊、潘鼎新等赶赴沙河一线,实施防守沙河的计划。曾国藩决定:周口以下扼守沙河,与淮河水系相连;周口以上扼守贾鲁河,直至朱仙镇;朱仙镇以上至黄河南岸七十里无河可守，就挖壕筑墙，多设防兵，力扼捻军东渡之路。他与皖、豫两省商定，朱仙镇至槐树店一段四百里为捻军经常穿越之区，是难中之难者，由刘铭传、潘鼎新、张树珊防守；朱仙镇至黄河一段，由河南巡抚李鹤年调集全省兵力扼守；槐树店至正阳关一段，由安徽巡抚乔松年派兵设防；正阳关以下由水师设防。与此同时，曾国藩由济宁移驻周口，居中调度，打算将捻军阻挡在贾鲁河以西、沙河以南加以歼灭。不料这个如意算盘很快就成了泡影。

同治五年七月，捻军张宗禹一支在河南西华、上蔡境内与湘军刘松山、张诗日两军遭遇，七日之内连开六仗，损耗精锐五六千人，自与湘、淮军作战以来，从未遭受过如此严重的损失。这时赖文光一支尚在贾鲁河以东，牛宏升一支虽已渡河，却未与张宗禹相会，因而张宗禹实际上是一支孤军。曾国藩是八月初，即事后四五十天才得到这次战斗的详细禀报的。然而正当曾国藩为此得意忘形、兴高采烈的时候，捻军张宗禹、牛宏升、赖文光、任化邦各支在许州、禹州一带会合，全军迅速北上，于八月十六日夜间突破河南抚标营防区，由开封城南十余里处越壕东去。这是对曾国藩防河之策的沉重打击。八月底他上奏清廷说，从前僧格林沁剿捻，"驰驱四年有余，几于无日不追，无旬不战。至三年秋冬挫衄，良马尽被捻众夺去，兵力过疲，将星遽陨。臣奉命接办，鉴于追逐之无济，又自度骑兵万不逮僧格林沁之精，建议设立四镇，兼议运河、沙河，且防且剿。办理一年有余，仍无成效，日夜筹思，忧愧何极"。因而不得不暂时放弃对贾鲁河、沙河的防守，将刘铭传、潘鼎新、张树珊以及刘秉章、杨鼎勋调往山东作战。同时曾国藩还奏请李鸿章由江宁移驻徐州，曾国荃由武昌驻守南阳，分别与鲁、豫两抚会商剿捻之策，自己则驻扎周口，居中联络。在此之前，曾国藩已因病请假，从此更接连续假，观望清廷的态度，以使自己进退自如。

曾国藩在剿捻方略屡变屡败的同时，查圩政策也遭到失败。为改变皖北、豫东一带民圩"拒官纳贼"的状况，曾国藩剿捻之始就定下查圩政策。同治四年六月曾国藩曾拟列查圩告示四条，派出委员六七人，佐以地方武装头目，赴蒙城、亳州、宿州、永城等州县实施办理。他首先令各地民圩对捻军坚壁清野，断绝供应，而在湘、淮军到来时则予以源源不断的物资接济。同时令各圩圩长办理户口登记，凡地主士绅及过去虽同捻军有过联系而愿意"自新"者入"良民册"，凡与捻军有过联系而又不愿"归正"者入"莠民册"。对于"莠民"，在外者予以追剿，在家者加以捕杀。还实行五家连坐政策，凡有"通贼"或窝藏"莠民"者，五家同坐。对于那些与捻军有过联系、曾经支援过捻军或拒绝查圩的民圩，其处理办法有二：一是并圩，即将较小的民圩并入大圩，以便于控制；二是更换圩长，即对那些较大而迁并不易的民圩，则更换以能为己用的圩长。曾国藩的这套做法无疑会遭到当地民圩反对。于是他便重操咸丰三年在湖南办团练杀人的故伎，以血腥手段镇压当地人民的反抗，大肆捕杀群众，强制推行查圩政策。据曾国藩的奏报，仅蒙城、亳州、阜阳三州县的不完全统计，一年之内就以"通贼"罪名逮捕群众一百一十人，大部分先后遭到杀害。曾国藩为了镇压民圩的反抗，彻底孤立捻军，对查圩人员反复强调抓人杀人的必要性，要他们尽量多抓多杀，多多益善。他说，在本籍查捕捻军一人，胜于临阵杀数百人,只有多抓多杀,方"足以靖根株而消反侧"。他指责查圩人员惑于阴骘轮回之说,不肯多捕多杀,致使不能立威。他说:"该牧查圩不为不久,而诛戮仅及十人,此威信之所以不立也。"曾国藩一秉咸丰初年在湖南办团练时的政策,授予查圩人员以凌驾于一切地方官吏及司法机关之上的权力,随意捕人杀人,不须任何证据和手续,不受任何约束,滥杀无辜而不准控告,不准翻案。他在蒙城查圩委员朱名瑑的禀帖上批道,稽查圩寨一事,派有专员,"昨已颁发令箭,生死予夺,委员俱得自由,本部堂但患该员等之姑息,不患该员等之专擅也。如有掣肘之事、专擅之谤,本部堂必能维持申理"。正是在他的鼓励敦促下,朱名瑑在蒙城一年之内逮捕群众五十九人,比以多捕多杀而出名的亳州、阜阳两州县的总和还要多,成为查圩捕人杀人最多的县份。他还在济宁、嘉祥、金乡等州县士绅联合禀帖上批道:"当咸丰年间各省土匪蜂起之时,州县办理团练,拿获匪党,多系奉有'格杀勿论'之谕,或有'准以军法从事'之札,若事后纷纷翻案,则是非蓼蕴,治丝愈棼,有碍于政体。本部堂前在湖南办团及在湖北、两江等处,凡州县及团练所杀土匪来辕翻控者,概不准予申理,以翻之不胜其翻也。"这使我们再度看到曾国藩残忍嗜杀、枭健强横的本性。对于那些曾经"从苗(指苗沛霖)从捻"的人,则采取分化瓦解的政策。他在张云吉的禀帖上批道:"查圩之意只分良莠,不问苗、捻,甘心为莠者,虽概未从苗,亦在所必诛;洗心向善者,虽曾经从苗从捻,亦在所必释。"他区别"甘心为莠"和"洗心向善"的标准,就是看其对湘、淮军的态度。对于一些圩长,不论从前是什么人,只要现在愿意与其合作,为其办事,就既往不咎,加以信用;只要不遵从曾国藩的告示,不愿为其办事,就加以枷责、逮捕,甚至杀害。总之,曾国藩对捻军经常活动的地区,尤其捻军老根据地蒙城、亳州一带,软硬兼施,威逼利诱,力图分化那里的圩民,使之不与捻军联系而为湘、淮军所用。但最后仍没有什么效果,各地民圩照旧"拒官纳贼",使湘、淮军到处碰壁,不得不从江南运送粮食、物资,而捻军却随处可以得到粮秣供应。

决定实行防河之初,曾国藩就做好了可能遭到失败的准备,并且估计到一旦受挫,可能会由此招来政治上的攻击。他说:"假如初次办不成,或办成之后一处疏防,贼仍窜过沙河以北,开、归、陈、徐之民必怨其不能屏蔽,中外必讥其既不能战又不能防。"因而在捻军冲过贾鲁河以北、开封附近防线时,就做好了下台的准备。他在给曾国荃的家书中说:"余定于明日请续假一月,十月请开各缺,仍留军营,刻一木戳,会办中路剿匪事宜而已。"不过这时还没有最后下定走的决心,主要是观望清政府的态度。一月过后,续假已满,便不再续假,按照原定计划上奏清廷,请开钦差大臣与两江总督之缺,另派钦差大臣接办军务,自己则以散员留营效力。不过他仍对清政府抱有一线希望,或许会像以前那样温旨慰留,令其继续为剿捻立功,最后将捻军镇压下去。奏折发出之后,曾国藩天天等着这样的谕旨。等了一个多月,新的谕旨终于在同治五年十月二十一日(1866.11.27)送到曾国藩的手中,然而得到的不是温语安慰,而是严旨切责。至此,曾国藩在一年多的时间内已受廷寄责备七次、御史参劾五次,真是寒心透了,遂决心一走了事。他在给曾国荃的信中说:"昨奉十四日严旨诘责,愈无庸徘徊。大约一连数疏,辞婉而意坚,得请乃已,获祸亦所不顾。"

不料形势发展很快,并没有容曾国藩三请四请,这封信发出两天后就接到寄谕,令曾国藩在营调理一月,病愈后进京陛见一次,钦差大臣关防暂由李鸿章署理。曾国藩见清政府持如此态度,心中且惭且惧,开始思索自己未来的出路。陈请开缺之初,他就考虑到既请开去钦差,卸去剿捻重任,就不能不要求连两江总督之缺也一并开去。因为他陈请开缺的理由是病体难以遽愈,岂有不堪星使而可为江督之事?那么开缺之后自己到何处去呢?出路不外有二:一是回籍,一是驻京。但这两处都不是长久之计。回家调养他怕不能自甘寂寞,不能与地方官友好相处,难以长久;而驻京养病则更易"招怨受谤",为仇人政敌和一般官员所攻击。于是反复筹思,不得善策,不禁为自己未来的出路为难起来。

机灵的李鸿章早已猜透了老师的心事,遂上奏清廷要求曾国藩务必回两江总督之任,并称如果曾国藩不回任江督,在前线剿捻的湘、淮各军军饷、粮秣的供应就难以得到保障。因而曾国藩在接到令其进京陛见的寄谕不久,即同治五年十一月六日(1866.12.12)就收到新的谕旨,令其回两江总督本任;授李鸿章为钦差大臣,专办剿捻事宜。曾国藩收到这一新的命令后,虽然心怀不满,却不敢有丝毫流露,仍一再奏辞,要求以散员留营效力;后见清政府仍坚持原议,批驳了御史参劾自己的两件奏折,曾国藩遂不再推辞,决计回任。他先于十一月十九日派人将钦差大臣关防送往徐州,交给李鸿章,接着便于同治六年正月初六(1867.2.10)从周口动身,亲赴徐州接收两江总督印信,三月十五日回到江宁。

曾国藩这次剿捻所以遭到挫败是由多种原因造成的。首先是由于捻军英勇善战。捻军的领导人赖文光是个经验丰富、文武兼备的将领,经他改编后的捻军在很多方面超过太平军。而另一领导人任化邦最称骁勇善战,曾国藩称他在捻军中的地位和作用与太平天国后期的陈玉成相仿。在他们的领导下,捻军行动迅速,英勇善战,使曾国藩屡遭挫败,在很长时期内找不到有效的战守之策。其次是由于湘军纪律松弛,日趋腐败;淮军又不甚听从指挥;再加上湘、淮军不和等因素,这就大大降低了部队的战斗力。据说,剿捻期间,曾国藩颇悔不该过快裁撤湘军,信中至有"撤湘军一事,合九州铁不能铸错"之语。再次则为查圩政策失败,没有得到当地团练的配合。曾国藩出发之前,曾问赵烈文,北上剿捻应用何策。赵烈文对他说,"北方团练遍地皆是,抚之则为吾用,疑贰则为吾仇",要他联络各地团练,实行"坚壁清野之法"。曾国藩采纳了这一建议,一到皖北就发布文告,派人四出查圩,逮捕和杀害与捻军有过联系的圩长和群众,号召各地团练坚壁清野,对抗捻军。并与团练约定,"二十五日以内围被贼破,各团之咎;二十五日以外围破,本部堂之咎"。起初团练、民圩颇为"信奉",后见曾国藩"不能如约",甚有捻军攻圩而湘、淮军"作壁上观者"。团练、民圩纷纷被捻军攻破,遂使他们不敢再与捻军对抗,转而联络捻军,并对曾国藩的剿捻方针进行攻击,成为在政治上和军事上对曾国藩极为不利的因素。然而这都不是主要的,曾国藩剿捻失败的主要原因还是来自清政府方面。

在这次战争中,曾国藩面临的对手是捻军,它与太平军虽有相同之处,但在组织、装备、作战方法等方面又有不少新的特点。曾国藩经过多次的挫折和失败,前后花了十余年的时间才总结出一套对付太平军的办法,而这套办法对捻军却并不适合。他虽然善于总结经验,力图使自己的思想符合已经发生变化的实际情况,但要摸清捻军的活动规律、总结出一套有效的作战方法,同样需要一个较长的时间和过程。实际上曾国藩在剿捻战争中也确实在不断摸索经验,寻求成功之路。开始他实行四镇布防之策,将重兵放于四镇(后改五镇),仅以两支游兵跟追捻军;后见株守无益,便改为马队跟追之策,仅以少数弱兵守镇,抽出强兵,组成五六支游军跟踪追击。然而马队又不敌捻军骑兵,遂于防守黄河、运河之外增防贾鲁河与沙河,企图以线控制面,压缩和限制捻军流动作战的范围。这在军事思想上是"以静制动"的新发展,目的仍是争取战场上的主动权,其方向是对头的,方法是有效的。虽然初次遭到失败,只是具体地段上防守不力所致,并不是防河之策本身的错误造成的。李鸿章终以防河之策将捻军镇压下去就是明证。曾国藩早已预料会出现类似的问题,因而防河之始就做好了思想准备,决心不顾一切挫折,坚定不移,直至成功。这跟他的经历和性格是相符合的。他除在奏折中表示了这种想法外,还在刘铭传的禀帖上书有长篇批语,反复申明了自己的决心。他说:"防守沙河之策,从前无以此议相告者,贵军门创建之,本部堂主持之。凡发一谋、举一事,必有风波磨折,必有浮议摇撼。从前水师之设,创议于江忠烈公(即江忠源);安庆之围,创议于胡文忠公(即胡林翼)。其后本部堂办水师,一败于靖江(即靖港),再败于湖口,将弁皆思去水而就陆,坚忍维持,而后再振。安庆未合围之际,祁门危急,黄德糜烂,群议撤安庆之围援彼二处,坚忍力争而后有济。至金陵百里之城,孤军合围,群议皆恐蹈和、张之覆辙,即本部堂亦不以为然,厥后坚忍支撑,竟以地道成功。可见天下事果能坚忍不懈,总可有志竟成。办捻之法,马队即不得力,防河亦属善策,但须以坚忍持之。""无论何等风波、何等浮议,本部堂当一力承担,不与建议者相干;即有咎豫兵不应株守一隅者,亦当一力承担,不与豫抚部院相干。此本部堂之贵乎坚忍也。"他还勉励刘铭传说:"游击虽劳而易见功效,易收名誉;防河虽劳而功不甚显,名亦稍减,统劲旅者不屑为之。且汛地太长,其中必有极难之处,贵军门当为其无名者,为其极难者。又况僚属之中,未必人人谅此苦衷、识此远谋,难保不有一二违言。贵军门当勤勤恳恳,譬如自家私事一般,求人相助,央人竭力。久之,人人皆将鉴其诚而服其智。迨至防务办成,则又让他军接防,而自带铭军游击,人必更钦其量矣。此贵军门之贵乎坚忍也。若甫受磨折,或闻浮言,即意沮而思变计,则掘井不及泉而止者,改掘数井亦不见泉矣。愿与贵军门共勉之。"于此可见曾国藩决心之大和思虑之远,他是绝不会因初次受挫就放弃防河之策而另寻他途的;更何况刘铭传也不会一次受挫就气丧意沮,承认自己的建议根本错误。

李鸿章奉命督军后,亦遇到过与曾国藩类似的情况。"胶莱之守,刘铭传以去就争之",方为李鸿章所接受。不久捻军突围东去,守局告败,朝臣疆吏议论纷纷,群起反对李鸿章的这种做法;清政府亦下谕切责,"深不以河防为然"。李鸿章仍力主守河之策,"以为不可失信诸将,中外交非而不顾"。可见刘铭传的态度对李鸿章所起制约作用之大。刘铭传所统带的铭军是淮军主力,倘若他不改变态度、放弃初议,曾国藩即使思想上有些动摇,又何敢轻易放弃防河之策、失信于人呢?可见曾国藩自己放弃这唯一可以取胜的决策的可能性几乎是不存在的。但是清政府却不给他总结经验的时间，防河初挫即连下严旨诘责，怂恿御史屡上弹章，逼他下台，并迅速以李鸿章取而代之，使他不得不中途退出战场，形成半途而废的局面。

清政府所以对曾国藩采取这种态度有多种原因。首先，清政府中无人了解捻军的真实情况，认为镇压捻军是轻而易举的事，因而从一开始就急于求成，责效过切，对僧格林沁即是如此。僧格林沁败死，清政府仍不接受教训，对曾国藩依然如此，一有挫败，就严辞责备，连章弹劾，随之撤去钦差，由李鸿章取代。其次，同围攻天京时相比，形势也有所不同。当时清廷只能依赖湘军，而湘军又非曾国藩不能调动指挥，所以曾国藩虽然一再要求另简钦差大臣，甚至为争江西厘金事而躺倒不干，清政府也只好对他让步，满足他的要求，对他安慰一番，依靠他最后把太平天国革命镇压下去。而此时湘军已大部裁撤，主要用淮军剿捻，当然可以用李鸿章代替曾国藩，于是清政府对曾国藩就再没有那么大的耐心了。再次，很可能由于曾国藩已有镇压太平天国之功，在统治阶级中名声太盛，清政府就不愿让他再获剿捻之功了。

此外，还可能与曾国荃弹劾官文有关。正当曾国藩防河受挫、查圩无效，在军事上一筹莫展的时候，他的胞弟曾国荃骤发弹劾官文之举，无形中使曾国藩同清政府的关系又趋紧张。官文是满洲旗人，深得清政府信任，授以湖广总督之职，控扼长江上游。胡林翼知其不可动，遂改为笼络政策，使湘军诸事顺利，有请必应。胡林翼死后，官文同湘军的关系开始疏远，奏调多隆阿赴陕，又不肯应曾国藩所请改奏东援就是明证。但双方仍保持表面的和气，并未闹翻。曾国荃担任湖北巡抚之后，与官文督、抚同城，屡起冲突，关系逐渐紧张起来。先是官文受湖北桌司唐际盛怂恿，奏请曾国荃帮办军务，以使其离开武昌。令下之初，曾国荃尚不明官文的用心，致函曾国藩，问其是否须专折谢恩。曾国藩告诉他，帮办本属极不足珍的差事，近年李世忠（即李昭寿）、陈国瑞等降将皆可得到帮办之名，刘典、吴棠虽仅为桌司、道员，也都有帮办之衔，因而不必专折谢恩或疏辞，也不可微露不满之意。曾国荃一下明白过来，便与官文结下怨仇，再加上粮道丁守存从中拨弄，遂决心进行报复。他先是奏参唐际盛，接着就疏劾官文，列有贪庸骄蹇、欺罔徇私、宠任家丁、贻误军政等款。当时曾国荃营中无文员，草拟之后无人可与商酌。恰在此时曾国藩长子曾纪泽来营，遂与之磋商定稿，于同治五年九月带兵赴襄阳时由郭松林营中发出。曾国荃和曾纪泽并不完全明白弹劾官文的政治利害，也不善于具疏与人讼争，因而奏折草草发出，不仅文字冗长，语言多不中肯，且首尾不能照应。曾国荃害怕其兄从中阻挠，故意绕开曾国藩独任其事。曾国藩得知后极为紧张，深恐由此招来大祸。他深怨曾国荃骄恣蛮干，轻举妄动，但又不敢责备一句，只好赶紧从曾国荃手中要来底稿，看看是否有理亏之处，以求补救。结果发现曾国荃在奏折中讲的话还能站住脚，即使官司打不赢，也不会因此得祸，这才放下心来。

曾国藩兄弟及其他湘军将领以团练起家，遽得高位，早已引起清朝旧有官绅贵族的不满。曾国荃受任鄂抚后，军机处就故意与他为难，凡有寄谕从不直接交给他，每由官文处转递。今见曾国荃弹劾官文，词连军机大臣胡家玉，军机处官员就对他更为不满。因而派去专查此案的钦差回奏时字字为官文开脱，竟将曾国荃所列各条全部驳回；甚至有人指责曾国荃所列官文属于"肃党"一事不实，要求照例反坐，治一诬陷之罪。

那拉氏是个很有政治经验的统治者，早已看出曾国荃劾奏官文一案纯属湘、淮军与满洲贵族的权力之争，因当时捻军声势尚壮，只有利用湘、淮军才能把它镇压下去，因而不得不暂时做出让步，令官文开湖广总督缺，留大学士衔，回京任职，授命李鸿章为湖广总督，由李瀚章暂署，暗含抬淮抑湘之意，表现出利用湘、淮两军的矛盾对其加以控制的意向。官文回京后，那拉氏立即令其以大学士掌管刑部，兼正白旗蒙古都统。实际上官文并没受什么损失，只是从此之后湖广总督一席落入湘、淮军将帅或洋务派官僚手中，这也算曾国藩集团在这场斗争中的一个大收获。对此，曾国藩在家信中说："顷阅邸钞，官相处分极轻，公道全泯，亦殊可惧。唯以少荃督楚，筱荃署之，韫斋先生抚湘，似均为安慰。"

对于曾国荃弹劾官文一事，不仅湖北士绅和京中权贵持反对态度，即曾国藩的门生故友，如李鸿章、李鸿裔、丁日昌等人也大不以为然，惟左宗棠对此大加赞赏，称之为当今第一篇文章，目下第一好事。李鸿章很担心会由此开罪清政府，于今后做官不利，因而劝曾国藩"密折保官（指官文），请勿深究"。曾国藩也有同样想法，故依计而行。不料"外间又纷言"曾国藩"劾老九"，使其进退失据，有口难辩，"惟麻木不仁处之"。

然而，曾国藩和李鸿章担心的事终于发生了。同治五年十一月初，曾国荃弹劾官文的奏章送上不久，还没有对官文做出什么处理，曾国藩就接连受到严旨诘责和御史参劾，并令其开去各缺，回京陛见，钦差大臣和两江总督均由李鸿章署理。实际上是令其交出统帅权，回京听命。所以郭嵩焘很为曾国藩的下台鸣不平，说当太平天国革命席卷东南时，朝廷恐惧，百官震慑，一个个瞻顾怯立，不敢对曾国藩肆其器嚣；而一旦太平天国革命被镇压下去，他们就感到天下太平了，遂"议论器然，言路之气日张"。此后不久，又有一大批湘军系统的官员，如陕甘总督杨载福、陕西巡抚刘蓉、广东巡抚郭嵩焘、湖北巡抚曾国荃、直隶总督刘长佑纷纷开缺回籍，尤其刘长佑的下台和官文接任直督一事更使曾国藩产生疑心。这些事前后联系起来，引起曾国藩的警惕和担心，怀疑这是清政府对曾国荃弹劾官文一事的报复。他在给郭嵩焘的弟弟郭崑焘的信中说："官相（指官文）倾有署直隶之信，不知印渠（指刘长佑，印渠是其号）何故开缺？近日厚（指杨载福）、霞（指刘蓉）、筱（指郭嵩焘）、沅（指曾国荃）次第去位，而印（指刘长佑）复继之，吾乡极盛固难久耶，思之悚惕。"时过不久，又在给刘崑的信中说："印渠制军顷过金陵，小住三日，闻其带勇回籍，系官相密片所请。"这似乎更进一步验证了他的怀疑。曾国藩的这种想法并非全无道理，很可能这是清廷有意压抑湘系将帅，而曾国藩正是这一系列报复行动的首当其冲者。至于抬高李鸿章兄弟，更是那拉氏对曾国藩集团有意采取的分化政策，目的在于使湘、淮两系和曾、李两家形成双峰对峙、分庭抗礼的局面，以便分而制之。

曾国藩剿捻失败的最后一个原因，是与有关省分地方大吏的关系没有搞好。由于捻军活动范围甚广，足迹遍及苏、鲁、鄂、豫、皖五省（仅限于曾国藩剿捻期间而言），故曾国藩以钦差大臣率兵对捻军作战，就不能不与这些省的督抚大吏打交道，尤其防河等事，更离不开他们的配合。因而，同他们搞好关系是很重要的。但实际上曾国藩同这些督抚的关系并不好。同治四年冬因与河南巡抚吴昌寿多次发生意见分歧，遂于年底将其密参，次年正月底清政府即将吴昌寿降调，改任李鹤年为河南巡抚。同一时期曾国藩还密参阎敬铭不懂军事，使阎敬铭受降级留用处分，改由藩司丁宝桢署理山东巡抚。阎敬铭与吴昌寿的被劾不仅引起本人的不满，也使其他大吏警惕起来，都不愿与曾国藩共事，恐为其密片参劾。这就使他无形中被孤立起来，在他剿捻受挫时也就不会有人为他说话，使其不得不中途离去。从此他在统治阶级心目中的地位大大降落，"声誉名望"也逐渐走向下坡。

曾国藩剿捻期间还借机朝曲阜，游泰山，拜孟庙，谒曾墓，并专程至嘉祥县拜访曾参的后代曾广莆，与之连宗。开始曾国藩本想给曾家一些资助，使之重整家业，恢复地主士绅的经济地位；后来发现曾广莆家已经完全败落下来，"非人力所能遽振"，只好在捐纳祭产银一千两外另赠银四十两了事。曾国藩家原不过是山沟里的土财主，与山东曾参后人并无共同的宗谱，自曾国藩上溯数代，所取名字多与御赐派字不符，且有人触犯祖讳；而曾参后人则与孔、孟、颜三姓连宗，各代名字的起字皆由皇帝御赐，虽越数十代而辈分不乱。曾国藩与山东曾家连宗后，第一个行动就是给曾纪泽的儿子取名曾广钧，给曾国潢的孙子取名曾广文、曾广敷，以表示其"宗圣"后裔的名贵身份。从此之后，曾国藩的后代与孔、孟、颜、曾四姓连为一宗，辈分也相应地串联起来。

曾国藩剿捻期间心情是很不愉快的。北上之先即遇奕訢被贬，奔赴前线之后，又事事不顺心，处处不应手，剿捻方略屡变屡挫，自己胸中始终没有把握，上上下下都得不到有力的支持，因而终日悬悬，无一天轻松的时候。同治五年夏秋以来屡被廷旨严责、御史弹劾，心情抑郁，烦恼异常，常常因一点小事发脾气，明知有伤斯文，却不能自制。防河之策受挫之后，曾国藩情绪更加沮丧，每一展念剿捻战争的前途和个人的身世进退，无不百感交集，充满悲观情绪，遂致夜里常做噩梦。有一天夜里他梦见自己乘舟登山，醒后顿时伤心起来，在日记中写道："余数十年来常夜梦于小河浅水中行舟，动辄胶浅，间或于陆地村径中行舟，每自知为涉世艰难之兆。本夜则梦乘舟登山，其艰难殆又有甚于前此者，殊以为虑。"曾国荃弹劾官文之后，不少湘系官员遭到报复，纷纷下台。曾国荃本人也连遭惨败，继郭松林全军败溃后，彭毓橘又全军覆没，本人毙命，使新湘军完全溃灭。这使曾国藩不禁紧张起来，复由沮丧转为警惧。他在给曾国潢的信中说："沅弟近日叠奉谕旨，谴责严切，令人难堪，固由劾官、胡二人激动众怒，亦因军务毫无起色，授人以口实。"又对曾国荃说："弟信云英气为之一阻，若兄则不特气阻而已，直觉无处不疚心，无日不惧祸也。"

曾国藩回到江宁之后，身虽远离千里，而心却仍然悬在剿捻战场上。他见李鸿章接任之后连遭惨败，新湘军全军覆没，张树珊随之败死，资历颇深的成大吉军哗变，号称劲旅的刘铭传军几乎被歼，半年之久追击、堵截两无效果，一再受到清廷的严厉斥责，心情更加沉重，甚至担心李鸿章重蹈僧格林沁的覆辙，自己也不免死于剿捻战场。他对赵烈文说，捻军进至豫东，"各帅均被斥责"，"辞气严厉，为迩来所无。少帅(指李鸿章)及沅浦胸次未能含养,万一焦愤,致别有意外,则国家更不可问。且大局如此,断难有瘳,吾恐仍不免北行。自顾精力颓唐,亦非了此一局之人,惟祈速死为愈耳"。他在讲这些话时"神气悽怆",致使能言善辩的赵烈文都感到"无以为慰",足见曾国藩当时悲观到何等程度。后来东捻、西捻均被李鸿章、左宗棠镇压下去,曾国藩才免于北行。但整个清王朝却如粪墙朽木,日甚一日地腐败下去,根本不可能再有什么"中兴"的希望,这就使曾国藩陷于更深的悲伤和苦恼之中。

郁郁而终

早在曾国藩做京官时,他就幻想通过一些自上而下的改革,使江河日下的清王朝再振生机,重新恢复康乾时代的太平盛世。后来发现此路不通,转而编练湘、淮军,镇压太平天国革命和捻军起义,并大力整顿吏治、漕赋,兴办近代军事工业,企图通过另一条道路实现这个目的。开始,军事上连吃败仗,政治上处处碰壁,因而感到非常失望,曾一气之下跑回老家,百唤不起,再不想过问世事了。再次出山后,军事形势大为好转,清政府又授予他地方军政大权,尤其安庆决战取胜和那拉氏、奕诉政变上台二事,更使曾国藩大受鼓舞,对清王朝的前途充满希望,于是"中兴"一词便成了他的口头禅。那么究竟什么时候才能实现"中兴"呢?按照曾国藩的设想,显然是将太平天国革命镇压下去以后。不料刚把太平天国革命镇压下去,捻军复声势大震,只好奉命北上去同捻军交战。捻军起义被镇压下去之后,按照曾国藩的设想,接着出现的应是所谓太平盛世,至少也应是一片生气勃勃的复兴景象;然而事实却恰恰相反,呈现在曾国藩面前的完全是一副败落景象,看不到任何振兴的苗头。

同治三年曾国藩把攻陷天京时炸开的城墙缺口修复后,曾在原缺口处立碑以记其事,除简述太平天国定都与湘军陷城经过外,还铭其文曰:"穷天下力,复此金汤,苦哉将士,来者勿忘。"显然曾国藩此举的目的主要不在于为湘军表功,而是要封建统治者永远记住这一

曾国藩藏书楼外景

教训,尽力避免类似的人民革命再次发生。在此前后的数年之间,曾国藩曾不止一

次地想到这个问题,并为此做过一些努力,力图使当时的社会矛盾有所缓和。

然而他在江浙地区搞的减漕减赋并没有收到什么实效,这里仍然存在着赋税过重、负担不均的问题。太湖流域的苏、松、杭、嘉、湖等府是中国最富庶的地区,也是全国赋税最重的地区。同治二年曾国藩和李鸿章曾在苏、松、太三府州搞过一次减赋,主要办法是裁减浮额和取消士绅免税特权,力图减轻中小地主乃至自耕农的钱粮负担,以缓和社会矛盾,消除乱源。结果并没发生什么实际效用,潘曾玮、冯桂芬等豪门巨绅照旧抗粮不交,地方官不敢过问,只好继续沿用过去的老办法,将这些特权者的钱粮负担均摊到中小地主和自耕农的身上。地方官也不肯放弃从征收钱粮中大捞一把的机会,遂将漕赋折色增至时价的三倍,粮价贱至石米一千五六百文,州县仍以石米四千七百文折价征收,致使卖米三石方能完一石之赋。因而浮额依旧存在,并没有裁减掉。这些情况曾国藩是知道的,但除对州县漕赋折色略加限制外,对于潘曾玮、冯桂芬等豪绅抗税问题也不敢过问。太平天国革命失败后,这些丧家之犬纷纷返窝归巢,并很快恢复起昔日的威风,不仅州县官员在这些豪门权贵面前低三下四,即使藩、臬大员,在一定程度上也要仰承他们的鼻息,得罪了他们就有丢官的危险。

曾国藩年轻时,乃至出办团练之初,都曾想在政治上压抑一下豪门巨室,在经济上挤出他们一点钱财,一方面解决财政费用问题,一方面使中小地主得到保护。他在苏南搞减赋时,也是出于这种考虑。然而到了后来,就渐渐连这点勇气也没有了,尤其李榕因办米捐被劾丢官之后,他更觉得巨室得罪不得。他在给李鸿裔的信中说:"申夫(即李榕)傲岸不羁,卒乃以此被谤。米捐固其借端,然办捐而必曰著重上户,使大绅巨室与中人小家平等捐输。此其势固有所不能。王介甫(即宋代王安石)使品官形势之家均出免役钱文,众论愈哗,巨室之不可得罪也久矣"。曾国藩压抑豪门势力的目的不过是为了缓和清朝统治者同中小地主乃至自耕农的矛盾。他既然出于无奈而向豪门势力让步,也就无法减轻中产阶级的负担,社会矛盾也就得不到缓和。从历代农民起义发生和发展的情况来看,中间阶层的政治动向往往起着举足轻重的作用,没有他们的参加与支持,广大贫苦农民是很难发动起一场席卷全国的农民大起义的;而中间阶层的破产,多半是由于赋役负担过重造成的。所以减漕均赋的失败使曾国藩深感忧虑,唯恐再次发生大的农民起义。

如果说,减漕一事已使曾国藩感到悲观丧气、忧心忡忡的话,人民群众的情况就简直令他坐立不安了。捻军起义虽被镇压下去,而西北回民起义仍在继续进行,北方各省水旱频仍,饥民成群,捻军旧部和被裁兵勇散布各地,不少人无计谋生,成群结队,四出游荡,社会秩序仍然混乱不堪。总之,内战并未完全结束,全国政治形势仍然处于动荡不安之中,使人感到危机四伏,惶惶不可终日。曾国藩曾在家书、日记中不止一次地描述到自己所亲眼看到的情形,"所过之处,千里萧条,民不聊生"。"余自北征以来经行数千里,除兖州略好外,其余目之所见,几无一人面无饥色,无一人身有完衣"。曾国藩心里非常明白,在这种情况下,要人们长久忍受而不起来造反是根本不可能的,因而整日提心吊胆,惴惴不安。他所说的"直觉无处不疚心,无日不惧祸",也含有这样一种思想成分。

曾国藩所担忧的另一问题是哥老会活动的蔓延和高涨。长江中上游的哥老会起源于四川，蜀人呼弟为老老，哥老犹言哥弟也。由于鲍超霆营中四川人较多，所以哥老会首先在这里发展，以后很快扩散到其他各营。到了湘军后期，哥老会在湘军中已有很大势力，不仅人数众多，而且一些下级军官也参加进来。当时曾国藩急于裁撤湘军与此很有关系，他非常害怕哥老会的活动导致湘军的哗变，最后搞成不可收拾的局面。后来在湘军剿捻期间，成大吉部在湖北的哗变，就是哥老会组织联络的，其后哗变士兵大批加入捻军，大大壮大了捻军的力量，而给湘军以沉重打击。可见曾国藩的担心不是多余的。但是曾国藩对湘军的裁撤并没有解决哥老会的问题，反而使无计谋生的散兵游勇和当地贫苦农民结合起来，更加壮大了哥老会的势力，将哥老会的活动引向自己的家乡。

湘军建立之初，内部就有两种成分：一部分是政治上走投无路的封建知识分子，诸如举人、生员、文童之类；一部分是无计谋生的贫苦农民。当时就有人说，假设曾国藩不把后一部分人吸收到湘军中来，他们很可能揭竿而起，成为太平军的重要力量。曾国藩利用这部分人的无知，让他们充当镇压太平天国革命的工具，当时也确实达到了一箭双雕的目的。不过随着时间的推移，情况渐渐发生了变化。起初，人们只是朦胧地感到他们与太平军似乎有一种相互依存的关系。例如，有一天，水师营官王明山听说前方打了胜仗，心中高兴，就故意谩骂他的部下说："蠢猪奴，欲急灭长毛归饿死耶？"这话出于王明山之口当然是开玩笑，但却反映了当时湘军士兵中普遍存在的想法。显然他们是把对太平军的战争当作自己的生活出路的，这场战争一结束，他们就会立刻陷于困境。以后随着形势的发展，他们的这种顾虑也越来越重，于是便大批加入哥老会。这是湘军后期哥老会得以迅速发展的根本原因。开始哥老会的口号和宗旨是"有富同享，有难同当"，似乎是一种经济互助团体，并没有明确的政治目的。而这些士兵回到湖南之后，一旦在经济上陷于走投无路的境地，哥老会就成为组织贫苦农民起而反抗清朝统治的政治团体。

哥老会的问题所以使曾国藩感到头痛，不仅由于他们在湖南到处发动起事，而且因为这些人与湘军有着千丝万缕的联系，其中不少人是曾国荃的老部下，曾为他们兄弟立过汗马功劳，有的甚至已保至一、二、三品武职候补官员。无怪乎有人竟会把曾国藩说成是哥老会的最高首领。曾国藩心里很清楚，这个问题如果处理不好，就会株连湘军中的很多人，甚至会把一些湘军将领"逼上梁山"。因为这些人本来就存在对清朝的不满情绪，认为清政府对他们功高赏薄，与八旗、绿营相比，待遇不公。所以曾国藩写信给在湖南巡抚衙门充当幕僚的郭嵩焘，一反过去大张绅权、怂恿当地士绅随意捕人杀人的方针，要求对于湖南哥老会一案，"生杀之权当操之抚帅，湘邑不准擅杀一人；讼狱之权当操之邑侯，局绅不准擅断一狱"。但他的胞弟曾国潢却并不理解这一点，一味仗势横行，必欲沿用过去办团练时的老办法，将哥老会赶尽杀绝，斩草除根。曾国藩写信劝诫说，"哥老会之事，余意不必曲为搜求"。"提、镇、副将官阶已大，苟非有叛逆之实迹实据，似不必轻言正法。如王清泉，系克复金陵有功之人。在湖北散营，欠饷尚有数成未发，既打金陵，则欠饷不清不能全归咎于湖北，余亦与有过焉。因欠饷不清，则军装不能全交，自是意中之事。

既实缺提镇之最可信为心腹者,如萧孚泗、朱南桂、唐义训、熊登武等,若有意搜求其家,亦未必全无军装,亦难保别人不诬之为哥老会首。余意凡保至一、二、三品武职,总须以礼貌待之,以诚意感之。如有犯事到官,弟在家常常缓颊而保全之;即明知其哥老会,唤至密室,恳切劝谕,令其自悔,而贷其一死"。他又深恐曾国潢不听劝告,在家乡闹出事来,遂致信湘乡县令说:"哥老会一案,弟有告示,但问其有罪无罪,不问其是会非会,严禁株累诬扳之风,以靖民气。澄侯不以为然,必欲搜剔根株,窃恐愈剔愈众,愈搜愈乱,祸无了日。求阁下劝诫澄弟,不再搜寻,静以俟之。"后来幸好没有发生株连过广的问题,也没有发生曾国藩担心的事。但哥老会的活动却日益频繁,其组织也在湖南扎下了根,再也无法拔除了。

使曾国藩心神不安的另一个问题,是哥老会的分布恰与湘军的募勇地区相应。就全国而言,哥老会主要分布在湖南、湖北、四川三省,其中以湖南最多;就湖南而言,主要分布在长沙、衡州、永州三府,其中以长沙最多,衡、永二府次之;就长沙府而言,又主要分布在湘乡、湘潭、长沙、善化、湘阴、宁乡、益阳等县,其中以湘乡、湘潭、长沙、善化、湘阴、宁乡最多,益阳次之;当然,在哥老会最多的六县中又以湘乡最为集中,因为湘军从这里招募的人最多,最后遣散回籍的散兵游勇也最多,哥老会在这里分布最广、扎根最深、活动最频繁,是完全可以理解的。当太平天国革命席卷江淮、波及全国的时候,湖南处于相对安定状态,湘乡尤其如此;而当这场革命在全国失败之后,曾国藩的家乡湖南,尤其湘乡,反而出现了此伏彼起的大小起事,使他连个安静的老窝都没有,也就不能不陷入深深的苦恼之中。当时曾国藩很担心湖南发生大规模农民起义,那样他们曾家就会成为哥老会攻击的头号目标而难于幸免了。曾国藩在给朋友的信中说:"吾乡会匪窃发,益阳、龙阳等城相继被扰。此辈游荡无业,常思逐风尘而得逞,湘省年年发难,剿之而不畏,抚之而无术,纵使十次被灭,而设有一次迁延,则桑梓之患不堪设想,殊以为虑。"又在家信中说:"人多言湖南恐非乐土,必有劫数,湖南大乱,则星冈公之子孙自须全数避乱远出。"但他的两个弟弟曾国潢和曾国荃并不认识这一点,依然在家仗势横行,包揽词讼,强购田产,弄得人人痛恨,非常孤立。曾国藩的老婆儿女很怕家乡发生大的起义,与这两个家伙同遭灭顶之灾,因而几次写信要求到南京避难。曾国藩当时刚说过陈请开缺回籍的话,不好马上去接家眷;又怕他一家出来后,两个弟弟在家被哥老会收拾掉,引起外界的议论,所以想让他们一起出来避难,二人却又坚执不肯。这使曾国藩不禁左右为难起来。曾国藩向赵烈文谈到上述情况,赵烈文说,你们兄弟已经分别十年没见面了,何不招他们出游,到这里来看看你?曾国藩说:"吾久为斯说而不见听,奈何? 方今多故,湘中人人以为可危,两舍弟方径情直行,以敛众怨。故吾家人屡书,乞来任所,以为祸在眉睫。"赵烈文当然劝他迎眷。不过曾国藩当时似乎仍有些犹豫不决。后来还是管不了这许多,把全家老小接到江宁,离开湖南这个危险的地方。

吏治毫无起色是曾国藩感到苦恼的又一问题。过去曾国藩总是强调,欲使清朝重新振兴,必须从整顿吏治入手。他任两江总督后,所至裁革原有官吏,将自己的亲信补授要缺。结果吏治毫无起色,甚至连他直接管辖的"三吴吏治"都"不能整顿"，深感"负国负民"而又束手无策。其原因无他，主要是地方上的一些贪官污吏非亲即故，不是他的亲信，就是他亲信的亲信；不是他亲手所保举，就是他保举的人所保举。至于营中保举之滥，更是他一手所造成的，到头来也只能由他自吞苦果。因而他明知问题很大，非整顿不可，却无法下手，只得装聋作哑，苟且偷安。如江苏布政使丁日昌为人贪婪狡诈，名声很坏，最初以被革知县在曾国藩手下做厘局卡员，在幕僚中身份不高，属于一般委员。同治二年到上海后，备受李鸿章的赏识和重用，数年之间飞黄腾达，保至布政使。李鸿章署理两江总督后，又保丁日昌署理江苏巡抚，因遭曾国藩的反对，没有搞成。赵烈文家在常州，对丁日昌的情况了解很多，曾几次向曾国藩揭发丁日昌的问题，认为整顿江苏吏治，必须首先从丁日昌开刀。赵烈文说："师恒言求吏治，使若辈在位，吏治非江河日下不已。"曾国藩听罢，长叹一声说："足下亦知吾苦心邪？丁之流皆少荃至好，我与少荃势同一家，渠又暴露在外，身膺艰巨。丁虽屑人，而筹前敌财用无不精速，吾又何忍不少慰其意也！"就是说，由于丁日昌善刮民财以供军饷，又是李鸿章的亲信，即使再坏也不能去掉。曾国藩曾一再宣称，他选拔人才的标准是"能做事，不爱钱，不怕死"三条，看来似乎很全面，然而到哪里去找这样的人呢？凡能做事者，无不好名、贪财，而不贪名利者皆欲苟全乱世、遁迹山林，又怎么会投到他的"麾下"，去干那些屠杀人民的反革命勾当呢？因而就连他自己最后也不能不大发感慨："安得有人乎？勇于事情者皆有大欲存焉！"可见他的所谓整顿吏治已走入死胡同，过去没有、以后也不会有什么成果。

所有这些问题不能不引起曾国藩的深思，使他进而联想到清王朝未来的命运。一天他对赵烈文说："今日有四川庶常来见，其言谈举止不类士夫。前日有同乡庶常送诗，排不成排，古不成古。国家所得人物如此，一代不如一代，文章与国运相关，天下事可知矣。"他一边说，一边不停地皱眉头。不过只此而已。作为统治阶级最高层的一员，他没有也不可能再往深里去想。但是地位较低的赵烈文却已经有了成熟的看法。

同治六年六月二十日（1867.7.21）晚，曾国藩和赵烈文像往常一样在一起无事闲聊。曾国藩说："京中来人云：'都门气象甚恶，明火执仗之案时出，而市肆乞丐成群，甚至妇女亦裸身无裤。'民穷财尽，恐有异变，奈何？"赵烈文说："天下治安一统久矣，势必驯至分剖。然主威素重，风气未开，若非抽心一烂，则土崩瓦解之局不成。以烈度之，异日之祸必先根本颠仆，尔后方州无主，人自为政，殆不出五十年矣。"意思是，全国统一安定的局面已经很久了，势必渐渐走向分裂。但皇帝的权威一向很重，割据风气尚未形成，除非中央政府首先烂掉，否则不会出现国家土崩瓦解的局面。以我的揣测，将来的祸患必是中央政府首先垮台，尔后天下无主，人自为政，这种情况的发生大概不会超出五十年了。曾国藩一听，立刻皱起眉头，过了好久才说："然则当南迁乎？"赵烈文说："恐遂陆沉，未必能效晋、宋也。"就是说，恐怕是彻底灭亡，不会再像晋、宋两代那样，出现政权南迁、南北分治的局面。曾国藩有些不服气，同赵烈文争辩说："本朝君德正，或不至此。"赵烈文说："君德正矣，而国势之隆，食报已不为不厚。国初创业太易，诛戮太重，所以有天下者太巧。天道难知,善恶不相掩,后君之德泽,未足恃也。"曾国藩无言以对,沉默良久方说:"吾日夜望死,忧见宗祏之陨。"实际上多少默认了赵烈文的议论。

从此曾国藩开始反复考虑赵烈文提出的问题,尤其集中于清王朝会不会"抽心一烂""根本颠仆"这个问题上,各种想法不断闪现在他的脑海里,流于他的语言中。有时他同意赵烈文的看法:"京师水泉皆枯,御河断流,朝无君子,人事债乱,恐非能久之道。"有时又不同意赵烈文的看法:奕䜣为人"聪颖",清朝"君德正,勤于政事";那拉氏大权独揽,遇事"威断",为前代所无。意思是说清朝大概不会发生像赵烈文所说的那种"抽心一烂"的事。赵烈文同他争辩说,奕䜣"聪明信有之,亦小智耳","身当姬旦之地,无卓然自立之心,位尊势极,而虑不出庭户,恐不能无覆䬃之虞,非浅智薄慧、涂饰耳目之技所能幸免也"。还说"勤政"无补于兴亡,"威断"则易受蒙蔽。而"中兴气象,第一贵政地有人。奄奄不改,欲以措施一二之偶当默运天心,未必其然也"。曾国藩最后虽无言以对,但并未心服,对清朝的所谓"中兴"仍抱有幻想。不久清廷发来上谕,依总理衙门奏请,令督、抚、将军就外交问题各抒己见,具折奏闻。据说总理衙门在"折中开诚布公,于十年仓卒定约及历年办理情形,尽去虚文讳饰;于日后如何杜其要挟及条约应准应驳,殷殷下问,颇有中外一家之象"。曾国藩请赵烈文过目后,非常兴奋地说:"此折所关甚大。枋国者能如此,中兴其有望乎?"接着慷慨陈词,说"国运长短,不系强弱,唯在上者有立国之道,则虽困不亡",并举南宋和金朝在强敌威逼下幸存一时的例子引出结论说:"其妙如此,圣人所以动称天命也。"意思是说清朝虽弱,朝中仍有能干人才,未必如赵烈文所言,很快即会"陆沉",说不定能像宋、晋两代那样偏安一隅,苟延一个相当长的时期。他的这种侥幸心理一直保持到同治七年底到达京师之前。

同治七年七月二十七日(1868.9.13),曾国藩接到清廷命令,调其为直隶总督。在此之前,他已由协办大学士升为体仁阁大学士、武英殿大学士,并以剿捻之功又得到一个云骑尉世职。一年数迁,可谓荣耀之至,清政府似乎对他也很信任。然而曾国藩的体验则恰恰相反,他感到自己渐渐受到冷淡和疏远,由两江调往直隶,不过是清政府企图改变"内轻外重"状况的权宜之计。因而恐直隶总督之职难得久任,与其如此,则不如及早辞谢。赵烈文也认为,清廷做如此调动,违反一般常理,"诚非草茅所能窥度其权衡之道",必另有一番"深意"。曾国藩领悟这番道理,但仍有为难之处,"默然良久"说:"去年年终考察,吾密保及劾者皆未动,知圣眷已差,惧不能始终,奈何?"赵烈文认为不致如此,并对他劝慰一番,使他的情绪大致稳定下来,遂于当年十一月八日从江宁启行北上。但旅途之中仍然犹豫不决,尚未完全打消辞谢求退的念头,只是感到难于措辞。十一月二十七日曾国藩行至泰安府,忽然接到新的寄谕,所奏报销折奉旨"著照所请",只在户部备案,毋须核议。曾国藩为此大受鼓舞,认为这是清政府对他的特别信任,空前恩典。他写信对长子曾纪泽说,同治三年他曾得到与此类似的三个谕旨,一是军费报销免办清册,二是天京窖藏金银去向不予追查,三是不再深究走脱幼天王之罪。今又得报销军费户部毋须核议的谕旨,使他"感激次骨,较之得高爵穹官,其感百倍过之",因而回心转意,虽虑"久宦不休,将来恐难善始善终",但不再要求辞职了。

为了陛见那拉氏和同治皇帝，曾国藩未去保定任所而先到北京。自十二月十三日至次年正月二十日，曾国藩在北京住了一个多月，先住金鱼胡同贤良寺，后移居宣武门外法源寺。在此期间，曾国藩除访亲问友、会见各方要员外，还先后四次受到那拉氏的召见，两次参加国宴，并在庆贺新年的宴会上以武英殿大学士排汉大臣班次之首。这是曾国藩一生最感荣耀的活动。在此之前曾国藩还没有见过那拉氏、同治帝以及奕訢、文祥、宝鋆等军机大臣，通过观察、谈话和访亲问友，他对清政府中的核心人物有了进一步的了解。同治八年正月二十日（1869.3.2）曾国藩从北京动身，沿途巡视永定河等水利设施，直至二十七日才到达保定，接任直隶总督。通过一个时期的了解，他发现清朝的实际情况比他原来预料的还要糟，到处是一片混乱，从中央到地方都没有可以依赖的人才，整个清王朝已经像一艘千疮百孔的破船，只好眼看着它一天天地沉没下去，再也没有浮起的希望。

同治八年五月二十八日（1869.7.7），赵烈文到达保定的当天晚上，曾国藩就迫不及待地向他吐露了自己的悲观心情：直隶"吏治风俗颓坏已极，官则出息毫无，仰资于徭役；民则健讼成性，藐然于宪典；加以土瘠多灾，暂晴已旱，一雨辄潦"，使他深感诸事棘手，"一筹莫展"。但最使他失望的还是清政府领导核心中根本没有一个人足以力挽狂澜，复兴大清。他分析清政府中的主要人物说，"两宫（指慈安、慈禧两太后）才地平常，见面无一要语；皇上冲默，亦无从测之；时局尽在军机恭邸（指奕訢）、文（指文祥）、宝（指宝鋆）数人，权过人主。恭邸极聪明而晃荡不能立足；文柏川（即文祥）正派而规模狭隘，亦不知求人自辅；宝佩衡（即宝鋆）则不满人口。朝中有特立之操者尚推倭艮峰（即倭仁），然才薄识短。余更碌碌，甚可忧耳"。

曾国藩的这段话可以说是对他与赵烈文关于清朝能否中兴的谈话和争论做了一个总结。赵烈文早就认为，清朝将太平天国革命镇压下去之后，虽然不少人大肆吹嘘所谓"同治中兴"，但从上到下竞相腐败，根本没有复兴的希望。经过两年的争论和观察思考，曾国藩基本上同意了赵烈文的论断，得出大体与赵烈文类似的看法：清王朝从上到下都腐败无能，再没有复兴的希望，它的灭亡不过是个时间和具体方式问题。这样，曾国藩的中兴幻想也就终归破灭了。

曾国藩多年以来视力微弱，常患晕眩之症。剿捻失败被劾回任两江总督之后诸事棘手，心情沮丧，忧思过度，身体愈衰。同治八年秋冬以来，目力昏眊，看字常如隔雾，治事稍久则眼瞀益甚，至同治九年二月底右目全盲，左目仅有微光，办公已极为困难。只因直隶大旱为灾，麦收无望，通省官员惶惶不安，军民上下人心不稳，故勉强支持，不敢请假。四月中旬忽得眩晕之疾，不能起坐，只得具疏请假，在家调养。据医生讲，曾国藩致病之源在于"焦劳过度"，右目失明和眩晕之症都是由肝病引起的，治疗之法则惟宜滋补肝肾和息心静养。休养治疗一月之后，眩晕之症十愈其八，而根本之疾未除，又添胃寒之病，食欲不振，精神困倦，体气虚亏，不能自持，只好再续假一月。这时突然接到清廷谕旨，天津发生教案，令其前往查办，于是曾国藩由镇压人民革命的刽子手转而充任了镇压群众反侵略斗争的刽子手。

天津人民反洋教斗争的爆发既有其远因也有其近因。西方资本主义列强为了征服中国,运用了三个武器:炮舰、鸦片和宗教。开始以炮舰为鸦片开路,以鸦片走私补偿商品贸易逆差。第二次鸦片战争后,于鸦片之外又增加了一个新的侵略工具——宗教。他们在进行经济侵略的同时,千方百计地推行文化侵略政策,利用《天津条约》中规定的特权,在中国开办教会、医院、学校、仁慈堂、育婴堂等,打着"慈善"的幌子向中国人民灌输奴化思想,培养崇洋媚外心理,极力模糊侵略者与被侵略者的界限,妄图从精神上麻痹和征服中国人民,使之千世百代甘心为国际资产阶级当牛做马而不思反抗。鸦片战争前,天主教、基督教等洋教曾被清政府明令禁止,不得在中国传布;鸦片战争后,他们用大炮打破了清政府对洋教的禁令,但没有获得太大的发展。第二次鸦片战争后,他们利用不平等的《天津条约》《北京条约》中规定的传教特权,迅速地把侵略势力由沿江、沿海扩张到边疆、内地,直至穷乡僻壤。随着教会势力的增长,传教士大批拥入中国,他们自觉不自觉地充当了西方资本主义列强推行文化侵略政策的工具。此外,他们中的很多人还兼任搜集各种情报的任务,实际上担当着殖民主义急先锋的角色。其尤甚者,则所到之处,挟制长官,包揽词讼,使教民成编外之民,变教堂为国中之国,严重破坏了中国的主权。有的传教士还怂恿教民欺凌平民,侵夺田产,抢男霸女,无恶不作。为了侵略中国的需要,西方资产阶级政府竭力在中国培植媚外势力,每遇民教争讼,教士一味偏袒教民,领事、公使全力支持教士,致使每次打官司,教民恒胜,平民恒败,地方官稍敢持正,立被罢官而去。这样一来,教会就成为西方列强侵略势力的突出代表。中国官绅民众屡受欺压,无处申理,"怨毒积中,几有'及尔偕亡'之愤",为了自身和乡邻同胞的生存,不得不起而抗争。从六十年代起,中国人民反抗教会侵略势力的所谓教案不断在各地发生。进入七十年代后,群众反洋教斗争又有了很大发展,规模也越来越大,继贵州教案、四川教案、江西教案和扬州教案之后,同治九年又发生了震惊中外的天津教案。

第二次鸦片战争后,作为清朝京师门户的天津被开放为对外通商口岸,随即也就成为资本主义列强在中国北方的侵略基地。他们在这里划定租界,设立领事馆、教会等机构,罪恶昭彰,路人侧目,早为中国人民所深恶痛绝。同治九年五月,法国天主教育婴堂所收养的婴儿突然死亡三四十人,尸体自外腐烂,违背常情,引起人们极大注意,怀疑教堂有意虐杀中国婴儿;与此同时,天津附近州县不断发生迷拐幼儿案件,拐犯口供往往牵连教堂。同治九年五月二十一日(1870.6.19),有个名叫武兰珍的拐犯被群众当场抓住,扭送天津县衙。武犯供称系受教民王三指使,迷药亦是王三所授,先曾迷拐一人,得洋银五元。教民王三是个开药铺的商人,依仗教会势力多行不法,欺压良善,早已引起公愤。此事哄传出去后,街巷市肆议论纷纷,皆谓天主教堂用药迷拐人口,人心大愤。当时外国人在中国享有治外法权,虽作奸犯科,罪大恶极,中国官员也不能治罪。教民虽为中国人,但由于得到外国教士的包庇,实际上也享受这种特权,词讼凡牵连教民、教堂,中国官员亦不敢问。这次天津府、县见民情激愤,不敢草率,遂穷治其狱。他们先通过外交途径令教堂交出罪犯王三,结果遭到拒绝。接着又于五月二十三日约同天津道、府、县官带犯人赴教堂查验门径。天津地方官走后,围观群众同教堂人员发生口角,引起双方斗殴。法国驻天津领事丰大业两次派人要三口通商大臣崇厚派兵镇压。后见崇厚仅先后派去两弁，又不肯应命捕人，丰大业怒不可遏，不仅鞭打来弁，还倒拖其发辫，赶往三口通商大臣衙门找崇厚算账。他脚踹仪门，打砸家具，接连两次向崇厚开枪，幸被推开，未能伤人。但枪声传出，引起误解，街市哄传中法开战，水会鸣锣聚众，拥往通商衙门"帮打"。崇厚恐惹出事端，劝丰大业待民众散去再回领事馆。丰大业不听劝告，狂吼不怕中国百姓，气势汹汹地冲出门外。人们见丰大业出来，纷纷自动后退，为他闪开通道。若丰大业不再寻衅，这场风波或许不会发生。不料丰大业行至浮桥，又向迎面相遇的天津知县刘杰开枪，打伤跟丁高升。群众再也无法忍受，当场殴毙丰大业和护兵西蒙，随之又潮水般冲向法国天主堂、育婴堂和外国人在天津设置的其他机构。他们搜出罪犯王三，抓到拐匪安三，救出被拐骗的中国幼童，亦先后打死外国人二十名，焚毁房舍数处。这就是有名的天津教案。从事件的发展过程看，天津教案显然是一次爱国群众自发的反帝斗争，无论其远因还是近因，都是帝国主义的侵略和压迫造成的，是群众在忍无可忍的情况下被迫采取的自卫行动。

天津教案发生以后，法、英、美、俄等国立刻使出他们的一贯伎俩，一面七国联衔提出"抗议"，一面向天津海面调集军舰，进行露骨的战争威胁。清政府感到非常紧张，一面发布谕旨，令各省地方官员弹压群众，保护各地教堂和通商口岸，防止发生类似事件；一面派直隶总督曾国藩前往天津查办。曾国藩对清朝的前途已极为悲观，最怕发生异常变故，尤其害怕外国人打来，同洋人开战，因而一听到天津群众殴毙领事、焚毁教堂之事，立刻陷于一片惊恐之中。他认为，过去发生的扬州、贵州、四川等教案，仅伤及教士，洋人就出动兵舰相威胁，不得满意的结果不已；这次殴毙领事，为前所未有，法国必不肯罢休。洋人凶悍成性，天津民风好斗，双方各不相让，很可能构怨兴兵，激成大变，自己也很可能在这场战争中丧命。因而他再次写下遗嘱，告诉长子曾纪泽在他死后如何处理丧事和遗物等等。也正因为出于这种估计，所以他身体虽未痊愈而不敢推辞，只得勉强支撑，硬着头皮走一趟。

常驻天津负责对外交涉事务的三口通商大臣崇厚是个寡廉鲜耻的民族投降派，凡遇民、教诉讼案件，他都一味偏袒教民，屈抑平民。有一次民、教互斗，教民仅受微伤，崇厚即判平民死刑，致使传教士都觉得判罪太重。因而天津官员士绅都反对崇厚办理此案，认为他一味讨好洋人，办理不能持平。由于曾国藩在咸丰四年所作《讨粤匪檄》中曾有若干反对洋教、维护儒学的词句，例如"倘有抱道君子痛天主教之横行中原，赫然愤怒以卫吾道者，本部堂礼之幕府，待以宾师"等，一些官员士绅遂误认他是反对洋教的人物，有人甚至假曾国藩之名，书写反对洋教的文告，四处散发，以壮声势。所以曾国藩未到天津之前，当地官绅对他抱有很大幻想，认为曾国藩定会一反崇厚的媚外方针，公平办理此案。

同治九年六月十日（1870.7.8）曾国藩到达天津，下车伊始，即依崇厚之意，将拐犯武兰珍和犯罪教民王三立即开释，接着又将天津道员周家勋、知府张光藻、知县刘杰三人革职。他明知崇厚的主张旨在"悦洋人之意"，事后必"大失民心"，遭舆论谴责，但为了讨取洋人的欢心，仍径行不顾。不久曾国藩又办一咨文，极力为天主教侵略中国的罪恶行径涂脂抹粉，歌功颂德，把他们在中国犯下的种种罪行尽行洗刷；还倒打一耙，对中国人民大肆攻击，完全颠倒了是非黑白。他心里很清楚，自己昧着良心说这些讨好洋人的假话，"必为清议所讥"，但仍然不顾同仁亲友的劝阻，一意孤行。

六月十九日法国公使罗淑亚从北京赶到天津，曾国藩急忙接见，以试探洋人的口气。罗淑亚当时只提出惩办天津府县官员、捉拿凶手、赔偿损失等项，态度比较温和。曾国藩见此情景，顿觉松了口气，认为只要事事讨好洋人，大概可以和平解决。只是罗淑亚推托要等法国海军头目到达天津后才能商量决定等语，使曾国藩有些放心不下。然而细想一下，觉得不过是罗淑亚故意留有后手，未必会有更大的麻烦。不料两天之后，法国公使罗淑亚态度陡变，蛮横地提出"三员论抵"的要求，即让天津知府张光藻、知县刘杰和陈国瑞为丰大业抵命。法国海军头目也狂妄地叫嚣，十几天内若无切实办法，定将天津化为焦土！原来就在这一天，即六月二十一日（1870.7.19），法国对普鲁士宣战，使其无力顾及东方的问题，害怕中国政府知道这一情况转而采取强硬方针，使天津教案难以得到满意的结果，因而故意虚张声势，耍弄阴谋，对中国进行军事讹诈。

当时曾国藩还蒙在鼓里，不知普、法两国已经开战，还以为法国海军头目的到来使罗淑亚突然改变政策，真的要同中国开仗。他一听崇厚说洋人将大兴波澜，立刻吓得六神无主，竟在屋里偷偷地哭起来。崇厚更是个软骨头，打算完全接受洋人"三员论抵"的要求，杀掉张光藻、刘杰、陈国瑞三人向洋人谢罪。曾国藩认为天津府、县官员并无大错，其始不过欲治一犯法教民之罪，若骤然处死，以谢洋人，则太使中国丢脸。陈国瑞虽曾在五月二十三日群众焚烧教堂时立马桥头为群众助威，但并未参与行动，亦无地方之责，更不应牵连处死。崇厚见曾国藩不同意"三员论抵"之说，又提出将天津府、县官员交刑部治罪，并称送入刑部后，是否减轻仍可由中国做主。曾国藩开始有些举棋不定，连夜召集幕僚商讨对策。后来害怕法国人得不到满意答复，会真的动手打起来，遂不顾一些人的坚决反对，匆忙决定上奏清政府，将天津知府张光藻、知县刘杰送交刑部治罪。罗淑亚收到曾国藩的答复之后仍然装腔作势，继续坚持三员论抵的要求。曾国藩不敢再做让步，遂复照力驳。罗淑亚见再也挤不出什么油水，便立刻离津返京，反过来用曾国藩的照会压清政府屈服，要清政府对张光藻、刘杰迅速做出处理。曾国藩上奏之后，以为满可以搪塞洋人，遂以养病为名，将张光藻、刘杰二人放回原籍避风，实际上是观望形势，仍希望能将处分改轻。不料总理衙门一日一催，且指责曾国藩有包庇犯官之意。曾国藩一下子又慌了手脚，急忙派人将张光藻、刘杰找回，录下口供，押解刑部。法国人见严惩天津府、县官员一事已成定局，唯恐清政府不肯认真"缉拿凶手"，便通过时任中国海关总税务司的英国人赫德向曾国藩吹风，诡称只要"拿犯切实，府、县事自易了"。

这时曾国藩已经听到普、法开战的消息，估计张光藻、刘杰二人送交刑部后，洋人不会不感到满意，天津教案也就可以很快了结了；现见洋人催促"缉凶"之事，不禁又为"缉凶"太少担起心来。曾国藩在奏请将天津府、县交刑部治罪的同时，还在天津大肆搜捕五月二十三日参加反洋教斗争的爱国群众，名曰"缉拿凶手"。但天津民众却把他们当作英雄，当曾国藩下令搜捕"凶手"时，他们早在广大群众的掩护下逃得无影无踪了。所以曾国藩虽然逮捕八十余人，而其中供认不讳的所谓"真凶"只有七八人，其余皆坚不吐供，别人也不肯指证。曾国藩认为只杀这几个人数目太少，难以使洋人满意，仍不能很快结案，于是一面令人对被捕群众严刑逼供，一面加紧搜捕，一定要凑够二十人之数，为丰大业等人偿命，以快洋人之意。曾国藩的这种做法不仅为广大群众所切齿，而且遭到一些同僚幕友的反对，甚至连他的得意门生李鸿章和长子曾纪泽都感到做得太过分，急忙去信劝阻。曾国藩则认为，非如此不能悦洋人之心，长保"和局"，因而对社会舆论的指责和亲友的规劝悍然不顾，最后竟以天津府、县官员发遣黑龙江赎罪、判死刑二十人、流放二十五人结案，并赔偿各国银四十九万两，派崇厚为中国特使赴法赔礼道歉，使中华民族蒙受了巨大的耻辱。

对于天津人民反洋教一事，曾国藩最后竟以这样屈辱的条件结案，绝不像他事后辩白的那样，只是偶尔失计或"误听人言"，而是由他的投降主义的外交方针决定的。当罗淑亚进行军事讹诈时，他就向崇厚发表了一大套民族投降主义理论，将忍辱求和看作了结天津教案的唯一出路；临结案时，曾国藩已知普、法战争爆发，法国不可能再与中国开仗，但仍坚持杀足二十人之数，为丰大业等人抵命。当时清政府中醇亲王奕譞一派力主对法实行强硬政策，若法人来攻即不惜一战，并对曾国藩的媚外求和方针进行攻击。曾国藩恐清政府发生动摇，急忙连发奏折、信函，鼓吹自己的民族投降主义理论，以坚定清政府的投降主义立场。他在给清廷的奏折中说："臣查此次天津之案事端宏大，未能轻易消弭。中国目前之力，断难遽启兵端，唯有委曲求全之一法。"认为"目下操纵之权主之在彼，诚非有求必应所能潜弭祸机"，"此后彼所要求，苟在我稍可曲徇，仍当量予转圜"，无论遇到多大困难，都不应改变媚外求和的方针。

曾国藩还大肆歪曲鸦片战争以来清政府内和、战两派的斗争史以及中外之间侵略与被侵略的根本是非界限，将一切罪过归咎于对外抵抗，将一切功劳推之于忍辱求和，从而总结出一整套民族投降主义理论，作为他坚持媚外方针的依据。他认为，"道光庚子以后办理夷务，失在朝和夕战，无一定之至计，遂至外患渐深，不可收拾。皇上登极以来，外国强盛如故，惟赖守定和议，绝无改更，用能中外相安，十年无事，此已事之成效。津郡此案，因愚民一旦愤激，致成大变，初非臣僚有意挑衅。倘即从此动兵，则今年即能幸胜，明年彼必复来，天津即可支持，沿海势难尽备"，虽李鸿章兵力稍强，"仍当坚持一心，曲全邻好"。他还在给军机大臣宝鋆的信中表示，"谓津民义愤不可查拿，府、县无辜不应讯究者，皆局外无识之浮议"，"弟虽智虑短浅，断不至为浮议所摇"。又说，"中国与外国交接，可偶结一国之小怨，而断不可激各国之众怒"，"使彼协以谋我，处处宜防，年年议战，实属毫无把握。此等情势，弟筹之至熟，故奏牍信函屡持此论。若谓无端变易，妄信局外之言，不从委曲求和处切实办事，以此邀功，功固难必；以此避谤，谤已难辞，不且进退无据邪"。可见，曾国藩为法国公使罗淑亚的军事讹诈所骗只是最初的事，后来仍然坚持对天津教案的错误处理则完全是自觉的，不仅自己坚持不变，还唯恐清政府改变主意。所以，对曾国藩的所作所为只用"料敌不审，匆遽失措"八字来解释，是无法令人置信的。

在办理天津教案的过程中，曾国藩所以这样顽固地坚持媚外求和的外交方针绝不是偶然的，而是他长期以来民族投降主义思想不断发展的结果。早在鸦片战争时期，他就是穆彰阿民族投降主义的忠实信徒。当时，由于穆彰阿力主签订丧权辱国的江宁条约，并不遗余力地打击、陷害抵抗派领袖林则徐，因而遭到全国官绅士民的痛恨，斥骂之声充满朝野，甚至有人当面"以秦桧见比"。而曾国藩却大异众论，对清政府的屈辱求和倍加赞扬，说什么"逆夷既已扼吭而据要害，不得不权为和戎之策，以安民而息兵"，并进而主张"但使夷人从此永不犯边，四海宴然安堵，则以大事小，乐天之道，孰不以为上策哉"。第二次鸦片战争中，正当英法联军从天津长驱直入、兵临北京城下的危急时刻，曾国藩手握重兵六七万人，却不肯派遣鲍超率两千人北援；而在听到清政府签订丧权辱国的北京条约的消息后反倒高兴起来，庆幸自己免于北行，可以全力对付太平军。在这次战争中，英法联军控制了北京城，火烧圆明园，咸丰皇帝逃到热河，清政府被迫签订《北京条约》，使中国的领土主权遭到巨大损失，这无论对于清政府还是整个中华民族都是奇耻大辱，是永远不应忘记的。然而曾国藩却从这里窥视出西方列强的对华方针，知其并无推翻清政府之意，反而有帮助清政府镇压太平天国革命之心，因而对外国侵略者感激涕零，转而认敌为友，反颜事仇，确定了借侵略者之力镇压人民革命的方针。他在与幕僚谈论对外政策时表示，"余以为欲制〔夷〕人，不宜在关税之多寡、礼节之恭倨上着

曾府三杰图

眼"，"吾辈着眼之地，前乎此者洋人十年八月入京，不伤毁我宗庙社稷，目下在上海、宁波等处助我攻剿发匪。二者皆有德于我，我中国不宜忘其大者而怨其小者"。可见，在他的心目中并无争取民族独立的问题。他对资本主义列强的侵略和压迫，亦只限于条约之内的唇舌之争，一旦外国强盗兵戎相见，或者只搞点军事讹诈，便立刻屈服下来，绝不敢进行武装抵抗。这不仅是曾国藩个人的根本立场，也是以他为首的大多数洋务派（左宗棠等少数人除外）官僚共同的政治特征。其后随着清王朝国势的衰弱和西方列强在华侵略势力的加强，曾国藩的民族失败主义和民族投降主义思想愈益发展，及至同治五年曾国藩北上剿捻时，就简直对外国侵略者奉若神明了。当时有个幕僚不满于清政府的对外政策，对此大发议论，并书之于禀帖之上。曾国藩看后非常生气，立刻在批复中予以训斥，声称"洋人之患，此天所为，实非一手一足所能补救"，而"本部堂分内之事现在专重在剿办捻匪"，"该员分内之事专重在查办民圩"，"此外非分内而又万难做到之事，不必多管"。同治七年，英国代理驻上海领事麦华陀不满于江苏巡抚对扬州教案的处理，带兵去江宁吵闹，

态度蛮横,气焰嚣张,进行露骨的军事威胁。曾国藩吓得低声下气,有求必应,生怕惹起洋大人的洋脾气,引起战争。这与他在革命人民面前穷凶极恶的形象恰成鲜明对照。同治八年曾国藩任直隶总督后,曾一度给他带来鼓舞的中兴幻想彻底破灭,民族失败主义思想就更加严重了。同治八年五月二十八日,当赵烈文问及对于"夷务"问题"内廷"有无定论时,曾国藩皱起眉头说:"到京后曾会议和约事,醇邸(指醇亲王奕𫍽)意在主战"。"吾以目下不可不委曲求全而又不可不暗中设防奏复。然中外贫窘如此,无论直隶、江苏亦安能自立? 今年和约当可成,不致决裂,而时会难知,能无隐忧"? 鉴于这种思想,曾国藩但望同外国签订和约,唯恐洋人前来寻衅打仗。不料恰在这种情况下爆发了天津人民的反洋教斗争。曾国藩明知这次事件是教民平日作恶太甚和丰大业对官员开枪激成的,仍将"启衅"的罪名硬加在天津人民头上,必欲多捕多杀,以快洋人之意。这样,在处理天津教案的过程中,曾国藩的民族投降主义也就发展到他一生中的最高峰,从而彻底暴露出民族投降派的反动面目,愤怒的官绅民众给他戴上"卖国贼"的帽子,是完全可以理解的。

第二次鸦片战争后,清朝统治者逐渐分化为洋务派与顽固派两个政治派别。长期以来,他们在对待洋人、洋教以及群众反洋教斗争等问题上就存在着分歧和争论,天津教案发生后,双方又围绕着这个问题展开了一场争论。鸦片战争时期,爱国思想家魏源曾提出"师夷之长技以制夷"的口号,而自从清朝统治阶级分裂为洋务派和顽固派以后,这个口号似乎也被肢解为二,两个政治派别各持一端,争论不休。以曾国藩、李鸿章为代表的洋务派力求使自己在政治、经济、文化各方面适应半殖民地的现实,力图用牺牲民族利益的投降主义政策取媚洋人,以换取"师夷之长技"的条件,而将"制夷"一事推之于无限遥远的将来,实际上是将其化为乌有。顽固派则力图恢复鸦片战争前的社会状况,反对社会的任何变化和进步,妄图以旧的封建政治、经济、文化对抗西方资本主义列强的侵略,虽坚持"制夷"、主张抵抗,却往往流于纸上谈兵,迂腐无用,一旦战败,立即转而投降,与洋务派归于一途。在清朝统治阶级中也有一部分既非顽固派而又坚决主张抵抗外来侵略的官员,如左宗棠、沈葆桢等人,但他们人数不多,力量不大,又不处于当权地位,不能左右清政府的对外政策,只能在清廷允许的范围内发挥有限的作用。洋务派同顽固派之间虽无阶级本质的区别和根本的利害冲突,但为了各自的利益,往往在一些具体问题上发生矛盾和斗争,这次在如何看待和处理天津教案的问题上其情形也不外乎此。曾国藩曾几次提到的所谓"言理者"与"言势者"的不同见解,就是指顽固派与洋务派围绕天津教案问题的争论。"言势者"即指曾国藩、李鸿章为代表的洋务派,"言理者"即指醇亲王奕𫍽为代表的顽固派,但其中也包括一些有民族自尊而并非顽固派的人物,不过不占主导地位。

双方在天津教案问题上的争论概括起来有三点:

一、关于天津教案发生的原因和性质。洋务派认为愚民无知,遽启边衅,曲在津民,此习风不可长;顽固派认为衅端自夷人而开,津民激于义愤,致成巨案,天津百姓只知卫官而不知畏夷,只知效忠国家而不自恤其罪戾,这正是夷务的一大转机,与刁民闹事不可同日而语。

二、对参与反洋教斗争的天津群众的处理意见。洋务派认为杀人偿命,明载律令,必须捕杀凶手为洋人抵命,方可慰远人之心以潜弭祸机;顽固派认为对参加反洋教斗争的义民应加意抚循,勿加诛戮,以激其忠义奋发之气。其理由是:忤夷而得民,犹有民可制夷;失民而得夷,无以利民,亦无以制夷。

三、关于对天津地方官员的处理意见。洋务派认为天津地方官失于防范,致酿巨祸,不予严惩,难平洋人之气;顽固派认为天津地方官不可更动,以此维系民心。

很显然,顽固派发表这些言论的目的不外是为了打击政敌和邀结民心。他们手中既无武力,亦不了解外国事物,更无抵抗到底的决心,尽管平时慷慨陈词,情绪激烈,一旦外国人真的打了进来,就会立刻惊慌失措,束手无策。正因为这一点,使他们在同洋务派的斗争中步步失势,清朝最高统治者也不肯采纳他们的意见,而是坚决依靠洋务派,以忍辱图苟安,从媚外卖国中找出路,因而虽然受到舆论的反对,天津教案仍按洋务派的意见处理。但是顽固派在舆论上却占了上风,他们利用广大官绅民众对曾国藩民族投降主义外交方针的不满,对其展开猛烈抨击。由于他们在清政府中有一定的权力和地位,遂使广大官绅民众反对曾国藩媚外求和方针的言论具有一定程度的合法性,在全国上下形成强大的舆论压力,给曾国藩的民族投降主义路线以沉重打击。

曾国藩未到天津之先,天津绅民已对崇厚偏袒教民的做法深为怨恨。曾国藩一到天津,立即发布名为《谕天津士民》的告示,对天津人民的爱国行动多方指责,诫其勿滋事端,遂引起天津绅民的不满。随后曾国藩放出犯法教民和涉案拐犯,并在奏折中千方百计地为洋人在中国犯下的种种罪行进行辩护和洗刷。该折传出后,全国舆论大哗,"自京师及各省皆斥为谬论,坚不肯信","议讻纷起","责问之书日数至"。曾国藩自己也不得不承认,"敝处六月二十三日一疏,庇护天主教本乖正理","物论沸腾,至使人不忍闻"。天津教案办结之后,社会舆论对曾国藩的谴责更甚,"诟詈之声大作,卖国贼之徽号竟加于国藩。京师湖南同乡尤引为乡人之大耻",会馆中所悬曾国藩"官爵匾额""悉被击毁",并将其名籍削去,以示惩罚。曾国藩闻之"引为大恨,中经几许周折,财、力兼施,始不过将甚难堪之外貌略为掩饰而已"。

曾国藩将轰轰烈烈的太平天国革命镇压下去之后,曾经引起整个地主阶级的欢呼和赞美,一时被捧为"中兴名将""旷代功臣",简直成为盖世英雄。不料办理天津教案使他声望一落千丈,转瞬之际变成了人人喊打的过街老鼠、举国欲杀的千古罪人,正如后人形容的那样,"一转眼间,钟鼎勋勋,圣相威严,却变成谤讻纷纷,举国欲杀","'汉奸'、'卖国贼'之声复洋洋盈耳","积年清望几于扫地以尽矣"。

本来曾国藩在办理天津教案中的做法是完全符合清政府的意图的,如果说卖国,曾国藩和那拉氏都卖国,并无多大区别。但是当时却无人敢于直接攻击那拉氏,而把卖国贼的帽子单单戴到曾国藩的头上。那拉氏似乎也想乘机压一压湘军集团的势头,有意无意地让曾国藩做了她的牺牲品,使曾国藩在社会舆论的猛烈攻击下完全处于被动挨打、有口难言的困境。自同治九年六月九日(1870.7.21)奏请将天津府、县送刑部治罪并为天主教的罪行辩护之后,曾国藩就开始感到社会舆论日益沉重的压力,再加上外受惊怖、内怀惭疚,身体渐觉不能支持,遂上疏请求另派大臣赴津协同办案。清政府立刻派工部尚书毛昶熙和江苏巡抚丁日昌赴津会办教案。这时曾国藩正受到舆论的攻击,满望清政府能够稍加回护,毛昶熙、丁日昌等人亦可稍分其责,使其不至过于难堪,以便在教案办结之后顺利返回保定。不料那拉氏为了推卸责任,避开舆论的冲击,竟然也责其"文武全才,惜不能办教案",并于八月三日下令调曾国藩回两江总督之任,派李鸿章接任直隶总督,复查天津教案。这等于公开宣布,天津教案完全是曾国藩个人办坏的,由于他的软弱无能,才使清政府不得不中途换人。清政府这次的做法与剿捻时非常相似,而曾国藩的政治处境却较上次更为狼狈,不仅受到人民的唾骂、舆论的攻击,还受到亲朋挚友的责难,连长子曾纪泽都写信埋怨他。曾国藩"以苦心不能谕诸人人",只好重施"打脱牙和血吞"的故伎,"惟自言'内疚神明,外惭清议'以谢"。他在给朋友的信中甚至说自己早为"时论所弃",同治"四、五年剿捻无功即当退处深山,六年春重回江南,七年冬莅任畿辅,皆系画蛇添足"。当时心境之痛苦和懊丧概可想见。

李鸿章接办天津教案之后,对最后判决并无多大改变,仅因俄国只索经济赔偿,不要中国人抵命,而将原定二十名死刑改为十六名死刑、四名缓期,其余一无更动。曾国藩奏请将天津府、县官员送刑部治罪之后,又怕判决太重,复上奏请求从轻处分。结果愈判愈重,刑部仅将张光藻、刘杰判为发往军台效力,而那拉氏则对张光藻、刘杰加重处罚,改为发往黑龙江效力赎罪。致使曾国藩都觉得判罪过重,不得不为张光藻、刘杰二人筹集白银一万四五千两,以求稍做补救,并借以挽救自己的名声。可见那拉氏之媚外卖国并不稍逊于曾国藩。

曾国藩是八月四日接到调任两江总督的命令的,直到九月二十三日才离开天津,先回京陛见一次,然后再从北京经河间一路南下,于当年闰十月二十一日到达江宁,莅任两江总督。自办理天津教案以来,曾国藩经常受到众人的指骂,一直心情不畅,回到江宁后,仍不时受到舆论的抨击,讥讽之词时而在他的耳边响起。同时他在官场中也愈来愈不得意,时常受人白眼,这就使他的心情更加郁郁不乐。他在给曾国潢和曾国荃的家书中说:"余两次在京,不善应酬,为群公所白眼;加以天津之案物议沸腾,以后大事小事,部中皆有意吹求,微言讽刺。陈由立遣发黑龙江,过通州时其妻京控,亦言余讯办不公及欠渠薪水四千不发等语。以是余心绪不免悒悒。"曾国藩去天津之前已得有肝病,右目失明,左目迷瞢,时发眩晕之症;回到江宁之后心情抑郁,衰颓日甚,遂成不治之疾,于同治十一年二月初四日(1872.3.12)死于江宁两江总督官署,时年61岁。清政府闻讯发布上谕,除对他一生的活动大加赞扬外,还追赠太傅,谥文正,并准入京师昭忠祠、贤良祠,于原籍和江宁建专祠,在国史馆立传。这在当时对汉大臣来说算是最高一级的嘉奖了。

曾国藩由天津回到江宁仅一年多的时间即匆匆死去,恐怕与办理教案以来精神上所受的种种打击有很大关系。后来有人评论说,曾国藩剿捻失败,"还督两江,衰疾已甚","病躯积瘁,重以在津办理教案,神经上之隐痛太深,疾遂不治,岁余即卒于江督任"。"隐痛太深"四字可谓恰如其分地揭示出曾国藩死亡过促的主要原因。古人云"千夫所指,无病而死",曾国藩早已大病缠身,焉不速死?!

【帝王将相全传】

传奇名将

第三部分

孙 武 传

人物档案

孙武:字长卿,后人又尊称孙武子,齐国乐安人,汉族。与孔子同时代。

生卒时间:不详。

性格特点:聪慧睿智,机敏过人,勤奋好学,善于思考,富有创见,特别尚武。

历史功过:其所著的《孙子兵法》一书,被尊为"世界第一兵书""兵学圣典",被定为武学的教范。自先秦以来,中国历代的君主帝王、文臣武将、学者隐士等,都研读、注疏《孙子》,从中吸取思想营养、谋略智慧,至今仍兴盛不衰。《孙子兵法》传世,不仅对中华民族,甚至对世界文明都产生了深远的影响。

名家评点:孙武被尊为"百世兵家之师""东方兵学鼻祖"。

孙武

兵学圣典

孙武,春秋末期我国著名军事家。字长卿,齐国人。早先去齐归吴,淡泊功名,专事兵法理论研究。后被举荐,以《兵法》13篇见吴王阖庐,被任命为将,曾与伍子胥一道率兵伐楚,连战连捷,使吴国威名大震。

孙武所著《孙子兵法》是我国现存的最古兵书,而且也是世界上最早的军事专著,对中国,而且对世界的军事史,产生了广泛而深远的影响。西汉史学家司马迁曾说:"世俗所称师旅,皆道孙子十三篇。"第一个注释和阐述《孙子兵法》的大军事家曹操,称赞《孙子兵法》说:"吾观兵书战策多矣,孙武所著深矣。"唐太宗评价古代兵法:"观诸兵书,无出孙武。"到了宋代,《孙子兵法》被列为《武经七书》之首。明代民族英雄戚继光更认为《孙子兵法》是"纲领精微"的"上乘之教"。孙中山先生认为,自从有了《孙子兵法》,"便成立了中国的军事哲学。"《孙子兵法》不但在国内影响巨大,在国际上也享有盛誉,被国外人士认为是"最早最优秀的著作",其内容"闳廓深远","诡谲奥深"。约在公元7世纪,《孙子兵法》首先东传到日本、朝鲜,18世纪以后,《孙子兵法》先后又被译成英、法、德、捷、俄等多种文字,1972年美国出版的约翰·柯林斯的《大战略》一书,赞誉"孙武是古代第一个形成战略思想的伟大人物"。

智将务食于敌

孙子曰:"国之贫于师者远输,远输则百姓贫;近师者贵卖,贵卖则百姓财竭,财竭则急于丘役。力屈中原,内虚于家。百姓之费,十去其七。公家之费,破车罢马,甲胄矢弓，戟盾矛橹，丘牛大车，十去其六。故智将务食于敌：食敌一钟，当吾二十钟；萁秆一石，当吾二十石。故杀敌者，怒也；取敌之利者，货也。车战，得车十乘以上，赏其先得者，而更其旌旗。车杂而乘之，卒善而养之，是谓胜敌而益强。"

孙武在这里分析了在出兵前应当做的各种准备工作。他认为，对敌国用兵，应当速战速决。因为，任何一场战争都是交战双方军事实力的较量，而军事实力所依赖的则是综合国力的强弱。军队长期在外用兵打仗，各种费用十分惊人，长期消耗，战争必败无疑。

而且，孙武认为富有军事才干的将领不会多次从本国运送粮食辎重等作战物资，而是从敌国获取粮草。这样做，既可以节省从本国运输粮草所花费的巨额支出，又能够削弱敌国的物资保障。这种军事思想在古代无疑是十分高明的。

赤壁大战前夕，周瑜将孔明请到账中，问道："水陆交兵，当以何兵器为先？"孔明说："大江之上，以弓箭为先。"接着周瑜就说弓箭缺乏，请孔明监造 10 万支箭，并以 10 日为限。孔明说："操兵眼看就到，若等 10 天，必误大事，3 日便可完成。"当时很多人都不理解，3 天！真是开玩笑啊！可孔明甘立军令状。诸将全为孔明担心。孔明请鲁肃私自拨轻快船 20 只，每船 30 军士，置布幔、束草等物，全都齐备，候孔明调用。

第一天过去了，不见孔明有什么动静；第 2 天又过去了，还不见孔明的动静；到第 3 天四更时分，孔明密请鲁肃到船中同往取箭。鲁肃很纳闷：到哪里取箭呢？孔明命 20 只船用长索相连，径往北营进发。

这天晚上，大雾迷漫，长江之中，对面不相见。孔明催促船只快速前进。约五更天，船已接近曹营水寨。孔明叫把船一字排开，头朝西，尾朝东，让士卒在船上擂鼓呐喊，鲁肃忙问："若曹兵一齐上来，怎么办？"孔明笑着说："我估计曹操在这大雾天气中必不敢出战，你我只管饮酒取乐吧。等雾散了，我们就回去。"曹军听到擂鼓的声音，急忙向曹操报告，曹操恐有埋伏，叫军队不要轻举妄动，命令弓箭手乱箭射向敌船。大约 1 万多名弓箭手都拼命向江中射箭。射了一阵之后，孔明又叫把船的方向调转，仍擂鼓呐喊，曹军弓箭手放箭更凶、更多了。等到太阳驱散迷雾时，孔明命令船只迅速返回。这时，20 只船两边的束草上，排满了弓箭，一边往回走，一边让士卒高喊："谢丞相送箭！"等曹操省悟时，船已开出 20 多里了，追之不及，曹操懊悔万分！

回来的路上，孔明对鲁肃说："每条船上的箭大约有五六千支，不费江东半分之力，已得 10 万多支箭。明天用曹操资助的箭，再射还给他，这不太便宜了吗？"鲁肃惊叹孔明真神人一般啊！又问孔明为何知今晚有大雾？孔明说："为将官的不通天文，不识地利，……是庸才。我在 3 天前就已预算到今日必有大雾，因而敢以 3 日为限。"到岸后，周瑜已差 500 军士在江边等候搬箭，足有 10 万多支。鲁肃入见周瑜，将孔明借箭一事讲给周瑜听，周瑜大惊，并慨叹说："孔明神机妙算，我不如他呀！"

在参战双方作战时，一方经常以某种秘密的军事行动，出其不意地将对方粮草、军械等截来，据为己有。草船借箭不但使孙刘联军解决了所急需的箭，而且削

图文珍藏版

弱了曹操的军事力量,这正体现了孙武所提倡的"因粮于敌"的思想,从而使己方胜敌而益强。

地之道也,将之至任

孙子曰:"地形有通者,有挂者,有支者,有隘者,有险者,有远者。我可以往,彼可以来,曰通。通形者,先居高阳,利粮道,以战则利。可以往,难以返,曰挂。挂形者,敌无备,出而胜之;敌若有备,出而不胜,难以返,不利。我出而不利,彼出而不利,曰支。支形者,敌虽利我,我无出也;引而去之,令敌半出而击之,利。隘形者,我先居之,必盈之以待敌;若敌先居之,盈而勿从,不盈而从之。险形者,我先居之,必居高阳以待敌;若敌先居之,引而去之,勿从也。远形者,势均难以挑战,战而不利。凡此六者,地之道也,将之至任,不可不察也。"

孙武这段话的意思是说:地形有"通""挂""支""隘""险""远"六种。我可以往、敌可以来的地域,叫"通形"。在这种地形上作战,要先敌占领开阔向阳的高地,并确保粮道通畅,交战才有利。可以前往、难以返回的地形,叫"挂形"。在这种地形上作战,如果敌没有防备,我军可以出击并战而胜之,如敌人已有防备,我军出击不胜,便难以返回,那样就很不利了。我军出击不利、敌军出击也不利的地形,叫"支形"。在这样的地形上作战,敌人虽然以利诱我,我也不可出战,而应率军假装撤退,诱使敌人出动一半时再回击,如此才有利。在险隘的地形上作战,我应先敌占领隘口,配备足够的兵力以等待敌人来犯;如果敌人先我占领隘口且以重兵守之,则我军不可硬攻,如其并无重兵防守,则我仍可进攻。在险要的地形上作战,如果我军先敌到达,一定要占领开阔向阳的高地,以等待敌人来犯;如果敌人先我占领了要害之地,则我应主动撤走,而不可进攻。在敌我相距甚远的地形上作战,双方势均力敌,难以挑战,勉强出战就会陷于不利的地位。上述六点,是作战时运用地形的原则。

所以,懂得用兵的人,行动果断而不迷惑,举措得当且变化无穷。所以说,既了解敌人,又了解自己,才能获胜而没有危险;既懂天时,又懂地利,胜利才能万无一失。

三国时期,老将黄忠与法正屯兵定军山中,多次挑战,曹操的大将夏侯渊坚守不出。突然,有一天曹兵下来搦战,黄忠手下将官陈式出战,被夏侯渊生擒,黄忠采取"反客为主"之计,拔寨前进,步步为营,活捉了夏侯尚。双方约好,第2天阵前换将,即交换俘虏。夏侯渊又坚守不出。黄忠逼到定军山下,与法正商议对策。法正建议夺取定军山对面险峻的高山,可下视定军山的虚实;夺得此山,定军山即在掌中了。黄忠于当晚二更天,引军鸣金击鼓,直杀上山顶。夏侯渊的部将杜袭弃山逃走。黄忠占领此山,恰恰与定军山相对。法正又建议:黄忠守住半山腰,自己上山顶瞭望敌人,等夏侯渊到,举白旗为号,叫黄忠按兵不动;等到曹兵懈怠疲乏时,举起红旗,下山冲击敌军,定可取胜。二人商议已定,依计而行。

夏侯渊看见黄忠就在对面山上观察他营中的虚实,非常愤怒,不听劝阻,大骂出战。法正站在山顶,看得一清二楚,于是举起白旗,任夏侯渊骂得口干舌燥,黄忠只是不出战。正午过后,法正在山顶上见曹兵个个懈怠、疲惫不堪的样子,而且都纷纷下马休息了,于是,法正立即在山顶上举起了红旗。黄忠一见红旗举起,便一马当先,鼓角齐鸣,率领早已休息好的蜀军冲下山来,犹如猛虎冲入羊群一般!刚刚坐在地上的曹兵还来不及站起来抵抗,就被刺死了。黄忠直取夏侯渊,声如雷吼,夏侯渊措手不及,被黄忠宝刀斩于马下。可惜曹操的一员上将就如此了却了一生！主将一死曹兵四散溃逃。

在这一战中,黄忠和法正两人把握住了地形与作战二者之间的密切关系,做到了孙武强调的将帅对地形要深刻地研究的战术要求,取得了斩将夺旗,一战成功的胜利。

以火佐攻者明

孙子曰:"凡火攻有五:一曰火人,二曰火积,三曰火辎,四曰火库,五曰火队。行火必有因,烟火必素具。发火有时,起火有日。时者,天之燥者。日者,月在箕、壁、翼、轸也。凡此四宿者,风起之日也。

凡火攻,必因五火之变而应之:火发于内,则早应之于外。火发而其兵静者,待而勿攻,极其火力,可从则从之,不可从则止。火可发于外,无待于内,以时发之。火发上风,无攻下风。昼风久,夜风止。凡军必知五火之变,以数守之。故以火佐攻者明……"

孙武在这段话中论述了火攻有五种情况,即:焚烧敌军的人马;焚烧敌军的粮草积聚;焚烧敌军的辎重;焚烧敌军的仓库;焚烧敌军的运输设施。

孙武认为实施火攻必须具备一定的条件,发火器材必须备好,还要选择好的时间。火攻作为一种作战形式应和其他形式密切配合。他说:"以火佐攻者明,以水佐攻者强"。认为火攻、水攻虽有较强的威力,但如不适时地投入兵力,实施进攻,也是不能成功的。所以"必因五火之变而应之",即必须利用纵火时天气的变化以及所引起的敌情变化,适时地指挥军队发起攻击,以求发展和扩大战果。

公元208年"赤壁之战",是曹操和孙权、刘备在今湖北江陵与汉口间的长江沿岸的一场战略会战,对于三国鼎立局面的确立具有决定性的意义。在这场战争中,处于劣势地位的孙、刘联军,面对总兵力达二十三四万之多的曹军,正确分析形势,借助风势,以火佐攻,打得曹军丢盔弃甲,使曹操"横槊赋诗"、并吞寰宇的雄心就此付诸东流,从而成为历史上运用火攻,以弱胜强的著名战例。

公元200年,曹操在官渡之战中击败袁绍,统一了北方,占据了幽、冀、青、并、兖、豫、徐和司隶(今河南洛阳一带)共八州的地盘,形成了独占中原的格局。接着他又挥师平定辽东地区的乌桓势力,一时间成为当时历史舞台上不可一世的风云人物。

然而,对于素怀雄心大志的曹操来说,统一北方地区,只能算作是万里长征走完第一步而已。于是他便积极从事南下江南的战争准备:在邺城修建玄武池训练水军,并派人到凉州(今甘肃)授马腾为卫尉予以拉拢,以避免南下作战时侧后受到威胁。一切就绪后,曹操紧擂战鼓,浩浩荡荡向南方地区杀奔而来。

在存亡未卜的危急关头,孙权和刘备两股势力为了避免彻底覆灭的共同命运,终于结成了联合抗曹的军事同盟。

早在曹操进兵荆州以前,东吴即曾打算夺占荆州与曹操对峙。刘表死后,孙权又派鲁肃以吊丧为名去侦察情况,鲁肃抵江陵时,刘琮已投降了曹操,刘备正向南撤退。鲁肃当机立断,即在当阳长坂坡会见刘备,说明联合抗曹的意向。处于困境的刘备欣然接受了这个建议,并派诸葛亮随同鲁肃前去会见孙权。诸葛亮向孙权分析了敌我形势。指出:刘备最近虽兵败长坂坡,但是尚拥有水陆2万余众的实力。曹操虽然兵多势众,但经长途跋涉,连续作战,非常疲惫,就像一支飞到尽头的箭镞,它的力量连一层薄薄的绸子也穿不透了。何况曹军多是北方人,不习水战;荆州又是新占之地,人心不服。在这种形势下,只要孙、刘双方同心协力,携手合作,就一定能击破曹军,造就三分天下的局面。孙权对他的这番精辟分析深表赞同。

可是当时东吴内部也存在着反对抵抗、主张投降的势力。长史张昭等人为曹军的声势所慑服,认为曹操"挟天子以令诸侯",又挟新定荆州之胜,势不可当。双方实力相差悬殊,东吴难以抗衡,不如趁早投降。张昭是东吴的重臣,颇具影响,他这样的态度,使得孙权感到左右为难。这时鲁肃就竭力密劝孙权召回东吴军事主帅周瑜商讨对策。

周瑜奉召从鄱阳赶回柴桑(今江西九江西南),他同样主张坚决抗御曹操。他以为:曹操虽已统一北方,但其后方并不稳定。马超、韩遂在凉州的割据,对曹操侧后是潜在的重大威胁,曹操舍弃北方军队善于骑战的长处,而同吴军进行水上较量,这是舍长就短,加上时值初冬,马乏饲料,北方部队远来江南,水土不服,必生疾病。这些都是用兵之大忌,曹操贸然东下,失败不可避免。紧接着,周瑜又向孙权分析了曹操的兵力。指出曹操的中原部队不过十五六万,并且疲惫不堪;荆州的降兵最多不过七八万人,而且心存恐惧,斗志低落。这样的军队,人数虽多,但并不可惧,只要动用精兵5万,就足以打败它。周瑜深入全面的分析,使孙权更加坚定了联刘抗曹的决心。于是便拨精兵3万,任命周瑜、程普为左右都督,鲁肃为赞军校尉,率军与刘备会师,共同抗击曹操。

公元208年10月,周瑜率兵沿长江西上到樊口与刘备会师。尔后继续挺进,在赤壁(今湖北嘉鱼东北)与曹军打了一个遭遇战。曹军受挫,退回江北,屯军乌林(今湖北嘉鱼西),与孙、刘联军隔江对峙。

周瑜利用曹操骄傲轻敌的弱点,先让黄盖写信向曹操诈降,并与曹操事先约定了投降的时间。曹操不知是计,欣然容允。届时,黄盖率蒙冲(一种用于快速突击的小船)、斗舰数十艘,满载干草,灌以油脂,并巧加伪装,插上旌旗,同时预备快船系挂在大船之后,以便放火后换乘,然后扬帆出发。当时,江上正猛刮着东南风,战船航速很快,迅速向曹军阵地接近。曹军望见江上船来,均以为这是黄盖如约前来投降,皆"延颈观望",丝毫不加戒备。

黄盖在距曹军1公里地处,遂下令各船同时点火。一时间"火烈风猛,船往如箭",直冲曹军战船。而曹军船只首尾相连,分散不开,移动不得,顿时便成了一片火海。这时,风还是一个劲地猛刮,熊熊烈火遂向岸上蔓延,一直烧到了岸上的曹军营寨。曹军将士被这突如其来的大火烧得惊慌失措、鬼哭狼嚎、溃不成军,烧死、溺死者不计其数。在长江南岸的孙、刘主力舰队乘机擂鼓前进,横渡长江,大败曹军。曹操势穷力蹙,被迫率军由陆路经华容道向江陵方向仓皇撤退,行至云梦时曾一度迷失道路,又遇上大风暴雨,道路泥泞不堪,以草垫路,才使得骑兵得以通过。一路上,人马自相践踏,死伤累累。孙、刘联军乘胜水陆并进,穷追猛打,扩大战果,一直追击到南郡(今湖北江陵境内)。曹操留曹仁、徐晃驻守江陵,乐进驻守襄阳,自己率领残兵败将逃回到北方。这场赤壁大鏖兵至此遂以孙权、刘备方面大获全胜而宣告结束。

赤壁之战对当时历史的发展具有深远的影响。它使得曹操势力不复再有南下的力量;孙权在江南的地位得到了进一步的巩固;刘备乘机获取立足之地,势力日益壮大,三国鼎立的形势就此造成。

四之利，黄帝之所以胜四帝

孙子曰："凡处军相敌，绝山依谷，视生处高，战隆无登。此处山之军也。绝水必远水；客绝水而来，勿迎之于水内，令半济而击之，利；欲战者，无附于水而迎客；视生处高，无迎水流。此处水上之军也。绝斥泽，惟亟去无留；若交军于斥泽之中，必依水草而背众树。此处斥泽之军也。平陆处易，右背高，前死后生。此处平陆之军也。凡此四军之利，黄帝之所以胜四帝也。

凡军好高而恶下，贵阳而贱阴，养生处实，军无百疾，是谓必胜。丘陵堤防，必处其阳而右背之，此兵之利、地之助也。"

孙武的这段话充分点明了处军的方法，他认为搞好"处军"，必须善于利用地形，使自己军队经常占据便于作战、便于生活的有利之地。要树立"凡军好高而恶下，贵阳而贱阴，养生而处实"等利用地形的思想。在山野作战要先占领高地；在河川作战，不要"附于水"而无退路；遇沼泽地要速去勿留，以免陷入泥潭而不能自拔；在平原，则要占领交通便利之地，进可攻，退可守。

孙子指明了山地战的战术三原则，即"绝山依谷，视生处高，战隆无登"。河川作战的三原则，即" '绝水必远水，客绝水而来'，勿盐碱沼泽地作战"的原则，即"绝斥泽，惟亟去无留，若交军于斥泽之中，必依水草而背众树，此处斥泽之军也"。平原地形的作战原则，孙子提出："平陆处易而右背高，前死后生，此处平陆之军也。"

由此观之，地利因素对于指挥官的价值：一则是求得我军生存之便利，二则是根据地形，决策攻守策略以制敌取胜。比如："上雨水沫至，欲涉者，待其定也。"说的是河的上游下大雨时，我们会发现水面上漂着草木碎末，要想徒涉时，应等待水势稳定后再过，以求安全些。灵活地，动态地适应地理环境的原则还表现为对待天险的辩证法，即是："凡地有绝涧、天井、天牢、天罗、天陷、天隙，必亟去之，勿近也。吾远之，敌近之，吾迎之，敌背之。"凡是进入天险处时我军应迅速撤离，不接近它，然而可诱使敌军靠近它，在行军方向上，争取我军面向天险，而诱使敌军背靠它，以促使战争活动在有利于我的地理条件下展开。

在这里，孙武明确提出了处军宿营应当选择对自己的军队有利的地形。但孙武在《孙子兵法》的其他篇章里也同时指出用兵贵在灵活机动，所以，有利的地形和不利的地形也是相对的，关键在于指挥官怎样来利用。

巨鹿之战是历史上有名的以少胜多的激战。钜鹿之战，项羽之所以能以少胜多，其原因除了项羽进行的是正义战争，项羽的战术上成功地采用了我国兵法上传统的"置之死地而后生"的战法，是一个重要原因。

秦始皇统一六国后，对于中国历史的发展，曾有积极推动意义。但是秦王朝建立后，对人民实施残酷的剥削和压迫，使得"劳罢者不得休息，饥寒者不得衣食，亡罪而死刑者无所告诉"（《汉书·贾山传》），全国出现"褚衣塞路，囹圄满市"的恐怖局面，这就导致了社会矛盾的全面激化。终于在秦二世元年（公元前209年），爆发了陈胜、吴广农民大起义。九月，项梁、项羽和刘邦相继在吴中（今江苏苏州）、沛县（今属江苏）聚众起义。被秦所灭亡的六国旧贵族也乘机起兵，出现了天下反秦的形势。

秦王朝统治者不甘心退出历史舞台，调动军队，镇压农民起义。其中最为凶悍的一支，便是少府章邯统率的部队。它作为秦军的主力，与农民军凶狠拼杀，首先镇压了陈胜、吴广起义军,旋即击灭齐王田儋、魏王咎等武装势力,接着其又调转兵锋,扑向项梁等人率领的楚地起义军主力。经过几次各有胜负的拉锯战后,章邯利用项梁小胜后轻敌麻痹的弱点,发动突然袭击,大败楚军于定陶(今山东定陶西北),杀死项梁,使起义军遭受一次重大的挫折。

章邯在取得定陶之战胜利后,以为"楚地兵少不足忧"。遂移兵北上,攻打赵国。赵军将寡兵微,数战不利,赵王歇遂被迫放弃都城邯郸,退守钜鹿。章邯率军乘胜逼近,他命令王离率20万人将钜鹿团团围困,自己亲自带领20万人屯驻于钜鹿南数里的棘原,并在那里构筑甬道(两侧有土墙的通道),直达钜鹿城外,以供应王离军的粮秣。企图长期围困钜鹿,困死赵军,并伺机拔城,彻底平定赵地。这时赵将陈馀虽从恒山郡(今河北石家庄一带)征得数万援兵,进驻钜鹿北边,但因慑于秦军人多势众,对秦军采取避而不战的做法。赵钜鹿守军兵少粮缺,形势十分危急,于是只好遣使向各路反秦武装紧急求援。

楚怀王接到赵王歇、张耳等人的求援文书后,即召集手下将领进行商议。大家认为,尽管楚军自定陶战败后元气大伤,但若不及时救赵,章邯灭赵得手后就会移师南下攻楚,从而使得反秦武装有被各个击破的危险。同时,秦军主力胶着于河北地区,这造成了关中空虚,给反秦武装提供了乘隙进关灭秦的机遇。鉴于这一分析,楚军统帅部遂果断做出战略决策:任命宋义为上将,项羽为次将,范增为末将,统率楚军主力5万人北上救赵,以伺机歼灭秦军主力。同时,派遣刘邦率军乘虚经函谷关进入关中,伺机攻打咸阳。这一战略部署的着眼点在于两支军队互相配合、双管齐下,使秦军陷于两线作战、顾此失彼的被动局面,以收一举灭秦之效。

秦二世三年(公元前207年)十月,宋义率军北上救赵。他对和秦军进行决战存有胆怯畏惧心理,抵达安阳(今山东曹县东)后,即停止前进,一连驻扎了46天。项羽规劝他迅速进兵,同赵军里应外合一举击败秦军,然而宋义则想保存实力,乘秦、赵相斗,坐收渔利,故拒绝了项羽的正确建议。他挖苦项羽说:"披坚执锐,义不如公;坐而运策,公不如义",并威胁项羽不要抗命不听从指挥。与此同时,宋义还日日置酒高会,寻欢作乐,并亲自赴无盐(今山东省东平县东南)大摆宴席,送其子出使齐国为相,以扩展个人势力。当时适逢天气寒冷多雨,士卒冻馁,苦不堪言,宋义的做法引起了将士们的不满。性格刚烈的项羽更是觉得忍无可忍,在再次据理力争未被采纳后,他遂激于义愤,趁早晨入账进见之机,当场诛杀了宋义。诸将拥护项羽所为,拥戴他为假(代理)上将军。楚怀王见事态已经如此,便正式任命项羽为上将军,由他率军北上救赵。

这时,秦军仗恃兵多粮足,围攻钜鹿甚急。城中的赵军,矢尽粮绝,危在旦夕。尽管燕、齐、魏等援军已抵达钜鹿附近,并与陈馀军会师,但因畏惧秦军,互相观望,谁也不敢同秦军交锋。

唯独有已取得指挥权的项羽敢下决心挥师渡河与秦军决战。他率军于十二月进抵漳水南岸后,即委派英布、蒲将军率2万人为前锋,渡过漳水(一说黄河),切断秦军运粮的甬道,分割王离与章邯军之间的联系,使王离军陷入缺粮的困境。接着,项羽本人亲自率领楚军主力渡河跟进,并下令全军破釜沉舟,规定每位将士只带3日干粮,以显示全军上下一往无前、义无反顾、与秦军决一死战的决心。

破釜沉舟完毕,项羽立即率领楚军进至钜鹿城下,将王离军团团包围,以雷霆万钧的气势,迅雷不及掩耳的行动,向敌人猛扑过去。楚军将士们奋勇死战,"无不一以当十","呼声动天",将王离麾下的秦军杀得溃不成军。章邯率部援救,也被楚军英勇击退。项羽指挥楚军连续作战,不给秦军以任何喘息的机会,九战九捷,终于大败秦军。那些交战伊始时,恐惧秦军如虎而作壁上观的诸侯援军,这时见楚军胜局已定,也乘势冲出壁垒,参与对王离军的围攻。这场惊天动地大鏖战的结果是,秦将王离被俘虏,秦军副将苏角身首异处,另一名副将涉间走投无路,被迫自焚而死。楚军取得辉煌的胜利,钜鹿之围遂解。

智者之虑,杂于利害

孙子曰:"凡用兵之法,将受命于君,合军聚众,圮地无舍,衢地合交,绝地无留,围地则谋,死地则战。途有所不由,军有所不击,城有所不攻,地有所不争,君命有所不受。故将通于九变之利者,知用兵矣。将不通九变之利,虽知地形,不能得地之利矣。治兵不知九变之术,虽知五利,不能得人之用矣。是故智者之虑,必杂于利害。杂于利,而务可信也;杂于害,而患可解也。"

孙武为防止将帅因死用原则而招致失败,在上段话中提出了对九种地形的研究,他同时要求统帅应根据上述情况全面地看问题,这样才能趋利避害,防患于未然。

利与害又有相对性,在此时此地是利或害,到彼时彼地未必是利或害。战斗中的利或害,对战役战略来说未必是利或害。

战场上还常常有利中有害或害中有利的复杂情形。如,凡有利于我展开进攻的方向,往往又是敌人重点把守之处,这是利中有害。"陷之死地"为大患,然而却能唤起将士奋力死战的决心,实现死里求生,这又是害中有利。

利与害在一定条件下也会相互转化。如在狭窄的战场上,兵众会千万拥挤而自相影响,使战斗力发挥不出来,这样,利就变成了害。反之,在同样的条件下,兵寡则行动自由,这时候,害又变成了利。

总之,利害相联,利害相寓,利与害在一定条件下互相转化。孙子说:"明智的将帅考虑问题,必须考虑到利与害两个方面,在不利的情况下要看到有利的条件,才能在困境中找到出路;在顺利的情况下,要看到不利的因素,才能防患于未然。"

趋利避害要善于把不利的条件变成夺取胜利的有利条件。有计划地让出部分土地,以换取行动上的主动权;故意付出某些牺牲,以麻痹敌人;放弃眼前的局部小利益,以争得全面的大利益,等等。这些都是以患为利之举。

战争中的双方,无不是为利而战,在利害相杂的情况下,高明的指挥员总是把趋利避害作为选择谋略手段时所必须把握的一个原则。一方面能全局在胸,善于权衡利弊,以趋利避害。另一方面,又能在掌握主动权的情况下,故意散些"饵食",使那些贪功图利心切的敌人逢利而争,最终入我圈套。

公元383年发生的淝水之战,是偏安江左的东晋王朝同北方氐族贵族建立的前秦政权之间进行的一次战略性大决战。战争的结果,是弱小的东晋军队在利害相杂的情况下,临危不乱,趋利避害,利用前秦统治者苻坚战略决策上的失误和前秦军队战术部署上的不当而大获全胜,成为中国历史上以弱胜强的著名战例之一。

公元316年,在内乱外患的多重打击下,腐朽的西晋王朝灭亡了。随之而来的,是出现南北大分裂的历史局面。在南方,公元317年晋琅玡王司马睿在建康(今江苏南京)称帝,建立起东晋王朝。其占有现汉水、淮河以南大部地区。在北方,匈奴、鲜卑、羯、氐、羌等少数民族首领也纷纷先后称王称帝,整个北方地区陷入了割据混战的状态。在这个动乱过程中,占据陕西关中一带的氐族统治者以长安为都城,建立了前秦政权。公元357年,苻坚自立为前秦大王。他即位后,重用汉族知识分子王猛治理朝政,推行一系列改革政治、发展经济和文化、加强军力的积极措施。在吏治整顿、人才擢用、学校建设、农桑种植、水利兴修、军队强化、族际关系调和方面均收到显著的成效,在一定程度上使前秦国实现了"兵强国富"的局面。

在这基础上,苻坚积极向外扩张势力。他先后灭掉前燕、代、前凉等割据政权,初步统一了北方地区。黄河流域的统一,使苻坚本人的雄心越发增大。他开始向南进行扩张,在公元373年攻占了东晋的梁(今陕西南部、四川北部的部分地区)、益(今四川的大部分地区)两州,这样长江、汉水上游就纳入了前秦的版图。接着,前秦雄师又先后占领了襄阳、彭城两座重镇,并且一度包围三阿(今江苏高邮附近)、进袭堂邑(今江苏六合)。由是,秦晋矛盾日趋尖锐,终于导致了淝水大战。

苻坚让军事上的胜利冲昏了自己的头脑:孜孜于大起军旅攻打江南,统一南北。东晋太元七年(382年)四月,苻坚任命其弟为征南大将军。八月又委任谏议大夫裴元略为巴西、梓潼二郡太守,积极经营舟师,企图从水路顺流东下会攻建康。到了十月,苻坚认为攻晋的战略准备业已基本就绪,打算亲自挥师南下,一举攻灭东晋。

太元八年(383年)七月,苻坚下令平民每10人出兵1人,富豪人家20岁以下的从军子弟,凡强健勇敢的,都任命为禁卫军军官。并扬言说:"我们胜利了,可以用俘虏来的司马昌明(即晋孝武帝)做尚书左仆射,谢安做吏部尚书,桓冲做侍中。看情况,得胜还师指日可待,可提前替他们建好官邸。"志骄意满之态,溢于言表。

八月,苻坚亲率步兵60万,骑兵27万,羽林郎(禁卫军)3万,计90万大军,在东西长达几千公里的战线上,水陆并进,南下攻晋。东晋王朝在强敌压境、面临生死存亡的紧急关头,决意奋起抵抗。他们一方面缓解内部矛盾,另一方面积极部署兵力,制定正确的战略战术方针,以抗击前秦军队的进犯。

晋孝武帝司马曜在谢安等人的强有力辅弼下任命桓冲为江州(今湖北东部和江西西部)刺史,控制长江中游,阻扼秦军由襄阳南下。任命谢石为征讨大都督,谢玄为前锋都督,统率经过了7年训练,有较强战斗力的"北府兵"8万沿淮河西上,遏制秦军主力的进攻。又派遣胡彬率领水军5000增援战略要地寿阳(今安徽寿县),摆开了与前秦大军决战的态势。

同年十月十八日,苻融率领前秦军前锋攻占寿阳,生擒晋平虏将军徐元喜等人。与此同时,慕容垂部攻占了郧城(今湖北安陆市境)。晋军胡彬所部在增援的半道上得悉寿阳失陷的消息,便退守硖石(今安徽凤台县西南)。苻融又率军尾随而来,攻打硖石。苻融部将梁成率兵五万进抵洛涧(今安徽怀远县境内),并在洛口设置木栅,阻断淮河交通,遏制从东西增援的晋军。

胡彬困守硖石,粮草乏绝,难以支撑,便写信请求谢石驰援,可是此信却被前秦军所截获。苻融及时向苻坚报告了晋军兵力单薄、粮草缺乏的情况,建议前秦军迅速开进,以防晋军逃遁。苻坚得报,便把大部队留在坎城,亲率骑兵8000驰抵寿阳,并派遣原东晋襄阳守将朱序到晋军中劝降。朱序到了晋军营阵后,不但没有劝降,反而向谢石等人密告了前秦军的情况,并建议谢石等人不要延误战机,坐待前秦百万大军全部抵达后束手就擒,而要乘着前秦军各路人马尚未集中的机会,主动出击。他指出只要打败前秦军的前锋,挫伤它的士气,前秦军的进攻就不难瓦解了。谢石起初对前秦军的嚣张气焰心存一定的惧意,打算以固守不战来消磨前秦军的锐气。听了朱序的情况介绍和作战建议后,便及时改变作战方针,决定转守为攻,争取主动。

十一月,晋军前锋都督谢玄派猛将刘牢之率领精兵5000迅速奔赴洛涧。前秦将梁成在洛涧边上列阵迎击。刘牢之分兵一部迂回到前秦军阵后,断其归路;自己率兵强渡洛水,猛攻梁成的军队。前秦军腹背受敌,抵挡不住,主将梁成阵亡,步骑5万人土崩瓦解,争渡淮水逃命,1.5万多人丧生。晋军活捉了前秦扬州刺史王显等人,缴获了前秦军的大批辎重、粮草。洛涧遭遇战的胜利,挫抑了前秦军的兵锋,极大地鼓舞了晋军的士气。谢石乘机命诸军水陆并进,直逼前秦军。苻坚站在寿阳城上,看到晋军部阵严整,又望见淝水东面八公山上的草和树木,以为也是晋兵,心中顿生惧意,对苻融说:"这明明是强敌,你怎行说他们弱不堪击呢?"

前秦军洛涧之战失利后,沿着淝水西岸布阵,企图从容与晋军交战。谢玄知己方兵力较弱,利于速决而不利于持久,于是便派遣使者激将苻融说:"将军率领军队深入晋地,却沿着淝水布阵,这是想打持久战,不是速战速决的方法。如果您能让前秦兵稍稍后撤,空出一块地方,使晋军能够渡过淝水,两军一决胜负,这不是很好吗?"前秦军诸将都认为这是晋军的诡计,劝苻坚不可上当。但是苻坚却说:"只引兵略微后退,待他们一半渡河,一半未渡之际,再用精锐骑兵冲杀,便可以取得胜利。"于是苻融便答应了谢玄的要求,指挥秦军后撤。前秦军本来就士气低落,内部不稳,阵势混乱,指挥不灵,这一撤更造成阵脚大乱。朱序乘机在前秦军阵后大喊:"秦军败了!秦军败了!"前秦军听了信以为真,遂纷纷狂跑,争相逃命。东晋军队在谢玄等人指挥下,乘势抢渡淝水,展开猛烈的攻击。苻融眼见大事不妙,骑马飞驰巡视阵地,想整顿稳定退却的士兵,结果马倒在地,被追上的晋军手起刀落,一命呜呼。前秦军全线崩溃,完全丧失了战斗力,晋军乘胜追击,一直到达青冈(在今寿阳附近)。前秦军人马相踏而死者,满山遍野,堵塞大河。活着的人听到风声鹤唳,以为是晋兵追来,更没命地拔脚向北逃窜。是役,秦军被歼灭的十有八九,苻坚本人也中箭负伤,仓皇逃至淮北。

无利而易敌者,必擒于人

孙子曰:"军旁有险阻、潢井、蒹葭、林木蘙荟者,必谨覆索之,此伏奸之所也。近而静者,恃其险也;远而挑战者,欲人之进也;其所居易者,利也;众树动者,来也;众草多障者,疑也;鸟起者,伏也;兽骇者,覆也;尘高而锐者,车来也;卑而广者,徒来也;散而条达者,樵采也;少而往来者,营军也;辞卑而益备者,进也;辞强而进驱者,退也;轻车先出居其侧者,陈也;无约而请和者,谋也;奔走而陈兵车者,期也;半进半退者,诱也;杖而立者,饥也;汲而先饮者,渴也;见利而不胜者,劳也;鸟集者,虚也;夜呼者,恐也;军扰者,将不重也;旌旗动者,乱也;吏怒者,倦也;杀马肉食者,军无粮也;悬缶不返其舍者,穷寇也;谆谆翕翕,徐与人言者,失众也;

数赏者,窘也;数罚者,困也;先暴而后畏其众者,不精之至也;来委谢者,欲休息也。

兵怒而相迎,久而不合,又不相去,必谨察之。兵非贵益多,惟无武进,足以并力、料敌、取人而已。夫惟无利而易敌者,必擒于人。"

孙武在这段话中列举了相敌、即侦察敌情的33种现象,根据这些征候判断敌情,就可以决定我方行动的方向。他说:进军路上遇有悬崖绝壁的隘路、湖沼、水网、芦苇、山林和草木茂盛的地方,必须谨慎地反复搜索,这些都是敌人可能设下埋伏或隐蔽侦察的地方。敌人逼近而安静的,是依靠他占领地形的险要;敌人远离而来挑战的,是想诱我前进;敌人所占领的地形平坦的,是有利于同我决战。无风而许多树木摇动的,是敌人荫蔽前来;丛草中有许多障碍的,是敌人布下的疑阵;鸟飞起的,是下面有伏兵;兽骇走的,是敌人隐蔽来袭;尘土高而尖的,是敌人的战车来了;尘土低而宽广的,是敌人的步兵来了;尘土疏散飞扬的,是敌人在砍柴曳柴;尘土少而时起时落的,是敌人正在扎营。敌人派来的使者措辞谦逊却正在加紧战备的,是准备进攻;措辞强硬而摆成前进姿态的,是准备后退;轻车先出动,部署在翼侧的,是在布列阵势;没有约会而来讲和的,是另有阴谋;敌人兵卒奔走而摆开兵车列阵的,是期待同我决战;敌人半进半退的,是企图引诱我军。敌兵倚着兵器而站立的,是饥饿的表现;敌兵打水而自己先饮的,是干渴的表现;敌人见利而不前进的,是疲劳的表现;敌人营寨上集聚鸟雀的,下面是空营;敌人夜间惊叫的,是恐慌的表现;敌军惊扰的,是敌将不持重;旗帜摇动不整齐的,是敌人队伍已经混乱;敌人军官易怒的,是疲倦的表现;用粮食喂马,杀掉〔拉辎重大车的〕牛吃肉,收拾起炊具,部队不返营舍的,是准备拼命突围〔或逃跑〕的穷寇;低声下气同部下讲话的,是敌将失去人心;不断奖励的,是敌军没有办法;不断惩罚的,是敌人处境困难;先强暴然后又害怕部下的,是最不精明的将领;派来使者谈判措辞委婉态度谦逊的,是敌人想休战;敌军愤怒向我前进,但久不交锋又不撤退的,必须谨慎地观察他的企图。

审时度势,庙算定策

孙子曾言:夫未战而庙算胜者,得算多也;未战而庙算不胜者,得算少也。多算胜,少算不胜,而况于无算乎。吾以此观之,胜负见矣。

孙武这段话的意思是说:凡是在未开始出兵作战之前就已经在庙算上获胜的,是由于得到的算筹多的缘故;未开战而在庙算上先失败的,是由于得到的算筹少的缘故。得到算筹多的胜过得到算筹少的,更何况那些没有得到算筹的呢?我凭这些去观察,胜负之分就显而易见了。

上兵伐谋,不战而胜

孙子曰:"夫用兵之法,全国为上,破国次之;全军为上,破军次之;全旅为上,破旅次之;全卒为上,破卒次之;全伍为上,破伍次之。

是故百战百胜,非善之善者也;不战而屈人之兵,善之善者也。故上兵伐谋,其次伐交,其次伐兵,其下攻城。攻城之法,为不得已。修橹轒辒,具器械,三月而后成,距堙又三月而后已。将不胜其忿而蚁附之,杀士卒三分之一,而城不拔者,此攻之灾也。故善用兵者,屈人之兵而非战也,拔人之城而非攻也,毁人之国而非久也,必以全争天下,故兵不顿而利可全,此谋攻之法也。"

孙武在这里提出了谋攻思想,认为欲取全胜,首先在战略上挫败敌方,其次从外交上孤立之,再次出兵与之交战,最后的下策才是攻城。

"杀敌三千自损八百。"凡是通过军事的手段取得战争胜利的,都要付出一定的代价。这种代价对交战双方来说,都是痛苦的。因此,古今中外军事家们无不追求能用最少的牺牲,最小的代价来实现战争目的谋略。

"不战而屈人之兵"——这便是孙武为这一目标而提出的一个著名的战略思想。

在中国兵法宝库中,存在着两大类谋略:一类是:"全胜策",一类是"战胜策"。前者是求不战而胜,后者是求战而胜之。孙武认为,"不战而屈人之兵"是最理想的用兵之道。那种只靠死打硬拼去夺取胜利的,不能算是高明的将帅。

"不战而屈人之兵"的要义是:以强大的军事实力为后盾,通过"伐谋","伐交"的斗争,用全胜的计谋争胜于天下。这是一种将"伐谋""伐交"和"伐兵"熔炼于一炉的"全胜"战略。

孙武"不战而屈人之兵"的高论一出,历朝历代,继承者有之,发挥者有之,因而使这一"全胜战略"有了更具体的内容。

从实行的条件而言:它要以强大的实力为后盾。这种实力不单纯指军事力量,它包括了政治、经济有关战争胜负的各种因素。

从实行的手段而言,主要有两条,一是"伐谋",二是"伐交"。所谓"伐谋",是指瓦解敌人的意志,使他们不能制定谋略;所谓"伐交",是指断绝敌人的外援,使他们不能形成同盟。关于"伐谋""伐交"的实施,兵学家们认为:一是"慎谋",即筹策运谋必须慎重,务必正确;二是"善变",即要根据当时的情况去制定谋略,根据客观情况去修正原来的谋略;三是"贵密",即对我之作战意图,军队的部署等,一定要保密。

从实行的范围而言,既可运用于战略,亦可运用于战役或战斗,大至敌国,中至敌军,小至敌卒,都可以不通过直接交战使之屈服。

从实行的目的而言,孙武说:"必以全争于天下,故兵不顿而利可全。"意思是一定要用全胜的计谋争胜于天下,这样的军队不至受到挫折,而胜利可以完满取得。

古代兵学家在论述"不战而屈人之兵"时还强调,当通过政治、外交的途径,不能实现政治目的时,那就要诉诸武力,以戈止戈,用战争来解决问题。

先计后战,全胜至上

孙子曾言,知胜有五:知可以与战不可以与战者胜,识众寡之用者胜,上下同欲者胜,以虞待不虞者胜,将能而君不御者胜。此五者,知胜之道也。故曰:知彼知己,百战不殆。不知彼而知己,一胜一负。不知彼不知己,每战必败。

孙子的这段话,言中之义也就是五项预测战局的旨要:

(1)知道什么情况可以打和不可以打的能胜利。懂得根据兵力多少而采取不同战法的能胜利,上下齐心协力的能胜利,戒备周密可防止意外的能胜利,将帅有指挥才能而国君不加以牵制的能胜利。

(2)善于根据敌我双方兵力对比的众寡情况,正确采用不同战法,就能取得胜利。识众寡是"预谋"的重要内容,因为众寡是决定斗争的重要条件。只有在知众寡的前提下,才能决定打法。这里关键是个"识"字,不识则不知所用,就是盲目用兵,必然失败,做到了识众寡,就能恰当用兵,达到以小的代价,取得大的胜利之目的。

(3)无论打仗、建设,还是搞别的事业,都必须上下同心,团结一致,目标一致,这样才能有力量;反之四分五裂,一盘散沙,是不能有力量的,也不能成就事业的。"上下同欲者胜,上下不同欲者败。"故要成就事业者必上下同欲。

（4）事先做好周密的准备,防止意外发生的能胜利。

（5）"上御则掣,下括则轻。故将以专制而成,分制而异。……毋有监,监必相左也;毋或观,观必妄闻也;毋听谗,谗非忌即间也。故大将在外,有不候奏请,赠赏诛讨,相机以为进止。将制其将,不以上制将。善将将者,专厥任而已矣。"实践证明,君主不干预将帅,将帅就能充分发挥主观能动性,从实践出发,选择正确的战略战术,战则必胜,反之,君主不信任将帅,处处干预将帅,必然招致战争失败。当然,君主不御的前提中"将能"。将不能,君不御也不能战胜敌人。

因此,欲求全胜就要综观全局,深计远虑。古人云:不谋万世者,不足谋一时;不谋全局者,不足谋一域。军事家应具备战略家头脑,胸有成竹,在运筹决策中不被一叶障目,不计一时得失。是谋要周密,应把与战争有关的方方面面都考虑到。计划要符合战争运动的可能发展,要照顾到整个战争的全过程。

绿林、赤眉大起义推翻新莽王朝反动统治后,由于农民阶级自身的阶级和历史局限,不可能建立起自己的政权。这样,整个中国依旧陷于混战状态。然而人民渴望平息战乱,恢复安定的生活,所以统一全国,重建社会秩序也就成为历史的要求。在这种情况下,刘秀顺应历史的潮流,开始了统一全国,恢复刘家天下的战争活动。

刘秀出身于南阳豪族地主集团,政治资本雄厚,个人又具有敏锐的政治才能和丰富的军事韬略。绿林、赤眉大起义爆发后,刘秀和他的兄长刘缤一起,打着"复高祖之业"的政治旗号,在舂陵(今湖北枣阳东)一带起兵,汇入农民起义的洪流。在推翻新莽统治的斗争过程中,刘秀多有贡献,尤其在昆阳大决战中,刘秀的杰出指挥,为起义军赢得决战胜利起到了关键的作用。后来,起义军内部发生内讧,导致其兄刘缤被杀,在这危急关头,刘秀本人以其高度的政治成熟性,忍辱负重,巧与杀兄仇人相周旋,终于重新取得更始帝刘玄等人的信任,得到前赴河北(黄河以北)独当一面的机遇。这一转折,对刘秀来说具有关键意义,从此他就一步步走上逐鹿中原、并吞天下的胜利之路。

刘秀抵达黄河以北地区后,以复兴汉室为号召,不断壮大自身的势力,先后镇压了铜马、高潮、重连、尤来、大枪、五幡等部农民起义军,并将农民军中的精壮收编入自己的队伍之中,扩充自己的实力。待羽翼丰满后,刘秀公开与更始政权决裂,更始三年(25年)六月,刘秀在鄗南(今河北柏乡)即皇帝位(光武帝),沿用汉的国号,并以这一年为建武元年。不久,定都洛阳,史称东汉。

刘秀称帝后,虽然基本控制了中原(今河南、河北大部和山西南部)要地,但是仍处于各种武装势力的包围之中。东有青州的张步,东海的董宪,睢阳的刘永,沪江的李宪;南有南郡的秦丰,夷陵的田戎;西有成都的公孙述,天水的隗嚣,河西的窦融,九原的卢芳;北有渔阳的彭宠。此外尚有赤眉等农民军活动于河水(黄河)南北。刘秀根据形势,采取了"先关东,后陇蜀",先集中力量消灭对中原威胁最大的关东武装势力,再挥师西向的战略决策,并针对割据势力众多而分散的特点,采取由近及远、各个击破的战略方针。

建武二年(26年)春,刘秀命大将盖延率军5万进击直接威胁洛阳的刘永集团。盖延兵分两路,夹击进围刘永于睢阳(河南商丘南)。数月后城破,刘永逃奔谯县(今安徽亳县)。汉军乘胜追击,夺占沛、楚、临淮等三郡国(约今河南周口、商丘,江苏徐州,安徽阜阳、宿县地区)大部,并击破刘永部将苏茂等人所率的 3 万救兵。次年,刘永复据睢阳,刘秀命大司马吴汉及盖延再击刘永,围城百日,刘永粮尽突围,被部将所杀。建武五年,汉军全歼刘永余部于垂惠(今安徽蒙城),从而消灭了关东地区的最大割据势力,解除了对京师洛阳的最大威胁。

刘秀在以优势兵力进击刘永集团的同时,也派军队进攻淯阳(今河南新野北)的邓奉和堵乡(今河南方城)的董訢。建武三年三月,汉军岑彭部迫降董訢,击杀邓奉。尔后汉军消灭南阳刘玄余部,进击秦丰。秦丰坚守黎丘(今湖北宜城西北),被困两年始降。在这期间,占据夷陵的田戎曾率兵援救秦丰,但被岑彭击败,汉军攻占夷陵,使之成为日后西进的战略要地。

在基本平定了南方地区后,刘秀采取"北守东攻"的战略方针。在派遣耿弇、朱佑等入河北,向渔阳彭宠施加军事压力的同时,集中优势兵力进攻东方割据势力。建武五年(29 年)二月,彭宠在汉军进攻面前,节节败退,结果引起内部分化,部将杀死彭宠,汉军遂占领渔阳,统一了燕蓟地区。同年六月,刘秀亲征东海郡(今山东郯城)董宪,将其大破于昌虑(今山东枣庄西),董宪退保郯(今山东郯城北)。汉军吴汉部跟踪追击,于八月攻下郯城,全歼董宪主力,董宪逃往朐(今江苏连云港南)。十月,刘秀遣大将耿弇进击张步,攻占祝阿(今济南西)、钟城(今济南南),诱杀其大将费邑,夺取了济南郡(今山东济南)、临淄(今山东淄博东北)。张步为挽回败局,倾全军号称 20 万反攻临淄,耿弇以城为依托,诱敌开进,然后出动奇兵迂回袭击张步军,连战皆捷,张步逃至剧(今山东昌乐西),走投无路,被迫降汉。建武六年正月,吴汉破朐,击杀董宪。接着,汉军又在舒(今安徽庐江西南)消灭独据一方自立为天子的李宪。至此,汉军在短短的 4 年中,将关东地区各个割据势力全部铲除。

关东地区的统一,有力地巩固了东汉政权,为刘秀尔后击灭隗嚣、公孙述,夺占陇、蜀,赢得统一战争的最后胜利,奠定了坚实的基础。

在从事关东统一之战的同时,刘秀也展开了镇压赤眉农民起义的行动。

早在绿林军攻占洛阳的时候,赤眉军的势力也进入了中原地区。其首领不满于更始政权所为,另立一帜,与以绿林军为主体的更始政权相抗衡。建武元年(25 年)九月,赤眉军攻入长安,推翻了更始政权。

建武二年九月,占领长安的赤眉军因粮秣不继而西出陇东寻求出路,但结果为当地割据势力隗嚣所击败,只好折回关中。他们击走乘虚盘据在那里的邓禹军,重新控制了长安。由于后勤保障仍未获得解决,赤眉军再度陷入饥馑,并为地方豪强武装所包围。不久,被迫放弃长安,引兵东归。刘秀为一举扑灭赤眉军,决定凭借崤函险道,以逸待劳,以饱待饥,对赤眉军实施截击。

为此,刘秀调兵遣将,改任冯异为主将,取代邓禹,急速西进,抵华阴(今陕西华阴西)阻击赤眉军,同时命令侯进、耿弇部集结,准备会同进剿。

冯异在华阴阻击赤眉军 60 余天后,于次年正月东撤至湖县(今河南灵宝西北)与邓禹部合兵。不久赤眉军进至这一带,与汉军相对峙。邓禹邀功心切,迎战赤眉军。赤眉军先佯败，后反攻，大败邓禹军，邓禹仅率 24 骑逃回宜阳。冯异率军相救，也被赤眉军所击败。冯异逃至崤底，后收集散兵和当地豪强武装数万人，与赤眉军继续交战。二月，双方大战于崤底。战前，冯异先派一部分士卒化装成赤眉军，潜伏于道旁。战斗开始，冯异以少数兵力诱使对方进攻，再以主力相拒，待赤眉军攻势减弱后，突发伏兵出击。赤眉军因无法辨认敌我而阵脚大乱，溃退至崤底，8万余人投降。接着，刘秀亲率大军，与先期部署的侯进、耿弇部会合，拦截折向东南的赤眉军余部于宜阳（今河南宜阳西），予以全歼，赤眉军首领樊崇等 10 余万人投降。至此，刘秀终于将延续 10 年之久的赤眉农民起义扼杀在血泊之中。

刘秀在镇压赤眉军、削平关东群雄之后，西图陇、蜀，统一全国就提到议事日程之上了。当时，窦融据有河西，隗嚣占据陇西，公孙述割据巴蜀。刘秀根据形势，制定了由近及远、稳住窦融、先陇后蜀、各个击破的战略方针，首先将兵锋指向隗嚣。

建武六年（30 年）四月，刘秀正式发动伐陇之役。遣耿弇等 7 将分兵进攻陇坻（今陇山，陕西陇县西北），隗嚣居高临下，以逸待劳挫败汉军攻势。于是刘秀暂时转攻为守，命大司马吴汉赴长安集结兵力，以资策应。同时争取河西窦融出兵相助，使隗嚣腹背受敌，并让马援煽动隗嚣部属及羌族酋长附汉。隗嚣见处境危急，遂向公孙述称臣，联蜀抗汉。建武七年秋，隗嚣得西蜀援兵后亲率 3 万大军进攻安定（今甘肃镇原东南），另派一部进攻汧县（今陕西陇县北），企图夺取关中，但分别为汉军冯异、祭遵部所击败。

隗嚣的冒险出击，造成后方的空虚，为刘秀乘虚蹈隙、直捣陇西提供了机遇。建武七年春，刘秀派遣来歙率 2000 人出敌不备，伐木开道，迂回奔袭，占领陇西战略要地略阳（今甘肃庄浪县西南），隗嚣大惊，即遣重兵数万进击来歙，企图夺回略阳。来歙与将士顽强坚守，使隗嚣顿兵挫锐于坚城之下，有力地牵制了隗嚣的主力。刘秀把握战机，速派吴汉、岑彭、耿弇、盖延诸将分兵进击陇山，占领高平（今宁夏固原），自己则率关东大军亲征隗嚣。所到之处，隗嚣的部队土崩瓦解，隗嚣本人败逃西城（今甘肃天水西南）。汉将吴汉、岑彭跟踪而至，兵围西城数月。隗嚣大将王元率西蜀援兵赶到，才救出隗嚣，共奔冀县（今甘肃天水西北），汉军也因粮尽撤兵。过后，隗嚣虽然重占了陇西大部，但实力已遭重创，失败乃是不可避免的事了。

建武九年（33 年）正月，隗嚣在忧愤交加中病死，部下立其次子隗纯为王，刘秀采纳来歙建议，再次发兵攻打陇西。来歙、冯异诸将领兵沿渭水西进，击破西蜀援军，进围落门（今甘肃武山东北）。到了次年十月，终于攻破落门，迫降隗纯。历时四年的陇西之战宣告结束。

陇西平定后，公孙述割据的巴蜀便成为刘秀统一大业的最后一个障碍。刘秀再接再厉，决定对公孙述用兵。他针对公孙述东依三峡、北靠巴山、据险自守的军事部署，制定了水陆并进、南北夹击、钳攻成都的作战方略。派大将岑彭、大司马吴汉率荆州诸军由长江溯江西进，命大将来歙率陇西诸军出天水，指向河池（今甘肃徽县西北），相机南进。

建武十一年（35 年）春，岑彭军再克夷陵，突入江关（今四川奉节）。蜀军田戎部退出三峡,入保江州(今四川重庆)。同年六月,北路来歙军击败王元诸部,占领河池、下辨(今甘肃成县),乘胜南进。在公孙述派人暗杀了来歙的情况下,北路汉军改由马成所指挥,继续策应南路主力的行动。

岑彭军进抵江州后,见江州城坚不宜强攻,遂留冯骏监视田戎,自率主力北上,攻占平曲(今合川西北)。汉军的进展,极大地震动了公孙述,他急调王元军南下增援,集结重兵于广汉(今四川射洪南)、资中(今四川资阳北)一带,保卫成都。又命侯丹率军2万屯守黄石(四川江津境),阻击汉军,策应王元。

岑彭根据敌情变化,也适时调整了部署,分兵两路进击蜀军。一路由臧宫率领,进据平曲上游,攻打蜀军王元、延岑部;主力则由他本人率领,取道江州,溯江西上,攻占黄石,击败侯丹军。接着,倍道兼行,疾驰1000公里,攻克武阳(今四川彭山东),并出精骑闪击蜀之腹地广都(今成都南),逼近成都。与此同时,偏师臧宫溯涪江而进,袭击蜀军,歼敌万余,迫使王元部投降,延岑败逃成都。

公孙述困兽犹斗,又派人刺杀了岑彭,使汉军暂时退出武阳,但这并未能挽救其覆灭的命运。汉军人才济济,岑彭遇害,吴汉即接替他统领伐蜀诸军。建武十二年正月,吴汉进抵南安(今四川东山),在鱼腹津(今四川东山北)大败蜀军,继而绕过武阳,攻取广都。其他各路汉军进展也很顺利,冯骏军攻占江州,臧宫军连克涪县(今四川绵阳东)、绵竹(今四川德阳北)繁(今四川新都西北)、郫(今四川郫都区)等城。

吴汉取广都后急于求成,率2万将卒孤军深入,直抵成都城外几公里处立营。公孙述招募敢死人士,攻打吴汉。吴汉受挫,入壁坚守,闭营3日不战,夜间突然撤走,与部下刘尚会合于江南。次日晨合力大破蜀军。此后,吴汉与公孙述交兵于广都、成都间,汉军屡战屡胜。建武十二年十一月,吴汉又与臧宫会师于成都近郊。公孙述大势尽去,遂孤注一掷,于该月十七日贸然反击汉军,派延岑击臧宫,自率数万人攻吴汉。吴汉以一部迎战蜀军,待其疲惫困顿后,指挥精兵数万突然出击,大破蜀军,公孙述负重伤身亡。次晨,势穷力竭的延岑举城投降。至此,刘秀彻底平定巴蜀,取得了统一战争的最后胜利。

以迂为直,以患为利

孙子曰:凡用兵之法,将受命于君,合军聚众,交合而舍,莫难于军争。军争之难者,以迂为直,以患为利。

故迂其途而诱之以利,后人发,先人至,此知迂直之计者也。军争为利众争为危。举军而争利则不及,委军而争则辎重捐。是故卷甲而趋,日夜不处,倍道兼行,百里而争利,则擒三将军,劲者先,疲者后,其法十一而至;五十里而争利,则蹶上将军,其法半至;三十里而争利,则三分之二至。是故无辎重则亡,无粮食则亡,无委积则亡。故不知诸侯之谋者,不能豫交;不知山林、阻阨、沮泽之形者,不能行军;不用乡导者,不能得地利。故兵以诈立,以利动,以分合为变者也。故其疾如风,其徐如林,侵掠如火,不动如山,难知如阴,动如雷震。掠乡分众,廓地分利,悬权而动,先知迂直之计者胜,此军争之法也。

孙武的上述观点认为,在作战中,如何先敌占领要地和掌握有利战机,是两军相争中最重要最困难的问题。为了争取有利的地位，必须懂得"以迂为直，以患为利"的谋略，要"故迂其途，而诱之以利"，和采取表面上不利于自己的手段来欺骗迷惑敌人，做到"后人发，先人至"。将帅受命于国君，从组织军队，到开赴前线与敌对阵，中间最困难的是与敌人争夺有利的制胜条件。军事中最难的又在于通过曲折的途径达到近直目的，化不利为有利。故意迂回绕道，用小利引诱敌人，就能做到比敌人后出动而先到达必争之地，这就是以迂为直的谋略。

军争中有利和有害的两个方面，"军争为利，军争为危"，要处理好"举军而争利"与"委军而争利"的问题，既要行动迅速，又不能只顾轻装而丢弃辎重，只顾急进而把部队拖垮。高明的谋略家，为了达到一定的政治、军事、经济目的，常常欲东先西，欲速先缓，行动与目标好像远了，实则近了。

在军事上，"后发制人"是一个重要的问题。早在《左传》中便有"先人有夺人之心"的提法，后人也多强调"兵贵先""宁我薄人，无人薄我"，意思都是主张争取作战中的先机之利。

可是，事情并不是绝对的。在一定条件下，"以迂为直"，"退避三舍"，"后发制人"也是军事斗争的重要手段，它与"先发制人"之间存在着辩证的统一。其实质便是积极防御，即以防御为手段，以反攻为目的的攻势防御，它常常成为较弱一方克敌制胜的重要法宝。

虚者实之，实者虚之

孙子曰："兵形像水，水之形避高而趋下，兵之形避实而击虚。水因地而制流，兵因敌而致胜。故兵无常势，水无常形，能因敌变化而取胜者，谓之神。故五形无常胜，四时无常位，日有短长，月有死生。"

孙武认为，作战中必须避实就虚，因敌而制胜，主动灵活地打击敌人。他认为"兵形像水"，水的流动是"避高而趋下""因地而制流"，用兵则要"避实击虚"，"因敌而制胜""能因敌变化而取胜者，谓之神"。这一作战指导思想对于正确选择作战目标、作战方向和指导部队作战行动十分重要。

"孙武十三篇，无出虚实，"这是我国古代杰出的政治家、卓越的军事家李世民的一句名言。中国军人，最善于运用虚实误敌这把"撒手锏"。战争的奇谋方略，无不以虚实的变换运用为基础。

虚和实的含义十分广泛，大致可归结为两方面，一是指军队实力强弱优劣，强优者为实，弱劣者为虚；二是指敌我双方兵力布置的真伪，把兵力隐藏起来，以假象来欺骗敌人的叫虚，把兵力暴露在外面的叫实。

运用虚实谋略，其宗旨在于：避实击虚，夺取战争的优势和主动权；示假隐真，造成敌人的失误，以便我攻其不备，出其不意。

战争指导者施计用谋的能力，就在于巧妙地进行虚实变换，虚实变幻"无穷如天地，不竭如江河"，其基本形式有以下四种：

1.以实示虚。如我原来力量强大，却装着虚弱的样子；我本来戒备森严，却假作有破绽，以麻痹对手，而后伺机胜敌。这是我方处于优势和主动地位时，为诱奸敌人所采取的谋略。在实际运用中有多种表现形式，如，强而示弱、实而示虚、智而示愚、众而示寡、进而示退、取而示舍、彼而示此、有而示无、近而示远、真而示假、能而示之不能、用而示之不用等等。

2.以虚示实。如我军力量不足，却故意装着实力雄厚的样子；不打算采用行动，却故意摆出要行动的架势；暗中准备撤走、突围，却装作要进行决战。此法一般是弱军牵制和慑服强敌使其不敢贸然进攻的计谋。

3.以实示实。即以巧妙的办法有意显示自己的真实情况，使敌人疑心大起，反视我实为虚，以为我在欺骗和讹诈它。这种方法可以说是"公开的欺骗"，这是利用人们的思维惯性和心理变化特征来欺骗敌人使之上当的计谋。

4.以虚示虚。在强敌进攻面前，我本力量空虚，却仍然表现出空虚，使敌人疑我之虚为实，害怕我暗中设有圈套而畏步不前。此法一般是万不得已的情况下所采取的临时对付敌人的应急措施。

虚实是可变的，"兵无常势，水无常形"，虚实如"五行无常胜，四时无常位，日有短长，月有死生"一样，永远处于变化之中，只要善于掌握其变化规律，就能变敌之实为虚，变己之虚为实，做到以己之实，击敌之虚，以夺取战争的胜利。故曰："胜可为也。敌虽众，可使无斗。"意即：胜利是可以造成的。敌军虽多，可以使它无法同我战斗。

运用虚实之谋，要把握好以下几点：

审度虚实，打明白仗。首先要明确自己的虚实，这样才能做到心中有数，运筹有方；其次要了解敌方的虚实，熟知敌将的用兵特点，有针对性地施计用谋，方可切中敌要害，达到预期目的。

虚实适度，不要过分，否则容易被敌人识破。以虚示实或以虚示虚，不能一味示下去，要适可而止。只有尽快由虚变实，才能立于不败之地。

未雨绸缪，有备无患

孙子曰："用兵之法，无恃其不来，恃吾有以待之；无恃其不攻，恃吾有所不可攻也"。

在备战思想上，孙武秉持"无恃其不来，恃吾有以待也；无恃其不改，恃吾有所不可攻也"的观点，强调任何时候都不要把希望寄托在敌人身上，要做好充分准备，使敌人无机可乘，无懈可击。在敌我交锋时，不能存在侥幸取胜，敌人不攻的意识。只有做到未雨绸缪，才可实现有备无患。

在历史上，因采用或未采用这一谋略而获得成功或导致失败的例子都不在少数。

东汉末年，曹操控制了朝政，各地豪杰纷纷起兵反抗。建安十六年（公元211年）马超、韩遂等十余部起兵造反。曹操亲率大军西征，两军在渭河边上对峙。马超在对岸早有营垒，曹操也想在河边筑营垒，可是河岸全是砂砾，根本无法修筑营垒，曹军显见劣势。正当曹操苦苦思索时，一个自称梦梅居士的老者来到曹营，对曹操说："现在天气渐冷，连日来阴云密布，朔风一起，必然结冰。您可以在风起的时候，让军士运沙到要筑墙的地方，并泼上水，随泼随筑，随筑随冻，营垒就可以修成了。"曹操一听，连称妙计。第二天，便照梦梅居士的办法去做，只花了一天工夫就筑成了营垒，扭转了战局。

南北朝时，北魏太武帝拓跋焘率军南征，南朝宋军北伐进抵滑台（今河南滑县），彭城（今徐州）、汴梁（今开封）成为后方，淮河两岸也成了安全地带。这时，地处淮河下游的盱眙（今江苏盱眙）太守沈璞却发动民众大修城池，积极备战，城墙垒得又高又厚，城壕挖得又宽又深。有人说他"不识时务，劳民伤财"，甚至朝廷也责备他耗费民力去修建无用的战备工程。但他却对人说："虽然当前北伐进军顺利，但面对强敌，战局变化莫测，很难保证这里安然无恙。盱眙地处交通要道，乃淮河重镇，岂能不防万一？"果然不出沈璞所料，宋军在滑台失利，拓跋焘乘胜包围了盱眙。沈璞恃城之险抗敌，激战32天，终把拓跋焘打跑。

以上两个都是因做到了未雨绸缪，有备无患，才实现了最终的胜利，而与之相反，不能掌握上述谋略的人，其结果却是唯有失败而已。

南唐李后主面对宋军的攻势，遣使朝宋，乞怜于宋廷。他自己则迷恋声色，笃信佛教，对武备之事，一概委之于亲信之臣，以至国势

曹操

衰弱。宋军大举南伐之时，才匆促成军，士兵素不习战，一触即溃。宋军攻至金陵（今南京）城下，国家危在旦夕，李后主竟茫然不知，照旧去净室沙门讲经。直到宋军攻城时，还在作"樱花落尽"一词，词未成而城已破，做了阶下囚，诚如他的词叹道："问君能有几多愁，恰似一江春水向东流。"

兵不血刃，谋在反间

"孙子曰："凡兴师十万，出征千里，百姓之费，公家之奉，日费千金。内外骚动，怠于道路，不得操事者，七十万家。相守数年，以争一日之胜，而爱爵禄百金，不知敌之情者，不仁之至也，非人之将也，非主之佐也，非胜之主也。故明君贤将，所以动而胜人，成功出于众者，先知也。先知者不可取于鬼神，不可象于事，不可验于度，必取于人，知敌之情者也。

故用间有五：有因间，有内间，有反间，有死间，有生间。五间俱起，莫知其道，是谓神纪，人君之宝也。因间者，因其乡人而用之。内间者，因其官人而用之。反间者，因其敌间而用之。死间者，为诳事于外，令吾间知之，而传于敌间也。生间者，反报也。

故三军之事，莫亲于间，赏莫厚于间，事莫密于间。非圣智不能用间，非仁义不能使间，非微妙不能得间之实。微哉微哉！无所不用间也。间事未发而先闻者，间与所告者皆死。凡军之所欲击，城之所欲攻，人之所欲杀，必先知其守将、左右、谒者、门者、舍人人之姓名，令吾间必索知之。

必索敌人之来间我者，因而利之，导而舍之，故反间可得而用也。因是而知之，故乡间内间可得而使也；因是而知之，故死间为诳事可使告敌；因是而知之，故生间可使如期。五间之事，主必知之，知之必在于反间，故反间不可不厚也。昔殷之兴也，伊挚在夏；周之兴也，吕牙在殷。故惟明君贤将能以上智为间者，必成大功。此兵之要。此兵之要，三军之所恃而动也。"

孙武在用间中讲的是如何培养和使用间谍，以了解敌方的情报。

一、孙武认为用间谍侦察敌情十分重要,这是用兵作战的一个重要方面,因为整个部队都要依靠间谍提供的情报而采取行动。他反对那种不重视间谍作用的思想和做法。

二、孙武在将帅知彼"先知"敌情上坚持了朴素唯物主义的观点。他说:"先知者不可取于鬼神,不可象于事,不可验于度,必取于人,知敌之情者也。"

三、在如何使用间谍问题上,孙武主张"五间俱起,莫知其道",强调使用各种间谍,以便广开情报来源,使敌人陷入茫然无从应付的境地。同时,他又指出:"非圣智不能用间","非微妙不能得间之实",强调在使用间谍时必须机智、果敢和精心细致,以防止被敌欺骗和利用。

"间"即"间谍"用现代的话说,"用间"就是进行间谍战,情报战。

战争中使用间谍古已有之,古今中外,能用间者必成大功。

孙武说:"无所不用间。"用间的作用首要的是要获取敌人情报。此外,它还有多方面特殊的功能,诸如利用敌人内部的矛盾,分化互解、收买争取敌军;散布假情报迷惑敌人,刺杀敌方军队要员,颠覆敌国政权,进行政治、经济破坏活动等等。

战争历史表明,要正确地制定克敌制胜的谋略,必须做到"知彼",而真正做到知彼,就要利用一切可以利用的手段,来了解敌方的实情内幕,其中最有效的手段莫过于用间,因此,用间成为兵家谋略的一个重要内容。

历观古人用间,方法丰富多彩。孙武提出了五种用间形式和方法,即"因间"(利有敌国乡里的普通人做间谍);"内间"(收买敌国官吏做间谍);"反间"(收买或利用敌国的间谍使之为我方所用);"死间"(制造假情报,让我方间谍传给敌人,敌人上当后,往往将其处死);"生间"(派往敌方侦察后,能活着回来报告情报的人)。

用间得法成大功,用间不当足以败事。因此,成功地用间往往可以收到兵不血刃,借敌制敌的奇效。

攻其无备,出其不意

孙子曰:"兵者,诡道也。故能而示之不能,用而示之不用,近而示之远,远而示之近,利而诱之,乱而取之,实而备之,强而避之,怒而挠之,卑而骄之,佚而劳之,亲而离之。攻其无备,出其不意。此兵家之胜,不可先传也。"

孙武认为,军事行为是以诡诈为规律和法则的。所以,本来能打却装作不能打,本来要用兵却装作不用兵,本来要从近处进攻却装作要从远处进攻,本来要从远处进攻却装作要从近处进攻,敌人贪利就以小利引诱它,敌人混乱就乘机战胜它,敌人力量充实就加意防备它,敌人强大就避开它,敌人易怒就故意挑逗它,敌人谨慎卑怯就设法使它骄傲起来,敌人安逸就设法使它疲劳,敌人亲密团结就设法离间它。攻其无备,出其不意。这是兵家克敌制胜的奥妙所在,不可能事先具体加以规定。

自古到今,"攻其不备,出其不意",皆为兵争中的制胜手段之一,其意是在敌人没有准备的状态下实施攻击,在敌人意想不到的情况下采取行动,攻击无备、出其无意是施计用谋的精髓和要旨。虚实变换,示形用诈等战争计谋的运筹,都是围绕着这个要旨进行的。

战史表明,在敌人失去戒备或意想不到的时间、地点、运用敌人意想不到的战法,以迅速突然的行动打击敌人，可以使敌人猝不及防，在混乱和恐惧中做出错误的判断，导致行动的最终失败。因此，攻其无备、出其无意这一制胜之道为历代军事家所采用。攻其不备、出其不意的总要求是达成进攻的突然性。

要实现攻其不备，出其不意，首先必须采取各种伪装佯动，隐蔽自己的意图，制造敌人的错觉和不意，迫使敌人出现判断和行动上的错误。如诱敌深入，逼敌人分散兵力；声东击西，使敌人判断错误；广泛袭击，弄得敌人草木皆兵，寸步难行。可以利用天时、地利、空间和新奇的战术手段，在敌人失去戒备或疏于戒备的地点和时间，给敌人以突然打击。

其次要迅速行动，这样，一可避免暴露自己的意图，二可在对手省悟之前便给予重重的打击。要做到行动迅速，应使部队保持高度的机动性。

兵贵胜，不贵久

孙子曰："国之贫于师者远输，远输则百姓贫；近师者贵卖，贵卖则百姓财竭，财竭则急于丘役。力屈中原，内虚于家。百姓之费，十去其七。公家之费，破车罢马，甲胄矢弓，戟盾矛橹，丘牛大车，十去其六。故智将务食于敌：食敌一钟，当吾二十钟；萁秆一石，当吾二十石。

故杀敌者，怒也；取敌之利者，货也。车战，得车十乘以上，赏其先得者，而更其旌旗。车杂而乘之，卒善而养之，是谓胜敌而益强。故兵贵胜，不贵久。"

在这段话中，孙武从战争对人力、物力、财力的依赖关系出发论述了"兵贵胜，不贵久"的速胜思想，即用兵作战贵速胜，不宜久拖。这认为"不尽知用兵之害，则不能尽知用兵之利"。从这一观点出发，他着重阐述了速战速决的进攻战略及客观依据，并提出一些看法。在当时生产力水平低下，交通运输甚为不便，加之战争规模扩大，且各诸侯国互相兼并，随时会出现"乘其弊而起"的危险的情况下是有道理的。

孙武从武器、战车、装备、粮食等方面分析，如不速战速决，将会给国家带来惊人的战争消耗，军队长期在外作战，国家财政发生困难，军力消耗、经济枯竭，则"诸侯乘弊而起"，虽有智者，也难挽危局了。

战争对于民众是巨大的消耗，在生产力低下的孙子时代，尤其如此。"十万之师，日费千金。"首先意味着军事消耗量。孙子曰："其用战也胜，久则钝兵挫锐，攻城则力屈，久暴师则国用不足。"战争的目的，是获得胜利，而不是持久的迟疑不决的消耗。大量的消耗最终要转移在民众身上。使百姓家资耗尽，财力枯竭，所以战争是不能久耗的，节约时间，就可以避免不必要的消耗。因此，古今中外的思想家都无不主张速战，旷日持久对进行战争是不利的。

"兵贵胜，不贵久"不仅是战略原则而且是战术原则。在实践中，战机是至关重要的，错过机会，就会吃败仗。掌握战机者得胜，已是战争艺术的规律。战争就在于选择一个重创敌军，而又能保全自我的"时机"行动，而这一时机，需要兵贵神速，即"其机在速"。必须以快速作为军队行动的方针。打仗需要轻捷、敏锐、高速、灵活。神速是军队博得胜利的秘诀。在众多的战术行为中，突然袭击是一种常见的战术方法，它是指一支部队为攻取某个军事据点时，采取的果断行动。从形势上看,突袭行动几乎纯属于战术范畴,但不可否认快速突袭的全部价值是有战略意义的。

以正合,以奇胜

孙子曰:"凡治众如治寡,分数是也。斗众如斗寡,形名是也。三军之众,可使必受敌而无败者,奇正是也。兵之所加,如以碫投卵者,虚实是也。

凡战者,以正合,以奇胜。故善出奇者,无穷如天地,不竭如江海。终而复始,日月是也。死而更生,四时是也,声不过五,五声之变,不可胜听也。色不过五,五色之变,不可胜观也。味不过五,五味之变,不可胜尝也。战势不过奇正,奇正之变,不可胜穷也。奇正相生,如循环之无端,孰能穷之哉?"

孙武很重视奇正,尤其是对奇的应用,称:"凡战者,以正合,以奇胜"。即打仗主要靠出奇制胜。他还认为:"战势不过奇正",而奇与正的关系,都可相变相生,"奇正之变,不可胜穷也。""正"是指用兵的常法,"奇"指用兵的变化。具体说来,在战略上,堂堂之阵为"正",运动游击为"奇";在兵力部署上,守备、钳制为"正",机动、突击为"奇";在作战方式上,正面强攻,明战为"正",迂回作战,侧击暗攻为"奇";在作战方法上,一般战法为"正",特殊战法为"奇"等等。总之,奇正的基本含义包括正确使用兵力和灵活变换战术两个方面。因此作为将帅应当善于把奇正当做一种用兵作战方法,即用兵有奇正,奇正结合才能出奇制胜。

纵观战史,"奇"与"正"多是配合运用,正兵合战出奇制胜,二者相辅相成。当然,单独运用"奇"或"正"也有成功之例,但一般地说,没有以"正合"就难以以"奇胜",反之亦然。兵法上说,作战只有正兵而没有奇兵,即使堂堂之阵也因没有变化而难显威力;只有奇兵而没有正兵,即使锐盛也因没有依恃而难以控制战局。善于用兵的人无处不用正,又无处不用奇,使敌人无法判断。

奇正的结合形式多样,如明示以正兵,吸引敌方注意力,为暗中出奇兵创造条件;以奇兵配合正兵,为正兵釜底抽薪,加强正面打击的效果等等。奇正结合无固定的模式,一般是根据力量使用原则和战场具体情况而灵活确定。"奇"与"正"相比较,奇变之法表现得尤为丰富,对于取胜的价值更高,因此谋略思想的重心多放在出奇制胜上。要做到出奇制胜,需注意以下五点:第一,要善于在敌人意想不到的时间、地点和方向上用兵;

第二,奇兵要用在对敌人的战略、战役有决定作用的要点上;

第三,用奇要有胆略,要周密计划,动作要快;

第四,用奇还必须与示形、虚实等结合起来,方能表现出它的威力;

第五,用奇不限于兵力的使用,还可以通过新兵器、新技术和各种巧妙的办法达到出奇制胜的效果。

在奇正的运用上,一般说来,在力量处于绝对优势的情况下,采用正兵更有利于发挥整体的功效,产生强大的威慑作用。而力量处于劣势时,则要靠奇兵,以出其不意的行动,弥补力量的不足。凡用奇兵宜轻、宜小,以便机动灵活作战。凡用正兵则多是重、大,以保证有较强的后劲。

奇正之术是用兵之关键,制胜之枢机。战争史上,善于用奇正之变而取胜,不善于用奇正之变而失败的战例,俯拾皆是。为将者既要懂得正兵合战,又要善于出奇制胜,

图文珍藏版

才能创造出战争的奇迹。

善战者求之于势

孙子曰："激水之疾,至于漂石者,势也。鸷鸟之疾,至于毁折者,节也。故善战者,其势险,其节短,势如彍弩,节如发机。纷纷纭纭,斗乱而不可乱。混混沌沌,形圆而不可败。乱生于治,怯生于勇,弱生于强。治乱,数也。勇怯,势也。强弱,形也。故善动敌者,形之,敌必从之;予之,敌必取之。以利动之,以本待之。故善战者,求之于势,不责于人,故能择人而任势。任势者,其战人也,如转木石。木石之性,安则静,危则动,方则止,圆则行。故善战人之势,如转圆石于千仞之山者,势也。"

孙武这段话的意思是:湍急的水流,飞快地向前奔腾,以至能冲走石头,这就叫作"势"。鸷鸟能迅猛地向下飞击,以至能捕杀小鸟小兽,这就叫作(有轻重缓慢的)"节"。所以善于指挥作战的人,他所造成的态势是险峻的,出击时的节奏是短促有力的。险峻的势如同张满的弓弩,短促的节奏就如同击发弩机把箭矢突然射出一般。战旗纷纷飘扬,人马纭纭鼎沸,虽然战斗很乱,自己却不可乱;混混沌沌,虽然战场情况迷蒙不清,但要使阵形圆整,不被击败,做到乱中取胜。在严整中可出现混乱,在勇敢中可出现怯懦,在坚强中可出现软弱。严整或混乱,这是组织编制的好坏问题,勇敢或怯弱,这是势优劣问题,坚强或软弱,这是力量的表现。因此,善于调动敌人的将帅,要伪装造成假象迷惑敌人,敌人就会听从调动;投其所好,引诱敌人,给敌人点好处,敌人就会来夺取。用小利去调动敌人,用重兵来伏击敌人。因此,善于作战的将帅,要依靠有利的形势取胜,而不苛求责备手下官兵的责任,所以能选择具有不同长处的人去利用各种有利的态势。所说的"任势"这个方法,就是说要善于选用下级官吏去指挥作战,就像滚动木头和石头一样,要因势利导(充分利用地理地形,人的态势)。木头、石头的本性,是放在安稳平坦的地方就静止,放在险坡倾斜的地方就滚动;方的会静止,圆的会向前滚动。所以,善于指挥作战的人所造成的有利形势,就像转动的圆石,从千仞的高山上滚下来那样,不可阻挡,这就是所谓的势呀!

由上段文字可知,孙武非常重视任势。所谓势是指充分发挥将帅的指挥能力,以自己的军事实力作为基础,造成一种猛不可当、压倒对方的有力态势。在这种态势下士卒会无比勇猛,部队战斗力可得到充分发挥。

"势"是指挥家利用地形、时机的特点所制造的鼓舞士气、振发军威的形势。激发部队声势的形势,是战争胜利的先导。孙子所言的"势",并非是纯物质条件,也不是纯精神的,而是以战争存在的物质环境为基础制造的军队声威。军队之威,是指军队在各种条件下,都能保持一种昂奋之势。胜利时,故然能雄赳赳,气昂昂,勇力非凡;败军时,亦能保持"战败者"的气概,败而不馁,志不可挫的胆气,这就是胜于任何武装的军威士气之势。

保持卓越的军威士气之势,是胜利的根本保证。战争环境往往与时俱变,今日顺势,环境可人,士气饱满,明日可能天翻地覆,环境恶劣到无以存身。今日胜仗,可能打得如以石击卵一般容易,明日就可能攻坚不下,几乎陷于全军覆没。一般地说来,在军威士气不振之时,即使演用高明的战术,也不能发挥效力,不能使战争获得胜利。

顺势而治的三原则为:"治乱,数也;勇怯,势也;强弱,形也。"

军队的勇、怯与军队所处的"形势"相关,而军队的强弱是军队实力的表现。然而此三者在动态变化中,在一定条件下乱治之间,勇怯之间,强弱之间都可以相互转化。比如,"乱生于治,怯生于勇,弱生于强"。就是说良好的军事形势可以转化为劣势;反之劣势的部队也可以利用条件转化为优势。"势"之转化,在于"顺势而治",即利用有利的形势,调动敌人,使我方获得争取胜利的条件。

立于不败之地

孙子曰:"见胜不过众人之所知,非善之善者也;战胜而天下曰善,非善之善者也。故举秋毫不为多力,见日月不为明目,闻雷霆不为聪耳。古之所谓善战者,胜于易胜者也。故善战者之胜也,无智名,无勇功。故其战胜不忒。不忒者,其所措胜,胜已败者也。故善战者,立于不败之地,而不失敌之败也。是故胜兵先胜而后求战,败兵先战而后求胜。善用兵者,修道而保法,故能为胜败之政。"

在这段话中,孙武基于战争的胜负观,研究了战争中条件转换应用及军事运筹理论。认为军队作战首先要使自己立于不败之地,然后寻求敌人的可乘之隙,战而胜之。他提出的以不败求胜的军事观点,已成为战争中将帅必须保存自己实力的一条朴素的客观真理。

孙武说:"昔之善战者,先为不可胜,以待敌之可胜,不可胜在己,可胜在敌。"在不可能战胜敌人时,应进行防守,在可能战胜敌人时,应采取主动。而且要善守善攻。不让敌方胜我,在于自己的巩固,要战胜敌方,则赖敌方的错误。"胜可知而不可为",即胜利可预见而不可强求。"是故胜兵先胜而后求战,败兵先战而后求胜。"既先有胜利的把握而后求战,才能争取胜利,还不具备条件,先战再说,则难保不败。

孙武这一胜负理论,强调三个原则:

第一,把握不败给敌手的条件,以保持自己不败的实力。

第二,待时而动战胜敌人。

第三,预测战胜敌人的战机,而不蛮干。

以上三个战守原则,体现了把握机遇,转换战机的胜负观。这三个战守原则蕴涵着从实际出发的朴素的辩证唯物主义精神,决定了孙武所倡导的战争攻守形式。

守则不足,攻则有余

孙子曰:"昔之善战者,先为不可胜,以待敌之可胜。不可胜在己,可胜在敌。故善战者,能为不可胜,不能使敌之必可胜。故曰:胜可知,而不可为。不可胜者,守也。可胜者,攻也。守则不足,攻则有余。善守者,藏于九地之下;善攻者,动于九天之上,故能自保而全胜也。"

孙武这段话的意思是:从前善于用兵打仗的人,会首先做到不可被敌人战胜,然后等待敌人出现可以被战胜的机会。己方之不可被战胜全在于自己,而敌方之可以被战胜则决定于敌人。所以善于用兵打仗的人,能创造不被敌人战胜的条件,却不能使敌人必定被我方战胜。所以说,胜利可以预知,却不可以强求。要想不被敌人战胜,就要善加防守；当敌人出现了可以被战胜的机会时，就要及时发动进攻。取守势，是由于兵力不足；取攻势，是因为兵力有余。善于防守的人，好像藏于九地之下（使敌人无法找到）；善于进攻的人，好像自九天而降（让敌人猝不及防）。所以，他们既能够保全自己，又能够取得全胜。

在此，孙武研究了攻守状态、攻守目的、攻守基础、攻守作用、攻守指挥、攻守利害、攻守运动以及攻守的依存变化关系。

"守则不足，攻则有余"，防守是因为兵力不足，进攻则是兵力有余。

这是决策攻、守指挥的基础。将帅决策攻、守时，必须以军事实力为基础，有一定的军事实力，就可以采取进攻战，否则就要考虑防守战。

"善攻者，动于九天之上，故能自保而全胜也。"善于进攻的将士的行动如在高不可测的云天之上，使敌方无法探知我方行动的动向，我方则可以寻机而动，出敌不意地取得成功。

"善守者，藏于九地之下。"因为我军的防御形式如藏于深深的地下，敌人当然无法窥其形态。敌人无法探知我方信息，我方尽知敌军信息，胜利之券必操我手。要打胜仗，必须先创造取胜的条件，而后同敌人作战，还要从各方面修治"不可胜"之道，这样才能确保必胜的法度，掌握胜败的决定权。

自古用兵，变化不同，并无定论，以进为先还是以守为先。攻与守是相辅相成的，兵力再坚实，也应防御来自敌方的突袭以及许多意想不到的战情。因此在进攻中，必备防御之法，以防措手不及。每次进攻时，都必须考虑在进攻中必然会出现的防御，以便能够看清进攻中的缺点，并对此有所准备。"守"的目的，就是寻求机会粉碎敌人的进攻，所以"守"战之法，从攻战中生。善于守者，必善于攻，攻守相辅相成方为兵者上乘。

致人而不致于人

孙子曰："凡先处战地而待敌者佚，后处战地而趋战者劳。故善战者，致人而不致于人。能使敌人自至者，利之也。能使敌人不得至者，害之也。故敌佚能劳之，饱能饥之，安能动之。出其所不趋，趋其所不意。行千里而不劳者，行于无人之地也。攻而必取者，攻其所不守也。守而必固者，守其所不攻也。故善攻者，敌不知其所守；善守者，敌不知其所攻。微乎微乎，至于无形；神乎神乎，至于无声，故能为敌之司命。"

孙武这段话的意思是说：凡是先到达战场而等待敌人前来交战的就安逸、主动，后到达战场而前去仓促交战的就疲劳、被动。所以，善于用兵的人，调动敌人而不被敌人所调动。能使敌人自动前去的，是利益的引诱；能使敌人无法前去的，是故意的妨害。所以敌人安逸能让他疲劳，粮足能让他挨饿，安静能让他躁动。

要朝敌人所不去的方向出动，要直捣敌人意料不到的地方。行军千里而不疲劳，是因为行进在没有敌人袭扰的地域。进攻就必定夺取，是因为攻击的是敌人没有严加防守的地方。防御就必定坚固，是因为扼守的是敌人无法攻破的地方。所以，善于进攻的人，能使敌人不知道究竟应该防守哪里才好；善于防守的人，能使敌人不知道究竟应该从哪里进攻才对。微妙啊，微妙啊，以至于到了不露形迹的程度！神奇呀，神奇呀，以至于到了无声无息的程度！这样，才能成为敌人命运的主宰。

孙武从"胜可为"的思想出发，提出了"致人而不致于人"和"我专而敌分"等重要军事原则。他认为善于指导战争的人在一定条件下,可以依靠主观努力取得战争的主动权,调动敌人而不被敌人调动。如通过势利等各种手段欺骗敌人,隐蔽自己的行动企图,就可以分散敌人而集中自己的兵力,做到"我专为一,敌为十",甚至使敌人完全陷入"无所不备,无所不寡"的被动境地,而自己则"出其所不趋","攻其所必救",主动灵活地打击敌人,主宰敌人的命运。这些思想原则是很重要的。

"致人而不致于人",即调动敌人而不被敌人所调动,这是孙武提出的一个主要的用兵原则,其实质是夺取克敌制胜的主动权。

主动权是军队行动的自由权,关系到军队的命运和战争的胜负。两军相斗,谁掌握了主动权,就能自如地应付各种复杂的局面,谁失去了主动权,就有失败的危险。

主动是胜利的前导,被动是失败的阶梯。中国古代兵家无不主张力争主动,避免被动。争取主动是有条件的,其客观基础是战争实力的优劣强弱。实力强者,则主动;实力弱者,则被动。然而,在战争中,力量优势的一方因用兵不当而吃败仗,力量处于劣势的一方,因指挥得法而打胜仗的例子比比皆是。这说明,战争中若能充分发挥主观能动性,往往能化不利为有利,变被动为主动。

在中国兵法中,有许多关于争取战场主动权的方法。孙武在这方面带有原则性的论述主要有三:争先机之利,形成先发制人的态势;示形诱敌,迷惑和调动敌人;战胜不复,采取多样化的战法。总之,只要指挥作战的人能巧施谋略,灵活用兵,以己之长,克敌之短,又能掌握主动,驾驭战争,稳操胜券。

三军可夺气,将军可夺心

孙子曰:"三军可夺气,将军可夺心。是故朝气锐,昼气惰,暮气归。善用兵者,避其锐气,击其惰归,此治气者也。以治待乱,以静待哗,此治心者也。以近待远,以逸待劳,以饱待饥,此治力者也。无邀正正之旗,勿击堂堂之陈,此治变者也。

故用兵之法,高陵勿向,背丘勿逆,佯北勿从,锐卒勿攻,饵兵勿食,归师勿遏,围师必阙,穷寇勿迫,此用兵之法也。"

孙武认为,在作战过程中,对于敌军可以打击他的士气,对于敌人的将领可以动摇他的决心。士气是部队战斗力的重要组成部分,士气高低,直接影响战争胜负。古今谋略家都很注重士气问题,把挫伤敌人的锐气,激励自己部队士气,作为虑谋施谋的重要内容。运用这种谋略方法,应注意把夺敌之气与鼓励自己部队士气都考虑进去。另外,士气与战争性质分不开,不论夺敌之士气,还是激励我之士气,都应从此入手,使敌军认识到他们进行的战争之反动以消减其士气;而我之将士认识到战争的进步,以增长士气。

所谓"士气"就是将士的勇敢精神。

在军争中,最终决定战争胜负的不是单纯的数量对比,精神上的勇气也起着重大作用,将士是军争的根本,而将士则以士气为根本。军事争战中可以遭受某种挫折,但士气不可以颓败。士气也可能因环境困绝而低落,而必胜于敌人的信念不可受挫。具有必胜之志,果敢善战,则无战不胜;具有昂扬之气,刚毅不屈,则无征不服。

在军争的环境中,士兵由于高昂的热情,以及素有的训练,每个人都会自觉或不自觉地焕发出某种程度的士气。高明的将帅要善于诱发百万军中挥戈策马愤愤生勇的士气,激发勇士们赴汤蹈火的士气,这种鼓舞士气的用兵行为就是战斗力;而对于敌

传奇名将

图文珍藏版

方,高明的将帅应尽量避开其锐气,趁其气衰时而击之。

时势造英雄

当我们沿着历史的长河追寻孙武的踪迹时可以发现:他埋首于中华大地,吸吮着中华民族的智慧精华,铸造着自身闳阔深远的谋略根基;在波诡云谲的政治飓风前,孙武不逆"风"而行,因此他非但未损&分毫,反而借助乱世之"风"脱颖而出;战争的刀光剑影中,孙武在血与火的搏击里打锤着自己的豪杰本色,勇敢地响应着时代的呼唤。

风云时代,呼唤英雄;顺应环境,始有兵圣。孙武无疑是英雄,可他也只有在春秋这样特殊的环境中才能成为英雄。孙武有幸,他生逢乱世,顺应环境,并趁应时机成就兵圣美名!

中华民族发源于中原,然后向四周扩展,逐渐形成统一的民族。炎黄子孙向来以自己的疆土地大物博、幅员辽阔而自豪。然而几千年来,中国人面对的地理环境实际上却是一个相对封闭的大陆性环境。西北为帕米尔高原,山路崎岖,虽有一线可通,巨大而高寒干旱之区,在整个古代仍是一个难以逾越的西北地理极限。西南有世界上最高的山脉——喜马拉雅山,成为中国与南亚诸国的天然分界,而横断山脉阻隔着热带丛林瘴疠之区,越往古代越是中国与东南亚之间交往的障碍。北方地势起伏不大,为广漠无垠的草原与沙漠,人烟极稀。东面自黑龙江东部沿海直到东南沿海,有 2 万多公里的海岸。在先人们的心目中,他们的国土就是世界,诸夏和四夷共同构成了"天下"。所以,汉语中有两个词语都可以翻译成"世界"。一个是"天下",另一个是"四海之内"。

生息繁衍于这样一块位于亚热带的"天下"、勤劳聪明的华夏祖先很早就知道以五谷为生。传说中的华夏祖先神农氏就是因发明农耕技术而得名的。"神农之时,天雨粟。神农遂耕而种之,作陶冶斧斤,为耒耜锄耨,以垦草莽。然后五谷兴助,百果藏实。"(《周书》)随着农耕技术的普遍推广,先人们逐渐懂得以土地为生存的根本基础,以农作物为生活的主要来源,从而使农耕文化得到充分的发育成长。游牧文化和渔猎文化虽然也占有一定的地位,却未能得到健康的发展,以至今天中国人口中从事农业的仍然占百分之七十到八十。

土地是农业的根本,是华夏民族共同的生活基础,同时也是引起各氏族部落逐渐汇聚的主要因素。

在千年的文明历史上,中国远古文化具有多元区域性的特点。新石器时代,黄河流域中下游先后分布有前仰韶文化、仰韶文化、河南龙山文化、青莲岗文化、大汶口文化、山东龙山文化等区域;长江流域由下而上也先后存在有河姆渡文化、马家洪·松泽文化、良渚文化、皂市文化、大溪文化、屈家岭文化、湖北龙山文化等区域。虽然其他地区还有一些文化区域,如长城南北的燕辽文化区,黄河上游的甘青文化区,鄱阳湖上珠江三角洲一带的华南文化区等等,但是无论从分布密度还是文明程度都不及黄河中下游和长江中下游地区。究其原因,关键在于这两大区域土地肥沃、气候温暖,具有得天独厚的自然条件,特别适于农业生产,因而不断吸引着散布于各地的氏族部落作向心性的迁徙。

在氏族社会,这种迁徙主要是以部落的分化或融合的方式进行的。为了争夺有利于维持生存的土地、河流、山林等天然财富,部落内部分化出的不同势力群体之间常常发生械斗,部落之间更是频繁厮杀,于是招来了人类文明的助产士——战争,人们借助战争开疆拓土,征服异族,向"天下"之中渐进。

战争的频繁出现,成为加剧各氏族部落的分化和融合的重要原因之一,以至在漫长的迁徙过程中逐渐形成三大集团,即西北的华夏集团,东方的东夷集团,南方的苗蛮集团。三大集团虽各据一方,却又彼此觊觎,不时进行大规模战争。

在距今5000年左右,三大氏族集团之间爆发了几场旷日持久的大战。这就是华夏集团内部黄帝与炎帝的阪泉之战,炎帝、黄帝联合起来与东夷集团蚩尤的涿鹿之战。

战前,黄帝"修德振兵,治五气,艺五种,抚万民,度四方,教熊罴貔貅豺虎",从政治建设、军事训练、农业生产等方面做了充分的准备,然后与炎帝战于阪泉之野,三战乃胜。不久,蚩尤率领所属81族,围攻黄帝族。黄帝族率领各附属部族,九战九不胜。后得玄女族帮助,吹号角,击夔鼓,乘蚩尤族迷惑、震惊之际,冲破迷雾重围,击败蚩尤,终在冀中之野(即冀州,今河北地区)将其擒杀。至此,黄帝族统一了黄河中下游两大集团。

这一系列大战,使过去以血缘关系为基础的氏族部落逐渐演变成以地域和财产为基础的氏族联盟,即民族。

黄帝族统一黄河以北地区后,其首领轩辕氏自然成为华夏民族的共同领袖,最高军事长官。此后,战争的确"变为一种正常的营生",频繁出现,越演越烈。从夏禹到周武,从齐桓到秦皇,无不是以这种"营生"开疆拓土、夺取天下的。

随着阶级和国家的出现,战争由单纯攫取土地和财富演变为争夺政权乃至整个天下的主要途径。战争规模也随之而日益扩大。著名的牧野之战中,商纣王的军队多达17万,周武王也有兵车300乘,虎贲3000人、甲士45000人,以及庸、卢、彭、濮、蜀、羌、微等八个方国的部落军队。双方交战时那种戈相拔、剑相及、人嚣马叫的壮观场面可想而见。这时,战争虽然越来越激烈,同时也越来越脆弱,比以往更加依赖于土地。战争的胜负既取决于双方智慧的较量和力量的拼搏,更取决于彼此物质基础的状况。人们要想赢得战争,必须充分利用土地,发展生产,积累财富,为战争提供雄厚的物质基础。否则,战争就难以为继,难以取胜。

土地纷争引起战争,战争胜负依赖土地,土地开拓又依赖战争。社会历史如此往返循环,越来越明显地成为华夏民族生活的主旋律。它不仅构造出一个兵农合一的社会组织形态,而且孕育出融农耕文化和军事文化精华的制胜智慧。

在长期农耕劳动中,先民们不断探索日月运行和四季变化的规律,努力掌握地理山川的特点及动植物生长的奥秘,以便战天斗地,从土地上得到丰富的生活资料。女娲补天、后羿射日、大禹治水等著名的古代神话形象地说明,勤劳勇敢的华夏远祖们已经习惯于把人类的衣食住行与整个大自然的运动变化联系起来考虑。这种物我合一、天人合一的观念使中华民族逐步形成重整体、重综合、重宏观的独特视角,以及唯物、辩证的思维方法。这种独特视角和思维方法在农战合一的过程中自然而然地引入军事领域,日渐产生出高度重视战争、长期准备战争、讲机变、重权谋的制胜智慧。这一切蕴藏在中华民族的血脉中,启迪众生的智慧,点悟人杰的心灵,导演出商汤伐桀、周武克殷等一幕幕惊心动魄的战争活剧。无疑,它也遗传到孙武的精神世界,激活这位伟人的聪明睿智和非凡才华,进而衍变为孕育《孙子兵法》的原始基因。

俗话说:"人杰地灵。"齐国是一个社会政治环境开放,文化特质充满活力,特别是兵学传统悠久博大的国度。孙子生于斯,长于斯,不知不觉间,就从这片富饶肥沃的文化国土里汲取了丰富而充足的营养。可以说,正是齐国这一特定的地域文化孕育了一代兵圣——孙武,就恰如儒家宗师——孔子,只能诞生于周代礼乐文明充分保留的鲁国一样,这是历史的必然。

齐国的始祖是那位无饵钓鱼,愿者上钩的姜太公吕尚,此人文韬武略,曾辅佐周文、武王讨灭商纣,功居群臣之首,被周武王尊称为"师尚父"。周武王灭商后,大封诸侯,"以藩屏国",吕尚被封于东夷势力强大且战略地位十分重要的东方,国号为齐。

吕尚就国后,在齐地所遇到的局面比较困难。经济上齐地很落后,人口稀少,土地贫瘠:"齐地负海泻卤,少五谷,而人民寡。"(《汉书·地理志》)政治上极不稳定,东夷族与殷商有着很深的感情,敌视周族,甚至,东夷族的分支莱夷族还以武力阻止吕尚东进建国,而且吕尚又不是周室的同姓,一旦有重大事情不易像鲁国那样得到周室的全力支持。在这种非常艰难的情况下,吕尚毫不畏惧,再次施展其超人的智慧,采取了一系列高明有效的措施,来开拓局面,建国安邦。

第一,在民族关系上,对当地东夷、薄姑等族采取"因其俗,简其礼"的政策,软化其反抗立场,调和民族关系,维护社会安定团结大局,这一点在开国之初,尤为重要。所谓"因其俗,简其礼",它的实质就是不强制去推行周人的那一套"礼乐文明",而是因袭、顺应东夷等人的传统文化、风俗习惯。吕尚的这一方针,为后代齐国统治者所遵循。它的长期实施,导致了"人民多归齐"的大好结果。

第二,在经济上,针对齐地经济落后而自身具有某些优势的特点,因地制宜,讲求实效,大兴工商,改造土壤,植桑养蚕,通渔盐之利。

第三,在政治上,吕尚主要采取了两条措施。第一条是用人政策,就是在用人问题上采取不计出身,唯才是举,不重名分,以功为尚的政策。吕尚在齐国采取的这条开放的唯才是举的用人政策,比较客观公正地选拔了一批人才。

另一条政策是礼法并用。具体地说,就是一方面,运用教育的手段,教育民众如何规范自己的行为,树立正确的道德标准,以便形成一个有秩序的社会环境;另一方面,祛邪扶正,扬善惩恶,以法令治天下,确保教育的成果,维护社会的正常秩序。

在这样得天独厚的社会环境中,齐地的文化以其独特的面貌出现在漫长的历史长河中,并为孙武及兵学的诞生提供了良好的文化氛围。

首先,齐国的社会环境铸就了齐地民众的独特资性。这就是《史记·货殖列传》所说的"齐俗宽缓阔达,而好议论",使齐民众易于"随时而变,因俗而动"(《管子·正世》)。我们知道"攻人以谋不以力,用兵斗智不斗多",乃是中国古代兵学的一大传统,齐人"足智"尚谋的地域文化传统,对于兵学理论的构建,是一种文化上的推动。孙武长于齐国,这种地域文化精神势必会在他身上打下烙印。另外,齐人"阔达""舒缓"这一国民心理,反映到学术上,就具有宽容精神。在与外界接触中,齐人容易接受新观念,新思想,并择善而从,加以必要的改造为己所用,发展丰富自己的主体文化。这一点反映在孙武的身上,就是他迁居吴国以后,同出身楚国贵族、深富韬略的伍子胥过从甚密,切磋学术,从而自己增加了对南方军事文化的理解,扩大了视野。

其次,齐国的社会环境导致齐国学术独具的特点。一定的文化是一定的社会物质生活的产物,齐国顺应民俗、注重民生、讲求功利、并用礼法的社会大环境,使得在此基础上发展起来的齐国文化具有注重实用和兼容博取的两大特点。齐国的实用之学相当发达,在数学、医学、植物生态学、土壤分类学、天文学、地理学、化学等方面,均有重大的建树,在当时处于领先的地位。如《考工记》的作者是齐人,名医扁鹊也是齐人。这种实用之学的发展,对于兵学的进步具有一定的关联,因为兵学是一门实用之学,它不尚空谈,以现实利害为依据,重视解决实际问题。孙武强调用兵作战要"合于利而动,不合于利而止","非利不动,非得不用,非危不战"的思想,正是齐国这种讲求功利,注重实用特点在兵学领域的具体反映。所以孙武及其兵学的诞生,当与齐国注重实用的学术相一致。齐国学术的又一特色是兼容博采。齐国的学者善于将各家各派的思想融会而兼取,从而形成崭新的学术风貌。如管仲、晏婴的思想就兼有儒、道、法等多元思想的倾向。孙武之后的田桓公开始设立的"稷下学宫"则更充分地印证了这种现象。当时,田桓公在国都临淄的稷下设置学宫,"设大夫之号",招揽学者。到了齐威王、齐宣王时,稷下学宫人才济济,竟达1000多人,其中还包括思想大师孟子和荀子这样的人物。这些学者在享受优厚待遇的同时,"各著书言治乱之事,以干事主",并展开学术辩驳和交流,整理典籍和文化。齐国的这种文化氛围对孙子兵学的诞生提供了适宜的温床。纵观《孙子兵法》全书,我们可以清楚地看到,它既充满了齐文化积极进取、注重实用理性的精神,又不乏南方文化特别是吴楚文化的阴柔辩证的特点。如孙武将"道"列为五事之首,强调从政治的高度考虑军事问题,显然是孔子代表的儒学思想的渗透;"令之以文,齐之以武"的治军观,强调"施无法之赏,悬无政之令"则明显地留有早期法家思想的痕迹;至于全书所充满的朴素辩证思想,那可以说是老子学说影响的结果了。凡此等等,不一而足。

当然,毫无疑问,孙武之所以能够诞生于齐国,更重要的原因还在于齐国是一个军事大国,具有悠久深厚的兵学传统。

强大的军事实力是齐国经济发展、文化繁荣的坚实后盾。齐国自西周太公治齐到战国后期,始终是东方地区首屈一指的诸侯大国。这一局面之所以得以维持,实赖于齐国强大的军事实力,能够在诸侯兼并、争霸斗争中战胜强国,日趋强盛。而军事强国的客观环境,则有力地推动着兵学传统在齐国的形成和发达。而这一切,恰好又让孙武赶上了。齐国是军事家诞生的摇篮,是兵学巨著的策源地,孙武长于这样的国度,绝顶聪明的他当然要抓住这个摇篮所给予他的一切机会,乘着尚武国风而直上青云。

孙子所出的田氏家族,是当时齐国新兴势力的政治代表,它顺应历史潮流,采用封建剥削方式,对齐国完成奴隶制向封建制的历史转变做出了重要贡献。这样的家族对于孙武的诞生和其进步思想的形成,自然具有不可忽视的影响。同时田氏家族也是具有兵学造诣的军事世家,这使得孙武自幼便受到良好的军事学熏陶,为其日后从事战争实践和开展军事理论研究打下了坚实的基础。

提到田氏家族,不能不从田氏代齐说起。

田氏代齐是春秋战国之际的重大历史事件,也是决定齐国社会形态变革的根本标志。它的发生并非偶然,乃是姜齐统治日趋腐朽,各种社会矛盾高度尖锐的必然产物。

春秋晚期，齐国统治者日益腐化、残暴，社会矛盾尖锐激化，这种情况在齐景公统治期间尤其突出。齐景公即位后"好治宫室，聚狗马，奢侈，厚赋重刑"。当时的政治家晏婴批评他是"高台深池，赋敛如弗得，刑罚恐弗胜"(《史记·齐太公世家》)。老百姓劳动收入的绝大部分都被官府所盘剥劫掠，而刑罚之残酷，则使得市场上鞋子便宜而假足腾贵。残暴的统治造成"民人痛疾""民人苦病，夫妇皆诅"。当时的有识之士，都清楚地看到了姜齐统治日暮途穷这一事实，认为已经进入"末世"。其实这并不仅仅是齐景公等人的个人品德问题，主要是奴隶制走到尽头的必然结果。新兴势力田氏家族即充分利用这一机会，通过各种手段夺取政权。

田齐政权的祖先，是陈国的公子完。当年由于陈国公族的内部斗争，陈完被迫出走齐国，在齐桓公手下，担任"工正"这一基层官职，在齐国留居下来，并以陈、田二字声近，而改姓田氏。从此，田氏家族在齐国扎下了根，绵绵延续，枝盛叶茂。到了其四世孙无宇(桓子)时，已官至"上大夫"，他就是孙武的曾祖父。无宇生武子开，武子开生釐子乞，田乞事齐僖公为大夫。此人可不简单，他在借贷粮食给民众的过程中，采取让利于民的做法，"大斗出，小斗进"，以笼络人心。结果果然是"得齐众心，宗族益强，民思田氏"(《史记·田敬仲完世家》)，挖了姜齐统治的很大一块墙脚。

田乞逝世后，他的儿子田常(田成子)按当时世卿世禄制度的惯例，继续担任齐国的要职，相齐简公。他把乃父的政治手腕学得出神入化，仍然"以大斗出贷，以小斗收"，争取到齐国民众的普遍支持："齐人歌之曰：'妪乎采芑，归乎田成子'。"这样就使得田常在激烈的宗族斗争中，不断取胜，并杀齐简公而立平公，自己担任国相。尔后，田常又把军政大权掌握在自己手中，让平公只挂一个国君的空名。这样五年下来，齐国政权完全成了他的掌中玩物，那些曾经风云一时的大族如鲍、晏等势力被铲除得一干二净。田常还分割了自安平以东至琅邪的一大片土地作为自己的封邑，面积远远大于"平公之所食"，实际上奠定了田氏最终代齐的基础。

田常去世后，子田襄子代立，继续相齐。他加快了代齐的步骤，让自己的同宗兄弟尽任齐国的都邑大夫，控制地方政权，并"与三晋通使"，争取外交支持。这样延续到他孙子田和之时，田氏家族终于"图穷匕首见"，推开傀儡，粉墨登场，把齐康公搬迁到遥远的黄海边上，留给他一座小小的城池作为食邑，"以奉其先祀"。至此田氏代齐的步骤基本完成，封建制大厦在古老的齐国大地上矗立起来了。

虽然田氏代齐的关键步骤是在孙武身后发生的，且自其祖父(无宇的次子)田书(字子占)起，在受齐景公的赐封采邑的同时，又赐姓孙氏，使得孙氏在齐国与陈氏分开，另立新的宗族，然而这个进步的历史过程，对孙武兵学的形成依然是不无影响的。首先，由于孙武与田氏集团的渊源关系，田氏家族的兴衰对他来说仍是休戚相关的大事，他当然要站在田氏集团的一边，并在兵法著作中对这种进步倾向加以反映。其次，从《孙子兵法》以及佚文《吴问》等资料来看，我们的推论可以成立。他站在正确的立场预测晋国大族兴衰趋势，强调"令民与上同意"，"上下同欲"，都和日后田乞、田常等人的所作所为有其精神上的一致之处。可见田氏家族的进步立场，对孙子兵学的形成并具有积极倾向不无关系。

田氏家族也是当时著名的军事世家。孙武的先人中不无韬略出众、战功显赫的人物。他的曾祖父陈无宇，以勇力事齐庄公，甚受庄公的宠信。后来在齐国内部陈、鲍与栾、高的家族斗争中,这位陈无宇曾率陈、鲍家族甲兵伏击对手,大败栾、高氏,并"分其室",表现了突出的军事才能。

孙武的祖父田书,亦是一位颇有影响的名将,在齐国担任大夫一职。齐景公二十五年(前523),齐国军队征伐莒国,陈书尝参与其事,其间还独当一面执行作战任务,立有大功。《左传·昭公十九年》中曾生动载录了这场战斗的经过:田书出敌不意乘夜派军队缒登纪郚城垣;及登上60人而绳索中断,于是随机应变,让城上城下的官兵齐声鼓噪而虚张声势,莒共公不知虚实,丧魂落魄,居然望风逃跑,齐军遂兵不血刃攻入城中。此役充分体现了田书临敌沉着冷静,善于出奇制胜的军事指挥才能。正因为田书在伐莒之役中立有重要功勋,齐景公才把乐安(今山东省惠民县)封赐给他,作为他的食采之邑,并赐姓孙氏,以表彰其卓著功勋。

略早于孙武的田穰苴也是田氏后裔、一代名将。他具有优秀的军事才能,被晏婴称誉为"文能附众,武能威敌"。曾于公元前531年出任齐国将军,统率齐军抗击燕、晋联军对齐国的入侵,兵锋所指,锐不可当,迫使燕、晋联军仓皇后撤。田穰苴率军乘胜追击,一举收复为燕、晋所侵占的齐地,因而被齐景公尊为大司马。故人们也称田穰苴为司马穰苴。司马穰苴治军严谨,执法公正,其辕门立表诛斩监军庄贾之事被传为治军史上的一段佳话,脍炙人口。司马穰苴在军事理论方面也造诣精深,颇有建树。他对古者《司马兵法》曾有过深刻的研究和阐述,是一位能够"申明"古者《司马兵法》的人,对古代兵学思想的发展做出过自己的贡献。

这种军事世家的传统即使在孙武身后也还在绵绵延续。例如孙膑,就可以视作为田氏家族(就大范围而言)在战国中期军事理论领域内的杰出传人。《史记·孙子吴起列传》记载,"孙武既死,后百余岁有孙膑。膑生阿、鄄之间。膑亦孙武之后世子孙也"。孙膑在军事领域的建树和齐、魏桂陵之战,马陵之战中的卓越表现,是为我们所熟知的。但他在战国时期的出现并建功立业,却使我们能够更进一步地肯定,孙武所出的田氏家族,实实在在是一个长期延续、极有作为的军事世家。

军事世家的优越条件,对于孙武的军事造诣和《孙子兵法》的创作的意义不可低估。我们知道,家族内部专门学问的累代相传,在古代信息传播落后的环境里,乃是学问传授、文化建设的主要方式,我们通常把这种现象称作为"家学"。儒学的传授是如此,所以汉代传经方面"家法"的盛行即系这个缘故。兵学的传授同样体现了这个特点。《孙膑兵法·陈忌问垒》所附残简中提到的"孙氏之道",是"明之吴越,言之于齐",就说明两种《孙子》本系一家之学。可见生长于军事世家这一得天独厚的条件,对于培养孙武潜心研究军事的兴趣,追求在军事领域中有所作为,都是难能可贵的理想条件。而孙武日后的杰出表现,也为田氏军事世家的门楣增添了夺目的光彩。这真可谓有这样的家门,足以自豪;有这样的子孙,足以欣慰!

骊山烽火灭宗周。在内乱和戎狄入侵的交织打击下,公元前770年,周平王被迫挥泪作别镐京,辗转迁都洛邑。从此周王室开始衰落,周天子号令天下的时代宛如明日黄花,一去不再复返。诸侯兼并、大国争霸、大夫擅权与夷夏斗争阔步登上了历史舞台。

冰冻三尺,非一日之寒。春秋社会大变革的发生并不是偶然的。其原动力自然当首推社会经济生活条件的变化。

早在西周时期冶铁技术即已发明,春秋前期的铁制农具既为文献所记载,也为考古发掘结果所证实。当时铁农具的初步使用和牛耕技术的渐露端倪,无疑有力地促进了生产力的发展,它既可以大面积地开垦土地,又提高了劳动生产力和耕作水平,从而使较小规模的农业生产重新组合成为可能。这势必对古老的井田制度产生巨大的瓦解作用。在这种情况下,各国先后采取了承认既存现实的经济措施。如齐国实施"相地而衰征"的政策,晋国"作爰田",改变以往的土地定期分配制度,鲁国推行"初税亩"政策,按占有私有土地的多少征收赋税。这些经济改革措施使得齐国"甲兵大足",晋国可以"作州兵",鲁国能够"作丘甲",基本达到了增加赋税和加强军事实力的目的。同时,它在客观上也适应了新的生产关系的成长,致使私有土地迅速扩大,进一步加速了井田制的瓦解。经济上的变革还带来阶级关系的变化,使部分贵族向新的生产关系代表者方向转化,使处于最底层的劳动者开始摆脱没有人身自由的处境,整个社会处于分化和重新组合的动荡之中。与此相一致,社会生产力的发展和社会生产关系的变革,也使得武器装备得到改良,军队的构成有了变化,从而使战争规模逐渐扩大,作战样式发生演变。

比社会生产力发展促进春秋社会变革更为直观的是当时社会政治生活的云诡波谲。春秋时代的社会政治生活,用《史记·周本纪》的话说,便是"周室衰微,诸侯强并弱,齐、楚、秦、晋始大,政由方伯"。具体地说,可以公元前546年"向戍弭兵"一事划分为前后两个时期。前一个阶段的主要特点,是王室衰微,大国争霸,华夏与周边少数部族的冲突和融合。后一个阶段,其间虽也发生了吴越勃兴、北上争霸等事件,但是,总的说来"尊王攘夷"的旗帜已经黯淡,中原大国争霸战争已进入了尾声,华夷融合基本完成,各国内部的经济、政治变化越演越烈。政治格局上,曾先后出现"卿大夫专权"和"陪臣执国命"诸现象,学术文化重心下移,从而为战国时期更剧烈变革时代的来临创造了条件。

春秋的第一个阶段。周平王东迁后,王畿的土地日益缩小,经济、政治、军事实力一落千丈,过去那种以天下共主身份同各诸侯国建立起来的统一纽带逐渐解体,中原诸侯国不再定期向周天子述职和纳贡,周室由于积贫积弱而不得不放弃天子的尊严,向诸侯国"求赙""求金""求车"。这种局面反过来更增添了诸侯国对王室的蔑视。郑庄公首先跳出来向周室发难,与周王兵戎相见。后来的晋文公更是不把周天子放在眼里,在举行盟会时,像对待小国似的将天子呼来唤去,周天子的面子丢失殆尽。但是另一个方面,传统的宗法观念仍然深植人心,周天子在当时毕竟还是名义上的天下共主,所以,人们还需要利用这块金字招牌,为自己的争霸提供条件。这就是争霸战争中之所以打出"尊王"旗号的缘由。春秋前期政治生活中的又一内容,就是戎狄对诸夏的骚扰。当时的"戎狄"社会文明发展程度较低,他们对华夏的原始掠夺威胁着诸夏人民的生活,所谓"南夷与北狄交,中国不绝如线"(《公羊传·僖公四年》),成为一个严峻的现实问题。所以诸侯们纷纷提出"攘夷"的口号,为自己从事争霸斗争服务。

春秋初期,郑庄公首先揭开了争霸战争的序幕。继郑庄公之后,齐桓公正式扮演了大国争霸中的主角。他任用管仲,整顿内政,发展经济,充实军力。尔后联合华夏诸国抑制住戎狄的进犯,"救刑存卫"。同时还兵临汉水,挫败南方楚国北进的锋芒,并召开葵丘大会,确立了自己作为中原霸主的地位。

齐桓公死后,齐国爆发内乱,其霸主地位随之丧失。这时,大国争霸的中心遂转为晋楚两国的较量。晋楚争霸斗争绵延了100多年,其中经历了晋文公的图霸、楚庄王北上争霸和晋悼公复霸等几个重要阶段。在此同时,作为二等大国的齐、秦诸国也不甘寂寞,积极参与其中。

各大国在争霸的同时,也积极向周边"戎狄"部落进行征服活动。秦穆公"益国十二,遂霸西戎";晋征服众多的赤狄、白狄部落;齐灭莱夷;楚吞并汉淮流域的小国,就是显著的事例。同时,有些中原国家还与戎狄互通婚姻,促进了民族之间的交流和融合。

长期延绵不断的争霸斗争,严重地消耗了各大国的实力,而社会经济、政治形势的发展,又使各大国内部的各种矛盾日益尖锐,各大国都感到难以为继。而各小国久苦于大国争霸战争带来的灾难,更希望有一个和平的喘息间歇。在这种背景下,弭兵止武之议随之而起。公元前546年,在宋国向戍的倡导下,14个诸侯国代表在宋国举行了一次弭兵盟会,以各小国承认晋、楚为共同霸主的方式而基本结束了晋楚两国军事抗衡的局面,大国争霸战争从此接近了尾声。

历史进入了春秋后期。这一时期社会政治生活的主要内容,是诸侯国内部卿大夫强宗的崛起和国君公室的衰微。当时各大国的诸侯,均被连绵不断的兼并、争霸战争拖得精疲力竭,这样就给各国内部的卿大夫提供了绝好的机会,得以榨取民众的剩余劳动积累财富和损公室利民众的方式收买人心。这种情况的长期发展,使得一部分卿大夫逐渐强大起来,成为社会政治生活中的主角。西周时期"礼乐征伐自天子出"的政治格局,在春秋前期一变为"礼乐征伐自诸侯出",这时再变为"自大夫出"了。

孙武诞生于春秋末期,其间次数频繁、交锋激烈、空间宽广、形式多样的战争给他提供了实践的有利条件。在非生即亡的战场残杀中,只有能通过血与火的搏杀考验,人才能生存发展。孙武无疑是成功的,他勇敢地响应了时代的呼唤,凭自己的睿智投进了战争的怀抱,靠烽火与硝烟获得了成长,并在历史上塑造了一个成功者的永恒形象。

"国之大事,在祀与戎",战争作为阶级斗争的最高形式,占据了春秋社会活动中的显著地位,成为当时社会政治、时代文明的焦点和枢机。在春秋300年左右的时间里,各种战争此起彼伏,史不绝书。与这300余年的文明史伴生的,便是一部300余年的战争史。孙武生逢其时,在他之前的战争中汲取经验,并应用于自己指挥的战役里,如此一来,他便在战争中获得了生长之源。

在春秋战争流行榜上,赫然陈列着以下许多"明星":郑庄公克段之战、郑卫制北之战、郑卫宋东门之战、郑抗北戎之战、周郑繻葛之战、齐鲁长勺之战、晋假途灭虢之战、宋楚泓水之战、晋楚城濮之战、秦晋崤之战、晋齐鞍之战、晋楚邲之战、晋楚鄢陵之战、吴楚鸡父之战、吴楚柏举之战、吴越笠泽之战……它们就是发生在当时的几次比较重要而典型的战争,成为古代战争史上精彩的篇章。

这些战争,就战争的对象和目的而言,可以划分为几个基本类型;华夏诸侯与戎狄各族间为争夺生存空间的战争;诸侯争霸与大国兼并的战争;周天子为挽回失势而发动的征伐诸侯之战;下层民众为反抗暴政而举行的军事斗争;统治集团内部为争夺权力宝座的战争;新兴势力向旧势力夺权的战争,等等。其中诸侯争霸与大国兼并战争是当时战争活动中的主流。从战争自身所涉及和包含的内容看,当时的战争已经基本包举了古代战争的方方面面,战争的种类已相当齐全,这反映出战争业已趋于高度成熟,这对于孙武在军事理论方面的相应总结来说,无疑具有重大的意义。

这一时期的战争,就战争的性质而言,也有进步和落后的明显区别。因为在它们中间,有的打击了暴政,促进了社会形态的变革,维护了国家的统一和安宁,推动了历史的前进;有的则维持了反动暴虐的统治,给国家和民众带来深重的灾难,阻碍了历史的进步。

春秋时期的战争,就战争的作战样式和艺术而言,也较以往的战争趋于完备和复杂。一般而言,大方阵的车战是当时作战的最主要样式。然而自春秋中期起,由于井田制的衰落,"国""野"畛域的渐渐泯灭,"野人"的大量涌入军队,武器装备的改进以及与戎狄步兵作战的需要,步兵重新崛起,步战再次渐渐占据主导地位。这在南方吴、楚、越诸国中表现得尤为显著,同时,从春秋开始,水军渐渐得到发展,水战在南方地区较为流行;而商代萌芽的单骑,到春秋末年也有了初步的成长。这样就更有力地推动了战争方式的日趋复杂。

另外,在当时的战争中,除了堂堂之阵的正面会战外,城战、要塞战、伏击包围战、奇袭战等战法,也初步进入了角色,做出了相当瞩目的表现。而就当时的战争指导而言,战争指导者也普遍注意将军事斗争与政治、外交斗争加以结合,并重视运用智谋韬略,强调争取联合与国,注重灵活用兵布阵,加强军队建设发展,提倡用间惑敌误敌,从而使战争不断呈现出新的面貌、新的气象。

当然,春秋社会发展是有阶段性的,并不平衡;与此相适应,春秋时期的战争也可以按其主要特点,划分为前后两个阶段。前期战争受旧军礼的制约和影响,明显带有温和的色彩;而后期战争则更多打上激烈诡诈的烙印。这给孙武以谋略制敌胜敌提供了非常有利的条件。然而,这种阶段性的差异并没有改变春秋期间刀光剑影战争活动占据社会生活主流这一基本性质。概括地说,战争发展到孙武所处的春秋晚期,已经完成了从幼稚到比较成熟的历史运动过程。总的趋势就是:战争的规模日趋扩大,战争的样式日趋复杂,战争的程度日趋激烈,战争的频率日趋频繁,战争的意义日趋明确,战争的结局对社会生活的影响日趋增大。而所有这一切,又是与社会演进的大趋势相一致的。

战争历史的悠久长远,战争经验的丰富深刻,战争方式的复杂多样,战争意义的鲜明突出,一句话,战争的丰富实践,到春秋晚期业已为军事理论家系统构筑军事理论体系,指导战争实践创造了条件,提供了生长的契机。时代已经伸开了巨臂,准备迎接一位杰出的军事思想家投向它的怀抱了。沧海横流,方显出英雄本色,孙武他勇敢地响应了时代的呼唤,睿智地承担起光荣的使命,立足现实,回溯过去,瞻望未来,原于战争,高于战争,终于向历史递交了一份圆满的答卷——《孙子兵法》,并开始了自己在战争史上不朽的生长历程。

显赫家族

孙武的父亲叫孙凭,在孙武出生后,为了给他取一个好名字,孙凭确实费了一番脑筋,后来,孙凭想:"值此春秋乱世之际,人心思定,将来若此儿有出息,能以武定国安邦,就算是实现了我最大的心愿。"于是遂为其定名为孙武。

孙武青少年时期受教育的情况,史书是没有记载的,但我们从他的家世来推断,作为贵族出身的孙武,应当从小就受到同其他贵族子弟一样系统而又良好的教育。

根据文献记载,古来的小学生入学年龄从8岁至15岁之间。高级贵族子弟入学较早,中低级的贵族入学较迟。但很可能中低级贵族子弟未入学前,先学于家塾,年龄渐大才入国学之小学就读。他们一般经过7年的学习,即可升入大学。

孙武受教育的内容,当包括德、行、艺、仪等四大方面,而以礼、乐、射、御、书、数等六艺为基本内容。在小学以书、数的学习为重点,在大学以诗、书、礼、乐的学习为重点。

六艺是六项训练的技能科目,内容繁杂而具体,要求很高。

"礼"有五礼,即吉、凶、宾、军、嘉等。

吉礼讲祭祀,以敬事邦国鬼神。孙武从小对祭把鬼神一类的活动相当反感,所以后来在兵书中写下了"禁祥去疑""先知者,不可取于鬼神"的名句,这在当时尤为难得。凶礼讲丧葬凶荒,以救患分灾,哀悼死亡。宾礼是诸侯朝见天子,以及各诸侯国之间相互交往时的礼节。嘉礼是宴饮婚冠等喜庆活动的礼节。饮食礼用以敦睦宗族兄弟,婚冠礼用以使男女亲爱与成就德性,享燕礼用以亲近四方宾客,贺庆礼用以和亲诸侯之国,等等。

孙武对军礼最感兴趣。因为军礼专门讲整编队形和作战的阵势,辨识金鼓旌旗发布号令的规则,教导兵众坐下、起立、进退、距离疏密远近的节度等等。后来孙武写下了"夫金鼓旌旗,所一人耳目。人既专一,则勇者不得独进,怯者不得独退,此用众之法"的论述。由此可知,军礼方面的教育给青少年时期的孙武打下了深深的印记。

金鼓旌旗作为军事指挥号令系统,在军中由大将亲自掌握。"将专主旗鼓,临难决疑,挥兵指刃,此将事也,一剑之任,非将事也。"战士的职责是从事白刃格斗,将领的职责在于指挥全军。一名优秀的将领不在于"一剑之任",而在于"专主旗鼓,临难决疑,挥兵指刃"。孙武因此而从小立下了为将挥兵指刃的远大志向。

乐有六乐,它既是舞曲,也包括乐舞的歌词,分别歌颂黄帝、唐尧、虞舜、夏禹、商汤、周文武六代历史人物的功德,是史诗性的舞蹈音乐。其中的《大武》乐舞反映的是周武王灭商统一中国的武功。是当时大学教育的重要内容,春秋吴公子季礼聘鲁,观周乐,见舞《大武》,叹到:"美哉!周之盛也,其若此乎!"此歌舞一定是威武雄壮、大气磅礴,所以荀子也曾说:"歌《大武》使人心庄。"孙武受到这种舞乐的教育,必定油然而生庄严神圣的使命感,他要仿武王圣迹,戢兵定功。

射与御,都是军事训练课。射是六艺中很重要的学科。"射者,男子之事",从出生之日开始就强调这件事。当时贵族生下男孩,门左要挂弓,第三天就背着婴孩举行射的仪式,表示男子的责任是守御四方、捍卫国家,出生后就要学射。到了入学年龄,要接受正规的训练,不能射的,就不称男子之职。

射有五射,即指五种射箭技术,即白矢、参连、剡注、襄尺、井仪,每项要求都很高。

一是白矢,要求穿透箭靶,露出箭头。重在训练开弓的臂力。

二是参连,要求第一箭射出之后,后三箭连发两中,即通常所说连珠箭法。重在训练发射的速度。

三是剡注，要求矢入箭靶，羽颈高，箭头低。重在训练力猛锐，使箭能贯物而过。

四是襄尺，君臣同射，臣不得与君并立，须后退一尺，重在训练谦让之品德。

五是井仪，连射四箭皆中靶并成"井"字形状。重在训练箭法的准确。

孙武在五射的学习中定是非常用功的，因为他应该知道日后的沙场征伐中，这是关乎性命安危的本领。

御有五御，即五种驾车技术。

一是"鸣和鸾"，要求车辆起动时，装在车辕前端衡上的铃（称为鸾）和装在车箱前边轼上的铃（称为和）齐声共鸣而有节奏，说明起步非常平稳。

二是逐曲水，沿着曲折的水沟边驾车前进而不使车落于水中。

三是过君表，要求在驾车途中遇到路障，能够不碰撞障碍物，迅速安全通过。平时训练，多半在辕门设障，训练学生驾车。

四是舞交衢，车在交叉道上，来往驰驱，旋转适度，合舞蹈节奏。

五是逐禽左，在驾车出猎时，要求驾车人善于运用车辆协助围猎或阻挡猎物，利于射获。

书有六书，指象形、会意、转注、处事、假借和谐声。那时的识字教学，是将汉字的构成分为六书进行的。孙武应当精于学书，他学的不仅仅是认几个字和会书写，而是要下笔如走神，能把他的军事思想完美地表达出来，所以他后来写就的兵法才能"辞如珠玉"名言层出。日本人称孙武为"东方第一流的大文豪"。

数有九数。数，包括算术和数学，指方田、粟米、差分、少广、商功、均输、方程、赢不足、旁要等九种运算方法。方田，讲的是田亩面积计算等问题。粟米，讲的是按比例交换问题。差分，又叫衰分，讲的是等级——按比例分配问题。少广，"少"为多少，"广"为宽广，讲的是在体积计算中运用开平方和开立方的方法问题。商功，讲的是工程的计算尤其是体积的计算的问题。均输，讲的是按人口、路途等条件，合理安排运输赋粟和分配徭役等问题。方程，讲的是联立一次以及正负数问题。赢不足，又叫"盈不足"，讲的是运用假设的方法解决难题。旁要，讲的是"勾股定理"。

这都是一些非常实用的运算方法。孙武对这些非常感兴趣，认为它很重要，在后来所著兵法中开篇的"计"，就是讲如何筹算的问题，其他篇章也多次强调运用科学的计算来为军事行动服务。

周代是礼乐文明昌盛时期，故孔子叹美说："郁郁乎文哉！吾从周。"

孙书大喜，知孙儿大约是天授其智一类的人物，从其所请。但是，到哪里去寻找精通兵法之人来教导他呢？这下可犯了难。自己虽多年征战，屡打胜仗，但说来说去还是个粗人，不能把那打胜仗的原因说出个条条道道，总结出个规律原则，传授给他人，所以把孙儿留在身边由自己教授也不可以。当时大贤常隐，他相信天下必有精通兵法者，于是派人四处打听，后来便打听到位于蒙山深处碧云庵有一号称鬼谷先生者通六韬三略，研精兵学。孙书便派人把孙儿送到那里，孙武于是拜了鬼谷先生为师，在庵中住了下来，一应吃用，均由孙府供给。

那鬼谷是何人？原来他姓王名栩，隐于此间研究兵学已40余年，世间各大战役他无不知晓，于其胜败原因均加穷究，写成理论，著于简中，故其兵简已堆积了数个房间，如积在一处，颇似小山。王栩因何以鬼谷为号呢？只因其庵旁有一鬼谷涧，遂取以名之。再说那鬼谷先生收了孙武为徒,先考察了他的六艺,尤其仔细考察了他的书与礼二艺,觉得孙武对其掌握得超过常人,心中大喜,便认定他必将是自己第一位高徒,于是让他一篇一篇翻阅自己所著满室之书。孙武按老师指点如饥似渴地读了起来。他深为鬼谷先生高深的思想所折服,仿佛走进了一座智慧的殿堂,令自己立即变得灵气起来。一年多过去,孙武已把鬼谷先生所著书读毕,于其精义烂熟于心,且能相互融汇,于是鬼谷先生开始考察孙武的读书心得,他说道:

"徒儿已把我之所著书阅读一过,对于兵家之机有所悟知?"

孙武坦然答道:

"学生略有所得。"

鬼谷先生道:

"观你聪颖异常,当有所得,且答我问。一个指挥作战的将帅,手中拥有数倍于敌的大兵,他能否夺取这场战争的胜利呢?"

孙武答道:

"可能胜利,也可能失败。"

鬼谷先生问道:

"什么意思?"

孙武答道:

"善用兵者胜,否则败。"

鬼谷先生问道:

"何以见得?"

孙武答道:

"桓公二年,齐国强大的军队向鲁国进攻,弱小的鲁军前往迎战,而齐以强败,鲁以弱胜,以此知之。"

鬼谷先生问道:

"齐为何以强却败?"

孙武答道:

"不善谋。"

鬼谷先生问道:

"鲁为何处弱却胜?"

孙武答道:

"因为善谋。"

鬼谷先生道:

"善谋怎样?"

孙武道:

"避其锐气,击其惰气。"

鬼谷双手击掌,大喜道:

"由此见吾徒于军法大略已通,兵贵谋败,不在愚搏。"孙武接着说道:

"故上兵伐谋。"

鬼谷先生道:

"正是,正是。你明日就可离开我,前去查阅古今战史,走访古战场,向当地父老了解战斗过程,仔仔细细研究导致成败的各种各样因素,结合我的理论,去创造你自己的理论吧。"

从此,孙武遂立定了要著就一部总结过去、开拓未来的兵法巨著的宏伟愿望,并渴望着日后能用它在疆场上去亲身实践,达到以谋制胜的目的。

孙武于是遵师命下山。孙书见孙儿经过鬼谷先生一番教导,已非从前可比,遂立志把他培养成为一个兵家,于是立即表示同意。几日之后,便给齐景公上书,请求允许其孙儿孙武查阅秘府(国家图书馆)所藏列国军事图书。景公闻听将门生有如此天才,大喜,立即表示同意。就在这一年冬月十日,孙武进入了秘府。

齐国的秘府设在首都临淄东南,由卫兵八人在这里守卫。内中遍藏天下图书,种类一应俱全,均用古籍大篆写就。孙武漫步府内,但觉简韵悦心,青编爽目,不禁暗自庆幸能置身于此。于是他开始查阅各国史记、寻检诸家所记大大小小战役,时而边看边叹,时而掩卷深思,心有所得,立即书之于简。

有一天,孙武由秘府回到馆中歇息,他躺在床上,却毫无睡意,白天看过的内容重新浮现在他的脑际:

周襄王二十二年,即位不久的晋文公煽动秦穆公,二人各率了本国强大的军队前去包围了郑国,想要消灭掉郑国,用以报复晋文公当年流亡在外,路过郑国,而郑国不按礼节接待以及郑国背叛晋国而与楚国结盟那两件事。郑国当时国小兵微,城池也不坚固,它派人去与楚国联系,请求出兵给予援救,楚国为保持自己实力,不搭理郑国的请求。所以,郑国当时面临十分危险的处境。怎么办呢? 朝臣佚之狐这时向当政的郑文公进言,让他派烛之武去游说秦穆公,先劝走秦穆公,然后晋文公也就会跟着退走。郑文公知烛之武有善辩的口才,立即让人在晚间把烛之武用绳子放下城去。烛之武来到城下后,前往谒见秦穆公,他对秦穆公说:

"您和晋国派大兵来包围我们小小的郑国,我们郑国知道自己抵抗不住,非得被你们攻灭不可。如果灭亡了郑国能对您秦国带来好处,那就恭请您去灭它它。但是您想想看,我们郑国同晋国相邻接,而您秦国却在晋国西方,不与我们郑国接壤,灭亡了我们郑国,纵分一部分土地给您秦国,可您却得跨一个国家去管辖它,我想您会知其中该有多难的。实际上您根本就管辖不了,郑国土地将会全部得被晋国占去,所以灭亡了郑国实际是帮晋国扩大了领土,您邻国晋国的领土扩大了,您的领土就等于相对缩小了,这样做合算吗? 您如果饶过我们郑国,把我们郑国留着作为您东行路上的接待者,供给您的往来使者吃住,这不既对您大大有利,却又一丝一毫无害于您吗? 而且晋君都是些最是不守信之人,当年您送晋惠公回国,他答应割出河北五城答谢您,可早上渡过黄河,晚上就开始筑城抵抗您,根本不再提先前所答应之事。晋国有永无满足的领土野心,当它往东把郑国灭掉当作它的边疆后,肯定又要往西扩展领土,这样,不去占您的土地还会去占谁的土地呢? 希望国君您能周全考虑一下我这番话是否有些道理。"

秦穆公听说,恍然大悟,立即跟郑国订立了盟约,留下人来帮郑国守城,然后率兵归国。

晋国见秦国还没等攻城便连个招呼都不打撤军而去,十分气愤,很多将帅来劝晋文公追击秦穆公，惩罚他这种背信弃义行为。晋文公前思后想，没有那样做。过了一天后，他感到秦一撤军，楚必来援，晋军前后腹背受敌，也立即撤兵回国。结果郑围不战而解。

孙武想到这里，他情不自禁地击掌说道：

"妙哉！妙哉！这战例蕴含的道理真是太深刻了。"

于是急忙挥毫写道：

"百战百胜，非善之善者；不战而屈人之兵，善之善者也。故士兵伐谋，其次伐交，其次伐兵，其下攻城。"

转眼半年多时间过去了，孙武从所阅读的各国的战史中总结出许多宝贵的战争经验，他把这些经验与战例一一记于简端，足有100余卷，命人运回孙府，留待日后参考。然后，他让人带着开始了艰苦的古战场考察。

首先孙武来到了位于今天的山西安邑境内的鸣条。鸣条是商汤率军灭掉夏桀的战场。孙武来到之时正值三月，春草刚刚发芽，大地万物复苏，一切都显得既静谧安适，又生机勃勃。不知者决然想象不出这里当年曾是万马嘶鸣，兵刃交接，尸骸覆地，鬼泣神愁之处。仔细考察了这里的山势地貌之后，他访问了当地父老，向他们请教当年汤灭夏桀的那场战斗经过。由于这一事件非同寻常，所以当地人一代一代口耳相传，故当地父老尚能说之。他们告诉孙武：

"商汤经过数年准备，感到力量已经相当雄厚了，而夏桀残暴日甚，便想发兵去讨伐夏桀。汤相伊尹献计说，夏桀是天子，国力曾经相当强盛，九夷都归附他。现在夏桀虽残暴，但国力还有多强我们尚且不知，是否得九夷之心也不知，如他国力仍强，仍得九夷之心，我们出兵，恐难取胜。现在，我们可以采用向夏桀抗贡（拒纳贡品）的方式，令他来伐我，以此来试探他的实力。商汤采纳了伊尹这个建议。夏桀见汤不纳贡，大怒，立即调九夷之兵伐汤。伊尹见状，对汤说，看来夏桀现在仍然还有号召力，我们不宜与他交战，赶快向他道歉，送去贡品。汤照伊尹的话去做，夏桀便息兵而归。第二年，汤又抗贡，夏桀又征调九夷之兵，九夷对夏桀早有抛弃之意，且近几年又调他们征战不休师劳财尽，所以这一次勉强服从他的只有三夷。夏桀只好率三夷之兵前去讨伐。伊尹便向汤献计说，现在看来，夏桀真的没有号召力了，他所率三夷之后，均不情愿而来，所以个个士气不振，军队毫无战斗力，请速用兵讨之。于是汤便联合诸侯部队，埋伏在鸣条这个地方，把夏桀军队全部消灭掉，灭了夏朝，建立了商朝。我们这里至今不少百姓家都藏有祖传的从当时战场上捡得的刀、剑、戈之类的兵器。"

孙武听得十分入神，在当地父老指引下，他前往观看了当年的战剑、刀、戈，流连忘返在鸣条之野，不禁感叹道：

"伊尹真个伟大，他的做法告诉将帅用兵应当审时度势，待机歼敌啊！"

他回到下榻处后，记下了这番感想。

几天后，孙武又来到黄河支流的泓水河畔。这里也是一处古战场。周襄王十四年，宋襄公感到自己国力强大，便与楚国争当霸主。他先去攻打依附于楚的郑国，楚国派兵前来伐宋以救援郑。宋襄公于是转身前往与楚交战，他在泓水河北摆好了阵势，而楚军这时正在渡河，队伍还没渡完，宋军司马子渔请求宋襄王趁此良机赶快下令攻打楚军，他却以君子不乘人之危为辞加以拒绝。等到楚军全部过了河，司马子渔见其军乱糟糟的,好半天还没有摆好阵势,又劝宋襄公赶快下令攻打楚军,宋襄公则以君子不攻打还没有摆好阵势的敌军为由又予以拒绝。结果一直等到楚军摆好阵势,才去进攻,宋军不但被楚军打得一败涂地,连宋襄公本人也受了重伤。子渔当时气愤已极,说道,国君根本不懂战斗,楚军比我们兵多,力量强大。当他们正渡河时以及未摆好阵势时,这是天赐给我们打胜仗的良机,放着这样的良机不去利用,焉有不败之理? 两军既要交战,便是你死我活,手段就要无所不用其极,乘人之危,击其未成列有什么不可以? 若要讲仁,还跑到战场上来做什么?

孙武望着滔滔而去的河水,思考着此地曾经发生过的这场战斗,深为宋襄公坐殆战机而惋惜。他说:

"由此看来,敌人渡河来攻,当他渡过一半时打击他最为有利。子渔之言是也。兵以利动,善于作战之人,不放过任何一个打败敌人的机会。宋襄公当时听从子渔之言,楚军必尽埋骨于这岸边。惜乎,他没有听从,反把应该属于自己的胜利给了人家,这太发人深思啦!"

告别了泓水河,孙武去了城濮。城濮在今山东鄄城西南。周襄王二十年,晋楚曾经在这里展开过一场大战。当时,晋军选择了楚军薄弱环节,首先击溃由陈蔡组成的楚军右翼,同时晋军主力伪装退却,诱使楚军左翼追击,然后回头夹攻,加以击溃,迫使楚军中间的主力也后退。最后,战斗以晋国胜利而告终。孙武在这里一边观察这里的山川地势,一边走访当地父老,查阅随行带来的战史资料,发现晋国之所以赢了这场战斗是由于首先晋国君臣充分认识到了这场大战晋国方面具备有利条件。当时是夏季四月初一,晋文公、宋公、齐国的国归父、崔天、秦国的小子憗驻军城濮,楚军则背靠险要的丘陵扎寨。晋文公当时对打不打这场仗犹豫不定,原因是他当时还没有看到有利于晋的条件。谋臣子犯分析认为这场仗应当打。理由是战而得胜,可得诸侯拥戴,成为霸主;如果不能得胜,晋国外有大河,内有高山,也不会带来什么害处。楚国在晋文公流亡时曾有恩于文公,但楚国此前已经把汉水以北晋的兄弟国——诸姬姓国全部吞并了,现在打它是舍个人小恩而取大义,不会遭人指责。这时晋文公又做了一个梦,梦见与楚王搏斗,文公仰面朝天倒在地上,楚王伏在文公身上咀嚼文公脑子。子犯认为这个梦吉利,它暗示晋国得到上天佑助,而楚国则是伏罪的征兆。然后晋文公又登上有莘氏的废墟上观看军容,觉得年少的与年长的排列有序合于礼,这样的军队可以使用。根据这些有利因素,晋文公下了交战的决心。其次是在兵力部署上坚持了以己之强击敌之弱的原则。他们认真分析了楚军的力量,发现楚军的右军由陈、蔡二国军队组成,此二国军不堪一击,表明楚军右军最弱,于是他们决定以强大的下军先击敌之右军。果然一交锋,敌的右军便溃败而逃了。而对敌之左军则采取诱而歼之的方法。他们让下军主将栾枝令阵后战车拖着木柴假装逃跑,楚军见晋军方向冲天尘土扬去,误认为晋军在向后逃,下令出兵追击,结果遭到晋军元帅原轸指挥的中军主力拦腰截击,这时晋上军也回军夹击,楚左军被打得大败。楚帅子玉急忙下令撤退,才保全了中军,逃了回去。分析研究晋军这场胜利,使孙武收获很大,他从中得出:"知可以与战不可以与战者胜(知道在什么情况下可以与敌作战,什么情况下不能与敌作战的人,就能胜利)。""兵形像水。水之形避高而趋下,兵之形避实而击虚(用兵的规律像流水。水流的规律是避高而向下,用兵的规律,是避实而击虚)。""进而不可御者冲其虚也(进攻而无法抵抗的,是因为冲击着敌人的薄弱之处)。""凡战者,以正合,以奇胜(指挥作战,总是用"正"兵与敌接触,用奇兵取得胜利)。故善出奇者,无穷如天地,不竭如江河(所以,善于出奇的将帅,他的部署和战法就像天地那样变化无穷)"。

这一系列的战争经验的总结,不但为孙武兵学体系的形成准备了条件,而且更使他在日后的指挥吴军与楚国做战时能够挥兵指刃、战无不胜。

此后孙武又去考察了鲁国的长勺,这是从前齐与鲁国交战的地方。当地至今盛传曹刿帮鲁庄公于齐击三鼓后反击齐军取胜的事迹,曹刿那句"夫战,勇气也。一鼓作气,再而衰,三而竭,彼竭我盈,故克之"的话,几乎当地人人都知道:将帅指挥作战,要避其锐气,击其惰归。

由长勺再去齐鲁交战的干时以及北制、天柱峰古战场,前后历时两年多,孙武此行所获得的军事理论在当时无与伦比。从此,他将写有自己总结历史经验及各种所需的竹简搬入书房,开始了艰苦卓绝的兵法写作。

孙武虽然掌握了丰富的资料,又受教于鬼谷先生,可是成一家言,使其所立"法"放之四海而皆准,并非易事。有的时候,为了阐明一个规律,足足要反复思考几个月的光景,废稿弃简积室盈屋,孙武在兵法的海洋里游得并不轻松。转眼便是两度寒暑,然而孙武所著兵法令自己满意的几乎没有。自此,孙武总结了著书不成的经验,他通过反思知道,自己虽已从历史中获得了一些经验,但历代前辈学者的兵学思想自己并未进行深入研究,于是他又开始了新的历程。

齐国始祖姜太公的辅周之谋、齐桓公的宰相管夷吾的图霸之略、道家首创者老子的论战之理、儒学鼻祖孔丘的谈兵之言,以及与自己同时代的同门前辈田穰苴的治军之方都令孙武心为之陶,神为之醉。

孙武为了自成一家兵言,首先从齐国入手,找到了有关齐国的始祖姜太公的言行记录。

姜太公,即齐国的吕尚。其年轻时是一位博学多闻,有"霸王之辅"才干的热血青年,苦于商朝末年之际天下无道而无法施展自己的才华和抱负,只得隐居海滨,静观时变,直到晚年才被雄心勃勃的周文王姬昌所知遇。周文王图谋推翻商朝重建天下,长期暗自扩张势力,延揽人才。"周公吐哺,天下归心",道出了这一时期周文王求贤若渴的心情。文王得到吕尚,自然是喜不自禁,激动地说:"自吾先君太公曰当有圣人适周,周以兴,子真是耶? 吾太公望子久矣!"因而称他为"太公望",拜为军师。吕尚果然不负所望,先后辅佐文王姬昌、武王姬发、成王姬诵,出奇谋,划良策,为建立和巩固周王朝立下了汗马功劳。

初为军师时,针对商强周弱的形势,吕尚建议文王卑事商纣,加强内政,翦商羽翼,壮大自己。文王采纳了这些建议,隐蔽地将势力推进至商朝直接统治区的边缘,达到天下三分而有其二的程度。即将发动决战性进攻时,姬昌去世,继立的武王对吕尚尊以父辈之礼,称为"师尚父"。为测试各方国对灭商战争的态度和检查军队完成战争准备的程度,吕尚主持了"孟津观兵","不期而会盟津者八百诸侯"。两年后,趁商朝内部分崩离析,加以连年自然灾害之机,吕尚建议武王进军牧野,与商王决战。交战中,吕尚亲自率领由 300 战车和 3000 甲士组成的战车方队冲锋在前,迅速打败商军。武王即天子位后,不到一年即因病而死。继位的成王姬诵年幼,由周公姬旦执政。吕尚主张全部消灭商族"士众",周公却主张怀柔政策,"使各居其宅,田其田,无变旧新,惟仁是亲"。不久,负责监视商王之子武庚的管叔、蔡叔、霍叔不满周公执政,伙同武庚及亲商势力反叛,患乱几乎遍及整个东方。周公这才采纳吕尚之谋,率军东征,历时三年才征服东方各国,稳定了周朝的统治。

平定东方各国后,为进一步巩固周王朝的统治,成王封吕尚为齐侯,以确实控制东部地区,防止旧商势力复发。吕尚建立齐国后,继续铲除旧商残余势力,并"因其俗,简其礼,通商工之业,便鱼盐之利",于是人民多归齐,齐国遂为辅周之东的军事大国。后人因此而尊奉吕尚为齐太公、齐国始祖。

孙武经过整理发现,吕尚不仅有战争实践,而且有军事理论。他的军事观点诸如"鸷鸟将击,卑飞敛翼;猛兽将搏,弭耳俯伏;圣人将动,必有愚色","因其所喜,以顺其志。彼将生骄,必有奸事,苟能因之,必能去之"等都十分精彩深刻。孙武孜孜以求地学习领会着,并将其化为了自己的东西。

了解完姜太公后,孙武又找到了齐国的助齐桓公成就霸业的盖世奇才管夷吾的史料。

管夷吾,字仲,是春秋首霸齐桓公的宰相。孙武发现齐桓公能够九合诸侯,一匡天下,靠的全是管仲之谋。同时,令他难以相信的是这位为齐国霸业出谋划策的宰相曾经与齐桓公有射钩之仇。

齐襄公是个有名的昏君,淫乱暴虐,他的两个弟弟被迫出逃。子纠奔鲁(山东曲阜),小白奔莒(山东莒县)。公元前686年,公孙无知杀襄公自立,次年,无知又为大夫雍廪所杀。齐国一时出现无君状态。子纠和小白急忙带兵归国,争抢王位。跟随子纠的管仲奉命率兵截击小白。战斗中,小白被管仲射中带钩佯装死去,管仲误以为真,驰报子纠。小白脱险后,日夜兼程赶回都城临淄,在大臣们的拥戴下即位为君,即齐桓公。不久,鲁国攻齐失败,杀死子纠并囚送管仲返齐。齐桓公本欲杀死管仲,复国有功的鲍叔牙坚决反对,竭力称颂管仲治国统军的才干,终于使桓公尽弃前仇,并任用管仲为相,主持军国大事。

管仲知恩图报,根据周天子日渐衰微的趋势,为齐桓公谋划了一个称霸天下的宏伟战略,即先富国强兵,后兼并天下。为此,他设计了两方面的具体措施。首先,改革政治、经济、军事制度,恢复和提高齐国的综合国力,军事上的改革最重要的就是迅速建立一个兵农合一、军政合一的武装力量体制。其次,以"尊王攘夷"为旗号,借口捍卫周王朝,一面灭掉屡犯中原的狄、夷等族,趁机吞并邻近小国,扩大自己的统治区和战争能力;一面屡次会盟诸侯,与各国建立军事联盟,以增强自己的影响力和绝对权威。桓公依计而行,七年之后(公元前679年)"诸侯会桓公于甄,而桓公于是始霸焉"。从此,直至管仲和桓公先后去世,40多年里,齐国一直雄踞诸侯之首,为天下霸主。

看到这里,孙武既佩服齐桓公的容人之量,更佩服管仲的绝世才华,他也更坚定了自己建功立业著书立说的决心。孙武四处搜集整理,发现了管仲的一些军事观点,如其中的"七法""兵法""大匡""小匡""霸言""地图""参患""制分""势""九变"等多属于战争方略。如讲战争的重要性及其作用时,他说:"国之所以安危者,莫要于兵……故兵者,尊王安国之经也";"谋兵胜者霸。故夫兵虽非备道至德也,然而所以辅王成霸"。又如讲作战方略时,他主张"至善不战,其次一也",认为最好不战而胜,如迫不得已而战,则力求一战而胜。这些观点极大地丰富了孙武的谋略思想,使孙武的兵学理论进一步得到了发展。

研究完这些齐国史料之后,孙武仍不满足,于是他又找到了道家的言论。

老子,即老聃,道家学派的创始人。通过学习,孙武发现了老子的一些论战之理。

老子"贵柔"首先表现在对待战争的态度,认为"兵者,不祥之器","不得已而用"。他看到了战争的严重后果,指出战争一是给农业生产带来了严重的破坏:"师之所处,荆棘生焉;大军之后,必有凶年。"二是造成很多人的伤亡:"杀人之众"。所以,战争是不吉利的事物,"兵者不祥之器,非君子之器",故"有道者不处"。这表明老子对战争持基本反对和否定的态度。他强调,即使在"不得已而用"的情况下,也不应该对战争进行赞扬,更不能以兵逞强,而应"恬淡为上"。所以,在他以后的兵法中,他提出了"为将要有武德"的主张。

孙武又发现老子"贵柔"还表现在用兵艺术上,最突出的有两点。一是"善胜敌者不与",二是"不敢为天下先"。从"不以兵强于天下"的基本观点出发,老子提出在作战指导上所应追求的最高理想境界为"善胜敌者不与。"他说:"善为士者不武,善战者不怒,善胜敌者不与。"所谓"不与",即不和敌人作正面的交战。这一思想使孙武得出了以后的"不战而屈人之兵,善之善者"的思想。在作战指导上,老子提出后发制人,以退为进的原则。他说:"将欲歙之,必固张之;将欲弱之,必固强之;将欲废之,必固兴之;将欲夺之,必固与之。"孙武明白这些原则应用到军事领域,其含义就是:要战胜敌方,首先要进行退却防御,然后再寻找时机进攻。

孙武经过仔细的研究,发现老子的军事思想除"贵柔"外,还有重视备战、强调奇谋等方面的内容。例如,他提出"祸莫大于轻敌"。老子强调在战争中要防止出现"轻敌"的思想。指出:"祸莫大于轻敌,轻敌几丧吾宝。故抗兵相加,则哀者胜矣。"敌我兵力相等,哀兵一方之所以取胜,就是因为它能有意甘心于居处不利的位置,从而引起警戒,激起斗志。全力以赴,战胜敌方。又如,他强调"以正治国,以奇用兵"。运用"奇""正"的范畴,把"用兵"和"治国"在方法上的不同作了区别,体现出他对军事活动和政治活动不同特点的认识。同时,老子看到了"奇""正"之间的相互转化关系,提出了"正复为奇"的命题。他提出的"奇""正"范畴和"正复为奇"的命题,对于孙武谋略的丰富与发展起到了很大的启发作用。

在儒家思想中,孙武又发现了孔子的谈兵之言。孙武看到孔子的军事思想虽不系统,却也称得上比较丰富,不少观点颇有独树一帜的特点。

首先,孔子最先提出了慎战的观点。《论语》说:"子之所慎,斋、战、疾。"可见孔子早对斋戒、战争和疾病是持慎重态度的。但是,他并不反对战争,而是主张"足兵",平时做好战争准备,《论语·颜渊》记载,"子贡问政。子曰:'足食、足兵,民信之矣。'"这段问答表明,孔子认为国家如能做到粮食、军备充足,老百姓对国家就有信心了。显然,他是把"足兵"作为立国的三项条件之一看待的。孔子这一看法虽很简单,却对孙武军事思想的发展产生相当大的影响。

其次,孔子明确提出先教而后战的主张。孔子是一位教育家,不仅重视"文教",也强调"武教"。他认为要让人民去替统治者作战,首先需让人民接受军事教育。他说:"以不教民战,是谓弃之。"他还说:"善人教民七年,亦可以即戎矣。"在军事教育的内容方面,孔子主张教之六艺中的两项,即射、御。看到这里,孙武明白了自己幼时所学的六艺其实也是孔子兵家思想的支流之一。

再次,孙武发现孔子要求将领必须足智足勇足谋。孔子认为,作为一个军事将领首先应具有"好谋"善思的素质。经过仔细地琢磨思考后,孙武不禁深为叹服,原来孔子竟有如此深奥的兵学思想。

至此时,孙武的军事素养有了很大的提高,当他正想再次执笔著书时,忽然灵机一动,想到了仍然健在的自己的一位同门前辈司马穰苴的治军逸事:

司马穰苴本姓田,他出身贫寒,很早就投身行伍,由士兵当到卒伍一级的小军官,并在长期的军旅生活中练就出"文能附众,武能威敌"的才能。景公二十年(公元前528年)左右,晋、燕两国联合攻齐,齐军屡战屡败,急需能征善战的将才。大臣晏婴乘机推荐司马穰苴,景公马上召见,与语兵事。穰苴对当前形势及对策讲得头头是道,景公十分高兴,当即任命他为将军,率军抗击晋燕之军。穰苴自知这样的突击提拔难以服众,希望景公专门派一位重臣为监军帮他坐镇。景公欣然应允,指派他平时宠幸之臣庄贾,与穰苴一起出征。穰苴当即与庄贾约定:"明日中午时分,在军门会面。"第二天,庄贾因与亲戚朋友酒宴话别傍晚时分才姗姗而来。穰苴怒不可遏,喝令斩首。庄贾闻言大为震恐,急忙派人驰报景公。穰苴认为"将在外君令有所不受",果断按军法从事。当景公使者拿着赦免令牌闯入军营时,庄贾已人头落地。穰苴又以未经许可私闯军营为由,处死使者的车夫及左骖,以示对景公的惩罚。三军将士受到极大震动,深感军纪威严,在随后的作战中个个奋勇争先,莫敢懈怠。齐军由是声威大震,势如破竹,晋、燕之军闻风丧胆,先后主动退兵,齐国失地完全收复。穰苴归国后晋升为大司马,统管全国军事,以后就被人们称为司马穰苴。此后,他用自己的战争经验和治军思想"申明"《司马兵法》,以进一步严明军法。

想到这里,孙武不禁深深地佩服这位前辈的过人胆略和治军之方。心血的来潮,使孙武再也不能安坐于书房,于是他便亲自登门去拜访这位令他敬仰的老人。到了司马府,孙武把自己正在准备写一部兵书的事告诉了司马穰苴,并希望获得他的指点。

司马穰苴看着这个怀有壮志的青年说:"兵书应该写,我相信以你的才华,可以把它写成一部传世之作,但你认为现在应该写吗?"

孙武沉默了,看着司马穰苴花白的头发和眼角的忧愁,孙武忽地明白了齐国的政治环境已经改变了,他在书中看到的那个具有尚武传统的国家已经在走下坡路了。

司马穰苴看着孙武,他明白孙武正在想着什么,于是他长叹了一口气说:"孙武,我已老了,不会再有什么作为了,而你还年轻,所以你应当眼光放长远一点,应把兵书写在该写的地方,将兵法用在能用之地。"

孙武浑身一震,说:"我明白了,希望前辈能为我写成兵法指条道路?"

司马穰苴微微一笑,道:"海纳百川才可一枝独秀!"

告辞出来后,孙武的心情十分沉重复杂,他再也没有立刻就写兵书的热情了,因为即使他写成兵书,在齐国的黑暗政治中仍难以有所作为。但现在不写并不等于以后不写,他明白司马穰苴所说的"海纳百川才可一枝独秀"的道理,所以,他心中的各家兵学思想一直在汇聚着、融合着,同时,孙武的兵法体系也正在酝酿着、成熟着。孙武的兵法神篇已经呼之欲出了,他只是在等待时机而已。

脱颖而出

此时的孙武,已不再是当年的那个只知道缠住祖父讲说战争故事的聪颖稚童,而出落成一个英气勃勃、风流倜傥的青年才子。他不仅学识渊博,才华横溢,而且志向高远,腹藏良谋。按照一般常人的理解,孙武出身于齐国的一个显赫贵族世家里,他所属的田氏家族,在当时的齐国政坛上正如日中天、炙手可热,前途不可限量。孙武如躺在这棵大树下,享其阴凉,捞点实惠,谋个官职,过着优哉游哉的生活,当是不费吹灰之力的事情。但假若真的如此,孙武也就不成其为孙武了。像历史上其他伟大的人物一样,孙武鄙视平庸,嘲笑浅薄,渴望舒展抱负,建功立业,寻求自己的人生支点,实现自己的内在价值,谱写一曲生命的颂歌,完成历史赋予的使命。年龄大了,本领有了。该是闯荡世界,施展才华,谋创大业的时候了。然而,正当孙武踌躇满志,欲展宏图之际,中原形势的发展以及齐国政局的变化,使他不得不对自己的人生道路做深深的思考和慎重的抉择。

当时,鲁、晋、齐、宋、郑等中原诸国,都出现了卿大夫之间武装兼并,又进而谋图夺取诸侯君位的战乱。这场斗争的起因可直接溯源于西周时期实行的宗法分封制,是这种分封制的弊端所造成的恶果。《礼记·礼运》记述西周的分封制时说"天子有田以处其子孙,诸侯有国以处其子孙,大夫有采以处其子孙,是谓制度。"在这种逐级分封的宗法制下,如果上级的力量足以控制下级时,则自然是国家安定,秩序良好。但是到了春秋中晚期,随着王权的颓落,宗法等级统治秩序发生了混乱,争霸、兼并等战争连绵不断,而且在诸侯国内的卿大夫之间,也爆发了弱肉强食、你死我活的混战。

在晋国,先是"六卿专政",后有"三家分晋"。公元前550年,韩、赵、魏、智伯、中行、范氏六家联手打败栾氏,紧接着又"以法尽灭"祁氏、羊舌氏,形成了六卿专政的局面。不久,这六大夫之间为了争权夺利,也发生了激烈的倾轧。公元前493年,范氏、中行氏和韩、赵、魏发生战斗,结果范氏、中行氏败北。公元前453年,韩、赵、魏三家又联合起来灭掉智伯,实行了"三分晋室"。公元前403年,周王正式承认这三家为诸侯。

在鲁国,发生了"三桓分鲁。"所谓"三桓",是指季孙、叔孙、孟孙三家。他们各自在封邑收税,拥军,筑城,以此和鲁国国君相抗衡。公元前517年,鲁昭公同后孙氏联手,进攻季孙氏的据点费城,三家组织反击,处死后昭伯,鲁昭公吓得逃往齐、晋。后来鲁昭公意欲东山再起,但均遭失败。这样,鲁国的政权实际上就落入了以季氏为首的三家之手。

在齐景公统治下的齐国,政治腐败,吏治黑暗,刑罚残酷,赋敛沉重,统治者穷奢极欲,民众难以聊生。卿大夫之间的斗争也达到了白热化的程度。公元前545年,田、鲍、高、栾四族共讨国相庆封,庆封奔吴,四族取得了胜利,并从此揭开了"四族谋为乱"的序幕。他们为了争权夺利无不处心积虑,一边培植自己的势力,扩充私属武装,控制经济,一边又互相勾结,互相倾轧,无休无止,造成政局的动荡不安。公元前532年,田氏又联合鲍氏,趁执政的栾氏、高氏宴饮正酣之际,突然袭击,一举打败了栾、高二氏。公元前489年,国惠子、高昭子立太子荼为景孺子,而田乞、鲍牧立公子阳生为悼公,导致了一场争政的内乱,田、鲍二族在这场争斗中又获得了胜利。

孙武是田陈氏的后裔,在这场你死我活的大搏斗中当然合乎情理地站在田氏阵营的一边。但是,自孙武的祖父改姓孙氏,另立门户以来,孙家与田氏的关系逐渐变得疏远起来。况且,田氏在斗争中能否取得最终的胜利,也是一个未定之数,如果田氏在激烈的斗争中遭到失败,反而会因为田、孙两家的渊源关系,殃及孙武的家庭。于是,孙武萌发了远走他乡、另谋出路的念头。他想,施展自己的才华,就必须去选择合适的舞台。

念头是萌生了,可是要离开生养自己20余年的故土和亲人,背井离乡去追求机遇,这个决心并不容易下。所以孙武很长一段时间内对去留问题反复沉吟,难作取舍。

终于,当时突兀发生的一件事,促使孙武最后下定离开齐国、另谋发展的决心。这就是司马穰苴的猝死。

司马穰苴也是田氏的支庶,与孙氏家族关系密切。他善于统兵作战,熟谙兵法,在军事理论方面有精深的造诣。作为前辈,他对爱好兵法的孙武非常器重,曾在军事理论传授方面给孙武以很大的帮助,还为孙武兵书的酝酿提供了很好的参考办法。孙武对这位"文能附众,武能威敌"的前辈也十分敬重,处处以他为自己学习的楷模。

司马穰苴在统军击退燕晋联军的进犯后,因功勋卓著而被齐景公"尊为大司马"。可是"木秀于林,风必摧之",他很快遭到敌对阵营卿大夫——高、国、鲍诸族的妒嫉和陷害。他们向齐景公屡进谗言,诬陷田穰苴功高震主。齐景公本来就是个昏君,听了之后便信以为真,马上解除了司马穰苴的官职,剥夺了他的兵权。田穰苴遭受这一无妄之灾,心情郁闷,沾染沉疴,不久便悲惨弃世了。

司马穰苴的猝死,给孙武以极大的震动,使他进一步看穿了齐国政坛的黑暗,知道自己再留在齐国也难以有大的作为,甚至可能像司马穰苴一样,也成为卿大夫之间倾轧斗争的殉葬品,遂最后下定决心,离开齐国,再找机会。

可是该奔向何方呢?

孙武环顾海内,仔细分析着各国的形势,以便做出明智的选择。最后,孙武把目光转到了南方的吴国。

司马穰苴

当时的吴国,是春秋晚期迅速崛起的南方强国,建国在东部沿海、长江下游一带,东靠大海,南与越国接壤,西和强楚为邻,北同齐晋各国相望,地域辽阔,物产丰富,自寿梦(前585年——前516年在位)称王以来,联晋伐楚,国势渐盛,政治也较为清明,颇有新兴气象,正是有志之士发挥才能,建功立业的良好处所。

在认真观察了当时各国的形势之后,孙武终于认定吴国是自己最有希望施展才能和实现理想的场所。于是就把自己的考虑和计划向祖父孙书、父亲孙凭如实作了禀报。

春秋之时,封国林立,贵族大夫离开自己的故国,到他国去求官谋生,乃是一种非

常普遍的现象，"良禽择木而栖"，客观上促进了人才的流动，思想文化的交流，具有进步的意义。

在这种背景下，孙书、孙凭听了孙武的打算，也就没有太感意外。只是骨肉情深，心里总有些难以分舍。但孙书毕竟阅历丰富，目光远大，很快克服了个人的情感，并转过来做儿子孙凭的思想开导工作："武儿人才出众，志向高远，多年刻苦治学，对兵法的造诣已在你我之上。但齐国政局形势并不明朗，我们孙家虽与田氏有着亲缘关系，但既已分立门户，日后也不一定靠得住。与其像你我这样蹉跎岁月，虚掷光阴，倒还不如让他去闯荡天下，成全壮志。"这一番话说得入情合理，终于说服了孙凭以及其他人。

大约在齐景公三十二年（前517）左右，孙武正值20岁的青春年华，他含泪告别家人朋友，携带妻子和几个忠实家僮，从老家古称"安乐"的采邑出发，千里迢迢，跋山涉水，栉风沐雨，辗转投奔吴国。

孙武来到吴国后，心想，自己新来乍到，举目无亲，人地生疏，如果贸然去求见国王或投靠权贵，不但没有合适的门路，而且很容易招致无妄的挫折，因为政治风云诡谲动荡，普天之下并无例外。同时，要在政治上有所发展，本身就要有雄厚的资本。军事固然是己之所长，可是自己这方面的高明见解此刻尚且笥贮腹中，没有形成系统文字，当务之急，就是尽快把它们著之于竹帛，成一家之言。

孙武一旦做出决定后，便挈妇将稚辗转来到罗浮山的东麓之下，在那里筑屋卜居，屋名定为栖霞居，孙武在这里植禾艺圃，潜心著述。罗浮山位于今浙江省吴兴县以南一带，距当时吴国都城姑苏约百余里地。那里景色宜人，环境幽静，实在是一个躬耕隐居，撰著兵书的理想场所，同时又距离吴国政治中心不远，便于静观政局的发展动态。在这种良好的环境里，孙武的兵书写作欲非常强烈，精言妙语如同清泉一般从笔端源源涌出，酣畅淋漓。

就在孙武撰著兵法的时候，吴国的毗邻楚国宫廷发生了一场动乱。当时的楚王是楚平王。这平王名叫弃疾，本是昏庸之主，其即位乃是夺篡，当王目的并不是要振兴国家，而是为了满足自己吃喝玩乐的私欲，所以上台后，生活奢侈糜烂，办事说话不遵个典章，也拿不出治国方略，且又忠奸不辨，弄得朝臣个个苦不堪言。平王六年，立了芊（mí）建为太子，然后任命伍奢为太傅，费无极为少傅。给太子娶亲时，平王见女美貌，竟父占子妻，并杀太子太傅伍奢，灭其九族。伍奢之子伍子胥逃到吴国，成了吴公子光的家臣。

伍子胥入吴后，时刻不忘家仇，他决心助公子光成大业，有朝一日灭楚报仇。为了达到这个目的，他遍访吴国各地寻找能人。

春去秋来，转眼三年过去，一日伍子胥听乡间人盛传此处不远的穹窿山上隐居一位大贤，心想，何不访他一访，如果然是个大贤，荐给公子光，为自己日后伐楚多一个助手。于是独步登山，经乡人指点，来到了一个名叫栖霞居的山间住所。伍子胥依照礼节，轻轻叩开了柴门，便有一仆迎上前来，询问伍子胥有何事见教。伍子胥说道："烦你去通报你家主人知道，就说来了一位乡间隐者，要拜见他。"

仆人应声而去，伍子胥门外等候，不一会工夫，栖霞居主人便出来迎接，行礼之后，请教伍子胥大名，伍子胥说道：

"实不瞒大贤，我乃楚国已故太子芊建的太傅伍奢之子，名伍员，字子胥。楚平王当日听信了费无极的谗言,认为我父唆使公子要造反,便将我父及一家三百余口尽行残酷杀害,如今避难吴国,久闻大贤之名,前来拜访,以求教诲。"

栖霞居主人忙答道:

"聆先生言,得知先生亦遭抄绝之祸,你我二人可谓同命,今又同避难吴国,异地结识,真是天缘。在下姓孙名武,本齐人,祖父即齐帅孙书。"

伍子胥听说,惊讶道:

"我在楚时,曾闻听说齐孙书有一孙子,天资聪颖,颇嗜研究兵法,常有惊人之语,想不到就是大贤。"

孙武忙谦虚地说道:

"不敢当,不敢当。"

孙武便把伍子胥让到房间。伍子胥进了孙武居室,只见床榻案头都是竹简,有的墨迹尚未干,知他正在著书立说。坐定之后,孙武介绍了自己弃齐来吴的过程。二人因遭遇相近,话甚投机,于是各自开怀畅谈,伍子胥便说出了自己的抱负,坚信一定能在吴国得志。然后询问孙武正在著何书。孙武说道:

"难得伍兄如此坦诚,愚弟亦不敢有藏,说起来不怕伍兄见笑,愚弟正著着兵法。"

子胥闻听,两眼一亮,忙道:

"孙兄大名,伍子胥在楚时已经耳闻,兄将门之后,受教鬼谷先生,于兵法早有研究,正应当将精思妙悟,著于竹帛,传于后世。"

孙武说道:

"武确有急于此,故逃离齐国躲进深山,杜门著述有年,今所著已近尾声。"

伍子胥说道:

"能否令子胥略加浏览?"

孙武道:

"著此书,武虽研精覃思,却不能尽是,恳请晒正。"

伍子胥于是起身翻阅孙武所著之书,见其目有:计篇、作战篇、谋攻篇、形篇、势篇、虚实篇、军事篇、九变篇、行军篇、地形篇、九地篇、火攻篇,计12篇。伍子胥问道:

"大作尚有多少文字未完?"

孙武说道:

"尚有一篇,名曰用间,正在著中。"

伍子胥道:

"如此看来,孙兄兵法,有13篇之数?"

孙武道:

"正是。"

伍子胥于是埋头看其首篇计篇,只见写道:

"兵者,国之大事也。死生之地,存亡之道,不可不察也。故经之以五事,校之以计而索其情:一曰道,二曰天,三曰地,四曰将,五曰法。道者,令民与上同意也。故可与之死,可与之生,民弗诡也。天者,阴阳、寒暑、时制也。地者,高下、远近、险易、广狭、死生也。将者,智、信、仁、勇、严也。法者,曲制、官道、主用也。凡此五者,将莫不闻,知之者胜,不知者不胜(大意是:战争是国家的大事。它关系着人民的生死,国家的存亡,不可不慎重地加以考虑。所以要八五个方面来衡量、对比、研究,以探索双方胜负的可能。一是'道',二是'天',三是'地',四是'将',五是'法'。'道'是使民众顺从君主的意志,可以同生共死,而不怕任何危险。'天'是指昼夜、阴晴、寒暑等天候季节的变化规律。'地'是指地理位置的远近,地形的险阻与平坦、广阔与狭窄以及哪是死地生地等。'将'是指将帅应具备的智慧、诚信、仁爱、勇敢和严肃品质。'法'是指军队编制、干部配备和后方补给等制度。这五个因素,将帅一般都应知道的,能深刻地认识这些因素,才能打胜仗。不能深刻地认识这些因素,就不能打胜仗)。"

那伍子胥也是一员战将,读了孙武兵法,深为其严密的论证、深邃的思维、精妙的高见所折服,但觉字字珠玑,处处都闪耀智慧的火花,将那战争中大到战略、小到战术都揭示得清清楚楚,传播出去,必将成为用兵者常习之文。

伍子胥看完之后,赞不绝口,连称:

"人言孙兄是隐逸大贤,果不虚也。大作字字千钧,铁打金铸,均为不易永恒之真理,兄日后必有鹏程之日,何愁大名不永垂。"

孙武道:

"要在时人能识罢了,不然终得抱璞山中。"

伍子胥道:

"卞和当年得璞,两献王而不被识为玉,两足被刖,然而既然是玉,最终仍被认定为玉。吾兄勿多虑为是。"

看看日已西垂,伍子胥便告别孙武,临走之时,他告诉孙武,就暂在此隐居,所缺食用均由他送来,并一再叮嘱,如云游他国,务要让他知其去处,孙武一一答应。

如此一来二去,孙武和伍子胥便成了莫逆之交,孙武从日常的谈吐中发现伍子胥绝非是等闲之辈,伍子胥更觉得孙武有经天纬地之才。

由于伍子胥是楚国人,他在言谈之中难免会谈及楚国之事,有心的孙武将此一一记在了心中,他知道,日后吴国定会与楚国进行争霸之战,到时候,如果用他为将,那么自己将能做到兵法中说的知己知彼,从而便能在战场上掌握主动权。伍子胥更是随着交往的加深,对孙武产生了由衷的钦佩,他暗下决心,找适当的机会把孙武推荐给公子光,好为自己以后伐楚国报家仇增添一个左膀右臂。

说起吴国政局的动荡,还应该追溯到吴王夷末去世后的君位继承一事。

公元前526年,吴王夷末(一作余昧)撒手西去。他的庶弟僚按兄终弟及制的惯例,登上国王的宝座。可是夷末的嫡长子公子光对此并不心服。他认为应按父死子继的原则由自己来继承王位,于是他便"阴纳贤士",准备伺机以强力袭杀王僚成为吴王。

公子光是位文武双全且富于心计的人,他善于掩饰自己的意图,暗中进行夺权的准备工作。他作战勇敢,战功显著。

捞取了很大的政治资本,并骗得王僚的信任,而通过伍子胥的推荐,他又网罗到勇士专诸这样的刺客,只待时机成熟便要下手实施自己的既定计划。

这一时机终于来临了,公元前515年春,吴师大举攻楚,造成国内兵力空虚、能臣羁旅。公子光分析形势后,认定这正是自己夺取王位的良好时机。四月初的某一天,他预先埋伏好甲兵后,在客堂摆设酒席宴请王僚,王僚不知是计,带少数侍卫欣然前往。酒过三巡,勇士专诸伪装成厨师奉全炙鱼以进;待接近王僚之时,突然掰鱼抽出事先预备的鱼肠剑猛刺王僚,王僚猝不及防,当场喋血殒命。公子光见专诸行刺得手,立即出动伏兵格杀王僚的亲信和卫士,将他们悉数歼灭。大功最终告成,公子光登上了国君宝座,号为吴王阖闾(一作"阖庐"),掀开了吴国历史新的一页。

阖闾是一位韬略过人,雄心勃勃的政治强人,弑僚夺位成功后,他大权在握,便着手为实现自己革新图强、争霸天下的政治抱负而不懈努力。

在众多的革新图强措施之中,选贤任能、广致人才是关键所在。道理很简单,任何事情都需要有人去做,任何理想都要靠人去实现。在当时列强逐鹿、霸权迭兴的情况下,人才的网罗和任用,更密切关系着国家的兴亡、霸业的盛衰,因而普遍有"得士则昌,失士则亡"的说法。阖闾的英明,就在于他登基后始终把求贤任贤作为首要工作来抓,从而为整个称霸事业奠定了坚实的基础。

吴宫中传出了招贤纳才的信息,才俊之士自然热血沸腾,跃跃欲试。于是,伍子胥挥手作别隐居生活,从容走进神秘的吴宫,出任"行人"一职,与阖闾共谋兴国大计,充当了吴王最重要的辅弼,为振兴和发展吴国做出重要建树,竭尽汗马功劳;也为实现个人生命价值打通了广阔的道路。

除伍子胥以外,楚国另一位亡臣伯嚭和宋国"华向之乱"中的幸存者华元也先后投向阖闾的门庭,成为吴国的重臣,在吴国的兴衰史上扮演起各自的角色。

吴王阖闾眼见人心附己,群贤毕至,内心的欢愉不言而喻。然而,当时吴国正值自身发展的重要关头,军事形势甚为严峻,西有强楚的威胁,南有越国的掣肘,还要创造条件北上中原,与齐、晋等国一争高下,所有这一切,都要求有杰出的军事人才辅佐吴王阖闾,完成吴国争霸天下的宏伟大业。

一次,他在君臣陪同下登上高台,面对壮丽的山川,和煦的春光,阖闾不禁心潮澎湃,感慨万端,"向南风而啸,有顷而叹"。可是大多数臣子并不省察主君的心理,一个个左顾右盼,面面相觑,对君主的行为感到莫名的惊诧。

此时,唯有伍子胥多少觉察了阖闾的内心活动。

伍子胥一直在寻求恰当的机会,向阖闾推荐孙武,看来今天是个大好时机。于是伍子胥上前奏曰:"主公虑楚之将广兵多,吴国无人为帅而叹乎?"

阖闾很欣慰地看了一眼伍子胥,说道:"知我心者,莫过爱卿也。"

伍子胥听罢,心中当然大喜,便又迈前一步,表情郑重地说道:"臣举一人,可为将帅,定保伐楚可获全胜。"

阖闾一听,龙颜大悦。因为自从夺取君位一来,阖闾就开始觊觎楚国的大好河山了。西破强楚,南服弱越,挥师北伐,百事待举。而与中原诸侯争霸,首在伐楚,代楚乃是争霸诸侯的基础。听到有人能率师伐楚,阖闾自然求之不得。说道:"吴国真的有这样的将帅之才?"

伍子胥不紧不慢地答道:"大王贤明,求才若渴,天下共知,所以,各种英才会集,哪能缺帅之才?"

"那么爱卿所荐之人,姓甚名谁,来自何方,现在何处?"阖闾问道。

"此人来自齐国,姓孙名武,是齐国名将孙书的孙子,现隐居于罗浮山深处。"伍子胥回答。

"此人究竟有何本领?"阖闾追问。

伍子胥朗声答道:"大王,此人文能安邦,武能定国,堪称栋梁之材。大王若得此人,犹如周武王得吕尚,商汤得伊尹,齐桓公得管仲,不要说是伐楚称霸,就是平定四海,横扫九州,何足道哉!"

阖闾喜出望外:"吴国有这样的经天纬地之才,寡人竟为何不知?"

"大王,孙武非一般凡夫俗子,他隐居山林,世人少知,以著《兵法》为业,故而大王不知了。"

提到《兵法》,阖闾异常兴奋,圆睁双眸:"什么《兵法》?"

伍子胥侃侃而谈道:"孙武自著《兵法》十三篇,一曰《计篇》,二曰《作战篇》,三曰《谋攻篇》,四曰《形篇》,五曰《势篇》,六曰《虚实篇》,七曰《军争篇》,八曰《九变篇》,九曰《行军篇》,十曰《地形篇》,十一曰《九地篇》,十二曰《火攻篇》,十三曰《用间篇》。"紧接着又详细具体地向阖闾介绍了每篇的主要思想和内容,还向阖闾背诵了一些军事原则,例如,"兵者,国之大事,死生之地,存亡之道,不可不察也。""知彼知己,百战不殆。""昔之善战者,先为不可胜,以待敌之可胜。"……

听了伍子胥的介绍,阖闾赞叹不已,连连叫绝,恨不能立刻见到孙武,共商伐楚大计。

后来伍子胥借同阖闾谈兵论武之际,前后七次举荐孙武,反复盛赞孙武是一位不可多得的军事人才。

阖闾见伍子胥如此锲而不舍地建议自己任用孙武,倒也滋生出一种好奇心理,想知道能够获得伍子胥如此器重赏识的孙武到底是何许人物。

伍子胥见阖闾终于做出了召见孙武的决定,内心自然激动不已,辞宫回府后,急忙修书一封,差遣心腹星夜驰往罗浮山,邀请孙武火速出山,前来都城共襄大业。

孙武接读伍子胥的书函,心情激动万分,他多日冷静观察的结果,认定吴王阖闾是位贤明英武的君主,是自己可以为之效劳的理想对象,今日好友来函邀自己出山,这无疑是大干一番事业的机会。

很快,孙武一行来到了吴国都城。老朋友重逢,分外亲切,在互诉别后之情后,伍子胥便将孙武一家安顿在官府馆舍稍事休息,自己则带着孙武所著兵法13篇简书,匆忙去吴宫晋见阖闾。

阖闾一口气读完13篇5000余言,意犹未尽。此时他已初步认可伍子胥举人得宜,觉得这位孙武果真颇不简单,或许正是自己梦寐以求的统帅人才。可是他心头还存有一些疑虑:这兵法讲得头头是道,可真的完全适用于实战吗?而且孙武还是一个20几岁的年轻人,他有足够的胆魄堪当大任吗?他觉得在委任重用孙武之前,还是再考察一下他的真才实能为好……于是他沉思片刻后,便吩咐伍子胥说:"三日之后,寡人去馆舍见见孙先生,至于其他事情,待寡人见过他后再说。"

时至今日,孙武虽尚没有被阖闾所任用,但他已凭着自己的兵书和好友的推荐,走出了隐居的罗浮山,来到了吴国的都城,他准备着迎接新的挑战。

吴王派人拿去了自己呕心沥血写成的兵书以后,孙武心潮起伏,久久不能平静。他正在焦灼等待结果的时候,馆外传来了阵阵车马銮铃之声,孙武回头向窗外看去,见从车上走下一位英气勃勃的青年。这时,有人进来告诉孙武说吴王亲自来造访先生。孙武喜出望外,立刻迎上前去,欢迎吴王的到来。

君臣见面互道仰慕之情后，开始转入正题。吴王阖闾首先向孙武请教古来帝王治国平天下的经验教训。孙武知道，自己多年压抑的才华现在终于有了可以宣泄的渠道了，于是，孙武答道："从大王所问可见您的志向宏伟。自古帝王用兵，没有不尊崇黄帝的。就拿黄帝伐四帝来说吧，黄帝当时坐镇中央，四方首领为恶肆虐。黄帝向南讨伐赤帝，在阪泉进行了战斗，顺应了天道、地理、人情，歼灭了敌人并占有其土地。经过几年休养生息，恢复民力，种植五谷，大赦罪人。向东讨伐青帝，到达襄平，双方展开交战，黄帝顺应天道、地理、人情，歼灭了敌人并占有其土地。经过几年休养生息，恢复民力，种植五谷，大赦罪人。向北讨伐黑帝，向西讨伐白帝，都用上面的办法，最终战胜了四帝，统一了天下。残暴的帝王被消灭了对天下人来说是好事，所以普天之下，四面八方的人都归向黄帝。后来，商汤伐灭夏桀，据有九州，周武王铲除商纣，牧野一战，四海归一。这一帝二王，全都是既得天之道，又得地之利，更得民之情，所以才无往而不胜的啊。现在吴楚的形势就是如此，我方占得天道、地理、人情。不可错过大好时机啊。"

吴王听后略有所悟地点了点头，又接着说："先生对古帝王治国平天下的经验教训颇有研究，我很赞同先生的观点，但三皇五帝神圣事，似有可望而不可即之感，我们且不去谈它了。但不知先生对当今天下大事有何高论。就拿晋国来说，它称霸近百年，可后来六卿专权，国势不张，民心涣散。晋国的范氏、中行氏、智氏和韩、魏、赵六家世卿各顾自己，互相争权夺利，他们各霸晋国一方之地。依先生看来，他们当中哪个先灭亡，哪个能获得最后成功？"

"范氏、中行氏这两家会首先败亡"。孙武不假思索地答道。

吴王阖闾微笑着双目注视着孙武的脸说道："先生何以言之呀？"

孙武不慌不忙从容说道："微臣是根据他们田亩制度的大小、收取租税的多少以及士卒的众寡、官吏的贪廉做出判断的。拿范氏、中行氏来说，他们以八十步为畹，以一百六十步为亩。六卿之中，这两家的亩制最小，收取的租税却最重，收五分之一的田亩税。公家赋敛无度，人民转死沟壑；官吏众多而又骄奢，军队庞大而又屡屡兴兵，如此下去，必然众叛亲离，土崩瓦解，不亡而何待？"

吴王阖闾将着胡须、微眯双目，不住地点头，轻声附和着。他见孙武的分析切中两家的要害，说得头头是道，就又接着问道："范氏、中行氏败亡之后，又该轮到哪家啦？"

孙武继续侃侃而谈："根据同样的道理推论下去，范氏、中行氏灭亡之后，就要轮到智氏了。智氏家族的田亩制度，只比范氏、中行氏的田亩制度稍大一点，以九十步为畹，以一百八十步为亩，租税同样苛重，也是五分抽一。智氏与范氏、中行氏如出一辙，没什么两样，都是亩小，税重，公家富有，人民穷困潦倒，官多兵众，主上骄傲，臣下奢侈，又好大喜功，结果只能是重蹈范氏、中行氏的覆辙。"

吴王听到这里情不自禁地大声说道："分析得好！"接着继续追问一句说："智氏家族败亡以后，又该轮到谁了呢？"

孙武十分自信地回答说："那就该轮到韩、魏两家了。韩、魏两家以一百步为畹，二百步为亩。税率还是五分抽一。他们两家仍是亩小，税重，公家聚敛，人民贫苦，官兵众多，急功数战。只是因为其田亩制度稍大，人民的负担相对较略微有所减轻，还可以苟延残喘一阵，败亡会在三家之后。"

"至于这最后一家必是赵氏家族。"孙武不等吴王开口再问接着说道。"赵氏家族的情况,同前边说的五家不大一样。在晋国当权的六卿之中,赵氏的田亩制度最大,以一百二十步为畹,二百四十步为亩,不仅仅如此,赵氏收取的租税从来不重。亩大、税轻,公家取民有度不事苛暴,官寡兵少,在上者注重节俭,在下者办事谨慎。苛政丧民,宽政得人。以此观之,赵氏家族必然兴旺发达,晋国政权将来最终要落入赵氏之手。"

吴王阖闾听到这里,抚掌大笑,说道:"先生酌古论今,意气风发,使寡人豁然开朗,看来伍子胥推荐的有道理,先生非凡夫俗子所能望尘,也不是赳赳武夫所能言及的。寡人明白了,明王治国之道,就是厚爱其民,不失人心。"

随后,吴王阖闾把话题转到了军事上,他又向孙武请教道:"先生所著兵法十三篇我都看过了,十分钦佩您的学问,但尚有一些疑难不解的问题,请您解决解决。"

孙武恭敬地说道:"大王请讲。"

吴王说:"我们的军队如果出境作战,在敌国驻扎。这时敌人从四面八方包抄过来,将我军重重包围,我军想突出重围,可是四边险要不能通行。打算激励士气,使他们拼出性命去突围,用什么办法好呢?"

孙武略思片刻,一字一句地回答说:"面临这种情况先要深沟高垒,向敌人假示我军要固守阵地的样子,安静不动,以隐蔽我军的企图。然后暗自布告全军,把我们的处境讲清,告诉士兵我们已处绝境,唯有以死相拼,才能获得生机。把随军牛马杀掉让全军将士饱餐一顿,剩余的粮食通通烧毁,断掉留下来生存的念头,让将官不考虑其他的办法只想突围之事,让士兵抱有必死的信念,于是砥甲砺刃,并气一力,分兵两路向敌人发动突然进攻,进攻时要鼓声震天,杀声震野,从心理上使敌人惧怕起来,仓促应战,不知如何是好。突出去的部队要从敌人背后接应另一支没有突出的部队,使敌人更加混乱,这就是在我军形势不利的情况下,采用求生的办法。兵法云:困而不谋者穷,穷而不战者亡。"

孙武刚说完,吴王阖闾跟着又问:"如果情况正好相反,是我军包围了敌人,又该如何围歼敌军呢?"

孙武莞尔一笑,说道:"这有何难。山峻谷险,敌军难以逾越,兵书上称之为穷寇。歼敌的办法是,把士兵潜伏起来,选择好让敌人逃跑的路线,然后虚留一条生路,使他们只想到为求生而逃跑,从而丧失必死的决心,如果丧失了战斗力,这样的军队再多,也会被击败的。兵法上又说:如果敌人处在死地,士兵斗志昂扬,要想消灭敌人的办法就是顺从敌人的思路去对付他,不要和敌人死打硬拼,要把我方的长处隐藏起来,让敌人琢磨不透,同时派兵切断其粮道。为了防止敌人出奇兵突围,应多设弓箭手布好埋伏,等待敌人落入陷阱。"

吴王听完赞叹道:"果然不俗。我再问一个问题,如果敌军占据山川险要,粮食又十分充足,想引诱敌军出战,敌军不上当怎么办? 我军又如何能找到敌军疏忽的地方发动进攻呢?"

孙武说:"遇到这种情况也好办。只要我军分兵把守住要害之地,保持高度的警惕性,不能有丝毫的松懈,然后秘密派出谍报人员刺探敌军守备情况,密切注视敌人松懈的时间,以小利诱使敌人出击,同时禁止敌人一切外出活动,久而久之,敌军一无所得,自然而然地会改变坚守的方针,等到敌人一旦离开,我军则全线出击。这就是敌人据守险隘,我们一定能够攻破敌人的办法。"

传奇名将

　　吴王又继续提问说:"您著的兵法十三篇中一些句子寡人看了尚有不能领会其奥义的地方。比如说:'途有所不由,军有所不击,城有所不攻,地有所不争,君命有所不受'。其所指能否讲得具体一些。"

　　孙武说:"好吧。不一定要走的道路,是指军队进入这种地区,进入浅了达不到前进的目的;进入深了后方又不利于接应,军队行动了就会产生不利因素,军队不行动就会有被包围的危险。这样的道路,就千万不要去走了。不一定要攻击的敌人,是指敌我双方已在战场上准备交战,虽然估计我军的军事力量足以击破敌军并俘获敌军将领,但从长远利益上考虑,还有其他更奇特巧妙的办法,不用浪费这样的损失去和敌人面对面地较量,在这种形势下,敌军虽是可以打败,但也不去打它。不一定要攻占的城邑,是指估计我军的军事力量完全可以把这座城邑攻下来,但攻取以后对于我军继续前进并没有什么好处,占领以后,我军又不能守住这座城邑。又如用强攻的办法,必定久攻不下,但如果我军不去攻占它,而是进出在这座城邑的前方,造成一种有利的形势,这座城邑的守敌就会因此绝望而自动投降,即使是造不成有利的形势,这座城邑也不致危及我后方的安全。对于这种城邑,虽然可以攻取它,但也不要去攻它。不一定要争的地方,是指山谷水泽,军队无法生存的地方,这样的地方,不要去争。所谓国君命令不一定要执行,是指他的命令违反了上述'四变'的原则,就可以不执行国君的命令,作为一名将帅懂得了这四变,就算懂得如何用兵了。"

　　君臣就这样一问一答,越讨论越觉得谈得投机。孙武对吴王的发问十分佩服,觉得吴王提出的问题往往单刀直入,问得也很全面,大到治国安邦,小到军事上战术的运用;既问到处于有利的形势下怎么处理将要发生的问题,又问到在不利的形势下怎么去应付,怎么去扭转不利的局面。孙武从吴王的发问中看出了吴王确实想成为一位有所成就的君主。

　　而吴王通过连连发问,发觉孙武确实有经天纬地之才,他分析问题犀利透辟,一下能抓住事情的要害,头脑冷静,思维缜密,对答如流,应付裕如,真是一位不可多得的文武双全的将才。

　　于是,吴王邀请孙武入宫。孙武见吴王词意恳切,又这样礼贤下士,就愉快地答应了。君臣二人满怀喜悦,手挽着手,肩并着肩,登上鸾车,扬鞭催马,向宫中奔驰而去。

　　孙武自山中入郢都,再自驿馆至吴宫,他正凭靠着自己的才华把握着机遇,他离拜将成名的巅峰又近了一步。

运筹帷幄

　　吴王阖闾把孙武接入宫中以后,亲自拜于庙堂之内,礼于宫廷之前,用最高规格的国礼隆重迎接孙武。礼仪过后,吴王阖闾心里十分欢喜,他的远大理想可以寄托在孙武身上了。他想,有如此之人,还何愁自己的理想不能实现?但没过多久,吴王又转喜为忧。吴王心想,虽然孙武论道谈兵,谋略渊深,可他从来没有弯弓疆场,这上疆场,折冲销敌,一刀一枪,可不是坐而论道、口舌之辩所能替代的。我要是重用此人,他真的能当此大任,统帅吴兵横扫千军如卷席吗?

　　于是,吴王阖闾又来到孙武下榻的馆舍。孙武见吴王驾到,立即整衣敛容,恭迎吴

吴王阖闾像

王入室。

宾主互道寒暄后分别就座,阖闾重新仔细打量一眼面前这位青年人。只见他英气勃勃,从容大方,镇定自若,显出出众的干练和成熟。阖闾心头不觉又平添了几分喜悦,于是便望着孙武缓缓开口道:"昨天,我已经和先生畅谈过了,而且先生的兵法十三篇,我已全部看过了。我自己对兵法是十分喜好,很有兴趣的……"说到这里,阖闾停顿了一下,脸上闪过一丝不易觉察的微笑,接着又说:"我倒很想用兵法来做些游戏,不知先生意下如何?"

孙武听出了阖闾这番话当中的调侃意味,便当即严肃地指出:"兵法之事,非同寻常,它直接关系到人们的利害安危,既不能把它看作是单纯的个人好恶,更不能以顽童嬉戏的态度去对待。如果君王您仅仅以喜好或戏乐的目的来谈论兵法,那我是无法对答的,还请您原谅。"

孙武这话说得义正辞严,掷地有声,阖闾听了不觉为之动容,答道:"寡人不理解兵法的奥妙精华,还请先生惠以教我。不过您的兵法固然写得精彩动人,有条有理,但是否能够小试一下指挥队伍吗?"

孙武知道吴王对自己还存有不信任的心理,现在吴王既然提出用兵法练兵的要求,那正是自己用实际行动打消吴王疑惑的机会,于是便朗声回答:"当然可以,怎么试都成,完全随君王您自己的意愿。用什么样的人来试均无关系,不论是高贵的还是低贱的,也不论是男的还是女的,只要用兵法一勒束一训练,便可做到令行禁止,上阵杀敌……"

阖闾听到这里，不免又暗暗摇头了："这年轻人似乎也太骄妄了一些，从没听说过可用兵法整训妇女的事情。好吧，他一言既出，驷马难追，就抓住这点出个难题考考他。"阖闾想法甫定，就莫测高深地告诉孙武："先生既然说得如此有把握，寡人倒愿意请您把兵法先在妇女身上试演一下？"

孙武见阖闾真的要用妇女来试演兵法，不禁皱了皱眉头，觉得这位君主未免有点过于任性，于是提醒阖闾说："妇人多不严肃，我担心君王您事后会后悔，是不是换其他人试演……"

"寡人有什么可后悔的呢？"阖闾打断了孙武的话，心想这年轻人果真是口说大话，一旦要动真格的，心就虚了。我偏偏要让妇人试演，看他有什么高招。

"就这么说定了！"阖闾用不容置辩的口吻将此事拍板定局，当即下令去宫中挑选宫女，并同孙武约定了演练兵法的时间。孙武见吴王主意已定，也就不再多言，胸有成竹地迎接这个小小的挑战。

当天下午，孙武沉着冷静地来到吴宫左后的苑囿之中，阖闾已在那里等候。见孙武抵囿，当即下令唤出事先选定的宫中美女180人交给孙武进行操演。

孙武征得吴王同意后，将吴王的两个宠姬左姬和右姬充作队长，然后要求说："军旅之事，必须号令严明，赏罚得当。虽然是训练，也是应该有的。请立一人为执法官，二人为军吏，负责传达命令；二人负责击鼓；力士数人，充作牙将，拿上各种兵器，列于坛上，以壮军威！"吴王传令立即在王宫卫队中选用。孙武更换戎装，头戴兜鍪，将宫女分为两队，右姬统领右队，左姬统领左队，全部换上戎装，右手操剑，左手握盾，倒也十分整齐。

准备完毕，孙武宣布命令："一不许混乱队伍；二不许笑语喧哗；三不许故意违反军令。"然后亲自在场地画好绳墨，布成阵势。命令传令官授予二队长每人一面黄旗，执之为队伍前导，众宫女跟随队长之后，五人为一伍，十人为一总，步伐要整齐，距离要适当。听从军鼓来决定进退，左转右转，寸步不乱。孙武把命令讲完之后，问众宫女："听明白没有？"众宫女们嘻嘻哈哈，参差不齐地回答："明白了。"

紧跟着，孙武下令说："听到第一遍鼓时，两队要一齐前进；听到第二遍鼓时，左队要右转，右队要左转；听到第三遍鼓时，所有将士都要挺剑持盾做出争战之势；听到锣声，左队和右队即回复原地。"宫女们觉得新鲜而又好玩，皆掩口嬉笑。

鼓吏禀报："鸣鼓一通。"

宫女或起或坐，参差不齐。

孙武站起来严肃地说："约束不明，贯彻得不力，这是将领之过，是我的不对。"遂命令军吏再一次地宣布军法、军令，强调说，如果再有不听从命令的，就要斩首示众。鼓吏再次击鼓。宫女们倒是都站起来了，但东倒西歪，嬉笑如故。孙武亲自拿起鼓槌，再次重申军法和军令，并用力击鼓。

左姬、右姬和宫女们看见孙武那副认真的样子，觉得甚是好玩，倚仗吴王对自己的宠爱，更加大笑不止，甚而索性爬在地上不动。

孙武见此情景，心想，如果再不来真的。眼下的局面将难以收拾，我也将贻笑天下。于是两目圆张，大怒道："执法官安在？"

执法官立刻走上前来，跪下听候命令。

孙武厉声说道："约束不明，将之过也，既已再三约束，士兵不听从命令，那就是士兵的罪过了。军法上是怎样规定的？"

"当斩！"执法官回答说。

孙武说："士兵难以尽诛，可将二位队长斩首示众。"

执法官见孙武发怒之状，不敢违令，便将左、右二姬绑上，准备行刑。两位宠妃见孙武要杀她们，霎时间魂飞天外，号啕大哭，众美女全都大惊失色，惶恐不安。

哭声惊动了吴王阖闾，他见孙武真的要斩自己的两位宠妃，忙派人急驰校场，命令孙武道："寡人已经知道将军用兵的能力了，但左右二姬甚合寡人之意，如果二姬有所不测，寡人将食不甘味，请将军赦之！"

孙武坚定地回答说："军中无戏言。臣已授命为将，将在外，君命有所不受。如果我徇私而释放有罪者，何以服众？"命令左右："速斩二姬！"然后将二姬之首示众。

孙武另选二位宫女担任队长，继续鸣鼓操练。宫女们个个打起精神，再不像刚才那样嘻嘻哈哈，嬉闹无常。全场肃穆异常，一鼓起立，二鼓转侧，三鼓合战，鸣金收兵。左右进退，回旋往来，皆合规矩，毫发不差，自始至终，井然有序，寂然无声。

孙武派遣一位军吏，向望云台上的吴王报告说："训练已经完毕，请大王亲临检阅，这群女兵已可以听命于大王，赴汤蹈火也在所不辞！"

由于宠妃被杀，吴王的心中甚是不快，但又不便发作，只好强忍怨气，对军士说："你去告诉孙武，他很辛苦，回去休息吧，我也不想去检阅了。"

坐在一旁的伍子胥连忙躬身说道："臣曾听说过，军中最重要的是军律，军律不严明、兵法就无法执行。戏而起兵，没有不失败的。希望大王前去检阅，成大业的人不能偏执于儿女私情，请大王明察。"

吴王听了伍子胥的一番诤谏后，顿然醒悟，于是率领群臣前去检阅。宫女们娇艳的面庞，此时却变得十分严肃，君王驾临，仍然目不斜视，全神贯注地听着孙武的号令，动作协调一致，丝毫不敢苟且，真的变成了一群军纪严明，赴汤蹈火也在所不辞的勇士了。

检阅完毕后，吴王带着孙武和伍子胥来到王宫，连声夸赞道："孙先生，今天看到您优异的表现，真是钦佩之至，不愧为难得的将才啊！"

孙武先是向吴王谢罪，接着便申述杀姬的理由。他说："令行禁止，赏罚分明，这是兵家最基本之法，为将治军之通则。用众以威，责吏以严，只有三军遵纪守法，听从号令，才能克敌制胜。"听了孙武的一番解释，吴王怨气消散，便丢掉了杀姬之恨，拜孙武为将军，在孙武的严格教导下，吴军很快便成为一支纪律严明，训练有素的部队。

孙武被吴王拜为大将，标志着他人生的一大转折。现在他可以像雄鹰一样，展开翅膀，在那广阔的天空里高高地飞翔了。

公元前546年，宋国向戌倡导诸侯列国弭兵会盟之后，中原地区出现了相对和平的局面，当时，晋、楚、齐、秦四大强国，都因国势趋于衰弱，国内矛盾激化，而被迫放慢了对外扩张争霸兼并活动的步伐。与此同时，偏处于东南部的吴国和越国则先后兴盛起来，开始加入大国争霸的行列。由此，战争的重心也从黄河流域转到了长江淮河流域，从中原诸侯国转移到了楚、吴、越诸国。吴楚柏举之战正是这种战略新格局背景下的产物。

　　吴国建国的历史相当悠久，但自西周至春秋前期，由于它地处东南一带，远离中原文化腹心，因此，虽有一定程度的发展，疆域有所开拓，但是总的来说，吴国在列国中并不显眼，影响也比较有限。然而，自春秋中叶起，随着社会生产力的发展，吴国在大国争霸的局势中逐渐崭露头角，成为当时迅速崛起的新兴国家。尤其是其第19代君主寿梦登位后，虚心向周围和中原的先进国家学习，改良政治，发展经济，繁荣文化，扩大对外交往，加强军队建设，使吴国历史的发展进入了一个新的阶段。

　　吴国的迅速崛起，就与其西边的强国楚国之间产生了尖锐的矛盾和冲突。当时楚国在中原争霸斗争中落于晋国的下风，不得已只好把兼并的锋芒指向相对较弱的近邻吴国，这样就势必引起吴国的不安和抵抗。而吴国为了进一步开拓，也不可避免要视楚国为自己前进道路上的最大障碍，两国之间兵戎相见自然而成为双方关系中的主流。

　　晋国的介入，更使得吴楚之间本已十分紧张的局势火上浇油，一发而不可收。

　　晋国出于同楚国争霸斗争的需要，采纳楚流亡大臣申公巫臣的建议，主动与吴国缔结战略同盟，让吴国从侧面打击楚国，以牵制楚国势力的北上，吴王寿梦二年，晋景公派遣申公巫臣出使吴国，让他带着特殊的使命，一步步地实现晋国扶植吴国、借吴制楚的战略目标。

　　日渐强大起来的吴国，正需要寻找大国作自己的后台，以增加自己在列国角逐中的筹码。现在晋国主动找上门来，自己何乐而不为，于是就欣然接受晋国的主张，坚决摆脱了对楚国的臣属关系，并积极动用武力，同楚国争夺淮河流域，逐渐成为楚国的强劲对手、心腹之患。

　　巫臣通使吴国，还给吴国带来了中原地区先进的军事文化和战术，促成吴国军事实力的增强。原来吴国地处南方水网地带，军事上以水战为主，陆战只有少量的步兵。巫臣给吴国带去兵车，并"教吴乘车，教之战阵"，这样一来，吴国开始拥有自己的车战兵团，兵种配置更加齐全，能够适应各种复杂的战场情况，从而逐渐抵消了楚国在兵种和战法上的固有优势。

　　自寿梦开始，历经诸樊、夷末诸王，直至吴王僚，前后60余年间，吴、楚两国互相攻战不已，爆发了10次较大规模的战争。其中较为著名的有：公元前584年的"州来之战"、公元前570年的"驾之战"、公元前525年的"长岸之战"、公元前519年的"鸡父之战"等等。在这10场战争中，吴军全胜6次，楚军全胜一次，双方互有胜负3次。总的趋势是楚国日遭削弱，国势颓落，吴国兵锋咄咄逼人，渐占上风。

　　可是就在吴国势力日益发展的情况下，楚国也参照晋国联吴制楚的做法，如法炮制，伐谋伐交，拉拢东方的越国从侧后威胁吴国。而北方齐、鲁诸国惮于吴国的强大，也多有不安，因此从各方面对吴国施加压力，这样一来，吴国在战略上便处于三面受敌的局面。吴王阖闾弑僚登基之时，所面临的就是这样的形势。

　　孙武认为吴国要在这样复杂的"国际"环境之中求得生存，谋取开拓，就必须在三个方面中选定一个首先进攻的方向，重点突破，带动其余，从而最终实现"西破强楚，北威齐晋，南服越人"，称霸中原的战略目标。后来，孙武、伍子胥等人出于对全局利益上的战略考虑，向吴王阖闾提出了首先集中力量打击楚国的建议，并为阖闾所欣然接受。

　　历史证明孙武的战略选择是正确的。

因为吴国如果首先发兵进攻北边的齐、鲁诸国，不但师出无名，没有必胜的把握，而且正如后来伍子胥对夫差所分析的那样，"不能居其地，不能乘其车"，即使取得一些胜利，也不能从中获得多少实际利益。同时，吴国在当时诸侯的眼中，尚属于未曾十分开化的蛮邦；相反，齐、鲁则是立国悠久的"礼义"大国，在列国中素具威望，吴国要进入中原列国的圈子，有赖于它们的认可和提携。所以吴国此时不能贸然先攻打齐、鲁诸国。

如果吴国此时先进攻南面的越国，这在军事上、政治上也不是最佳的选择。吴、越两国人口、面积、国力等方面都相差不大，派去攻打越国的军队如果少了就不能必胜，多了则国内空虚，会给楚国提供可乘之机，使吴国两面受敌，陷于被动。而且越国地处吴国的更南面，距离中原更为遥远，文化比吴国还要落后，即使战而胜之，在中原各国中也产生不了多大的影响。

孙武认为当时只有首先进攻西边的楚国，才是吴国唯一正确的选择。这是因为：第一，楚国立国已久，地广兵众，位居上游。长期以来它兼并小国，争霸中原，亡吴之心不死，是吴国最大的心腹之患。第二，楚国当时面临的困难形势为吴国伐楚提供了千载难逢的大好时机。这个时期楚国的形势是：民众疲惫困顿，财力空虚匮乏，奸佞当道乱政，国君昏庸无能，君臣离心离德，局势动荡不安，政治日趋腐败，矛盾复杂尖锐，社会秩序混乱，外交陷于孤立，军令不能统一。第三，从当时的"国际"形势来看，吴国攻楚在外交上也能够处于主动有利的地位。晋国的积极支持自不必说，齐、鲁诸国虽然忌惮吴国的勃兴，但更畏惧愤恨楚国，所以将基本保持中立。至于越国，虽为吴国的宿敌，但此时其整体实力毕竟略逊于吴国，又刚刚被吴国所打败，当没有足够的力量主动向吴国进犯。

由此可见，在这个时候首先进攻楚国正是大好时机。孙武等人透过各种表面现象看到问题的本质，在错综复杂的情况中及时、准确地捕抓住了主要矛盾，这正是他们高瞻远瞩，具有卓越的军事战略思想的突出体现。

"冰冻三尺，非一日之寒。"吴国以楚国为首要进攻对象，发动柏举大战打击楚国，乃是吴楚之间长期恩怨纠葛、兵戎相见的必然结果，也是孙武、伍子胥等人高明战略决策的逻辑归宿。

战略方针既已确定，吴国全国上下便积极动员起来，为实现自己的战略目标而进行不懈的努力。

吴国虽然在对楚长期战争中逐渐占据主动地位，但是就两国整体实力而言，楚国对吴国而言还具有一定的优势。这首先是楚国拥有一支相当规模且实战经验丰富的军队，数量达20万人之多，兵种齐全，装备先进精良，有"楚之为兵，天下强敌"之誉。其次，被孙武等人预作为攻取目标的楚都郢城，雄伟坚固，易守难攻。第三，兴兵伐楚，攻打郢城，就必须深入楚国腹地，行师千里，而"劳师袭远"历来就是兵家之大忌。吴军只有数万之众，要顺利完成既定战略计划，更是难上加难。

孙武对这种战略态势是洞若观火的。所以公元前512年他初任吴国将军之年，就针对阖闾在急于求成的心态驱使下提出立即大举发兵攻楚的打算加以谏阻："民劳，未可，待之。"要求阖闾沉着冷静，等待时机，以图后举。

不过孙武等人并未消极地守株待兔。他们的厉害，就在于他们从不消极地等待敌方出现破绽,而是积极运用谋略,主动创造条件,完成敌我优劣态势的转换。疲敌误敌,翦楚羽翼,积蓄实力,捕捉战机,积小胜为大胜,创造从根本上打垮和削弱楚国的条件,这就是孙武等人在柏举之战展开之前所制定的主要备战工作,这一系列工作部署的制定,为以后吴国在与楚国争雄的战争中最后获得胜利奠定了很好的基础。

吴王阖闾四年,吴国开始正式伐楚。他们把打击的目标首先定在楚国的养邑上。因为在楚国的养邑,有阖闾的死敌、心腹之患公子掩余和烛庸。掩余和烛庸都是吴王僚的弟弟,阖闾当年发动政变成功之后,掩余和烛庸正率军与楚交战,他们得知国内变故后,立即弃军逃跑。掩余逃到徐国,烛庸逃到钟吾(今江苏宿迁市东北),阖闾对这二人不放心,怕他们将来兴祸作乱,便让徐国逮捕掩余,让钟吾人逮捕烛庸。掩余与烛庸见势不妙,立即投奔了楚国。楚国如获至宝,赏赐给他们大片土地。让他们到养邑去居住,又派了莠尹然、左司马沈尹戌为他们筑城,同时把养东的城父与胡的土地给了他们。让他们凭此地去对抗吴国,以减轻吴国对楚国的压力。当阖闾得知这一情况,曾恨不得一下将养邑攻灭,以除后患,可当时因刚夺到君位,军事上还不允许他这样做,所以便暂时打消了这种念头。现在,吴国力量已远非几年前可比,又有了孙武为帅,所以阖闾把灭养邑定为伐楚第一个战略目标,实现这一战略目标,即可翦灭政敌,又可扫清淮水北岸楚国的防御,可谓一箭双雕。

攻取养邑之前,为了稳妥,阖闾主持召开了一个御前会议,参加者有孙武、伍子胥、伯嚭。四个人一起,认真研究攻占养邑的战略方针。伍子胥、伯嚭先谈了自己的看法。孙武却默不作声,他正在凝神深思。阖闾知他想得差不多了,便问孙武道:

"攻打养邑,将军之计何出?"

孙武道:

"其方针应是攻其无备,出其不意。养邑地势险要,利于防守。二公子于此地经营有年,军事实力不容低估,如我大张旗鼓地矛头直指养邑,楚必增援二公子,两兵相加而抵抗我军,必于我军不利,势必难以取胜。所以此战应首先从征讨在夷城的徐君章禹开始。徐君章禹当年诈降吴国而逃于楚,楚为他筑夷城使之与吴对抗,讨伐他师出有名,而且可以掩盖我伐养邑之谋。而我征讨章禹,楚军必远道来救援,如此外围战斗,足可疲弊楚军,等楚军疲弊已极,无力救援养邑,我再加兵养邑,必一举而夺之。"

阖闾听罢大悦,立即准其按此战略构想完成这场战役。

孙武于是择了吉日,与伍子胥等率军出征。他指挥吴军以急行军的速度,飞快渡过江淮,直向夷城袭去。此时是十月天气,令人感到寒凉,徐君章禹正拥美姬饮酒作乐以驱寒,忽闻报吴军打来,立即慌作一团,忙传令闭门固守。然后派出人去急速向楚请求救援。

再说孙武来到夷城外,见其城处于崇山峻岭脚下的盆地之中。沱河自西北而来,到夷城南部绕了个弯,向东北流去,再南折而入淮河。夷城之南,有一道屏障的山丘,挡着沱河之水。孙武侦察一番地形后,发现若能将这山丘凿开一道缺口,便可使沱河水直灌夷城,则此时夷城将不攻自灭,于是心生一计。他先令大军将城团团围住,然后抽调一部分兵力去凿丘开渠,并令大军喧嚷要水淹夷城。城中百姓听到这一消息,人心慌乱。十余年来,章禹为自己存身,一心讨好楚王,拼命搜刮百姓,纳贡给楚王,结果弄得百姓苦不堪言。今百姓见吴军前来是为了讨伐章禹往年之叛,想采用水淹办法攻城,谁愿受他连累而葬身鱼腹,于是便有百姓自发组织起来去谋刺章禹,无奈章禹防范甚严,几次行动均没有成功。这时吴军已围城半月有余,楚救兵虽已出发,因需跋山涉水,又兼路途多险阻,距离夷城仍十分遥远,而吴军凿丘很快就要打通。孙武这时却突然命令吴军凿丘工作停下来。伍子胥不解何意,忙请教孙武,孙武说道:

"将军请看,夷城城高池深,可谓固若金汤,攻打不易。且徐本小国,无伐人奢望,只图固守,故城中粮草储备可供一年之用。如今他已派人去求援于楚,楚早晚必出兵来救。今闻楚军已离郢都,彼时我必前后受敌,故此城不可久围而不下,所以必用水攻可速胜。然水攻虽利于我,却苦了夷城百姓,所以非万不得已不能行此术。我现在打算派出人去,向章禹晓之以利害,劝他献城,若他执迷不悟,再决口淹城不迟。善用兵者,屈人之兵而不以战,拔人之城而不以攻。"

伍子胥听后,方知孙武用意。于是与孙武研究,派出了一名精于游说的使者,去见徐君章禹。章禹被吴军团团包围在城中,又察得吴军即将凿通山丘,以水淹城,而楚救兵迟迟不到,心中无限恐慌,闻听吴军派来劝降使者,立即以礼接见。吴使说道:

"我奉孙将军之命,前来请你开城延师。"

章禹说道:

"吴何以伐我?"

"昔年您降服我君,既而又叛之降楚,我君不忍此辱,故必灭徐。今孙将军不日将凿开南丘,夷城百姓将葬身鱼腹,百姓何罪而遭此辜?且百姓者,天之所赐也,而弃之,不祥有比这更大的了吗?国君您一旦失去百姓,还给何人做君呢?且楚国,最是不守信之国。我围城二十余日,楚军一兵一卒未见,您还望谁来救呢?当今之计,唯有献城请降而已。"

章禹听后,沉默许久,最后长叹一声,说道:

"为我向孙将军言,愿献城。"

吴使者于是与章禹立下盟誓,回营复命。第二天,徐君章禹断发,携了夫人出城投降吴军。结果孙武未废一兵一卒便拿下了夷城。消息传回吴国,阖闾见孙武首战告捷,口中不觉连连称赞孙武,仰天自喜道:

"寡人得孙武,从此得天下矣。"

再说孙武拿下夷城后,估计楚救徐之兵不日便到,立即调转兵锋,向南长驱500里,渡过淮水,疾侵楚国的潜、六二地。这二地是楚之腹地,又是战略要地。楚军到达夷城后,见吴军已撤离,向潜、六二地打去,心中大惊。立即调头去营救潜、六二地。谁知当楚军到达潜、六地区后,孙武率领吴军扭头便走,坚决不与楚军交锋。楚见吴军把潜城攻得残破不堪,便把这里的守备力量调走。就在这时,孙武派出的由伍子胥率领的一支人马溯淮而上,昼夜兼程,舟行数百里直扑楚国的要邑弦地,最后把弦邑团团包围,摆出一副要攻占弦邑的架势。楚军见弦邑告急,立即往驰救援。当楚军救援弦邑刚刚抵达豫章地区,伍子胥立即撤离了弦邑回师。这时楚军已三次扑空,东奔西走累经千余里,人疲马乏,且每次都是白跑,将士沮丧,士气极为低落,不得不停在豫系休整。孙武见攻取养邑时机完全成熟,于是号令大军朝养城实施战略突袭,以迅雷不及掩耳之势,一举攻陷了养城,擒杀了阖闾的政敌——吴国二公子,率兵回国。阖闾闻报孙武凯旋,立即出郊迎接,并在郊外举行了隆重的"振旅"(战斗凯旋而阅兵)仪式。他接见孙武时说道：

"将军养邑之战，机动以疲敌，令敌不及拒，以最少之代价，获巨大之胜利。兵史所不曾见。"

于是为孙武举行了庄重热烈的庆功宴，并赐以金帛美女，为孙武起造华屋，以示对孙武的嘉奖。

孙武初试兵锋，就充分显示了杰出军事家的指挥才能，威震三军。吴王阖闾见政治异己已被剪除掉，王权的潜在威胁已消除，又在这次疲楚之战中处处主动，打出了吴军气概，就不免踌躇满志，急于扩大战果。因此，当孙武凯旋的时候，吴王阖闾急切地问孙武和伍子胥："是不是乘此役之胜，长驱直入，一举攻下楚都郢城？"孙武恭恭敬敬地回答说："大王，我军这次行动虽获全胜，但只是使楚疲惫而已，并没有消灭其主力，况且我军相对来说也感到疲劳，还要休整一番，静待时变，不可急于求成，先为不可胜，以待敌之可胜。"吴王于是命令全军将士继续经武整军，准备迎接更大的战斗。

吴楚大战

自从吴王阖闾即位以来，在对外战争中，可以说采取了两次具有战略意义的军事行动。第一次是控制钟吾国，伐灭徐国。吴王阖闾攻伐这两个小国绝不仅仅是为了惩罚他们私下放了二公子，主要是因为这两国所处的战略地位极其重要。两国地处淮水下游北岸，很早就依附于楚国，特别是徐国，勾结楚国对抗吴国已有长达70余年的历史，是楚国从侧背威胁吴国的最重要的据点。如果吴军西进伐楚，两国可以轻而易举地南下切断吴军的后路。第二次是克养之役，与第一次有同等重要意义。它除了为吴王阖闾扫清了争夺王权的隐患外，还廓清了楚国在淮水中下游用以"扦吴"的势力，从而完成了吴王阖闾破楚战略布局的第二次大行动。

完成这两步行动以后，下一步该如何行动，君臣进行了反复谋议，一致认为要想彻底击败楚国，在此之前首先要解除后顾之忧，而吴国伐楚最大的隐患，必然是地处身后的越国。

越国传说是夏禹的后裔所建，当年大禹治理水患来到南方，曾在会稽（今浙江绍兴市），一带活动，召集诸侯"乃大会计治国之道"，所以此地名为会稽。大禹在这里"因传国政，休养万民"。他死后也安葬在会稽山。夏禹的后代少康即位时，把自己的庶子无余封在这里，以免夏禹陵庙的祭祀中断。无余就建立了国家，名为"越"，无余是越国的始祖。

越国起初和吴国都依附于楚国，自吴王寿梦叛楚以后，越国的地位也逐渐上升，成为楚国在吴国身后的重要盟国。吴王余祭四年（公元前544年），吴国开始伐越，战争结束后，吴军俘虏大量越军。吴王余祭让俘虏做吴宫守门人，并负责看守船只。当吴王余祭视察船只的时候，被守船人刺杀，吴越两国自此成了"仇雠敌战之国。"越国的力量也是在不断地壮大，先后在公元前537年、公元前518年从楚伐吴。到了吴王阖闾时，正好越国余祭的二十余世孙允常在位。史载"允常之时，与吴王阖闾战而相怨伐。"越国这时的疆域已南至句无（今浙江诸暨市），北至御儿（今浙江余杭区），东至于鄞（今浙江奉化区），西至于姑蔑（今浙江衢江区），广运数百里，国都于会稽，已蔚为南方大国。

　　面临着越国的崛起,吴王阖闾即位之初,就命令伍子胥在姑苏(今浙江苏州市)修筑阖闾王城。王城的设计施工重点在于防御越国。"越在东南,故立蛇门以制敌国"。"不开东面者,欲以绝越明也。"把东面的城门堵死,就是为防备越国的进攻。但是仅仅做了这些防御工作还远远不够,吴王阖闾决定主动出击,给越军以重创。为了使自己发动战争师出有名,阖闾采取先礼后兵的手法。在阖闾五年(公元前510年)夏,阖闾派使臣去越国进行谈判,表示希望越国能够跟从吴国一道讨伐楚国。越王允常接见吴国的使臣,对使臣说道:"你们吴国不遵守从前与楚国订立的盟约,现在又抛弃进贡于你的越国,打算消灭与之交往亲近的友邦,鄙国不能从命。"吴王阖闾听到使臣的报告打算用兵。不巧,这一年岁星在越国头上,按照当时观念是不利于吴国进攻越国的,晋国史墨就说:"越得岁而吴伐之,必受其凶。"

　　面对天命的挑战,吴王阖闾多少也开始犹豫起来,孙武这时挺身而出,以其千古兵家的魄力,力劝阖闾用兵,以解除将来伐楚的后顾之忧。他豪迈地说:"自古英明的君主和贤能的将帅,之所以战而胜人,功业超众,是因为他们能首先对敌情了如指掌,这叫'先知'。而先知不可以求神问鬼,不可以用相象的事物来比附猜测,也不可以用日月星辰运行度数去验证,必须依靠人的自身力量去努力深入地了解敌情"。孙武的话语,句句打动着吴王阖闾的心,他的疑虑解除了。于是吴军全线出击,杀入越国境内,打败越军,取得了决定性的胜利。

　　吴王从越国回师以后,又加紧修固城池,增强守备力量,尽量把越国北上犯吴的威胁减少到最小程度。吴王曾就此问题专门与孙武一起进行了深入探讨。他问孙武道:"将来我军攻打楚国,越国趁我空虚,侵犯我国,我们就得在本土进行抵抗。在本土作战,按照将军兵法所言属于'散地',这种情况下作战,士卒顾家,应该坚守不出,不与敌军较量。但是如果敌军进攻我小城,掠夺我田野上的粮食牲畜,不让我们出去打柴拾草,堵塞我交通要道,待我消耗殆尽,再发动攻击,这该采取什么方略呢?"孙武回答说:"如果敌军真的敢于来犯,深入到我都城的话,那么在他们背后将有许多我们的城邑。这时敌军由于远离本土,士兵往往把军队看作自己的家,他们会心志专一,舍生忘死,勇于战斗。而我们的士兵处在本土,留恋故乡,往往不愿死战,常常抱有求生的欲望;用这样的军队排列战阵,战阵一定不会坚固;用这样的军队发动进攻,战斗一定不会获胜。因此,最好的办法是结集军队,积聚粮食,储备布帛,保城备险,同时派遣轻装快速部队出奇兵切断敌军的后勤补给线。敌军挑战,我军坚守不出,敌军粮食等后勤物资运不上来,到郊外抢掠又一无所获,敌军将士就会困顿饥馁。我军借机以小利诱使敌军按照我们的预先计划行动,就可以打败敌军。"经过孙武精辟分析,吴王阖闾的忧虑解除了,吴军于是倾全力与楚争霸东南,爆发了有名的豫章战役。

　　吴宫的夜晚灯火不熄,阖闾与孙武、伍子胥、伯嚭等人坐在灯下,紧张地研究着伐楚的战略。直到东方微明时,研究才有了结果,那就是整个行动分两步走,先打一场攻取豫章地区的大战。胜利后,再向楚国进击。

　　豫章地区位于大别山以东江淮之间,它是吴国讨伐楚国的正面屏障。在这一地区,存在着潜、六、群舒、桐等一些小诸侯国,其中潜、六早已相继被楚国吃掉,沦为楚国边邑。所剩群舒和桐几个小国虽没被楚吃掉,却正在成为楚国的附庸。要想攻打楚国,必须先把豫章地区的楚国势力廓清,然后以此为基地,深入楚国腹地,直逼郢都。

孙武在举兵之前,认真研究了豫章地区群舒及桐国跟楚国的真实关系,他看到这些小国从内心并不想亲附楚国,是在楚国的高压之下才不得已而去亲附楚国的,多少年来,他们饱受楚国的残酷剥削和压迫,对楚国严重不满。根据这种情况,孙武采取了"其次伐交"的策略,展开强大的外交攻势,分化桐国,使其背叛了楚国。紧接着又把舒国争取了过来。舒国人对楚国最为仇恨,他们一直找不到报仇雪恨的机会,今吴国要出兵伐楚,正可解心头之恨,于是他们决计听从吴国的安排。孙武召见了舒国使者,向他密授反间之计。舒使于是报告给了舒君,舒君知其计可行,便派人去诳骗楚王说:

"根据可靠消息,吴国现在已十分惧怕楚国了。若此时出兵攻打吴国,吴国就会用替楚国讨伐叛逆桐国的办法来讨好楚国,这是难得的机会,千万不要错过。"

楚昭王相信了舒使之话,对吴已无所顾忌,便于吴王阖闾七年(公元前508年)起兵伐吴。

孙武闻知楚已起兵向豫章奔来,便采取了因势诱敌,潜师待时的策略。几十天后,由楚国令尹囊瓦率领的楚军便来到了豫章地区边界,他把大军驻扎在那里,然后静观吴军是否真的伐桐。孙武得到楚军进入豫章地区的情报之后,通报了各位将领。有的将领提出立即出击,去打疲弊之敌。孙武说道:

"楚都离豫章虽很遥远,但楚军此番前来是边行进边休整,如今进入豫章,并不疲惫。而且他有防我之心,所以现在出击并不有利。我应采取'卑而骄之'(大意是我做出卑弱之态,使敌人见了而产生骄傲之气)的计谋,装出真的害怕楚军打的样子,来麻痹楚军,待机歼敌。"

于是他把吴军水军调往豫章南部的江水水面上,摆出一副要替楚国讨伐桐国的架势,暗示楚军吴已惧他讨伐,主动为他卖力,让楚军不起疑心。然后把吴军主力——陆军不露声色地调往豫章地区中段的巢城附近集结,等待战机击楚夺巢城。

再说囊瓦在豫章边境地区,闻报吴军果然惧楚,已把水军调往豫章南部江水水面上,准备向桐国发动进攻,便对舒国所送的情报深信不疑了,料想此行已构成了对吴军的威慑,从此无战事,便放松了对吴军的警惕,待在那里静候起佳音来了。楚军当时来到豫时是秋天,一等等到了冬天,仍然见不到吴军伐桐国的捷报。天气寒冷异常,兵将衣单,每天冻得哆哆乱抖,于是兵将中开始有人抱怨起来了,甚至骂道:"打也不打,走也不走,待在这里何年何月是个头?"于是乎军心涣散,斗志已荡然无存。孙武探得楚军这副面貌,知战机已经成熟,立即指挥在巢城的吴军主力闪电般地向楚军袭去,楚军此时根本没有任何防备,被吴军一冲,弄得措手不及,阵营立即大乱,吴军面对毫无斗志的楚兵,勇气增添了十分,一个个拼命奋力砍杀,把楚军打得大败而逃,囊瓦身负重伤多处,险些丧命。楚军一败逃,楚巢城守将公子繁立即傻了眼,面对吴国大军的猛烈进攻,无法守住该城,于是便弃城逃跑,结果被吴军捉住,押往吴国,充当了人质。吴军没费吹灰之力便占领了巢城。巢城是楚在豫章的最后一座军事重镇,至此,楚国在豫章的全部势力已被彻底扫清,豫章从此成为吴国的天下了。

孙武在吴楚豫章之战中,又一次充分施展了其高超的指挥艺术。在整个战役过程中,孙武以"伐兵"(歼灭敌军有生力量)为指导思想,成功地运用了相敌、间敌、诱敌、骄敌、诈敌、动敌、困敌等富有孙武思想特色而又令人眼花缭乱的胜敌谋略,料敌制胜,从容不迫,诱楚人,败楚师,克楚城,俘楚将,一举控制了吴楚必争之江淮流域的豫章地区,从而打开了通往楚国的天然屏障——大别山的东大门,使吴国最终完成了破楚郢的战略布势。

吴王阖闾在国内听到这一消息,高兴得手舞足蹈,情不自禁地说道:

"这是老天将把楚国给了吴国,要不了多久我就可以入郢都阅兵了,还有什么比这更快乐的呢?"

阖闾在孙武攻占了豫章地区之后,传令封赏三军有功将士,并同时举行了隆重的庆功大会,用以鼓舞士气。然后他把孙武与伍子胥召回国内,研究出兵破楚的计划。

"鹬蚌相争,渔翁得利。"一个国家内部如果出现同门相残的境况,那么它本身必会因此而消耗掉大量的能量。楚国内部的重重矛盾、内讧斗争引发了血腥的厮杀;楚国外交上的骄横霸道、欺侮友邻更招致了诸盟国的普遍怨恨。

自从吴王阖闾即位以来,选贤任能,特别擢拔像孙武、伍子胥等文臣武将,前后用了不到六年的时间,即已完成与楚进行大决战的战略布势。但是如何以最小的代价换取战争的最后胜利,仍是摆在吴国君臣面前的一个重要问题。高瞻远瞩的孙武此时提议先静观一下楚国的形势,然后再做出分析,以定计策。这时的楚国内部是矛盾重重的。

在公元前509年这一年,蔡国的国君蔡昭侯制作了两件极其精美的裘皮大衣和两件精雕细刻的玉佩,他带上这几件宝贝去朝见楚昭王。为了表示对楚友好愿望,蔡昭侯把其中的一块玉佩和一件裘皮大衣毕恭毕敬地献给楚昭王。楚昭王看见光彩夺目的玉佩和做工精细的裘皮大衣惊奇万分,拿着爱不释手。于是为蔡昭侯举行盛大宴会。蔡昭侯得知楚昭王要盛情款待自己,为示以郑重,就把另一件裘皮大衣穿在身上,同时佩戴上另外一块玉佩。两国国君同时来到宴会厅,彼此都十分惊讶,因为他们谁也没想到对方能穿上这套衣服到会,而且里里外外丝毫没有差别,真是巧夺天工。惊奇过后,君臣上下气氛十分热烈。这时一双贪婪的眼睛死死地盯着蔡昭侯。在敬酒过程中,囊瓦婉转地向蔡昭侯暗示想要他身上的东西。蔡昭侯感到心里不是滋味,就装聋作哑,只是十分客气地接受囊瓦的敬酒。宴罢人散,早已急红了眼的囊瓦仍然贼心不死,公然到蔡昭侯馆驿去索要,蔡昭侯断然予以拒绝。恼羞成怒的囊瓦竟然编了个罪名把蔡昭侯给扣留了,不准他回国。蔡昭侯在楚国一待就是三年。无独有偶,那年唐国的国君唐成公也去楚国朝见楚昭公,随行的队伍中有两匹叫"肃爽"的骏马。不想又被囊瓦那双贪婪的眼睛盯上了。只要是囊瓦看上的东西,他总是千方百计地拿到手里,据为己有。结果,唐成公与蔡昭侯遭到了同样的命运,也被扣留了三年。

唐国的诸大臣左等右等,不见唐成公回来的踪影,他们翘首等待了三个春秋。群臣觉得不能再拖了,就请示唐成公满足楚国令尹囊瓦的欲求。但唐成公坚决不答应。没办法,大家只好重新谋议,最后想出一个计策。唐国派人到楚国说,跟随唐侯的人太久了,能否让他们更换一下。楚国答应了。派去的人就用酒把跟随唐侯左右看马的人灌醉了,偷偷地把这两匹"肃爽"马献给了囊瓦。囊瓦认为唐侯回心转意了,就十分"大度"地送唐侯回国了。偷马的人回国后自己把自己囚禁起来说:"国君因为玩马的缘故,使身体失去了自由。臣下们请求帮助那个养'肃爽'马的人再找两匹与这相同的马。"唐侯一听,马上自责道:"这都是寡人的过错,与大家无关。"说完对他们都给予了奖赏。

蔡国的群臣听到唐侯被释放的前后经过，一致主张效法唐国的做法，早日把蔡侯营救回国，于是蔡国派出使臣，坚决要求把两件宝贝献给囊瓦，囊瓦听了蔡国使臣的话后，气焰更加嚣张。在朝廷上看到蔡国的大夫们，囊瓦傲气十足，就让手下人去训斥加威胁说："蔡侯之所以在我国这么久不能回去，难道是我们的过错？都是你们这帮子人不识时务，还不赶快供上别的礼物。如果明天你们再不送上礼物，那就别怪我不客气了，你们统统要被处死！"蔡侯万般无奈，只好忍声吞气，把宝贝献了上去。囊瓦搂着宝物，笑逐颜开，当即释放了蔡侯。

在回国的路上，蔡昭侯越想越气。他想我足足在楚国受了3年的煎熬，满以为最终能有一个结果，谁知到最后还是屈从于他囊瓦的淫威了。蔡昭侯越走心里的火越大。这时来到了汉水边上，蔡昭侯心情格外的沉痛，面对着波涛汹涌的汉水，心潮起伏，最后愤然把手中的美玉投入湍急的汉水，放开喉咙，大声地发誓说："寡人今后若再南渡汉水去楚国朝贡，那我就像这块玉一样，永世葬身大川之中。"回国以后，蔡昭侯做的第一件事就派使者出使四方，遍告诸侯说："天下有谁能讨伐残暴的楚国，寡人愿为前列。"

蔡昭侯深深懂得，没有一个强国为他出面，想报此3年受辱之仇是很难的。他把希望寄托到了吴国身上。蔡昭侯已观察到自从楚昭王即位以后，楚国卿大夫之间的矛盾加剧，也看到伍子胥、伯嚭这批谋臣智士因受迫害，被迫流亡到吴国，为了替死去的亲人报仇，他们率领吴师几乎无岁不攻伐楚国，给楚国造成很大困难。于是，蔡昭侯派自己的儿子公子乾和大夫的儿子到吴国做人质，请求吴国出兵拯救危难中的蔡国，替蔡国报仇雪耻。

吴国这时也已注视到了楚国局势的新发展，吴王阖闾专门让伍子胥负责从外交上对付楚国。这一年伍子胥以吴国行人的身份在外交上联络各小国，以孤立楚国。当蔡昭侯来到吴国以后，吴王阖闾召来伍子胥、孙武等文臣武将共商是否出兵救蔡伐楚之事。

吴王阖闾对孙武和伍子胥说："以前在攻克养城的战役之后，寡人曾经问过二位爱卿，能否乘胜前进，攻打楚都郢城？孙将军当时说：'民劳，未可，且待之'。豫章之役，我们大获全胜，寡人又问能否挟此大胜之余威，一举攻下郢城？二位爱卿又说，时机尚未成熟，'郢未可入'。现在，蔡侯亲自来求救，你们看这次破楚入郢的时机是否已到来？"

孙武上前一步回答说："前两次都没有乘胜挥师入郢，是因为不符合战法，按照战法来说：兴师攻伐，只凭借一时一地的胜势就冲昏了头，贸然纵兵四出，希图仅用威势来慑服敌人，决非常胜之道，用兵的关键在于军事实力和谋略的运用。"

吴王阖闾接着问道："这话怎么讲？"两位将军一起解释说："楚国的军队，是天下的强敌！现在大王使微臣们与楚国争锋，是九死一生之事。就现在情况看，大王要想破楚入郢，成就霸业，能否大功告成，还得看天时是不是有利于我们，做臣子的不敢随便想怎么干就怎么干。"

此时的吴王阖闾已下定了决心，但仍耐心地问了下去："寡人现在打算再次征伐楚，请问二位爱卿，究竟该怎么做才能确保成功？"

孙武分析道:"现在的形势对于我方是十分有利的。楚国令尹囊瓦,不顾国家的存亡,人民的疾苦,一味贪得无厌,他的贪欲连天下的诸侯都已无法使之满足,因此诸侯痛心疾首。今年三月齐文公在召陵大会十八国诸侯,就清楚地说明了这一点,这么多国能聚集在一起,本身就已十分能说明问题。特别是其中的齐国、蔡国、陈国、许国、胡国、顿国,原来都是楚的坚定盟国,现在也公然参加反楚联盟,说明楚国在天下的地位已急剧跌落,降到了历史最低点。更为可喜的是唐、蔡两国国君,稍有不从,竟然在楚国被扣留长达三年之久。这奇耻大辱,哪有不报之理。所以唐公昼夜想要洗刷耻辱,君臣每天谋议之事,没有离开此事的。蔡侯也亲自带上自己的爱子和大夫们的爱子,到晋国和我们吴国,已是两度请师了。唐、蔡两国对楚国的深仇大恨到了极点。如果大王您下决心兴师与楚国决战东南的话,唐、蔡这个国家不能不联合。只有联合这两个国家,才能同仇敌忾,彻底击败楚国,大获全胜。"

伍子胥一边听着孙武的宏论,一边不住地点头称是。等孙武讲完以后又简短地插上了几句,他进一步明确地说:"楚国囊瓦扣留蔡侯三年,蔡侯为此事发了誓,现在楚军围困蔡国,是师出无名。蔡国无辜而屡受耻辱,楚国无理而横行霸道,这真是天怒人怨呀! 大王如果真想破楚图霸,现在是时候了。"

吴王阖闾听完孙武和伍子胥的议论兴奋异常,他多年的夙愿终于要实现了。他立即派人告诉唐成公和蔡昭侯说:"楚国政治黑暗,对内残害忠良,实行暴政;对外恃强凌弱,侵略吞食小诸侯国,悍然囚辱两国的国君。寡人已决定出兵救援蔡国讨伐暴楚。真诚地希望两国的国君能与吴国共同图谋破楚大业。"唐成公和蔡昭侯得知吴国将要出兵的消息,高兴极了。两国举国上下也都欢呼吴国的正义之举。于是"三国合谋伐楚"。

吴国开始投入了紧张的临战准备。战前准备工作的中心,就是谋划未来战争的部署:

第一,阖闾与孙武、伍子胥的决心是:动用全国的军事储备,集中全国的军事力量,"悉兴师"与楚军在辽阔的江淮之间进行战略决战,战争的目的非常明确;破楚入郢,毕其功于一役!

第二,吴国的战略方针是:联合唐国和蔡国,"三国合谋伐楚"。吴国的兵力,即使"悉兴师"也只有3万人,单靠这支力量,风险太大。唐蔡二国军队能出动的也不过2万余人。三国军队总共约5万人,而楚国这时虽然是处在内外交困的境地,但百足之虫,死而不僵,楚国仍保持着一支庞大的军队,军队总数在20万人以上。因此三国必须保持高昂斗志,有一往无前、不获全胜决不收兵的气概,只有这样才能弥补兵力在数量上的差距。

第三,在战争指导上,运用吴军所擅长的孙武的"虚实"谋略,以"兴师救蔡为明为虚";而以"破楚入郢为暗为实。"这一套战法不但在理论上已由孙武在其所著兵书中进行了充分论述,而且在实践上,也为公元前511年吴对楚克养之战和公元前508年吴对楚豫章之役的战争胜利所证实,是切实可行的。楚国兵力三四倍于吴、唐、蔡三国联军的兵力,要想以寡胜众,只能充分运用孙武的"虚实"战法,"攻其无备,出其不意",才能夺取决战的胜利。

第四,策定了千里破楚的进军路线。吴楚之间地隔千里,从军事地理的角度上来看吴楚间的地形，可以发现有四条进军路线。其中水路两条，陆路两条。

这两条水路是：第一条行军路线，以舟师溯江水西上，可直逼郢都。第二条进军路线，以舟师溯淮水西上，经由黄邑（今河南潢川县）、弦邑，然后舍舟登陆，自豫章地区西北边沿地段南下，沿桐柏山脉和大别山脉的交汇处大隧、冥阨、直辕三隘口进入楚国腹地，然后渡过清发水（今溳水），穿过雍澨地区，再渡过汉水，即可直达郢都。

另外两条陆路是：第一条进军路线，取道淮水北岸，沿陈国和蔡国之间的平原地段北上，先攻下楚国北境方城，再经由缯关（今河南方城县东）、申邑、吕邑，南沿豫章地区中段鸡父、零娄（今河南商城县东）向西南翻越大别山脉，经隘门关直达柏举（今湖北麻城市东），然后经郧邑（今湖北安陆市）渡过清发水、汉水直抵郢都。

从以上四条进军路线来看，第一条进军路线因江上水道太远，又由于唐、蔡二国地处楚国北部侧背，溯江水攻楚，既不能会唐蔡二国之兵，也不能施救蔡伐楚之计，因此应首先排除。第三条进军路线（即陆路第一条），虽然能会唐、蔡之兵，也能实施救蔡之计，但因为迂途过远和攻击楚国城邑过多所造成负担，实际上是三国联军不堪承受的，因此也予排除。第四条进军路线（即陆路第二条），十分隐蔽，可以达到战术的突然性，但要翻越犭獉未开的大别山区，过甚劳军费时，因此当予否定。唯有选择溯淮而上的第二条进军路线最有利。这条进军路线南面可以避开江水和大别山脉这两个难以逾越的天然屏障，北面可以避开尚集结在方城一带晋国方向上的楚军主力；既可以沿途合唐、蔡之军攻楚，又可实施救蔡破楚的计谋，是最合适的一条进军路线。其实，吴国阖闾与孙武早就选定了这条唯一的进军通道，因此在前些年的战争中，就有意识、有目的地廓清了淮水两岸的楚国势力，牢牢控制住了淮水。

吴王阖闾、孙武和伍子胥在"庙堂"里策定了此次决战的总构想：先以舟师溯淮水而上，佯作救援蔡国。如果楚军不解蔡之围，则以蔡军牵制住楚军，吴军合唐军正好乘虚而入，直捣郢都；如果楚军解除对蔡国的围困，则三国合兵一处径直穿过蔡国边境，至楚地黄邑淮水弯转处，大军舍舟登陆，从楚国侧后防御晋国和防御吴国的接合部突入楚境，疾速穿过大隧、冥阨、直辕三隘口，深入楚国腹地，力争在方城一带的楚军主力未及反应过来之时，尽快诱使守备郢城的楚兵出来决战，然后以神速之师，追歼敌人，一举破楚入郢。对吴军来说，此决战有三处要点：

第一，必须把守备郢都的楚军调动出来决战，否则楚军凭借城防的高墙深池，足以抵挡吴军攻击直到援兵到来。

第二，必须把这支楚军调动至汉水以东大别山西部柏举（今湖北麻城东北，一说今湖北汉川以北）一带决战。柏举距郢都300余公里，地形复杂，是孙武选定的预定"战地"。如果在柏举决战，可切断这支楚与郢城和方城两方面的联系，为"出其不意"地攻到空城郢都创造最有利的条件。

第三，必须在方城一带楚军援兵未及救援之时决战。如果方城一带楚军主力及时赶到，破楚入郢将会化为泡影。《孙子兵法·虚实篇》说："故知战之地，知战之日，则可千里而会战。不知战之日，则左不能救右，右不能救左，前不能救后，后不能救前，而况远者数十里，近者数千里乎？"

孙武的上述筹划安排使得吴楚形势日趋明朗，使楚国连吃败仗的日子到来了。

吴军的上述作战构想，就是建立在孙武这一理论原则基础之上的：只要吴军做到

"知战之地"，选择好预定战场，同时做到"知战之日"，掌握好决战的时间；而楚军却"不知战之地，不知战之日"，在这种情况下，楚军"近者数里"，"前""后""左""右"都不能相救，而远在800里外的方城楚军又怎么能够救援此战之楚军？即使最终不能调动楚军，吴军也不会遭受损失。因此，这个作战构想是十分慎重可行的，体现了孙武"自保而全胜"的战争指导原则。

以上战争部署和吴军作战构想，充分体现了孙武重谋略、重实力、重时机、重地利、重人为作用、重"攻其不备"出奇制胜的战争指导思想，并在指导战争实践的过程中获得了极大的成功。

这一年的秋天，楚国继续走穷兵黩武的老路，悍然出动大军围攻蔡国。蔡国力屈不能相支，在危急中向吴国恳求救援。另外，唐国的国君也因愤懑于楚国的不断侵夺勒索，而主动遣使与吴国通谊修好，要求协助吴国共抗强楚。唐、蔡两国虽然是兵寡将微的小国，但位居楚国的北部侧背，战略地位相当重要。吴国通过和它们结盟，遂可以实施其避开楚国重兵把守的正面，进行战略大迂回，大举突袭、直捣腹心的作战计划了。这一点，孙武早已看得清清楚楚，曾经向阖闾指出："王欲大伐楚，必得唐、蔡之助而后可。"如今唐、蔡方面主动找上门来，吴国君臣自然是求之不得的事情，于是立即应允，准备出兵。

同年冬天，吴王阖闾根据《孙子兵法·九地篇》中所提示的"凡为客之道，深入则专，主人不克""夫霸王之兵，伐大国，则其众不得聚；威加于敌，则其交不得合"等作战原则，御驾亲征。他委任孙武、伍子胥、伯嚭等人为将军，胞弟夫概为前敌先锋，倾全国兵力水陆3万余人，并联合唐、蔡二国，乘楚国连年征战极度疲惫，东北部防御空虚薄弱之隙，进行深远的战略奇袭，从而正式揭开了自商周以来规模最大、战场最广、战线最长的柏举之战的帷幕。这场战争的战略目标是孙武等人预先制定的，它以袭占楚国郢都为基本目标，以实施远距离战略袭击为作战方针。

战争伊始，吴军遵循孙武"出其不意，攻其无备"的作战指导思想，"以迂为直"，实施大规模战略迂回。他们溯淮水浩荡西进，进抵淮汭（今安徽凤台附近，一说今河南潢川西北）后舍舟登陆，在阖闾、孙武等人指挥下，以劲卒3500人为前锋，在唐、蔡两国军队的配合导引下，并利用春秋时期列国一般守御关隘的特点，兵不血刃，迅捷神速地通过楚国北部的大隧、直辕、冥阨三关险隘（均在今河南信阳市一带），穿插挺进到汉水的东岸，占有了战略上的主动先机之利。

楚国方面闻报吴军大举来袭，大为惊诧，不得已而在极其被动的情况下仓促应战。楚昭王赶忙派遣令尹囊瓦、左司马沈尹戌、武城大夫黑、大夫史皇等人统率楚军昼夜兼程奔赴至汉水西岸进行防御，两军遂隔着汉水互相对峙。

楚军之中左司马沈尹戌是一位头脑冷静、深富韬略的优秀军事将领。他针对吴军的作战特点，向统帅囊瓦提出如下的建议：由囊瓦统率楚军主力沿汉水西岸阻击吴军的进攻，从正面牵制吸引吴军。而由他本人北上方城（今河南方城县境），征集那里的楚军机动部队，迂回到吴军的侧后，毁坏吴军的舟楫，阻塞三关要隘，以切断吴军的归路，尔后再与囊瓦所率的主力实施前后夹击，一举消灭远道而来、立足不稳的吴军。这不失为一个以静制动、后发制人的高明作战方案。

囊瓦起初同意了沈尹戌的建议，可是楚军内部军令不一、矛盾重重的痼疾却最终使自己走上了失败之路。待沈尹戍奔赴方城不久，囊瓦便出于贪立战功的心理，听从了武城黑和史皇的挑拨怂恿，擅自改变了自己与沈尹戍商定的正面相持、断敌归路、侧翼包抄、前后夹击的正确作战方针，采取冒进速战的做法，不待沈尹戍完成迂回包抄行动，即率军仓促渡过汉水，进击吴军。

阖闾、孙武见楚军主动出击，大喜过望，遂采取了后退疲敌、寻机决战的方针，主动由汉水东岸后撤。昏聩无能的囊瓦果然中计，误以为吴军怯战，于是就步步进逼，尾随吴军而来。自小别（在今湖北汉川东北）至大别（今湖北境内大别山脉）间，楚军连续与吴军进行小规模交锋，可是结果总是失利，丝毫占不到什么便宜，由此而造成士气低落，部队疲惫。

孙武等人见楚军已陷入完全被动困境，就当机立断，决定同楚军进行战略决战。十一月九日，阖闾、孙武等人指挥吴军在柏举地区（今湖北汉川市北，一说今湖北麻城）布列阵势，准备迎战楚军。

十一月十八日，天刚蒙蒙亮，吴、楚两军在柏举（今湖北麻城东）开始会战。像许多统帅一样，当战争还未到之时，盼望着早日开战取得胜利，可当真的要开战的时候，又往往犹豫起来，对能否获胜产生怀疑。吴王阖闾也不例外。当双方都为开战临阵前积极布置的时候，阖闾觉得吴军并非稳操胜券。阖闾的弟弟夫概知道后心急如焚，不顾一切地闯入阖闾帷帐里面，急切地说："楚令尹囊瓦贪得无厌，中饱私囊，多行不仁不义之事，把楚国的政治搅得乌烟瘴气，他为政不怜民，治军不爱兵，所以现在楚军上下离心离德，上下不能团结一致，作战的时候就一定没有拼死的决心，如果士兵们没有誓死去战斗的信念，那么即使是再好的将军去指挥，再强大的军队也必然不堪一击。现在正是我军发扬蹈厉，勇往直前，先机进攻的好时候。我们先打囊瓦的主力，楚军必然大乱，而后我军发大兵再大举掩杀，则是必胜无疑。在这关键时刻一丝一毫的犹豫和裹足不前都会酿成大错呀！请大王进攻吧！"阖闾沉思良久，最后还是没有采纳夫概的建议，让他回营静候命令。

夫概怕吴王阖闾的犹豫导致最后的失败，于是就去拜见将军孙武，并陈明了自己的理由。孙武略一沉思，微笑着对夫概道："一会儿我们将召开一个军前会议，到时候，我问你这个问题，你只需按刚才说的回答就可以。我想吴王是不会坚持己见的。"

不久，吴王阖闾与孙武、伍子胥等人在一座小山旁研究与楚交战的战略战术问题。孙武说道：

"现在，敌人已如我们预期那样，进入柏举，吴军再不能后退一步，必须在这里一举歼敌。"

阖闾此时见楚军兵多势众，且又十分勇猛，不由又担忧起来，他说道：

"寡人觉得此时交战似非良机，孙将军，您觉得可以稳操胜券吗？"

孙武坚定地说道：

"如诸位共同努力，毫不泄气，胜利是没有问题的。"

说完，他把目光移向夫概，说道：

"先锋官，您觉得此战有夺胜把握吗？"

夫概说道：

"楚虽兵多势众，却上下离心。那囊瓦从来是以中饱私囊为能事，不知恤下，士卒谁肯为他卖命。现在,我军凭着这里的地势,凭着必胜的信念,上下团结如一人一般,何愁战胜不了楚军。"

孙武对夫概会心地一笑,说道:

"先锋官能有此见地我就放心了。今即命您率众打头阵,如何?"

夫概说道:

"愿听将军吩咐。"

吴王见孙武已传下将令,也就不再坚持了。

于是吴军在孙武指挥下开始布阵。十一月九日,天刚放亮,柏举山间便回荡起喊杀声,吴向楚发动进攻了。那夫概本是猛将出身,亲率精兵5000直冲楚阵。楚这时尚未开饭,见吴军打了过来,弄得猝不及防,一个个空着肚子上战场,哪里能有力量,结果根本抵挡不住吴军攻击,阵营大乱。这时阖闾与孙武见两军已交火,遥见楚军尚有些战斗力,立即又派出三千精兵火速增援夫概,夫概见后有援兵,胆子更大起来,指挥吴军左冲右撞,楚军被杀得尸骸遍野。夫概指挥吴军杀了一阵子后,吴军士兵已几乎成了血人,满身都溅满了楚军鲜血,人毕竟不是机器,夫概觉得必须速决,因为楚军6万,对自己8000,人家前仆后继,时间一久,自己肯定吃不消。他站在一座小山包上,望见了囊瓦,知他所在肯定是楚军精锐,便指挥吴军朝他杀去,这下杀个正着,楚军精锐被吴军飞快击毙,楚军见状,如同泄了气的皮球,立即失去了战斗力,纷纷溃退。囊瓦怎么收军也收不住,最后知败势已定,仰天长叹一声,弃军逃往郑国而去。楚军只好在史皇指挥下负隅顽抗,最后大部分被杀死,一少部分逃掉。楚将芊射战到最后,竟被吴军活捉。至此,6万楚军大部分都成为死尸,抛于山中。吴军取得了入楚后第一次大战的胜利,士气振奋。

这一战,在吴楚的军事斗争中有着举足轻重的作用,它是吴军破楚入郢的转折点。后世史书称之为柏举大战。

在清发水追击战中,孙武杀得楚军血流成河,此后,孙武更是挟连胜之势,紧紧咬住敌军,在雍澨一地大败楚军,并创造了楚军造饭吴军吃的神话。由这两个战役观之,孙武独特卓越的指挥天才可见一斑。

柏举决战中残存下的楚军各自夺路而逃,后来芊射之子芊延逐渐收拢残部,带着这支残军向郢城蜂拥逃去,一路上他们如惊弓之鸟,狂奔了300余里,来到了清发水边,这些惊魂不定的残兵败将,争相渡河逃命。由于过河的船只较少,楚军就开始你争我夺起来。这时阖闾和孙武指挥的吴军也紧紧追到了清发水附近。看到楚军竞相争渡的混乱场面,阖闾十分高兴,马上下令全军人不歇息,马不解鞍,一鼓作气向清发水边的楚军发起攻击。孙武正要上前说些什么,这时从前边刚刚返回的夫概早已抢前一步,对吴王阖闾说:"微臣听说这么一句话,一只被围困的野兽,知道它面临着生死紧要关头,尚且还要做最后的拼死挣扎,更何况是万灵之长的人呢?如果现在就向刚刚开始渡河的楚军发动进攻,他们知道自己将不能渡过河去死里逃生的话,那么,他们一定会疯狂反扑回来,杀出一条血路,搞不好战事就会拖延下去,说不定到时方城援兵会及时赶到,到那时我军则会处于被动状态,说不定还会把我军击败。如果采取另一种计谋,先听凭其一部分渡过河去,让先渡过河去的这部分楚军知道自己已经幸免于难,他们就会丧失返渡回来与我军继续作战的

吴楚柏举之战作战经过示意图

吴楚柏举之战作战经过示意图

信心,而跟在后边渡到河中的楚军就会羡慕已经渡过河的楚军,而不会顾及最后渡河的楚军。跑在最后面渡河的楚军就会怨恨前边的渡河的楚军抛弃了他们。这样,楚军一分为三,各顾自己,军心必然涣散,毫无斗志。因此,采取兵法上所说的'半济而击'的战法是再适合不过了。"

"半济而击之"是《孙子兵法·行军篇》的名言,也是吴王阖闾所熟悉的战法,现在夫概在战争实践中依具体情况对它进行了深入精到的解释,阖闾和孙武当然会深表赞同,于是就同意了夫概的作战计划。

吴王阖闾和孙武指挥吴军放慢追击速度,同时让前哨观察楚军渡河的情况。这时的楚军前边已有一小部分渡过了河,他们有的高兴地躺在岸边,有的高兴地跳了起来,也有的高兴地喊叫起来,都在庆幸自己得救了;在河中的楚军正拼命地划着船;还没有争上船的楚军乱作一团,吵着、骂着……突然楚军背后鼓号齐鸣,杀声震天,烟尘四起,吴军从四面八方一齐向河岸边杀来,楚军前后不能相顾,被吴军一阵掩杀,死伤大半,楚军士兵的鲜血把清发水染得通红通红,一具具楚军将士尸体顺着河水漂流而去。楚将芛延眼看着近在咫尺的楚兵却不能相救,气得咆哮不已。最后无可奈何地率领着已渡过河去的那些士兵,落荒逃去了。

清发水追击战有两点值得一提。首先,吴军追击节奏掌握得非常之好。追击的速度是快慢结合,松紧结合。松和慢,让敌军看到了生的希望,从而失去了继续战斗的决心;快和紧,是尽可能地消灭敌人的有生力量,为最终攻破郢城减轻负担。孙武主张军队行动就应该做到:"其疾如风,其徐如林,侵掠如火,不动如山,难知如阴,动如雷震。"一支优秀的军队应该具备这样的素质。其次,这一战术也是当时吴军的唯一正确选择。因为吴军尽管取得了一系列胜利,但楚军仍然是一支不可忽视的力量,吴军当时在追击战中还没有太大胃口,把楚军一下全部吃掉。只能采取通过一系列追击战的方式,在运动中逐次消灭直至最后全歼敌人。这样我们就完全可以领悟出,为什么前边孙武率领吴军非要把楚军诱至离郢都达数百里以外的大别山西麓的柏举地区来进行决战了。

清发水之战失败后,楚军的残兵败将在芛延的率领下继续向西逃窜。不久,逃到了雍澨地区(今湖北京山县西南地区)。从小别至大别之战以来,囊瓦所部已转战千里,一路战事不断,人马已经疲惫到了极点,这里距离楚都已是很近了。芛延估计吴军不会贸然再深入楚地了,因此决定暂时先停下来,命令全军埋锅造饭,稍事休息,再看情况决定是原地待命,还是撤至郢都,固守郢城。

正像芛延估计的那样,吴军这次出征虽经充分准备,但毕竟转战千里,一个硬仗接着一个硬仗,确实该休整一下以利再战。但孙武认为我军疲劳,则敌军更疲劳,我军挟连胜之势是可以克服疲劳继续连续作战的,而敌军处在败逃之中所遇到的困难会比吴军更大。因此,孙武率领吴军始终紧紧咬住敌军,同时,追击时常常与楚军保持一段距离,让楚军总觉得还有一线生还的希望,不敢回头决战,只是一心一意地想着逃命。当追到雍澨地区以后,孙武观察到敌军一方面因为长期败逃疲惫得很,想停下来休息,另一方面由于已经接近楚都,楚军上下产生了松懈麻痹思想。孙武决定向敌军再发动一次突然进攻。吴军中有的将领主张马上发动进攻,孙武摇了摇头说:"再等一等,听我的命令行事。"

楚军开始埋锅造饭,几个月来,楚军没有安安稳稳地吃上顿好饭,这回眼看快到郢都了该吃一顿安稳饭了。很快火生了起来,炊烟满山遍野地升腾起来,远远望去如渐渐形成的浓雾一样。吴军将士急切地对孙武说:"快出击吧,现在敌军视线正好被遮挡住了,看不见我军,我们正可偷偷地接近,打他一个措手不及。"

孙武传令说,利用烟雾秘密接近敌军,但不许马上进攻,静候命令。等到吴军接近楚营时,烟雾已渐渐散去,估计米饭快要做熟了,吴军将士又请战说:"趁着烟消雾散能看清敌军的时候,马上进攻最合适不过了。"孙武仍沉静地说:"且慢,再等等看。"又过了半个时辰,米快要熟了,孙武立即向全军下令:"准备战斗!听到楚军开饭的号角声,就是我军发动进攻的信号。"

楚军上下闻到米饭香味,都沉浸在欢乐之中。楚军开饭的号角吹响了,楚军一窝蜂般地拥了上去。哪里知道，平地一声震天动地的"杀"声，吓得楚军不知所措，随之看到吴军像潮水一般杀过来。楚军顾不上吃饭，又如鸟兽般惊散。芶延见楚军满山遍野抱头鼠窜，唯恐落后一步，只带上家兵家将逃往脾泄（今湖北江陵县）去了。

吴军将士在雍澨地区将囊瓦部彻底击溃之后，都美美地吃了顿楚军献上的好饭好菜。一顿饱餐之后，吴军士气大涨，决心再接再厉，拿下楚都郢城。

就在郢都唾手可得之际，战局又出现了变化。楚国的左司马沈尹戍率兵南下，赶到了雍澨地区。

原来，那日左司马沈尹戍自汉水西岸走后，不久便到了方城，费了好多气力，才把方城兵统帅说服，率兵援救囊瓦。谁知方城兵赶到时，囊瓦已经全军覆灭了。沈尹戍见状，急令大军退保郢城，结果途中与杀往郢都的吴军遭遇。现在吴军面对的绝不是不堪一击的囊瓦所部，而是楚军的精锐，且人数远在吴、蔡、唐三国兵数之上。当时两军所面临的局势是：对于楚军来说，与吴军这一决战是在郢城外展开的，如此战失败，郢都便要落入吴军手中，所以对于他们来说，只能千方百计去争取胜利，另无他路可走。对于吴军来说，远涉千里，入楚作战，背离大后方，补给短缺，而且所处之地北背清发水，西临汉水，南濒江、汉，三面环水，战败连后退逃命的可能性都没有，所以吴军是处于"死地"，除了战胜之外，别无选择，若败，则会全军覆灭，且此番又是倾全国之兵而来，如此，吴便亡国。在这种情况下，吴军内部开始出现分歧。一部分将士对要决战的前途感到担忧，在这种情况下，便有五位将官联合起来去向阖闾进言：

"我们此番千里兴师，浴血奋战，现已深入楚国腹地，可是我们不明白，大王这样做目的是干什么，即使攻下郢都，也不等于灭亡了楚国，因为我们实在无力量守得住如此辽阔的疆域，打一打，让他们知道我们吴国也是不好惹的也就达到目的了，干吗非要攻陷人家的都城呢？而楚国方城兵又是难打之旅，一旦战败，吴便要亡国，希望大王能班师回国为好。如果此行是为伍子胥报仇的话，那就太不值得了，动用全国之力，成就一人之私，大王将怎样对天下人说呢？希望大王三思。"

阖闾对此番出兵目的明确，并非专为伍子胥报仇，而且眼下处境，也决不允许他发布退兵令，如吴往后一退，在目前情况下，实同兵败，面对强大的楚方城兵，后果不堪设想，于是断然拒绝了五将军的请求。五将军见没达到目的，便伏身斧钺，做出要自绝之态来谏吴王，吴王大声呵斥他们：

"我军今已入'死地'，前进可以得生，后退哪怕一步，便会全军覆亡，你们怎么如此糊涂，快快下去，准备战斗。"

五位将军见以死劝谏仍不顶用，便真的自绝于阖闾马前。阖闾见状大惊。他令人将尸体收走后，在帐中坐卧不宁。这时恰好孙武与伍子胥来见吴王，吴王便对二位说道：

"我军形势不容乐观。"

孙武道：

"大王所言甚是。五将军这件事并非孤立，代表着当前一部分吴军的共同想法。"

吴王道：

"将军以为下一步棋该怎么走？"

孙武道：

"在目前形势下，我们就是过河的卒子啦，面对楚国方城大军，我们只要稍一后退，便会导致全军覆没，所以路只有一条，向前打去，而且务要夺取胜利。"

阖闾道：

"寡人也作此观。可是依我军目前一部分将士心理，怕难承此任。"

孙武道：

"这就需要主君您就五将军事，向全军做一番动员，以迅速扫除一部分人的悲观情绪。并可趁机化我军的哀伤之气为动力，一举夺下郢城。"

阖闾于是召集部队，向将士们说道：

"我吴国自兴师以来，深入楚境，所向披靡，此天命我灭楚也。天命不可违。违天必有大咎，我岂能退兵呢？今楚虽调来方城兵与我决战，然楚昭王一向不恤其众，方城兵虽是主力，却无多少人真心为昭王出力卖命的，兵无斗志，因此他们并非楚军精锐，实不堪一击。五将军以死谏阻我指挥诸位前进，实在是太糊涂，诸位想想，在战场上与敌人格斗之时，两人打交了手，你刀我枪地架在一处，这个时候，有一方向后跑，结果会怎么样呢？必然被另一方杀死。所以只有拼命向前杀死对方，才能保证自己生存。如今，我们与楚军的关系，就是格斗时两个人打交了手的关系，我们如果一退，正好给了楚军进攻的机会，不待我们退回到吴国，便会全军覆灭于途中，这是毫无疑问的。五将军谏我回军，其实是要把诸位送上死路啊，前进一步得生，后退一步必亡，何去何从，大家选择吧。"

阖闾这么一动员，那些有悲观情绪想退兵回国的将士立即醒悟了过来。于是全军高呼：

"愿随大王前进——"

阖闾说道：

"既如此，必如以往，勇于用命。"

吴军听后又高呼：

"甘心情愿与楚军拼上一场，杀进郢都——"

阖闾说道：

"好——形势刻不容缓，立即准备投入大决战。"

于是，吴军立即换了一副面貌，人人信心百倍，个个跃跃欲试，等待出击命令。

因为将要进行的这场战斗事关极为重大，胜了，吴入郢，败了，吴亡国。所以阖闾战前与孙武、伍子胥、伯嚭、夫概一再研究作战方法。最后，大家还是采纳了孙武的主张，选出 5000 精兵，在战斗打响后养精蓄锐，于战斗的最后阶段敌我均疲时，出而击敌。如吴军不幸被击败，则出而阻击受重创之敌兵，以为吴军后退争取时间。吴军经过认真部署后，在孙武指挥下，于距郢都 50 里的雍澨地区开始向楚军发动进攻。楚军由左司马沈尹戌指挥，士兵们也都深知这场战斗关系非轻，不胜，郢都便会被攻克,楚国将陷入严重危机。所以一个个都抱定了以死争胜的决心。打起来后,沈尹戌竟从高山坡上冲了下来,手持钢刀,身先士卒,冲在最前面。这下可不了得,楚军见主帅如此,勇气立即添了十分,一个个恶狠狠地向吴军猛扑过去。于是方圆数十里的战场上,双方士兵你杀我砍,刀枪碰撞声响成一片,喊杀声如雷贯耳,谁只要稍一失手,便会被砍倒毙命,不到三个时辰,双方死亡者的尸体已满山遍野了。两军这时都杀红了眼,人员混杂一处,敌我阵线已分不清,就凶猛劲上,楚军胜于吴军,他们宁被杀死,不后退一步,这是吴入楚后所受到的真正抵抗。因此,吴军在不到半天的时间里遭受了重创,伤亡惨重,而楚兵也死伤无数,双方损失大体可以持平。这时楚左司马沈尹戌身已多处受伤,鲜血直流,照理应赶快下战场,可他这时却偏偏像疯了般挥刀再度杀向吴军,楚军士兵受其感染,在十分疲劳的情况下,跟着继续猛冲,冲得吴军实在支持不住,败下阵来,而楚军这时也疲劳已极,无法乘吴军之败扩大战果。吴军下去后,就楚之疲,立即重新调整部署,令养精蓄锐之 5000 精兵打头阵,马不停蹄地向楚发动第二次进攻,楚军见吴军反攻上来,立即拖着疲惫的身子迎战,他们原以为是刚败下去的吴军,谁知却是养精蓄锐的吴军 5000 精锐,尽管楚军依然十分凶猛,但毕竟已战斗了半日,在这 5000 吴军面前,渐渐显得力不能支,于是很快楚军便转为劣势,只有招架之功,而无反击之力。左司马沈尹戌因此次迎战身上又受重伤,流血过多,再也打不动了,后来连指挥也指挥不动了,最后倒在一个山坡上,接近昏迷状态。他从前曾在阖闾手下任过职,生怕被吴军俘获而遭受污辱,对自己的部下说:

"我不行了。你们谁敢帮我把我的脑袋砍下收起来?无论如何不能让阖闾得去。快来吧。"

说完便昏了过去。这时沈尹戌卫兵吴句卑见沈尹戌真不行了,便走了过来,眼含热泪,用衣服把沈尹戌的头垫上,然后拿起刀来,一闭眼,忽地向沈尹戌的脖子砍去,手起刀落,沈尹戌身首分了家。然后,他用衣服把沈尹戌的头包好,挖了个坑,埋了沈尹戌剩下的尸体,带了头,逃离战场而去。楚军这时见沈尹戌已死,没了头儿,立即军心大散,孙武抓住这个机会,指挥全体吴军奋勇冲杀上去,楚军哪里还是对手,没消几时,便死的死,逃的逃,飞速在雍澨战场上消失掉了。吴军至此没用上一天的工夫,便取得了彻底的胜利。

接着,楚国的郢都便暴露在吴军面前了。楚昭王在郢都闻听沈尹戌也战败了,立即慌了神,因为城中根本没有可抵抗吴军之兵。这时吴军奔来的马蹄声依稀可闻,有人便建议把城中一批大象集中起来,尾巴上绑上茅草,草上浇油点燃,让它们去冲击阻挡一下吴军,以赢得时间好出逃。昭王听后立即令人照办,果然把前来的吴军阻挡了好大一阵子,楚昭王才有了时间和群臣逃出城去,一口气跑到云梦,才坐下来休息。后来又逃到随国去避难。

阖闾、孙武、伍子胥、夫概等率兵来到郢都城下,闻知楚昭王已逃,城内无一兵一卒防守,便大摇大摆地进了城。

在这场吴楚大战中,孙武指挥吴国大军,在大小别山地区初战得势,在柏举取得了决定性的胜利,在清发水大败楚军残部,在雍澨消灭了左司马沈尹戌的回援部队,以3万精兵,击败楚军20万大军,五战克郢。经此一战,吴国声威大振,楚国受到了立国以来最沉重的打击。孙武在吴楚之战中所表现出来的卓越军事才华,令他成了一位古今历史上备受人们推崇的大军事家,他的军事生涯经过艰难曲折的历程后也于此时达到了顶峰。

悄然引退

经历了千难万险的吴军终于攻克了郢城,在迎来胜利之后,吴军上上下下都为胜利所陶醉,都想尽情享受一下。因此在战后对楚政策上开始丧失理智,为所欲为,完全忽视了楚国的潜在力量,也忽视了还逃亡在外的楚昭王一班人马。首先,吴王阖闾闯入楚宫以后,立即下令捣毁楚国的宗庙,把宗庙里面陈设的楚君历代积攒下来的珍宝统统抢夺一空。搬不走的东西就地砸毁,楚国的国家重器“九龙之钟”就是因为拿不走而被砸毁的。士兵们还纵火烧毁了楚国的重要粮仓“高府”。阖闾除自己住进楚王宫中外,下令“以班处宫”,使“君舍于君室,大夫舍于大夫室”,让吴国君臣大夫按照尊卑顺序分别居住在楚国君臣大夫未及逃亡的妻妾的家室里。这一方面使吴军内部上下为此争夺起来,矛盾开始激化,不再像入城之前那样同心协力。同时,也激起了楚国人民的愤慨。纷纷出逃去追随楚昭王,他们“携幼扶老而随之,乃相率而为致勇之寇,皆方命奋臂而为之斗。当此之时,无将卒以行列之,各致其死,却吴兵,复楚地”。楚国人民同仇敌忾,一致对外,反抗吴军的侵略与压迫斗争形成了燎原之势。

楚国逃亡在外的君臣也积极准备收复失地,还于故都。楚昭王逃到郧邑之后,又从郧邑转到随国。以随国为据点,准备复兴楚国。接着,楚昭王派大夫申包胥出使秦国,向他们乞师救楚,秦国最后决定出兵救援,于是爆发了复郢之战。

吴王阖闾率领吴军在郢城一待就是半年时间。如果从出兵破楚的时间开始算起已在外有八九个月的时间了。吴王阖闾十年(公元前505年)夏,越国见吴国以倾国之师长途跋涉进攻楚国,国内守备空虚,吴军又这么长时间没有从楚国返回,就发兵攻袭吴国,吴国留守军队进行了顽强抵抗,越军无功而返。但这也给吴王阖闾敲响了警钟。

这年的六月,申包胥带秦国的救兵源源不断地开向楚国。秦国共出动兵车500辆,士卒约4万人。由秦将子蒲、子虎率领,一路上汇集了不少楚国的残军。楚国新上任的令尹子西,在郢城失陷以后,因为不知道楚昭王的去向,就自己带部分人马跑到脾泄(今湖北江陵县)伪装楚王的车服仪仗来以此号召楚国人民,他听说秦国出兵前来救楚,就前去与秦兵会合,两下合兵一处,共同商议对付吴军的战术。秦将子蒲说道:“我们秦国军队还从未与吴军交过手,还不了解吴军作战特点,希望你们楚军先与吴军交次锋,让我们看看吴军的虚实,然后再战,一定会大败吴军。”

双方分进合击。首先分路出击,又在稷邑(今河南桐柏县)会师,楚军先在沂地(今河南正阳县)寻见夫概率领的军队,吴、楚展开了交战,由于吴军轻视楚军,而楚军自恃有强大的秦军作后盾,结果打败了夫概。令尹子西又在军祥(今湖北随县西南)打败了吴军。

秋七月，楚司马子期和秦将子蒲联合作战，伐灭了吴国的盟友唐国。在楚的吴军先是在雍澨地区打了一次胜仗，但此后连连失败，吴军被迫退守麇邑(汉水以东古楚地)，秦楚联军用火攻击败了麇邑的吴军。随后，他们乘胜追击，在公壻之谿(今湖北襄阳市东)大败吴军。面对着眼前不利形势，吴军内部对下一步该怎么走持有不同意见。伍子胥仍然十分乐观地认为："虽然秦楚联军多次打败我军，但只不过是击败了我们的一点零星兵力，我军仍有很强的实力，还可以与他们再较量一番。"坚持要固守郢城，与秦楚联军战斗到底。已辨明前途的孙武主张知难而退，他说："我们率领吴军千里兴师，五战五捷，破楚入郢，取得了吴国历史上最伟大的胜利。我认为目前我们已经赶跑了楚王，并毁坏了楚平王的坟墓，宰割了他的尸首，该做的都已做到了，应适可而止，知足不辱，知止不殆，这是用兵的法则，还是及时主动地撤兵回国为好。"经过反复议论，最后伍子胥一甩袖子，霍地站了起来说："自从有霸王争雄天下以来，还没有哪个臣子报仇能像我这样的呢。行了，我们就撤兵吧。"于是，吴军就撤出了郢城回国了。

吴国虽在离开楚都郢城之前，打了几次败仗，但吴军毕竟是取得了辉煌胜利。吴王阖闾为迎接凯旋将士，亲自派人做鱼犒赏三军。因为归师稍稍迟了些，鱼鲅臭了，阖闾又命立即重做，犒赏三军。又下令把军队凯旋经过的阊门改名为"破楚门"以永久纪念远征军破楚的伟大胜利。

经过半年多的休整，在吴王阖闾十一年(公元前504年)四月，阖闾派孙武、伍子胥率陆师，太子终累率舟师再次出兵征讨楚国。这时吴军元气已经恢复，全军士气高昂，在孙武的巧妙指挥下在繁扬(今河南省新蔡县北)与楚司马子期率领的军队交战，大败楚军。太子终累也大败楚舟师，俘获了楚将潘子臣、小惟子以及大夫七人。这一仗使楚国君臣再次深刻地认识到了吴军的巨大作战能力。"楚国大惕，惧亡"，于是"迁郢于鄀(今湖北宜城市东南)"。

至此，吴楚之间长达80年的争霸战争在孙武的导演下就落下了帷幕。楚国对吴国的威胁已解除，吴国也不再把楚国看成真正的对手了。吴国下边的战略目标是与齐国、越国、晋国等进行较量，核心是北上争霸中原。

这时，楚国虽然凭借秦国的外援侥幸复国，可是毕竟元气大伤，在短时间内无法对吴国构成重大的威胁了。摆在吴国君臣面前新的议题是，如何根据变化了的形势，制定新的战略进攻方针，达到争霸天下的目标。

吴国要谋求进一步的发展，就要分清主次，循序渐进，就必须在南、北两个方向上做出选择，以避免两线作战，陷入战略上的被动。那么，是先南下征服越人，还是先北上与齐、晋争锋？这就成了吴国君臣争论的焦点。

伍子胥是最坚定的主张南进派。他认为，齐、鲁等国对吴国来说，不过是"疥癣"之疾，不足畏惧，反对吴国首先用兵北方。反之，他认为越国则是楚的盟国，长期以来同吴国视若水火，兵锋咄咄，有亡吴之心，实乃吴国的心腹大患。吴国只有先彻底打垮越国，才能国基有固，霸业有成。

孙武在这场战略决策过程中无疑和伍子胥一样，也是坚定的南进派人物。这是因为，孙武是齐国人，对故土的感情，使他很难忍心指挥吴军攻伐自己的父母之邦。背吴不忠，攻齐不义，从私人角度出发，较好的选择自然只有向南征服越国一途。而且，从战略全局考虑，孙武也必然赞同伍子胥的观点：首先攻伐越国，再及其他。孙武同样认为，越国是除楚国之外的吴的主要敌人，是他一直计划征服的对象。孙武在自己的《孙子兵法》这本书中，多处以越国为假想敌，用以阐明自己的战略原则，而能够借伐越国的时机得以亲身实践，当然是再好不过的事情了。所以，在破楚之后的吴国战略主攻方向决策的过程中，孙武当然站在伍子胥的一边，力主南伐越国，战而胜之。

和孙武、伍子胥相反，阖闾及其后来的继任者夫差实际上是北上派。他们见自己已把西面的强楚打得落花流水，便有点得意忘形，滋生了引兵中原，北上与齐、晋等大国一争雌雄的"豪情壮志"。然而只是由于越国近在咫尺，并不时骚扰进犯，唯恐其乘虚袭吴，变生肘下，后院起火，才不得已采纳了伍子胥的战略方针，先将主要矛头指向越国。可是，双方战略方针上的内在分歧并没有真正化解，而仅仅是暂时掩盖起来，在一定的条件下，这种矛盾迟早要激化的。这就是日后导致伍子胥被迫自刎身亡悲剧的主要根源。

受时局条件的限制，吴国君臣在战略主攻方向的选择问题上暂时达成了一致。以此为基础，而展开了长时间的吴越战争。

可是阖闾自破楚之后，功成名就，威震四方，他不觉间便洋洋自得，渐渐滋长了一种贪求安逸享乐的思想。在回到楚国以后，他立夫差为太子，"使太子夫差屯兵守楚"，自己却"治宫室，立射台"，建"华池"，造"长乐"之宫，并"于城外治姑苏之台"以供游乐。此外，阖闾为了游玩姑苏台，观赏太湖，还在胥门外修筑了"九曲路"，在城外"置美人离城"，又四处建造"冰室"以贮藏珍馐佳肴享用。这与那个继位之初"食不二味，居不重席，室不崇坛，器不彤镂，宫室不观，舟车不饰"的阖闾相比简直是判若两人了。这正应了古人那句话"靡不有初，鲜克有终。"这种状况无疑对于吴国对越国即将展开的军事斗争十分不利。埋下了吴军在槜李之战中惨败的引子。正所谓"骄而不亡者，未之有也。"孙武对阖闾的所作所为忧心忡忡，但也无计可施，只好在一旁干着急。

公元前496年，阖闾得知越王允常去世，其子勾践年轻新立，以为这是征服越国的绝好时机，于是大兴吴军，御驾亲征。孙武和伍子胥虽然坚定主张南进，却认为不宜乘敌国新丧出兵，以致政治上陷于被动，故曾以时机尚不成熟为由劝阻阖闾的盲动，孙武说："越虽袭吴，方有大丧，不应攻伐"，结果为阖闾所拒绝。并且，骄逸的阖闾认为没有孙武自己也能伐越成功，于是他令孙武留在吴国，不用与他一同出征。

趾高气扬的阖闾统率吴军开向越国边境。越王勾践得知吴军来犯，也不甘示弱，出兵迎战。两军相遇于双方的边界地区槜李（今浙江嘉兴一带）。一场大战就这样爆发了。

战斗伊始，越王勾践先发制人，选拔奋勇死士，组成两支敢死队，率先向吴军军阵发起冲击。然而吴军训练有素，实施坚强的防御，挫败了越军敢死队的轮番攻击。

勾践见初战失利，并不气馁，乃巧使计谋，使用阖闾在鸡父之战中曾经行使过的战法，驱使军中犯了军法的"罪人"排队成三行，列于阵前。这些罪犯把剑放在脖子上朝吴军军阵高呼："二君有治，臣奸旗鼓，不敏于君之行前，不敢逃刑，敢归死。"呼毕便都大喊一声，自刎身亡。吴军将士看着这一幕，不禁目瞪口呆，军心大乱。勾践乘机指挥越军猛烈攻击，一举冲垮吴军的阵形，大破吴军。越国大夫灵姑浮挥戈杀入吴军阵中，击伤阖闾。吴军全线崩溃，被迫撤离战场，退向本国，在退却途中，吴军死伤者不可称数。

在这次战争中越王勾践虽然年轻，指挥起战斗来却得心应手，如同久经沙场的老将。他因敌变化，不断变换战术，出奇制胜，牢牢地控制着战场上的主动权，完全不是阖闾想象中不懂军事的毛头小伙。相反，冒进轻敌、自以为是的阖闾却疏于戒备，墨守成规，指挥笨拙，而一直处于被动状态。双方较量的结果自然是吴军惨败，越军获胜。阖闾还被越国大夫灵姑浮用戈击伤，阖闾由于伤势严重，不久就撒手人寰，弃世而去。

阖闾这昔日的一代霸主将孙武这一谋略奇才闲置不用，而自己在作战中又不能够运用孙武的不世谋略，结果落得个如此悲惨的下场，自然应该算是咎由自取，自找死亡了。

夫差子继父业，又踏上了伐越的征程，依靠孙武的谋略和伍子胥的指挥，吴国终于又迎来了久违的胜利。然而，刚愎自用的夫差为越国所献的美色所诱，于是向敌人展现了连父仇也可忘记的温柔。在孙武等人苦劝不听的情况下，夫差给自己埋下了"勾践卧薪尝胆，三千越甲吞吴"的灭国之种。

阖闾伤重身亡之前，曾给太子夫差留下遗言，要求他不忘越人杀父之仇，立志雪恨。夫差继位后，遵循父亲的遗志，致力于发展军事力量，进行战前准备，以图一朝向越国讨还血债。孙武见夫差雄心勃勃，很有干一番事业的气象，不胜欣慰，便和伍子胥一起辅佐夫差，希望吴国从此走上更加强盛发达的道路。

与此同时，越王勾践在槜李之战以后，即被初战胜利冲昏了头脑，重蹈阖闾覆辙，也终日吃喝玩乐，不问政事。

反过来，夫差为了报这国仇家恨，每日让人站在王廷之上，当夫差经过的时候，就提醒他说："你忘了勾践杀了你父王吗？"夫差听到后就十分郑重地回答说："深仇大恨，永世不忘。"伍子胥曾随阖闾出征，在阖闾死后，他深深自责，以至于"三年自咎，不亲妻子，饥不饱食，寒不重彩，结心于越，欲复其仇"。

经过三年准备，吴国有了伐越的实力，越王勾践得知吴国积极准备伐越，要报仇雪恨，心里十分惧怕，就采取先发制人的办法，在公元前494年抢先率领舟师伐吴。夫差闻讯，聚集全国十万精锐前去迎战，双方在吴国境内的夫椒（今江苏苏州太湖中西山）相遇，大战即将展开。

此时，吴国的军营中已经做好了充分的准备。夫差、孙武、伍子胥等人则聚在一起商讨破敌大计。

孙武心中分析了敌情后，慢慢地说："我军为了征越而锐意练兵，越王勾践肯定会知道的。但勾践年少气盛，又在三年前击败了吴军，一定心骄气傲，不以为意，不过越国的大夫文种、将军范蠡却都是智慧超群的人物，他们又一定会阻止勾践轻举妄动而以固守为其策略。问题的要害是要千方百计地激怒勾践，使文种、范蠡的约束失败。我有一个办法可以达到这一目的。"

他停顿了一下，然后继续说："我们可以派出一支轻骑兵，人数不要很多，五六千名即可，先从太湖渡船南下，在越军的西北方登岸，不断地向越军挑衅，打打走走，灵活机动，意在惹恼勾践，即使文种、范蠡谏止，他也会出击的。只要勾践离开越军大营，我军主力则由东直驱南面，直取他的老巢。不管勾践是否回师往救，我军那支轻骑队伍都要不断地扰乱他们，当双方主力接触的时候，骑兵队可在敌人后方鼓噪呐喊，使他们心惊胆战，并不断地突击，这样，越军首尾受敌，加上吴军本来就比较强大，胜利是有把握的。应当注意的一点是不要堵住越兵的退路，不要逼他们孤注一掷，做困兽之斗，而是让他大败而逃，然后穷追不舍，务必全歼敌军，以绝后患。"

果然，当战争真正开始后，伍子胥按孙武的计策采取两翼包抄、虚张声势等战法打败越军，并把越军赶出吴境。吴军乘胜猛追，一举打到越都会稽。仓皇之中，越王勾践仅带 5000 名残兵败将逃出都城，跑到会稽山上驻扎下来。不久就被吴军死死围住。

勾践被困在孤山之上，眼见要坐以待毙，就与手下谋臣商议死里逃生的办法。大臣范蠡献计说："只有卑辞厚礼，多送玩好、美女或许还有点希望，要不然就俯首称臣，甘为人奴，留得性命再徐图发展。"

越王勾践就派大夫文种前去讲和。文种卑辞说道："鄙国的军队不足以跟贵军较量，愿将子女宝物献给大王。勾践之女敬献大王，大夫之女敬献给贵国大夫，军士之女敬献贵国军士。我国宝物尽大王享有，军队惟大王是命。如果这样还得不到大王您的宽恕，寡君将焚烧宗庙，把金玉宝器统统沉入江中，跟妻儿老小一道，带领 5000 甲兵誓死战斗到底。这样就一定能以一当十。是和是战，请大王考虑。"孙武和伍子胥一听，马上对吴王夫差说："吴越两国世代为仇，这里有三江环绕，人民无处迁移，其势不能两立。中原诸侯国，即使被我战胜，也不能占有其地，驾驭他们的马车；可是战胜了越国，我们可以占有其地，乘坐他们的船，这是因为生活习俗、地理环境决定的。现在可是天赐良机，万万不可错过，一定要灭掉越国。否则，若让越国东山再起，那么我们国家就危险了，到那时候可是追悔莫及呀。"夫差被眼前宝物美女所诱惑，又被文种谦恭话语所打动，这时竟连杀父之仇都给淡忘了，他没有接受孙武的劝告，反而十分宽厚地说道："今天越国已经服我了，我还追求什么？还有许多事等我们去做，此事就这样定了，允许越国讲和。"到最后连歃血盟约的仪式都没搞，夫差就带兵回国了。

夫椒之战使越国遭受了极其沉重的打击，此后相当长的一段时间内，吴国成了越国的宗主国，摆布着越国的一切事务，夫差令勾践夫妇到吴国宫廷中服了数年苦役，可谓耍足了威风，出尽了风头。然而越王勾践在吴宫中卧薪尝胆，积蓄着自己的力量，准备着复仇。

吴军在夫椒之战中大破越师,迫使越王勾践屈膝投降、俯首称臣,这是吴王夫差登基后在政治、军事方面的第一篇"杰作"。他有理由为自己的成就感到自豪,可是"满招损、谦受益",夫差也不曾摆脱这一规律的制约,对越战争的胜利,使得他意满志骄、忘乎所以,称霸天下的欲望急剧地膨胀起来,从而走上急于求成、穷兵黩武的歧路,为自己最后的败亡埋下了种子。

更为精糟的是,随着越国暂时臣服于吴,短时间不再构成重要威胁的局面出现,夫差在战略方针问题上与伍子胥、孙武等人的潜在分歧迅速表面化、尖锐化了。这主要表现在对越国前途的处置一事上。伍子胥、孙武等人坚持认为,越国已被彻底打败,应该乘势灭掉它,不能养虎遗患。他们都清醒地看到,越王勾践不是等闲人物,其左右股肱范蠡、文种更是不容易对付的敌手。眼下越虽暂受挫,但是只要其一息尚存,就有可能死灰复燃、卷土重来,所以不能不一鼓作气,一举平定。另外灭亡越国还可以确保他日吴国北进时没有后顾之忧。避免出现两线作战的被动局面,从战略角度考虑,灭越也是当务之急。

可是北上中原,与齐、晋争霸,是吴国国君梦寐以求的夙愿,早在阖闾伐楚入郢归来之后不久就复谋伐齐,只是由于越国的牵制,才迫使阖闾、夫差暂时听取了孙武的意见,搁置了北进中原的战略计划。现在越国既已臣服,夫差便不愿与它过多纠缠,而急不可待地要实施战略目标的转移,用重兵向北推进,同齐、晋争一日之长。这样,便和伍子胥、孙武等人发生了尖锐的分歧。

当然,夫差的主张并不是毫无道理的。吴国要称霸天下,必须北进中原,压倒齐、晋等国,号令诸侯列国。问题是这一时机尚未成熟,应该耐心等待,创造条件,循序渐进。当时摆在吴国面前的主要任务是:剪灭越国,然后休养生息,发展实力,扩充军备,伺机而动。这才是正确的选择。

在君主专制制度条件下,君主的意志高于一切。吴王夫差刚愎自用,骄横傲物,根本听不进伍子胥、孙武等人的正确意见,一意孤行,坚持"释越而攻齐",并把这一意志强加在伍子胥、孙武等人的身上,采取顺我者昌、逆我者亡的做法。这样,悲剧便不可避免地发生了!

自公元前 494 年至前 484 年这 10 年左右的时间里,吴王夫差为越王勾践所制造的种种假象所迷惑,完全放松了对世仇越国的警惕,而把主要精力投入于对齐的战争准备之上。为便于向中原用兵,公元前 486 年,吴国在长江以北修筑邗城(今江苏扬州市附近),并在旁开凿运河,"沟通江、淮";公元前 485 年,吴国两次出兵攻齐,以了解齐国的虚实。一切就绪后,吴王夫差遂于前 484 年出动吴军主力,并联合鲁军大举伐齐,由此而爆发了著名的"艾陵之战"。在这场决战中,吴军大败齐师,缴获"革车八百乘",斩杀"甲首三千",并俘虏了齐国的许多将帅。"艾陵之战"的胜利,更使得夫差志骄意满,不可一世,准备进而与晋国争夺中原霸主的宝座了。

可是孙武、伍子胥等人却对吴军"艾陵大捷"不以为然。他们对越国一直保持高度的警惕,多次向夫差揭露越王勾践的祸心。早在勾践来吴宫廷服苦役之时,孙武、伍子胥就一再奉劝夫差乘机除之,但为愚蠢昏庸的夫差所拒绝,使得勾践顺利

图文珍藏版

脱身,谋求东山再起。"艾陵之战"爆发前夕,越国的实力已得到很大的恢复,"其民殷众,以多甲兵",这一点伍子胥、孙武等人看在眼里,忧在心头。孙武、伍子胥于是再次向夫差诤谏,说:"越国对于吴国,乃是心腹大患。它和我们同处南方,时刻怀着亡我之心,现在它表面上的归顺柔服,只不过是阴谋亡吴的手段,不如趁早灭掉它,要是越国不灭,吴国的灭亡也就指日可待了!"

可是刚愎自用的夫差根本听不进伍子胥等人的规劝,一意兴兵北上伐齐,同时还渐渐滋生了对伍子胥、孙武等人的反感,开始将他们排斥在决策圈子以外,在错误的道路上越走越远。

伍子胥眼见越王勾践的阴谋诡计将要得逞,吴国社稷危在旦夕,自己的处境日趋不利,不得已而开始为自己寻留后路。他乘出使齐国的机会,将自己的儿子托付给齐国的鲍氏抚养,希望在走投无路之际有一个投奔的处所。

夫差伐齐获胜归国后,得知伍子胥属子于齐之事,很是不满,这时已升任太宰的佞臣伯嚭乘机推波助澜,诬陷伍子胥,终于使夫差怒火攻心,气不打一处来,遂赐伍子胥以属镂之剑,令他自尽。伍子胥手捧属镂之剑,回想一生坎坷经历、展望吴国黯淡未来,不禁悲从中来,涕泪滂沱,沉痛地对自己的下属说:"我死之后,一定在我的墓上种植梓树,使其可作棺木以葬吴国;再挖出我的眼睛,将它悬于吴东门之上,让我看见越寇灭亡吴国这一幕吧!"说罢,伍子胥挥剑割喉,气绝身亡。一代英豪终于被黑暗的君主制度残酷扼杀了。

夫差听说伍子胥临终前的遗言,更是怒不可遏,一不做二不休,他干脆令人取来伍子胥的尸身,盛之以皮囊,抛入滔滔的江水中,以解心头之恨,使得这幕悲剧更带上一则凄惨的尾声。

孙武对伍子胥的遭遇深为同情,也曾在可能的范围内给予过救助,可是夫差早已视孙武为伍子胥的同党,岂能听取他的进谏,反而更增添了对他的戒心。结果,孙武爱莫能助,不能阻止悲剧的发生,眼睁睁看着好友命丧黄泉。而自己也受到夫差的冷落,被闲置在那里无所事事。

孙武彻底失望了,他在思索今后的出路。

日月如梭,弹指一挥间,孙武回首自己自齐奔吴,业已 30 来个春秋过去了,他本人也由一个英气勃勃的青年人,变成了一位饱经风霜的 50 多岁的老年人。吴国对他来说,几乎已成了祖国,在这片热土上,他奉献了自己的青春,倾注了自己的激情,投入了自己的才智,这中间既有功成名遂的欣悦,也不无失势寂寞的惆怅,欢乐和痛苦,追求和失落,在这里形影不离地伴随着他的人生羁旅。

吴国是孙武一生事业的开端和终结。在这里,他完成了不朽之著《孙子兵法》的撰作,曾辅佐阖闾和夫差"西破强楚,入郢""南服越人"。虽然"北威齐晋"的战略活动他并未直接参与,但他前期的奋斗,即训练军队和谋划军事,却为吴王夫差的艾陵胜齐和黄池挫晋奠定了基础。所以"北威齐晋"一事中也包含着他的一份功劳、几多心血。人生如此,也就没有什么可遗憾的了。

可是孙武的理想不仅仅是这些。如果条件许可,他一定会以更大的热情,更成熟的智慧,全身心投入吴国的事业。毕竟他才 50 多岁,精力未曾衰竭,才华依旧遗憾的是,吴国当时的环境已不允许孙武向更高的目标前进。由于战略思想上的分歧,孙武遭到了夫差的冷落和排斥,而孙武刚正不阿的性格,也无法让他改变个人生活态度,以阿谀谄媚的方式去赢得夫差的宠信。"古来圣贤皆寂寞",这一历史通则此时此刻在孙武身上得到了贴切的验证。

伍子胥的不幸惨死,最终使他的晚年生活发生了根本性的转折。

伍子胥之死实质上是夫差在战略谋划上刚愎自用、一意孤行、不容异说,在用人上信谗疑忠的必然结果。作为两朝老臣,伍子胥功勋卓著,在吴国享有极高的威望,他的死,给吴国的臣吏们造成极大的震动,使得他们怵然自危,众口皆缄。这表明夫差已完全蜕变为一位暴君,也意味着吴国的前途一片黑暗,不可能出现什么转机。

孙武清醒地看到了这一点。伍子胥的遭遇使他感到心寒,夫差的行径让他感到失望,他了解自己的处境,也明白吴国的前景,他不愿重蹈挚友伍子胥的覆辙,更不乐意替夫差这样的昏庸之君殉葬。于是对他来说,便只剩下了一种选择,这就是见机而作,功成身退,飘然高隐,独善其身,找一个清静的地方,从事著述以终余年。

以孙武的明智,做出这样的选择是完全符合情理的,也是可以理解的。可是孙武飘然高隐,毕竟标志着他从此从历史舞台上告退,同伍子胥的被冤杀相似,这同样是一出沉重的历史悲剧!

孙武归隐后的去向,由于史无明载,已成为一个永远难以索解之谜。一般人的推测是,他依旧留在吴国,隐居乡间修订其兵法著作,直到默默去世。死后也葬于吴都郊外。《越绝书·记吴地传》载:"巫门外大冢,吴王客,齐孙武冢也,去县十里。善为兵法",这似乎可以引为一个佐证,然而这终究是一种推测罢了。孙武的归宿或许也可能是另外一种情况,即他因怀念桑梓故土而辗转返回齐国隐居。从其后人孙膑他年"生于阿、鄄之间"等情况来看,这种可能性不是不存在的。

归隐后的孙武有可能活到眼见吴国灭亡的这一天。公元前 482 年,吴王夫差率领精兵劲旅,进抵黄池(今河南封丘县南),与晋、鲁等诸侯国君会盟。在这次会盟上,夫差以强大的军事力量为后盾,争得霸主的地位。可惜好景不长,伍子胥、孙武等人所一直担忧的情况终于发生了,越国乘夫差和吴军主力北上,国内空虚之际,突袭吴都,俘虏吴太子友,给吴国以沉重的打击。从此之后,吴越战争的胜利天平倒向了越国的这一边,越军步步进逼,屡战屡胜,夫差大势尽去,一蹶不振。到了公元前 473 年,越军占领吴国都城,夫差走投无路,自刎而死,一个曾经一度欣欣向荣的强国就此彻底灭亡了。

如果归隐后的孙武果真看到这样的局面发生,其心情必然是痛苦不堪的,因为吴国毕竟是他曾经向往、投奔,并为之长期辛苦经营、施展才能的地方。这种打击,对一个垂暮的老人来说,其沉重的程度可想而知。很有可能的是,孙武痛惜吴国的败亡,追恨自己的壮志未酬,因而心情郁闷、愁绪绵绵,以至时隔不久便撒手人寰,赍志而殁了。

最后,值得特别大书一笔的是,孙武在临终前的最后一段日子里,尽管思想苦恼,精神上备受煎熬,可是却依然始终没有放弃对战争规律的执着探索、理论总结,以求为后人们提供有益的启示。这在他的兵法著作中有明显的反应。《孙子兵法·作战篇》说:"夫钝兵挫锐,屈力殚货,则诸侯乘其弊而起,虽有智者,不能善其后矣。"这显然是他对夫差放松对世仇越国的警惕,举兵北上,争当盟主,导致越国乘隙进攻,亡国破军历史悲剧的深刻总结。

由此可见,伟人的生命是有限的,伟人的精神却是不死的,它超越时空,永放光彩!

有的人死了,但依然活着。孙武正是如此。

白 起 传

人物档案

白起:郿(今陕西眉县)人。也叫公孙起,号称"人屠",战国四将之一(其他三人分别是王翦、廉颇、李牧)。中国历史上孙武、吴起之后又一个杰出的军事家、统帅。

生卒时间:?~公元前257年。

性格特点:为人精明强悍,很有智略,善于用兵,却不理权谋,配不上"枭雄"二字。

历史功过:白起为秦国攻取六国七十余座城池,为秦国称雄天下立下赫赫战功。但常胜将军白起每战都杀人过多,尤其是秦赵长平之战,诱骗坑杀赵军四十万人之众,留下恶名。白起拒绝领兵再次围赵,其被秦王赐死的悲惨结局可谓是对其杀人如麻的一种报应吧。

名家评点:中国历史上战功最辉煌的将军,战国时期最为显赫的大将,征战沙场三十余载,六国军队只要听说是他带兵

白起

来战吓的望风而栗。《史记·范雎蔡泽列传》上记载:所有的国家都不敢与秦战,后面加了一个注释,就是因为秦人有此将军!一个将领到了这样的一种地步,这在战争史上是很少见的。他为秦国的统一大业立下了不世之功。他的战绩创造了中国兵法的最高实战典范——战神——武安君白起!

初露锋芒

白起生活在战国末期,当时社会剧烈动荡,群雄争霸不休,人们崇拜的英雄,自然是那些驰骋沙场,能征善战的大将军。白起的父亲曾经随秦军四处征战,建立过不少战功。自从有了儿子,他便给儿子起名为"起",希望儿子将来能够像战国名将吴起那样所向披靡,屡立战功。为此,他经常向白起讲述历史上的英雄人物的故事,尤其爱讲司马穰苴、孙武、吴起、孙膑的故事。当白起刚刚成年的时候,父亲就把他送进军营,使他从小就受到军旅的熏陶。白起不负父望,从小就酷爱军事,加上他聪明好学,勤于思考,喜欢研究各家兵法,又长期生活在军旅之中,既有军事理论,又具实践经验,久而久之,便熟练掌握了军事这门艺术,成了一位用兵如神的杰出将领。

公元前294年,秦昭王任命白起为左庶长,统率秦军进攻韩国。白起抓住这千载难逢的展示自己军事才华的机会,精心策划,突出奇兵,以迅雷不及掩耳之势一举攻占了

新城(今河南伊川西南),使魏国受到直接威胁。捷报传回秦国,秦昭王大喜,下令嘉奖白起。此后不久,经丞相魏冉推荐,昭王又命白起为将,带兵与韩、魏联军大战于伊阙(今河南洛阳南)山下。

当时,韩魏联军将多兵广,而秦军还不及他们一半。但韩魏联军同床异梦,互相推诿,都想把对方推到前面迎战秦军,而自己退居后面隔岸观火,坐收渔利。白起抓住敌军的心理,先设疑兵麻痹韩军,然后出其不意以精锐猛攻魏军,魏军大败,韩军自然也不战自溃。白起乘胜追击,杀敌24万,血流成河,还俘虏了魏将公孙喜,攻陷五个城池。白起打了一个以少胜多的大胜仗。战斗结束,白起因功官至国尉。伊阙之战,是韩魏两国遭到最大损失的一次战役。

韩、魏地靠秦国,是秦国"蚕食"的首要目标。所以,在秦昭王十五年(前292),秦国又向韩、魏发动了进攻。这次秦昭王仍派白起为将,攻下了魏的垣(今山西垣曲县东南)。由于白起屡建奇功,被秦昭王提升为大良造(战国时秦的最高官职,掌握军政大权,也是尊贵的爵位)。第二年,白起率军攻占了韩国的宛(今河南南阳)。宛是中原的重镇,是重要的产铁基地,又是冶铁业中心。与此同时,秦国另一支由司马错率领的军队也占领了韩国另一炼铁基地邓(今河南孟州市西)。宛、邓的被夺取,对秦国有重要的经济、军事价值,大大增强了秦国的国力,尤其增强了秦国的兵器制造工业,为秦之后吞灭六国打下了物质基础。

秦昭王十七年(前290),韩、魏两国在秦国大军连续不断的打击下,深感不是强秦的对手,遂被迫向秦割让土地以求苟安。在得到秦国应诺之后,韩国割让武遂(今山西垣曲东南黄河以北地区)200里地给秦,魏割让河东400里地给秦。韩、魏割地求和,并不能满足秦国的雄心,自然不可能阻止秦国向外扩张。

秦昭王十八年(前289),白起再次率领大军浩浩荡荡杀向魏国,势如摧枯拉朽,连下蒲阪(今山西永济市蒲州镇)等61城,使魏国再次遭到沉重的打击。

至此,秦国认为韩、魏已不堪一击,对秦国已不构成威胁。决定暂缓对他们的进攻,把主攻方向改向北方的赵国和南方的楚国。

在加兵赵国、楚国之前,秦国于公元前284年,曾联合韩、赵、魏、燕五国军队大败齐军。事情是这样的:当秦国在白起统帅下战必胜,攻必克,所向披靡之际,东方的齐国在齐湣王统治下也蒸蒸日上,国力强盛,打败了南方的楚国,杀死楚国将领唐眛,在西边于观津(今山东观城)摧毁了三晋的官兵,之后又与三晋联合攻击秦国,帮助赵国灭了中山国。公元前286年,齐湣王又发动战争,攻破宋国,宋偃王逃奔到魏国,死在温城(今河南孟州市)。

这时的齐湣王,不可一世,攻楚、击三晋之后,目标直接指向已分裂为二的周王朝,扬言要把周天子赶下台,由他来做天子。大臣狐咺指责他荒唐,齐湣王将他绑到街市上斩首。陈举规劝他,齐湣王又把他绑到临淄(齐国都城)东门处决。齐湣王的胡作非为,使齐国民怨沸腾。

燕昭王得知齐国臣民对齐王的怨恨,认为时机已到,日夜加强战备,准备伐齐。燕昭王问乐毅伐齐之事。乐毅说:"齐国是霸王的后代,疆土广大,人口众多,以我们燕国的兵力,单独攻击,不容易成功。要想成功,就必须与赵国、楚国、魏国结成联盟,共同出兵。"于是,燕昭王就派乐毅前往赵国拜见赵惠文王,再派其他使节分别出使楚国、魏国,又请赵国去联络秦国,向秦申明伐齐的利害关系,承诺事成之后分给秦国相当的利益。秦昭王心想,如能借此机会击败齐国,秦国不是又少了一个竞争对手。这对今后秦国争霸,并进而吞灭六国,统一天下不是很有利吗,于是便很痛快地同意了使者的请求。其他各国因受齐国侵略,早已对齐湣王的蛮横自大恨之入骨,巴不得立即联合起来讨伐齐国。他们听说强大的秦国也加入了讨齐的行列,更是欢欣鼓舞,跃跃欲试。

公元前284年,燕国集结了全国的兵力,跟秦、赵、魏、韩军队会合,乐毅兼任五国联军总指挥官,以泰山压顶之势向齐国发动进攻。齐湣王征召全国武装力量,在济西(今山东阳信)与联军会战。齐将触子见联军势大,一下没了斗志,一战就下令退兵,只身乘车溜走,齐军大败。部将达子统率余部,继续与联军作战,于秦周(临淄雍门)又战败,达子战死。至此,齐军败局已定,乐毅见胜利在望,遂请秦军、韩军先行班师,请魏军前往占领原来宋国的领土,请赵军前往夺取河间(今山东高堂、堂邑)。乐毅亲自率领燕国远征军。深入齐国国土,不久即攻下齐国首都。

破齐成功,从此消除了一个足以与秦抗衡的东方大国。秦军班师不久,即把进攻的矛头指向楚国。在进攻楚国的战斗中,白起一马当先,所向无敌,屡建奇功。

为给进攻楚国创造有利的外部环境,消除后顾之忧,公元前279年,秦昭王与赵惠文王在河南渑池相会,两国修好停战,秦国的北面得到了稳定。一切准备就绪,秦国便集中优势兵力,对楚国发动了大规模的进攻。

威名大振

秦军兵分两路,一路由白起率领主力部队,由汉北地区南下,先夺鄢之后再夺楚都郢;另一路由蜀守张若率领侧翼部队,由四川出发,进攻巫、筰、黔中一带,然后沿长江东下,配合主力部队,牵制楚国兵力,使楚军顾此失彼,首尾无法接应,同时夺取楚国西部地区。

白起率领秦兵包围鄢城后,受到了楚国军民的奋力抵抗,使战斗一时无法向纵深发展。鄢是楚的别都,距离楚国都城郢很近。鄢是郢的西大门,鄢城失守,郢将不保,楚国势在必守。楚王为了保卫京师,调集了大量精兵,加强守卫。白起深知鄢城战略地位的重要,他决心攻下鄢城,以打开进军楚都的通道。

身经百战,具有丰富作战经验的白起临危不乱,镇定自若,他详细审察了鄢城附近的地理形势后,毅然定下了水攻的策略。

原来鄢城西有一条鄢水,发源于荆山与康限山之间,向东南注入汉江。白起就命士兵在鄢城以西修筑堤堰,拦截鄢水,积水为湖。待水蓄积到一定高度时,他就下令决堤放水。滔滔洪水,遮天盖地汹涌而来,一下子就吞没了鄢城。大水从城西灌入,从城东北角溃出。楚国军民猝不及防,一时阵脚大乱。被大水淹死的达数十万。大量尸体随水漂至城东,时值夏日,尸体腐烂,臭气冲天,人们把那里称为臭池。

白起以水淹之计不战而胜楚军,顺利地占领了鄢城。又乘胜疾进,攻下安陆(今湖北安陆)。接着以雷霆万钧之势占领了楚都郢。楚军狼狈溃逃,秦军穷追不舍,一直追到洞庭湖边,并占领沿湖地区。秦兵过西陵(今湖北宜昌市)时,将楚先王之墓夷陵烧毁。楚王在秦军的强大压力下,把国都迁往陈(今河南淮阳)地。公元前278年,秦设置了南郡,治所郢,管辖新占领的地区。白起因这次攻楚立了大功,被秦昭王封为武安君。

白起拔郢胜利,标志着楚国的全面衰落,楚国从此失去了强国的地位,已不再作为秦国的强劲对手而存在了。白起为秦国最后统一天下扫除了一个最大的障碍,其功劳是很大的。

秦国打败楚国之后,即把兵锋指向赵国和魏国。赵国是秦国进行兼并战争中所剩下的唯一强敌。秦昭王三十四年(前273),白起率军长途奔袭,昼夜兼程,与赵、魏联军大战于华阳(今河南郑州南)。秦军不顾长途行军的疲劳,以迅雷不及掩耳之势猛攻敌阵。赵、魏联军听说与之对阵的是所向无敌、百战百胜的武安君白起,先已怯了三分,在秦军的迅猛攻击下,大败而逃。秦军乘胜追击,俘虏魏军三名将领,斩首13万,乘势占领华阳,随后,白起指挥军队进攻贾偃率领的赵军。赵军失去魏军的支持,士气大落,毫无斗志,与秦军未战数合,即大败而逃。秦军穷追不舍,结果使2万赵军溺毙水中。

史留酷名

秦昭王四十一年(前266),秦相魏冉命白起为将,率军远征齐之刚、寿,以扩大自己的封地陶。恰在这时,魏国人范雎来到秦国,针对秦相魏冉舍近求远,劳师远征,假公济私的做法,他对秦王说道:"穰侯(魏冉封号)命武安君为将,越韩国、魏国而攻齐之刚、寿,其计差矣。齐地离秦甚远,中间夹有韩、魏二国。出兵太少,则不足以害齐,若出师太多,则对秦不利。昔日魏越赵而伐中山国,既克其地,旋即为赵占有。为什么呢?因为中山国与赵相连而远离魏国也。如今伐齐若不克,则为秦师之大辱;若伐齐而克,秦军班师,则所克之地就会被韩、魏所占,如赵之占中山也,于秦有何好处?"接着,范雎向秦王建议道:"于今之计,莫如远交而近攻。远交以离人之欢,近攻以广我之地,自近而远,如蚕食叶,渐渐地,天下不难归秦矣。"

秦王听了范雎的一番宏论,拍手称快,乃细问如何施行远交近攻之策略。

范雎答道:"远交莫如齐、楚,近攻莫如韩、魏。既得韩、魏,齐、楚能独存乎?齐、楚已下,则燕国唾手可得,天下归一矣。"

秦王鼓掌称善,即拜范雎为客卿,号为张卿。不久又拜范雎为丞相,以代魏冉之职,号为应侯。并用其计东伐韩、魏,命白起伐齐之师回朝。

在范雎"远交近攻"总原则指导下,公元前264年,秦昭王命白起率军攻韩,斩首5万,占领了韩国重镇陉城(今山西曲沃)等5座城池,进而夺取了晋南大部地区。在接二连三的克敌制胜的大好形势下,白起再接再厉,把他的军事指挥艺术发挥到了顶点,指挥了他一生中最重要的一次大战,也是我国古代军事史上的经典之作——长平大战。

秦赵长平之战,是战国史上最大也是最著名的一次战争。这次大战的前哨战,是上党之战。

公元前262年,白起攻韩,势如破竹,很快占领了野王城(今河南沁阳),切断了韩上党郡(今山西东南部)与韩国都城(今河南新郑)的联系通道,使驻守上党的韩军成为孤军,引起了韩国上下的无限恐惧。

上党守臣冯亭见大势已去,情急之中竟想出一条"嫁祸"之计,企图把秦国大军引向他国,自己从中渔利。他对上党军民说道:"秦军占据野王,则上党非韩所有。与其降秦,不如降赵。一旦上党归赵,秦怒赵得地,必移兵于赵。赵受秦兵,必与韩结好,韩、赵同盟,共抗强秦,或许可以取胜。届时再见机行事,上党也许能再回到韩国手里。"军民无不赞同。

于是冯亭便派遣使者持书并上党地图,献于赵孝成王。

一日,赵孝成王夜得一梦,梦见自己身穿一件左右异色的新衣,正好有一条飞龙自天而降,来到自己身前,赵王乘之,龙即迅即飞去。正飞之际,自己突然从龙身掉了下来。落地之后,原以为必死,不料竟然无恙,睁开眼睛一看,见两旁有金玉两座大山,光彩夺目,甚是辉煌。赵王正得意之际,不料梦醒,即召大夫赵禹,以梦告之。赵禹听后,对赵王说:"左右异色者,合穿也。乘龙上天,有升腾之象。坠地者,象征得地也。金玉成山者,象征货财充足也。大王眼下必有扩地增财之喜,此梦大吉。"

赵王听后非常高兴,但又不踏实,又召专管卜筮的官吏敢解之。敢对赵王说:"异衣者,残也,乘龙上天,不至而坠者,事多中变,有名无实也。金玉成山,可观而不可用也。此梦不吉,请大王谨慎从事。"

赵王因崇信赵禹之言,对筮吏之言不以为然。三日之后,上党太守冯亭派使者携书至赵。使者说明来意,将书信呈给赵王,赵王发书观之,书中略曰:"秦攻韩急,上党将入于秦矣。其吏民不愿附秦,而愿附赵。臣不敢违吏民之愿,谨将所辖十七城,再拜献之于大王。惟望大王辱收之!"

赵王观罢,大喜道:"赵禹所言广地增财之喜,今日验证矣!"

平阳君赵豹谏阻道:"臣闻不劳而获,无故受利,必遭祸殃,请大王三思,切莫轻易接受韩国之礼。"

赵王不以为然地道:"上党之人惧怕强秦而心向赵国,故而来归,怎么能说无故受利?"

赵豹对道:"秦蚕食韩国土地,力拔野王城。断绝上党与其国都之道,不使相通。秦眼下自视上党为掌中之物,唾手可得。一旦上党为赵所有,秦干戈苦心经营数年,岂容他人坐收渔利,必然加兵于赵。此臣所谓'无故受利'也。且冯亭所以不纳地于秦,而纳于赵者,企图嫁祸于赵,以解韩之困也。惟大王详察。"

赵王再召平原君赵胜商量,赵胜乃战国四大公子之一,平生最喜招贤纳士、广收门客,门客最多时有数千人,他对他们始终以礼相待,深受门客的称赞。然而在这件事上他却犯了一个严重的错误,使赵国招致灭顶之灾。

他对赵王说道:"以前我们发百万大军,去攻打他国,经岁历年,甚至得不到一城一地。如今我们不费一兵一卒,不战而得十七城,如此大利,千载难逢,此时不得,更待何时?"

赵王道:"君之言,正合寡人之意。"

乃使平原君赵胜率兵 5 万,前往上党受地,封冯亭以三万户,号华陵君,仍为上党太守。其县令 17 人,各封以三千户,皆世袭称侯。

平原君来到冯亭府前,让人通报冯亭。不料冯亭闭门而泣,不愿见平原君。平原君莫明其意,坚决要求相见,冯亭让人传话道:"吾有三不义,不可以见使者。为主人守地未死即降,一不义也;卖主人之地而得富贵,二不义也;未得主人命令,擅自作主,将地献给赵国,三不义也。"平原君叹道:"冯亭真忠臣也!"遂在其府前等候三日,不愿离去。

冯亭被平原君的诚意感动,乃出来与之相见。见面时,犹垂泪不止。平原君对之抚慰一番,劝其保重身体,莫太内疚。冯亭表示感谢,并提出就此交割手续,自己不愿再为上党之守,请另选良守。

平原君再三劝慰道:"君之心事,胜已知之,胜深钦佩君之为人。除君之外,无人能孚上党吏民之望。故请君莫再推辞,仍为上党之守。"

冯亭无奈,只得再领太守之印,而不受华陵君封号。

过了数日,公事办完,平原君将要离开回国。临别之际,冯亭对平原君说道:"上党所以能投降赵国,是因为上党韩军力量太小,抵挡不住秦军的进攻。公子回国,还望奏闻赵王,速发大军,急遣名将,方为上策。"

平原君道:"请太守放心,我一旦回到邯郸,即刻便向赵王奏请,请求发兵来上党。"

平原君回报赵王,赵王不胜其喜,遂大摆筵席,一为平原君接风洗尘;二为赵国兵不血刃,不战而得韩国之地庆贺。他怎么也想不到,大祸即将降临到赵国头上了。

秦王得知冯亭投奔赵国,大怒,即命王龁率军进兵上党,务要拿下上党,生擒冯亭。冯亭率上党军民,与秦军浴血奋战,坚守上党达两月之久,期待赵军前来增援。然赵军迟迟未至。最后,韩军终于不支,冯亭遂率残部向赵国方向退去。上党遂为秦军占领。

当此之时,赵王才拜廉颇为上将,率兵 20 万来援上党。行至长平关(今山西高平县境),遇见冯亭,方知上党已失,秦兵已尾追而来。廉颇乃命在山下列营扎寨,东西各数十个,如列星之状。又分兵 1 万,使冯亭守光狼城(在高平县南 25 里)。再分兵 2 万,使都尉盖负、盖同分领之,守东西二鄣城,又使裨将赵茄刺探秦军消息。

赵茄领军 5000,出长平关向西 20 里,正遇秦军先锋司马梗,亦行探来到。赵茄见司马梗兵少,便催马上前与之搏斗。正在交锋,秦军第二哨探张唐率兵赶到。赵茄见秦兵又至,一时心慌手慢,乱了方寸,被司马梗一刀斩于马下。秦兵见主将得胜,士气大增,奋勇向前,乱杀赵兵。赵军大败而逃。

廉颇闻报,知秦兵眼下士气正旺,锐不可当,不可与之争锋,遂传令各营:"用心把守,勿与秦战!"同时命士卒在营中掘上很深的土坑,并注满水,军中都不解其意。

王龁大军赶到,距赵营所在金门山 10 里下寨。王龁先分军攻二鄣城,赵军盖负、盖同分别出战,皆被秦军打败,守东西鄣城之赵军全部投降。王龁乘胜攻光狼城,司马梗奋勇先登,大军随后掩杀。冯亭出兵与战,未战几合,即败下阵来,只得率残部奔金门山赵营而来,廉颇收纳了他。

未几,探马来报,秦兵又来攻垒,廉颇传令:"出战者,虽胜亦斩!"王龁久攻不入,便把秦军大营向前移动,逼近赵营,仅5里左右。王龁又派秦兵前往赵营搦战,并百般在赵营前辱骂。但任凭秦兵如何,赵兵就是不出。正所谓:你有你的千条计,我有我的老主意。秦兵一时性急,图血气之勇想一举冲破赵营,不料未近营寨,即被营内赵军弓弩手射杀一大片,只得退回。王龁见此,叹道:"廉颇老将,久经沙场,其行军持重,无隙可乘,未可破也!"

偏将王陵献计道:"金门山下有条小河,名曰杨谷,秦赵两军都从此河中取水饮用。赵营在河水之南,而秦营在其西,水势自西而流向东南。若能断绝此水,使水不东流,赵军无水可饮,用不了几日,其军心必乱。届时乘乱击之,可破赵军。"

王龁听后,大加称赞,遂命军士将河水阻绝,改流他方。谁知廉颇事先预掘深坑,注水有余,日用不乏。王龁绝断河水,静等赵军缺水自乱。不料等了四个月,赵营依然如故,秩序井然。后来得知廉颇预掘深坑,注水有余,乃大骂王陵,钦佩廉颇老谋深算,有先见之明。无可奈何之下,只得派人将情况入告秦王。

秦王接到报告,甚是焦急,便召范雎商议对策。范雎道:"廉颇乃赵国良将。老谋深算。他知道秦军眼下士气正旺,不敢与之争锋,故而回避之。他以为秦军跨国远征,深入异地,不得地利,又失人和,粮饷、武器、兵源补充均极困难,故最利速战速决,最忌旷日持久。只要深沟高垒,待秦师力穷气竭,便可徐图之。依臣之见,此人不去。赵军难破矣!"

秦王道:"卿有何计,可以去廉颇?"

范雎屏退左右,对秦王说:"要去廉颇,须用反间计,如此恁般,非费千金不可。"

秦王大喜,即从国库中提取千金交付范雎。范雎乃派其心腹门客,从间道入邯郸,用千金贿赂赵王左右,让其到处散布流言,曰:"赵将惟马服君(赵奢)最善统兵打仗,闻其子赵括勇过其父,若使赵括为将,定能打败秦军。廉颇年老胆怯,屡战屡败,失亡赵卒三四万,今为秦兵所逼,不久将要投降秦国。"赵王先闻赵茄等被秦兵斩杀,连失三城,使人往长平督促廉颇出战。廉颇坚决主张深沟高垒,不肯出战。赵王已怀疑廉颇胆怯。及听到左右反间之言,信以为实,遂召赵括问道:"卿能为我分忧,击败秦军乎?"

赵括对道:"秦若使武安君为将,尚费臣筹划,如王龁乳臭未干,不足道矣。"

赵王道:"为何?"

赵括道:"武安君白起统帅秦军数载,先败韩、魏于伊阙,斩首24万。再攻魏,取大小61城。又南攻楚,拔鄢、郢,定巫黔。又复攻魏,走芒卯,斩首13万。又攻韩,拔5城,斩首5万。又斩赵将贾偃,沉其卒2万人于河。战必胜,攻必克,其威名远播,军士望风而栗。臣若与对垒,胜负居半,故尚费筹划。如王龁新为秦将,乘廉颇胆怯,故敢于深入。若是臣,如秋叶之遇狂风。吾当迅扫秦兵也!"

赵王大悦,即刻拜赵括为上将,赐黄金彩帛,使持节往代廉颇。同时再拨20万兵卒给赵括,命其率军前往长平。

赵括检阅军毕,满载金帛,归见其母。其母说道:"你父亲临终留下遗命,告诫你切勿为将,你难道忘了? 还不快去向赵王辞之?"

赵括说道:"不是我不愿辞将,无奈朝中没有人能比得上我!"

赵母见说服不了儿子,乃上书谏曰:"我儿赵括徒能读其父之书,而不知随机应变。绝非将才,愿大王不要重用他。"

赵王召见其母,问其根由。其母对道:"括父奢为将,所得赏赐,尽赐与军吏。受命之日,即宿于军中,从不问及家事,与士卒同甘苦。每事必博采大家意见,不敢独断专行。今赵括为将。所赐金帛悉归私家,为将岂能如此? 其父临终曾告诫我曰:'括若为将,必败赵兵!'我谨记其言,愿大王别选良将,切不可用括!"

赵王道:"寡人意决,请勿复言。"

赵括母道:"大王既不听我言,倘将来兵败,请免我一家连坐之罪。"

赵王答应赵母的要求。赵括遂引大军出邯郸,望长平进发。

范雎所派门客,在邯郸备细打听,得知赵括向赵王所说之语,赵王已拜其为大将,择日起程,遂连夜奔回咸阳报信。秦王与范雎计议道:"秦赵僵持长平,非武安君不能了结此事!"于是秦王委任白起为上将。王龁为副将,传令军中秘密其事,严令:"有敢泄漏武安君为将者,立斩不饶!"

再说赵括率军来至长平,廉颇验过符节,即将军籍交付赵括,自引亲兵百余人,回邯郸去了。赵括接掌师印,将廉颇的所有约束尽行更改,军垒合并成大营。时冯亭在军中,固谏不听。与此同时,赵括又以自己所带将士,易去旧将。严令秦兵若来,各要奋勇争先,如果得胜,便行追逐,务使秦军一骑不返!

白起来到军中,听说赵括更改廉颇之令,先派 3000 秦兵出营挑战。赵括辄出万人来迎战,秦军大败而回。白起登高远望赵军,对王龁说:"我知道如何胜赵军了!"

赵括胜了一阵,不禁手舞足蹈,忘乎所以,使人至秦营下战书。白起使王龁批:"来日决战!"于是命退军 10 里,把大营扎在王龁旧屯之处。赵括见秦兵退后,笑道:"秦兵害怕我矣!"乃命杀牛置酒,犒赏军中将士。同时传令:"来日决战,定要生擒王龁,让诸侯多个笑话。"

为了最大限度地迷惑敌人,滋长赵括的轻敌思想,白起向诸将发令:命将军王贲、王陵率万人列阵,与赵括轮番交战,只许输,不许赢,只要引得赵兵来攻秦营,便算一功;命大将司马错、司马梗二人,各引兵一万五千,从间道绕到赵军之后,绝其粮道;命大将胡伤引兵 2 万,屯于附近,只等赵军开营追击秦军,便立即杀出,务将赵军截为二段;命大将蒙骜、王翦,各率轻骑 5000,随时准备接应。白起与王龁坚守老营。部署完毕,白起脸上露出一丝常人不易觉察的微笑,正是:安排地网天罗计,待捉龙争虎斗人。

再说赵括吩咐军中,四鼓造饭,五鼓收拾行装,平明列阵前进。行不到 5 里,便遇见秦兵,两阵对圆。赵括派先锋傅豹出马,秦将王贲接战。大战约 30 余合,王贲故意败走,傅豹不知是诈,纵马追之。赵括再命王容率军帮助,又遇秦将王陵。王

传奇名将

陵略战数合，即败走。赵括见赵军连胜，乃亲率大军来追，企图一举击败秦军。上党守冯亭谏阻道："秦人多诈，其败不可信也。请元帅勿急于追赶！"赵括不听，急追10余里，直至秦军大营。

王贲、王陵绕营而走，秦营不开。赵括传令，一齐攻打，务要踏破秦营。连打数日，无奈秦营坚固，秦军亦顽强坚守，赵军死伤累累，秦营竟固若金汤，稳如泰山。

赵括使人催取后军，移营齐进。正在此时，只见赵将苏射飞骑来报："后营被秦将胡伤引兵杀出阻断，不得前来！"

赵括大怒道："胡伤如此无礼，吾当亲往讨之！"

赵括派人再探听秦军行动，回报道："秦军西路军马源源不断，东路无人。"赵括遂命令大军从东路转移。

行不上二三里，大将蒙骜率军从斜刺里杀出，大叫："赵括小儿，你中了我武安君之计，还不下马投降！"

赵括大怒，挺戟欲战蒙骜，偏将王容说道："无须劳驾元帅，让我前往建功！"王容便接住蒙骜厮杀。

正在难分难解之际，王翦大军又至，与蒙骜合兵一处，共杀赵兵，赵兵死伤甚众。

赵括见秦军勇猛，料难取胜，乃鸣金收军，就近择水草处安营。冯亭又谏道："我军目前虽然失利，但元气尚存。倘与秦军力战，或许还能冲出重围，回到大营。若在此扎营，腹背受敌，后果不堪设想，请元帅三思！"赵括不听，命士兵筑起高垒，坚壁自守，一面派人飞奏赵王求援，一面催取后队粮饷。谁知运粮之路，又被司马梗引兵截断。白起大军遮其前，胡伤、蒙骜等大军截其后，秦军每日传武安君将令，招赵括投降。赵括此时方知白起真在军中，吓得心胆俱裂。

再说秦王得到武安君捷报，知赵军数十万人马被围在长平，乃亲自来到河内（今河南沁阳一带），命令当地凡年满15以上的男丁，皆须从军，以补充秦军之不足。同时让各路人马，配合主力行动，分途拦抢赵军粮草。阻挡赵军的增援部队。

赵军被秦军围困了46日，军中早已断粮，士兵自相残杀以食，赵括屡禁不止。赵括见援军迟迟不至，再这样下去，无需秦军动手，自己就会消耗殆尽。与其坐以待毙，何如拼死突围，或许能杀开一条血路。赵括乃把军队分为四队：傅豹一队向东，苏射一队向西，冯亭一队向南，王容一队向北。吩咐四队一齐鸣鼓，夺路杀出。如一路打通，赵括便招引其他三路随后跟走。谁料武安君白起早有防范，吩咐四面八方预埋弓箭手，凡见赵营中冲出来者，不管兵将俱射。故而四队兵马冲突三四次，俱被秦军如蝗之箭射回。赵括无奈，只好下令停止突围。这样又熬过了一个月，一月之内，赵军士卒残杀相食者不计其数。赵括不胜其愤，乃精选身强力壮者5000人，号称敢死队，皆穿重型铠甲，乘坐骏马。赵括握戟一马当先，傅豹、王容紧随其后，企图孤注一掷，冒死突围。王翦、蒙骜二将见状，一齐迎上，接住赵括便行斯杀。大战30余合，赵括渐渐力怯，忙虚晃一戟，掉转马头，向赵营奔去。不料马失前蹄，自己亦从马背上摔了下来，秦兵见状，一齐射箭，赵括霎时身如刺猬，一代"纸上名将"，就这样凋谢在太行山下。

赵军群龙无首,傅豹、王容亦相继战死,顿时混乱不堪。苏射引冯亭共走,冯亭道:"我数谏赵括而不从,今至于此,天意亡我。又何逃乎?"乃自刎而死。只有苏射,乘混乱之时,硬是杀开一杀血路,向北逃到胡地去了。

白起见赵军已溃不成军,乃在高地上竖起一面招降旗,赵军见旗,皆弃兵解甲,跪拜三呼"万岁!"白起招降了赵兵,乃使人割下赵括之首,往赵营招抚。此时赵营中士卒尚有20余万,见主帅被杀,也无心恋战,亦愿投降。一时间,甲胄器械堆积如山,营中辎重悉为秦有。白起与王龁计议道:"前不久我军拔野王,上党在我掌握中,此地军民不愿降秦,而愿归赵。今赵卒先后投降者,总计将近40余万,倘一旦哗变,我等如何防之?"白起乃下令将降卒分为10营,使10将分别看管。配以秦军20万。同时向赵降卒赐以牛酒,声言:"明日武安君将筛选赵军,凡上等精锐能战者,给以器械,带回秦国,随征听用;其老弱不堪或力怯者,俱遣回赵国。"赵军大喜。是夜,武安君密传一令于10将:"起更时分,但是秦兵,都要用白布一片裹首。凡首无白布者,即为赵卒,当尽杀之。"

秦兵奉令,一齐发作,降卒不曾准备,又无器械,只好束手受戮。其逃出营门者,又有蒙骜、王翦等引军巡逻,见了就砍。40万赵军,一夜俱尽。血流淙淙有声,杨谷(当地的一条河)之水皆变为丹色,至今号为丹水。武安君命收取赵卒头颅,聚于秦营之前,谓之头颅山。通计长平之战,连同王龁先前投降士卒,前后斩赵卒约45万人,只存年少者240人未杀,放归邯郸,使宣扬秦国之威。

却说赵王初时接得赵括捷报,心中大喜。再后闻赵军困于长平,正要商量派兵救援,忽报赵括已战死,40万赵军全部降秦,被白起一夜坑杀,只放240人还赵。赵王大惊失色,群臣无不惊惧。一时间,邯郸城里子哭其父,父哭其子,兄哭其弟,弟哭其兄,妻哭其夫,沿街满市,号哭之声不绝。惟赵括之母不哭,自言:"自括为将时,我已知道他必败无疑,难以生还了。"赵王因括母有言在先,并未连坐加诛,反赐粮食绸缎以安慰她。又派人到老将廉颇家致歉感谢,表示当初不该换将。

赵国正在惊惶之际,边吏又报:"秦王攻下上党,17城尽皆降秦。今武安君亲率大军前来,声言欲拿下邯郸。"赵王急召集群臣,问道:"谁能为寡人退秦兵?"群臣面面相觑,无人能应。

平原君回家,遍问门客,门客也无人能应。恰好苏代此时亦在平原君门下为舍人,闻知此事,乃对平原君说道:"代若至咸阳,必能止秦兵不攻赵。"平原君问其办法,苏代乃将自己的详细计划相告,平原君认为可行,便将苏代的计划告知赵王,赵王也认为可以,于是厚赐金币于苏代,作为其在秦国的活动经费。

苏代晓行夜宿,不日即到咸阳。往见范雎,范雎揖之上坐,问道:"先生为何而来?"

"为君而来。"苏代回道。

范雎一怔,心想,我有何难?对方何出此言。既然对方不远千里而来,定有其根由,我不妨问他个究竟,乃问道:

"苏先生何以教我?"

"武安君已杀马服子乎?"苏代问道。

"是的。"范雎道。

"今日欲围邯郸乎?"苏代又问。

"是的。"范雎回答。

"武安君用兵如神,身为秦将,攻夺70余城,斩首近百万,虽伊尹、吕望之功。也不过如此。今又乘大胜之余威,举兵围攻邯郸,邯郸必破,赵必亡矣!赵亡,则秦成帝业,秦成帝业,则武安君为头等功臣,如伊尹之于汤,吕望之于周。君虽然权势很高,但不能不居其下矣。"苏代详细分析道。

范雎一听,觉得对方说得不无道理,乃倾身向前问道:"以先生之意,我该如何是好?"

苏代不急不忙,沉着回答道:"君不如允许韩、赵割地以求和于秦。韩、赵割地,则为君之功劳,又解除武安君之兵权,如此一来,君在秦国之地位就无人能比,稳如泰山了。"

范雎听后大喜,盛宴款待苏代。到了第二天,即对秦王说道:"秦兵在外征战已久,疲惫不堪,宜休养一段时间。现在不如使人晓谕韩、赵,命其割地以求和。"

秦王道:"既如此,那就劳烦相国办理此事。"

范雎于是大出金帛,以赠苏代之行,使往说韩、赵。韩、赵二王惧秦,巴不得割地求和,故都愿听从苏代之计。韩许割垣雍一城(在今河南原阳境内),赵许割六城,并各遣使求和于秦。秦王初嫌韩只一城太少,韩使者说:"上党17县,都是韩国的土地,如今都归秦有。"秦王乃笑而受之。同时下诏令武安君班师。

名将饮剑

白起连战皆捷,正欲携长平之余威,挺进邯郸,本指望一战而平赵国,为秦国再立新功,忽闻班师之诏。初还不信,待接到诏书,方知是真。白起初怨秦王不知时势,不想退师,但王命如山,白起不得不班师回国。待后来得知班师乃是范雎的馊主意,便怒不可遏,说道:"赵自长平大败,元气大伤,邯郸城中一夜十惊,如惊弓之鸟,惶惶不可终日。若一鼓作气,乘胜往攻,最多不过一个月,邯郸城即可拔下。可惜应侯(范雎)不知时势,主张班师,失此大好时机,真不知他是怎么想的!?"

此话传到秦王耳中,秦王大悔道:"白起既知邯郸可拔,何不早奏?"乃复命白起为将,欲使其重新伐赵。白起此时刚好犯病,一时难以痊愈,故不能承命。秦王无奈,便命大将王陵率10万秦军伐赵,往攻邯郸城。

赵王自长平大战惨败后,一下子清醒了许多。他吸取往日的教训,再次启用老将廉颇,使廉颇为将,负责邯郸城的守卫工作,抵御秦军。廉颇从各地迅速招募新兵,严加训练,又以全部家财招募敢死队员。这些敢死队员常常乘夜下城偷袭秦营,秦军疲于应付,屡吃败仗。

情况传到咸阳,秦王见王陵一时难以取胜,想让白起往代王陵。时白起病已痊愈,白起奏道:"邯郸此时实不易攻也。前者赵军长平大败之后,百姓震恐不宁,如再接再厉,乘胜往攻,彼守则不固,攻则无力,用不了多久,即可拿下邯郸。今二岁有余,其已有了充分的准备,又兼老将廉颇,老谋深算,非赵括可比。再者,诸侯见秦刚刚许赵割地求和,今又复攻之,会认为秦不可信,必将合纵,而来救赵,我看秦取胜的希望很是渺茫。"

秦王不听,强令其行,白起坚辞不受。秦王复使范雎往请,武安君因恨范雎前阻其功,得知范雎要来,干脆称疾不见。范雎吃了个闭门羹。

范雎来到秦王府,秦王问范雎:"武安君真的病了吗?"范雎道:"是否病了不知道,然武安君不肯为将,其志已坚。"

秦王听了,命范雎再去责备白起说:"以前楚国地方千里,兵士百万,你率领数万秦军入楚,拔鄢、郢,焚宗庙,东至竟陵,楚人震恐,东徙而不敢西向,那时的你是多么英勇。秦和韩魏在伊阙交战,你所将之兵不及韩魏的一半,却大破二国之军,流血漂橹,斩首24万,使韩魏至今都称藩臣服,这都是你的功劳。如今赵国之军在长平之战中已死了十之七八,国内空虚,而我军人数几倍于赵,你过去能以少击众,取胜如神,何况现在以强击弱,以众击寡呢?"

白起说:"那时楚国恃其国大,不恤其政,而群臣又互相妒嫉,争权夺利,钩心斗角,良臣受斥,小人受用,百姓离心,城池不修。在既无良臣,又无守备的情况下,我才能引兵深入,大胜建功。伊阙之战时,韩魏互相推诿,都想避兵锋保实力,所以我得以设疑兵,以待韩军,集中兵力对付魏军。魏军既败,韩军自溃,乘胜逐北,因此建功。这些功勋的建立,皆是天时、地利、人为的因素所造成,自然而然,何神之有?秦破赵军于长平后,不乘势一鼓作气消灭赵国。却让赵国有了休养生息的时间,更何况现在赵国已经君臣一心,上下同力,像当年勾践困于会稽的时候那样。今若伐赵,赵必固守;挑战其军,必不肯出;围其国都,必不可克;攻其列城,未必可拔;掠其郊野,必无所得。兵出无功,诸侯生心,外救必至。与其劳民伤财,打一场毫无把握的战争,何如就此休兵罢战,等待下一次机会,再出兵不迟。"

总而言之,任凭秦昭王怎么劝说,白起软硬不吃。就是不愿领兵出征,往代王陵。

秦王见白起态度坚决,很不高兴,说道:"白起居功自傲,目中无人,他自以为秦国别无良将,非他莫属。昔长平之胜,初用兵者王龁也,王龁难道不如他吗? 寡人之所以再三请他出征,是看在他为国出征多年的面子上。他既然不愿出征,我们也不必强求,就让王龁去好了。"

于是秦王又增兵10万,命王龁往代王陵。王陵归国,秦王免其官。

王龁率军围攻邯郸,5个月不能拔之。武安君白起闻之,对客人说:"我早就预言邯郸不易攻下,秦王不听我言,今竟如何?"

来客中有与范雎关系亲密的。将其言泄漏给范雎,范雎再将其言告知秦王。秦王听后,很不高兴。亲自面见白起,强行要白起挂帅出征,并警告白起:"如君不行,寡人恨君,后果不堪设想。"

性格耿直的白起见秦王动怒,依然坚持己见,不愿出征。他对秦王说:"我知道这次出征,无功也不会受罪,如果不出征,无罪也要受诛。但我宁肯伏罪受诛,也不愿为辱军之将。"

　　秦王无奈,怏怏而去。

　　不久,白起被革职免官,贬为士伍。迁居阴密(今宁夏固原)。因为生病,暂时未行。

　　秦王既贬白起,复发精兵5万,令范雎的恩人郑安平为将,往助王龁,必欲攻下邯郸方已。赵王听说秦国又增加兵力来攻邯郸,非常害怕,乃遣使分路求救于诸侯。平原君赵胜说:"魏国是我的亲家,平素与赵国亲善,其救必至。楚国大而距离远,除非用'合纵'游说之,否则楚救兵难来,我当亲往游说。"

　　于是,平原君在其门下食客中,想找文武兼备者20人同往,以壮行色。不料三千门客中,选来选去,只得19人,不足20之数。平原君叹道:"我养门客数十年,想要20位文武兼备之士,竟如此之难?"话音未落,但见门客中有一人站出,出言道:"像我这样的人,不知可以充数乎?"平原君问其姓名,对道:"臣姓毛名遂,大梁人,在君门下当食客三年矣。"

　　平原君笑道:"贤士处世,犹如锥之处于囊中,其颖立露。今先生在胜门下三年,胜未有所闻,难道是先生文武一无所长乎?"

　　毛遂道:"往日没有机会,今日臣请处于囊中。假使早处囊中,臣将尽脱而出,岂特露颖而已。"

　　平原君见毛遂言辞非凡,便让他凑足20人之数。即日辞了赵王,望陈都(时楚都在陈)进发。

　　来到楚都,即命人先通春申君黄歇。黄歇平素与平原君交厚,便为其转通于楚考烈王。平原君黎明入朝,相见礼毕,楚王与平原君坐于殿上,毛遂与19人等均立于阶下。平原君从容言及"合纵"退秦之事。

　　楚王道:"'合纵'之事,最先发起者是赵国,后来因受张仪游说,'合纵'之事渐渐淡弱。起初楚怀王为'纵约长',伐秦不克;后齐湣王复为'纵约长',因其另有动机,诸侯遂背叛了他。由于上述原因,至今列国忌谈'合纵',此事说来话长,三言两语难以说清。"

　　平原君说:"自苏秦倡议'合纵',六国约为兄弟,盟于洹水,共抗强秦,秦兵不敢出函谷关者15年。其后齐、魏受犀首(公孙衍)之欺,欲与秦国共同伐赵,怀王受张仪之欺,与秦共同伐齐,故而'纵'约渐解。假使齐、魏、楚三国坚守洹水之誓,不受秦欺,秦能奈何哉?齐湣王名为'合纵',实欲兼并他国,壮大自己,是以诸侯背之,这难道是'合纵'之错吗?"

　　楚王道:"今日之势,秦强而列国俱弱,但可各图自保,安能有所作为?"

　　平原君说:"秦国虽强,分制六国则不足;六国虽弱,团结起来,合制秦则有余。若各图自保,不思相救,一强一弱,胜负已分,最终将被秦国各个击破,全皆不保!"

　　楚王又道:"秦兵一出而拔上党17城,坑赵卒40余万,合韩、赵二国之力,不能敌一武安君。今又进逼邯郸,楚国僻远,即便出兵,能解决问题吗?"

　　平原君道:"赵王用人不当,致有长平之败。今王陵、王龁20余万之众,屯于邯郸城下,已有年余,却不能损赵之分毫。若救兵一集,必大挫秦军,从而换来数年之安也。"

楚王道："秦新通好于楚，君欲寡人'合纵'救赵，秦必迁怒于楚，是代赵而受怨也。"

平原君说："秦之通好于楚者，是欲专心解决三晋问题。三晋既亡，楚其能独存乎？"

楚王因有畏秦之心，虽然觉得平原君讲得在理，但始终犹豫不决。毛遂在阶下顾视日晷，见已当午，乃按剑沿阶而上，谓平原君道："'合纵'之利害，两言可决。今自日出入朝，日中而议犹未定，这是为何？"

楚王怒问道："他是何人？"

平原君道："此臣之门客毛遂。"

楚王道："寡人与平原君议事，你为何在此插言？"当下叱之使去。

毛遂走上几步，按剑而言道："'合纵'乃天下大事，天下人皆得议之！我君在上，你呵斥什么？"

楚王态度稍缓，问道："你有何言，请讲出来。"

毛遂道："楚地五千余里，自武、文称王，至今雄视天下，号为盟主。一旦秦人崛起，数败楚兵，怀王囚死。白起竖子，一战再战，鄢、郢尽没，被逼迁都。此百世之怨，三尺童子犹以为羞，大王难道忘记了吗？今日'合纵'之议，是为楚而不是为赵国也，大王难道不想趁此以雪前耻吗？"

楚王道："言之有理。"

毛遂道："大王之意已决乎？"

楚王道："寡人意已决。"

毛遂让左右取歃血盘，跪进于楚王之前，说道："大王为'纵约长'，应当先歃，次则吾君，次则臣毛遂。"于是"纵"约遂定。

楚王既许"合纵"，即命春申君黄歇率8万人救赵。平原君归国，叹道："毛先生三寸之舌，强于百万之师！胜鉴别人才多年，今失之于毛先生，自今之后胜不再鉴别天下人才矣。"

自此平原君以毛遂为上宾，凡事均与之协商，征求其意见。

此时魏王遣大将晋鄙率兵10万救赵。秦王闻诸侯救兵将至，亲至邯郸督战。使人谓魏王道："秦攻邯郸，旦暮且下矣。诸侯有敢救之者，必移兵先击之！"

魏王大惧，遣使者追上晋鄙军，让暂停救赵，就地待命。晋鄙乃屯军于邺下。春申君见魏军不进，亦屯兵于武关，观望不进。

再说邯郸城中盼望救兵，望眼欲穿，却无一至者。眼看秦兵攻打日急，城中军民精疲力竭，投降之议一浪高过一浪。赵王如热锅上的蚂蚁，万分焦虑。这时，有个叫李同的舍人对平原君说："邯郸百姓日夜守城，而您却在家里安享富贵，长此下去，谁还肯为国尽力？您若能令夫人以下所有之人，编于行伍之中，干一些力所能及的活，再将家中所有财帛，尽散给予敌血战的将士，将士在危困艰苦之际，易于感恩，重赏之下，拒秦必竭尽全力。"

平原君从其计，遂尽散家财，募得敢死队员3000人，使李同领之，缒城而出，乘夜袭营，杀秦兵千余人。王龁大惊，不得不退兵30里下寨。城中人心稍定。李同身负重伤,回城而死。平原君恸哭不已,命厚葬李同。

再说信陵君无忌见魏王惧秦,无意救赵,乃令人窃得虎符,星夜前进,来到邺下,见过晋鄙,说道:"大王因将军长期在外,十分辛苦,特遣无忌前来代劳。"说罢,使随从朱亥捧虎符交与晋鄙验证。

晋鄙接符在手,心下踌躇,想道:"魏王以 10 万之众托我,我虽愚陋,未有败军之罪。今魏王无尺寸之书,而公子只是手捧虎符前来,代将此事,岂可轻信?"乃对信陵君说道:"公子暂请消停几日,待某把军伍造成册籍,明白交付,如何?"

信陵君道:"邯郸形势垂危,当星夜赴救,岂能耽搁时刻?"

晋鄙道:"实不相瞒,此军机大事,我还要再行奏请,方敢交军。"

说犹未毕,朱亥厉声喝道:"元帅不奉王命,便是反叛了!"晋鄙方问得一句:"你是何人?"只见朱亥袖中出铁锤,重 40 斤,向晋鄙当头一击,脑浆迸裂,登时气绝。

信陵君握符,对诸将道:"魏王有命,使我代晋鄙将军救赵,晋鄙不奉命,今已诛死。三军安心听命,不得妄动!"营中肃然。

待到卫庆追至邺下,信陵君已杀晋鄙,统帅魏军了。卫庆见信陵君救赵之志已决,便想辞去。信陵君道:"君已至此,看我破秦之后,请回报魏王也。"卫庆无奈,只得先让人把情况密报魏王,自己遂留在军中。

信陵君犒赏三军,下令:"父子俱在军中者,父归;兄弟俱在军中者,兄归;独子无兄弟者,归养父母;有疾病者,留下就医。"总计告归者,约十分之二,得精兵 8 万人,整齐队伍,申明军法。一切料理就绪,信陵君乃亲率宾客,身先士卒,猛攻秦营。

王龁不料魏兵突至,仓促应战。魏兵奋勇向前,平原君亦开城接应,里应外合,大战一场。王龁折兵一半,向汾水大营奔去。秦王见败局已定,乃下令秦军解围而去。郑安平以 2 万人扎营于邯郸东门,为魏兵所阻,不能撤回。情急之中,他想起自己原是魏人,遂投降魏军。春申君所率之楚军,见邯郸之围已解,秦师已退,也班师而回。韩王见秦师已退,也乘机收取上党之地。

秦军丧师失地,大败而归,秦王心中郁闷,乃迁怒于白起。遂命白起马上出发,不得留在咸阳城中。白起接到王命,叹道:"范蠡有言:'狡兔死,走狗烹'。我为秦攻下 70 余城,故当烹矣!"于是抱病出咸阳城西门,至于杜邮这个地方,暂歇以待行李。

范雎对秦王说道:"白起此行,心中快快不服,大有怨言。其托病非真,恐到他国为将,成为秦的祸患。"秦王一惊,沉思片刻,便赐利剑一把,命白起自裁。

使者携剑至杜邮,传秦王之命。武安君持剑在手,对天叹道:"我什么地方得罪了苍天而落得如此下场?"良久,又叹道:"我固当死!长平之役,赵卒 40 万来降,我用欺骗的手段一夜坑杀了他们。他们何罪之有,为何非要坑杀他们?我是罪该万死啊?"言罢,乃自刎而死。一代名将,就这样结束了自己的生命,饮血杜邮,成为上层统治者互相倾轧的牺牲

长平之战后,白起主张一举灭赵,其战略方针是完全正确的,其主张如能实现,秦军可以事半功倍,秦国统一六国的战争也可以提前完成,可惜范雎妒贤嫉能,使

白起的计划化为泡影。在此之后，白起主张暂缓对邯郸的进攻，待时机成熟，再卷土重来，这也是完全正确的。但在封建时代，罪莫大于犯上，白起性格耿直，出言不逊，拒不领兵，得罪了秦王和范雎，其无罪也就有罪了。一代名将功成身死，其遭遇是令人同情的，也很令人深思。白起的死，使秦国失去了一位杰出的将领，这对正在进行伟大的统一事业的秦国，无疑是莫大的损失。

王 翦 传

帝王将相大传

传奇名将

图文珍藏版

1642

人物档案

王翦：频阳东乡（今陕西省富平县东北）人，秦代杰出的军事家，是继白起之后秦国的又一位名将。与其子王贲在辅助秦始皇统一六国的战争中立有大功，除韩之外，其余五国均为王翦父子所灭。

生卒时间：不详。

性格特点：喜爱兵法，多谋善断。

历史功过：王翦深通兵略，善用兵法，巧于战阵，屡战屡胜。他自率兵消灭韩、赵、魏、楚、燕、齐等东方六国，在秦始皇扫平六方、统一中国的过程中，立下汗马功劳，封为武成侯。

王翦

名家评点：与白起、廉颇、李牧并称战国四大名将。史书称"王氏、蒙氏功为多，名施于后世。"（《史记·王翦白起列传》）

智勇将军

秦昭王四十九年（前278）正月，秦派五大夫王陵率兵进攻赵都邯郸，但收获不大。昭王又派了军队协助王陵，还是打了败仗。他欲派武安君白起代替王陵统兵，可武安君拒不执行王命，并有不少怨言，后终被昭王赐剑自刎。

白起自杀后，昭王拜王翦为将，让其伐赵。拜将之日，王翦对昭王说："我知道，大王仍恼武安君，但武安君之言不无道理。赵国虽新有长平之败，但集中倾国之兵也不下五六十万，足以与秦抗衡。更何况，各国救兵，源源而至。今秦军远征，兵力困乏，宜速决而不宜久持。依臣之见，莫如大王随军亲征，一可鼓舞士兵，二可了解敌情，能战则战，不能战则退，即使此番攻不下邯郸，我们仍可根据实际情况以作后图，不知大王意下如何？"昭王说："将军之言，正合我意。好吧，我随你亲征就是。"

王翦又说："但凡出兵，应师出有名。我们此番出兵，该找个正当理由才是。"

昭王说："王陵兵败，损兵五营。王龁又败，损兵逾万。我们为报仇雪恨而去，理由还不够充分吗？"

王翦笑曰："以此为理，谬理也！跨千里而攻彼之国都，虽胜亦不能赢得人心，败则诸国拍手叫好，其不足以作为出兵的理由。吾向闻应侯范雎曾为魏须贾门下，须贾使其于齐，范雎从之。至齐后，因齐襄王闻范雎之才，曾赐金赏银，欲留其于齐，但范雎固辞之。须贾得知此事，以为范雎出使期间，曾经泄密于齐，归国后，他将自己的猜测告于魏相国魏齐。魏齐大怒，即使舍人笞打范雎，要他招认泄密之事，范雎实无此事，不予招认，魏齐便命将范雎加力笞打，折断了他的肋骨，打落了他的牙齿，直把他活活打死过去，还弃尸于茅厕，撒尿于面门，真是残忍至极。幸范雎是假死，经万千曲折，才有缘来我秦国，被大王慧眼识之，给其封侯拜相。后须贾出使于秦，应侯便捎话须贾，让他取魏齐之首，否则秦大军伐魏。魏齐闻言，弃相印而走赵国，投在平原君赵胜门下。我们此番出兵，只以擒拿丞相仇人魏齐为名，岂不就名正言顺了。"

"好，好，好主意。"昭王十分高兴地说。"就以此为理由，胜则破赵都邯郸，退则擒丞相仇人，确是良策。"于是，他亲率大军20万，以王翦为主将，浩浩荡荡，杀奔赵城而来。秦军此来，一因昭王亲征，二因王翦为将，兵势极盛，锐不可当，入赵境，即连拔三城，大胜。

其时，赵惠文王新逝，太子丹立，称之为孝成王。孝成王年少，惠文太后用事。惠文太后闻秦军深入，甚怯。恰是蔺相如病笃告老，虞卿代为相国。虞卿建议以廉颇为将御敌，惠文太后准之。廉颇固守待战，与秦军相持不下，但秦军兵势太盛，赵军败迹已露，于是，赵求救于齐，齐以田单为大将，发兵10万，前来救赵。齐国发兵，形势大变，赵军并前抗衡秦诸国之兵接应于内，齐国大军进攻于外，秦军进则难突破廉颇拒守之势，退则恐齐赵诸国军马内外夹击，显得进退两难。王翦认真分析了两军形势，对昭王说："现今秦赵交兵多日，秦军已显疲惫，赵国有平原君廉颇诸多名将，我军急切间难以取胜。若齐田单大军骤至，内外夹击，我军危矣！为今之计，不若班师，我有拔赵三城之捷，可全师而归！"

昭王说："此番发兵，以获魏齐之首为名。应侯与魏齐，有不共戴天之仇，应侯之仇人，即我之仇人，今不得魏齐，我有何面目归秦见应侯？"

王翦说："今欲擒魏齐，只需向平原君晓以利害，他献魏齐我即班师退兵，不献魏齐我则另想万全之策。"

昭王从其计，遣使对平原君说："秦之伐赵，为取魏齐。魏齐小人，曾笞击秦相范雎至死，还弃其尸，溺其面，真是罪该万死！只要君献出魏齐，秦国即予退兵，决不延误。"

平原君说："魏齐昔为魏相，也曾有功于魏，即使现今弃相不做，偌大魏国，岂无他一人容身之处。且天下之大，魏齐他处处皆可容身，又为什么独独找到我平原君门上呢？你回去告诉秦王，魏齐确实不在我府，所以难以绑送。"使者几番赴赵，言及有人看见魏齐曾在平原君府之事。平原君闻言变色："你言下之意，秦王欲遣兵来搜吾府不成？真是岂有此理！"言毕，拂袖而去。使者无趣而归，向昭王言及前情。

昭王怒极，欲再进兵攻赵。王翦急拦："大王，两军决战，胜败只在一瞬之间，为将帅者瞬间的一念之差，决定着十万、数十万以至于百万雄师的生存死亡。臣以为，骄兵必败，躁兵必败，疲兵必败。似此三大必败因素，我军现具备其二，进军必败无疑。如今，不就是平原君拒交魏齐吗？赵胜不交魏齐，不见得赵王不交，如修书于赵王，魏齐指日可擒。"

昭王从其言，便修书赵王。

图文珍藏版

书即送出,秦国大军即退,并以三城归还赵国。田单闻秦师已退,便亦率军归齐。此时,昭王退兵于函谷关,又问计于王翦:"依卿之计,已退兵修书还城,可仍未擒得魏齐,为今之计,当如何呢?"

王翦说:"我军退,齐军亦退,双方均无伤亡,此亦为我们的成功。今欲擒魏齐,还须如此如此。"他俯耳低言,向昭王说了一条妙计。原来,他要昭王修书平原君,请他来函谷关赴宴,借机扣留平原君,胁迫他交出魏齐。秦昭王依计而行,果然使平原君上钩,并将其押至咸阳。他又遣使邯郸,称不得魏齐,便不放平原君归赵。

赵孝成王畏秦如虎,便发兵围平原君府,欲擒魏齐。魏齐逃走,去找赵相虞卿。虞卿情急,捐弃相印,同魏齐赴魏投奔信陵君无忌。信陵君畏秦,不敢相纳,魏齐便引佩剑自刎。赵孝成王将魏齐之首,星夜送往咸阳。秦昭王将其赐给范雎。范雎令漆其头为溺器,曰:"汝使宾客醉而溺我,今令汝于九泉之下,好常含我溺。"既得魏齐之首,秦昭王遂以礼送平原君还赵,赵王任平原君为相国,以代虞卿之位。

此番,王翦初为大将,未伤一兵一卒,即获相国范雎的切齿仇人魏齐之首,退齐赵两国之兵,秦昭王甚是高兴,称赞说:"昔武安君善于用兵,威震天下,但他过于刚愎自用,不遵王命,所以不能善终。今王翦将军既善于用兵,又善于用智,真乃智勇将军也!"自此,王翦便获"智勇将军"之美称。

平定叛乱

秦昭王五十六年(前251),薨,太子安国君立为王,华阳夫人为王后,子楚(异人)为太子。

秦王立一年,谥为孝文王,太子楚(异人)代之,为庄襄王。

庄襄王元年,以吕不韦为相国,封为文信侯,食河南雒阳十万户。

庄襄王即位三年,薨,太子政为王,尊吕不韦为"仲父"。自昭王薨至秦王政登基,王翦将军作为四朝元老,他始终为秦国的得力干将。

秦王政八年,21岁的秦王政出落得一表人才:他身高八尺,魁梧雄壮,炯炯的双眼内蕴藏着无限的生机与活力,英俊的面庞上透露出君王应有的威仪与尊严。他想实现发兵东征,统一天下的宏图意愿,并与仲父吕不韦进行商议。他说:"秦要平定六国,应先向哪一国开刀呢?"

吕不韦说:"当今诸侯各国,除秦以外,唯赵国最强,射人先射马,擒贼先擒王,如能先打败赵国,其他诸国,闻风丧胆,挥戈糜兵,各处击破,也就不在话下了。"

秦王政说:"仲父之言,正合我意。但是,赵国现由名将庞煖领兵,我们选派哪位大将,才可与庞煖抗衡呢?是不是,需要老将王翦出马呢?"

吕不韦说:"这次,仅是杀赵个下马威而已,又不灭国平邦,就无须王老将军出马了。我看,可以兵分两路,一路以蒙骜为主将,张唐副之,另一路以王弟长安君成蟜为主将,樊於期副之,各率兵5万,共大军10万,对付庞煖绰绰有余了。"

秦王政摇摇头说:"我弟成蟜,年少无知,怎能担此重任?"

吕不韦说:"成蟜虽年少,但他是王弟,对大王不会有二心,而樊於期勇冠三军,对秦忠心耿耿,有他二人做搭档,哪有不打胜仗的道理呢?你就放心让他们去吧!"

王翦说:"此番出兵,必败无疑。就蒙骜张唐一路,二人均勇有余而谋不足,难以与庞煖抗衡,且深入大国赵境,5万兵就显得兵寡将微了。"

秦王政急说:"不还有成蟜樊於期率军5万作接应吗?"

王翦说:"接应接应,接上去就赢,接不上去就输。吾观樊於期其人,有野心矣!彼若尽心尽力,秦军不致大败。彼若不尽心尽力,秦军有全军覆灭之危。"

秦王政闻言,将信将疑,忙使人去前方打探消息。军情果不出王翦所料:蒙骜前军出函谷关,取路上党,庞煖率军10万拒敌。庞煖先派扈辄抢占了庄都北的最高点尧山,于山头下寨。张唐引军2万前来争山,被赵军杀得大败。幸有蒙骜军到,将其接应回都山。然后,他们急催成蟜樊於期前来救援。不料,樊於期非但按兵不动,反而以吕不韦纳妾盗国为由,说动长安君成蟜举兵反叛,发檄文,传号令,率军反杀奔秦地而来。他们在屯留招兵买马,悉编入伍,很快攻下了子壶关,兵势颇为雄壮。蒙骜闻变,只得班师。庞煖率军急追。于太行山林木深处,庞煖败秦军,但蒙骜奋力死战,亲自箭射庞煖而中其肋。庞煖挥军乱箭射之,可惜这员秦国名将,今日死于太行山下。庞煖得胜,班师回赵,箭疮不痊,不久去世。

秦王政一闻成蟜樊於期反叛,大怒,即拜王翦为大将,桓齮王贲为左右先锋,率军10万,往讨长安君。在屯留,与张唐合兵一处,兵力胜于成蟜樊於期。

成蟜闻之大惊,对樊於期说:"樊将军,这下可怎么办呢?"

樊於期一听王翦领兵,心里也自是慌张,但还是给成蟜打气:"而今,王弟已骑于虎背,却难了,不过也不要紧,咱们的兵逾15万,并不少于王翦军马,怕什么呢?"

次日,王翦大军,兵临城下,列阵以待。樊於期引军出迎。阵前,王翦指着樊於期说:"秦国有哪一点对不起你的,你为什么要策动长安君造反呢?"

樊於期站在战车上,欠身答道:"秦王政是吕不韦私生子,谁人不知,哪个不晓?我等世受国恩,怎能眼睁睁看着嬴氏江山被吕氏篡夺?长安君乃先王真正的骨血,故而我拥立他起义,将军若还念及先王洪恩,该与我们一同举义,杀向咸阳,诛吕不韦,推翻秦王政,扶立长安君为王。到那时,将军功高日月,将不失封侯之位,这不是很美的事吗?"

"真是一派胡言!"王翦怒斥道,"谁人不知,哪个不晓,太后怀大王整整10月,谁敢说大王不是先王的骨血!你无中生有,造谣诽谤,滋扰生事,别有用心,犯下了灭门大罪,却还要花言巧语,扰乱军心,等我逮住了你,非将你碎尸万段不可!"

樊於期恼怒至极,大喝一声,挥动长刀,冲进王翦阵内,大杀大砍起来。秦军见樊於期勇猛,纷纷披靡。樊於期左冲右突,如入无人之境。王翦命将士奋力围捕,几次都不能取胜,眼见天色已晚,只得鸣金收兵。

王翦见樊於期过分骁勇,心想只能智取了。智取,又怎么取呢?他仔细分析了成蟜和樊於期:前者年幼无知,胆小怕事,缺少主见,是被逼爬虎背,上也不易下也难;后者一勇之夫,勇有余而谋不足,但却死心塌地,誓与秦朝为敌,视死如归。似此,前者易破,后者费力,欲破成蟜樊於期,只有在长安君身上下功夫了。如若有一个人打进长安君军内部,那破他们10万之众并不费力。当夜,他即召集众将领商议,说了自己的打算。他话未说完,末将杨端和早挺身而出,他说:"我曾在长安君手下当过门客,与他交往甚密,将军如有什么差遣,我甘愿效力。"

王翦一听,大喜过望。他让众将先回去歇息,独留下杨端和,吩咐说:"我马上写封信,你一定要把它亲手交给成蟜,劝他迷途知返,早日归顺,否则会自取灭亡!"

"是,将军。"杨端和说。"可末将如何进得了城呢?"

"那好办。明天,我们还与樊於期交锋,等各自鸣金收兵时,你就改穿敌装,伺机混进城去。你进城之后,一定要留意,如果你发现我们的攻势越来越猛,你就去见长安君传书,那时,就有好戏看了。这个时候,你必须见机行事,软硬兼施,一定要牢牢控制住长安君,迫使他立即投降。"

第二天,王翦一方面让杨端和依计行事,另一方面让桓齮、王贲各领一支人马,分别去攻打壶关城,自己依然攻打屯留,兵分三路,使樊於期无法对付。

一切准备就绪,王翦披挂上阵,亲自迎战樊於期,未及几个回合便败退下来。樊於期洋洋得意地说:"王翦老儿,你素来足智多谋,骁勇善战,今日如何不济?"王翦说:"胜败乃兵家常事,今日算是输给你樊於期了。可以后之战,胜负还难以预料。"樊於期怕王翦有诈,并不穷追,只是喜滋滋地得胜回营。杨端和也就乘机混进了城去。他本是当地人,进了城,先在亲戚家住了下来,然后坐观形势,等待机会。

此时,桓齮已破长子城,王贲已得壶关。消息传到屯留,成蟜已经六神无主,惶惶不可终日。这天,一见樊於期,他即语无伦次地说:"将军,下一步,我们该怎么办呢?我还真有点怕,怕极了!"樊於期闻知长子壶关失守,心里也十分惊慌,但他却强作镇静地说:"王弟不必过虑,若他们打上门来,我将率军同他们决一死战,如果打胜,咱们挥军西进,大军直逼咸阳。万一战败,我们可以北走燕赵,联合他们,共图大计未为不可。"

成蟜颤声说:"这次起兵,本是将军倡议谋划,当然听凭将军做主。只是以后万一有什么事儿,求将军别扯上我。"

"你这是什么意思?"樊於期冷笑说:"我本是一片好意,要帮你雪家族之耻,报深仇大恨,夺显贵王位,岂料你中途生出懊悔之意,实实令人寒心!实话对你说吧,为今之计,我们除拼一死外,再无路可走了……"

成蟜默默无语。正说着,城外杀声大震。樊於期知道秦军攻城,急急披挂迎战。几个回合,就将秦军杀得落花流水。秦军溃退,樊於期穷追不舍……

城外,樊於期率军追杀;城里,杨端和正伺机用计。他一见樊於期挥军远去,觉着是最佳时机。于是,他匆匆来见长安君。门口,有军士阻挡,杨端和报上姓名,说有机密大事求见。

军士急忙前去通报。长安君一听是当年的门客,随即唤来接见。一见杨端和,成蟜也知来意,他让左右退下,开门见山地问:"你是来劝降的吧?"

"不错。"杨端和直言不讳。"我曾为君之门下客,一直无以回报,今冒死前来劝降,无非是不忍心见你越陷越深,自取灭顶之灾罢了。降与不降,当然在你,不过你至今还不回心转意、悬崖勒马,怕就晚了。"

成蟜色厉内荏地说:"我现在拥兵十几万,有屯留之固,樊於期之勇,怕什么呢?

要我投降王翦这个老匹夫,休想!"

"这是你的真心话吗?"杨端和十分轻蔑地说。"秦国的强盛,你又不是不知道,纵然六国一齐下手,恐怕也奈何不了秦国。王翦将军的谋略,你又不是不晓得,他曾破赵城,退齐师,获魏齐之首,当今七国名将,公论首推王翦。以樊於期匹夫之勇,又怎能与王老将军抗衡呢? 如今,你仅凭屯留这弹丸之地,与强秦对抗,岂非以卵击石,能有什么好结果呢?"

"那……假若我投奔燕赵,然后合纵各国,再与秦国对抗呢?"成蟜依然嘴硬。

"想得天真!"杨端和淡然一笑,不屑地说:"合纵抗秦这件事,赵国的肃侯,齐国的湣王,魏国的信陵君,楚国的春申君,哪个没试过呢? 成了吗? 没有! 都不是散了想合,合了就散。试想'一家十五口',还会'七嘴八舌头',难得有个统一的意见。天下太大,人心太散,各国又都想着各国的利益,怎会有长期持久的合纵呢?既然六国是一盘散沙,哪一个国家又敢与强秦相抗衡呢? 他们一个个畏秦犹如鼠畏猫,羊惧狼,似这样,无论你逃到哪个国家,秦国派人去要,谁敢不乖乖地将你绑着送回来? 这你还能活得了吗?"

成蟜听了这番话,好似冷水猛浇心头,他一下傻眼了,赶紧向杨端和老老实实交了底:"这件事情,我本不愿这么做,是樊於期让我干的。他说秦王政不是先王生的,让我起事,也只怪我年幼无知,轻信了他的鬼话,干了这么一场蠢事。现在,事情已到了这般地步,依你看我该怎么办呢?"

杨端和说:"王翦将军也知道你受了樊於期的诱惑,所以他写了封密信,托我转交给你,你自个儿看吧!"

成蟜好像捞住了救命的稻草,赶紧拆阅,只见信上说——

　　　你与大王本是亲兄弟,大王封你为长安君,够显贵的了,你还有什么不满足的? 却要听信那些无稽之谈,做那些令亲者痛仇者快的事,自取灭亡,岂不可惜? 如果你能将首犯樊於期亲手斩了,你自己悔过认罪。我一定在大王跟前保你,大王当然会饶恕你的罪,如果你迟疑不决,恐怕到时后悔就来不及了。

成蟜读罢,泪流满面地说:"樊将军是个勇敢正直的人,我怎忍心杀了他呢?"

杨端和叹息说:"你这堂堂男子汉,怎么像个妇道人家,你再不当机立断,我就要走了!"

成蟜一把扯住杨端和说,"请先别走,容我再想想!"

"来不及了。"杨端和说:"咱干脆上城头看看去,说不定王翦将军的兵马快打进来了。"说着,不管三七二十一,拉了成蟜,直上城墙。

此时,只见樊於期正拍马败回,欲进城来。原来,樊於期在拼命追杀之际,突然中了王翦的埋伏,被杀得大败而归。

到了城下,樊於期扯开嗓门大叫:"快快开门,放我进城!"

成蟜刚要吩咐军士去开门,不料杨端和已拔剑在手,逼住了成蟜,对城下的樊於期厉声喝道:"长安君已率全城投降,樊将军何去何从,请自便吧!"

杨端和又从袖中扯出一面早就准备好的降旗,递给了成蟜,逼令他让军士快快升起。成蟜见大势已去,无可奈何,照办了。守城将士见此情景,纷纷缴械。

樊於期见城内降旗冉冉升起,成蟜无动于衷,默然呆立,好一阵,才稍稍清醒过来,直气得破口大骂:"好个成蟜小儿,好你个没用的东西,你以为你投降了就有活路了?你等着好果子吃吧!秦王要能饶你,我倒着走给你看!"骂毕,气哄哄回身杀去。

王翦兵马层层围着樊於期,本可以轻而易举致樊于期于死地,只因秦王有令,务必活捉樊於期,他要亲自手刃。加之樊於期十分骁勇,他左冲右突,无人可挡,王翦的兵马又不敢轻易伤他,竟被他杀开一条血路,直奔燕国而去。

长安君归降了。城门大开了。王翦兵马入城了。

长安君成蟜被软禁在公馆里。王翦派辛胜将军前往咸阳告捷,并请示如何发落成蟜?成蟜的心里,尚残存着一线生机。

但秦王政龙颜震怒了,他下令,以金千斤、食邑10万户的重赏捉拿樊於期!马上灭樊於期的九族!对于成蟜,辛胜将军转达了王翦将军的求情之意,这不仅没有平息他心头的愤怒,反而促使他痛下杀心,这种兄弟,留之何益?他下令:"迅速将成蟜就地正法!"

太后闻讯而至,她卸却了头面装饰,披头散发,代儿子长安君领罪来了。但成蟜大错已经铸成,秦王政杀心已决,岂能改口?所以,无论太后怎么说,他就是不允。

吕不韦又来到了。吕不韦来干什么?按他的心思,倒真像樊於期说的,他原来就想除了长安君,省得碍手碍脚的,所以他建议让成蟜领兵打仗,将成蟜支出去算了,让他生死由命去吧!没想到,事情弄得一塌糊涂,正是这个成蟜,伙同那樊於期,揭了他的老底。但逢着这个时候,他因摸不透秦王政的真正心思,且又有太后出面为儿子讨饶,自己也只能出面为成蟜求情。可秦王政连听也不听恼怒地说:"你们都别再求情了,求情全是白搭!如果连这种反贼都不杀的话,恐怕所有的皇亲国戚都会起来造反。"

秦王政的使者和辛胜将军来到屯留,向王翦传达了秦王要就地处斩长安君的旨意。成蟜即被绑赴刑场,由王翦将军亲自监斩。临刑前,成蟜哭求于王翦:"将军不是再三说,只要我能够投降,不与樊於期来往,将军一定会在大王面前保我吗?可如今,为什么……我呢?"

王翦正色说道:"我是答应过要在大王面前保你的,而且的确这样做了,非但是我,连太后、吕丞相,他们全都给你求情了,大王执意不听,我们有什么办法呢?为臣者,只有忠实执行王者的旨意,岂能有半点违背之意。所以,我心是尽了,力是出了,你之生死,全在于大王定夺,我再也无能为力了。"

成蟜一听,仰天长叹:"王兄行事如此绝情,莫非他真的不是先王骨血?苍天啊,难道我嬴氏江山,真的要落入吕氏手中不成?!天意,这全是天意呵!"

听得这话,王翦的心头微微一震,他思谋着,大约又有新的重大问题将要发生了。

除两侯之乱

秦王政九年(前238),接在雍城"避祸"的母后之书,欲赴雍城,接受加冕仪式。其时，原吕不韦门下舍人嫪毐，他只因为服侍太后有功，被封为长信侯，秦王政将整个山阳的大片土地封给了他。嫪毐得势，他效仿吕不韦，招徕门客，培植亲信，一时间，他的权势，似乎已超过了文信侯吕不韦。

对于嫪毐的得势，众人颇有非议，但将军王翦心明如镜：大王此举，不外乎是抑制文信侯吕不韦。可是，养狼防虎，终为其害啊！他不能不为秦国的前途和命运担忧。所幸，秦王政对自己深信不疑，让自己执掌着全国的兵权。今有兵权在手，我一定得防患于未然，以报大王知遇之恩，他常常这样告诫自己。

这时，秦王政欲赴雍城。临行之前的一个晚上，咸阳上空有彗星出现，太史占卜，说有刀兵之灾。群臣皆劝秦王政放弃赴雍城的打算。秦王政执意不听。

当天晚上，秦王政单独召见王翦，对他说："我欲赴雍城，群臣皆有非议，你缘何不表明自己的态度呢？以将军之见，到底是去好还是不去好？"

王翦沉思了一阵，说："有句俗话是这么说的，'是福不是祸，是祸躲不过。'大王赴雍祭祀，以禳无妄之灾，未尝不是件好事。更何况，举行加冕仪式乃是件大事，亦不宜再拖。问题是，得做好充分的准备呢！"

秦王政紧紧追问："将军所指，是指内还是指外？"

"指内。"王翦说。"当今七国，唯秦最强，诸国唯求自保，无一斗胆相犯。可是，如果秦国内部出了问题，那就不好收拾了。"说到这里，话戛然而止。

秦王政说："今唤将军来，正为此事。我今欲西行，最放心不下的，便是怕吕不韦生事。他挂相封侯，权倾内外，一旦生事，难以收拾。为此，我又封嫪毐为长信侯，以削弱吕不韦之势，只不知能否达到预期的目的。当然，这样的做法，其实也是很消极的，最直接最关键的还是兵权。这样，你恐怕就知道自己肩负的重任了。"

王翦跪拜答道："大王之信任重托，为臣无日无时不敢推辞，但凭大王安排就是了。"

秦王政赶紧双手扶起王翦，说："你我之间，不必行此大礼。从君臣关系的角度讲，我是君，你是臣，可从征战治国的角度讲，我则是你的学生，你却是我的老师呢！"

王翦忙说："为臣不敢，臣才疏学浅，焉敢对大王以师自居，真是羞煞为臣了。"

"好了好了，我们都不用客套了，还是先赶快安排正事吧！"秦王政说，"我走之后，国事政事，由吕不韦负责，调兵遣将，由你负责。万一吕不韦有什么不规，你可以以兵制之。"然后，他交给王翦密诏一道，上书："王翦者，寡人之师也！寡人赴雍，托王翦代掌军权国事，见王翦如见寡人面，百官皆应尊之。"

王翦说："谨遵大王旨意。"他略略沉思了一下，又说："不过，大王此番西行，亦有万千风险，当格外谨慎小心才是呢！"

秦王政说："我最担心的，便是文信侯吕不韦了，将军在咸阳制约住了吕不韦，我也就完全放心了，还有什么可担心的呢？"

王翦说："除了虎还要防狼，防了一侯，还有一侯。长信侯嫪毐，实是一个比文信侯更为危险的人物，望大王对他小心才是。"

秦王政不以为然地说："长信侯乃一粗鲁之夫，目不识丁，武不过人，没有什么了不起的。"

王翦说："大王只知其一，不知其二。嫪毐者，小人也。小人一旦得势，与常人更是不同。而且,嫪毐广招门客,只为培植羽翼;拉拢权贵,只为收买人心,其心不可测也。大王不可不防。"

秦王政仍是笑曰:"怕只怕,将军太多考虑了!"

王翦仍十分固执地说:"不管怎么,有备方能无患。大王赴雍,务请带兵而行。"

秦王政答应了。

几天后,秦王政赴雍,将国事政事托于吕不韦,调兵遣将托于王翦,这才动身而行。随行,有王翦选派的大将桓齮及3万精锐之师,声势极是盛大。

秦王政车驾,缓缓而行。两日后,才到达岐山。大队人马还欲开进,秦王政却挥手止住了队伍。桓齮忙上前询问何事?秦王政说:"寡人赴雍,是为看望母后。大队军马若去,只怕惊扰了她。我看,你们就先驻扎在这里,我和随员们去就行了。"

桓齮面有难色:"临行,王翦将军一再交代,叫我们务必紧随大王,谨记守卫保护之责,可大王的安排,是否有点欠妥呢?"

"不要紧的,不要紧的!"秦王政说,"我是去见母后,又不是入龙潭、下虎穴,不必过分小心。况且,岐山离雍城,仅仅数十里之遥,没事便罢,有事召之即来,还有什么放心不下的呢!"

桓齮不好再说些什么,只是又调整了一下秦王政的侍卫人员,让机警过人的偏将熊飞带领侍卫队。他又向熊飞交代了一番,这才挥手相别。

事情果不出王翦所料。秦王政至雍城,果然发生了嫪毐之乱。亏得熊飞飞骑传令,至岐山召来桓齮3万铁骑,他们横扫乌合之众,犹如砍瓜切菜,全都死的死,逃的逃,降的降,亡的亡。不一阵,嫪毐与李肆、戈竭等20余人,统统被生擒活捉。秦王政怒极,让掼杀嫪毐和太后的两个私生子,将嫪毐车裂处死,将李肆、戈竭等20余人斩首示众,以儆效尤。其他门客舍人,凡参与叛乱的,统统诛杀;没参与的,统统发配四川充军。迁母于棫阳宫,废去国母的称号及待遇,减除俸禄,派兵日夜看守。

嫪毐之乱平息,但事情扯到了吕不韦。秦王政即将吕不韦罢免丞相,让他到河南雒阳的封地去居住。

吕不韦既至雒阳,本也无事,但列国闻文信侯被罢免秦相、回到封地,均慕其名,竞相请之,争拜相位。王翦闻之,速报秦王政。秦王政问:"似此,当如何处置。"

王翦说:"大王不记得当年昭王处置武安君的事吗?"

秦王政眼前一亮,说:"对,如此处置,最为妥当。"他即修书一封,遣送文信侯府。吕不韦拆书,但见——

君何功于秦,而封户10万?君何亲于秦,而号称仲父?秦之施君者厚矣!长安君之乱,嫪毐大逆,太后之事,皆你始之。寡人不忍加诛,听君就国。君不悔祸,又与诸侯使者交通,非寡人所以宽君之意也。其与家属徙居蜀郡,以郫一城,为君终老。人云,两先王薨,君之所为。若如此,君之罪孽,无与伦比,乃赐君鸩羽,以供欣赏。

看罢此信,吕不韦绝望了。他关闭门窗,闷头独坐,半晌,缓缓站起,用金杯盛酒,以鸩毛搅之,再颤颤举之,猛然饮之,……疼,翻肠搅肚的疼;叫,撕人心肺的叫……权重无比、名震诸侯的文信侯吕不韦，终于走向了另一个世界。至此，秦两侯之乱，才告平息。

斩太子丹

秦王政十七年，秦王政恼韩非之逝，欲怪罪于忌韩非之才的李斯。李斯不得已，忙荐治国奇才魏国大梁人尉缭。秦王政闻尉缭之名，并未急于召见，而先去征求王翦的意见。王翦说："尉缭者，确奇才也！他深通兵法，能文能武，不可多得，只是他人在魏国，大王何以见得？"

秦王政说："据李斯讲，尉缭现客居咸阳，要见他，马上就能见到。"

王翦以手加额道："真是天助秦也！大王，可速见尉缭，若失良机，彼为别国所用，必为秦之劲敌也！"

"这不要紧，"秦王政说，"我拟一诏，将他唤来也就是了。"

"不可，万万不可！"王翦忙止住道，"尉缭其人，非比常人，以国宾之礼相请，仍恐其未必肯来，何敢再礼仪不周呢？"

"好，那咱们去请吧！"于是，秦王政和王翦一起，又唤来李斯，三人同去请尉缭。

尉缭见秦王政，长揖不拜。秦王政置之上座，呼为先生，并问及天下之事。尉缭说："今列国之于强秦，犹如郡县也，散则易尽，合则难攻。昔三晋合而智伯亡，五国合而齐湣走。对此，大王不可再虑。"

秦王政问："欲使其散而不复合，有何良策？"

尉缭说："今国家之计，皆决于豪臣，要利用豪臣，不过是多费些钱财而已。大王不必爱护府库所藏金银，如以其厚赂诸国豪臣，以乱其君臣，大不了只用 30 万金，诸侯将尽归秦矣。"

秦王政大悦，即封尉缭为上客，让他对自己废除一切君臣礼仪，有事求教，与之同吃同住。群臣皆惊，尉缭则不以为然，对秦王政仍一副不冷不热的样子。

王翦早慕尉缭之名，今见尉缭的确谈吐不凡，处事不俗，便单独前去拜见。尉缭一见王翦便说："吾知君的来意，一为秦王，二为自己。吾观秦王此人，他鼻梁过大，眼眉过长，肩胛耸起，声如豺狼，胸中藏有虎狼之心，必残暴成性，刻薄寡恩，用着人的时候，容易屈就于对方，用不着人的时候，马上会反目为仇。而今列国争强，为了统一霸业，秦王完全可以屈尊纡贵，可一旦天下统一，遂其志愿，只怕天下之人，全都要成他的奴隶呢！知道了秦王是怎样的一个人，你自然就知道你自己的处境和结局了。还是韩非说的好，他将君王比作龙，说龙的喉头下有倒鳞，不触动倒鳞，君王便不会怪罪于你，否则，时时会有杀身之祸。所谓'伴君如伴虎'，大约就是这个意思。"

王翦心悦诚服地说："说内心话，我根本不想触摸龙的倒鳞，可恐怕稍不小心碰上了它，如何才能避免这种危险呢？"

尉缭说："我方才不是说了，现今列国争强，为统一霸业，秦王完全可以屈尊纡贵。这就是说，在这样一种时候，他需用你们这些打天下的人，斜说顺说都会依着你们，但却不必过分冲撞了他。天下愈近统一，他的倒鳞会愈来愈显，臣民们触动他倒鳞的可能性也就愈大。范蠡亦有名言：'狡兔死，走狗烹；敌国破，谋臣亡。'这就是说，像你这种功盖群臣的功臣,其退引的时间,必须选择在天下统一之前这一最佳时机。而在此之前,你一样要注意:没功的时候,你必须争取建立功勋;有功的时候,你千万不要自负骄傲;功劳过小的时候,你必须争取建大功立大业;功劳过于显赫的时候,你必须伺机急流勇退。只有这样,方保你能功成名就,且不触龙的倒鳞,使你能在一种平静的环境中,舒舒服服地度过自己的晚年。"

尉缭一番说辞,王翦佩服得五体投地,他跪而谢道:"今听先生的一片教诲,王翦胜读十年诗书。先生之言,铭刻于心,句句照办,永生不忘。"他欲拜尉缭为师,尉缭辞之,说,"君已为秦王之师,岂能再拜我为师。今秦王也欲拜我为师,君再师之,岂不是摸'倒鳞'了?"

王翦醒悟,笑而不语,只是轻轻拍了拍自己的嘴巴,以示告诫之意。半晌,才说:"先生,乃神人也!"

……

次日,尉缭及弟子们竟不辞而别,杳无音讯。

秦王政闻报,命人四处寻找,但是没有一点消息。秦王政怒极,命将尉缭公馆的所有侍卫人员一律绑起,大小数百余人,说是找不见尉缭,便将他们一律处死。偏是这个时候,尉缭不找而至,他笑对秦王政说:"我只不过是去渭河边上散了散步,大王你急什么呢?我即使走了,其责任在我,与这些侍卫下人有什么关系呢?更何况,我根本就未走。"

秦王政见说,忙让放了尉缭公馆的所有侍卫人员。他紧紧拉住尉缭的手说:"如果寡人有什么对不住你和弟子们的地方,你只管说,寡人只管改就是了,为什么一定要离开寡人呢?眼看扫平六国在望,统一天下不远,正是需要我们携手干一番事业的时候,先生千万不能离开寡人呵!"

王翦在旁,忙对秦王政说:"先生之才,强我十倍,何不将兵事政事皆予托之。"

秦王政即拜尉缭为太尉,让执掌全国军事,其弟子,均加封大夫之职。他又对天盟誓:"寡人与尉缭,生死与共,情同手足。将来如得天下,必与先生分享,如若不然,人神共诛。"这还不够,他即按尉缭计策,命从国库取金 30 万斤,一次交给尉缭,让实施其统一六国的计划。

饭后,秦王政又和王翦一起来找尉缭,共商统一六国大计。

尉缭说:"别老是只让我一人哇啦,还是先听听王老将军的高见吧!"

王翦推辞不过,遂说:"老夫斗胆班门弄斧,依老夫之见,破六国,当由近渐远,由弱到强,分兵攻之,各个击破。"

尉缭接过话说:"此话,也符合我的意思。不过,也不一定将最强的国家放在最后,还有句'擒龙擒首,打鸟打头'的俗话呢!依我之见,破六国宜先破韩,再攻赵魏,这三国在一条线上。灭掉韩赵魏,再平楚燕齐。"秦王政又依尉缭之计,先遣桓齮率兵 10 万伐魏。与此同时,派尉缭弟子王敖,携黄金 5 万两先游说于魏,让魏王割地求救于赵。魏王从其计。王敖又急忙赶至赵国,以黄金 3000 两赂赵王宠臣郭开,让赵王答应魏割地求救的要求。赵王即遣扈辄率师 5 万,接受了魏国所割邺郡等三城。秦国这下正好找到了用兵的理由,秦王政忙命桓齮急攻邺郡。秦赵大战于东崮山,扈辄兵败。桓齮乘胜追击,攻战邺郡,连破九城。扈辄退兵宜安,遣人向赵王告急。赵王聚群臣商议御敌之策,皆称当今赵国诸将,唯廉颇堪当重任。但郭开又谗言廉颇年迈,精力不济,赵王遂不用廉颇,老将军含恨离赵至魏,被楚王召而用之,因楚兵战斗力远不如赵军,他忧忧而不得志,不久逝去。

其时,赵王因秦兵犯境,忧惧成疾,急病逝去。桓齮乘赵之国丧,攻克了宜安,大军直逼赵都邯郸。新赵王急,有人荐代城守将李牧。他急召李牧为将,并以15万大军让其统之。李牧先拒守不战,桓齮则分兵出击,他亲率一路攻打甘泉。李牧更是棋高一着,他兵分三路,其中一路去抄了秦国大营。桓齮猝不及防,回兵途中又中埋伏,便大败而归。

秦王政见桓齮失利败归,气得暴跳如雷,将桓齮削职为民,另派王翦、杨端和两人为将,分两路伐赵。然而李牧早有准备,秦军无法推进。消息传到秦宫,秦王根据王翦建议,又派王敖再次赴赵找郭开,让郭开向新赵王进言,说李牧与王翦私下有来往,欲背叛赵国。与此同时,王翦又给李牧下书,约定双方交战时间,并让李牧务必回信。李牧不知是计,便亲笔予以回复。稍后,王翦又写信给李牧讲和,信使往来,颇为频繁。

赵王听得郭开密报,打听之下,果然李牧与王翦有往来,也就信以为真了,问郭开谁能代替李牧,郭开说赵葱就可以,于是新赵王发令让赵葱去替李牧。新赵王又问:"今李牧率有重兵,如生变,不遵王命,又当如何?"郭开说:"假说许以其相国之职,彼必不生疑。"新赵王便如此如此,嘱咐司马欣一番,让其持节至灰泉山军中,宣以赵葱代李牧之命。

李牧见军情正处紧急关头,不肯执行王命,他对司马欣说:"目前两军对垒,正处于关键时候,国家安危,全系于灰泉山战场主将一身,虽王有命,但将在外,不由帅,君命可以不受。"遂不让赵葱接印。

司马欣又以朋友的身份对李牧说:"今郭开在朝,谗言将军欲反,王信其言,所以相召。恐将军不信,又假说让将军回朝拜相,此谎言耶!"李牧听罢,十分气愤地说:"郭开奸贼,先谗言廉颇,今又谗言我。吾这就带兵入朝,先斩郭开除君王侧,然后再直来御敌。"郭开又给新赵王进言说李牧不听调动,图谋反叛。

司马欣又劝李牧说:"如果按将军的意见办,知情的人说将军忠义,不知情的人说先生叛逆,恰让郭开谗言得到了证实。以将军之才,到处都可以立功,何必死守着赵国呢?"李牧叹道:"吾尚恨乐毅廉颇为赵将不终,不意今日自己亦如此。"又说:"赵葱不堪代将,吾不可以将印授之。"是夜,他悬印于军帐之中,微服遁去,欲往魏国。但消息为赵葱所知,赵葱遣力士急捕李牧,于一旅店将其捕之,乘其醉,缚而斩之。赵兵闻讯,全无斗志,一夜间逃散俱尽,赵葱不能阻挡。

王翦闻李牧已死,大喜,便对杨端和说:"天幸李牧为赵葱所杀,破赵之机,只在目下,今你我可兵分两路,即刻推进,一路攻狼孟,一路取常山,使赵军首尾不能相顾,攻破邯郸,指日可待矣!"杨端和依计领兵行事。王翦又修书于秦王政,称:李牧已死,赵葱无能,赵兵军心不稳,破赵只是时间问题。如秦王能御驾亲征,邯郸指日可破,俘赵王也只是唾手可得之事。然后,他大军推进,直逼狼孟。

赵军营中,赵葱正与颜聚商议:"今秦军正急攻太原常山二处,我们莫如兵分两路,分别救之。"

颜聚说:"我军新易大将,军心不稳,若合兵犹足以固守,倘分兵势必弱矣,恐难以与秦军抗拒。"

说话间,有哨马来报:王翦大军攻狼孟甚急,破城只在旦夕。赵葱大惊:"狼孟一破,秦军将长驱井陉,合攻常山,邯郸危矣,不能不救之。"他不听颜聚之谏,传令赵军,拔寨俱起。

赵军行动,王翦早已探明,便预伏兵于深谷,专候赵兵到来。他又遣人于当地最高处眺望赵兵,待赵兵过了一半后,取放起号炮。秦伏兵听得炮响,便一齐杀出,立将赵兵截作两段。眨眼间,王翦亲率大军,翻江倒海一般杀了过来。赵葱急忙迎敌,但难挡秦军之锐,大败。赵葱急逃,王翦飞马追来,斩赵葱于马下。赵军见主将已死,军心大乱。纷纷逃窜。颜聚急忙收拾残军,急奔邯郸赵王报信。这样,王翦军便轻取狼孟,由井陉进兵,攻取下邑。杨端和也已攻下了常山等地,率军围攻邯郸。

秦王政闻王翦、杨端和两路军俱胜,便命内史腾移兵往韩受地。韩王安大怯,尽献其城,入为秦臣。同时,秦王政又由李斯率 3 万兵马护驾,御驾亲征赵国。三路兵马,合围邯郸,昼夜攻打,总不停歇。

邯郸城内,颜聚悉心拒守,虽兵寡将微,但秦军也急切难下。赵王下书燕魏,恳求救援。王翦又献计于秦王政:"欲破邯郸,一半在外,一半在内,外用秦兵,内联内应,如再加压于郭开,郭开传言于赵王迁,赵王迁惧,必降,邯郸便不攻自破矣!"秦王政依其言,使人假扮赵国百姓,混入邯郸城中,见郭开说:"秦国大军,兵临城下,邯郸之破,只在旦夕。君若说动赵王降,秦王必授君以上卿之位。"郭开曾收过王敖代转秦王所赠万斤黄金,也曾答应有助于秦。今秦王既使人来,他即满口应允降秦之事。于是,郭开便去见赵王迁说:"今韩王对秦已俯首称臣,燕魏自保不暇,岂能发兵救赵。现秦王政亲征,兵势盛大,即日城破,玉石俱焚,万众遭殃,以臣之愚见,莫如全城归降,王亦不失封侯之位。"

赵王迁欲从其言,公子嘉伏地痛哭曰:"先王以社稷宗庙传于王,你为什么要轻易放弃呢? 臣愿和颜聚竭力效死,以保邯郸。万一城破,代郡拥地数百里,尚可为国,以作后图,奈何束手为他人俘虏?"

郭开插言:"邯郸城破,大王即为俘虏,怎么能顾及代郡呢?"

公子嘉拔剑在手,指着郭开大骂:"覆国谗臣,尚敢多言! 吾必斩之!"赵王迁急拦劝解方散。

赵王迁回宫,无计可施,唯有饮酒取乐而已。郭开欲约会秦兵献城,怎奈公子嘉率其宗族宾客,帮助颜聚加意守城,水不泄,不能通信。且城中广有积粟,食之不乏,秦军急切难以攻下。而城外因年遇灾荒,又逢战事,民人逃之一尽,秦军掠无所得。王翦对杨端和说:"我军兵力乏,粮草不足,可暂退 50 里外,休兵一时,备齐粮草,再奋力攻城,邯郸必破矣!"杨端和曰:"正需如此。"他们请示于秦王政,秦王准之。于是,秦军便后退 50 余里安营。

邯郸城中,因见秦军退去,防范稍松,每日都开一次城门。乘此机会,郭开修密书一封,遣心腹送入王翦营中。书中云:"我久有献城之意,奈何没有机会。今赵王迁已有降意,奈何公子嘉不从。今秦军可以猛攻南北东三门,让秦王大军,屯于西门。我可说动赵王,伺机开城出降。西门破,另三门不可守矣。"王翦接信,速亲送秦王政。他让秦王移兵于西门,军中遍树"秦王"大旗。尔后,他和杨端和挥兵南北东三门,猛力攻打。公子嘉颜聚见状，急忙聚兵守城。乘此机会，郭开对赵王迁说："秦不加害韩王，又怎么能加害于大王你呢？如以和氏之璧和邯郸地图出献，秦王必喜，定封大王侯位。"赵王应允。郭开匆匆写就降书。请赵王过目后曰："降书虽写，但公子嘉必然阻拦。今秦王大营扎在西门，大王如以巡城为名，乘驾到彼，亲自开门献降书，秦王怎么能不高兴呢？"赵王果然依此而行，为秦王所纳。

公子嘉闻赵王降，急与颜聚商议，聚兵突围出北门于代，公子嘉自立为代王，表李牧之功，复其官爵，亲自设祭，以收代人之心，再遣使东与燕和，屯军于上谷，以防秦兵。

秦军大军进入邯郸，秦王政居赵王宫。赵王以臣礼相见，秦王政坐而受之，他命以赵地为钜鹿郡，安置赵王于房陵，封郭开为上卿。赵王方悟郭开卖国之罪，悔之无及。

秦灭赵之后，王翦即向秦王政建议："按照我们和尉缭先生议定的策略，破赵之后，便应考虑灭魏燕楚齐了。据臣所知，燕太子丹为质于秦，向有不规，不若杀之，以绝后患。"

秦王政并不在意，说："太子丹素有狂言，定要报衍水之战的仇恨，我倒要看看，他这仇究竟怎样个报法。待我军平燕擒燕王喜之日，再押太子丹至衍水河畔，就在那里令其自裁，那该是一幅多么有趣的画面呢！"遂不听王翦之言。

几日后，燕太子丹蓬头垢面，逃离咸阳，回到燕都蓟。因太子丹对秦王政有切齿之恨，便寻得勇士荆轲，让其以燕督亢地图和樊於期之首进献秦王政，以期接近秦王政将其刺之。结果，刺杀未成，荆轲和副手秦舞阳均为秦王政所杀。秦王政大怒，先命王翦大军立即伐燕，又以王贲为将，让他增援其父。

燕太子丹聚众抗秦，在易水之西顽强拒守，但终不敌王翦大军，夏扶守意等勇士皆战死。太子丹退守蓟城，10月蓟都被王翦攻破。太子丹又急保燕王喜东行，退保辽东，迁都平壤。

燕都蓟城既破，王翦因征战劳累，身体有病，而关键他想起尉缭之语，便上表告老。表曰——

> 吾本频阳一游子。蒙先王恩典，16为士，20为偏将。30为大将。历经昭王、庄襄王、孝文王及至大王，徒有四朝元老虚名。自大王始，更委臣以重任，甚至王谦以师称。臣有何德能，敢妄称大王之师？臣有何功劳，敢于挂将封侯？托大王英明，臣平赵燕，略建微功。然臣今已七十又九，近八旬矣。以一八旬老人，仍位居大将之职，古亦少之。破蓟后，臣连连犯病，大约是老年之疾矣！今韩赵燕既平，六国而平其一半，楚齐魏之灭，指日可待。且王已有尉缭、李斯之贤，李信、蒙武之勇，他们均胜臣多矣。臣愿以老朽之躯回归乡里，而使年轻勇将能当以重任，则天下一统加速，秦之江山社稷永固。敬请大王准臣之奏，臣不胜感激矣！

秦王政见奏书，对群臣说："太子丹之仇，寡人不能不报。然王翦确实老矣，必须以年轻勇武将军代之。王翦提及李信，他确是员年轻勇将，寡人欲用之。"于是，秦王政遣李信取代王翦，召王翦归，厚赠而使之回归乡里。王翦临行前，秦王政召而问之："老将军，你走之后，大将军之职，谁人可委？"王翦说："王贲、蒙武、杨端和，皆可委之。"

秦王政问:"李信如何?"王翦说:"臣对其了解不深,不好过多评说。"秦王政说:"将军力荐王贲而轻视李信,莫非有私?岂不闻马服君及夫人劝赵王勿用赵括之说。"王翦说:"臣子贲与马服君子括,完全是两个样子。昔赵括母进言赵王,括与其父,大是不同:括父奢为主将,所得赏赐,尽给军吏;受命之日,即宿于营,不问及家事,与卒同甘苦;每事必与众将商

太子丹

议,从不自专。今括一日为将,东乡而朝,军吏莫敢仰视;所赐金帛,悉归私家。为将岂能如此?而关键是括虽幼读兵书,背得滥熟,但只死记硬背,不知其变,此为为将之大忌。而臣子贲之所为,颇有马服君之风,而臣教贲兵书,常教其应变之法。长平之战后,臣每每举例赵括,教贲切勿纸上谈兵。贲既为大将,实战中已熟知兵法之变。大约是臣之妄言,子贲之才,在臣之上矣!这些,大约只是臣管窥之见,大王还可听听大家的意见。今我初退,也不宜以贲为将,待观察许久,行则委以重任,不行则许以适宜之职。敬请大王明察,量才而用人!"

秦王政叹曰:"知子莫如其父,知女莫如其母。老将军了解子王贲,可谓深矣!其实,寡人亲政多年,焉何不知大将王贲之才矣!以寡人之见,平六国之武功,将非你们王氏父子莫属矣!"

王翦既归频阳,秦王政遣使于蓟,命李信出兵伐代取太子丹之首。大军骤至,太子丹仓促应战,但难敌李信勇猛,大败而归。秦王政遣使于代,逼燕王交出太子丹。燕王被逼无奈,只好杀了太子丹,献其首向秦王谢罪求和。其时,突然天降大雪,寒不可禁,人皆谓太子丹怨气所致。李信上书并送太子丹之首于秦王政,称:"五月降雪,十分罕见,我军苦寒多病,请暂许班师。"秦王政持信问于尉缭,尉缭说:"燕避于辽,譬如游魂,不久自散。今日之计,宜先下魏,次及荆楚,二国既定,燕代可不劳而下。"秦王从其计,便暂许李信班师。

俘楚王负刍

秦王政二十二年,秦以王贲为大将,引军10万,出函谷关伐魏。

自秦攻燕时,魏王假已令增筑大梁之城,内外俱挖深沟,进行层层守备。他又使人结好于齐,使者去对齐王建说:"魏与齐乃唇齿之国,唇亡则齿寒。魏亡,则祸必于齐,愿同心协力,互相救援,今王贲大军攻魏,恳请齐出兵救援,否则,魏齐均危矣!"但是,此时齐国的大权,掌握在相国后胜手里。后胜像郭开一样,曾受了王敖所送的重金,便处处替秦国说话了。他对齐王建说:"秦向不负齐,齐何必有负于秦呢?秦攻魏,赵援之,始为秦攻赵之理由,秦遂先破赵而再加兵于魏。齐援魏,岂不像赵国的下场一样?"

齐王建听信后胜之言,遂拒绝了魏国之请求,不发魏救兵。

魏王见齐不发援兵,甚慌,幸大梁城高沟深,尽管秦军连战连捷,但大梁城急切难下,王贲一时亦无良策。正在这时,频阳来人传书,王贲急忙跪接。拆开书,别无它字,仅有父王翦亲手所书的一个"水"字。王贲百思不得其解。这时,天突降大雨,王贲看着看着,突然心里开窍:嗅,父亲所指,莫不就是要我用水攻吗?他心中大喜,即乘油幞车去访求水势,知黄河在大梁城之西北,而汴河从荣阳发源来,亦经由城西而过。知水情,他即命军士于大梁城西北不远处筑坝。大坝筑好连下十几天雨,王贲又命士兵修渠从黄汴二河引水。待水蓄满,他让将大坝开口,洪水滚滚,直逼大梁,不到3天,大梁城墙便被冲坍。借着水势,秦军大军涌进了大梁城。因防于水患,且军无斗志,魏王假正与群臣商议着写降表,便为秦军所虏。王贲令将魏王假押上囚车,与宫属重臣俱送往咸阳。途中,魏王假病死。既破大梁,王贲便尽取魏地,遵秦王政命,设立为三川郡。并收野王地,废卫君为庶人。

秦王政二十三年,秦王政欲攻楚国,问于尉缭,平楚派哪个将军最为合适?尉缭答:"荆楚乃大国,欲破,非王翦老将军不可!"秦王政便召回了王翦。秦王政问王翦:"我想攻打楚国,并想派你为将,你看得多少人马?"王翦答:"臣今年已80高龄,80岁的老人还怎么可以为将呢?不过,大王一定要用老臣的话,那我也就最后一次在战场上为大王尽力了。若问我需多少人马,非60万不可,请大王慎重考虑。"

秦王政既未说行,也未说不行,只说他考虑考虑再说,他又问于曾几败楚军、在衍水大败燕太子丹的青年将军李信。李信答:"平楚何须60万人马,20万足矣!请大王给我20万人马,我即去踏平楚国。"秦王政对李信说:"看来,王将军高龄,胆确实小矣!平一楚,必非兵60万,此举为秦倾国之兵。秦若倾国攻楚,后方一旦有事将之奈何!还是你去攻楚,胜则以让王老将军看看。"于是,秦王政便拜李信为大将、蒙武为副将,率军20万南伐荆楚。初入楚境,秦军连战连捷,李信攻克平舆,蒙武攻卢寝地。李信接着又攻克鄢郢,于是率军西进,准备与蒙武会师城父。其时,楚为负刍执政。负刍在位3年,闻秦兵深入楚地,乃拜项燕为大将,率兵20万,水陆并进。探马报李信兵出申城,项燕便亲率大军迎于西陵,让副将屈定,设下七路埋伏。李信不知,仍贸然挺进,项燕率兵相阻。李信挥兵,与项燕酣战。突然间,七路伏军俱起,李信军抵敌不住,大败溃逃。秦军一直逃了三天三夜,但还没有逃出楚军的包围。这一阵,秦军的将军死了七个,秦兵死伤无数,一直败退到了平舆。蒙武还没有到城父,听说李信军大败,连忙退到赵国,火速派人向秦王报告。

见李信军大败,秦王政才深知王翦所说在理,便亲自骑马来到频阳,去见了王翦。他对王翦说:"寡人只为轻信李信,误以为他率20万兵伐楚必胜所说在理,结果大败,丧军而辱国,寡人之过也!将军虽然有病,能否代寡人南行,出伐荆楚,以雪秦败军之恨矣!"

王翦说:"上次臣言,以一八旬病躯,怎可以为将出征?万一再辱秦师,吾有何面目见大王和秦国父老矣?请大王还是选派年轻的将军去吧!"

秦王政说:"既有李信之败,何必再有张信王信之败呢?楚在南国,数千里之距,以数十万军,逾数千里地,每每讨败军之师,将军于心能安乎?所以,不管怎么说,这次必须将军出面,今寡人并一国之托,皆系将军一身矣!"

　　王翦见推辞不过，这才说："如果大王一定要我伐楚的话，那我还是非要60万人马不可。"

　　秦王政说："历来打仗，一般都没有超过10万人的。如今虽说人马增加了，可也没听说过一次动用60万人马的仗呵！你看能否少带一些人马呢？"

　　王翦说："年月不同了，使用兵力的多少也就不同了。如今，围攻一座城，也许要几年工夫，夺过来的地方又得派人驻扎。似这样几十万人马哪儿够分配呢？再说，楚国为东南大国，地大人多，楚王号令一出，要发动100万人也不太难。我说60万人马，还是很保守的数字，如果低于这个数字，恕老臣难以从命。"

　　秦王政十分赞叹地说："古今名将，并不少见，可出征之前，像将军这样把敌人的情况看得这么透的并不很多。就照将军的意见办吧！"他用自己的车马，亲自把王翦迎接到咸阳，拜为大将，交给了他60万大军，仍以蒙武为副将。

　　出兵的那天，秦王政亲自送王翦到灞上，在那儿摆上酒席，给他送行。王翦斟满了一杯酒，捧给秦王政说："请大王干了这杯，我还有事相求呢？"秦王政接酒，一饮而尽，说："将军有什么尽管说吧！"王翦从袖口里掏出一张单子来，上头写着请求秦王赏赐的清单，里面有咸阳最好的田地几亩，上等的房子几所，等等。秦王政看后说："将军功成而来，寡人方与将军同享富贵，何忧于贫困？"王翦说："臣老矣，大王虽以封侯劳臣，然臣犹如风中之烛，光耀几时？所以，荣誉于臣，不及美田宅，此为子孙世世代代受大王之恩耳！"

　　秦王政不语，私下，他对尉缭说："王老将军，何以如此小家子气矣？"尉缭说："年迈之人，虑事多矣，专以利己，也合乎人之常情。"

　　王翦领着60万大军，浩浩荡荡，杀奔楚国。队伍出发只两三日，王翦便派人找秦王政，让在咸阳给他修一个上好的花园。过了几天，他又派人去求秦王，说他还想要个鱼池，里头饲养些鱼、虾、鸭、鹅……副将蒙武笑着说："将军请房屋、田地足矣，干嘛复请园池？功成归将军必封侯，何必讨封多矣！"王翦咬着耳朵对蒙武说："大王素来多疑，今以60万兵于我，是空国而相托。我多请田宅园池，为子孙业，是安大王心耳！"蒙武十分佩服地说："将军高见，吾所不及。"

　　秦军抵楚，项燕守东冈以拒之。他见秦兵众多，遣使驰报于楚王，求增兵助将。楚王复起兵20万，以将军景骐为将，以助项燕。王翦则屯兵于天中山，连营十余里，坚壁固守。项燕每日使人挑战，秦军均不予出迎。项燕以为王翦怯，笑谓众将："王翦老矣，怯战是很自然的。"这时，秦军不仅不交战，还成天饮酒作乐，玩耍洗沐，王翦竟亲自教士兵们跳远、跳高、扔石头玩儿。投石超距的游戏最为有趣：将12斤重的石块，立木为对；机而发之，300步远者为胜，不及者为负，其有力者，竟以手飞石，则多胜一筹；横木为将一木横之，高置七八尺，让士兵跳跃而过，以赌胜负。这既是游戏，又不似游戏，因为王翦每日都要让认真统计决赛胜负，以知士兵力之强弱。内戏之愈胜外守之愈紧，并不许秦军以楚界樵采，如逮住楚人，以酒肉犒劳后放还。项燕屡屡叫战，王翦只是不理，仍整日教军士跳高掷石而戏之。不知不觉，半年有余。

　　秦王政既以倾国之兵托于王翦，心里亦时时放心不下，每每派人探听消息。王翦久不出战，秦王政等之不及，更有人谗言于秦王政："王翦老而怯战，何太盛矣！如其伐楚不归，自立为王，秦兵尽其所属，秦危矣！"秦王政亦虑，便遣使催王翦出战。王翦接

秦王书,已知有人谗言,便回书

　　接王翦书,秦王政遂对王翦深信不疑,并以御酒赐之,还故意放风于楚,让王翦军据守于中天山,以防楚军之侵犯。项燕闻讯,知王翦名曰伐楚,实则驻扎,遂不以为备。

　　整整过了一年,秦楚两军,相安无事,楚不以秦为患,秦不以楚相犯。但忽一日,王翦大宴将士,言:"常言养兵千日,用兵一时。此一时,即今日也!今日我与诸君共破楚,请尽力耳!"秦军休息多日,士气正足,闻王翦说,个个摩拳擦掌,争先奋勇。王翦选骁勇有力者,约2万人,谓之壮士,别为一军,作为先锋。再分军数支,命待楚军败时,各个分头进入战略要地。楚军毫无准备,被秦军壮士队伍冲锋,大败而走,将军屈定战死。项燕与景骐俱败,率败兵东走。王翦挥军乘胜追击,再战于永安城,复大败之。遂攻下西陵,荆襄大震。王翦又分军一半,让蒙武率之,屯于鄂渚,传檄湖南各郡,宣布秦王威德。他自率大军径赴淮南,直捣寿春。进军之际遣使奔往咸阳报捷,此时,项燕因兵力不足,在淮上募兵未归,王翦乘虚急攻,破寿春。景骐见城破,自刎于城楼,楚王负刍被虏。

　　秦王政闻寿春破,大喜,发驾亲至樊口受俘,责负刍以弑君之罪,废为庶人。命王翦合兵鄂渚,以收荆襄。

　　项燕募壮丁二三万,至徐城遇王兄昌平君,知城破王虏之败讯。项燕对昌平君说:"吴越有长江天堑,拥地千余里,当立国。"他率众渡过长江,立昌平君为楚王,准备死守江南。

　　昌平君、项燕退守江南,秦王政虑。王翦对秦王政说:"楚之形势,在于江淮,今全淮皆为吾有,彼残喘仅存,大兵至,即就缚耳。何足虑哉?"秦王政说:"将军虽年迈,志何壮也!"次日秦王政驾回咸阳,仍留王翦用兵让其平江南。王翦命蒙武造船于鹦鹉洲,边造船边训练水兵,一年后,船造成,兵亦练成。王翦挥大队水兵,顺流而下,急攻江南楚军。楚守军兵寡将微,不堪敌秦大军,秦兵遂登陆。王翦留兵10万屯于黄山,以断江口。大军自东方进围兰陵,四面列营,军威大振。附近椒山、君山、荆南山诸处,兵皆布满,以绝越中救兵。项燕倾城中之兵,与秦军交战,初战,秦军避其锋而退之,楚兵小胜。项燕恐有诈,正待退军,不意王翦已驱壮士分左右二队,各持短兵器,大呼而突入楚阵。蒙武勇猛无比,手斩裨将一人,复生擒一人,更助秦军士气。项燕军大败,退入城中,进行固守。王翦挥军用云梯攻城,项燕以火箭射之。急切不下。蒙武说:"项燕乃釜中之鱼,若筑垒与城齐,周围攻急,我众彼寡,守备不周,不一月,其城必破。"王翦从其计,攻城愈急。昌平君亲自巡城,为流矢所中,夜半身死。项燕见状,仰天长号,拔剑自刎。项燕死,城中大乱,秦兵遂登城启门,王翦整军而入,抚定居民。

　　在兰陵稍事休整,王翦即挥军南下,至无锡兵。军士埋锅造饭,掘得石碑一块,刻字云:"有锡兵,天下争;无锡兵,天下清。"王翦召人问之,知此山乃慧山之东峰,自周平王东迁于雒,此山遂产铅锡,因名锡山。40年来,取用不竭。近日出产较少。王翦叹曰:"此碑出露,天下从此宁矣!"便以此地定为无锡。

　　王翦兵抵姑苏,守军全城出降。遂渡浙江,平定大部分越地。越王子孙,闻秦王威德,都来归降。王翦让飞报秦王政,并定豫章之地,立九江、会稽二郡。至此,楚灭,楚地尽归于秦。

　　秦王政二十五年,王翦灭楚回咸阳。秦王政赐黄金千镒,欲再使其破燕。王翦固辞："臣今年八十有一，年逾八旬的老人，仍居大将之位，古已稀之。今托大王洪福，平楚而荣归，臣自庆幸。征战之人，持以血气之勇，今回咸阳，臣自觉气力不足，何敢再自领大任而误国家大计呢？请准臣告退，回频阳养老。已有王赐臣之美宅良田，万千金银，臣愿足矣！"秦王政沉思后说："既然将军固辞，寡人便准奏。但将军走后，谁人可代寡人伐燕？"王翦说："蒙武、王贲，皆可为将，他们胜老朽多矣！"于是，王翦告退频阳，秦王政拜王贲为大将，攻燕王于辽东。王贲兵渡鸭绿江，破平壤城，虏燕王喜。遵秦王命，王贲又移师西攻代。代王兵败，欲走匈奴，王贲率军追至猫儿庄，擒而囚之，代王嘉自杀。王贲捷报传至咸阳，秦王政大喜，亲自复信于王贲，略云——

　　将军一出而平燕及代，奔驰 2000 余里，几与父的功劳不相上下。所谓将门虎子，用于王氏父子，毫不为过矣！今六国平其五，独留齐，譬如风中残烛，不自保也！虽然，自燕而齐，归途南北便道也。齐在，譬如人尚缺一臂。愿将军以平燕破代之余威，归秦时，以闪电之势，突袭于齐。乘齐不备，灭之。这样，将军父子的功劳，还有谁人可与之比拟呢？

　　王贲得书，遂引兵到燕山，往河间一路南行。其时，齐王建信相国后胜之言。昔韩魏求救，不予救之。秦平四国，每灭一国，齐王不仅不忧，反遣使入秦贺之。秦王政复以黄金厚贿使者，其归后均言秦王相待甚厚，齐王以为和好可持久，便不以为备。及至燕灭，齐王才开始惧怕，发兵让守西界。不料王贲兵已过吴桥，直犯济南。秦军数十万众，以泰山压顶之势，由历下直逼临淄。所过之地，长驱直捣，如入无人之境。秦大军骤至，临淄城内一片慌乱，齐王建无力抵抗，只得出降。就这样，春秋战国时期的最后一个国家——齐，灭亡了。六国之地，尽归于秦。秦王政二十六年，六国归秦，天下统一，秦王政自称秦始皇，王翦被召回咸阳，封 10 万户武成侯。其时，王翦已八十又二。此日，秦王政欲封尉缭，但尉缭与弟子王敖等，竟一夕遁去，不知所往。有人说，尉缭并弟子离咸阳，曾在频阳小住。秦始皇问及王翦，王翦曰："未遇。"始皇并不细究，只是问王翦："尉缭弃朕而去，何也？"王翦曰："人各有志，不能强为。尉缭设计为陛下定四海，平天下，其功最大，但彼之志，在于朝野，喜云游四海，不在朝廷受土封侯。而陛下既已平天下，尊号已定，谋臣功勋退引，乃大势之所趋耳！昔臣上书乐羊事，今尉缭悄然已走，臣之受封频阳，正如乐羊之受封于灵寿，何必再每每念及？请大王以江山社稷为重，勿再念及其他。"秦始皇客套一番，遂不再提及尉缭、王翦事。王翦上书，仍归频阳。

　　尉缭、王翦既走，无有巨功大臣守于秦始皇左右，始皇便趾高气扬，一无所忌，他焚书坑儒，游巡无度，筑万里长城，修阿房之宫，建骊山陵墓……王翦闻之，不甚忧郁，然已退引，不宜上书。秦始皇三十三年（前 214），正当始皇所行无忌，暴敛至极，百姓嗷嗷，民不聊生时，王翦虑秦之社稷，忧郁而死。终年高龄 90，为秦之文武重臣最高寿者。

　　秦始皇三十七年（前 209），薨，太子胡亥立。

　　嬴子婴元年（前 206），刘邦破咸阳，嬴子婴系带，持秦始皇玉玺、兵符和节杖，率文武大臣出降。

　　自王翦逝世至秦始皇薨，时不及 5 年；复至秦王朝灭亡，仅 8 载。大约，这只是时间的巧合而已。

韩 信 传

人物档案

韩信: 汉族,淮阴(今江苏省淮安市淮阴区码头镇)人,楚王、上大将军。今淮安镇淮楼东侧建有韩侯祠。西汉开国功臣,初属项羽,后归刘邦。中国历史上伟大军事家、战略家、统帅和军事理论家。中国军事思想"谋战"派代表人物。被后人奉为兵仙。"王侯将相"韩信一人全任。

生卒时间: 前228~前196年。

安葬之地: 在西安和山西灵石各有一个韩信墓。

性格特点: 忍辱负重,性格放纵,不拘礼节。

历史功过: 韩信熟谙兵法,自言用兵"多多益善",为后世留下了大量的军事典故:明修栈道、暗度陈仓、临晋设疑、夏阳偷渡、木罂渡军、背水为营、拔帜易帜、传檄而定、沉沙决水、半渡而击、四面楚歌、十面埋伏等。其用兵之道,为历代兵家所推崇。作为军事家,韩信是继孙武、白起之

韩信

后,最为卓越的将领,其最大的特点就是灵活用兵,是中国战争史上最善于灵活用兵的将领,其指挥的井陉之战、潍水之战都是战争史上的杰作;作为战略家,他在拜将时的言论,成为楚汉战争胜利的根本方略;作为统帅,他一人之下,万人之上,率军出陈仓、定三秦、擒魏、破代、灭赵、降燕、伐齐,直至垓下全歼楚军,无一败绩,天下莫敢与之相争;作为军事理论家,他与张良整兵书,并著有兵法三篇。

名家评点: (宋)司马光:"世或以韩信首建大策,与高祖起汉中,定三秦,遂分兵以北,擒魏,取代,破赵,胁燕,东击齐而有之,南灭楚垓下,汉之所以得天下者,大抵皆信之功也。"《资治通鉴》卷十二《汉纪》四

(宋)苏轼:"(韩信)抱王霸之大略,蓄英雄之壮图,志吞六合,气盖万夫。"

(明)唐顺之:"孔明之初见昭烈论三国,亦不能过。予故曰:淮阴者非特将略也。"

(明)王世贞:"淮阴之初说高帝也,高密(邓禹)之初说光武也,武乡(诸葛亮)之初说昭烈也,若悬券而责之,又若合券焉!噫,可谓才也已矣!"

(元)杨维桢:"韩信登坛之日,毕陈平生之画略,论楚之所以失,汉之所以得,此三秦还定之谋所以卒定韩信之手也。"

(明)董份:"观信智略如此,真有掀揭天下之心,不但兵谋而已也,所以谓之'人杰'。"

(明)李贽:"信与沛公初见,凡说项羽处,字字拿着沛公,沛公卒受其益。"

(清)王鸣盛:"观信引兵法以自证其用兵之妙,且又著书三篇,序次诸家为三十五

家,可见信平日学问本原。寄食受辱时,揣摩已久,其连百万之众,战必胜,攻必取,皆本于平日学问,非以危事尝试者。信书虽不传,就本传所载战事考之,可见其纯用权谋,所谓出奇设伏,变诈之兵也"。

(明)茅坤:"太史公传淮阴,不详其兵法所授,此失着处。"

(清)王志湉:"气盖世力拔山,见公束手,歌大风思猛士,为之伤怀。"

(清)徐经:"史公为淮阴惜,实不仅为淮阴惜。"

(明)茅坤:"予览观古兵家流,当以韩信为最,破魏以木罂,破赵以立汉赤帜,破齐以囊沙,彼皆从天而下,而未尝与敌人血战者。予放曰:古今来,太史公,文仙也;李白,诗仙也;屈原,辞赋仙也;刘阮,酒仙也;而韩信,兵仙也! 然哉!"

受辱胯下

秦始皇嬴政年代,在江苏淮阴县韩家村,有位少年姓韩名信。幼年时家中虽不太富裕,但父亲是个勤劳明理之人,节衣缩食也要供韩信读书识字。韩信自幼聪明,他不辜负父亲期望,对所学知识都能一一牢记。他的勤奋好学深得老师的器重。一次,老师对其学生言道:"我一生所教的学生中,唯有韩信日后能成大器,有所作为。"可惜韩信12岁时,其父因劳成疾,不幸早逝。韩母又百病缠身,家中渐渐一贫如洗。韩信15岁时母亲病故,他不得已而辍学。从此他无依无靠,孤苦伶仃,靠在河边钓鱼谋生。他生性喜爱武功,便向村里一位武师学了点拳脚剑法,师父看他聪明好学,便将自己的佩剑赠送于他,他非常感激,便常常佩戴在身上。

韩信16岁时,秦皇暴政,民不聊生。又因淮阴天旱无雨,河水下降,水中鱼少。他常因钓不到鱼、换不来银两而饿饭。一日,他头顶烈日在河边钓鱼,由于腹中无食,再加天热不觉倒在河边,昏了过去。在下游不远处,一位面目清秀的中年妇人带着她14岁的女儿紫娟在河边为人洗衣,当洗完最后一件衣服时,紫娟姑娘站起理了理秀发,忽然发现饿昏在岸边的韩信,她用手一指连忙喊道:"娘,你看!"

中年妇人是靠洗衣为生,人称漂母,她顺着女儿手指的方向望去,见河边倒着一位少年,急忙和女儿跑到韩信身边,紫娟姑娘连声呼喊:"这位大哥你醒醒。"韩信仍昏迷不醒。紫娟又对娘说:"娘,看这位大哥咋了?"

漂母扶起韩信看看脸色说道:"想必是饿昏了,不要紧,灌点米粥就会好的。快将他搀扶到我们家中。"漂母与紫娟将韩信搀扶到自己家中。韩信躺在床榻上,漂母一勺一勺地给韩信灌进米粥。韩信渐渐苏醒,睁开双眼,见眼前一位面目慈祥的妇人和一位年轻姑娘,便问道:"我这是在哪儿?"紫娟见韩信苏醒,高兴地说道:"适才你在河边钓鱼昏倒在地,我与娘发现后,将你搀扶到我家中,现在你好些了吧?"韩信非常感激地说:"好些了,多谢伯母、小姐的救命之恩!""不必客气。你姓啥,家住何处,因何饿成这样?"漂母问道。韩信惭愧地讲述了自己的身世和近况。漂母起了怜悯之心,又见韩信英俊年少,质朴淳厚,便说道:"既然你无依无靠,如若不嫌弃我这破烂茅屋,粗茶淡饭,就住在我这吧。她叫紫娟,我还有个小女儿叫文娟,你们就当兄妹相称吧!"

韩信见这茅屋虽然简陋,但屋内收拾得非常整洁,又见漂母善良热情,便点了点头说:"多谢伯母厚意,信若日后得志,必报母恩。"

　　从此,韩信就寄食在漂母家中,帮助漂母干些体力活。漂母待韩信如亲儿子一般。

　　转眼一年过去,在一个隆冬,韩信上山打柴,阴霾的天空飘起了一朵朵小雪花,他打完一担柴禾准备回家,忽然抬头见一老翁鹤发童颜,在一块不大的平地上练习武功,他不由自主放下柴担走到老翁跟前观看,老翁剑术已登峰造极,利剑上下飞舞,雪花竟然飘落不到老翁身上。韩信情不自禁地喝彩:"好剑法!"老翁闻声立即收剑,抬头见是一少年后生,便转身要走。韩信慌忙上前跪拜在老翁脚下:"请老伯收我为徒!"

　　老翁上下打量着韩信,见他眉清目秀,眉宇间透着一股英气,心中已有几分喜欢,沉思片刻问道:"你喜爱武功?"韩信见老翁发问,急忙答道:"我自幼喜文爱武,但家中贫寒,因此习武造诣不深。今日有幸巧遇高人,请师父收我为徒,不然我就跪到天黑。"老翁微微一笑:"嗬! 你真有诚意,那你习武是为了什么?"韩信沉思片刻:"为了将来报效国家,除暴政,辅佐明主创建太平!"老翁诧异地望望韩信,心中思量:"他年龄不大,志向却不小,竟有如此雄心,日后必是国家栋梁之材。"便说:"既然如此,我就收你为徒,教你武功,传你韬略。"韩信高兴地急忙叩头谢恩:"谢师父!"老翁又道:"你先起来,今日先挑柴回家,三日后来此等候。"言罢转身而去。韩信望着老翁的背影消失后,才起身挑起柴担下山。途中,见好友南亭慌慌张张跑来,韩信急忙问道:"南亭兄,何事如此惊慌?"

　　南亭与漂母是邻居,和韩信结为好友,因他长韩信9岁,韩信称之为兄。他气喘吁吁跑到韩信跟前说:"贤弟,快……快不好了,秦皇选美,紫娟、文娟姊妹俩都被抢走,伯母被官兵踢成重伤。"

　　"啊!"韩信大吃一惊,放下柴担与南亭飞奔下山……

　　官兵掠走姊妹俩后,南亭夫妇急忙跑进漂母家中将漂母扶在榻上,南亭飞奔上山去找韩信。韩信和南亭气喘吁吁跑回,推开家门。漂母躺在床上已昏迷不醒,韩信上前声泪俱下:"伯母,伯母!"

　　南亭妻在一旁催促道:"信弟,伯母伤势不轻,得赶快请医生来治啊!"韩信用袖擦了擦泪水转身出门请来一位山村郎中,郎中给漂母包扎好伤口,又给漂母诊脉,并不时摇头叹气。开好药方交给韩信,韩信送走郎中再伸手一摸,怀中竟无分文了,他毫不犹豫地从墙上摘下宝剑拎在腰间对南亭夫妇说道:"烦兄嫂在此照料,我去去就来。"

　　韩信匆匆来到淮阴街头,因无钱抓药,只好手捧宝剑在街头插草卖剑。日迫西山仍无人问及。韩信心急如焚便满街叫卖,他来到小河桥头,一班浪汉恶棍竟挡住他的去路,其中县令恶少快步上前趁韩信不备,抢走韩信怀里抱着的宝剑。又交于另一浪汉。并且双手叉腰喊道:"你这穷汉,在哪偷的宝剑在此叫卖,你若缺钱老子给你,不过,你得从我胯下钻过,如若不然你这剑嘛,休想拿回,我拉去见我爹,告你个偷盗之罪,你看怎样?"

　　这班浪汉望着韩信哈哈嘻笑,韩信大怒,紧握双拳欲想动手痛打恶少,忽然眼前浮现出漂母重伤在床、等药治病的身影。他只好强忍怒火,沉思片刻说道:"好! 拿钱来,这把剑就算卖你。"

　　恶少从怀中取出一锭银子,在手中掂掂:"剑算我买了,不过得从我胯下钻过。"说着双腿一叉,嘻嘻地望着韩信,韩信稍做迟疑便伏身在地从恶少胯下钻过。然后站起来取过恶少手中银子,匆匆去街上药铺抓药。他抓好药飞奔到家,将药煎好倒在小碗里,吹凉端到漂母床前,南亭夫妇搀扶起漂母,韩信轻声喊道:"伯母,请喝药!"

漂母微睁双眸,摇摇头颤微微地说道:"我怕不行了,信儿……你与紫娟是天生一对,你……你一定设法救出她啊!并……并一定要找到文娟,我……我把她俩托付……你了!"漂母嘱完双目已闭。

"啪",韩信手中药碗落地,他扑在漂母身上失声痛哭:"伯母,您死得好惨,信一定替您老人家报仇雪恨,不忘您的嘱托。"南亭夫妇也泪水涟涟,并帮助韩信安葬了漂母。

第三日韩信来到漂母坟前,摆好酒肉焚香祭拜,祭奠完毕,韩信来到南亭家中,向南亭夫妇告别,然后含着悲痛进山跟着师父学习文韬武略。

几年以后,韩信已是满腹经纶的青年,他怀有远大志向,告别师父下山。

韩信下山后,闻听项梁大将军率军渡淮,怀着满腔热忱与南亭一起仗剑从戎,楚军有战将百员,项梁根本看不起韩信,只是给了个"薄秩"之职,(薄秩是押粮运草帮助记账的士卒)。一次韩信随项梁攻打定陶时,他见楚军一路屡战屡胜,已有傲气。又洞察到秦军连日增兵,志在定陶决战,当晚便进账斗胆向项梁献计,让项梁提防秦军章邯夜晚偷袭。然而未得到项梁重视,结果遭秦军夜袭,项梁阵亡。项羽继承叔父项梁之职,但也没重视韩信,只是升了个持戟郎中(就是给项羽抬戟的卫士)。项羽统兵百万在巨鹿大败秦军主力,迫使大将章邯投降,彻底摧毁了秦军主力。刘邦不久也率军攻占咸阳,秦王朝覆没。然而刘邦人马只有10万,惧怕楚军,便封府库,闭宫室,与民约法三章,退守咸阳城郊灞上。以待楚军项羽到来。项羽率雄兵百万到了咸阳,屯兵鸿门,号令天下,自封为西楚霸王,然后又大封诸侯。刘邦被项羽封为汉王,然而刘邦心中不服,因此楚汉相争开始。

弃楚投汉

关中平原的鸿门镇,连日来楚军大营大摆筵宴,三军将士开怀畅饮,庆贺胜利,韩信心烦无心饮酒,走出帐外,站立在夕阳下,凝视着远处咸阳城中滚滚浓烟火光,他心情显得沉重,按剑伫立,凝目苍穹。

阿房宫。金碧辉煌,雕梁画栋,奇山异石,百花争艳,自从楚军进入咸阳城后,连日来成千上万的楚兵烧杀抢掠。韩信与偏将南亭入宫内见到如此情景,心里不快,紧锁双眉退出阿房宫,来到宫外,见项庄又押着一批批宫女及一车车财物运回楚营,此时项羽在项伯、钟离眛等众将佐簇拥下来到广场之上,项羽身后跟着十几名高举火把的士卒,项羽望了望金碧辉煌的阿房宫,傲慢地把手一挥:"烧!"韩信见此情况顾不得许多,上前"扑通"一声跪在项羽面前:"大王这不能烧啊!"项羽一怔:"嗯!为何不能烧!"韩信眼含热泪:"它是百姓们的血和汗啊!""大胆!一个小小持戟郎中也敢在大王面前多言!"项伯一旁厉声呵道。项羽见是韩信阻拦不由大怒,抬起一脚将韩信踢倒:"滚开,这阿房宫乃是犬地狼窝,将它焚尽了解吾恨!"韩信爬起又跪前几步:"大王,这万不能烧啊,纣王罪满天下,武王灭商也不曾火烧纣宫;吴王恶遍越国,越王勾践也不曾尽焚吴台。罪恶在人,而不在物!"项羽轻蔑地望了一眼韩信,然后把手一挥:"给我烧!烧!"举着火把的楚兵立即涌进阿房宫、上林苑、万人厅。片刻烈焰冲天,火光四起。项羽望着这冲天大火,高兴地哈哈大笑,并高声说道:"秦始皇你万没想到吧,你强暴一世，兵踏六国，享尽了人间荣华富贵，你儿孙们却拜倒在孤王脚下，今日孤王烧了你这王八窝，还要掘你的陵，这样方能平六国百姓之怨，解孤王心头之恨。"韩信望着这冲天火光心里掠过一丝悲哀。项羽率领众将离去，南亭走来劝慰道："贤弟你这是何苦来！""唉！"韩信长叹一声心中浮想联翩。自从从戎以来随楚军东征西杀，终于推倒暴秦，没想到项羽竟骄横跋扈，倒行逆施，将一座宏大的阿房宫付之一炬，真乃以暴易暴也，如此下去会失掉民心；而汉王刘邦先入咸阳却封府库、闭宫室、与民约法三章，比项王棋高一筹啊。

韩信正在沉思，楚将钟离昧走来。这钟离昧与韩信同乡，比信早入楚军，现已被项羽擢升为将军，他带着几分醉意跟踉跄跄来到韩信跟前，拍了拍韩信肩头："贤弟为何不在帐中饮酒，而在此发愣？"韩信转身见是钟离昧，苦笑道："噢！原来是钟离将军，信给你施礼了。""别、别这样，贤弟见外了，你我同乡，又都在楚营多年，何必拘礼！贤弟看你好像有心事？""唉！你我虽是同乡，可你已是大王驾前上将军，而我从军多年，至今还是一名小小持戟郎中，言无人听，计无人用，可叹我韩信报国无门。"钟离昧微微一笑："贤弟胸中抱负焉能不知。贤弟虽职微卑小，可文韬武略何人能比？"韩信伤感地说："唉！满腹经纶又有何用！""贤弟日后凡事万不可太直。走，听说大王近日情绪高昂，常在黄昏时在府邸庭院中习武，你我今日不妨也去开开眼界。""这万万使不得，大王庭院习武韩信岂敢前往。""嗬！大王虽然遇事有些暴躁，但平日里常能与士卒同乐，也不计较君臣礼节，因此百万将士都愿随他东荡西杀。近日大王心情舒畅，士卒们常去庭院探望，大王从未怪罪。贤弟不必多虑，随我前往就是。"韩信无奈，只好跟随钟离昧来到项羽府邸。二人走进府门跨进庭院见项羽舞动大戟上下挥舞，戟在空中发出呼呼风声。庭院旁美貌温柔的虞姬腰挎佩剑坐在几案旁观赏，几名侍女相陪，左右站立着范增、项伯。庭院四周围满将士个个看得如醉如痴。韩信被钟离昧带进人堆。见一把沉重的大戟在项羽手中挥洒自如，钟离昧情不自禁高喊一声："好！"

项羽听见喊声一怔，顿时收敛，钟离昧知道自己失口，慌忙上前跪拜赔礼："末将冒昧，请大王恕罪！""哦，是钟离昧，你何罪之有，快快请起。"项羽放下大戟乐呵呵说道。"谢大王！"钟离昧起身吞吞吐吐说道。"大王，末将常听众将议论说您在会稽常单手举起千斤顶，可惜末将从未见过，今日能否……？""哦！"项羽哈哈大笑："好，孤王今日就让尔等开开眼界。"言罢项羽看见庭院石阶旁一对大石狮子，每个足有千斤。项羽走到右侧石狮旁，用右手抓住石狮一条腿，单手一交力大喝一声："给吾起。"石狮被项羽举过头顶，又在庭院中走了三圈然后轻轻放下，面不改色，心不跳，顿时众人目瞪口呆。片刻，才一阵掌声、一阵喝彩声："大王神力，大王神力也！"

韩信与钟离昧心中也暗暗敬佩，项羽走到虞姬身旁，虞姬起身深情地献上一条绵帕，项羽接帕揩了揩脸。侍女献茶奉上，项羽接茶呷了一口，然后转身对钟离昧说道："钟离昧，孤王今日高兴，你来与孤王切磋切磋武功如何？""这万万不行，为臣哪敢与大王比武！""钟离昧，看把你吓的，孤王刚才已说过，孤王今日高兴，咱们是切磋武功，让众将士们娱乐娱乐！"钟离昧无奈只好拱手："末将遵命。"两人便在庭院之中对打比武，十几个回合下来，钟离昧已累得气喘吁吁。正在此时，项羽一脚扫来，钟离昧躲闪不及，"扑通"一声被项羽踢倒在地，众人一阵掌声，项羽开怀大笑，项羽环顾四周对众将士问道："何人愿与孤王一比高下？"连问三声无一人答应。突然，钟离昧施礼："大王，持戟郎中武功不错,让他与大王一比。"

项羽此时才注意到韩信,乐呵呵地说:"哦!原来是孤王的持戟郎中,好吧!请过来与孤王比试比试!"韩信连连摆手:"不行,不行,韩信职位卑贱,怎敢与大王交手,这岂不罪该万死吗?""持戟郎,今日与孤王切磋武功,不论职位卑贱,孤赐你无罪。"钟离昧将韩信推到庭院之中,项羽开始与韩信比起武来。项羽拳脚如闪电般打来,还带有呼呼风声,韩信身体敏捷,翻转腾挪如狸猫一般,项羽虽武艺超群,但始终打不着韩信,韩信也靠近不了项羽半步。二人,一个如猛虎下山,一个如出水蛟龙,俩人越比越激烈,越比越勇猛,众人早已看得眼花缭乱。

丞相范增一旁暗暗吃惊:"听人讲韩信很有才能,并有远见卓识,没想到武功还不差,凭武艺他略逊项羽,凭智慧项羽不及韩信,此人不能小觑,待有时机,我一定举荐此人。"范增正在着想,两个比武之人已战几十回合,同时二人额角汗下,韩信已显出力量不及项羽。韩信决意败下,他倒退几步后跳出圈外,拱手施礼:"小人韩信败输,大王不愧为天下无敌大将军。"项羽高兴地哈哈大笑:"嗯,没想到孤王的持戟郎中都有两下,更不用说孤王的众位武将了。"项羽见天色已黑,便对众人说道:"好了,今日就到此吧!"众人便纷纷散去。范增趁项羽高兴,便对项羽说道:"听人说韩信很有谋略,今日又见他武功非凡,大王何不重用此人。"项羽听罢细细思虑,一旁项伯却插话说道:"我常听人讲,这韩信少时寄食漂母,受辱胯下,却是个地道懦夫,他有何谋略。"项庄一旁也插话道:"是啊大王,像韩信这样懦夫,如得到重用,岂不让三军将士耻笑!"范增淡淡一笑,语重心长地说道:"用人岂能看出身贵贱,用贤方才是立国之本!"项伯见范增有讥讽之意心里很不痛快,他反唇相讥:"一个懦夫就因与大王比试几下武功就得以重用,那这百万之众都与大王切磋几下武功,那都得擢升吗?""这……"范增被项伯呛得无言可答。"好了,不必争持,孤王自有主张。"项羽阻止道。范增思虑片刻:"既然大王不愿重用此人,那依我之见,不如将他杀掉免得落入他人之手。"项羽点点头:"好吧,等机会杀掉就是!"

韩信自从与项羽切磋武功后,军中将士赞叹不已,可韩信心事重重,南亭见状,便拉韩信到鸿门镇饮酒消闷。

韩信与南亭饮罢酒回到大营,韩信心中有事便独自一人到了楚军临时大殿。韩信来到大殿帷幕处静听,众文武大臣已各抒己见争论多时,项羽最后说道:"常言道,富贵不归乡,诚如穷浪荡,孤王还是以大多数众臣意见,还是返回故乡,定都彭城吧!""大王英明。"多数文臣武将齐声欢呼。韩信在帷幕后犹豫再三,还是冒险掀帘进殿单腿一跪:"大王,韩信不才愿敬一言。"项伯见是韩信厉声呵道:"大胆!一个小小持戟郎中竟敢谈论军国大事,来人!"两名武士应声而上。"拉下去砍了。"项伯命令道。"慢!"范增一摆手向项羽施礼:"大王,韩信虽职位卑小,今日他敢闯入直言,必有见解,不妨让他讲出。"项羽微微点点头:"讲!"韩信站起从容不迫道:"大王,关中依山傍水,四塞险阻,土地肥沃,乃长治久安之地,若就此建都,便好成就霸业。""哼!"霸王心中十分不快,用鼻子哼了一声。韩信全然不理继续说道:"秦地定都进可以八方出兵,称雄天下,守可以四面挡敌,牵制诸侯。秦始皇久居此地,其中自有道理。""呸!"项羽勃然大怒,将几案一拍:"什么始皇,建都咸阳二世已亡,难道汝辈想让孤和他一样吗?来人!"两名武士走上大殿,项羽厉声呵道:"推下去重责20军棍。"两名武士应声推韩信出殿。

韩信被责回到帐中，南亭知晓便找一农舍让韩信疗伤。由于南亭精心照料，没过几日韩信伤已基本痊愈。

一日，韩信与南亭在街上闲逛，不期遇见张良，张良也早听说韩信之才，寒暄数语，张良对韩信说道："良禽择木而栖，良臣择主而事，足下一腔大志，满腹经纶，为何要屈就于项羽手下？"韩信道："古人云：贤臣不事二主，信既事项王，岂可他去！"张良微微一笑："足下所言差矣！臣若所事为暴君，岂不是助纣为虐吗？项羽最近行事残暴不次于二世，他虽骁勇号令天下，而终必灭；汉王刘邦忠厚豁达，礼贤下士，足下若投身汉王，定能受其重用，干一番大事。"韩信低头不语，张良接着道："吴起在鲁不为鲁用，弃鲁投魏而被魏封为大将，足下虽有雄才大略，而项羽弃之不用，这岂不埋没可惜吗？"韩信沉思片刻："这……我将如何去投奔汉王？"张良从袖中取出写好的信绢一条递与韩信："这里有信绢一条，将军可带上去汉中面见汉王，汉王见此信绢，一定委以重任。"韩信接过信绢，珍藏于怀中，张良起身告辞。

怀才不遇

夜深，月明。韩信骑着马风驰电掣般在关中平原上疾驰，后面人喊马嘶，楚军十几名将士穷追不舍，道上尘土飞扬。

晨光初照，薄雾缭绕，巍峨的秦岭，山峦重叠，含翠欲滴，韩信单骑越过山梁、峡谷、河沟，后面追兵已抛去很远，在一岔道口韩信跳下马，将马拉到右道口狠抽几鞭，那马飞奔而去，韩信从左道而走，后面追兵来到岔路口迟疑不决，一将佐在右道口见有马蹄印，用手一指："向这边给我追！"追兵向右道追去。韩信逃离追踪，翻山越岭，终于来到汉中。

来到汉中以后，韩信受到刘邦手下大将夏侯婴的款待，经夏侯婴举荐，韩信在汉军中任连敖之职，管理军中粮草。

自从韩信在汉营任连敖之职后，顶风冒雨、日夜坚守护卫粮库。一日樊哙与郦食其带着几名挑筐的内侍，进了大门直奔粮库，韩信率领几名士卒正在持刀守卫。见樊哙统军走来便客气地拱手施礼："樊将军，今日来此有何公干？""哦！是韩连敖，郦大人讲，后宫曹妃娘娘要排筵宴，需要些粮食酿酒，你给他发15石粮食。"樊哙吩咐道。"郦大人，樊将军，这军粮乃是军旅之本，怎能拿去酿酒。"郦食其不耐烦地："你吃粮不多，管事倒不少，你管他什么粮，后宫要用粮酿酒，你得快些取，少在这啰唆。""不行，没有大王及丞相手谕，小人不敢擅自做主，乱发军粮。"樊哙不耐烦地说道："我是统军，这些军粮属我管辖，不需什么手谕，你快些开门就是。出事由我担待。""樊将军，你让我们做下属的为难呀，大王有旨，萧丞相有令，没有他们手谕，任何人不得擅动军粮。"韩信耐心解释道。樊哙恼怒道："怎么，老子今日非取不可，看哪个敢拦，来人！把这库门给我打开。""不行！"韩信把刀一举："来人！"十几名守粮士卒应声而到，握着长戈在粮库门前站成一排。"大胆！"樊哙又气又恼："你……你们竟敢与我对抗！"言罢就要动武。韩信急忙从腰间取出一块银牌，举到樊哙面前厉声说道："丞相有令在此，敢私自动用军粮者，斩！"郦食其与樊哙瞥了那银牌一眼，气焰渐落，樊哙咽下一口气："好！咱们日后走着瞧！"郦食其把手一挥："咱们走！"转身带领众人狼狈不堪地离去。

韩信拒粮一事很快在军内传开,夏侯婴也禀报了萧何丞相,萧何十分赞赏,便与夏侯婴徒步前来探望。他们推门一看,韩信屋内空空,可不远处却传来阵阵操练声。萧何、夏侯婴便向操练声走去,站一高处举目一望,只见一草坪上,韩信带着他管辖的几十名士卒在操练。韩信在前做示范,士卒跟他动作练习,韩信还不时走入队列认真检查指导,直到士卒记熟时,才满意地点点头。萧何、夏侯婴互相望了望满意地相互一笑,萧何说道:"今日一见,韩信果有奇才!"夏侯婴赞同道:"我汉军将士如由他来操练,必能攻无不克了。""看来,此人正是老夫要觅之人,真乃天助汉也,老夫定要在大王驾前保举此人,走,下去和他见上一面。"萧何与夏侯婴来到韩信等人身旁。夏侯婴介绍一番,萧何将韩信双手紧紧握住。

萧何自从见到韩信操练士卒后,心里十分高兴,他想等有机会一定在大王驾前保举此人。突然夏侯婴慌慌张张跑进府来禀告,说韩信等一十二人被樊哙郦食其所拿,言称韩信聚众谋反,大王已经批准在武门外断头台斩首。萧何顿时大吃一惊,问其原因,夏侯婴讲道:"韩信与一帮士卒晚上在屋内谈论兵法,一名士卒因对樊哙不满,发了几句牢骚,被樊哙及郦大人听见,他们记恨上次拒粮之仇,便污蔑韩信等人是图谋不轨,聚众谋反,便将韩信等人拿下关入牢中,由于大王面前又有曹妃娘娘进谗言,大王便立即降旨要斩韩信等人。"萧何听罢,急忙上马与夏侯婴飞奔武门外。

武门外,断头台汉军戒备森严,郦食其、樊哙高坐监斩台,韩信等人被五花大绑跪在断头台上,刽子手怀抱大刀侍立一旁,围观的群众议论纷纷。郦食其走下监斩台,来到韩信身旁,不冷不热道:"韩连敖,临死之时还有话可说吗?""请问,我等身犯何罪?""聚众谋反!""证据何在?""何需什么证据!我与樊统军亲眼看见,你们聚众藐视大王,污蔑樊将军,樊将军与大王是襟裾,大王妹夫,你们污蔑樊将军,就是污蔑大王。"被绑的士卒道:"这都是我一人所言与连敖无关,你把他们都放了,要杀要剐由我一人承担。"郦食其冷冷一笑:"说得轻巧,你们聚众谋反,一个也不能饶恕。""哈哈哈!"韩信藐视地大笑道:"看来汉王的疆土也就是这汉中区区弹丸之地了!""狂妄,狂妄!"郦食其边走边喊,走回监斩台落座。"时间已到,行刑!"樊哙一声令下。"唉!"韩信仰天长叹一声:"我韩信不辞辛苦千里迢迢弃楚投汉,未能死在楚军,今日却死于汉军之手!子房,这就是你讲的弃暗投明、辅佐明主吗?"正在此时,几声马嘶,只见两匹快马飞奔而来,萧何、夏侯婴飞马来到,并高声喊道:"刀下留下!"两名刽子手刚举起大刀,抬头见是丞相萧何与统军、太仆夏侯婴,忙放下大刀退于一旁。郦食其见萧何来到,气得把脚一跺:"唉,他怎么来了。"樊哙见状迎上前道:"丞相,末将是奉大王谕旨行刑,请勿干涉。"萧何冷冷一笑:"夏侯婴你在此看着,不许任何人行刑,待我去面见大王,讨回赦令。"

萧何上马飞奔汉王宫,他见着汉王刘邦直言不讳:"汉室刚立,不可乱杀无辜,天下人耳闻大王礼贤下士,求贤若渴。韩信才千里迢迢弃楚投汉,今日斩了韩信等人,岂不叫天下有志投汉之士寒心吗?大王日后靠谁来完成一统大业?郦食其与樊哙私动军粮,被韩信所拒,他们怀恨在心,昨日晚韩信是聚士卒一起谈论兵法战策,并非聚众谋反,请大王明察!"刘邦疑惑地望望萧何:"果真如此吗?"萧何点点头:"臣以项上人头担保。"刘邦沉思片刻:"好吧,既然如此,传孤谕旨,赦免韩信等人死刑,韩信原复连敖之职。"萧何摇摇头:"大王,不可!""萧卿!这是何意?""大王,据臣所观察,韩信有胆有识,熟习兵法,连敖之职实在屈才。"刘邦沉思片刻:"既然丞相保举,他管理粮草有功,那就擢升治粟都尉吧。""大王,这怕不妥吧?""萧卿就不必多言了。"萧何只好答应:"臣遵旨!"接旨后转身离宫,上马直飞奔武门。

登坛拜将

韩信等人虽得萧何力保得赦,又被萧何推荐升为治粟都尉,但这治粟都尉还是管粮草的小官,韩信才能根本发挥不出。时隔多月,汉军中却悄悄发生变故,汉营中皆是山东人氏居多,都思念家乡,不愿久居汉中,因此近月来将士三三两两地逃走无数。这一下可急坏了汉王刘邦,他想起兵东向,可自己势单力薄,军中又无有才能的大将统领,万一起兵东向被楚霸王项羽知晓,必发大兵拦截,那时岂不自取灭亡。因此近日显得消沉闷闷不乐。丞相萧何更是心急如焚,他思虑多日,认为韩信可任大将率军东向,因此与汉王刘邦发生了意见分歧。他认为汉军要想东征,必须启用韩信统军东征,否则必是图劳无疑,因此决意二荐韩信。时逢八月十五夜,汉军将士望月皆歌,思念故乡,汉军已人心涣散。萧何再也不能沉默下去,便入宫求见刘邦,二荐韩信。汉王因近日心情不爽,曹妃娘娘特在八月十五夜备了歌舞让刘邦赏月观舞,以解心中烦闷。汉王在后宫亭院中正与曹妃、郦食其、周苛二文臣赏月,闻萧何求见,便令请进。萧何入得宫来,向汉王参拜后又与郦食其、周苛互相问安。刘邦摆手示意落座。萧何扫视四周景色,又抬头望望皓月若有所思地:"啊! 中秋之夜,月色真迷人!""哦!"刘邦不解其意:"萧卿未与夫人在府邸赏月?""臣哪有心赏月啊!"萧何淡淡一句。郦食其一旁慢条斯理问道:"立国数月,国泰民安,丞相有何忧虑之事?"萧何端起茶水淡淡一笑:"人无远虑,必有近忧。""哦!"刘邦一怔:"萧卿此言何意?""大王可知将士聚集一起望月而歌,盼望东归吗?""朕已知晓!""大王何不趁众将士盼归心切,乘其锋芒,起兵东向,与楚争夺天下!""唉!"刘邦长叹一声:"朕何尝不想起兵东向,与楚争夺天下。但楚强汉弱,项羽有雄兵百万,战将千员,项羽又有万夫不当之勇,何人是他的对手,朕军中若有孙膑吴起之人那就好了。"萧何微微一笑:"孙膑、吴起之类的将才我军已有,就怕大王不肯重用。"刘邦大笑:"汉室之地哪有孙、吴之人!"郦食其阿谀逢迎道:"大王一向求贤若渴,知人善任,如有孙、吴之人,大王怕早已重用,让他统领三军了。"萧何微微一笑摇摇头:"非也! 郦大人,世上不缺金马良驹,缺者伯乐也!"刘邦惊奇地望着萧何:"萧卿,哪里有如孙、吴之人?""远在天边,近在汉营之中!"萧何答道。刘邦一怔:"噢! 是哪一位! 萧卿快讲!"萧何不慌不忙道:"此人淮阴人氏,有雄才大略,好似孙、吴,却至今仍屈居小小治粟都尉。"刘邦离座哈哈大笑,倒背双手眼望皓月:"朕当萧卿所谈何人,原来却是指韩信。"萧何上前几步力争道:"据臣细察,又亲与交谈,韩信确系当今英杰,文足智多谋,武勇冠三军,有安邦定国之才,万望大王早日重用,令韩信率军东征。"刘邦沉默不语,郦食其却插话道:"听说韩信少时寄食漂母,受辱胯下,这样一个懦弱之辈,能有何作为!""哦! 此话当真?"刘邦疑惑地追问道。"现在三军上下谁不知晓,韩信少时衣食不周,游手好闲寄食漂母,投奔楚营也只不过是扛戟的郎中,有何大才!"郦食其补充道。"萧卿,如此一个懦夫任我汉军大将,岂不荒唐!"刘邦很不高兴地说道。"大王,自古寒门出英豪,从来纨绔少伟男,说起来,大王与众臣也非豪门出身嘛!"萧何力争道。郦食其冷言冷语道："大王！这与楚争雄并非儿戏哟！"刘邦听罢郦食其所言心里主意已定："萧卿，朕看在你面上，已饶恕韩信等人死刑，又加封为治粟都尉，一些将士至今仍有些不服，今日岂能再加封于他，更何况三军主帅，一个胯下懦夫有何大才。"萧何诚恳地说："故为明君者，延揽贤才乃第一要事，大王万不可凭一时一事观人，误汉大业。"

刘邦拂袖怒斥道："荒唐！"周苛见状上前来到刘邦身旁低语道："大王，丞相所言有理，依臣愚见，不妨暂任韩信为帅，先试上一试，也不负丞相一片苦心。""不！不！"刘邦连连摇头："丰沛将士随孤王多年，身经百战，立下汗马功劳，一个受辱胯下的懦夫，岂能封他为帅，众功臣宿将岂肯服顺，三军将士岂不说朕赏罚不明吗？"萧何此时心情激动，激昂道："三军将士，功臣宿将，虽有战功，但无一人能比韩信之才能，韩信乃人中之杰，臣知遇韩信才屡劝大王重用。大王如愿长居汉中称王，那就无须用韩信，如愿东向一统天下，非用韩信不可，切望大王三思！"刘邦沉默不语，踱步思索，又连连摇头道："不！不行！不行！"萧何痛切地说："大王，岂不知千军易得，一将难求啊！"周苛劝解道："大王，丞相乃是肺腑之言，不可不听。"刘邦仍然沉默不语。郦食其向萧何拱手道："丞相！下官有一事不明，丞相为何屡荐韩信？下官听说韩信常入相府，众臣背后可议论纷纷呵！"萧何冷冷一笑："郦大人，为人臣者，贵在光明磊落，背后诽议非君子之所为吧！"郦食其尴尬地不知所措："这……这。"又含笑道："丞相何必多心，下官也是听他人所言嘛！""哼哼！"萧何冷笑两声，转向刘邦说道："大王既然听而不纳，为臣告辞了！"刘邦也生气地拂袖道："回宫！"内侍高喊："大王起驾回宫！"刘邦愤然而走，众人纷纷紧随。周苛上前向萧何关切地说："萧何兄怎么如此直言，唉……"又紧追刘邦而去。萧何紧锁双眉，忧心忡忡，缓步走出后宫……

萧何

萧何与刘邦的争持在朝野上下掀起轩然大波，众文臣武将议论纷纷，樊哙闻知更是恼怒，为了这个韩信，使君臣不和，樊哙决心找韩信报复。一日黄昏，韩信正在一块空地上独自练拳，他刚练完一路拳脚收起架势，早已躲在树后的樊哙走了出来，他嘿嘿冷笑几声："都尉拳法不错嘛！"韩信抬头见是樊哙忙答道："在下露丑了，让樊将军笑话。"樊哙把双眼一瞪，挑衅道："听说丞相在大王驾前保你做我三军主帅，不知你本事如何，今日想领教领教！"韩信谦让道："在下不敢！""那你还想升官。"樊哙冷冷一笑，"今日你若胜我，算你真有本领，你若让我打倒，就快给我滚开，当你的粮官去吧，别他妈让丞相为你说情，让咱们汉室君臣不和。""怎么丞相为我与大王发生了争持！"韩信惊讶地问道。"你别他妈装蒜！"韩信心里一阵内疚，他深深感到对不起丞相萧何，他想走开去找萧何，不要为了他而使他们君臣不和，可樊哙以为韩信惧他，又进一步挑衅道:"怎么你害怕了,想走哪有那么容易!"他将外衣一脱,捋起内衣袖子,朝韩信当胸给了一拳。韩信踉踉倒退几步,并不还手,转身想走。樊哙却得寸进尺,把双腿一叉讥讽道:"想当年你不是钻过别人胯下吗,既不敢交手,那今日也从我裤裆下爬过,今日本将爷便饶恕于你。""樊哙!"韩信勃然大怒:"你也欺人太甚,我是不愿与你相斗,并非惧怕于你!""荷!"樊哙冷冷地一笑:"竖子狂妄,胯下小儿你看招吧!"他举手就向韩信面部打来,韩信不慌不忙闪身让过,樊哙见未有打着,便连连发招,韩信实在忍无可忍,接招还击。两人打了10来个照面,樊哙已招架不住,汗流浃背。韩信左手进一虚招,樊哙躲过,韩信右手又迅速打来,樊哙慌忙一闪,韩信下路一脚踢来,樊哙再无法躲过,"扑通"一声被韩信踢了个仰面朝天,韩信轻蔑地一笑,掸了掸脚上的尘土,大踏步走开。

　　夜幕降临,韩信回到住地,有几十名士卒悄悄来到他房间向他告别,说不愿久居此地,要弃甲归田,问他是否同行,韩信思虑片刻,对众人说道:"你们先走一步,我有一事办完,便离开汉营,弃甲归田永不从军。"众人也不好再说,又怕奸人告密,便会一个也走不掉还会丢了性命,因此趁着天黑便悄悄三三两两离去。韩信决心向丞相辞别,免得为了他而使丞相在中间做难,汉王已视自己为草芥,我何需留在汉营,不如弃甲归田算也!他从怀中取出张良信绢,泪水夺眶而出,"嘿嘿嘿"他一阵冷笑:"子房你骗我也!萧丞相多次举荐,汉王都不肯采纳,更何况你的一条信绢!看来我韩信命中注定不能实现胸中抱负!要它何用!"韩信想到这将信绢在灯上点燃,信绢在火中慢慢化为灰烬。他起身大踏步向萧何府邸走去。

　　萧何书斋,皎洁的月光从窗口射入,满屋晶莹。窗外竹影摇曳,秋花掩映,萧何正无限忧郁地坐在琴旁弹奏琴弦,琴声清韵,旋律起伏,侍女秋菊献茶进入书房奉上:"相爷,请用茶。"萧荷停止弹琴转身说道:"秋菊,天色已晚,告诉夫人让她早点安歇!""相爷近日茶饭不思,夫人十分忧虑,已在厨下亲自给相爷做了点可口膳食。""告诉夫人,让她不要忙碌,今晚我不想用膳。""饭菜已做好,夫人尚等着相爷共进晚膳呢!""唉!"萧何长叹一声:"天下未定国事未安,多少黎民百姓颠沛流离,诸侯豪强暴虐无道,我身为汉室丞相不能辅佐大王一统天下为民谋福,心感惭愧呵!""从相爷弹奏琴弦,小女已从琴音之中听出相爷那忧国忧民之情!""哦! 你懂音律!""相爷忘了我是从秦宫而来汉营。""哦,我差点忘了,你能否弹奏一曲?"秋菊点点头坐到琴旁,抬腕轻拨,弦下滑出一脉清韵,娓娓如诉往事万千,萧何屏息倾听,秋菊边弹边吟唱:

　　　　以暴易暴楚吞秦,豪强割据乱纷纷,

　　　　何日挥戈兴大汉,扫除无道济苍生。

　　萧何听罢歌声激动地问道:"你……你是哪里人氏,如何……?"秋菊停奏回答道:"小女原名叫李文娟,家居淮阴城外,10年前秦宫挑选美女,将我姐妹抢入秦宫,那时我刚刚8岁,被送入后宫练歌舞习音乐,受尽了人间疾苦,汉军兵马攻入咸阳,我才与几个姐妹逃出秦宫,投奔汉王军营,又随军汉中,被安排到相爷府中照料夫人,萧何听完感慨万分:"不除暴政,天下一统,百姓焉能安居乐业,我一定全力辅佐大王完成一统大业,可叹大王听不进我肺腑之言,真叫老夫忧心。"萧何正在沉思,秋菊催促道:"相爷,不可忧虑过度,现夫人已将膳食准备好,请相爷到厅堂用膳。"萧何点点头走入厅堂。

秋菊到琴旁落座,抬腕刚欲弹奏,家童领着韩信来到书房,家童问道:"秋菊姐!相爷哪去了?""相爷今日茶饭未进,适才刚去厅堂用膳,不知你找相爷何事?""韩都尉求见!"秋菊起身抬头见韩信走来,她不觉又惊又喜:"哦!原来是救命恩人,上次竟忘记问你姓名,原来你就是韩都尉,请坐!我去给都尉沏茶。"韩信落座,秋菊端茶献与韩信:"都尉请用茶。"韩信接茶时瞧见秋菊右手腕上的一只玉镯不觉一怔:"请问,秋菊姑娘家住何处,家中还有些什么人?""小女家居淮阴县,家中有一位老母和一个姐姐。""你姐姐叫什么名字?""李紫娟!"韩信又惊又喜:"你还有什么名字吗?""我原名叫李文娟。8岁那年被抢入秦宫,起名秋菊。"韩信激动地说:"文妹,我可找到你了!"秋菊惊讶地:"你是……?""我就是韩信,你韩大哥呀,你8岁时我还教你识文断字,你忘了?"秋菊泪水盈眶一下子扑到韩信怀中,热泪顺颊而下哽咽道:"大哥,我娘,她还好吗?""唉!"韩信心酸地长叹一声:"自你姐妹被抢走以后,不久她老人家就离开了人世!"文娟伤心地泪流满面:"大哥,秦王朝已灭,你可曾见到我紫娟姐?"韩信从怀中取出一只玉镯交给文娟,痛苦地说:"她……她为了我,死于楚将项庄的箭下。"言罢,韩信潸然泪下。秋菊双手颤抖接过玉镯,泣不成声:"娘!姐姐!你们死得好惨啊!韩大哥,你文武全才,可一定要为我娘和姐姐报仇啊!"韩信扶着文娟:"文妹不必太伤心,我正是为了替天下百姓申冤,为你娘和姐报仇,才投军从戎,推翻暴秦,又千里迢迢弃楚投汉,本想投汉有所作为,唉!谁料大王无意东归,我也被小人陷害,几乎丢掉性命,若不是丞相全力相救,恐怕我早已作了刀下之鬼。"秋菊擦擦脸上泪水,温柔地说道:"相爷多次提到韩都尉很有才华,据我所知,他多次在大王面前举荐于你。"韩信感慨地:"人生在世,遇一知己足矣!相爷为了我生了不少闲气,真让我于心不忍。""是啊!"秋菊叹气道:"相爷整日长吁短叹,茶饭不思,他为举荐大哥多次与大王发生争持!"韩信倒背双手紧皱双眉陷入沉思:"现文娟妹已找到了。我心愿已了,她在萧丞相府中我也就放心了。"秋菊见韩信沉默不语,忙说:"韩大哥,你想什么呀,相爷刚去用膳,待我去禀报一声。"韩信急忙阻拦:"文妹不必了,既然相爷正在用膳就不打搅相爷了,我走了!"韩信转身离去,秋菊恋恋不舍地说:"大哥你常来呀!"韩信走到门外又对秋菊嘱托道:"丞相为国为民呕心沥血你要好好照顾他。""嗯!"秋菊眼含热泪点点头。

韩信离去多时,秋菊仍站在门口呆呆地发愣,萧何与夫人用罢晚膳轻步走来,夫人见秋菊问道:"菊儿如何站此发愣?"秋菊猛然清醒,转身忙施礼:"相爷,夫人!"慌忙摆椅让座,萧何爱抚地问道:"菊儿怎么眼含泪水?"秋菊擦了擦两眼热泪慌忙答道:"没……没什么,适才我韩信大哥来过,不知找相爷何事?""怎么韩信是你大哥?"萧何又惊又喜。"他少年时居住我家,我娘如亲人一样待他,他时常教我识字,待我如同亲妹。"萧何若有所悟道:"噢!我明白了,别人说他寄食漂母,就是在你家中喽?""当时我娘靠洗衣为生,人称漂母,韩大哥住我家帮我娘做了不少重活,怎能说他寄食我家,一些流言蜚语就是可恨!"萧何理解地频频点头又对屋外喊道:"童儿,掌灯与我到韩都尉营中。"家童应声:"是!"夫人急忙阻拦道:"慢,相爷,天色已晚多时,有事明日再讲不迟。"萧何沉思片刻:"也罢!明日我定与他好好交谈,韩信实乃难得的人才,汉室要一统天下,非用韩信不可。明日早朝我再尽力保举,大王若再固执己见,我就交出相印。""你呀什么时候能改掉那牛脾气。"夫人微笑地说道。秋菊对萧何道:"相爷、夫人时候不早了,还是早点安歇吧?"夫人点点头,挽着萧何姗姗走入寝室。

夜深人静,约四更时分,萧何与夫人睡得正香,忽然窗外一阵急促喊声:"相爷!相爷!"萧何被惊醒,掀被坐起问道:"谁呀,何事这样惊慌?"家童在窗外说道:"禀报相爷,适才守城军校来报,说昨晚韩都尉骑马出了此门,至今未归。""啊!"萧何吃惊地急忙更衣起床又连声问道:"为何此时才报?"家童说:"军校来讲,昨晚一更时分韩都尉要出北门,军校问他,他说去城外粮仓巡哨。但至今不见回城,近来离营逃走的将士不少,怀疑韩都尉恐怕也是外逃,因此特来禀报相爷。"萧何慌忙起身走出寝室,向家童说道:"童儿快去备马!"家童迟疑地说:"相爷,如此深夜要上哪去?""去追韩信,追韩信!"萧何心急如焚地喊道。"相爷,我也随你一同前往!"萧何点头答应:"嗯!快!"萧何出了相府大门,家童已从马厩牵出了两匹好马,萧何与家童翻身上马,打马扬鞭直奔北门,守城军校闻听丞相要出城门,哪敢怠慢,立即开了城门,一名将佐随口问道:"丞相要到何处去。"此时萧何心急如焚,来不及搭理便狠抽马股,两匹快马飞奔出了城门。

秦岭山麓,留坝境地的寒溪河畔,一轮明月徐徐而起,月光给整个山麓披上一层银辉。韩信骑马奔走一昼一夜,感到人困马乏,当行到寒溪河边,见河水猛涨,水深浪急。已知上游暴雨发洪,很难蹚水过去,便下马止步,他捧河水勉强喝了几口,坐在一块大石上吃干粮歇息,一位樵夫走过,他急忙上前打问前面道路,樵夫告诉他河水猛涨,只有等到水位下降蹚水过河,才能北上翻越秦岭,他无奈只好叹气在此歇息。樵夫走远,韩信陷入深思,偌大天地怎容不下我韩信一人,我堂堂七尺男儿,空读圣书,又习武艺,徒有雄心壮志,却报国无门,他想到这起身向汉都南郑城方向单腿一跪,自言自语道:"丞相,蒙你多方关照,信实难留于汉地,辜负了你一片苦心,韩信在此遥向拜辞,望恩相多多保重!"言罢。韩信起身牵马沿河而上,他刚走两步,忽闻几声马嘶,马蹄哒哒声越来越近,只听马上之人高声喊道:"前面之人请留步!"韩信吃惊地回头一望,只见两匹快马飞奔而来,来人渐渐清楚,竟是丞相萧何!萧何在马上看见韩信,顿时喜出望外,放声高喊:"都尉留步!"韩信闻声止步,萧何污衣垢面来到韩信跟前,下马气喘吁吁拉住韩信双手:"都尉……!""丞相……!"韩信泪水夺眶而出。家童也下得马来说道:"我们相爷闻知都尉他去,急忙起身连夜追赶,还好总算在此地追上,一天一夜可把相爷累坏了。"韩信内疚地说:"丞相!让你受累了!"萧何爱抚地说:"你我一见如故,要走,也得告诉我一声嘛!"韩信"扑通"一声跪下痛哭道:"丞相,请恕罪!""都尉请起,请起!"萧何扶起韩信:"男儿有泪不轻弹嘛!横枪跃马洒热血,方才是英雄本色。"韩信抹去眼泪:"我本想在汉军中干一番事业,辅佐汉王统一天下,可是大王偏信谗言、视我如草芥,虽丞相几次犯颜推荐,但大王充耳不进,我又恐再连累丞相,故决心离汉,弃甲归田永不从戎!"萧何微微一笑:"都尉所言差矣!都尉满腹经纶,武艺超群,何不建功立业,做番大事流芳百世,怎能出此下策,私离军营,更何况还要弃甲归田!"韩信沉默不语,萧何又说道:"都尉年轻,万不可蹉跎岁月,虚掷年华,荒废有用之身呵!当今天下,能成大器者,汉王刘邦也,凡是总有个前前后后,都尉若轻易弃而远走,将来会遗恨千古呵!"韩信迟疑不决道:"这……汉王嫌我出身贫贱,留之何益!""大王十分器重人才,只是尚未知你,老夫可做担保。""唉!"韩信长叹一声:"丞相多次为我,可结果大王他……?"萧何含笑道:"伍子胥七荐孙武,孙武方被吴王所用,我也不过才三荐都尉啊!"见韩信犹豫不决,萧何又说道:"都尉不必再犹豫,跟我速回军营,这次大王若再固执己见,一意孤行,不重用都尉,本相愿随你一道弃甲归田,不知都尉意下如何?"韩信心被

传奇名将

图文珍藏版

说动,他激动地拔剑向天盟誓:"生我者父母,知我者丞相,我韩信如若不能全力辅佐汉王统一天下,誓不为人!""好!"萧何称赞道:"你我同心协力辅佐大王共建大业。"家童心里也十分高兴,将马牵到萧何、韩信身旁,他们翻身上马打马扬鞭高高兴兴返回汉营。

韩信随萧何回到汉营,萧何进宫三荐韩信,由于萧何再三陈述,刘邦终于点头亲试韩信才能,韩信讲了时局和楚汉相比的优劣,如若汉王起兵东向顺应民心,先夺关中,关中既下,汉便依秦为据地,然后再图天下,王业可成。刘邦得到韩信一番陈述,顿时茅塞顿开,但又一想通往关中的栈道已被烧毁,他愁容满面地又问道如何能先夺三秦。韩信来到刘邦身旁只悄悄低语几句,刘邦开怀大笑:"妙妙妙!"他赞不绝口:"真是与张良所献计策火烧栈道珠联璧合!"他拉着韩信手惭愧地说道:"都尉果是奇才,只恨以前自己糊涂。"刘邦立即封韩信为大将,萧何急忙阻止,言道千军易得一将难求,汉室封大将军,应该筑坛拜将才是。刘邦采纳了萧何建议,便立即筑坛,于汉元年八月,秋,乙未日,拜韩信为东征大将军之职,统管三军人马。

暗渡陈仓

汉王刘邦自拜韩信为大将后,三军经韩信操练月余,兵马已基本操练精熟,士气高昂,刘邦甚是高兴,与韩信、萧何商量后,决定择日东征。

大将韩信府内大厅,今日云聚着汉室各文臣武将。汉王刘邦上首落座,左萧何、右韩信两旁相陪,韩信精神焕发,身穿金甲玄衣英气勃勃,下首各文武大臣伫立两旁。刘邦春风满面地高声说道:"我汉室将于明日起兵东征,韩元帅早已拟就进兵方略,望众卿细听!"众人都鸦雀无声默默细听,韩信望了众人一眼,见个别武将还怀有轻蔑的眼光,他只是微微一笑,对众人说道:"近月余已将人马操练一番,我又遣三千将士修筑栈道。众人定会疑问,这秦岭山中栈道已经烧毁,这三千将士修复得何年何月,明日如何起兵东征。这遣兵修筑栈道只不过是掩人耳目麻痹章邯而已。我弃楚投汉时经老猎人指点出一条捷径小道,此道虽然难行,但只要稍加修铺可以直捣陈仓。这叫明修栈道、暗渡陈仓,奇袭章邯。"众人听罢这才放下心来,人人显出敬佩之情。并齐声回答:"谨遵帅命!"

雍王宫后殿。饮酒赏舞一夜的雍王章邯,太阳升起老高才慢腾腾晃悠悠地从寝室内走入后殿,他刚坐下,一名侍女便端来人参银耳汤奉上。章邯接汤刚喝一口,一内侍慌慌张张跑来禀报:"启禀大王,大事不好!""哦!"章邯吃惊地:"何事如此惊慌?""探马来报,汉王刘邦已准备东征,数日前派千名士卒修复秦岭山中栈道。"章邯听罢不乐意地说道:"区区小事也值得如此惊慌失措,山中栈道甚多,他何年何月才能修好,还不给我退下。""是!"内侍默默退下。章平又慌张进殿禀报道:"大哥!据探马来报,刘邦已拜韩信为大将,号令15万大军,要夺我秦地。"章邯冷冷一笑:"刘邦真是痴心妄想。哦!韩信是何许人也!""禀大哥,韩信就是楚军霸王麾下的持戟郎中。"章邯听罢哈哈大笑:"嗯,却原来是一个受辱胯下、毫无志气的懦夫。刘邦如此糊涂,怪不得他行为乖谬,前烧栈道已是失策,今又修复栈道,只派遣千名士卒,看他何时能修通,不必理睬。"章平劝慰道:"大王,还是防备为好!"

章邯略一思索:"好吧,贤弟就带上 5 万人马,据守陈仓道,孤王再令其他将佐率领人马在秦岭道口修筑堡垒,料他插翅难到我废邱都城!"章平很是称赞:"大哥,不愧久经沙场,布防有理,妙!妙!"

秦岭山中褒斜道上,汉军将士汗流浃背地铺设栈道。有两匹快马奔来,一名将佐下马来到统军周勃、灌婴身旁高声喊道:"韩元帅有令,周勃、灌婴修筑栈道监督不力,革去监工之职,带回汉都听候发落!"说罢,冲他们挤了挤眼。周勃心里明白假意发着牢骚:"他娘的,干了这苦差事难道还要伏罪不成!"另名将佐拿出韩信令箭:"将他二人拿下,带回营中,此处由我二人监工,继续加紧修复栈道。"

汉都南郑城夜晚,韩信带领一支大军悄悄离开南郑,向北挺进。后边大队人马在韩信留下的标记下紧随。天刚拂晓,陈仓道上雍军章平的营寨隐约可见,韩信率领着 3 万人马翻山越岭,披荆斩棘经过几天的行军,终于顺利走出秦岭。韩信见章平营寨,一声令下,汉军人马以排山倒海之势攻入敌营。一片喊杀声,章平才从梦中惊醒,他慌忙从寝室内跑出中军大帐,见到处都是汉军人马,吓得魂不附体,他盔甲未穿慌忙从后账中牵出战马,慌不择路匆匆而逃。经过激战,雍军死伤无数,溃不成军,纷纷投降。汉军人马大获全胜。韩信从一士卒怀中取出 3 只白鸽,拴上信绢,放于空中。3 只鸽子在蓝色的天空盘旋一圈,然后向汉中方向飞去。韩信命周勃、樊哙速带 2 万人马向废邱雍都进发,围困雍宫,歼灭章邯。

汉都南郑城内,一只鸽子落入汉王府庭院内,一内侍见着鸽子捉住,从鸽子腿上解下小竹筒,急忙进宫献于汉王面前,汉王刘邦从竹筒内取出丝绢展开一看心花怒放,他立即对内侍下旨:"快,速传孤王旨令,宫内准备向秦地进发!"丞相府一只白鸽子落入文娟手中,文娟从鸽腿上解下信绢,急忙向丞相萧何献上,萧何一看满意地一笑:"准备起程!"军中夏侯婴也从一只鸽子腿上取下信绢,哈哈大笑道:"元帅果然奇才,来人,立即拔营起寨,三军向秦地进发。"翌日清晨,汉王刘邦率领着汉军人马及后宫、辎重、粮草缓缓向秦中行来。

废邱城,雍王宫主殿,龙灯凤烛香烟袅袅,章邯左右依坐着红裙舞女,翠袖歌姬,在悠扬的乐声中饮酒观舞。一将佐进殿禀报:"启禀大王,汉军修复栈道又增加不少百姓,已修好一处。"章邯冷冷一笑:"几百里栈道才修好一处,他何年尚能修好,看来韩信乃蠢夫也!不必理会,陈仓道已有章平把守,汉军插翅也难飞到我废邱城!"忽然殿外一阵凌乱的脚步声,章平垢面污衣与几名逃回的将佐跌跌撞撞冲进大殿,跪伏于地,失声痛哭。章邯大吃一惊,他一挥手,众舞女退下,乐声止。章平战战兢兢说道:"大王,陈……陈仓……!""陈仓怎么啦?"章邯追问道。"陈仓……失守!""啊!"章邯差点昏倒,他怒掷酒杯:"你……你如何失守,又是何人夺去?"章平哭泣道:"是韩信所率汉军人马!""啊!难道汉军兵马是从天而降不成?栈道尚未修好,汉军从何处而来,难道他们真能插翅高飞吗?"一将佐道:"大王,汉军未走栈道,是抄一条小径暗渡陈仓,现汉军已直奔废邱城而来。"章邯此时心急如焚,一军吏慌张进殿禀报:"启禀大王,汉军兵分三路已杀到城下,将城池团团围困。"章邯急忙登城据守。

雍城外。韩信率领几万将士猛攻雍城,号角阵阵,杀声连天,雍兵抵抗不住,纷纷败退城内。

章邯在大殿内心急如焚,他令一名军校抬刀备马,决心与汉军决一死战。他刚出大殿,一将佐慌慌张张跑来禀报:"大王,大事不好,不知城外何处涌来大水,已淹死我无数兵马,汉军已驾起船舟攻进城内。"章邯大惊失色,断定是韩信堵截了河水,又放水淹了城池。

汉军杀进城内,双方将士展开格斗,雍军又死伤无数。章邯、章平带领着百名士卒向城北仓皇逃命。他们刚出北门,一队人马拦住去路,为首一员大将金盔铁甲,手持长枪,在阳光下更显得英气夺人。左有周勃、曹参,右有樊哙、灌婴。章邯一见,吓得魂飞天外。韩信在马上高喊道:"章邯,本帅在此等候多时了,快快下马投降吧!""胯夫小儿,孤王久经沙场,没想到今日败在小儿你的手里,今日孤王与你拼了!""哼哼!"韩信冷冷一笑:"章邯你恶贯满盈,今日便是你归天之日,休走,看枪!"说罢,横枪跃马直奔章邯而来。章邯见势不妙,与韩信才交两个回合,便拨马向城内逃去。百名雍军士卒被汉军杀死杀伤,不少人跪地投降,章平被樊哙生擒。章邯逃回城内跑进宫中,韩信随后率领人马杀到,章邯又逃入大殿,韩信持剑追入大殿,后面曹参、周勃、樊哙、灌婴等将佐——齐拥进殿内。韩信怒呵道:"章邯匹夫,看你还想往哪里逃!"章邯见无路可走,前后左右均被汉军将士团团包围,遂拔出利剑向脖颈一抹自刎而亡。此时夏侯婴也已赶到,他向韩信禀报道:"启禀元帅,我汉军已分扎雍地各处,汉王及丞相和后队人马翌日即到。"韩信大喜:"好!我军大获全胜,夏侯将军,速禀告大王,雍地全部平定。"随后,韩信又部署军马,兵分两路夺取塞地栎阳城和翟地高奴城,全部占领秦地。

一个月后,汉王刘邦率军进入废邱城。这时韩信已扫平塞地、翟地,司马欣、董翳二王相继投降,三秦全部平定,韩信班师回朝。

东拒北征

公元前206年底(汉一年)韩信夺取三秦后,刘邦在秦地栎阳城建都,开放秦林苑,奖民耕作,减赋税,赦罪人,改秦社稷为汉社稷,关中大治,汉室崛起。同时谋臣汉军师张良在老母病故后,又从韩国返回汉室。项羽闻听三秦丢失,决心起大军讨伐,无奈三齐田荣举旗谋反,首先叛楚,项羽率大军尚在攻打齐都脱不开身。这时,张良又用一计,写书一封送与项羽,陈述时局利弊,信中写道:"霸主项羽陛下,张良乃一介草夫,虽跟随刘邦,但能深明事理。汉王虽然失职,但只收复三秦,如前约即止,在三秦称王足矣,不再东进。唯有三齐叛楚,妄想灭楚称霸天下,故寄书阐明汉王之意,请霸主见谅!"范增知是张良施计,便请项羽暂且放下齐都不攻,先举兵攻打刘邦。无奈项羽认为不灭三齐,不杀死田荣气难咽下。刘邦虽夺三秦,并没举旗反楚,因此先平三齐后伐刘邦。谁知,这样一来,便使刘邦在关中站稳了脚跟。汉室有了喘息之机,刘邦采纳韩信之策,速在三秦大地招兵买马扩大实力。三秦大治,百姓安居乐业,只等夏收后起兵东征。刘邦此时思念家乡丰沛居住的父亲、妻子和儿女,便想派一支大军迎取。韩信已料范增必然派楚军监视汉王眷属,若汉遣兵接人,只怕人未接来,太公、吕雉和一双儿女命会休矣!刘邦心急如焚,韩信建议派两名熟悉丰沛地理的心腹乔装成商人去丰乡暗中接太公及吕雉。张良也赞同此计。刘邦无奈,只好派薛欧、王吸二位偏将去丰乡迎取眷属。

关中平原今年夏粮遇上了大丰收。汉室粮仓均已堆满,三秦百姓丰衣足食,人人喜笑颜开。汉王宫主殿内这几日议事激烈，经过韩信、张良多方争议，刘邦才决心东征。但汉王刘邦决意亲统大军前往，关中大地交于长子刘盈据守。上次太公及吕雉因楚军监视很严未能迎回，只把长子刘盈偷偷接走。长子刘盈年幼，令曹妃娘娘相辅，丞相萧何辅佐据守栎阳城。

此时楚军项羽正讨伐三齐相持不下，汉军才乘隙而出，率军东征。从临晋渡黄河入河南，殷王司马卬率军阻拦，韩信略施小计破了殷军，活擒司马卬，汉军浩浩荡荡直抵洛阳。此时楚军项羽遣都尉陈平率军援助殷军，半途才知殷军大败，司马卬被活擒，陈平恐项羽治罪，便独自一人弃甲到洛阳城投汉。刘邦见陈平面如冠玉，相貌非凡，便委之重任。陈平降汉后献上一计，让汉军乘项羽尚在千里之外攻打三齐，何不乘隙攻下楚都彭城，刘邦甚是高兴。便决意亲统大军前往，让韩信据守洛阳。韩信多次谏阻，刘邦不听，他恐韩信再夺彭城立功，功高震主。故让韩信据守洛阳。汉军一路所向披靡攻下楚都彭城。项羽此时已攻下齐都，杀了田荣，立田假为齐王。当项羽闻知刘邦偷袭了彭城，立即起大军杀回彭城。刘邦做梦也没想到项羽会率大军悄悄杀回，汉军大败，死伤几十万人马，汉王刘邦差点还丢了性命，多亏太仆夏侯婴死死保驾才得已逃回。韩信闻知汉王刘邦大败，便亲统人马前往荥阳救驾。刘邦被救回，可汉军元气大伤，多亏韩信在荥阳多次击败楚军追兵，汉军才得已喘息。要不项羽会一鼓作气直追杀到三秦栎阳城中。在关中栎阳城中，丞相萧何闻知汉军大败，便征来新兵卒数万和筹来粮草数十万，让长子萧平与文娟亲押荥阳城中，汉军得到补充，军威才开始振作。

荥阳城。韩信巡城刚回到府邸，进书房卸下戎装，一名侍卫献茶置案，韩信端茶刚呷一口，忽然闻听一女子喊声。韩信不由自主地转身一看，见门口站立一人，心中一怔，然后喜出望外："小妹！你何时来的，快请坐。"文娟进房内假意生气道："我前日与萧平就到荥阳城，今日又到府门等候多时，难道大哥有意躲着小妹。"韩信歉意道："哪里，大哥近日十分忙碌，昨日听说小妹已到荥阳，却没空去看望，望小妹多多原谅！大哥这里赔礼了！"文娟"扑哧"一声笑出声来："谁让大哥赔礼！你为汉室江山日夜操劳鞍马劳顿。小妹岂能不知！"韩信上前一步握住文娟双手："你们将人马粮草送来得太及时了，真不知如何感谢。小妹，何时返回关中时请代吾向丞相及夫人问安！"文娟含情脉脉地望着韩信那饱经风霜的脸颊，不由一阵心酸："小妹真想变株小草，随大哥战马驰骋，任大哥双脚踩过，就是碾成灰，也能落到大哥身边。小妹此次早已想好，不回栎阳，永远侍奉在大哥身旁。""傻妹子，你说哪去了，想我韩信自幼孤独，幸运遇上小妹一家好人，吾才有今日，吾何曾不想有个贤妻作伴，呼儿唤女？然国不宁，心难平，惶惶乱世，刀光剑影，天下不一统，纵有娇妻爱子，也难享天伦之乐。况且丞相与夫人身边更需要你去照料。小妹还是回到栎阳去吧，大哥怎忍心让小妹流血沙场……"文娟被感动，深情地点了点头。此时一名侍卫进来："启禀大将军，大王驾到。""哦！"韩信一怔："大王今日亲踏宅门，定有大事，传令！府门列队迎驾！"侍卫离去，文娟也起身告辞。韩信急忙整衣出府门迎驾。

此时刘邦在张良、郦食其、周苛等人簇拥下慢步而来。韩信率众武士列队相迎。刘邦在众臣簇拥下来到厅堂上首落座。众臣分立两旁，二侍卫急忙献茶。刘邦呷了一口茶水，然后歉意地说："彭城进兵，朕未听韩卿言，至今悔恨莫及。现各地诸侯趁势倒楚反汉，汉被孤立，又兵力不足，朕的宏业恐难实现。不知韩卿有何高见卓识？"韩信微笑说道:"大王可曾记得昔日在汉中起兵东征之时,你我君臣商议的大策?"刘邦淡淡一笑:"这,孤王怎能不记得。但是现形势所变,我汉军已遭挫败,如何能与这强楚争雄?""大王,楚虽强盛,但不是不可破。争夺天下不能凭一时强弱而定。汉军虽弱,只要分兵两路,采取东拒北征方略定能夺取天下!"刘邦高兴地从座位上站起:"何为东拒北征?"韩信说道:"大王可差遣一部人马,从荥阳起兵,向北挺进,先取魏,再入赵夺燕,然后从燕入齐,平定北方,扫除楚的两翼。等北方已定统归汉属,然后北、东二路南下会师,合击楚军。"刘邦满意地点点头:"嗯!那东拒……?""就是坐镇荥阳牵制楚军西进,防楚夺我关中,与楚周旋在荥阳,使楚无力顾及北方。等北方平定,两路夹击,何愁不破楚军?""嗯,此策不错!"刘邦转念一想:"可是北征谈何容易……?"郦食其也插话说道:"北征兵马太少,加之路途遥远,山径崎岖,给养供应困难重重,任重道远,何人能率军平定北方?"韩信思虑片刻:"大王!臣愿率一部分人马平定北方!""这……!"刘邦有些犹豫不决。张良急忙提醒:"大王!北征非大将军莫属!"刘邦猛然醒悟:"哦,对!对!北征非韩卿莫属,朕封你北征大元帅之职。"韩信急忙起身施礼:"谢大王!为了汉室一统大业,臣就是赴汤蹈火,也在所不辞!""好!"刘邦高兴地说,"朕等候韩卿佳音,朕亲统一部分人马东拒楚军。"此策就此定下。刘邦率众臣回到行宫,韩信分了一部人马待命出发。

荥阳城外。校军场上,旌旗招展,北征兵马个个精神抖擞,威武雄壮。一面帅字旗在队列前迎风飘扬。将佐曹参、灌婴骑马立于队前,韩信在两名侍卫相伴下身穿金甲玄衣走来。曹参急忙下马来到韩信面前施礼:"启禀元帅,北征兵马准备完毕,待命出发。"韩信点点头,然后拔剑在手向空中一举,号令三军:"北征将士,同盟一心,不负众望,扫平北方!"众将士齐声振臂高呼,呼声响彻云霄。刘邦在众臣簇拥下慢步而来。韩信迎上。刘邦拉着韩信手来到队前,望了望汉军阵容,满意地笑道:"韩卿不愧为大将之才,朕有韩卿,何坚而不摧也!"韩信向刘邦道:"臣以为,北征虽说不易,东拒更不可小觑。荥阳城中三军人马全靠敖山粮仓,此仓万不可有失。请大王切记!"刘邦淡然一笑:"韩卿放心,敖仓有周勃将军据守,不会有失。卿即起程,勿负朕望。"

于是,韩信率兵马踏上了北征的路程。

背水列阵

韩信率军北征,大军到了临晋津,望见对岸统是魏兵,不便轻渡,乃择地安营,赶办船只,与魏兵隔河相距,暗中却派士卒探察上游形势,不多时探马来报,上游的夏阳地方魏兵把守甚少。韩信听后,便已想出一破敌之策,他令曹参带领人马入山,砍伐木料,不论大小运到军中。曹参领令走后,韩信又令灌婴带领将士分往市中,购买瓦罂,每瓦罂须容纳二石,购买千数,灌婴领令去办。没有几日,曹参、灌婴统统回来缴令,各将木料瓦罂一律办齐。二将心中纳闷,便直言问韩信:"元帅,用木料及瓦罂做甚?"韩信微微一笑从怀中取出两条信绢:"汝二人各取一条,看后自然明白!"二将接信绢在手,出了大帐,展开一看,原来元帅是让他二人制造木罂。这木罂造法,信绢画有图形,原是用木料夹住罂底,四周缚成方格,把千罂分做数十排。让二将制好以后再行请令。灌婴对曹参道:"元帅葫芦里卖的什么药,渡河船只已有,造这木罂有何用?"曹参微微一笑："想元帅定有妙计,我等只依法制做罢了!"二将星夜赶造,不到数日,已将木罂制齐,前来缴令,韩信满意地点点头:"待至黄昏,灌婴你留兵数千,只准摇旗呐喊擂鼓助威,守住船只,不得擅自渡河,违令者斩!""是!"灌婴领令出帐。韩信又对曹参道:"曹参与本帅率军搬运木罂,连夜行到夏阳,即将木罂放入河中,每罂内装载兵卒两三人渡河,不得有误!"曹参领令出帐后,立即行动。率军将木罂运到夏阳。韩信与曹参一同率军乘坐木罂划到对岸。那魏将柏直只是注意把守临晋津。不使汉军渡河即可,哪想到韩信用木罂渡军。夏阳平日守军甚少,见河面没有船只,只是放心睡觉。天色已亮,汉军人马全部渡过。曹参拍马舞刀杀奔魏营,魏兵尚在梦中毫无抵抗,纷纷投降,魏将柏直被杀。汉军直杀到魏都平阳,魏王豹闻听慌了手脚,亲自开城迎敌,他既无韬略,又无本领,未战几合,被韩信曹参将帅二人活擒,魏兵见魏王豹被擒,纷纷弃甲投戈跪降。魏地平定。韩信令人把魏王豹及家眷囚入槛车运往荥阳听候汉王发落。

再说项羽自彭城大捷、汉军元气大伤,心里十分高兴。本可乘胜追击直捣关中,无奈被韩信率军拦阻,只好班师回朝。这一日早朝,项庄启奏:"启奏陛下,据探马来报,汉大将韩信率军北征,已夺取魏地,活擒魏王豹。"项羽大惊,问众臣道:"汉军上次彭城兵败。已死伤几十万人马,他怎有兵力北征? 这韩信胯夫真不简单,当初悔不该没纳丞相之言,使胯夫小儿弃楚投汉。"丞相范增急忙出班启奏:"陛下不可忧虑,汉军此次能北征说明兵援已补上,但汉军不会有多少兵力,韩信北征,荥阳城内必然兵力不足,何不将计就计来个马踏荥阳城,乘势活擒刘邦,灭了汉军,看他韩信又能如何?"项羽点头称赞:"丞相所见正合吾意。"项羽立即下令,发倾国之兵马踏荥阳。

且说韩信据有平阳,筹备伐赵,此时汉王使命到,韩信立即接旨,原来是调曹参、灌婴两支精兵回师荥阳,据守敖仓。韩信遵旨,只好让曹参、灌婴率军离去。曹参、灌婴二将本是韩信左右臂,这一离去兵力减去大半,使韩信显得沉闷压抑,他独自一人在书房内推开窗户,眼望那乌云翻滚的天空,不由长叹一声,陷入沉思。从他那布满血丝的双眸中,可以看出他那难以言状的痛苦和焦灼。此时两名偏将靳歙、陈郡走进轻声道:"元帅!"韩信慢慢转过身来:"二将请坐。"靳歙眼含泪水:"元帅,大王对咱们也太……!""别说了!"韩信苦笑道,"大王也有他的难处,虽调走曹参、灌婴两支精兵,但也是为了荥阳安危,万一敖仓失守,后果不敢设想,这关系到大王及众臣的安危!""那我们北征还进军不进?"陈郡不满地说道。"才刚刚夺取魏地,就将人马抽走一半,这伐赵还伐与不伐?""要伐,不但要伐,还要取胜才行!"韩信坚定地说道。"这人马粮草从何而来,如今咱们北征军只剩下1万多人,这……"陈郡又忿忿不平地说道。"不是本帅让你们抓紧四处募兵吗?""刚招募的新兵,又能如何争战!"韩信坚定地微微一笑:"只要我等抓紧操练,指挥有方,新募兵丁仍可以驰骋疆场,杀敌取胜。"韩信接着又说:"此时此刻要以大局为重,咱们将帅要团结一心,才能北征胜利,走,咱们到募兵处看看!"陈郡与靳歙点点头跟随韩信来到募兵处。远远就见募兵处三五成群的青壮汉子踊跃报名参加汉军,一个个穿戴汉军服装喜笑颜开。又走到另一处,见四方百姓肩担、背扛着粮草纷纷交售给汉军,将士一一付清银两。韩信望着一切与靳歙、陈郡互相对视满意地一笑,靳歙高兴地问道:"元帅,何时起兵伐赵?"韩信果断地答道:"再等几日,粮草筹齐,择日起兵直驱赵都。"

且说赵王歇闻知韩信伐赵,慌忙令赵相陈余率军扼险固守,阻住汉军。赵有一谋士广武军李左车，进言陈余道："韩信乘胜远来，锋不可当，但臣闻他新募兵卒，粮草又馈乏，他敢远道至此，必利速战。好在赵国门户，有井陉口为险阻，车不能行走，马不成列队，彼若从此处进兵，势难兼运粮草，所有辎重定在后面，请丞相给为臣3万人马，由间道潜出，截取汉粮，丞相深沟高垒，勿与交锋，韩信前不得战，后退不得还，荒野无所掠食，汉军不出十日，必然自乱，那时微臣便将韩信首级交于麾下！否则，虽有险阻，不足深恃，恐反被韩信所擒。"陈余本是书生出身，见识迂腐，又不尚诈谋，他怎能采纳李左车之计，立即呵退左车，使之离去。

再说韩信率领大军行至井陉口，天色微明。他吩咐靳歙、陈郗如此这般授以密计，令他们分头去办，二将领令而去。韩信令裨将分给干粮，叫全军暂时果腹，传谕将士道："今日便好破赵，待成功后，会食未迟。"将士都很惊疑，但又不敢细问，只好按令行事。韩信又挑选精兵万人。令其渡过泜水，背着河岸，列阵等待。赵军望见汉军背水到阵，不禁窃笑，就是汉军将佐也都惊疑。但都知元帅平日善于兵谋，往往令人不测，所以依令照行，不敢违抗。韩信率军渡河到了对岸，见赵兵据险立营不肯出战，便令将士扬旗示众，击鼓助威，并大模大样率军闯入井陉口。

此时早有赵军士卒报告陈余，陈余大开营门，麾兵出战。赵兵仗着人多势众，一拥上前来围韩信，韩信传令撤兵，并令将士抛下帅旗，掷下战鼓，一齐返奔，驰还泜河营寨。陈余部众得胜，奋力追击，还有居守营内的赵兵，也想乘势邀功，赵王歇也拥了出来。掠取汉军旗鼓。韩信率军退到泜河边，陈余率赵兵追至。泜河岸边本有汉军列阵等待。见韩元帅回寨，立即出兵拒陈余兵马，韩信立即下令全军将士与赵军决一死战，退后者斩。元帅令下，个个奋勇，人人争先。一场鏖战，赵兵死伤无数。陈余见时已中午，将士人人都已腹饥，不能再战，便令撤兵。不料到了途中，望见赵营寨中旗帜已变颜色，仔细辨认，才看清是汉军旗帜，不由得魂驰魄丧，色沮心惊。正在慌张之时，突然斜刺里冲出一军，乃是汉左骑将靳歙、傅宽引兵杀来，陈余急忙率部对阵。突然又有一路汉军人马杀来。当头拦住，为首者陈郗、张苍。吓得陈余不知所措。三路人马合击。赵军大败，陈余被杀，赵军将士纷纷跪地投降。汉军大获全胜。韩信升坐大帐，靳歙押到一个俘虏推入帐中禀报："启禀元帅，汉军大捷，末将已活擒赵王歇，前来交令。"韩信大喜，令人推出帐外枭首示众。赵王歇被斩，赵地扫平。汉军进入代郡城歇息休整。

韩信率军驻扎代郡城后，他又在帅府内伏案查阅燕、齐地形图，侍女翠珠献茶置案，靳歙、陈郗、傅宽等将佐抬着一坛酒，带领十几名偏将径直走进府门，来到屋内喜气洋洋跪拜朝贺："恭喜元帅，贺喜元帅，祝元帅身体安康！"韩信抬头一笑："众位！这是为何，快快请起！"众将起身，靳歙倒满一杯酒呈上："伐赵大捷，今日我等特备薄酒一坛，以表我三军将士敬佩之心，请元帅先干三杯！"韩信无奈只好盛情地接杯连干三杯。众将齐声称道："好！"陈郗高兴地上前几步施礼道："元帅，众将士至今不明，特来请教元帅！""哦！"韩信惊喜地问，"众将何事不明？"陈郗很敬重地问道："元帅大战赵军20余万，背水列阵，乃是兵家大忌，竟然得胜，这是何原因？"韩信望望众人微微一笑："你等虽阅读兵书，却未得奥旨，所以生疑，兵法云：陷之死地而后生，置之亡地而后存，便是此意。请想，我军新旧夹杂，本帅又无分身之术，促使将士奋勇杀敌，惟置死地，使将士人自为战。然后才勇气百倍，无人可挡。这又如兵法所言，驱市人为战，不能不用此术也！"众将听罢无不佩服。此时一士卒进来禀告："启禀元帅，赵谋士李左车捉拿到，请元帅发落！""哦！"韩信又惊又喜："上次井陉口大战，让他走脱，此人非同一般，将他带进来！"李左车被缚，被两名士卒押了进来。他立而不跪，韩信一拍几案："李左车，你因何不跪。""哼！"李左车心里不服。"可惜赵王、陈余昏庸君臣，不纳我言，要不怎能丢失赵地，成你阶下之囚。"韩信微微一笑："本帅知你很有智谋，可惜你错保了昏庸无能的赵王歇，常言道：良禽择木而栖，良臣择主而事。汝竟不懂此理，所以成为阶下之囚。""唉！"李左车长叹一声："李某空有满腹经纶，竟落了亡国破家之亡，做个刀下之鬼。今已被擒，要杀要剐，随你尊便，给个痛快就行。"韩信离案来到李左车身旁上前亲解其绑："汝是条好汉，本帅赦你无罪，请坐！"李左车感动得热泪盈眶："谢元帅不斩之恩，在下早已敬仰元帅才能，如若元帅不嫌，在下甘愿在元帅帐下听令！"韩信大喜，立即令人备酒给李左车压惊，众人见元帅收服李左车，人人都敬佩离去。翠珠献茶置案。李左车落座问道："不知元帅平赵后还征何处？"韩信一笑："本帅思虑北向攻燕，然后东向伐齐，不知李将军以为如何？"李左车思虑片刻："元帅名闻四海，威震天下，无人不敬佩。可是汉军经久争战，将劳卒疲，莫若元帅安兵歇息，镇抚赵地百姓，再选遣一舌辩之士去燕都晓示燕王利害，燕王惧元帅声威，不敢不降。待燕已降，元帅再起兵东向伐齐，齐成孤立，不亡何待？""此策善也！"韩信十分称赞。"不过遣谁去燕说降合适？"李左车自告奋勇道："元帅，在下不才，愿去燕都劝降！"韩信大喜，立即委派李左车前往燕都。李左车到了燕都，阐明利弊，果然燕王愿降。燕地全部属汉。

十面埋伏

韩信率军一路所向披靡，涉西河，虏魏王，擒夏说，诛成安，毙赵王，名闻海内，威震四方，燕王投降，韩信便挥师东向伐齐，不出三个月便灭了三齐，收城池70余座。齐地土地辽阔，韩信率军驻扎安慰百姓，可韩信手下有一谋士蒯彻能言善辩，他蛊惑将士上表韩信。让韩信请命汉王加封韩信为假齐王，以便好镇守三齐大地。韩信在众将恳求下违心地写了奏表送与汉王。在此同时汉王刘邦被楚军困在荥阳城中，敖仓失守，粮草皆无，张良、陈平用离间计，迫使项羽怀疑丞相范增、钟离昧等忠臣良将。项羽果然中计，撤了钟离昧将军之职，范增见项羽不信任自己，便提出辞职告老还乡，项羽恩准，范增离楚后一路忧郁成疾，终于未回到彭城途中患疾而亡，后来项羽醒悟知道中计，便恢复了钟离昧等人的将军之职，派人去接丞相范增，未想到范增途中已死，项羽十分悲伤，便令人厚葬了范增，再次围困荥阳，汉军被困荥阳粮绝，无计可施只好开城假降，汉偏将纪信假扮汉王刘邦乘坐龙凤辇，在汉御史大夫周苛陪同下，开了东门趁着天黑假降，汉王刘邦与张良、陈平等臣假扮妇人混在妇女之中，开了北门趁天黑而逃。项羽在东门见了龙凤辇甚是高兴，令将士将刘邦托下车来，没想到竟然是纪信假扮，大怒之下烧死纪信与周苛，攻进荥阳城中，汉军大败伤亡无数。汉王逃出荥阳来到成皋，与英布兵合一处，项羽闻知刘邦逃到成皋挥师来攻成皋，汉王料知成皋难守，又带夏侯婴等众臣北向修武来找韩信，此时韩信率军刚平定赵地，说降燕王，准备伐齐，可巧刘邦驾到，急忙出帐迎接，汉王刘邦到了韩信大帐才长长喘了口气，他令韩信部将兵马截留一半与他，他率人马驻扎修武欲图收复荥阳，另一半令韩信率领东向伐齐。韩信伐齐大捷。汉王刘邦率军在彭越、英布两军协助下又攻下荥阳。项羽因惧彭越偷袭彭城，故与彭越、英布大战,荥阳城内兵将较少,被汉王巧取。项羽又杀回荥阳来困汉王。此时韩信差的吏弁送奏表到。汉王本因爱臣郦食其贪功前往齐都去劝说齐王降汉,可韩信未接到不让攻齐旨令,便发大军攻齐,齐王大怒,立即将汉王派的使臣郦食其烹入油锅。郦食其死,刘邦十分悲痛。本已怨恨韩信不该贸然进兵攻齐,此时接到奏表,展阅后顿时拍案大怒:"韩信小儿胆大妄为竟然想做假齐王,还说为了镇守三齐,实在可恨!"一旁张良急忙低声劝阻:"大王,而今汉方不利,怎能禁止韩信为王,如果韩信生变,汉大业完矣!"刘邦甚也聪明,立即停住骂声,令人刻好王印,使张良亲赴齐地加封韩信为真齐王。韩信封王后正准备择日起兵伐楚。此时,项羽在谋臣献策下,也派遣楚使舌辩侯武涉前来离间韩信,给韩信王印、黄金万两,让韩信自立为王,楚、汉、韩信三足鼎立。若韩信助汉,汉胜;助楚楚胜,若汉胜日后必危及元帅性命,楚胜不致元帅自危,请韩信三思。韩信驳斥了武涉所言并说道:"我韩信前事项王,只不过执戟郎中,言不听,计不用,所以才弃楚归汉。汉王授我大将军印,付我数十万将士,解衣衣我,推食食我,我若负德,天理不容,我誓死从汉,决不自立。请汝复告项羽美梦休想。"武涉无奈,只好收起王印、黄金叹气而去。武涉回到楚营,回禀了项羽,项羽无奈只好按谋士所言派遣两名刺客趁天黑来刺杀韩信。韩信在寝室内熟睡,房上两条黑影轻轻落下,他们身穿夜行黑衣,蒙着面,手执钢刀轻步来到韩信寝室窗口。轻拨窗栓,掀窗翻身跳入。同时另有一个黑影人也从房顶落下到窗口跃身而入。两个蒙面人借着窗口微光,蹑手蹑脚来到榻前,一人掀开帏帐,另一人刚把刀举起,突然屋内有人高喊:"有刺客!"这一声刺破夜空,犹如晴空一声霹雳,二刺客大吃一惊,随着声音,后面有一黑影人窜上一剑将举刀人的刀架住,脚下一个扫堂腿,将举刀人踢倒,另一蒙面人举刀便向黑影人砍来,黑影人一架,二人厮杀在一起。

此时韩信惊醒翻身跃起,从墙上拔出利剑便来战被踢倒的蒙面人,二贼见势不妙。从窗口前后窜出,黑影人随后紧追。这时,门口守卫士卒被惊醒。也大声喊叫抓刺客,随着喊声十几名侍卫举着火把,拿着兵刃纷纷向庭院赶来,两个蒙面人窜到庭院脚还没站稳,后面黑影人紧跟着举剑便刺,三人厮杀起来,韩信也窜入庭院与二贼厮杀。一蒙面人虚晃一刀,翻身窜上房顶而逃,另一蒙面人刚想逃窜,被黑影人一剑刺伤大腿,蒙面人大叫一声扑通栽倒在地,过来几名侍卫将刺客绳捆索绑。韩信向黑影人深施一礼:"多谢壮士救命之恩!"黑影人摘下头顶黑纱轻声细语道:"元帅不必客气!"这燕语银声使韩信一愣,借着火光定神一看,韩信又惊又喜:"瑞娘,原来是你!""让元帅受惊了。"田瑞娘淡淡一笑。韩信高兴地问道:"自从那年清明紫娟坟上一别,已有数载,不知姑娘因何也来到齐都临淄城中,怎知有刺客行刺,便深夜相救。"瑞娘嫣然一笑:"自从与将军一别,我便随师父浪迹天涯,做些行侠仗义之事,近期与师父来到临淄,见汉军已取三齐,又见元帅将临淄治理得井然有序,心中十分敬佩,我与师父投宿在客栈中,见这二贼行踪诡秘,便起了疑心,跟踪探听方知是两名刺客,今晚又见一楚使与这二人在屋内窃窃私语,我便窥视细听,方知是来刺杀元帅,因此便尾随跟踪二贼到此。……"韩信深情地挽留道:"姑娘乃女中豪杰,我军中正是用人之时,姑娘能否留在军营,为国效力?"瑞娘再三推辞,说从不过问政事,而且师父尚在客栈等候。韩信只好让瑞娘到房中歇息一会饮杯水酒,并差人将她师父一同接来饮酒致谢!不多时差人回来带一书信,言讲瑞娘师父已走,留一书信让交于瑞娘,瑞娘展开一阅潸然泪下,原来师

图文珍藏版

父让她留在帅府，为国出力做一番事业。瑞娘无奈只好留在了军营。

自从项羽起兵以来，韩信用十面埋伏之计杀败项羽，把楚军十多万精兵击毙三四万，投降三四万，剩下三四万残兵败将逃回营中。汉军大获全胜，韩信黄昏升坐大帐，张良、陈平左右相陪，各武将下首伫立，韩信扫视众将一眼，严肃地说道："本帅用十面埋伏击败楚军，今晚定将楚军一举歼灭，曹参、周勃听令！""末将在！"二将出班。韩信从案中取出两枝令箭："令你二人带上两万人马，埋伏在乌江口岸，项羽逃此，你二人按上写计策行事，不得有误！""遵令！"二将接令退下。韩信又抽出第二枝令箭："其他众将严阵以待，今晚二更点燃篝火全唱楚歌，再请些民间女子围坐篝火一同皆唱楚歌。楚歌由子房、陈平下去教唱你等，然后各将领教会士卒，不得有误！"樊哙犹豫再三，还是出班不满意地问道："元帅，这是哪一种兵法，末将从未听说唱歌能把敌军唱败！""嗯！"韩信把脸一沉。"樊哙休得无礼，违令者，斩！"众将都默默无声，樊哙只好退下。

项羽败回大帐，爱妃虞姬秀丽聪慧，急忙迎上劝慰："胜败乃兵家常事，愿大王不必忧虑！"项羽摇摇头："你等妇人不知今日战事利害，我项羽从未遇此恶战！"虞姬急忙令人盛上酒肴给项羽解闷，项羽与虞姬落坐对饮。由于项羽疲惫心情不爽，未饮几杯便睡眼朦胧，虞姬将项羽搀扶到榻上，项羽合衣入睡。虞姬守候榻旁，甚觉不安。二更时分，忽然隐隐约约帐外传来阵阵歌声，男女声夹杂，如怨如慕，如泣如诉，仿佛鹤啼鸿哀。虞姬忍不住潸然泪下，回顾项羽却是鼾声如雷，不由自主走出帐外，一阵阵凄婉、深沉的歌声传来：

战云千重兮田园荒，妻儿在野兮母在堂。
鸿雁传出兮飞不度，征人何日兮返故乡

……

项羽突然也被阵阵歌声惊醒，翻身坐起大声喊道："虞姬！虞姬！"虞姬闻声急忙进帐，项羽惊疑地问道："为何四面都传来楚歌之声？"虞姬泪下："陛下，这歌像从汉营传来！""汉营中哪有这许多楚人，难道朕军中已经哗变？或者楚地已被汉军占领？"项羽正在惊疑，钟离昧慌慌张张跑进大帐："陛下，大事不好，军中将士皆已逃散，现只剩下八千江东子弟！"项羽下榻站起，一把抓住钟离昧衣领："你……你说什么？那项庄、项伯等众将何在？"钟离昧吞吞吐吐回答："都已逃散，听一士卒讲项庄在逃离时被汉军擒住斩首，现首级已挂在桅杆之上。项伯听说已投降汉营。""无耻之辈！"项羽恼怒地急忙走出大帐，环顾四周，只见楚军大营帐包东倒西歪，进入几顶营帐内查看，均空空荡荡，心中掠过一丝悲凉，再出帐远眺，见汉军大营篝火通明，身着楚军服的士卒三五成群皆歌，项羽又回到大帐，见虞姬已哭成泪人，自己也落下几滴悲伤之泪，便抓起酒壶："咕咚咚"一气喝下。此时钟离昧出帐牵来项羽坐骑乌骓马，项羽瞧见挥泪唱道："力拔山兮气盖世，时不利兮骓不逝。骓不逝兮可奈何，虞姬虞姬奈若何？"虞姬听罢项羽悲歌，心如刀绞，泪如泉涌，也随声吟唱："汉兵已略地，四面楚歌声。大王意气尽，贱妾何聊生！"虞姬拔出佩剑向脖颈抹去，顿时血溅一地。项羽急忙拦阻已是不及，遂抱尸痛哭："虞姬，是朕害了你呀！"钟离昧与几名士卒牵来乌骓，扛着大戟挥泪走进大帐："陛下，乘着天色未明，还不快带领八千子弟冲出重围！"项羽强忍悲痛拔出佩剑，挖土与钟离眛等人掩埋好虞姬尸体，然后跨上乌骓，手持大戟，带领八千亲兵，经过血战终于杀出重围。

时过中午，项羽率领着残兵败将疲惫不堪地走到乌江口岸，突然一阵锣响，顿时杀出两路汉军人马，为首曹参、周勃各率人马拦住楚军去路。楚军吓得魂飞天外，乱作一团。汉军眨眼杀到，双方展开一场短兵鏖战。楚军又死伤无数。项羽拼命厮杀，冲出一条血路奔向乌江口岸。他回头一望跟随他到江边的只剩钟离眛徒步一人，他望着滔滔江水失声仰天长叹："苍天哪，苍天！难道真要亡楚吗？吾何时怒犯天颜？"此时江面一叶扁舟驶来，钟离眛瞧见大声喊道："船家快来救霸王。"小舟驰到岸边，船公自我介绍道："我乃乌江亭长，是陛下臣民，今闻陛下兵败垓下，特驾舟到江边巡视接应。"项羽闻听又悲又喜。船公催促道："此江只有我这一舟，快请陛下上舟，过了此江不远便是江东会稽！"项羽听到会稽二字，感到一阵天旋地转，差点跌倒，钟离眛手疾眼快急忙搀扶："陛下，您怎么啦？"项羽长吁一口气："天已亡我，我何必过江，吾与江东子弟八千余人，渡江西行，今独我一人生还，吾还有何面目去见江东父老兄弟。钟离眛你牵上我的乌骓上舟去吧！"此时汉军已杀声震天，蜂拥向江边追来，钟离眛泪如雨下："陛下，你不上舟我怎能抛弃陛下独自一人乘舟，要死我愿随陛下一块死。要走咱们君臣一起走！"项羽大怒，把脚一跺："钟离眛你还不快走！"他将钟离眛推到舟上，把乌骓拉上小舟，然后转身拔出佩剑，杀入敌群。汉军将士知项羽骁勇，人人吓得连连后退。此时船公长叹一声驾舟离岸，驶向江心。那乌骓望着项羽一声长鸣，"扑通"跳入江中而死。项羽瞧见，心如刀绞，他大吼一声挥剑连砍几十名汉军，汉军无人敢靠近他半步，项羽望着面前汉军一员将佐面熟，便哈哈一笑说道："汝不是朕的同乡吕马童吗？汝主刘邦悬赏万金，封万户侯要朕人头，朕就送汝辈一个人情，拿吾头去领赏去吧！"言罢，把利剑向脖颈一抹自刎而亡，终年32岁，楚国灭亡。

衣锦还乡

公元前202年初，长达5年的楚汉相争，终于在垓下一战结束。同年二月刘邦登基，尊为高皇帝，史称汉高祖，暂都洛阳，国号汉，华夏九州又成一统。

洛阳南宫大殿，刘邦黄袍玉冠，气势威严地在四名宫女、四名内侍簇拥下，步履迟缓地进殿上首高坐。群臣叩拜："吾皇万岁，万岁，万万岁！""众卿平身！"刘邦扫视群臣微微一笑。群臣起身分立两旁。刘邦开始封赏群臣："韩信听封！"韩信急忙出班跪下："微臣在！"刘邦扫视韩信一眼微笑道："韩卿为汉室立下十大功劳，劳苦功高，朕赐你有特赦大权，见天，见地，见兵器三不死。"韩信感激得热泪盈眶："谢陛下隆恩！"群臣望着韩信人人羡慕。刘邦又说道："如今天下已定，四方太平，不再劳师征战，应该休兵息民，故请韩卿交还军符、帅印。""这……"韩信心中不快，但只好勉强应声道："微臣遵旨！""韩卿生长楚地，习楚风俗民情，因此改封为楚王，镇守淮北，荣归故里，衣锦还乡。定都下邳，择日起程上任。""臣遵旨！"韩信起身回班。刘邦又一一封了彭越、英布、张良、萧何、曹参等等文臣武将，并尊太公为太上皇，封吕雉为皇后，刘盈为太子，大赦天下，颁布诏旨，以告天下。

数月后韩信回到了楚地，定都下邳。他将楚地治理得井然有序，百姓安居乐业，丰衣足食。一日，他心里怀念故乡，便带领属下李左车、田瑞娘一班侍卫前往淮阴旧地重游。街上百姓听说楚王韩信返乡，都争先恐后观看，人人赞叹不已。韩信等人来到早年他受辱胯下的小桥街头，韩信触景生情，便对李左车、瑞娘讲述了当年他为给漂母抓药卖剑，受辱胯下的经过。李左车抬头见小桥桥头柱上刻着"胯下桥"三字大怒道："来人，将那小桥柱上'胯下桥'三字铲掉，改为将军桥。"韩信阻止道："左车不必，让那'胯下桥'留着醒世后人吧！"一侍卫来到李左车面前低语几句，李左车厉声呵道："将那恶少带上来！"四名武士押着昔日县衙恶少来到韩信面前，恶少一见吓得瑟瑟发抖，跪地叩头连连求饶："楚王爷饶命！小人有眼无珠，昔日冒犯楚王，求楚王爷饶命！""你这条昔日县衙恶棍，不知欺压过多少黎民百姓，今日我为百姓除了此害！"田瑞娘说罢拔出佩剑就刺。韩信急忙阻拦："瑞娘且慢！"瑞娘一怔收剑："楚王你……！"韩信环顾四周，见围观的百姓像潮水一样涌来，沉思片刻："得饶人处且饶人，他昔日虽仗势欺人，羞辱过吾，但如今只要他能悔过自新，知错也就算了！""楚王你这是何意。"瑞娘生气地说道，"昔日胯下之耻，你背了多年，如今正是报仇之时，你却变得心慈手软。"韩信微笑着对众人说："他虽有过错，但非有杀身之罪，将他放了！"两名武士给恶少松绑，恶少感激涕零，伏地连连磕头，声泪俱下："小人该死，你就杀了我吧……"韩信转身背对恶少："汝辈起来，今饶你不死，回去好好思过，争取重新做人。""谢楚王！"恶少谢恩起身。韩信对属下一挥手："咱们回府邸歇息吧！"众人随韩信离开了淮阴街。

不久，韩信与瑞娘便喜结良缘。

阳春三月，风和日丽，杨花絮柳，百花盛开。高祖刘邦在张良、萧何劝说下已移都关中，萧何奉刘邦旨令，在秦遗留下的兴乐宫基础上重新筑建起规模宏大的汉都长安城。一日刘邦在吕后、审食其、曹妃陪同下在后宫御花园散步赏花。几只小鸟在一树枝上叽叽喳喳叫个不停，吕后听着鸟声有些心烦皱起双眉，审食其立刻心领神会，在地上拾起小石子向小鸟投去，群鸟受惊，四方飞散，乐得高祖刘邦哈哈大笑，吕后也淡然一笑道："这群小鸟，好似楚兵，垓下一战便四处溃散。"刘邦一怔，油然生情："项羽手下均已分别擒获或投案自首，唯独朕最憎恨的钟离昧，因何至今尚未擒住？"吕后也气愤地说道："这个十恶不赦的钟离昧，他率军掳掠我与太上皇去楚营，使我们受尽凌辱，吾终身不忘，将他擒获碎尸万段才解吾恨！"吕后望着身边的审食其："辟阳侯，让你查访钟离昧下落有无消息？"这审食其是吕后家中的奴仆，只因吕后被楚掳入楚营，他也一同掳去。他对吕后殷勤照顾，吕后念其功劳，便说动高祖封他为辟阳侯，他为人奸诈毒辣，又素与吕后私通，只可惜高祖不知，他见吕后问他急忙奴颜婢膝地回答道："回禀娘娘，臣已查到一二，不过……微臣不敢讲。"刘邦一怔："有何不敢讲，有朕做主。请讲无妨！"审食其诡秘一笑奴颜媚骨地上前一步："陛下忘记赐给韩信身旁的两名侍女吗？""怎么与她二人有关？"审食其淡淡一笑："据翠莲差人密报，钟离昧避居在韩信府中！"刘邦大吃一惊。"此事当真？""臣绝无半点谎言。"刘邦疑惑道："他难道真敢违抗朕令，私藏朝廷通缉要犯，视汉法而不顾？"审食其一翻老鼠眼夸张其词道："陛下，据密探禀报，楚王威仪冠绝天下，下邳城下、淮阴街头，百姓蜂拥观望，众将鹄立两旁，军乐鼓吹旌旗翻飞；楚王身着黄金甲，肩披黑斗篷，跨着大白马顾盼风生，'踏踏'而行，身后紧随楚府将佐谋臣，铁骑千匹，'嗬，啊呀呀。'众人纷纷赞叹，胜似当年秦皇南巡的气势……！""住嘴！"刘邦气得咬牙切齿咆哮道。"来人！宣张良、陈平来后殿见朕。"然后

传奇名将

图文珍藏版

拂袖回到后殿。内侍进殿禀报:"启票陛下,张良说身体患疾不能前来,陈平立即就到。"刘邦生气地一拍几案:"自朕登基称帝以来,张良屡次推疾不来上朝议事,与朕离心离德,他不来算了,宣陈平!"陈平进殿后,刘邦说道。"韩信身为楚王,竟敢抗旨不遵,私藏朝廷重犯钟离昧于府中,蓄谋反叛,朕想立即举兵讨伐,以解吾心头之恨!"陈平心中明白,韩信决不会谋反,定是有人在陛下面前进谗言,他急忙劝阻:"陛下举兵讨伐万万不可,此事只能缓图,不可召急。""此事岂能从缓?"刘邦动怒道:"韩信与钟离昧若率先起兵反叛,那后果不堪设想,钟离昧一日不擒,朕一日心里不宁。"陈平思虑片刻:"若韩信未反,陛下举兵讨伐,岂不是更逼反韩信激成战事,况且朝中上下何将能敌韩信? 所以臣以为此举不可!"刘邦听罢紧皱眉头气恼道:"这……难道就无良策? 你平日里能说会道,朕总认为你智谋过人,可用你之时却想不出半个良策,朕要你何用?"陈平十分尴尬,脸色通红,踌躇多时道:"古时天子巡狩,必大会诸侯,臣闻南方有一云梦泽,陛下何不出游云梦,遍召诸王。云梦与楚相连,韩信闻知陛下出游云梦,定然前来谒拜,陛下趁韩信前来参拜之时,只需一声令下便可将信擒拿。"刘邦大喜,立即传令去南方巡游。

刘邦在云梦泽行宫歇息数日,诸王都已前来谒拜过,唯有韩信尚未前来。正在思量,突闻韩信与谋士李左车捧钟离昧首级前来谢罪。刘邦令韩信一人进后宫参拜,韩信捧着首级刚入宫门,刘邦一声令下,韩信束手被擒。韩信长叹一声:"果如人言,狡兔死,走狗烹,高鸟尽,良弓藏,敌国破,谋臣亡,天下已定,我固当烹。"宫门外樊哙喝带领众武士将李佐车一班人等全部缉拿处死。刘邦见诱执韩信成功,大喜,立即命将韩信打入囚车押回京都。

斩首钟室

韩信被擒入狱后,朝中上下议论纷纷,早朝高祖刘邦环顾群臣:"有本启奏,无本散朝。"陈平出班启奏:"启奏陛下,北疆匈奴国现已崛起,十分凶悍,气焰嚣张,屡屡侵扰我边关。"高祖惊诧地问:"哦! 匈奴紧连代地,代相陈郗在边关据守,因何未见奏表告急。周勃速抓紧操练兵马,增援北疆边关。"周勃出班:"臣遵旨!"刘邦扫视众臣问道:"众卿还有何本奏?"张良出班:"陛下臣承蒙皇恩,封为留侯,微臣请陛下恩准辞去朝臣,前往封地留邑居住。"高祖脸色阴沉很不高兴:"自朕称帝以来,你屡次推辞身体欠佳,不来早朝议事,今日上朝,却要告辞,朕也不强人所难,随你自便!""谢主隆恩!"张良跪拜谢恩,然后起身又启奏道:"陛下,恕臣直言,韩信念起旧情,虽收留钟离昧有错,但能知错必改,杀钟离昧献上首级,如信有反意,故会放走昧,让他逃之夭夭,只恐昧至今尚未擒获,韩信虽有招摇过市之错,但必没露反状,韩信为汉室立下十大功劳,臣恳请陛下饶恕他这次过失!"萧何、夏侯婴、周勃等一班忠臣也一起跪下为韩信求情,高祖沉思片刻,起了怜悯之心:"好吧! 既然众卿均已讲情,朕就赦免他这次,不过楚王爵位革去,降封淮阴侯。留在京城随朕伴驾。"众臣谢恩起身。

韩信出狱被降封淮阴侯后,家眷均已接到京城,他很少出府门,心情显得比过去压抑沉闷,一日早朝完毕,忽然匈奴使臣上殿奏表,要求高祖将长女鲁元公主下嫁匈奴王,匈汉和亲。高祖勃然大怒,将匈奴使臣轰出殿外。朝臣们对此事争议不绝,有的主张派兵攻打匈奴,有的赞成通婚和亲。韩信出班直言不讳说道:"陛下,天下初定,士卒久劳,若两国兵戎相见,汉必兴师远征,实非易事,这匈奴国以游牧为生,习性刁野,非一时半载武力所能征服,不如和亲,使他子孙臣服。若公主嫁于匈奴王,将来得子,必立太子,匈奴王就是陛下女婿,死后子为王是陛下外孙,天下岂有做了外孙,敢与外爷抗礼,这让他子子孙孙畏服,不来侵犯我大汉边关,这岂不为好吗?"高祖听后顿时怒气暂消,点头同意和亲之策。各大臣也都赞同。没想到早朝散后,高祖回到后宫,吕后娘娘知道此事,大骂韩信出的馊策,哭闹几日执意不肯把自己长女远嫁匈奴,她立即做主将长女鲁元公主与张傲完婚。因答应了匈奴使臣和亲,这下犯难了高祖,在万般无奈下,只好在后宫找了一位嫔妃所生女子诈称长女鲁元公主下嫁匈奴王。并传旨让代相陈豨速来京城迎嫁长女鲁元公主。陈豨此人远在边关已有野心,他到京城后主要想探个虚实,想日后谋反起事。陈豨原是韩信属下,对韩信比较佩服,他想拉韩信入伙,与他一起谋反,便约韩信到渭水河边一叙。韩信不知陈豨用心,便按时赴约,二人相见寒暄几句后,韩信生气地说道:"陈将军这就见外了,既然专程为护送公主远嫁匈奴,来京半月有余,如何不到我府中一叙,却约我来这河边?"陈豨奸诈地一笑:"元帅请别生气,一乃我公务繁忙;二乃见陛下喜猜忌下臣,又见吕娘娘结党营私,擅权行事,万一我这边关守将登府造访,让陛下知晓猜忌,岂不连累元帅吗?元帅为汉室立下汗马功劳,却屡屡遭贬,还差点丢掉性命,日后我陈豨下场还不知怎样?"韩信一怔,惊诧地说:"将军为何如此悲观失望?"陈豨诡秘一笑:

"我非悲观,我实为元帅鸣不平。""此话何意?"韩信疑惑不解道。"凭着元帅文武全才,何要寄人篱下,为何不独竖一帜,称雄天下呢?我陈豨甘愿为元帅牵马坠镫。""陈将军不可胡言乱语。"韩信很不高兴地道。"我陈豨并非胡言乱语,只要你我联手,我在边关起事,你在京城振臂一呼,咱们里应外合,岂不夺得天下?"韩信摇头道:"我韩信若有异心,早在楚汉相争之时就独树一帜了。""元帅因何如此死心塌地,甘愿受人摆布,天下者非一人之天下,谁都可以据之!""陛下待我有恩,我岂能干这反叛朝廷之事,就是日后我遭小人诬陷,陛下治罪,丞相等众臣也会替我韩信辩白,论个曲直!"陈

韩信故里——淮安市码头镇

豨仰天大笑:"元帅如此愚昧,据我多年观察,萧何此人处处办事圆滑,日后元帅若真遭遇不测,他会衡量自身利益,未必肯挺身站出替你辩白说情……!""陈豨!"韩信大怒:"不许你胡言乱语诬蔑丞相,今日吾看在你跟随我征战多年的分上,要不就拿你上朝问罪,治你蓄谋反叛。""元帅恕我直言。"陈轻蔑一笑。"你如今不是当年的三军主帅,随便可以拿人治罪,而今我陈豨已是守边大将,护送公主远嫁重臣,你以为陛下能听信你

言吗？"韩信顿时感到天旋地转，差点跌倒，他用手一指："你……你我从此情意两断，告辞！"言罢韩信愤然离去。陈郗尴尬地望着韩信背影冷笑一声："愚忠之辈，死到临头不知悔悟！我陈郗不做个轰轰烈烈的英雄豪杰，便当个朝廷的叛臣，决不做个庸庸碌碌之辈。"韩信走上河岸，突然抬头见岸边树林中有个人影一闪，转眼不见了，韩信一怔，心中暗想："好像府中家丁栾说，他来此地何事？难道窥视于我。"又否定地摇头："不！定是我眼睛看花了。"韩信来到林中解开马缰，牵马出林，无精打采回到府中。

再说高祖刘邦，因在宫中闲得无事，便想到四处巡游，以显汉朝伟业。他带上最美貌年轻温柔的爱妃戚姬，在夏侯婴、周勃等武将护卫下来到赵地。驸马赵王张傲与王后鲁元公主出城迎接父皇，并备好丰盛酒宴为高祖接风洗尘，驸马张傲又特意请来赵地有名歌伎为高祖助兴。高祖在女婿赵王张傲陪同下在大殿饮酒赏舞，由于高祖高兴多贪了几杯已醉，被内侍宫女搀扶着入寝内安歇。赵相贯高对高祖一直心怀不满，今日见高祖到赵地，当夜又饮得大醉，便起心要刺杀高祖，三更时分贯高入高祖寝室行刺未遂。被夏侯婴、周勃等众武士擒拿。高祖刘邦惊醒大怒，立即传旨将赵王张傲、女儿鲁元公主一起缉拿带回京城，严加审讯。高祖回到京都十分气恼，没想到连自己女儿、女婿也想谋害自己，日后这朝中何人可以信赖，他传旨让廷尉史严加拷问刺宫是受何人指示，贯高大小酷刑均已用遍，体无完肤，却一口咬定与赵王张傲、公主无关，实属他一人所为。此案在吕后干预下，高祖无奈只好传旨处死贯高，驸马与公主无罪释放，降封驸马张傲为宣平侯，封戚姬所生如意儿为赵王。高祖又下一道上谕，凡全国各地，非刘氏者，今后不能封王。从此高祖更加疑忌下臣。

自高祖率军平叛离京多月，朝中平安无事，却说淮阴侯府发生一事。这一日黄昏时分，淮阴府内后花园。假山石背角处，家丁栾说与侍女翠莲坐在条石之上亲亲搂搂调情骂俏。翠莲闪动着一双勾人心魂的媚眼，撒娇地倚在栾说怀里，栾说搂着翠莲腰身，一只手抚摩着翠莲那富有弹性的胸脯，淫邪地说道："娇美人，你让我日夜想得好苦，今日该还了我心愿吧？""去你的！"翠莲娇声娇气地说道，"你答应送给我的珍贵礼物在哪？""乖乖你别急吗！"栾说诡秘一笑，从怀中取出一串珍珠项链和一块发着蓝、绿色的翡翠。翠莲急忙接过，珍惜地端详着，撒娇地问道："你这是哪来的？""美人你猜？"栾说逗道。"你当我不知！"翠莲抿嘴一笑。"定是夫人那两件心爱之物，还是韩信与夫人完婚时，用重金给夫人买的聘礼，夫人视为珍宝非常喜爱，怎么让你给拿来了，要是让夫人知晓，看不要了你这条小命。""她知道了又能怎样？"栾说嘴硬道。"咱们有吕娘娘撑腰做主，她敢动我们半根毫毛，而且这府内家丁奴仆侍卫几百号人，她知何人拿去。"翠莲用食指一指栾说面额："你真是个贼胆包天。""我的娇娇，我还色胆包天呢！"栾说淫邪地边说边去解翠莲衣扣。"看把你急的，谗猫，就不怕别人看见！"翠莲欲火无法抑制顺势躺下。"美人！天色快黑，这里哪会有人嘛。"栾说解开翠莲衣扣，抚摩着翠莲那白皙光滑的肌肤与那两个丰满的乳房。又顺势压在翠莲身上开始交媾。

瑞娘因近日心情不爽，独自一人向假山处散步，当她走到假山处听到假山后有哆哆嗦嗦声音，不由暗吃一惊。瑞娘警觉起来立即拔出佩剑。厉声呵道："是谁，快些出来？"二人听见瑞娘声音，吓得哆哆嗦嗦衣裤不整地爬出。"啊！"瑞娘一见大吃一惊。"原来是你这两个狗男女，在此做那苟且之事，辱我侯府门风。"二人哆哆嗦嗦地站起来到瑞娘跟前"扑通"一声跪下："夫人饶命！"然后二人又抬手打自己脸颊："我们不是人。"忽然珍珠与翡翠从翠莲怀中掉出。瑞娘一见顿时大怒:"好你这两个不知羞耻的狗男女,不但在此做那辱没门风的苟且之事,竟然还偷了我的两件珍物,我岂能饶你,来人!"几名侍卫、家丁闻声跑来,二人吓得伏地磕头求饶,瑞娘怒声呵道:"将这对狗男女推到院后乱刀砍了!"几名侍卫应声上前将栾说、翠莲捆绑起来朝后院推去,两人浑身颤抖高喊求饶:"夫人饶命! 夫人饶命!""夫人这里出了何事?"此时韩信闻声走来。二人见着韩信"扑通"跪在韩信面前磕头高呼:"侯爷救命! 侯爷救命!"韩信摆摆手,侍卫松手,韩信望了望瑞娘:"夫人这是怎么回事?"瑞娘生气地说了原因。韩信望着这对狗男女气恼地说:"栾说、翠莲你二人在我府中多年,竟然干出这些肮脏之事,按理应当问斩……!""侯爷饶命,小人再也不敢,请侯爷饶恕我们,我俩永世不忘侯爷大恩大德。"二人连连磕头求饶。韩信见二人泪流满面,心中一软说道:"念你二人年轻无知,就宽恕你二人这次,不过死罪饶恕,活罪不免,重责20轰出府门,永不留用。""侯爷!这不是太便宜这对狗男女嘛,按汉律这二人犯的是死罪呀!"一侍卫不平道。"唉!"韩信长叹一声。"夫人你看……?"家丁拾起珍珠项链和翡翠交于瑞娘。瑞娘沉思片刻:"既然侯爷不忍心处死他二人,那又何必责打他们。算了! 让他们滚吧,永远不许再踏府门半步。"侍卫上前解开二人绑绳,栾说、翠莲急忙伏地连连叩头:"谢侯爷! 谢夫人!"然后从地上爬起,一溜烟狼狈不堪地跑出府门。

吕后这数月心里有些忐忑不安,自高祖率军平叛走后,一直无有胜负消息,今日早晨栾说、翠莲慌张进宫密报,说韩信与叛贼陈豨曾在渭水河边密谋过,还说日后陈豨起兵,韩信在京城做内应,吕后听完栾说编造的谎言后,信以为真。恐京城有变,立即传旨,招来亲信审食其、妹夫樊哙、兄长吕泽、妹妹吕嬃在后宫秘密商议。吕后脸色阴沉,心情紧张地说:"陛下率军胜负尚无一点消息,京城又很空虚,有人告发韩信与陈豨本是同党,想里应外合夺取汉室基业。现趁韩信尚未动手,请各卿速想良策除掉韩信。"吕嬃微微一笑满不在乎地说道:"姐姐,除掉韩信叛贼这有何难? 只要姐姐降道谕旨,令宫中御林军立即包围淮阴府,杀掉淮阴侯,明日再布告天下。"吕泽摇摇头:"不可!韩信非等闲之辈,那是军中大帅,三军将士均是他的属下。他要闻讯,振臂一呼。宫中御林军未到他府,你我就先做了他刀下之鬼。"樊哙不高兴道:"我就不信他韩信有那么大的威力,吾愿带御林军围剿淮阴府。"吕后摇摇头:"妹夫不可鲁莽行事,兄长所言不无道理,淮阴府侍卫家丁甚多,这宫中御林军怎是敌手,这岂不是以卵击石嘛? 还是想个万全之策才是。"吕泽在宫内踱步沉思片刻:"有了,要想除掉韩信不难,但只可智擒,不能力抵,臣倒想好一策。""兄长快讲!"吕后急不可待地说。吕泽慢条斯理说道:"娘娘速遣十几名心腹侍卫,假扮陛下平叛军校,悄悄黑夜出城去北方绕上一圈,再风尘仆仆复入长安,只说由陛下遣来传递捷音,陛下已将陈豨叛贼诛灭,朝臣不知有诈,便来宫中祝贺,宫廷中埋下刀斧手,只要韩信入贺,踏进宫门一步,娘娘一声令下便立即将他拿下,推到宫外立即斩首。""嗯! 还是兄长智谋过人,不过万一韩信他不来朝贺,岂不功亏一篑吗?"吕后又赞成又担心地说道。吕泽微微一笑:"请问! 韩信在朝中最信赖何人?""当然是丞相萧何。"审食其抢先答道。"对吗! 萧何曾对韩信有知遇之恩,若让萧何登府去请,并一同入宫祝贺,岂不……"吕泽狡猾地一笑。"如若萧何不去请韩信前来那如何是好?"吕后疑虑地说。"那就看娘娘您了!"吕泽望着吕后狡黠地一笑。吕后沉思片刻:"嗯! 有了,我亲登丞相府门,诱萧何去请韩信。"审食其拍手称赞:"嗯!

娘娘不愧为当今女中英杰,这样让韩信一生,成也萧何,败也萧何。"

几人在后宫内一阵奸笑。

萧何年已六旬有余,年迈体弱,皇上平叛离京,萧何处理政务日夜操劳奔忙,已病多日。今日刚有好转在府上闻听皇上平叛告捷,心中十分高兴,忽又闻吕娘娘亲踏府门前来探望。萧何受宠若惊,慌忙更衣前往府门迎驾。吕后在十几名内侍宫女簇拥下乘坐龙凤辇缓缓而来。到了相府门前见萧何及夫人一班人相迎,吕后下了龙凤辇在宫女搀扶下来到相府厅堂落座。厅内早已备好水果茶点,君臣互相问候以后萧何在下首落座。吕后假惺惺关心地说道:"丞相年事已高,身体要多多保重,不可过多操劳,皇上平叛告捷,明日宫中恭喜庆典,丞相就不要去了吧。""这哪成!"萧何感动地说,"平叛告捷乃是朝中庆典大事,我这一朝之相,岂能不去庆贺。"吕后微笑着点点头:"嗯!难得丞相一片忠心!明日庆贺这满朝大臣都去,这淮阴侯怕有数月没来上朝吧?我还真有些惦念于他。""淮阴侯是多月没去上朝,不过他有病告假乃是陛下恩准的。"萧何解释道。"是吗?不过病虽有点,主要怕是心情不畅吧!我看他对皇上误解太深,这样下去怕不太好吧?"吕后端起茶呷了一口,望望萧何。萧何叹了口气:"唉!都是钟离昧一案,他被牵连,不过他对汉室还是忠心耿耿的。"吕后心里很不痛快,心中暗骂萧何老糊涂虫,但表面装出微笑:"明日宫中庆贺平叛告捷,他若能来那该多好,就是皇上回朝,闻知此事定能与韩信解除些隔阂,消除些误会。"萧何心里明白,这是娘娘让他邀韩信明日一同前往,萧何立即表明:"请娘娘放心,明日庆贺大典,臣邀韩信随我一同前往就是!""那就好!"吕后高兴地说。"将相同乐,我做娘娘的也感到高兴,待皇上回京,我一定让他们君臣消除隔阂团结一心,共创太平盛世。"萧何高兴地也频频点头。吕后见目的达到,又闲谈一会便起身告辞回宫。

萧何送走娘娘,回到厅堂,夫人望着萧何说道:"相爷,你不觉得吕娘娘今日亲临府门有点蹊跷?"萧何不以为然地说:"这……这有何奇怪,她亲踏府门探望为臣,这是娘娘对微臣的关心。""妾看并非如此。"夫人淡淡一笑。"娘娘一贯心胸狭窄。心黑手辣,做事专横,她让相爷请韩信入宫一同参加庆贺,这会不会另有文章?"萧何激动得热泪盈眶,深情地说:"夫人大有长进啊!吾何曾不知娘娘此人,可是这圣命难违呀!皇上已将大权交于她手掌管,吾怎敢抗命不遵。""依我看明日你就不要去请淮阴侯。"夫人担心地说道:"妾怕娘娘想借相爷之手,图奸邪之谋。""唉!"萧何长叹一声:"夫人,娘娘专权你不是不知,我若抗命不遵,萧府将有灭门之灾,做臣的只能宁可君负臣,不能臣负君。""那明日非请韩信一同前往去宫庆贺不可了?"夫人担心地问道。萧何点点头:"如果娘娘并无歹意,是真为皇上平叛告捷,宴请群臣进宫庆贺,而韩信没去庆贺,一来老夫有负圣命,二来使娘娘与韩信之间又加深一层怨恨猜忌,日后皇上回京知道此事,势必对韩信不利,吾身为相国,怎能不为君臣和睦着想。"夫人忧虑地说:"嗯!去请韩信不好!不请也不好,还真让人为难!"萧何倒背双手,在厅内踱步沉思片刻:"依老夫之见,臣不能负君,明日还得相邀韩信一同进宫,即便娘娘另有图谋治罪于他,可韩信为汉室立下十大功劳,而且自从钟离昧之事以后,韩信深居简出,并无差错过失。当年皇上曾亲口赐赏他三不死,有皇上金口玉牙许诺,娘娘她又能奈何怎样!况且满朝大臣在场,她敢违抗皇上诺言行事?"夫人听罢满意地点点头。

翌日清晨,萧何穿着一新,亲去韩信府邸邀请。韩信多日没去上朝,也没多问朝中大事，昨日突收宫中一份请柬，说皇上平叛告捷，明日宫中大殿宴请群臣共庆大捷，请大将韩信前来恭贺，韩信内心十分高兴，庆幸皇上平了叛贼，从此天下太平，他本想今日前往，可转念一想自己多月不去上朝，皇上与娘娘与他都有隔阂，万一娘娘使诈，自己不慎再顶撞娘娘，岂不冒犯娘娘犯下大罪。因此他又不想前往，正在踌躇之时恰巧萧何满面春风地前来邀请，他碍于情面，不好推辞，便与妻子瑞娘告别前往宫中。瑞娘见韩信多年都闷闷不乐，今日高兴要随丞相去宫中，她也没好阻拦。因为有恩相陪伴，韩信决不会再闯祸端。因此，她给丈夫换了新衣，夫妇二人微笑告别。

未央宫前，张灯结彩，锣鼓喧天，一班内侍伫立两旁，一班宫女在乐声中载歌载舞，朝臣们都陆续进入未央宫大殿。

在宫门前大道上，萧何与韩信并肩而行，俩人谈笑风生。韩信手里拿着贺词，萧何满面春风地说道："贤弟可曾记得登坛拜将时的情景？"韩信感慨道："何止记得，历历在目，想起往事感到时光真快，汉已立国10年有余，你我都显老了。""贤弟正年富力强，怎么说老了？这汉室繁荣昌盛今后还靠你们，我已年迈体衰该退居临下了。"萧何若有所思道。"这汉室江山，少我韩信可以，没有丞相可不行！"萧何被说得乐呵呵地："贤弟一席勉励之言，好似萧何年轻许多。"二人都乐得哈哈大笑，谈笑风生携手走入大殿。

大殿内，刚满15岁的少年太子刘盈与母后吕雉高坐在龙椅上，朝臣陆续进殿伫立两旁。萧何、韩信兴高采烈地跨入大殿。突然两扇宫门关闭，群臣惊愕。吕后一拍龙书案厉声呵道："来人！将叛贼韩信拿下！"埋伏在两旁的刀斧手蜂拥而上，韩信猝不及防，被这班人绳捆索绑，此时韩信才如梦方醒怒声问道："娘娘，臣身犯何罪？"吕后冷笑一声："狂徒淮阴侯，竟诩天下雄，竟敢与陈郗合谋反叛，今被人告，汝有何话可说？带证人！"栾说、翠莲这对狗男女猥猥琐琐从后殿走出。萧何疑惑不解地问："娘娘，不是韩将军与本相奉旨前来贺喜大捷的吗？怎么……？""萧丞相你先站立一旁。"吕后严肃地说道。萧何只好退在一旁。栾说、翠莲跪下施礼："叩见娘娘和太子殿下。"吕后严厉说道："汝辈当着众臣之面，讲清楚韩信如何勾结阵郗密谋反叛朝廷？""是！"栾说翻着老鼠眼望了望韩信又扫视了众臣一眼，昧着良心说道："回禀娘娘，陈郗来京城时与韩信在渭水河边密秘策划半日之久，是我亲眼所见，他们曾有密约，陈郗起兵反汉，韩信在京可做内应。当时我就想禀报娘娘，可又一想并没抓到他们真凭实据，因此未来禀报，这次陈郗果真起兵谋反，我才想起那日之事，我若不禀报娘娘只怕韩信在京城起兵，那咱们汉室江山岂不完了吗！因此才来禀报娘娘。"吕后大喝一声："韩信汝还有何说？""无耻！"韩信冷冷一笑。"这分明是栽赃陷害！"翠莲一旁假惺惺劝慰道："侯爷你就承认了吧，娘娘全已知晓！""呸！"韩信愤怒地说道："你两个狗男女，前几天做的好事被捉住，我怎么就不宰了你们！"吕后一拍龙书案："大胆！你这个反贼，陛下已将陈郗捉拿，陈郗已经供认不讳，汝还想抵赖？"吕后将假书信举起晃了晃："陛下书信在此，汝还有何说。"韩信仰天哈哈大笑。这笑声在大殿震荡，回旋，大殿中显得阴森恐怖。韩信收住苦笑怒吼道："我才明白，什么平叛告捷，全是布下的阴谋，阴谋，……"吕后在恐慌中清醒："来人！快，快给我推出宫门外砍了。"

4名武士来推韩信，韩信愤怒地说："慢着！我韩信为汉室立下十大功劳，陛下赐我三不死，见天不死，见地不死，见兵器不死，汝有何权今日杀我？""好！"吕后冷笑一声。"今日就不违背圣上许诺。来人！将韩信推入殿旁钟室，门窗遮掩，不让他见到天日，地上铺上地毯,不让他踏着地,不要拿兵器,用菜刀将他斩首。"萧何大吃一惊伏地泪下:"娘娘……!"栾说从怀中取出一把早已准备好的锋利菜刀,4名武士来推韩信,韩信长叹一声:"唉!我不听人言,今果遭人暗算,中刁妇诈计。"韩信昂然地被推进钟室。栾说举起菜刀猛力向韩信脖颈砍去,韩信血溅钟室,倒地身亡。栾说、翠莲割下韩信人头用盘托出,走出钟室来到大殿:"回禀娘娘,韩信已被斩首。"太子吓得用袍袖掩面。萧何大叫一声,昏倒在地。众臣一见凄然泪下。吕后得意地一笑:"审食其,樊哙!""微臣在!"二人出班。吕后严厉地说:"令你们率宫中御林军速去围剿淮阴府。灭韩信三族,府中一个活口不留!""臣遵旨!"二人神气十足地接旨走出大殿。

审食其、樊哙,率领御林军包围了淮阴府,并杀气腾腾破府门而入。此时瑞娘正在书房看书,听到院内杂乱脚步声,她跨出书房,猝不及防被御林军包围捆绑。审食其提剑在手冷笑一声:"韩夫人,久违了。"一剑将瑞娘刺死。府内顿时大乱,哭声一片,审食其、樊哙率御林军在府内任意砍杀,尸体成堆,血流成河,淮阴府内100多口无一人生还,府门被查封。一代名将,就这样屈死在吕后的阴谋之下。

郭子仪传

人物档案

郭子仪：华州郑县（今陕西华县）人，祖籍山西汾阳。唐代著名的军事家。武举出身。

生卒时间：697~781年。

性格特点：忠勇爱国，宽厚待人。

历史功过：在其六十多年的军事生涯里，他历经唐玄宗、唐肃宗、唐代宗、唐德宗四朝。安史之乱时任朔方节度使，在河北打败史思明。后连回纥收复洛阳、长安两京，功居平乱之首，晋为中书令，封汾阳郡王。代宗时，叛将仆固怀恩勾引吐蕃、回纥进犯关中地区，郭子仪正确地采取了结盟回纥，打击吐蕃的策略，保卫了国家的安宁。郭子仪戎马一生，屡建奇功，以84岁的高龄才告别沙场。天下因他而获得安宁达20多年。他"权倾天下而朝不忌，功盖一代而主不疑"，举国上下，享有崇高的威望和声誉。

郭子仪

名家评点：德宗皇帝赞誉他是"四朝柱石，功高千古"，史称"四朝宿将""护国老臣"。

盛世英才

郭子仪从小就喜欢读兵书、练武功，对自己要求非常严格。在读书或习武时，精神集中，常常废寝忘食，练得一丝不苟。他非常欣赏孟子的一句话："天将降大任于斯人也，必先苦其心志，劳其筋骨……"

据说，郭子仪20岁时，在河东（今山西太原）当兵，曾犯有过失，按军律应该斩首。当他被捆着双手押赴刑场时，竟然昂首阔步，大步向前，一点也不惊慌。正巧，在途中遇上当时著名的诗人李白。李白本来和他并不相识，见他年轻英俊，相貌非凡，临刑不惧，又听说他才干出众，意志坚强，便赞叹地说："这样的人，将来一定能为国家做出一番大事业，杀了多可惜啊！"李白很怜悯郭子仪，便立即到当地官员那里说情，最后以自己的官职做担保，把郭子仪救了出来。这样，李白就成了郭子仪第一位知己朋友。后来，李白参加永王李璘幕府，因受牵连下狱，郭子仪曾经请求替他赎罪，报答他当年的救命恩情。

郭子仪的青年时代是生活在国富民殷、繁荣昌盛的社会里，即所谓"开元之治"。这时期，以唐玄宗李隆基为首的唐朝政府，励精图治，扫除积弊，任用贤能，改善政治，使得社会经济稳步发展，国力也十分强大。

郭子仪就生长在这样的年代里，他年轻时就立志要做一个保家卫国、统兵作战的郭子仪最初做左卫长史(皇帝禁军幕府中的幕僚长)。因屡立战功,多次被提升。749年(天宝八年)做到天德军使(驻地在今内蒙古乌拉特前旗西),兼九原(今内蒙古乌拉特前旗北)太守。这时,唐朝廷对外还没有大的战事,几十年间相对太平。在这样的环境里,由于缺乏外界压力,没有危机,久而久之,人们开始安于逸乐,贪图物质享受,整日只知吃喝玩乐,唐朝政府更是有过之而无不及。唐玄宗李隆基整日沉湎于酒色之中,把大权交于奸臣李林甫、杨国忠之手,自己则与宠妃杨玉环夜夜笙歌,醉生梦死,全不见了昔日励精图治、重整山河的雄心。只有郭子仪等少数人尚能居安思危,经常想到会发生战事。他一面操练兵马,一面守卫祖国的疆土。

唐朝同边疆各族虽然也发生过战争,但友好相处和经济文化交流却是主要的。

自高宗以来,唐朝在边疆上一直有重兵驻守。玄宗时,为了加强防御,在重要地区设立了10个军镇,每个军镇都设置一个节度使。节度使起初只管几个州或一个道的军事,后来兼管行政和财政,权力很大,成了独行一方的土皇帝。当时唐中央的禁军不过20万人,而边疆的10个节度使共拥兵49万,形成外重内轻的局面。

那时唐朝重用安禄山,任命他做平卢(今辽宁朝阳)、范阳(今北京)、河东(今山西太原市西南)三镇节度使。安禄山的父亲是西域人,母亲是突厥旗人。安禄山做了节度使,总揽三镇军政大权,又招募北方很多牧民当兵,势力便逐渐壮大起来了。

安禄山常到长安去,对唐朝内部情况非常熟悉。他见唐政府日益腐败,便萌生了取而代之的念头。他招兵买马,积累钱财,收集朝廷情报,观察朝廷动向,等待时机,准备反唐。可是昏庸无知的玄宗皇帝却闷在葫芦里,对安禄山的所作所为一点不提防,反而听信他的花言巧语,竟然让他认杨贵妃为干妈,对之信任有加。

唐玄宗统治后期,政治日趋腐败,自杨贵妃入宫后,玄宗便过着"春宵苦短日高起,从此君王不早朝"的淫逸生活,终日沉湎于歌舞声色之中。宰相李林甫同杨贵妃的哥哥杨国忠先后把持朝政,飞扬跋扈,任用亲信,干了不少坏事,各种社会矛盾愈来愈尖锐。

唐朝内地多年来未发生过战争,军事力量薄弱,士无斗志,军备空虚。但统治集团却认为国泰民安,再也用不着军队了。官府里的刀枪盔甲,因长期闲置都生了锈,很多名城要塞,都不加设防。唐政府还不准老百姓私藏武器,凡私藏者,皆判以刑罚。在这种情况下,野心勃勃的安禄山认为篡夺大唐江山的机会到了。755年(天宝十四年)十一月九日,他以"清君侧""讨杨国忠"为名,从范阳发动15万大军,号称20万,长驱南下。由于唐政府毫无准备,致使叛军一路上势如破竹,所向披靡。地方官吏听说叛军来了,有的弃城逃跑,有的开门出降。就这样,安禄山的叛军一路上几乎没有遭到什么抵抗,很快就渡过了黄河,不到三个月,就占领了东都洛阳。安禄山自称大燕皇帝。又过了几个月,叛军击溃了唐朝的潼关守军20万人,继续西进。这消息传到长安,玄宗吓得魂飞天外,满朝文武官员急得像热锅上的蚂蚁。在这生死存亡的紧要关头,唐朝政府临时招募了8万人,由大将哥舒翰率领去抗击叛军。这些人多是城里的无业游民,既没有严明的军事纪律,又缺乏基本的作战技术训练,军事素质很差,在与叛军的大战中,自然不堪一击,就连大将哥舒翰,也战败被俘。

唐政府为了阻击叛军的继续西犯,又从西北边防上抽调大批兵力。但是边防的将领整天喝酒、赌博、克扣军饷，士兵连饭都吃不饱，哪里还有战斗力呢？756年夏天，叛军距离长安只几十里了，长安顿时紧张起来，玄宗带领皇族亲贵和左右臣僚（自然也少不得贵妃玉环），仓皇出逃。长安遂陷入叛军手中。玄宗一行逃到马嵬驿，将士鼓噪不前，愤怒地杀死了祸国殃民的杨国忠，并要求惩办杨贵妃。群情激愤，玄宗无可奈何，只好忍痛割爱，派人缢死了杨贵妃。这时马嵬驿的人民请求皇帝留下来同他们一起抗击叛军，唐玄宗哪肯答应，只把他的儿子李亨留下，他自己则往四川逃命去了。

安禄山从起兵到占领长安，前后只用了几个月的时间。他进兵如此迅速，充分暴露了唐政府的腐败无能和不顾国家人民安危的面目。

共抗叛敌

安禄山每到一处，烧杀抢掠，凌辱妇女，拉夫抽丁，强迫壮年男子服劳役，使得广大劳动人民家破人亡，流离失所，田园荒芜，生产破坏，很多地方都成了"人烟断绝，千里萧条"的荒原。叛军进入长安后，屠杀人民，抢夺财物，烧毁房屋，把一座古老的文化名城糟蹋得不像样子。叛军的残暴罪行，激起人民无比愤恨，各地人民奋起反抗。河北一带的人民自动组织起来，坚决打击叛军。有些地方的官员和人民一起，共同抵抗，留下了可歌可泣的动人事迹。如常山（今河北正定）太守颜杲卿，最先在河北起兵，一连收复17个县城，牵制了叛军很大兵力。

安禄山听说颜杲卿反对他，十分恼怒，立即派部将史思明夺取常山。颜杲卿被围困六七天，终因粮饷断绝，援军未到，失败了。史思明抓住颜杲卿，把他押送到洛阳去见安禄山。颜杲卿一见安禄山，就破口大骂："你这个叛贼，我恨不得将你碎尸万段！"残暴的安禄山喝令把他捆到柱子上，割掉他的舌头，凌迟处死。颜杲卿嘴里喷着鲜血，还是骂不绝口，就这样壮烈地牺牲了。

人民的反对和一些地方官吏的抵御，这就给唐军收复失地创造了有利条件。

玄宗逃往四川以后，肃宗（李亨）在灵武（今宁夏灵武）即位。肃宗为了收复长安，化险为夷，转危为安，决定任郭子仪为朔方（今宁夏一带）节度使，并把朔方军作为反攻的基本队伍。为了加强朔方军的实力，肃宗又指定李光弼协同郭子仪作战。

郭子仪和李光弼原来都在安思顺手下做部将，两人的才能不相上下，职位也相同。当郭子仪受命代替安思顺做朔方节度使时，李光弼不服，决定马上离去。忽然接到皇帝的手谕，要他同郭子仪同心协力平定叛军，李光弼只好遵奉王命，留了下来。郭子仪把朔方的兵马分给李光弼一半。郭、李二人共同表示：一定要同心协力，奋勇杀敌，报效国家。

史思明占领常山后，原来被颜杲卿所收复的州县，又全部陷入叛军手中，河北一带的叛军又强大起来了。为了挫伤叛军的锐气，郭子仪一面派李光弼迅速向常山进军，一面亲率大国从背后袭击叛军。

李光弼一连收复了7个县城，又把常山城包围得水泄不通。史思明陷入重围，他带领两万精锐的轻骑，企图突围逃命。李光弼分兵四路，从四门杀进常山城去。只听战鼓雷鸣，人喊马嘶，打得叛军东逃西窜，互相践踏。史思明惊慌失措，带领败军退守恒阳（今河北灵寿）。李光弼乘胜追击，两军在恒阳相持40昼夜。后来叛军退出恒阳，李光弼的军队进入恒阳城内。叛军就回军把李光弼的兵马困在城中。李光弼被围困后,请郭子仪火速援助。郭子仪便率领轻骑1万多人,星夜赶来。郭李大军内外夹击,史思明被打得落花流水,损兵折将,元气大伤,只好收拾残兵败将逃往范阳。

安禄山听说史思明吃了败仗,恼羞成怒,扬言不消灭唐军,决不罢休。当即选拔最精锐的骑兵两万人来迎战,又命令部将牛廷玠出兵助威。叛军仗着人多势众,来势汹汹,不可一世。为了打击叛军的气焰,郭子仪召集大小将领商量对策,他指出:叛军作战专靠增加兵力;叛军跋山涉水,远道而来,疲于奔命;叛军轻敌,斗志松懈,两军交战,胜利一定属于唐军。根据以上分析,郭子仪决定采取固守阵地的战术,等到叛军疲惫时,再以优势兵力,一举歼灭它。

两军开始接触,打了十几个回合,不分胜负。唐军杀掉一名怯阵后退的将领,士气大振,个个奋勇,人人争先,打得叛军只有招架之功,没有还手之力。叛军边战边退。郭子仪、李光弼乘胜猛追,一直追到博陵(今河北定县)。博陵不但有高大的寨墙和深广的壕沟,而且地形险要,易于防守。叛军在这里扎营下寨。郭、李屡攻不下,便领兵退驻恒阳。史思明又从范阳赶来。郭子仪一面深沟高垒,据险坚守,积极做好准备,一面采取"敌来则守,敌去则追;昼则耀兵,夜袭其营"的作战方针,不给敌人喘息的机会。几天以后,叛军果然士气沮丧,疲劳不堪。但唐军却得到了充分休息,兵强马壮,斗志高昂。郭子仪认为消灭叛军的时机到了,马上分左右两翼向叛军冲杀。这两翼大军像两把锋利的尖刀,刺向敌人的两肋,叛军弃甲抛戈,四散溃逃。唐军大获全胜,计杀死叛军4万人,活捉5000人,缴获战马5000匹。在混战中,史思明左冲右突,仓皇逃命。突然,一只飞箭射中了他,从马上跌了下来,鲜血迸流。他散发跣足,狼狈地又逃回博陵,再也不敢出来挑战了。这时,河北几十个州县纷纷杀死叛军守将,迎接唐军。从此,郭子仪的名字也就传遍了四方。

收复两京

唐朝称长安为西京,洛阳为东京,首都设在长安。长安是唐朝的政治、经济和文化的中心,是一个非常繁华的都市,工商业发达,交通方便。天宝初年,居民有30多万人。长安分东西两市,有很多达官贵人的住宅区,以及万商云集的商业区。洛阳是陪都,在政治和军事上也很重要。安禄山的叛军占领长安和洛阳后,使整个局势急转直下,唐王朝危在旦夕。人民受尽蹂躏和剥削,生活非常困难,洛阳附近竟发生了人吃人的惨剧,人民渴望唐军早日打回来,从当时情况看,收复两京对挽救危局具有重大的政治意义。

肃宗派郭子仪、李光弼收复河北失地的同时,又命房琯去收复长安。房琯不切实际,好高谈阔论,是个"纸上谈兵"的将军。出战前,他向肃宗夸下海口:"我这次出兵,定能水到渠成,马到成功。不获全胜,决不来见陛下(对皇帝的尊称)!"房琯本想在这次战斗中立一大功,但他不分析具体情况,机械地搬用古人的"车战法"。他用两千辆牛车排成长蛇阵,牛车的一边是骑兵,另一边是步兵,列队蜂拥前进。战斗一开始,叛军就顺风擂鼓,摇旗呐喊,又燃起大火。火借风势,风助火威,顿时,只见烟光冲天,红光遍野,牛马惊骇,四处乱窜,片刻之间,军粮、马匹、营寨、树栅全被烧毁。房琯的兵马首尾不能相顾,四处逃散,你推我挤,人马杂踏,踩死的、杀死的、烧死的共4万多人,房琯本人也几乎送了命。

叛军获胜,气焰又复嚣张起来。

肃宗深知要消灭叛军,收复两京,非郭子仪不可。

肃宗命令郭子仪率领中军,李嗣业率领前军,王思礼率领后军,并指定郭子仪为统兵元帅,共领兵15万人。又向回纥借来骑兵5000。军分三路昼夜兼程急进,军容整肃,号令严明,浩浩荡荡开到长安西香积寺附近,连营为阵,横亘30多里。叛军10万人在北面,同唐军南北对垒。叛军守将李归仁、安守思据险设防,他们自恃兵多将广,出城挑战。一次,唐军奋勇迎敌,快逼近敌营时,叛军擂动战鼓,一齐冲杀上来,唐军措手不及,败走。叛军乘胜追击。李嗣业扬鞭策马,飞奔阵前,拼命刺杀,他挥动战刀高喊:"叛军已将我们包围,若不奋勇厮杀,只有死路一条!"说罢,他光着膀子,举起闪闪发光的大刀,指挥战斗。刀光过处,叛军人头落地。唐军军心稍定,在这危急万分的时刻,郭子仪率领大军及时赶来,同李嗣业合力猛击叛军。擂鼓声,响彻云霄,喊杀声,震天动地。顷刻间,叛军阵营大乱。唐军把叛军紧紧包围着,使他无法突围。激烈的白刃战开始了,两军从中午一直厮杀到傍晚,叛军被杀6万多人,余众弃甲曳兵,逃回长安城中。

这一年,叛军内部发生了叛乱,安禄山被他的儿子安庆绪杀死。郭子仪探得这消息后,便调集大军向长安进攻。唐军与叛军一交锋,叛军就像惊弓之鸟,丢盔曳甲,抱头鼠窜。唐军奏起胜利凯歌进入长安城。老百姓听说唐军回来,都喜出望外,夹道欢呼。有的杀鸡宰羊,有的抬出酒来欢迎唐军。

长安收复以后,不久,肃宗便由灵武迁回长安。唐军乘胜向洛阳进军。当时,安庆绪屯兵洛阳,听说郭子仪来打洛阳,便派严庄、张通儒带领15万大军迎战。叛军声势浩大,杀气腾腾,在新店(今陕西陕县西)与唐军相遇。叛军依山扎营,准备战斗。新店地势险峻,山高壁陡,峰回路转,叛军居高临下,这对唐军十分不利。郭子仪为了化劣势为优势,变被动为主动,趁叛军还未来得及休息,便选拔英勇善战的骑兵两千人,向敌营冲杀,又派1000多名弓箭手埋伏山下,再命回纥军从叛军背后登山偷袭,他自己就率领主力军与敌人展开正面战斗。一切部署妥当,立即擂鼓出战。叛军像饿狼一般从山上猛冲下来。郭子仪假装败退,边战边走。叛军大喜,倾巢出动,奋力追击。战斗到黄昏,暮色苍茫,叛军已被歼灭数万人,余者也精疲力竭,寸步难行。这时,突然杀声如雷,山鸣谷应,唐军埋伏的弓箭手像神兵一般从地下钻了出来,只见万箭齐发,像雨点似的射向敌兵。唐军的骑兵更是勇猛,往来驰骋,左右冲杀。叛军前后被围,左右遭打,进既不能,退又不得。正在这时,又听到四处高呼:"回纥兵来了,赶快放下武器投降吧!"叛军听了,简直是风声鹤唳,草木皆兵。在唐军与回纥兵的合力攻击下,叛军被打得溃不成军,狼狈逃散。严庄拼死命才逃回洛阳,连忙向安庆绪建议:"三十六计,走为上计。"安庆绪走投无路,只好收拾残部,放弃洛河,渡过黄河,退守相州(今河北成安、广平、魏县一带)。郭子仪便收复了洛阳。

洛阳收复后,郭子仪返朝,肃宗十分高兴,亲自带领仪仗队到灞上(今陕西西安市东)迎接。皇帝见了郭子仪,激动地说:"我有了你,就像鱼儿有了水,大唐的天下,所以能保住,全靠你的英勇奋战啊!"郭子仪表示不敢承当。

两京收复后,肃宗把玄宗从成都迎回,尊他为太上皇。

在收复两京的战斗中,郭子仪多次立大功,这对安定唐室起了很大的作用,他的战绩很快传遍各地,他的声誉也越来越高了。

挥泪还京师

两京虽已收复,但李氏王朝仍然处在风雨飘摇之中。

肃宗回到长安,先后重用宦官(后来宦官称太监)李辅国和鱼朝恩,把派遣军队的权力交给李辅国掌管。李辅国的权势很大,他可处理国家大事,别人不敢有异议。肃宗让鱼朝恩监督神策军(一支军队的名称)驻守陕州,防御潼关。肃宗听信李、鱼的诲言,远离忠君爱国的贤臣。而叛军的势力还相当强大。安庆绪在邺郡(今河南安阳)还霸占7个县,史思明在范阳盘踞17个县,他的党羽高秀岩在河东的兵马也有数万,这对唐朝是很大的威胁。不久,安庆绪、史思明又开始向南进犯,东西两京又面临危机。

758年九月,唐政府命令九个节度使:朔方郭子仪、河东李光弼、关内王思礼、北庭李嗣业、襄邓鲁炅、荆南季广琛、河南崔光远、滑濮许叔冀及平卢董泰等,一起出兵讨伐安庆绪。九个节度使的地位相同,职权相等,互不统属。肃宗怕将帅的权力太大,因此,不设元帅,特派鱼朝恩为观军容使(监督出征将帅的最高官职)监视诸将。鱼朝恩名义上虽不是主帅,实际却操纵九个节度使的兵权。他根本不懂兵法,更不知如何用兵,让这样的人监督作战,怎能不吃败仗呢?

当安庆绪从洛阳逃往相州时,士兵死伤惨重,只剩下步兵1000多人,骑兵300多人。正巧,路上又碰到河东节度使李光弼的大军。李光弼有1万多人,安庆绪明知众寡悬殊,已被唐军困于死地,但还要做最后的挣扎。他对部下说:"我们的处境万分危急。打,也难于逃生;不打,只能束手待毙。不如杀出重围,万一还能保全生命。"说罢,他把兵分成八路,让他们从四面八方向李光弼的军队,一面呼叫,"我们胜利啦!唐军失败了!"李光弼的军队一听,就乱了手脚,安庆绪就用此计打退了李光弼。几天后,安庆绪又聚集了数万人,死守相州,并把相州改为安成府。

九个节度使的兵马共60万,一齐出动,围攻相州城。安庆绪好似兽困樊笼,鱼儿落网,既不能战,又不能退,处在绝境之中。

郭子仪为了把叛军一网打尽,便下令:高筑堡垒,坚守阵地,引水灌入相州城。全城成了一片汪洋。叛军有的爬上房顶,有的吊在树上,数十日以后,柴尽粮绝,先吃战马,吃完战马,再用马皮充饥。最后,什么都吃光了,为了活命,只好吃老鼠。当时,一只老鼠竟价值4000文。城里的叛军想投降,又因城高水深,不能出来。相州城眼看就要被攻破,正在危急的时刻,史思明率领5万精兵前来援救安庆绪了。

九个节度使的兵力雄厚,本来可以一举消灭叛军,可惜群龙无首,诸将各自为战,谁也不听谁的指挥。可是史思明的军队,养精蓄锐已很久,士气旺盛。史思明是个极其狡猾的家伙,他知道唐军数量超过他十几倍,必须抓住唐军士气低落的弱点,用精兵突击,方能取胜。他来到相州城外,先按兵不动。过了10多天,突然同唐军展开激战。两军正交战时,遇到一阵狂风,顷刻之间,天昏地暗,尘土飞扬,对面不见人。唐军望见城下来往流窜的人马,误认为叛军追来,纷纷逃散。郭子仪见大势不好,只得收集残余部队，领着人马向洛阳退走。

这次战斗，唐军损失严重，战马万匹，只剩3000，刀枪10万，几乎全部扔掉。九个节度使中的八个各回原来驻地，郭子仪留守洛阳。

这次战斗失利，应问罪鱼朝恩，但不明是非的肃宗，不但不斥责鱼朝恩，反而给他封官加爵，更加器重他。鱼朝恩得到皇帝的宠爱，越发盛气凌人。他一向嫉妒郭子仪。怕他功高望重，对自己不利，因此常在肃宗面前诽谤郭子仪。为了陷害郭子仪，鱼朝恩硬把相州一仗失败的责任，完全推到郭子仪一人身上。糊涂的昏君，信以为真，竟然夺了郭子仪的兵权交给李光弼，让他回长安。

郭子仪接到皇帝的命令，连夜起程回京，将士们听说郭子仪要离开他们，都跑来挽留。有的哭哭啼啼，依依不舍；有的要跟他一同去长安。郭子仪也不忍和他们分离，但又不敢违抗皇帝命令，他安慰将士们说："我是去送京城派遣来的使臣，哪里是离开你们，你们要服从命令！"说罢，挥泪跃马离去。

平时，郭子仪对待士兵宽厚、爱护、关心他们的生活，不打骂，不训斥，如同对待亲人一般，因此受到官兵的拥护与爱戴。

郭子仪走后，李光弼来到朔方军队，他怕朔方的将士反对他，因此待到夜里才进入洛阳城。郭子仪的部将张用济屯兵河阳（今河南孟州市），果然反对李光弼，他希望郭将军再回来。有人对张用济说："你这样做，不是给朝廷找借口来迫害郭将军吗？"张用济认为很对，只好硬着头皮迎接李光弼。

史思明在相州替安庆绪解了围，打退了唐军，自认为立了大功，要和安庆绪平分兵权，安庆绪不答应，史思明就把他杀了，吞并了他的军队，回到范阳，自称大燕皇帝。

史思明听说郭子仪被免除官职，夺去兵权，心中大喜，认为有机可乘。759年五月，史思明便带领大军向洛阳进犯。唐政府十分恐惧，不知采取怎样的对策才好。有人向朝廷建议："郭子仪为唐朝立过多次战功，又善于用兵，为什么放着良将不用，让叛军逞凶呢？"肃宗认为很对，决定起用郭子仪为兵马都管使（警备守卫京城的长官），诏令刚传下，就被鱼朝恩拦住了。鱼朝恩把郭子仪看成眼中钉，常想阴谋陷害他。一次，郭子仪立功回朝，鱼朝恩邀请他游章敬寺，有人暗地告诉他说："鱼朝恩想谋害你，千万别上他的当。"郭子仪不听，将士们请求随身护卫，他拒绝了，并且说："我是国家的大臣，没有皇帝的命令，鱼朝恩不敢杀我。"说着，只带着家童数人去见鱼朝恩。鱼朝恩一见，非常惊奇。郭子仪把事情的经过告诉他，鱼朝恩听了，十分惭愧。

史思明打到洛阳，驻守洛阳的李光弼，接连吃了败仗，李光弼放弃洛阳，带兵退守河阳。当时，鱼朝恩也带领一支人马，还没看到叛军的影子，就吓得退到了陕州，再也不敢出来了。

史思明占领洛阳不久，就被他的儿子史朝义杀死了。

肃宗虽猜疑郭子仪，但为了维护自己的统治地位，又不能不重用他。762年二月，河东（治所在太原）一带的驻军，听说洛阳失守，都骚动起来了，朝廷怕他们和叛军连成一气，想出兵镇压，但苦于没有德高望重的统兵将领。想来想去，只得任命颇负盛誉的郭子仪为河北诸州的副元帅，派他出镇绛州（治所在今山西新绛）。郭子仪忠勇爱国，不计较个人得失，他接到作战的诏令，马上就出发。这时，忽然传来肃宗病危的消息。郭子仪去拜见肃宗。肃宗语重心长地说："我死后，河东一切军政大权，完全由你掌握。"郭子仪出兵不几天,肃宗就咽气了。肃宗死后,由代宗即位做皇帝。

代宗时,国库空虚,民穷财尽,人民吃糠咽菜,生活极其困难,可是官府的盐、铁、茶、酒等税,名目竟有 200 多种,这些苛捐杂税,自然都要落到人民身上。朝内宦官专权,朝外藩镇割据,唐朝仍然陷于混乱之中。

安庆绪、史思明虽死,但史朝义还盘踞在洛阳。朝廷任命雍王李适(即后来的德宗)为统兵元帅,郭子仪为副元帅,让他们出兵讨伐史朝义。鱼朝恩、程元振坚决反对郭子仪为副元帅,但这一次朝廷并没有接受他俩的意见。雍王和郭子仪认为单靠唐军的力量,无法消灭叛军,便向回纥借来 10 万大军,唐军和回纥兵一起打进洛阳。史朝义带领败军逃往莫州(今河北任丘北)。763 年正月,史朝义的部下田承嗣、李怀仙等,见大势已去,纷纷向唐朝投降。史朝义看到众叛亲离,走投无路,便自杀了。这场战乱,这时才算完全平定,前后延续了 7 年零 3 个月,历史上叫作"安史之乱"。

"安史之乱"虽然平定了,但安史的部将仍然在河北一带作节度使。他们既拥有强大的军队,掌握地方财政大权,又不服从朝廷的调动。他们死后,都由他们的子孙继续承做节度使,这样便形成藩镇割据的局面,人民仍然灾难重重,在这种情形下,西南的吐蕃统治集团便乘机向唐朝进扰。

计退吐蕃

"安史之乱"以后,社会内部矛盾重重,原驻在西边的军队,大部分被调到北方去讨伐叛军。这时,吐蕃统治集团乘机深入唐朝内地,把凤翔西、邠州(今陕西彬县)北等十几州的土地都占领了。763 年十月,又占了奉天(今陕西乾县),朝廷大为震惊,急令郭子仪带兵抵挡。郭子仪带领 1 万多人,可是吐蕃兵却有 10 万多人。郭子仪多次请程元振拨兵增援,可他根本不理。吐蕃兵很快打到了长安城下,吓得代宗逃往陕州。郭子仪从咸阳赶来,进了长安,既不见皇帝,又没有兵马,十分焦急。这时守城的将领王献忠怂恿郭子仪说:"皇上早已逃跑,现在国家无主,你身为大元帅,只要下道命令,就可以把皇帝废除,国家大权不就落到你手里了吗?"郭子仪把他痛斥了一番。不几天,吐蕃兵占领了长安。

当代宗逃往陕州时,唐军多往商州(今陕西商县)逃散,郭子仪派部将王延昌赶到商州去招集他们。逃兵听说郭子仪来了,都欢呼不止,愿听吩咐。不过数日,便招集到4000 多人。

郭子仪分析了形势,决定采取声东击西的战法。他先派段秀实去劝说邠宁(今陕西彬县和甘肃环江一带)节度使白孝德,请他出兵助战;再派左羽林(皇帝的亲军,侍卫皇宫)大将军长孙全绪带 200 轻骑,到蓝田(今陕西蓝田县)城北面,白天擂鼓呐喊,夜晚燃起火把,牵制吐蕃兵力。军事部署完毕,郭子仪佯言向蓝田城东进军,但却率领主力军奔向蓝田城西。吐蕃兵果然中了郭子仪的计,直向蓝田城东冲杀,扑了个空。郭子仪急速集中兵力,奋勇攻击,打得吐蕃兵措手不及。吐蕃兵发觉已中了计,十分惶恐,忽听四处高呼:"郭令公(指郭子仪)率领大军来啦!"喊声震天,吐蕃兵不战败走,唐军顺利地进入长安。

长安收复后,代宗本应早日返回京城,可是程元振见郭子仪多次立了大功,威信越来越高,生怕代宗重用他,所以劝代宗在洛阳建都。为了国家的利益和朝廷的安稳,郭子仪上书给皇帝:"长安地势险要,前有终南山作屏障,后有泾、渭二水,右连陇蜀(今甘肃、四川),左接崤函(崤山,函谷关,在今河南灵宝东北),可以雄视四方,进可以攻,退可以守。大有一夫当关,万夫莫开之势。长安经过几朝的建设,宫殿华丽,市场繁荣,工商业发达,土地肥沃,物产丰饶,经济富足。长安是创立帝业的基地。秦汉两朝占领长安而称帝,隋炀帝弃长安而灭亡。再看洛阳,地贫民饥,人烟稀少,野草丛生,一片荒凉,宫殿多被烧毁,残垣断壁,不易防守,请陛下慎重考虑。"代宗看完奏章,很受启发,便对左右官员说:"郭子仪所考虑的,都是从国家的安危和利益出发呀!"764年十一月,代宗便从陕州回到长安。

巧退回纥

唐朝和回纥的关系,一直是友好的。在平定安史之乱的战斗中。陇右(今甘肃东南)节度使仆固怀恩认为自己立了大功,应受重赏,可是代宗并没给他封官加爵,仆固怀恩很不满意,妄图背叛唐朝。他母亲知道后,非常气愤,严厉责骂道:"唐朝哪点亏待你,为什么要叛变呢?"骂着,举起刀向他砍去,幸亏他跑得快,才没被砍着。

郭子仪单骑赴回纥图(元代壁画)

不久,仆固怀恩便带领轻骑300多人逃往灵州(今宁夏灵武西南)。他发誓与唐朝势不两立。为了推翻唐朝政权,仆固怀恩便制造谎言,向吐蕃、回纥借来10万大军,从灵州向长安进攻。仆固怀恩的大军来到奉天。长安告急,朝内文武百官,一筹莫展,又是一场混乱。皇帝惶恐不安,忙向大臣们问计。郭子仪说:"仆固怀恩曾做过我的部将,我了解他。他虽是一员猛将,但他寡恩少义,虐待士兵。士兵所以跟着他,都想乘机重返家园。"皇帝立即任命郭子仪为关内河东副元帅,让他率领10万大军去讨伐仆固怀恩。

仆固怀恩率领10万大军(包括吐蕃、回纥兵),横冲直撞,如入无人之境,这正好中了郭子仪诱敌深入之计。他们刚要摆开阵势,只听战鼓咚咚,杀声四起,奉天城外,唐军摆成一字阵势,非常严整,当中竖着一面帅旗,随风飘扬,旗上写一个"郭"字。仆固怀恩的将士一听说郭令公的大名,都吓得丢盔卸甲,四散逃跑。仆固怀恩只得带领残兵败将,又回到灵州。唐军不战而获得了胜利。

仆固怀恩不甘心失败,765年,他又勾结吐蕃、回纥、吐谷浑(鲜卑族的一支,唐时居今甘肃、青海间)共10万多人,再次进犯长安。他们来势汹汹,杀气腾腾。为了拦阻叛军各路的进犯,郭子仪传令各地驻军,必须扼守要冲,抵制敌兵,不让敌兵前进一步。当时,淮西(治所在今河南汝南)节度使李忠臣部下的官兵喜欢玩球戏,当接到出战的命令,都埋怨地说:"我们玩球戏正玩得兴高采烈,作战也要挑个好日子!"李忠臣责问他们:"如果你们的父母得了急病,也要找个吉利的日子治病吗?"大家都默不作声,只好待命出发。

仆固怀恩率领大军直奔盩屋(今改名周至),在行军途中,他得了暴病,突然死去。仆固怀恩的部将张韶率领吐蕃、回纥大军,继续进军,包围了长安北面的泾阳(今陕西泾阳县)。镇守泾阳的郭子仪,仅有两万多人,但早有戒备,他命令部将坚守阵地,不准同叛军交锋。就在这时,吐蕃、回纥听到唆使他们入侵的仆固怀恩已暴死,于是,便开始分营扎寨,争权夺势,闹不团结。郭子仪闻知,暗暗自喜。他详细地分析敌我双方的军事力量。唐军守孤城,抗雄兵,将寡兵少。力量薄弱;吐蕃、回纥兵比唐军多五倍,又骁勇善战。回纥王甚至不可一世地自称:"威风凛冽气昂昂,塞外称雄无人言;鼓角声高催战马,诸藩部将我为强。"在这种不利的条件下,郭子仪深知战必失败,退则被歼,只能"智取",不能"力敌"。他一面积极备战,一面争取谈判。

郭子仪召集大小将领共同商讨退敌策略。任命部将白孝德为副元帅,让他死守泾阳,等待援军;派牙将李光瓒去见回纥王,表示愿和回纥王共同打击吐蕃。回纥王听说郭子仪还活着,十分惊奇,半信半疑。他对李光瓒说:"郭令公真在人间,你不是欺骗我吧?如果他还活着,能让我看看他吗?"

李光瓒把这番话告诉郭子仪。郭子仪是个足智多谋的将领,为了劝退回纥兵,他决定一个人去见回纥王。他对将士们说:"回纥兵多,我们兵少,实力相差悬殊,很难用武力战胜。过去唐朝和回纥的关系密切,曾订过互不侵扰盟约。为今之计,我不如亲自去说服他们,不用动刀枪,退走回纥兵。"郭子仪要冒着生命危险,单枪匹马去回纥军营中谈判,将士们担心他的安全,准备选拔500名精锐的骑兵随身保护他。郭子仪坚决拒绝,他说:"这样做,不但没有好处,反而会把事情弄糟。"

郭子仪就要动身,他的儿子郭暧跑来拦住马,劝阻说:"回纥兵像虎狼那样凶暴,父亲是国家的元帅,怎能轻易冒着生命危险,去回纥军营谈判呢?"郭子仪果断地说:"如果唐军和回纥兵打起来,不但咱们父子生命难保,就连国家的命运也很危险。如果国家保不住,个人还有存身的地方吗?与其坐着等死,不如去同回纥王谈判,用道理说服他。万一不成功,我就捐躯报国,来实现我平生的大志。"说着扬起鞭子,打了他儿子的手,喝令他:"走开!"便和几个骑兵闯出了军营。

郭子仪出了军营,叫人连声高喊:"郭令公来了,郭令公来了!"回纥兵听了,个个吓得目瞪口呆,情不自禁地都放下了武器。回纥兵的统帅药葛罗(回纥王的弟弟)立即拿起弓箭,站在阵前,准备战斗。郭子仪来到回纥军营门前,不慌不忙地翻身下马,摘掉头盔,脱去铁甲,放下刀枪,勇敢沉着地向回纥营中走去。回纥兵都很吃惊,你瞧瞧我,我看看你,不约而同地说:"果真是郭令公呀!"药葛罗也放下弓箭,忙走来迎接。郭子仪握着药葛罗的手,义正辞严地责问:"你们回纥替唐朝立过大功,唐朝报答你们的也不薄,为什么违背盟约,向唐朝进攻? 你们丢掉过去的功劳,帮助叛臣仆固怀恩作乱,同唐朝结怨仇,多么不明智啊! 仆固怀恩叛唐弃母,被人唾骂,像他这样寡廉鲜耻的人,能替你们做出什么好事呢? 今天我独自一人来到这里,早就把生死置之度外,如果你们真有诚意同唐朝和好,应该马上撤兵。不然,我将传令三军,一气杀来,管叫你们片甲不留。如果你们敢把我杀死,唐军一定不会答应。"药葛罗早已吓得手足无措,连连说:"我们受了仆固怀恩的欺骗,他说皇帝已死,说你早已在阵前丧命,朝内乱成一团,没有主人,因此我们才敢跟仆固怀恩来进犯。现在皇帝仍然坐镇京城,又亲眼看到你,我们哪里敢同唐军作战呢!"

郭子仪见事已成,喜在心头,乐在眉梢。为了粉碎回纥与吐蕃的联盟,他抓紧机会,又劝药葛罗说:"吐蕃王不讲道义,反复无常,趁着唐朝有乱事,便抢占土地,烧毁城市,破坏乡村,还掠去大批财物,假如你们肯帮助唐军打退吐蕃,继续保持同唐朝的友好关系,唐朝就把吐蕃抢去的东西,全部送给你们,千万不要错过良机啊!"药葛罗又感激、又惭愧地说:"令公的话,开导了我,我愿帮助唐军打退吐蕃兵,以便立功赎罪。不过,请你不要把仆固怀恩的儿子杀掉,因为他是我们王后的兄弟(仆固怀恩的女儿嫁给回纥王)。"郭子仪答应了他的要求。

这时,在旁边围观的回纥兵,稍稍转向前来,郭子仪的随从人员也紧紧跟上几步,显示加强戒备。郭子仪一点也不惊慌,挥手叫他们退回。药葛罗一面让士兵退出,一面叫人摆出酒席,同郭子仪同饮共欢。药葛罗要试一下郭子仪是否有诚意,请他举起酒杯发誓,郭子仪对着回纥首领和士兵说:"大唐天子万岁! 回纥可汗万岁! 谁若违背誓言,就叫他死在阵前!"药葛罗也照样发了誓。立了盟约后,郭子仪便领着几个轻骑,胜利归来了。

吐蕃王听到这个消息,连夜带着队伍逃走了。郭子仪于是派精兵同回纥兵一道追击,在灵台(今甘肃灵台)西大败吐蕃。这样,郭子仪不用一兵一卒,不费一刀一枪,就瓦解了回纥与吐蕃的联盟,并迫使回纥兵也撤退了。京师之围遂解。

闰十月,郭子仪入朝,然后回镇河中。河中地处两京之间,自广德二年(764)仆固怀恩叛乱,郭子仪再任朔方节度使,河中就成为朔方军的根据地。为了解决军粮问题,郭子仪组织士卒种地以自给。他说:"养兵千日,用兵一时。要打胜仗,必须把兵练好,要练好兵,就要有充足的军粮。"当时,由于连年发生战争,农村经济破产,人民生活困难,筹措军粮确实不易。为了减轻人民对军费开支的负担,郭子仪不顾年迈力衰,亲自耕种了 100 亩地。将校也各自耕种一定数量的土地。在将帅的带领下,士卒耕种的积极性大为高涨,河中地区的荒地全都得到开发,生产的粮食不仅足供军饷开支之用,还有剩余。

此后两年,每到秋季,吐蕃就率兵进入关中抢掠,但均被郭子仪率军击退。大历三年(768),宰相元载认为,郭子仪率朔方兵镇守河中,深居腹内无事之地,而吐蕃连年入寇,由于防守兵力太少,无法阻止其进犯关中,建议将郭子仪的朔方兵移镇邠州(今陕西彬县)。代宗皇帝接受了他的建议。次年,郭子仪便奉命率朔方军前往屯驻邠州。此后,吐蕃虽年年秋季入犯,但再也不敢进入关中的纵深地区骚扰了。

大历八年(773),郭子仪已是 77 岁高龄。吐蕃 10 万骑兵入掠邠州等地,郭子仪部将浑瑊抵御失败。郭子仪对诸将说:"败军之罪在我,不在诸将。"然后与诸将商讨对敌之策,重新调整部署,终于击败了吐蕃。

郭子仪镇守邠州长达10余年之久,此时的朔方兵人数已不及天宝时的十分之一。全军的将士也不及吐蕃的四分之一,战马不及吐蕃的百分之二。但是,吐蕃每年秋季入寇关中,均被郭子仪击败。关中大多数地区因此免遭蹂躏,京师也得以安然无恙。

虽然如此,但唐朝廷内忧外患仍很严重。由于统治集团的腐败、宦官的专权、藩镇的割据、阶级矛盾和民族矛盾的日益加深,使李唐王朝逐渐走向衰亡。

唐代宗死后,由他的儿子德宗继位。德宗为了维护自己的统治地位,减少人民与统治者的矛盾,便下令废除租庸调(唐代与均田制相联系的赋役法。租指田赋,调指依乡土所产而缴纳绢、绵或布、麻,庸指以绢或布代替力役),实行两税制(按土地和财产的多少,每年分夏、秋两季两次收税)。两税制虽比租庸调法适合于当时的情况,但人民仍然啼饥号寒,在死亡线上挣扎。郭子仪虽极力挽救李唐王朝的颓势,但他已无能为力了。

长者风范

郭子仪到了晚年,被封为汾阳郡王,并进位太尉(全国军事首脑)。他官高爵显,在朝廷中的威望极高。

郭子仪治军宽厚,深得人心,朔方军将士都以父母事之,愿拼死为之效力。这是郭子仪在历次战争中所以能打赢许多硬仗,屡次转危为安的一个重要原因。郭子仪功勋盖世,威震四方,敌人都很害怕他,吐蕃、回纥称他为神人,一听说他率领大军出战,皆望风而逃。节度使田承嗣对朝廷图谋不轨,专横跋扈,但是见到郭子仪派去的使者,即西向而拜,并指着自己的膝盖说:"我这膝盖不向人下跪已经多年了,现在要为郭公下跪。"李灵曜盘踞在汴州(今河南开封),不管公私财物,只要经过汴州,一律扣留。只有郭子仪的粮饷、武器,不但不敢抢掠,还派人护送过境。郭子仪还为朝廷培养了一大批人才,随他征战的先后有60余名部将,后来都位至将相。

郭子仪功高望重,但他从不居功自傲。安史之乱后,许多节度使手握兵权,为非作歹,对朝廷貌合神离,拒不听命。郭子仪虽权重势大,深得人心,但他却从不以此为资本,要挟朝廷,谋取私利。相反,他始终忠于朝廷,别无二心,有诏即赴命,绝无半点犹豫。

当时宦官专权,嫉妒功臣。为了避免招来麻烦,郭子仪有时还拒绝接受朝廷的高官厚禄。唐代宗时,曾下令以郭子仪为尚书令。但他认为唐初太宗为秦王时做尚书令,唐太宗即位后,这个职位经常空缺,如果接受这项任命,一会破坏国家的法度;二会招致他人的闲言;再者安史之乱以来,以官赏功臣,已使国家法度遭到破坏,现今安史之乱已被平定,就应按照国家的制度来任免官员。因此,他坚辞不受。

有时,为了顾全大局,减少矛盾,他甚至不惜牺牲个人利益,不计个人荣辱。大历二年(767),他父亲陵墓被盗,人们怀疑是鱼朝恩指使手下人干的,但官府没有捕获盗贼,口说无凭。祖坟被盗,在封建社会是没有比这更为严重的事情了,因此事情发生后不久,郭子仪自奉天入朝,朝廷内外气氛便十分紧张,担心他不会善罢甘休,甚至可能发动政变。但当唐代宗对他提起此事，他却流着泪说："我长期带兵，对士卒约束不严，有时就发生部众盗掘坟墓的事。如今我父亲的墓被盗，这是老天的报应，与谁都无关。"盗墓之事才不了了之，朝廷内外惶恐不安的气氛也消除了。因此，尽管鱼朝恩、程元振对郭子仪屡进谗言，横加诽谤。但由于他为人坦荡，居功不傲，忠于朝廷，没有什么把柄可抓，每次都化险为夷，得以常保功名，长寿而终。

郭子仪的一生，基本上是在戎马征战之中度过的。自天宝十四年（755）安禄山于范阳起兵，郭子仪即以朔方节度使的身份参与平叛战争，屡立战功。唐肃宗时，收复两京。主要是依靠郭子仪所率朔方军的力量。安史之乱被平定后，郭子仪以朔方节度使先后出镇河中、邠州，防御回纥、吐蕃，捍卫京师，虽兵弱将寡，仍屡败敌兵，使京师得保无虞，关中百姓免遭涂炭。所以，史书上说："天下以其身为安危殆30年，"是一点也不夸大的。

郭子仪是我国历史上一位著名的军事家，他通晓兵书，但不机械地搬用古代兵法。郭子仪多谋善战，根据不同情况，有时声东击西，有时迂回堵截，有时先发制人，猛冲猛打，还有时不用一兵一卒，竟能计退敌兵。兵多将广，固然能打胜仗；即使兵少将寡，在不利的情况下，也能取得胜利。胜利了，不骄傲；失败了，不气馁。正因为如此，他才能成为一代名将。

郭子仪重视团结国内各民族，对吐蕃、回纥、吐谷浑等能做到礼尚往来，平等相待。所以他在吐蕃和回纥等少数民族人心中也很有威望。

大历十四年（779），唐代宗病死，遗诏命令郭子仪在三天的治丧期间代理朝政，郭子仪奉命入朝。唐德宗即位后，尊郭子仪为尚父，加太尉，兼中书令，余官皆罢。从此，他告别了戎马生涯，在朝廷担任宰相。过了两年，即建中二年（781），郭子仪病死，享年85岁。死后被追封为太师，陪葬建陵（唐肃宗陵）。按唐代制度，郭子仪坟高当为一丈八尺，葬时破格增加一丈，为二丈八尺，以表彰他的功劳。

岳飞传

人物档案

岳飞:汉族。字鹏举,谥武穆,后改谥忠武。河北西路相州汤阴县永和乡孝悌里(今河南省安阳市汤阴县城东 30 里的菜园镇程岗村)人为了讨好金人,宋高宗等人又在绍兴十一年(1142 年)农历十二月二十九日的除夕之夜,以"莫须有"的罪名,将岳飞父子杀害于大理寺风波亭。

生卒时间:1103~1142 年。

安葬之地:岳飞遇害后,狱卒隗顺冒着生命危险,背负岳飞遗体,越过城墙,草草地葬于杭州九曲丛祠旁。21 年后宋孝宗下令给岳飞昭雪,并以五百贯高价悬赏求索岳飞遗体,用隆重的仪式迁葬于栖霞岭下。

性格特点:廉洁奉公,严以律子,厚以待人,事母至孝,文才横溢,儒将风范,身先士卒,行若明镜。

历史功过:21 岁时,他在宗泽部下当差,因屡立战功,而被提升为清远节度使,后来又晋封为武昌郡开国侯。曾经无数次打败过金兵,因而名声大噪。公元 1140 年春,岳家军北伐,一举攻占朱仙镇,攻取金国首府汴京指日可待。岳飞首先提出"文官不爱钱,武官不惜死,不患天下不太平",堪称封建社会官吏的行为典范。

岳飞

名家评点:《宋史》评价:

善以少击众。欲有所举,尽召诸统制与谋,谋定而后战,故有胜无败。猝遇敌不动,故敌为之语曰:"撼山易,撼岳家军难。"张俊尝问用兵之术,曰:"仁、智、信、勇、严,阙一不可。"调军食,必蹙额曰:"东南民力,耗敝极矣。"荆湖平,募民营田,又为屯田,岁省漕运之半。帝手书曹操、诸葛亮、羊祜三事赐之。飞跋其后,独指操为奸贼而鄙之,尤桧所恶也。

西汉而下,若韩、彭、绛、灌之为将,代不乏人,求其文武全器、仁智并施如宋岳飞者,一代岂多见哉。史称关云长通《春秋左氏》学,然未尝见其文章。飞北伐,军至汴梁之朱仙镇,有诏班师,飞自为表答诏,忠义之言,流出肺腑,真有诸葛孔明之风,而卒死于秦桧之手。盖飞与桧势不两立,使飞得志,则金雠可复,宋耻可雪;桧得志,则飞有死而已。昔刘宋杀檀道济,道济下狱,瞋目曰:"自坏汝万里长城!"高宗忍自弃其中原,故忍杀飞,呜呼冤哉! 呜呼冤哉!

少年坎坷

宋徽宗崇宁二年(1103)的某一天,从西边天空飞来一只天鹅模样的大鸟,降落在永和乡岳家庄一富户的屋顶上。它扇动着有力的翅膀,伸着美丽的脖颈,发出阵阵悦耳的鸣叫。这叫声引起了该室主人的注意。他已40有余,正在庭院中烦躁地搓着双手,来回走动。听到鸟的鸣叫,他停住了脚步,抬头看了看,不禁露出一丝惊讶的表情。他还从未见过这种鸟,莫不是传说中的神鸟大鹏?恰在此时,屋里传出一声嘹亮的婴儿啼叫,接着房门打开,里面奔出一位丫鬟,笑嘻嘻地叫道:"岳员外!岳员外!夫人生了,是男孩!男孩!"这位被称作岳员外的中年人闻讯大喜,猛地甩开双手,大踏步跨进屋里。屋里几位帮忙接生的妇女仍在忙碌着照顾产妇和婴儿,见岳员外进来,连道恭喜。夫人姚氏经过生产的痛苦折磨后,已疲惫不堪,正欲睡去,见了丈夫,又兴奋了起来,苍白的脸上泛起红光,说:"快看看你的宝贝儿子!"岳员外忙捧起正吮手蹬腿的儿子,左瞧瞧,右看看,乐得直说:"岳家可有了烧香火的人了!"旁边的妇女向岳员外不住夸赞道:"您看这孩子长得多富贵相啊!大眼大耳,宽额方口的,将来一定会有出息的!"姚氏说:"您别只是傻乐了,快给儿子想个名字吧!"这时,屋顶上的大鸟又发出一阵鸣叫,岳员外心里动了一下,脱口说:"名就叫岳飞,字叫鹏举吧,愿他日后能像鹍鹏一样展翅高飞,建功立业,光宗耀祖!"

岳员外是岳家庄的大户,颇有田产家财,但他生活得却很简朴,为人也很善良,常常节衣缩食,来赈济庄里的贫民。对借钱粮不还的人,他从不逼讨,就是有人公然侵吞他的田地,他也不与之论争,因此很得乡亲们的敬重。对他来说,唯一也是最大的焦虑是年近半百,尚无子嗣。为此,他曾四处访医寻药,甚至烧香拜神。如今,他总是如愿以偿,自然高兴万分,向家堂神庙点烛燃香,忙个不停。他还打算在岳飞满月时大治筵席,款待全庄乡亲。

但这个日子并没有来到,来到的却是一场灭顶的灾祸。一天,一阵怪风呼啦而起,随即从山后升起一团黑云,飞快地翻滚过来,霎时间弥漫整个天空,将炎炎赤日遮了个严严实实。一道耀眼的闪电过后,便是一声将天地抖动起来的炸雷,紧接着,盆泼似的雨水从空中倾泻而下。岳家庄的人从未见过这么暴烈的雷雨,惴惴不安地待在屋里。忽然,从远处传来一阵阵恐惧的叫喊:"黄河决口了!黄河决口了!"顿时,岳家庄就像炸了锅,人们顾不上头顶上的雷电雨了,扶老携幼,哭着叫着跑出屋子,涌向村外,向地势高处奔去,但这怎能跑得过猛兽般扑过来的洪水呢?

岳员外听到呼喊声,慌忙抱起不满月的岳飞,携着姚氏,踉跄着跑在院子中。这时他已听到洪水的呼啸声和成片的房倒屋塌声,他知道跑是来不及了。情急中,他一眼瞥见了放在墙角的一只大木缸,来不及犹豫,就拉着姚氏跑了过去。他先让姚氏坐了进去,再将岳飞递过,让抱在怀中,颤抖着说道:"夫人,我将儿子托付给你,靠你保全一点岳氏血脉,我就是喂了鱼鳖,也能瞑目了!"话音刚落,一股洪流涌来,岳员外手一松,木缸就随水漂走了。

姚氏坐在木缸内,四周是汹涌起伏的黄流浊水,以及漂浮其上的家具物件,死了的猪羊鸡狗,人的尸体也夹杂其间。姚氏看着这一切,想着曾经很温暖、富足安乐,如今已荡然无存的家,更想起凶多吉少的丈夫,她五内俱焚,痛不欲生。她几次想跃入波涛之中,随丈夫而去,但她看见了安安静静躺在怀中的岳飞,想起了丈夫的叮嘱,她便犹豫了。她不应该寻死,应该活下去,把岳飞抚养成人,这样才能对得起丈夫。想到此,她将岳飞紧紧搂在怀中。

岳飞母子坐在木缸内,随势漂荡,任意东西,虽屡经惊吓,终于安然无恙,最后在河北大名府黄县境内,随一股水流漂向岸边,被人救起,得以侥幸逃生。在这场大洪水中,岳家庄大部分人丧生,岳飞母子竟奇迹般地活了下来。或许这种经历太让人不可思议了,人们竟由此附会出了一个荒诞离奇的传说,说岳飞并不是肉胎凡躯,而是天神下凡。这显然是小说家的无稽之谈,不可据以为史实。

在宋朝,下层学子主要是靠科举考试来挤入上层社会,改变自己的政治地位和经济地位,像汉、唐人那样通过从军远戍来建功立业几乎是不可能的。从赵匡胤陈桥兵变以来,朝廷就一直奉行重文轻武的政策,军人受到轻视,士卒被称作"赤佬",为防止他们逃跑,他们的脸上要被刺上字,就像是受了黥刑的囚犯一样。人们视从军为畏途,逃之唯恐不及。但岳飞从小时候起就一直渴望做一名将士来保家卫国。他不是不想金榜题名,而是实在忍受不了异族侵略者的嚣张气焰。那时,北宋边备松弛,委曲忍让,辽金屡屡起衅,并几次侵扰中原,饮马黄河,大肆劫掠。官军每每闻风而逃,老百姓备受兵灾之苦。这一切给年少的岳飞以很大的刺激。他认为,在国家民族处于危难的时候,仍去汲汲于追求自己的科场功名,这是最不光彩的行为,非大丈夫之所为。他毅然决然地决定,长大后一定要从军,为看不起"赤佬"的朝廷效命,抵御外侮,保卫自己的家园。

为了能实现自己的愿望,岳飞小时曾四处拜访名师,练习武艺。他先师从汤阴县名手陈广学习枪法。由于他生得健壮有力,悟性又好,肯下苦功,所以很快得其真传,并加以发扬光大,形成了一套独具特色,让敌人胆寒的枪法,在传说中称作"岳家枪",渲染得神乎其神。在全县的比武中,岳飞大显威风,一杆枪使得蛟龙翻海一般,将对手一个个赶下擂台,夺得第一。其后,他又向一个叫周同的人学习骑马射箭。岳飞在他精心指导下,武艺大进。可以拉开三百斤的硬弓,在奔驰跳跃的马背上左右开射,应声中的。周同还教岳飞研读《孙子兵法》,以及《左传》等古代历史书籍中所记载的战例。他常常告诫岳飞道:"用兵打仗不只是靠勇敢,拼死力,那是匹夫之勇,不值得称道。用兵打仗更重要的是靠智谋策略。如果运用得当,就能以少胜众,以弱胜强!"岳飞连连点头称是,对师父极为佩服。周同死后,岳飞非常悲痛,每月初一、十五都要到下葬处祭奠,风雨无阻,人们对岳飞不忘故恩旧谊的行为极为赞赏,认为他一旦能为时用,一定会为国效命的。

从军抗敌

宋徽宗宣和四年(1122),真定(今河北正定)宣抚使刘韐募兵,19岁的岳飞应征,当上一名敢死战士,并任小队长。不久,岳飞就参加了一次剿匪的战斗,他主动向刘韐请战,愿领百余名精骑消灭这股劫掠乡里、令官兵十分头痛的土匪。获准后,他让一部分士卒扮作商人,往土匪的营寨去"经商"。匪徒正四处抓丁,扩充队伍,以应付官军的围剿,见了这帮精壮的"商人",自然不会放过,一个个抓将起来,强令入伙。

　　岳飞又命百名官兵预先潜伏在山下险要处，自己则亲领几十名骑兵至土匪营寨前叫骂挑战。匪众见岳飞人少，大开寨门，鼓噪涌出，希望一举擒获。岳飞稍稍招架了几个回合，佯装不支，呼哨一声，掉转马头就跑。匪众哪知底细，拍马就追。到了山下伏击圈内，只听得一声号令，伏兵四起，紧紧围上，岳飞也返身杀回，一阵猛杀，匪众死伤大半，余下的扔掉器械，跪在地上直喊饶命。潜入匪徒营寨的官兵乘着空虚，四处纵火，捣烂了匪窝。匪首陶俊和贾进和慌慌张张，想骑马逃走，被绊马索绊倒，就地擒获。岳飞大获全胜，押着俘虏，载着战利品，凯旋奏捷。刘韐大喜，对岳飞的智勇大加赞赏。

　　不久，岳飞参加了宋金联合攻打被辽兵所占领的燕城（今北京）的战斗。其时，辽国在新兴金国的不断打击下，已奄奄一息，燕城守备空虚。宋军有十几万兵马，加上辽常胜将军郭药师率涿、易二州 8000 兵马降附，在兵力占有压倒的优势，攻取燕京本是唾手可得的事。但北宋王朝长期压制军队所造成的贫血症在这关键时候马上就表露了出来。将帅鲜勇寡谋，士卒军纪松懈，了无斗志，与辽军稍一接触，就溃不成军。郭药师向宋大将刘延庆提议，应在辽援军没有赶来前袭取燕城。畏敌如虎的刘延庆几经犹豫后，同意了这个计划。于是，郭药师率 6000 精兵乘夜渡过芦沟，向燕城突然发起猛攻。岳飞率领自己的敢死队冲在最前面。城上守兵拼命往下放箭，掷石块和掀滚木，岳飞毫不畏惧，硬是靠云梯攀上城墙，将守兵杀死，开了城门，宋军遂攻占了燕京外城，但刘延庆却遥相观望，拒不按计划增派后续部队，致使辽援军赶到，与城内守军夹击宋军入城部队，使之几乎全军覆没，只有岳飞等少数官兵拼命杀开一条血路，缒城逃回。

　　金人通过这次战斗，看出了宋军的虚弱不足惧，于是在宣和七年（1125）灭辽之后，挟战胜之威，兵分两路，向北宋发动了大规模的入侵。西路由宗弼率领，自云中（今山西大同）出发进攻太原。遭到太原军民顽强抵抗，被牵制在那里不能南下与东路军会合。东路军由斡离不率领，在宋降将郭药师的向导下，长驱南下，直扑北宋首都开封。赵宋王朝慌成一团，史称"朝廷震惧，不复议战守，惟日谋避狄之计"，意思是说根本不考虑如何迎敌，一心只想逃跑，以避开金人的猛攻。该年年底，金人更近汴京，平日贪于声色之娱的宋徽宗竟吓晕了过去，被大臣们用药灌醒。在性命与皇位难得兼顾的情况下，最后狠心舍弃后者，索来笔墨，抖抖索索地写下退位诏书，让位给太子赵恒，即宋钦宗，自己则带着一帮宠臣连夜逃往镇江避难去了。新即位的宋钦宗也几次想溜，均被坚决主张抗金的大臣李纲及汴京军民所阻拦。

　　此时岳飞在家已居丧四年。靖康元年（1126），康王赵构奉朝廷之命，在相州设大元帅府，并派枢密副史刘浩在民间招募义勇兵，岳飞再次入伍。他以前剿匪及攻打燕京时的勇敢善战受到赵构的重视，遂命他去招讨流寇吉倩。吉倩早知岳飞的威名，哪敢抗拒为敌，遂率部众归降。赵构大喜，封岳飞为武训郎。

　　汴京告警时，赵构命岳飞随刘浩前往勤王，途中遇到金兵阻击，双方相持于滑台城（今河南滑县东）南。一日，岳飞率百余名骑兵在河上操练，只见前方烟尘起处，突然出现了大队来犯的金军，气势汹汹地逼了过来。敌众我寡，力量悬殊太大，宋兵不免大惊失色,策马就想逃跑,被处变不乱的岳飞拦住。他鼓舞士卒道:"金寇虽然众多,却不明白我们的情况,不敢贸然进攻。我们要是一逃跑,必然会被他们瞧出破绽,乘势掩杀,我们是很难生还的;不如乘他们立足未稳之际冲杀过去,乱中取胜。言罢,跃马挥枪,大吼一声,率先突入敌群,众士卒紧随其后。有一个面貌凶猛的金将哇哇叫着扑向岳飞,挥刀便砍,岳飞用枪荡开,顺势向前扎去,正中金将心窝。金兵见状,吓得魂飞魄散。岳飞指挥宋兵,左冲右突,手中那杆丈八长矛蛟龙般飞舞,蹭着伤,挨着亡,杀得金兵人仰马翻,拼命逃奔。岳飞也乘胜收兵,归禀刘浩。刘浩大喜,表奏康王赵构。为岳飞请功,康王立即传下委任状,升岳飞为秉义郎。

靖康二年(1127),金兵在占领汴京开封四个月后,俘获了徽、钦二帝后离去,北宋正式灭亡。宋朝旧臣拥立徽宗第九子康王赵构为帝,即高宗,建立南宋王朝。岳飞认为新主即位,当有一番作为,以树立自己的威信,就上了一封千言书,忠心耿耿地向高宗献计献策道:"陛下您现在做了皇帝,这是国家社稷的大幸,是百姓子民的洪福。您胸有克敌制胜的谋略,又有各地赶来的勤王之师可供调遣,而金军正处在胜利的陶醉之中,骄惰懈怠,没有防备,这是天赐良机,陛下应当亲率六军,北渡黄河,收复失地。黄潜善、汪伯彦竭力倡议南逃避敌,终于酿成靖康之祸,是当今的卖国贼,陛下不可不提防!"这原出于一片忧国忧民的热忱,却不知正触犯了朝廷大忌,立即被斥责为越职言事,夺职遣回。在封建社会,不在其位而言其事,不管其动机如何纯正无私,都算是狂妄犯上,绝不容许的。至尊无上的皇帝与一个中下级军官之间是不会有通信和对话自由的。岳飞不是不明白这个道理,只是他太忠诚耿直了,容不得他安分守己、世故圆滑。为此他屡遭打击,甚至最后献出了生命。

岳飞罢归不久结识了河北招抚使司的干事赵九龄,很得赏识,遂被引荐给河北招抚使张所。张所是北宋著名的抗战派将领,当时受宰相李纲的委派,在河北一带招募民兵,积极组织抗金力量。他见岳飞身材魁梧,气宇轩昂,很是喜欢,抵掌而谈,非常投机。他问岳飞说:"你武艺如何?能搏击多少敌人?"岳飞徐徐答道:"我很自信自己的武艺,但并不认为这匹夫之勇是多么了不得的事。用兵之道贵在施谋使计,而不在于逞凶斗狠。栾枝用曳柴诈败之计大胜强楚,莫敖靠采樵诱敌之法击溃绞人之围,这些全靠的是智谋,而不是个人的武艺。"张所一听肃然起敬,赞叹道:"原来你并非一介武夫啊!不知你对当今形势有何看法?如何才能守住黄河呢?"岳飞侃侃谈道:"汴京的安危全看河北诸郡的巩固与否。我们当在所有险隘处建立要塞,互成依仗之势,如果任何一城受到威胁,其他城塞就会赶来相助,并且伺机骚扰敌人的后方,这样的话,敌人就不敢窥视黄河,京师也就安然无恙了。"一席话说得张所心悦诚服,连连点头称是。岳飞见遇到了知己,不禁慨然请求道:"张招抚如果能提兵巡境的话,岳飞愿做前驱,供你调遣!"张所大喜,立即授岳飞武经郎职,命他随已归顺的八字军领袖王彦北渡黄河,挺进新乡(今河南新乡)。

新乡有金人重兵驻守,见宋军渡河,就猛扑过来,想一举围歼之。王彦见状,心里害怕,传令停止前进,高筑壁垒,准备死守。岳飞几次请行,都被拒绝,不由气愤道:"我们本来就是找金寇打仗的,如今却畏敌不前!如果图安全的话,何不呆在后方呢!"王彦也恼了,说:"你要找死的话,我可以让你去!"岳飞遂率领千余名士卒,迎着穷凶极恶的金军杀了过去。金军急忙分兵围截,竟被岳飞冲溃。金军又聚拢起来追堵,再次被岳飞突破,如此反复了好几次。岳飞一马当先,所向披靡。宋军士气大振,人人逞勇,个个发狠,竟一鼓作气攻下了新乡。

宋军攻占新乡,这等于孙猴钻进了牛魔王的肚子,金军自然不会善罢甘休。调集人马,蜂蚁般涌了过来,想把立足未稳的岳飞置于死地。两军在候兆川(今河南辉县西北)相遇,展开激战,岳飞身上十余处受伤,仍在马上厮杀,士卒也拼命死战,终于击退数倍于自己的敌人。

当天晚上,宋军官兵未解铠甲,就枕着兵器睡着了,他们实在太累了,自从与王彦分兵以来,他们一直与围追堵截的金军进行着战斗,已经好几天没有休息了,所以,候德战斗一结束,他们没吃饭,甚至连伤口也来不及包扎,就倒头而睡。他们以为金军新败,一时半会不可能再来了。不料,在一个梦还未做完的时候,忽然传来警报,说大批金军来劫营,宋军士卒惊得睡意全消,跃身而起,陷入一片恐慌之中。他们全拥至岳飞帐前,想听他如何处置。岳飞没有出来,帐篷内传来有节奏的鼾声。宋兵们着急,责问帐前军吏:"军情如此紧急,你们怎么不通知首领?"军吏哈哈一笑,道:"首领有令,让大家回去安心睡觉,不必害怕,金寇不会来的!"宋兵疑惑地散开了,但谁也没敢再次睡去,抱着枪,守在备好鞍的战马旁。

其实,岳飞自己并未安然而卧。接到警报时,岳飞心里也很担心。宋军连续作战,已疲惫至极,对有备而来的金军,极难有获胜的希望。逃跑已经来不及,很快会被追杀。一番权衡后,岳飞决定冒险效法诸葛亮的空城计。金军连日来已被岳飞杀怕,见宋营一片寂静,怀疑其中有诈,怕中埋伏,就转身退走了。岳飞长吁了一口气,急忙传令拔营。

连日征战,岳飞粮草很快告罄,就到王彦营中求借。王彦对岳飞的频频告捷不仅不感到高兴,反倒觉得如芒刺在背。当初放岳飞出去,原是让他去送死的,至少让他碰碰壁,受受金人的教训,然后回来老老实实受他的节制和管辖,不再与他的闭垒自守、畏敌如虎的政策作对,但岳飞却坚持了下来,胜仗一个接一个,这岂不等于向世人昭告他王彦的胆怯无能,他能不嫉恨吗?向他借粮草,能答应吗?于是,他冷冷地对岳飞说:"粮草我有一些,但自己要用。你有本事独立行动,就没有本事搞到粮草吗!"岳飞忍住不快,说:"王将军,我们都是为朝廷效命,当互相支持帮助,分什么你我?"王彦冷笑一声,说:"这么说,你的功劳可以记在我的名下了?"竟拂袖而去。岳飞无奈,只好率领所部到了太行山一带,依靠当地民间抗金组织,与金军展开周旋,打了不少胜仗。在一次战斗中,岳飞擒获了强悍凶狠的金军大将拓跋耶乌,在另一次遭遇中,又刺杀了敌将黑风大王。但由于孤军作战,粮草不济,难以长久坚持下去,最后只得杀出重围。岳飞知道王彦必不容己,就投奔抗金名将宗泽而去。

初显威名

岳飞与王彦分道扬镳,独立采取军事行动,按宋朝军律,是要处以死刑的。所

传奇名将

以他到宗泽大营不久，就被五花大绑起来。在即将行刑之际，遇见宗泽视察刑场，岳飞朗声叫道："宗元帅难道不想恢复中原吗？"宗泽将脸一沉，喝道："胡说！本帅与金寇誓不共生，天下谁人不知？"岳飞道："宗元帅既要驱逐胡虏，为什么要杀堪做前驱的壮士？"宗泽对岳飞早有所知，今见他相貌英伟，出语俊爽，知道不是一般平庸之辈，就令刀下放人，邀到元帅府叙谈。用兵之道、恢复方略，凡所问及，岳飞总是侃侃而谈，持议精当。很合宗泽的心意。他认为岳飞算得上栋梁之材，堪当恢复大任。他已垂垂暮年，恢复振兴之事尚茫然无绪，朝廷中持和者济济，主战者寥寥，昏庸无能者居多，贤明干练者甚少，这些有时使他陷入绝望。见到岳飞，使他不免对前途又增强了信心。有这样的人在，大宋江山是不会轻易易主的。他拉住岳飞的手，连连赞道："你有勇有谋，在抗金的事业中会大有作为的！"

当时正值金兵来犯，宗泽命岳飞率领500名骑兵迎敌，借以亲自考察一下他的实际作战能力，看他是否属于纸上谈兵的马谡之流。岳飞果然不负所望，先战昨城（今河南汲县东南）再战黑龙潭，均获胜利。随后开赴汜水关（今河南荥阳西北汜水镇）迎敌。该关地形险要，为东西交通咽喉，也是西路金军南侵的必经关口，战略意义非常重要，因此必须夺下并守住它！岳飞昼夜兼程，赶到关口，察看各处地形后，立即开始筹划分置。宋军兵少，粮草不足，面对数倍于己的金军，显然宜于速战速决，不宜于长久相持下去。于是，岳飞想出一条迷惑敌人、乱中取胜的计策。他选出300名精悍的骑兵，命每人捆扎两束柴草，潜伏在前山脚下。他亲自率领所余士卒，开赴关口敌军营寨前。

当天夜里，没有月亮，只有星星稀稀疏疏地散布在天空，眨巴着惊异的目光，期待着欣赏由岳飞即兴导演的一幕战斗短剧。金军见宋军人少，不以为意，醉醺醺地进入梦乡，夜半时，岳飞一声号令，埋伏在山下的士卒一起点燃柴两端，每人两束，两手各一，上下左右挥动起来，同时还擂鼓鸣号，吆喝呐喊。一时间，整个天空被火光照得通亮，遍山漫野回荡着喊杀声。金兵从梦中惊醒，以为宋军大部队赶到，一手提着裤子，一手倒拿兵器，慌慌张张就要逃跑。被岳飞迎面拦住，大声令道："放箭！"只听见一阵嗖嗖声，箭矢像雨点一样密密地倾泻过去，金兵顿时倒下一大片。岳飞翻身上马，平举着丈八长矛，大吼道："杀！"率先踏入金兵中，士卒随之拥上，展开肉搏。金兵不敢恋战，掉头就跑，正撞上举着火把赶来的伏兵，被猛杀一气，倒毙无数。

火光中，见一金将哇哇叫着，来回冲突，想要稳住金兵，进行反扑，宋兵被他的鬼头大刀砍翻了好多。岳飞看得真切，恼得性起，将枪挂在得胜钩上，从背上取下弓来，搭上利箭，舒展猿臂，"嘿"的一声扯个满月，略一瞄准，右手一松，只听"嗖"的一响，正中金将咽喉，顿时栽下马来。金兵更惊得失了魂一般，拼命冲开一个口子，逃向山下。岳飞也得胜回营，向宗泽禀报，宗泽大喜，认为岳飞果有大将之才，就破格提拔为统领，不久又升迁为统制。岳飞这下算是遇到了伯乐，政治抱负和军事才能有了全面施展的条件和机会。在此以前，他虽然屡建战功，因身轻位卑，始终得不到重视。

建炎二年（1128）七月初一，抗金老将宗泽死于开封留守任上。他晚年将全部精力用于抗金复宋的事业上,却受到朝廷的百般阻挠,心力交瘁,憾恨而亡。临终时,他用屡弱但殷切切的声音对岳飞等属将说:"你们千万不可忘了自己的天职啊!"岳飞等含泪说:"宗元帅,你就放心吧!"宗泽吃力地点点头。忽然,宗泽呼吸急促起来,脸涨得通红,侍从急忙上前抢救。宗泽推开大家,吃力地挺起上身,睁大双眼,放出光来,连呼"过河! 过河!"气绝而亡,眼睛仍大睁着。岳飞等人见此情景,无不受到震动,激起对投降派的满腔义愤,发誓要继承宗泽的遗志,打过黄河去,光复北宋河山。

接替宗泽任开封留守的杜充,却是一位刚愎任性、嗜杀残忍的无能之辈,根本无力管束部下。集结在开封周围、原归宗泽节制的各路勤王之师,以及收编的忠义民兵很快陷于内争中,互相攻击。原统制王善、曹成、孔彦周等合兵50万,攻打南薰门,想赶走杜充,占领开封。守门的仅有800名士卒,见叛军来势汹汹,不免心惊肉跳,想弃城逃跑,岳飞挺身拦住,说:"叛军是乌合之众,虽然人马多,没有什么害怕的。不信的话,我杀一阵给你们看看!"随即挺枪挟弓,跃马冲入敌阵,叛军知道岳飞的厉害,哪敢上前阻挡,竟被岳飞冲得四散。守兵见状,大为振奋,一起杀上,叛军不支,慌忙退去。岳飞乘胜追击,擒获叛将杜叔五、孙海、孙胜等。岳飞因平乱有功,被授为英州刺史。

杜充见部将分崩离析,城中粮食即将用尽,金兀术又虎视眈眈,时刻有侵吞之心,便决定放弃开封南逃。岳飞听说,急忙劝阻说:"开封为中原军事要地,关系重大,万万不可随意放弃。开封若失,中原必然陷于胡虏手中;中原不保,大宋可就危险了。他日若要收复,就远不如放弃容易了! 愿杜统帅三思而后行啊!"杜充辩解说:"经此叛乱,开封守军元气大伤,兵少将寡,粮草又接济不上。朝廷逃难不暇,根本顾不上开封的守备,这样怎能长期坚持下去呢? 提前撤走总比城破时突围要好吧!"岳飞见杜充执意要走,只好请求道:"您一定要走,就让我留下来吧! 我向您保证,坚决守住城池,否则的话,提头去见你!"杜充哪会答应,脸色一黑,说:"我主意已定,你不要多言了!"言罢,拂袖离去,岳飞只好从命。这样,李纲和宗泽流血保卫过的开封城就被杜充随便抛弃了。

杜充丢失开封,朝廷非但没有治罪,反任命为枢密副使,并兼建康行营留守。建炎三年秋(1129),金军渡过淮河,取道滁州、和州,准备渡江后直趋浙江。杜充畏敌如虎,闭城不出。岳飞认为应当凭借长江天险,进行坚决阻击,决不能让金兵踏上岸来。如果让金军渡过长江,就很难阻挡它的凶猛的进攻了。他几次进见杜充,陈述利害。请求赶快出兵,沿江布防,但杜充拒不答应。最后,岳飞竟急得流下泪来,哭谏道:"杜留守,赶快发兵吧,再拖延就要危险了!"杜充终不为所动,将岳飞斥退出去,不久即传来警报,说金军已在马家渡(今安徽马鞍山市北)轻松渡江,正势如破竹,向建康杀来。杜充这才慌了,草草派岳飞等人迎敌。这犹如用几筐土石去堵决堤的洪水,如何能起作用? 王燮尚未接战即闻风窜逃,都统制陈淬还没摆开阵势,就被势焰正炽的金军冲得东倒西歪,混战中,陈淬竟阵亡。只有岳飞挺枪跃马,奋力冲突,杀得金兵不敢上前,只能任他驰骋。无奈孤军奋战,寡不敌众,只得杀出重围,在险要处安营扎寨。

在岳飞浴血战斗时,胆小如鼠的杜充竟开城迎降,南宋的长江防线彻底崩溃,金军乘胜南下,直趋临安。高宗丧魂落魄,逃到明州附近的海上。面对将帅叛逃、士卒溃散、金军席卷而来、百姓惶惶呼救的局面,岳飞心如刀绞。他将士卒集合起来,歃血盟誓道:"朝廷养兵千日,用在一时,我血性男儿在国难当头,当以死报效国家,图个名垂青史,流芳百世。如果向胡虏投降,或者结伙为盗,纵然一时偷生,终会遗臭万年,大丈夫能这样行事吗?"听得将士们热血沸腾,表示愿意随岳飞血战到底。

广德整军

不久,岳飞奉命驻军广德(今安徽广德),以牵制南下金军。在战斗的间隙,他抓紧时机进行休整。不断的行军和作战,将士们极度疲劳,需要恢复体力。受损的建制需要恢复重建。随时入伍、仓促上阵的士卒需要训练,尤其是减员的部队需要补充。岳飞真希望能有一年半载的时间,来对部队好好整编一番,以便能更好地体现他的军事意图。但这在烽烟四起的南宋时代是根本不可能的。岳飞只能见缝插针地进行他的整训计划。

主要是招募兵丁。岳飞的兵太少了。朝廷出于对武将拥兵专横的忌讳,不让岳飞拥有太多的军队,且常常釜底抽薪,借故抽调。他只能在不触犯禁忌的前提下,在力所能及的范围内招募一些兵丁。这是很难的,老百姓讨厌军人如同讨厌土

岳家军出征浮雕

匪。何况在战火连绵的年代,丁壮大多已被迫当了兵或土匪,剩漏的不是东躲便是西藏。岳飞明白这个道理,所以,他不只是招募,而且还进行严格的教育和管理。他绝不容许军纪涣散和侵扰百姓,稍有触犯,严惩不贷。有一句话在他的军队中非常流行:"冻死不拆屋,饿死不打掳!"这不是一句自我标榜、流于形式的口号,而是

一条被严格执行着的戒律,岳飞自己也不例外。

有过必罚外,岳飞还有功必赏,善待士卒。一个严冬的日子,岳飞的一个幕僚在军营巡视,发现一个士卒衣着单薄,在寒风中瑟瑟发抖,便上前问道:"你的上司是不是克扣了你的军饷?这样寒冷,难道没有怨言?"士卒却答道:"其他将领才经常克扣军饷,自从跟随岳宣抚以来,从来没发生过这种事。他从未克扣我们一文钱。我之所以穿得单薄,是由于家累太重,所得军饷大半都接济了家人的缘故,我感激都来不及呢,哪能忘恩负义,抱怨岳宣抚呢?"

在岳飞的大力整治下,他的军队变得纪律严明起来,很快赢得了老百姓的衷心拥护。

在紧张的整军、练兵中,岳飞不忘挤时间学习。他深知,若没有诸葛孔明之智谋以及淮阴侯韩信之武才,仅凭匹夫之勇是很难扭转当今危局、救民于水火的。

经过短期的修整后,岳家军的战斗力得到更进一步的提高,于是,他们便四处寻找战机,打击金人。不久,传来情报说,有一大批金军将途经广德南下。岳飞闻讯后,紧急部署,在金军必经的险要处布下口袋,严阵以待。一段难熬的时间过去后,金军终于大摇大摆地走了过来。他们根本没有意识到前面的危险,他们一路就是这么满不在乎地走过来的,没有丝毫准备。很少遇到宋军的全力抵抗,稍一接触,宋军就如鸟兽散了。但这次他们却遇到了一个可怕的对手——岳家军!看到他们已进入了伏击圈,岳飞手中的号令旗一挥,只见伏兵骤起,滚木、山石从两侧山坡上冰雹般倾泻而下,金兵顿时倒下一大片。金军被这突然袭击搞得晕头转向,尚未定下神来又被一阵箭雨击毙无数。剩下的慌忙后撤,被一彪人马迎面拦住,骑马持枪冲在最前面的正是岳飞。他大吼一声,当先突入敌群,挥动丈八长矛,或扫或刺,金兵纷纷倒下。这时,两侧的伏兵已逼了过来,将金兵铁桶一样围在山谷间,轮番冲突,金兵死伤无数,剩下的大多缴械投降,只有少数拼命杀出重围,落荒而逃。

这次伏击战沉重地打击了金军的嚣张气焰,使岳家军声威大振。只要一提及"岳爷爷"(金兵对岳飞敬畏的称呼)或岳家军,金人马上就心惊肉跳。他们再也不敢随意行动了,扎下营来,想等后面的大部队上来后一起围剿岳飞。岳飞探得敌将王权的部下多是签军(被金人强行征集的汉兵,军心涣散,战斗力比较弱)就决定先吃掉他们。一次,有100名签军出来打劫,遭宋兵追杀,擒获40余名,押赴岳飞营帐。这些俘虏估计难逃活命,个个心惊肉跳。岳飞沉着脸道:"你们也是汉人,却为虎作伥,帮金虏屠杀同胞,本该斩首,"说到这,岳飞有意停顿了一下。签兵吓得魂飞魄散,跪下磕头说:"岳爷爷饶命!岳爷爷饶命!"岳飞说:"饶命不难,就看你愿不愿意改邪归正,戴罪立功?"签军们连忙道:"愿意为岳爷爷效劳,请岳爷爷吩咐吧!"岳飞说:"要你们做的并不难。请你们回去做内应,帮我们攻取王权营寨,怎么样?"签军们连忙答应。岳飞遂与他们约好具体行动的时间和方式,然后就放他们回去了,当天晚上半夜时,这些签军突然放起火,并大声喊:"岳爷爷来了!"敌营寨就像炸了锅一样,陷于极端慌乱中,敌人衣服也没有穿好,就倒拿武器跑出营帐。王权竭力想稳住慌乱的士卒,但无济于事。早已埋伏在外的岳家军一拥而上,冲入营寨内,一边乱砍,一边喊降。签军本是被胁迫而来,心里对金人有怨,哪肯为他们卖命？所以几乎未加抵抗就放下了武器。王权见状，就想乘乱逃走，被岳飞赶上，一把掀下马来，被拥上的士卒擒获。

岳飞广德大捷后，本想南下勤王，只因粮草短缺，不便远行，只好移军牛头山，等待金兀术撤退。金兀术因遭南宋军民的英勇抵抗，不得已放弃追袭赵构的计划，声称"搜山检海"已毕，开始率部北撤，遭南宋名将韩世忠截击，金山寺一役，几乎被擒，慌张中逃入死港黄天荡。后掘开老鹳河故道，方得逃出，往牛头山急急奔来，他庆幸自己命不该绝，已摆脱死亡的威胁。正当他得意时，突然鼓角齐鸣，从树丛中和乱石后跃出大队人马，杀奔过来。冲在最前面的那位大将，挺着一杆丈八金枪，盘旋飞舞，如同神出鬼没，无人可挡。金兀术已被韩世忠挫了锐气，又遭这当头一棒，立即晕头转向，无心恋战，忙策马返奔，一口气跑了二三十里，见并无追兵，这才停了下来，问部将道："刚才那位大员是谁？如此厉害。"有一随卒脱口答道："是岳爷爷！"金兀术叹道："原来是岳飞，果然名不虚传！"此时已是傍晚，暮色渐浓，金兀术便传令扎营。他怕岳飞夜来袭营，就留一部分士卒留心巡逻防守，自己也不敢安然入寝，至夜静更阑时，方朦胧睡去。忽然梦中被一阵震耳欲聋的鼓角声惊醒，紧接着一名小校来报："岳家军来了！"金兀术慌忙操剑冲出帐篷外，只见大营中四处起火，杀声不断。兀术声嘶力竭，挥舞着剑喊道："不要乱，不要乱！给我杀退岳飞！"但被死神惊醒的金兵怎能镇定下来，有效地组织防卫呢？他们已经被接踵而至的灾难搞得神经质了，以为到处都是想置自己于死地的敌人，尤其对面难辨的夜间，他们向自己认定的"敌人"冲杀着，捍卫着自己的性命；对方同样认真严肃地还击着。天色渐渐亮了，金军渐渐地感到了荒唐：怎么对手和自己一样的打扮，一样的身容，一样的语音？他们突然醒悟了，大水冲了龙王庙，自己人和自己人玩了一晚上的命！岳爷爷确实厉害，我们不是他的对手！

金兵自相残杀累了，养足了精神，等得不耐烦了的岳家军又杀了上来。金兀术情知不敌，策马就跑，金兵也跟着崩溃，怎奈岳家军尾追不舍，慢一步的，都做了刀下鬼、马下魂。只有那些脚生得长、腿跑得快的人侥幸脱网，跟着兀术逃到龙湾（今南京城区西北），准备进驻建康。行军到静安镇（今江苏江宁西北静安附近）时，远远看见旌旗招展，中间大写着"岳"字，兀术大惊，连忙退兵。兵还没退，已听见连珠炮响，岳飞领着大队人马杀了过来。冲进敌群，一阵猛杀。金兵死伤众多，15里长的路上积满了尸体。余下的马不停蹄地逃往淮西，岳飞乘胜收复了建康。消息传到朝廷，刚从海中爬出的高宗兴奋了起来，当即下旨，任岳飞为通泰镇抚使。

招降平叛

自从金军南侵，骚扰中原，兵民困苦流离，啸聚为盗，劫掠乡里，有些甚至投降金人，为虎作伥。因此岳飞在抗金的同时，也参加了一次次剿抚内乱的军事行动。

绍兴元年（1131），高宗授张俊为江淮招讨使，岳飞为副，前往讨伐李成。李成原为江东捉杀使，强盗未曾捉拿住几个，自己却于建炎二年落草为寇，叛据宿州。后为刘光世所破，窜迹于江、淮、湖、湘间，横行十数郡。势力滚雪球般膨胀起来。

张俊接到任命后,本想与岳飞一起进军。见情势危急,于是提前出发,驰入洪州。李成部将马进领着几倍的兵马,将洪州团团围住。张俊命令高挂免战牌,任马进百般辱骂,就是不出城迎战。这样相持了十几天后,岳飞领兵赶到,杀开重围,到了城内,见到了张俊。张俊大喜,问岳飞如何破敌。岳飞答道:"我认为现在可以出战了!"张俊说:"我们两军合在一处,也没有马进人多,如何获胜?"岳飞说:"马进虽然人多,一心只顾尽早拿下洪州,却没有考虑身后危险。如果我们派一支人马潜出敌营,沿江而上,抢占生米渡(今江西新建区西南),截住退路,再用重兵攻其背后,这样一定能破马进。"张俊连连点头称善。岳飞请求做先锋,张俊大喜,命岳飞率领所部掩击敌人营寨,又派杨沂中领精兵,趁暮色追出城外,直趋生米渡。

岳飞披甲上马,奔赴西山,逼近敌人营寨。马进自兵围洪州以来,连日骂阵挑战,张俊总是不应,还以为是胆怯,反倒定下心来,纵酒作乐,想让城中粮草断绝,不战自乱。这天,他正在帐中搂着抢来的美人,饮酒听歌,已醉醺醺的了,忽然听兵卒来报,说官兵从背后来劫营,不由得大吃一惊,酒也全醒了,推开美人,操起大刀就往外走,一面命令属将召集喽啰,前往抵挡。还未站稳脚跟,岳家军已到了眼前,迎风猎猎的"岳"字旗帜下,正是岳飞。他用枪指着马进,喝道:"反贼,还不赶快下马投降!"马进仰天哈哈一笑,道:"都说岳飞厉害,我倒要看看你是不是三只眼的马王爷!"说到这,他猛挥一下大刀,嚎道:"弟兄们,给我上!"直奔岳飞。岳飞命令放箭,只听一片嗖嗖声,蝗虫一样的箭头泻向敌群,贼众立时倒下无数。岳飞又令:"出击!"言未毕,他自己已跃马趋出几丈,挺枪刺向马进。马进忙用刀招架。几个回合过去,马进已气喘吁吁,手忙脚乱,情知刚才的玩笑开大了,吹出的牛皮挡不住岳飞的掌中枪。于是虚晃一招,拖刀就逃。岳飞麾众掩杀,只见得人仰马翻,血飞尸积,不到一时,就将整个营盘扫荡得干干净净。马进逃到筠州(今江西高安),岳飞一路紧追而来,在城东扎下营寨。他知道马进已吓破了魂儿,不敢开城迎战,就想出一个法儿,让人赶做了一面红色绫罗旗帜,上面大绣着一个"岳"字,让精心挑选出来的200余名骑兵举着巡逻,自己则率主力埋伏在墙角。马进正在城墙上视察,看见这队人马,数目不多,并没有岳飞本人,却打着"岳"字旗号招摇,莫非欺负我马进不成?岳飞本人固然英雄,手下的难道也个个无敌?念及至此,羞辱感涌上心头,叫一声:"待我捉住这帮杂种!"就令放下吊桥,引着兵卒,鼓噪而出。骑兵见马进出城,略战几个回合,佯装不支,倒拖着旗帜就跑。马进不知好歹,策马便追。转过城角,突然身后一声炮响,伏兵骤起。马进回头一看,只见岳飞正围了上来。被追的宋兵也返身杀回。马进大惊失色,几乎从马上栽下来。他已领略过岳飞的手段,哪敢再战?又因退路被阻,只得弃城东逃。岳飞尾追不放,并让士卒大呼:"不愿随贼的,请赶快坐下,我不杀你们!"匪众听见,大多半扔掉兵器,抱着头原地坐下。按着名册清点,共有8万多人。岳飞好言劝诫一番后,各随其志愿,或发给路费盘缠,遣返家乡,或整编入伍,效命朝廷。马进残余逃往南康(今江西星子),岳飞继续追赶,到朱家山,赶上马进的后卫部队,展开拼杀,挑死贼首赵万成。李成听到马进兵败的消息后,亲自率领10余万兵马赶来相救,与岳飞相遇楼子庄,岳飞丝毫没有畏惧,舞动着长枪,迎头乱刺,霎时间戳倒了数十名匪兵。匪兵从未遇到过这么凶猛的将领,魂飞魄散,向后退去。却与继续蜂拥而来的匪兵冲撞一起,互相践踏,乱作一团。岳飞乘势杀上,匪众倒毙无数。李成见状,挥刀杀上,正撞着岳飞。几个回合过去,李成已出了一身臭汗,手软眼花,眼看着要败退下来。突然旁边闪出一骑,挥刀而上,与李成双战岳飞。岳飞沉着应战,一枝长枪在手,左挑右拨,上撩下劈,三马盘旋片时,就将来骑刺于马下。这人便是马进。李成心惊,虚晃一枪,返身就逃,又遭赶上的张俊和杨沂中的截杀,10万多兵马,或伤或亡或逃,最后只剩下三五千人,逃奔蕲州,投奔刘豫伪齐政权。

李成已破,又有张用自襄、汉东下,被岳飞探悉。张用与岳飞同乡,绰号"张莽荡",其妻绰号"一丈青",均武艺高强。岳飞致信张用,晓谕道:"我与你有同乡之谊,故在动兵前告知你。你若想战,就速请出兵;如果不愿迎战,就赶快受降!"张用阅信,知岳飞不可敌,表示愿意接受招安。岳飞亲往抚慰,张用等甚感其义。自此,江淮一带归于平安。张俊表奏岳飞战功应属第一,高宗下旨升岳飞为右军都统制,令屯洪州,弹压余盗。

绍兴二年(1132),流寇曹成拥众10万,自江西向湘、湖侵扰而来,占据了道州和贺州(两州在今湖南广西二省交界处),朝廷命岳飞剿抚。曹成听说岳飞将至,大惊道:"岳家军来了!"连忙分道而逃。岳飞到达茶陵,派使赴曹营招降,被拒绝。岳飞上表朝廷道:"对付盗寇朝廷连年多用招安办法,所以强盗势力强盛时就肆虐不从,势力弱小就受降,时降时反。如果继续这样下去,盗贼蜂起,一时就难以剿除了。"用现在的话来说,就是要加强打击的力度。朝廷同意了岳飞的请求。

岳飞遂起大军,开进贺州境内。一次,士卒捕获一名曹成的奸细,捆在岳飞帐外,听候审讯,岳飞一面算计着军中的粮草,一面踱出帐外,一位军吏走过来请示道:"岳都统,军中粮草即将用完,怎么办呢?"岳飞正要回答,一眼瞥见奸细,灵机一动,顺口答道:"只好退回茶陵再说了。"言毕,好像突然才发现奸细似的,露出失言后的慌张表情,跺了一下脚,返身进入帐内。随即暗中嘱咐士卒,装作大意,放跑了奸细。奸细跑回曹营,将轻易获得的军事机密情报告诉曹成。曹成喜出望外,认为这是天赐良机,让他报岳飞一箭之仇。当年南薰门之乱时,他曾让岳飞杀得大败,几乎丧了命,至今让他想起来恨恨不平。他传令属下养精蓄锐,准备在岳飞退兵时从后掩杀。

岳飞放跑奸细后,半夜传令,让官兵在被窝草草吃饭,打点轻装,悄悄向涪岭进发。拂晓时已到达太平场(今广西贺州市东),曹成尚在浓浓的睡梦中。一点也没有料到即将临头的大祸。他或许正梦见岳飞已被自己追获,磕头如捣蒜,哀求饶命,而他手起刀落,砍下岳飞的头来,发出得意的大笑。突然,他被叫醒,说岳飞杀来了。曹成以为还在梦中,他不能相信!白天还在贺州准备撤兵,晚上怎么可能到了自己跟前!难道他是天兵天将!但他很快明白,岳飞确实来了。整个营寨火光四起,杀声震天。他比较聪明,知道抵抗是死路一条,三十六计,早早溜走才是上策。于是带着残兵败将,逃往北藏岭和上梧关(均为贺州市北山区中的要隘),想依险顽抗。岳飞没有让曹成喘息,组成敢死队,乘胜发起攻击。士卒人人争先,个个逞狠,一鼓作气,连克两寨。但狡猾的曹成再度逃脱,纠合所有部众约10万,死守蓬头岭。岳飞当时只有 8000 人马,但他最善于以少击多,加上连连获胜,将士士气正高。曹成在岳飞痛击下,军气沮丧,了无斗志,人数虽十倍于岳飞,却如同一盘散沙,一击即溃。所以在岳飞的猛攻下,蓬头岭很快被占。曹成如丧家之犬,逃往连州(今广东连州市),后向宋军投降。

绍兴三年(1133)春,高宗召岳飞回临安,以加强京师的保卫工作。江西宣谕刘大中急忙上书说:"岳飞的队伍军纪严明,深受人们爱戴,奉为他们的保护者。如果一旦被调离此地,盗寇恐怕又会蔓延开来。"高宗便取消了这个决定。不久,江西、广东一带爆发了陈颙、彭友等领导的农民起义,高宗遂命岳飞往讨。岳飞接到命令后,立即调遣兵将,赶到虔州(今江西赣州市)。彭友率众迎敌,战不几合,被岳飞于马上生擒,其残部逃至固石洞。该洞形势险峻,四周环水,只有一条羊肠小道可至。岳飞一面在山下陈列重兵,严阵以待,一面遣敢死战士疾速上山歼敌。彭友残部因失去首领,军心立即涣散。见岳飞部队来进攻,不战自溃蜂拥下山。被岳飞迎面截住,一阵猛杀。残敌连呼饶命,全部向岳飞投降。不久,岳飞也平定了其他几支农民起义军。因战功卓著,岳飞受到高宗的召见,亲手写了"精忠岳飞"四字,制作了一面锦旗送给岳飞,并授镇南军宣使,江南西路沿江制置使等职。从此,岳飞成了统御一区的南宋大将了。

收复六郡

襄阳六郡包括唐州(州治在今河南唐河)邓州(州治在今河南邓州市)、随州(今湖北随县),郢州(州治在今湖北钟祥)、信阳军(军治在今河南信阳)及襄阳府(今湖北襄樊),均地处长江中游地区,军事战略地位十分重要,为历来兵家必争之地,受到岳飞的高度重视,他多次向高宗上书,陈述自己的观点。他认为"襄阳上流,与吴、蜀襟带相连,如果我们得到了它,进可以紧逼金寇,退可保卫东南。"他强调:"襄阳六郡,地势非常险要。要想恢复中原,必须以此为基地,作为朝廷武臣,岳飞早已厉兵秣马,准备着有朝一日挥师北上,报效陛下。恳望陛下圣明早断,下令实施我的计划。这样的话,上游地区不仅可以得到平定,整个大宋王朝也可望逐步得到振兴,这实在是关乎国家兴衰危亡的大事!"岳飞的这些愿望和战略计划,是建立在深思熟虑和精忠报国的基础上的,是切实可行的。襄阳地处长江中游,越过汉水即可深入宛、洛地区袭扰金军后方,如果宋军的守淮部队能从东西加以策应,金军即可陷入首尾不得兼顾的境地,但岳飞的建议始终未被采纳。

绍兴四年(1134),被金人扶持的伪齐政权遣李成袭取襄阳六郡,直接威胁到长江上游,并且将随时祸及两浙地区。岳飞见情势危急,再次上书朝廷,说:"襄阳六郡为恢复中原基本,万不可失;为今之计,应当尽早攻取六郡以除朝廷心腹之害!"高宗这才心动,与丞相赵鼎商量。赵鼎推许岳飞说:"岳飞是当今少有的智勇双全的大将,屡建奇功。他对长江中上游的地理形势,以及敌我双方的情况了解得非常详细,收复襄阳六郡,没有比岳飞更合适的了。"高宗于是命岳飞为荆南(今湖南长沙)鄂州(今湖北武昌)及岳州(今湖南岳阳)制置使,率军克复襄阳。

岳飞接到诏命后,立即发兵渡江。只见万帆竞发,浩浩荡荡,气势非常雄壮。岳飞迎风站在船首,心潮如脚下的长江水,翻腾激荡,久久不能平定。他终于向收复大业迈出了坚实的一大步。这是他从军以来就一直萦绕在心头的愿望,就是在金军步步紧逼、宋军闻风窜逃,朝野上下笼罩在亡国灭家的绝望中时,他也没有放弃这种信念,他坚信,只要皇帝能卧薪尝胆,文臣只要能不爱钱,武将只要能不惜死,上下一心,坚持抗战,就一定能赶走胡虏,光复大宋河山的!现在,他总算说动了东躲西藏、将全部希望寄托在向金人求和上的皇帝,使自己得以兴师出征,夺取襄阳六郡,以营建北伐基地!他也明白,这仅仅是一场短短的序曲,全面反攻的大幕能否最后被捉摸不透、疲弱无力的皇帝拉开,现在还是很难说的。但激昂的民族义愤使岳飞不可能也不愿意因悲观而懈怠自己的行动。只要自己努力争取,一切都会改观的!想到这,岳飞心潮澎湃,猛地拔出剑来,向船舷击去,向身旁的幕僚慨然说道:"岳飞此次渡江,如果不擒杀金人刘豫,誓不返渡!"众僚属被岳飞的情绪所感染,纷纷表示:愿随岳飞浴血奋战。

渡过长江,岳飞率军赶到郢州城下。郢州已为刘豫占有,派部将京超守卫。京超凶猛有力,被人称作"万人敌"。他见岳飞兵临城下,并不以为意,大咧咧地登上城墙。一位部属提醒他应加紧防备才是,京超哈哈一笑,骄横地说:"人人都说岳飞厉害,今天京超我倒要看看他是否三头六臂!"说到这,又冲着城下狂喊道:"岳飞小儿,有种的上城来,你京爷爷等着你玩几招!"岳飞闻言大怒,立即命敢死队攻城,说:"谁先登上城墙,有重赏,畏缩退后者定斩不饶!"抱了必死决心的勇士一声呐喊,抬着云梯,挥着大刀,争先恐后地涌上前去。京超指挥兵士拼命抵抗,放箭、扔滚木、掀梯子,使宋兵的第一次攻击受挫。岳飞稍事调整,增强了兵力,很快又发起了更为猛烈的第二次进攻。他命令弓箭手用密集的箭压制城墙上的敌军,自己亲自带领敢死战士登城。京超由于轻敌,未做充分的防守准备,箭头、滚木和石块很快用光,而宋兵的攻势一次比一次更凶猛,渐渐地,京超支持不住了,宋兵已由好几处攻上城墙,与伪兵展开激烈的肉搏战。不久,城墙即被占领,城门被打开,宋兵如潮水般涌了进来。京超连砍几名逃兵,也没能阻止住溃败的士卒。他觉得大势已去,心里不由恐慌起来,也顾及不到刚才说出的大话了,策马就跑。岳飞派牛皋等将在后面紧追不舍。京超觉得生逃无望,又不愿投降受辱,便纵马跳下悬崖。郢州遂被收复。

岳飞按预定计划收复失地,为南宋建立以来第一次,超出朝廷君臣的意料。他们一向听惯了败兵失地的消息,因沮丧而麻木的心不免激活了一下。他们称赞岳飞"机权果达,谋成而动则有功;威信著明,师行而耕者不变。久宣劳于边围,实捍难于邦家。"升岳飞为靖远节度使、湖北路荆襄潭州节度使。岳飞上书朝廷道:"金人所爱惟子女金帛,志已骄惰;刘豫僭伪,人心终不忘宋。如以精兵20万,直捣中原,恢复故疆,诚易为也。襄阳、随、郢地皆膏腴,苟行营田,其利为厚。臣候粮足,即过江北剿戮敌兵。"就是说要加紧襄阳等地的抗金基地的建设,随时准备北伐。

洞庭水战

收复襄阳不久,朝廷就紧急调遣岳飞入洞庭湖剿抚杨么。

杨么原名杨太,曾与钟相一起领导了洞庭湖农民大起义。起义发生在建炎四年(1130),建立了大楚政权,改元天载,以"等贵贱,均贫富"相号召。起义军攻打城池,屡败官兵,很快蔓延19个县。一次,钟相遭到官兵袭击,被俘后不久遇害,杨么逃过了这次灾难,收集起旧部,占据了龙阳,势力又壮大起来。朝廷派王燮去征讨,被打得大败而逃。朝廷只好派岳飞代王燮招捕杨么,封他为武昌郡开国侯,兼清远军节度使。岳飞部下多为北方人,不习水战,听说往洞庭征招杨么,众将士多有疑惧之色,岳飞鼓励说:"杨么盘踞洞庭湖,出没水中,人们都觉得他厉害,不敢去征讨。其实,用兵打仗主要看将帅如何谋略与指挥,哪分什么水陆!如果运兵得法,陆战可以胜利,水战同样可以胜利。破杨么我自有良策。大家不用担忧,只需听我命令,齐心协力,看他杨么能钻到水底去!"众将士随岳飞征战多年,知道岳飞不是说大话吹牛皮,便都放下心来,打起了精神。

岳飞虽然给部下打气鼓劲,其实他自己心里非常清楚,如果用自己的步兵去与杨么的水兵硬拼,结果不会与王燮两样。以己所短击敌所长,这是兵家最忌讳的事,他还不会狂妄到一切不顾的地步。军情紧急,开展水上军训或临时招募水师显然是不可能的。这是个非常棘手的问题,它可能使那些平庸将领望而却步,但这却难不倒岳飞。敌人并不是铁板一块,熙熙攘攘为名利而聚集的人不会是没有的,只要谕之以利害,肯定会有人弃而投我,甘为前驱的。这样不就克服了我们的弱点吗?于是,岳飞将部队调配停当以后,立即派遣使者分头去招降杨么属党。不久,即传来消息,说杨么的心腹僚属黄佐愿意接受招安。岳飞大喜,说:"黄佐深受杨么器重,要是他能来降,破杨么还有什么可说的!"他打算亲自前往招抚,牛皋、张宪等连忙劝阻说:"黄即为杨么心腹,为什么会降顺?恐怕其中有诈,不得不防!"岳飞笑着说:"不入虎穴,焉得虎子!要是能收得黄佐,破杨么就成功了一半了,否则的话,我只能用我的陆军来攻击水寇了,那不是自投湖水吗?"他不由分说,由送信的带路,自己一人,骑着马出了营,去见黄佐。到了黄佐营寨前,让送信的去报知黄佐,说岳飞前来。黄佐问送信的:"岳飞带来多少兵马?"送信的说:"就岳飞本人。"黄佐召集部将商讨道:"岳飞号令如山,威震中外,要是与他为敌,是万万不能生还的。再说杨么专断残暴,在他手下从事随时都有可能被火并,因此,我反复考虑,认为接受招安最是上策。现在岳飞一人而来,可见他是值得信赖的诚实君子,不是欺诈阴险的小人,要是向他归顺,必会受到他的善待。我看我们还是打开寨门迎他进来吧!"部下大多表示同意,少数几位有异议的也不敢公开反对。于是黄佐率众到寨门,恭迎岳飞。岳飞赶快下马上前用手抚着黄佐的背,宽慰说:"你能深明大义,迷途知返,这是非常明智的抉择,值得嘉赏。今后要是能立功,封爵荫子也是很容易的事!"黄佐深表感谢,并将部众一一介绍给岳飞。岳飞温言劝勉,众人心悦诚服,表示愿听岳飞调遣。岳飞见已打动黄佐等人,进而说道:"你们本是大宋臣民,外敌当前,本当共同御侮才是,怎能随杨么反兴内乱呢?这不是帮金人灭我中国吗?我此番前来,是要宣明大义,使你们能革面洗心,同卫王室,剿除异族。"黄佐等人连忙说:"我们知罪,愿意戴罪立功!"岳飞点点头,说:"我打算派你们到湖中各水寨,向众人传达我的意思,劝说他们归降,谁如果有才能,一定向朝廷保荐,决不计前嫌。对那些顽固不化、不听劝降的,可设法擒杀。"黄佐等纷纷表示愿意从命,岳飞遂与黄佐握手为约,当即返回军营,加紧水上训练等候黄佐的消息。

这时,张浚赶到潭州视察军情。听到岳飞的情况后,他的幕府参谋席益误以为岳飞有意纵寇为患,恐吓张浚向朝廷反映。张浚深知岳飞,不以为然地说:"岳飞忠孝兼全,天下闻名,哪能做非法之事?如此用兵,自有他的打算,旁人哪能知道呢?"席益自觉惭愧,退了出去。隔了数天,传来消息,说黄佐已攻破杨么部将周伦水寨,斩杀了周伦本人,并生擒手下头目多人。岳飞立即向朝廷申报黄佐战功,保奏为武功大夫,朝廷准奏,下诏褒奖。岳飞同时去见张浚,通报军情,并请求道:"前统制任士安不服王燮命令,导致失败,应该申明军律,予以惩罚。"张浚点首示意,说:"就照你说的办吧!"岳飞又与张浚密语数句,张浚大喜。岳飞起身告别,回到军营,传来任士安,列举其罪状,令鞭打30,并喝道:"限你三天破贼,要是到期无功的话,定斩不饶!"任士安谢过不杀之恩,退出帐外,自率部下开入洞庭湖,扬言岳家军20万随时可至。杨么自恃险要,并不将官兵放在眼里,曾狂妄地说:"官军从陆地上来,我就入湖;从湖上来,我就登岸。要想破我,除非岳飞亲自来。"他见士安来,并不在意,调拨了几艘战船,出去迎敌。任士安本来畏敌如虎,但想起岳飞森严的军令,知道半步也退不得,只得硬着头皮,拼命向前杀去。正在酣斗间,突然左右两面响起一片喊杀声,岳家军真的杀到,杨么兵卒大乱。任士安喜出望外,趁势杀出,与援兵会合一起,痛剿一阵,击沉敌舟好几艘,敌兵溺毙者无数。

原来,岳飞并不是狠心将任士安赶往虎口,借刀杀人,而是有意断绝其后路,置之于"死地"之中,让他得以死命缠住敌人,以便大部队分兵包抄敌人。

时值金军可能入侵的秋季,朝廷召张浚回京准备防守事宜。岳飞闻讯,急忙拿着破杨么草图去见张浚。张浚知道他的来意,没等他开口就说:"来年再议破贼的事吧!"岳飞说:"您此时千万不可离开,否则的话就会前功尽弃,来年又要花费许多精力!"张浚道:"这我知道,可金人入侵也不能不防啊!"岳飞说:"并不妨碍您的大事,只需要您稍留片刻,不出8天时间,我便可破贼!"张浚不信,说:"哪会这样容易?"岳飞扬了一下草图说:"这是黄佐献来的洞庭形势及杨么守御地图,非常详细,按图行动,不出10天,一定会荡平贼窝。"张浚又以为官兵不习水战,如何能迅速取胜?岳飞胸有成竹地答道:"王燮用官兵攻水寇,自然难以取胜,但要是用水寇攻水寇,就转难为易了。水战为我军所短,而为敌方所长,以所短攻所长,怎能不难呢?如果我们能分化瓦解水寇,为我所用,使它们自相离异攻击,然后我军乘机发兵,一鼓作气,一定会全歼敌人。8天之内,您会听到捷报的!"张浚沉吟半晌,说:"既然如此,我就答应你,暂留8日,8日后恕不相陪了。"

岳飞于是发兵到了鼎州(今湖南常德市),正逢黄佐求见,禀报岳飞说:"杨么弟杨钦愿归降,特来求见。"岳飞大喜,说:"杨钦为杨么一员悍将,现在来降,大事成了,快去宣他进来。"黄佐遂引杨钦进账。杨钦跪禀道:"杨钦久慕元帅大名,希望能为您效劳,只是害怕族兄杨么知道,祸及全家,所以不敢举动。现在武功大夫黄佐,屡次向我盛赞您宽怀大度,不咎既往,所以我冒昧登门谢罪,万望元帅宽恕!"岳飞连忙上前,扶起杨钦,安慰说:"你能弃暗投明,理应赦免前嫌,我还要特别向朝廷保举你为武义大夫。你可再回湖中,招降同伙,到时还要按功加赏。"杨钦受宠若惊,欢天喜地地走了。

过了两天,杨钦兴冲冲地领着余端、刘诜等人来降,以为会受到岳飞的嘉赏。不料岳飞面带怒容,将惊堂木猛地一拍,厉声喝道:"我叫你招降所有同伙,为何只领这两三人回来?"杨钦愣住了,刚想表白,岳飞又将惊堂木一拍:"少说废话!拖下去打50军棍!"顿时被几位军吏七手八脚牵了出去,掀翻在地打了50军棍。杨钦连声呼冤,帐内又传出号令,令将杨钦赶往湖中,令他再往招抚。杨钦没想到岳飞竟这么混账,赏罚不明,悔不该听从黄佐的诱惑,前来投降,好处还没有捞到一星半点,却劈头盖脸地受了一顿羞辱,罢了,还是过自己的水寇生涯得了,杨么一人之下,数万喽啰之上,何等威风!于是,他气恨恨地返回,想伺机袭扰岳飞,以解心头之恨。时值傍晚,湖面上烟波浩渺,暝色苍茫,又是仲夏天气,湖水为暑热所蒸,更是烟雾迷蒙,难辨东西。岳飞在杨钦走后,立即命牛皋、王贵等,率兵数千随着杨钦后面前进。杨钦只顾行船,没有注意到身后的跟踪,就这样曲曲折折带入了深巢。这是一个很大的水寨,驻扎有数千人,关卡林立,巡逻士卒不断出没。杨钦打了一声口哨,便飞出一只巡船前来迎接,正待随入,忽然身后鼓角齐鸣,近百只战船箭一般驶了过来。杨钦吃了一惊,方知为岳飞所诈,只好把方才胸中的所有盘算,一齐抛到湖中去,招呼牛皋、王贵等人一同入寨。王贵、牛皋已受了岳飞的吩咐,不敢造次,问杨钦道:"寨内水寇,不知愿不愿意投诚?如果不的话,我们就要杀人了!"杨钦说试试,就大声喊道:"全寨兄弟们听着!岳元帅现有数万大军在此,愿意投降的,请快快出来迎接;否则的话,岳元帅就要攻寨了!"黄佐、杨钦已游说过寨内大小头目,不少人心有所动,但还在犹豫,未曾马上随黄、杨归降,今见岳家军压境,仓猝中迎战,万难取胜,只得顺水推舟,答应投降缴械。王贵、牛皋遂占领了水寨,并派人向岳飞通报。

岳飞接到报告,遂率大军赶到。全力合击杨么。杨么组织残余拼命抵抗。他们乘坐的船是特制而成,以水轮驱动,行驶如飞。两旁装有撞竿,所遇辄碎,不及交手就船破沉底,上面的人纷纷落水,不是淹死,便是被擒。岳飞见状,长叹道:"怪不得从前围剿的官兵常常败北呢!"遂命军士砍伐山上大木,穿凿成巨筏,放在港汊,又命用朽木乱草,从上游浮下。然后命善骂阵的兵士驾着小船,前行诱敌,杨么部众不胜忿,争着追赶,却被乱草缠住船轮,就像胶粘住一样,任其鼓轮撑篙,一步也挪不动。正在这时,岳飞指挥着宋兵战船。一齐杀到。杨么等惊慌失色,前进不得,退路又被阻,不得已逃进港汊中。刚入港口,连连叫苦,只见里边全是巨筏,筏上载着宋兵;迎面驶了过来,跳上贼船,乱砍乱戮。港外的官兵也杀了过来,将杨么团团围住,轮番攻打。杨么残众见抵敌不住,纷纷投降。杨么见大势已去,纵身跃入水中,想凭借良好的水性潜水逃跑。牛皋看见,随后跳入,揪住杨么的衣领,提到岳飞船中,被绑缚起来,后被枭首。杨么领导的起义终于被岳飞平定了。

消息传到张浚处，掐指一算，正合 8 日期限，不禁叹服道："岳元帅真是神算，无人能及！"

北伐中原

岳飞自平定洞庭湖以后，又还军襄阳。不久，朝廷下诏，改授岳飞为武胜定国军节度使，兼宣抚副史。从此，岳飞便每日枕戈待旦，准备恢复中原。

绍兴五年(1135)，岳飞遣梁兴等潜伏敌占区，结纳两河民间抗金组织首领，招募乡勇，加固堡垒，以待宋军北伐。李通、胡兴、李兴等举众投奔，将金军的活动情况，以及山川关隘全都详细地告诉了岳飞。在这种人心思战的有利形势下，绍兴六年，岳飞从鄂州移军襄阳，遂即挥师北上，里应外合，很快地收复了伊阳、洛阳、商州、虢州，继而围攻陈、蔡地区。两岸人民，欢呼雀跃，打着"岳"字旗帜，"挽牛牵车，载糇粮以馈义军，顶盆焚香迎候者，充满道路。"以至于自燕京以南的地区，金人号令不行，完全失去了控制。兀术强行征召"签军"以对付岳飞，却没有一人相从。一贯骄横的兀术不禁叹息道："我从起军以来，从未遇到现在这样挫折！"金大将乌陵思谋素称凶悍狡猾，对部下的恐慌浮动无能为力，毫无办法，只能告诫他们道："你们不要轻举妄动，等岳飞来时立刻就投降。"金军统制、统领崔庆，将官李觊、崔虎、华旺等率领部众，密制"岳"字旗帜，从北方来降。金将军韩常也打算率 5 万众归降。岳飞大喜，与部将道："直抵黄龙府，与诸君痛饮尔！"但是，虽然当时的形势对岳飞极为有利，这次北伐终因"钱粮不继而抽回干事军马未能成功"。岳家军驻扎在襄阳，距南宋首都临安有数千里之遥，粮饷转运迟滞，平日即有"粮食不周"之忧。这次北伐，岳家军深入河南，朝廷措置粮草不力，以致前线士卒，常受饥饿困扰，甚至饿死，这就严重影响了军队的战斗力。对此困境，岳飞只得忍痛撤军。已经克复的州县再度陷于伪齐的统治下。欢迎和支持岳家军的人民受到了严酷的报复。岳飞愤慨万分，热血沸腾。他感到壮志难酬。虽然他因战功卓著屡获官爵，但这不是他的本愿。收复失地、报仇雪耻才是他矢志以求的志愿。在一场大雨初晴的时刻，他登楼远眺北方，放怀通想，吟出一首冠绝千古的《满江红》：

怒发冲冠，凭栏处，潇潇雨歇，抬望眼，仰天长啸，壮怀激烈。三十功名尘与土，八千里路云和月。莫等闲，白了少年头，空悲切。靖康耻，犹未雪，臣子恨，何时灭？驾长车，踏破贺兰山阙！壮志饥餐胡虏肉，笑谈渴饮匈奴血。待从头收拾旧山河，朝天阙。

绍兴九年(1139)，金兀术再度南侵。金军分四路南下：以聂黎贝堇出山东，直奔江淮；李成犯河南；左监军撒离喝自河中(今山西永济)趋陕西。兀术自己自黎阳(今河南浚县)直插汴京。金军来势凶猛，宋廷一片震动，命岳飞等迎敌。危急之中，高宗也知道放权，对岳飞道："设施之方，一以委卿，联不遥度。"岳飞遂誓师襄阳，再次北进，一举攻占蔡州并次第收复淮宁府、西京、赵州等地，举凡岳家军所至，无不获胜。河南民间抗金组织首领李兴，率众响应岳飞，收复伊阳等八县。东部和中部的宋军也连连奏捷。韩世忠收复海州，张俊部将王德收复宿州、亳州，金人大震，消息传到临安，一心求和的高宗和秦桧与金人一样深以为忧，急忙下令各路宋军撤退。岳飞正在逐节进攻，哪会乐意半途而废呢？当下拒绝了收兵的命令，留大军驻守颍昌，自率一队精锐人马直趋偃城。兀术大为震惧，召集部将商讨对策。众将早已被岳家军吓破了胆，兵临城下的时候，哪里还会想出胜敌的法儿呢，纷纷说岳飞智勇冠天下，难以为敌，还是早早退兵为上策。金兀术却不愿就此善罢甘休。他做梦都想马踏临安，灭掉南宋，建立大金帝国。实际上，他几次快要成功，都碰上了岳飞，让他大栽跟头，前功尽弃。他很恼火这位丧门星。他领教过多次，知道岳爷爷确实厉害。但他咽不下这口气。他是金国的一根撑天柱子，握有百万大军，曾经灭辽国，破开封，虏宋主，使宋人谈虎色变，难道就甘心败在一位处处受朝廷牵制、拥兵不足几万的南宋将领手中吗？这不让世人和后人嗤笑吗？不能，绝对不能，一定要和这个岳蛮子决一雌雄，看谁到底是"爷爷"！于是，金兀术调集各路兵马，决心与岳飞决一死战。

岳飞接到急报后，不禁大喜，说："金寇来得越多越好，我正好乘机一举歼灭他们，免得以后再骚扰中原！"正说着，朝廷钦差赶到宣读旨谕，敦促岳飞速速撤退，以免被金人吃掉。岳飞告诉来使说："金人已经黔驴技穷了，我完全有把握破敌，请您回禀皇上，让他放心，尽候佳音！"钦差见说不动岳飞，只得回朝交差。岳飞遂挑选出嘴皮薄，善羞祖骂娘的士卒，让他们逐日骂阵挑战，兀术大不胜其怒，遂向岳飞下来战书，愿决死战，并令龙虎大王、盖天大王，及将军韩常等，云集郾城，列好阵势。岳飞将岳云传入帐内，命他首先出战迎敌，并下军令状说："如果不胜金寇，就杀你的头！"岳云为岳飞长子，12岁时就随军出征，所使两柄铁锤，重80斤，使起来如车轮飞转，所向披靡，累立战功，被称为赢官人。现在他刚20出头，任防御史，领有几千人马。他接了命令后，即带着自己的队伍，大开城门，旋风一样冲入敌阵。来回冲荡，地上很快堆满了金人尸体。龙虎大王若不是跑得快，脑袋瓜早就被铁锤砸得粉碎。兀术见岳云这般厉害，便放出"铁甲浮屠"和"拐子马"来。这是兀术恃以为傲的王牌军队，所有的将士全穿着铁甲，三人为一伍，用皮绳串联起来。每进一步，便以马随上，可进不可退，以示必死的决心。这支军队，一向横行中原，屡败官兵，这次又使出故伎，用来对付岳云。岳云并不畏惧，抖擞精神，竭力厮杀，身上连受几处伤，仍然勉力坚持。岳飞见状，立即放出藤牌军，冲到阵前，左手持藤牌蔽体，右手执麻扎刀，蹲着身子，专砍马腿。拐子马互相串联，一马倒地，其他二马便被绊住，不能前进，霎时间，1.5万骑拐子马人仰马翻，七颠八倒。岳云乘势麾众向外杀出，岳飞也纵军奋击，提枪跃马，带头冲锋，一个部下拉住他的马笼头，阻止说："您是国家的重臣，关系到社稷的安危，怎么这么不顾惜自己的生命呢？"岳飞呵斥了几次竟没松手，一气之下，挥起皮鞭，抽着那位部下的手，叫道："你知道什么？给我滚开！"一提马缰，冲了上去。将士们见了，大受鼓舞，勇气倍增。战斗持续到天黑，金军败，向北逃去。

兀术头也不回地逃了一程，见岳飞收兵，才停下来扎营休息。点检人马，损失大半，不由悲从中来，出声恸哭道："我从起兵伐宋以来，全靠这拐子马战胜敌兵，现在被岳飞消灭，今后还有什么指望呢？"韩常等将在旁劝解道："胜败乃兵家常事，不必为此伤心！"兀术转悲为恨，咬牙切齿地说："我要再增加兵马，与岳南蛮拼个你死我活！"于是收集残兵，并从汴京调来生力军，云集颍昌。岳飞只领4000兵马，与金军展开激战，竟大获全胜，兀术简直要发疯了，又会集12万兵马，向岳家军猛扑过来。兀术女婿夏金吾想替自己的岳丈洗刷耻辱，恢复名誉，挥刀冲在最前面，连连砍翻十余名宋兵，气焰十分嚣张。岳云见状，不觉大怒，拍马迎上，挥锤相迎，没有几合，一锤正中夏金吾的天灵宝盖，金兵见状魂飞魄散，撒腿就跑，狂奔15里才止住。

当时，太行山及两河地区的抗金义勇军，纷纷响应岳家军，攻城夺池，一时金军的道路被阻绝，成为绝援之敌，岳飞于是大起兵马，进逼朱仙镇，在距汴京40里的地方，与金人对垒相拒。岳飞首先派遣背嵬军(北方人呼酒瓶为嵬，大将酒瓶必令亲随兵背之，所以岳飞、韩世忠称自己的亲随兵为背嵬兵)先驱杀入，将兀术的阵脚冲乱，岳飞随之挺枪跃马，驰入阵内，众将领也各个奋勇向前，如猛虎下山，犬羊立靡，神龙搅海，虾蟹当灾，金兵十伤六七，兀术几乎送命，幸亏转身跑得快，一口气跑回汴京。

经过岳家军一系列沉重的打击，金军元气大伤，士气低落，兀术想号召众将再议迎敌，却个个垂头丧气，没有一人吭声。兀术又传檄河北，调集诸路兵马，竟没有一兵一卒赶来。当时中原一带，人们纷纷响应岳家军，悬挂"岳"字旗帜，并箪食壶浆，犒送义军。就是金军骁将马陵葛思谋，及统制王镇，统领崔庆，偏将李凯、崔虎、叶旺等，全都以为金人气数已尽，有意提前降顺。更有龙虎大王以下的将官噶克察、千户高勇等，竟秘密地接受了岳飞派人送来的飞旗榜，准备岳飞大兵到时悬挂迎降，连兀术极为倚重的韩常也打算率部依附。兀术自知众叛亲离，大势将去，便仰天长叹道："我从领兵以来，还从未到过这种境地！事已至此，还有什么说的！"就想领着亲信，弃城逃跑。仓皇出走间，忽然闪出一位文弱书生，拦住马首说："大王慢走，岳飞马上就要退兵了！"兀术以为书生痴人说梦话，不耐烦地答道："你一个迂腐儒生，懂得什么！岳蛮子只用几千人马，就攻破我的十几万大军，中原百姓，日夜盼望他到来，我难道坐待俘虏，不管生死么？"书生笑道："大王说错了。自古以来，哪有奸臣在内，而大将能立功在外呢？你虽不是岳飞的对手，但岳飞何尝又是朝内奸臣的对手呢？大王请稍留，不出几日，岳飞就会撤兵的。"兀术虽常年领兵在外，却风闻金朝与秦桧来往议和的事，经书生一说，马上醒悟过来，便掉转马头，仍留在汴京。

这位飘然来去的神秘书生在历史上没有留下名姓。这或许由于他的行为是为虎作伥，丧失了民族立场，伤了汉人感情的缘故。但就算他是个魔鬼汉奸，这个魔鬼汉奸却是精明的。他精通世故，对历史有着深切的体悟。他与警戒教训张良的黄石公不同，没有一星半点的鬼气与仙气。他的话是实实在在的，实在得让历史家浑身不自在，以至于不愿记下他的姓名和籍贯。后来的发展印证了他可怕的预言。在岳飞积极联络所有抗金力量，积极筹措北进的时候，朝廷使者飞一般地赶到，敦促岳飞班师。岳飞惊问道："这是何故？"使者答道："秦丞相与金人议和，已有头绪，所以请岳少保撤兵，以免使和议夭折！"岳飞愤然道："中原之地已恢复大半，燕云之地也将唾手可得，在这时为什么向言而无信的金人求和，请我撤兵！"朝使无言以对，默然而去。岳飞当即向朝廷上疏，请朝廷抓住战机，"速赐指挥，令诸路之兵火速并进！"高宗和秦桧看了奏折，非常恼火，不仅没有命令其他将领起兵，策应岳飞，反而釜底抽薪，调回了张俊、杨沂中的部队，使岳飞陷于孤立作战的境地。岳飞仍不屈服，高宗、秦桧无奈，采取强硬措施，一天连下12道金牌，催岳速归。金牌是牌上写有金字，是朝廷在情况紧急时使用，一见到金牌，任何将领都得绝对服从命令，否则就视为叛国，在这种情况下，"将在外，君命有所不受"是不起作用的。岳飞一日竟接到金牌12道，不觉悲愤交加。他知道这一去，是很难再回来了。即将成真的宏愿将永远胎死在梦想中了。秦桧卖国求和岳飞还可以想得通，他本来就姓秦嘛！但高宗赵构为何对自己的社稷江山那么不爱惜，对自己的骨肉那么绝情呢？岳飞百思不得其解。完了，昔日的凌云壮志！完了，沦陷区痛苦呻吟的老百姓！完了，大宋的江山社稷！岳飞仰面悲叹道。马鸣萧萧，黄河呜呜，似在应和着岳飞。

整个军营笼罩在悲愤之中。岳云、牛皋、张宪等随岳飞南征北战、出生入死的将领来见岳飞，试图劝岳飞抗旨，岳飞忍痛斥退了他们。他忍痛下了班师令，将士们缓缓地挪着脚步。老百姓们闻讯赶来，黑压压一大片，跪在岳飞马前，哭诉道："岳大爷，千万不能走啊！您一走，我们就没活路了！"岳飞流着眼泪，取出金牌，说："朝廷有令，我不敢擅留啊！"众人道："难道朝廷不要我们了吗？我们一直盼星星盼月亮盼着你们呢！"岳飞知道他们留在这里免不了受金人蹂躏，下令道："你们不用悲伤了，愿随我南去的赶快回家准备，我等你们五天时间。"老百姓齐声应命，五天后，在岳飞的护送下，扶老携幼，牵羊赶牛，慢慢向南行去。金人惧于岳家军，没有追击。

屈死风波亭

岳飞的过分忠诚耿直使他不能像成为一名智勇兼全的军事家那样成为一名圆滑精明的政治家。他甚至连那位飘然而现、倏忽而隐的白衣书生都不如，竟然对高宗忌言收复的行为大惑不解！高宗怎么会乐意收复失地，甚至捣了黄龙府呢？那样的话，就得迎回徽宗和钦宗二位先帝，自己将如何处置他们呢？天无二日，何况三个！当然，如果金人也不谅解他这个苦衷，想用对待徽、钦二帝的办法来对他，那他也会起而抗争的。他只想做偏安皇帝，为此他可以不惜一切地与金人议和。反正，普天之下的所有，都是他自己的。岳飞却不善揣测并迎合主子幽暗隐晦的心意，只是一味地输忠献诚。绍兴九年，宋金议和，岳飞就慨然上书赵构，表示反对，道："夷狄不可信，和好不可恃，相臣谋国不臧，恐贻后世讥议。"这自然不会被接受，由此却大大得罪了相国秦桧。绍兴和议成后，他又上了一道名为祝贺、实是抗议的《谢讲和赦表》，道："夷虏不情，而犬羊无信，莫守金石之约，难称尊玺之术"，并且他不适时宜地请战："臣愿定谋于全胜，期收地于两河。唾手燕云，终欲复仇而报国；誓心天地，当令稽颡以称藩。"这怎能使赵构不恼火！愚忠往往比奸诈更令皇帝讨厌，因为这类人常常固执一理，而不顾及皇帝的隐衷，使其难堪又不敢光明正大地发作，久而久之，终于酿成大祸。赵构对岳飞的忠诚渐渐怀怨在心，只要稍有时机，就借题发作，摧折一番，在这种情况下，刚直的岳飞又不善于克己顺从，悲愤之下，屡屡提出辞职。而在金兵压境，和议不成的情况下，赵构又离不开岳飞，只好屈皇帝之尊求其还职，好言抚慰，这更加深了对岳飞的忌恨。要是让他恢复了中原，夺得燕云，捣了黄龙府，岳飞岂不功高危主，成为他的心腹大患？秦桧要加害岳飞，他能不暗自庆幸、假手于他吗？世人只晓秦桧为杀害岳飞之罪魁祸首，这当然不会错，却不知赵构为幕后怂恿者，罪更重一等，这也正是赵构所老谋深算的。

秦桧为主和派的首要人物，本来，和与战一样，本身并无非议之处。在迫不得已的情势下，求和乃至投降不失为一条出路，秦桧却不是这样，他完全为金人吓破了胆，卑躬屈膝，唯和是求，达到了丧心病狂的程度。而岳飞则是坚决的抗战派，公开反对议和，谴责朝廷的投降政策，多次触怒秦桧。岳飞每打一次胜仗，每向北推进一步，他都会心惊肉跳一次，觉得这样求和就远了一步。他认为，只要岳飞在世一天，他就会无所作为一天，金人明白他这种难堪的心情，乘机要挟他除掉岳飞，这是他们梦寐以求的，在战场上根本无望做到的事。他们写信给秦桧，说："你每时每刻都想与我们达成和议，而岳飞却积极地谋取河北之地，并连伤我们大将。这仇不能不报！你必须杀掉岳飞，和议才能达成！"秦桧于是更执意要杀岳飞了。

但岳飞的名声太大了，不是想杀便杀得的。必须是一步一步进行。秦桧决定采取分化瓦解的办法，先将岳飞孤立起来。当时，南宋手握重兵、能独当一面的大将有三位，即岳飞、韩世忠和张俊。张俊怯于公战，勇于私斗，素与岳飞有隙，对岳飞屡立显功，少年得志阴怀猜忌，常借故中伤岳飞。秦桧便将他收买，让他参加陷害岳飞的阴谋。韩世忠与岳飞一样，是抗金派的骨干。秦桧决定先将他除掉，绍兴十一年（1143），朝廷命岳飞与张俊前往韩世忠军队"视师"，以便寻隙遣散韩家军。在视察时，岳飞见韩家军旌旗鲜明，军马整齐，威武雄壮，心里倍增钦佩之情。当张俊提出与岳飞私下瓜分韩世忠军时，岳飞坚持正义，表示坚决反对，指出南宋真正能领兵打仗的，仅仅有二、三人，如果遣散韩家军，将何图恢复大业？但最终张俊还是秉朝廷之意，强行遣散了韩家军。并欲以谋反罪陷韩世忠于死地。岳飞得知消息后，立即向韩世忠报讯，使其得以采取防范措施，免遭迫害。张俊与秦桧大怒，罗织罪名，罢免了岳飞枢密副使的虚衔。岳飞于是脱去战袍，退隐庐山。

岳飞虽被削夺兵权，罢归庐山，秦桧仍不善罢甘休，非欲置岳飞于死地而后快。他们威逼利诱岳飞旧时部下，让他们揭发岳飞的罪状，一部将王俊，绰号叫雕儿，品性奸诈贪婪，常受到张宪的抑制，因而心怀不满。受到张俊的唆使后，竟将张俊自己拟好的状词投诉给枢密院，诬告："副都制张宪，谋据襄阳，还飞兵柄。"张俊不顾枢密院无审讯权的规定，传讯张宪，严刑拷打，逼其承认他自己绞尽脑汁想出来的罪状，张宪连呼冤枉，宁死不肯虚招。张俊等得不耐烦，又自己虚拟了一份"张宪口供"，送给秦桧。秦桧遂派人将正竭力作"赤松游"的岳飞逮捕，送入大理寺讯问。岳飞想不到秦桧这样心狠手辣，激愤之下，撕开上衣，露出脊背，让中丞何铸、大理卿周三畏看："皇天后土，可表我心！"二人望去，只见"精忠报国"四个大字，深入肤理。周三畏不觉肃然起敬，就是与秦桧同党的何铸，也良心发现，命将岳飞送回狱中，自己去向秦桧申辩岳飞无辜。周三畏干脆挂冠而去。

秦桧于是让一直对岳飞怀恨在心的万俟卨接办此案，岳飞任凭酷刑加身，始终不肯承认。万俟卨便效法张俊，自拟岳飞供词。诬陷岳飞曾令于鹏、孙革致书张宪、王贵，让他们向朝廷虚报军情；岳云曾致书张宪，让他设法使岳飞再掌军权等。"供词"送赵构审批，赵构不暇细阅，生怕跑了岳飞似的，急急批道："岳飞特赐死。张宪、岳云并依军法施行，令杨沂中监斩！"于是，岳飞便被赵构恩赐的御制毒酒鸩杀在临安大理寺所在的风波亭。终年39岁。临刑时，一腔怨愤的岳少保提笔在"供状"上写下"天日昭昭！天日昭昭！"八个大字，写毕，掷笔于地，仰天长啸，端起鸩酒一饮而尽。霎时，玉山摇摇，轰然倒塌，一代军事英才就这样含冤而亡！

岳飞被收系大理寺时,朝臣大多明哲保身缄口不语。少数几位挺身营救者多遭流放或被处死。韩世忠曾当面质问秦桧,岳飞究竟犯的什么罪?秦桧竟答道:"岳云给张宪的信,虽未查得实据,恐怕是莫须有的事!"韩世忠愤然道:"莫须有三字何以服天下!"统治者向来独断专行,哪管天下服与不服?韩将军后来也许明白了这一点,在未到岳飞父子这一地步前即辞去官职,骑着小毛驴,带二三个童仆,每日悠悠然地欣赏西湖风光去了。

戚继光传

人物档案

戚继光：字元敬，号南塘，晚号孟诸，汉族，山东登州人山东登州人（一说祖籍安徽定远）。出生于将门，从小时起就立志驰骋疆场，保国卫民，曾挥毫写下了"封侯非我意，但愿海波平"的名句。

生卒时间：1528～1588年。

性格特点：思想先进，智勇兼备。

历史功过：他17岁时即袭父职任登州卫指挥佥事。25岁那年被提升为署都指挥佥事，负责山东全省沿海防御倭寇，在此期间，功效显著。嘉靖三十四年（1555年），戚继光被调到了倭患最严重的浙江省，任都司佥书，不久被提升为参将，镇守宁波、绍兴、台州三府。嘉靖三十五年（1556年）9月。倭寇800余人侵入龙山所，他率军迎击，明军怯战欲退。危急时刻，戚继光以三箭射杀了3个倭寇头目，倭寇撤逃。嘉靖三十八年（1559年），戚继光从浙江义乌群山之中招募农民和矿夫，采用营、官、哨、队四级编制方法编成了新型军队。创出了一种战斗队形能分能合的"鸳鸯阵"，大大提高了战斗效率。由此人们

戚继光

称这支抗倭劲旅为"戚家军"。嘉靖四十年（1561年），戚家军打败了倭寇对台州的大举侵犯，而后又是九战九捷，取得了举世闻名的台州大捷。倭寇们为此无不心惊胆战，给戚继光取了个绰号名叫"戚老虎"。次年夏，戚继光率军南下福建，荡平倭寇长期占据的横屿、牛田、林墩三大巢穴。嘉靖四十二年（1563年），和福建总兵俞大猷、广东总兵刘显等人共同取得了平海卫大捷。转过年来，升总兵官，镇守福建全省及浙江金华、温州两府。同年11月，2万倭寇围攻仙游，戚继光"用寡击众，一呼而辄解重围；以正为奇，三战而收全捷。"自此，戚家军扬振海疆，倭患终被荡平。隆庆二年（1568年）五月，戚继光被调到北部边关镇守，总理蓟州、昌平、保定三镇军务。他到任后，创建了步兵营、骑兵营、车营和辎重营能协同作战的合成军。与此同时，加固旧长城，并在长城沿线创建了可攻可守的空心敌台，由此建成了一道牢不可破的坚强防线。他在北方御边十六年，"边备修饬，蓟门安然"。万历十一年（1583年），因受到朝中权贵的排斥，戚继光被调到广东任镇守，他郁郁不得志，三年后辞官，回到了老家山东蓬莱。

名家评点：在戚继光四十多年的戎马生涯中，他"一年三百六十日，多是横戈马上行"，东南沿海灭倭，北方练兵御边，可称得上一代爱国名将。他智勇兼备，练兵有方。指挥戚家军"飚发电举，屡摧大寇"，他还有过歼敌上千，而"戚家军"竟无一人阵亡的例子。因此被人誉为"自古以来少有的一位常胜将军"。他不但骁勇善战，战功卓著，而

且在军事理论上也颇多建树,为后人留下了兵家所推崇的《纪效新书》《练兵实纪》两部兵书。

立志报国

戚继光,字元敬,号南塘,晚年号孟诸。明朝嘉靖七年(1528)闰十月初一,诞生于山东省一个世代相任武职的将门之家。其父戚景通能文能武,品学兼优,曾在山东、大宁、京师等地历任军职,官至神机营副将。当时的明朝官场弥漫着贪污贿赂的恶浊之气,正直的戚景通不愿同流合污,于嘉靖十七年(1538),以奉养老母为由,辞官还乡。虽然如此,戚景通仍心系天下,对当时不断重兵犯境的鞑靼人密切注意,他摈弃一切俗务,总结自己的军事经验,潜心研究对付鞑靼入侵的方策。

戚继光出生之时,其父已经56岁了。戚景通白头得子,自然对戚继光格外钟爱,并对戚继光寄予了殷切的期望。戚继光少年之时,戚景通就常给他讲,武将必须有舍身报国的气节,打起仗来应当有身先士卒的勇猛精神。戚景通这位爱国老将希望儿子将来能继承和发扬自己的事业,自然对戚继光的要求十分严格。

当戚景通告老还乡时,祖居的房屋已经近200年,很是破旧,戚景通打算将其修缮一下。于是,戚家请来了工匠,让他们安装四扇镂花门户。当时,戚继光年仅12岁,工匠们私下里对戚继光说:"公子家是世代将门,应该气派一些,就安装12扇镂花吧!"年幼的戚继光欢欢喜喜地向戚景通转告了工匠们的话语。不料,戚景通听后非常不悦,并严厉地斥责了戚继光,教育他做人不能贪图虚荣、讲排场。戚继光默默地接受了父亲的批评。

戚继光13岁时就订了婚,外祖家为了表示庆贺,送他一双十分考究的丝鞋。戚继光穿着外祖家送的礼物,心里自然十分高兴。但当戚继光穿着丝鞋走过庭前时,被戚景通看见了,他十分生气地斥责戚继光:"小孩子穿这么漂亮的丝履干什么! 现在想穿丝履,将来就要着锦衣、吃肉食。你父亲为了清白一世,一定不会满足你的要求。你就势必要侵占士卒的粮饷,贪污国家的公物,以满足自己的欲望。"说到这里,戚景通竟然十分伤心,非常感慨地说:"你如果这样下去,就难以继承我的事业了!"戚景通虽然后来弄清了丝履是外祖家所送,又是母亲叫继光穿的,但还是将丝履毁裂,不让戚继光从小养成奢侈享受的坏习惯。

戚景通不仅竭力制止儿子沾染坏习气,还十分注意把儿子往正路上引导。15岁时,戚继光就以深通经术出名于家乡一带。年迈的戚景通看着儿子的长进,内心自然十分欣慰。戚继光的嫡母张氏,一次和戚景通议论家里之事,忧虑地说:"家里日后缺吃少穿怎么办呢?"戚景通十分骄傲地指着戚继光说:"这不就是我们家里最大的财富吗?"

戚景通晚年一意埋头写作有关边事的论著,无心过问家事,弄得经济颇为窘困。一些浅薄的人在背后议论说:"孝廉,孝廉,你拿什么东西留给后人啊!"戚景通闻听此语,把年仅16岁的戚继光叫到面前,指着自己所写的大量备边军事论著说:"继光呀,你真的以为我什么也没留给你而感到遗憾吗? 要知道我留给你的这些遗产十分丰富,其价值是不可估量的。你将来把这些遗产贡献给国家,贮存于朝廷吧。"戚继光叩头说:"父亲大人留给我的遗产如此崇高博大,儿将来还怕什么盗寇呢?"

当时,戚景通关于抗击鞑靼的备边军事方策,已写成数百篇了,都还没有奏上朝廷。他一则是想再待一段时间,以便使自己的作战方策考虑得更加成熟些;再则大约也想找个机会由戚继光代为奏上。嘉靖二十三年(1544)夏,已经72岁的戚景通身患重病,自知不起。他想乘自己在世,安排好戚继光的前程,便催促继光赶快到北京办理袭职手续,并将自己备边的军事方策也带去上奏朝廷。临别时,戚景通握住继光的手,谆谆嘱咐说:"我留给你的遗产,你可要慎重,不能轻易使用呀!"戚继光肃然回答说:"做儿子的当力求光大您老人家所遗的'财富',哪里敢轻易使用呢?"戚继光拜别双亲,北上而去,这是戚继光同父亲的最后一次话别。

嘉靖二十三年(1544)八月,戚景通病逝。十月,戚继光办妥袭职手续,回到家乡,对着亡父的坟头放声痛哭。他追忆父亲往昔的教诲,决心照着父亲的要求为人处事,以实现老人家生前对自己的殷切企望。

戚继光17岁时,就担任了登州卫指挥佥事。但他作了官,仍然不忘刻苦学习。戚继光年少时由于家贫,请不起家庭教师,便在梁玠开设的外塾学习。戚继光为官之后,按当时政府的规定,就不能再徒步走到外塾去上学了;要到外塾读书就必须准备车辆侍从,这对于戚继光的家庭来说,是一项沉重的负担。

嘉靖二十五年(1546),19岁的戚继光被任命在登州卫管理屯务。这是一个要同银粮打交道的官职,但戚继光为官极为清廉,丝毫不染当时弥漫朝野的贪污贿赂的恶习。

为了防御鞑靼诸部内犯,明朝政府命令河南、山东等地,每年必须派遣军官率领士兵轮番守边。从嘉靖二十七年(1548)戚继光21岁时开始,连续五年,他都被推为中军指挥官,率山东六郡卫所戍卒远守蓟门。每年一度,春去秋回。年轻的戚继光发挥了自己的军事组织才能,将自己所率领的军队训练得井然有序,获得了部众的信服。戚继光在"一年三百六十日,多是横戈马上行"的戎马生涯中,意气风发,高吟着"每经霜露候,报国眼常明"的爱国诗篇,抒发自己胸中的激荡豪情。

年轻的戚继光不仅一身浩然正气,而且注重研究实事。他调查了蓟门一带的防务状况后,心想:保卫疆土,是武臣应尽的义务。蓟门和都城唇齿相依,形势重要,但却缺少精兵,一旦有事,关系非同小可。应趁现在边境暂时安宁,预先做好应敌准备。戚继光考虑成熟以后,决定把自己的见解写出来。他运笔疾书,文才飞扬,滔滔不绝,很快草就了《备俺答策》。《备俺答策》写成之后,戚继光便立即上奏朝廷,当政大臣虽没有采纳他的献策,但对他在策文中显示出的军事才能十分惊奇。

嘉靖二十八年(1549)十月,戚继光参加山东乡试,得中武举。第二年秋天,戚继光又赴北京参加会试。戚继光进入北京不久,俺答拥重兵自古北口攻进密云、顺义、通州等地,兵临北京城郊,京师宣布戒严。朝廷调集大同、河南、山东等地兵马火速入援,并命令会试武举也参加守城。戚继光被命名为总旗牌,督防九门。他又向朝廷奏进御敌方策,所提十几件措施,都是克敌取胜的切实良法,被兵部采纳后,奏请朝廷刊布出来,供将士学习,用以退敌制胜。这位23岁的有为青年,品德出众,才华横溢,当时已被人们誉为"国士",由朝廷纪录为"将才"。许多朝臣上疏推荐戚继光,称赞他"才猷出众,骑射兼人","韬略素明","志向坚定",可当国家"干城之寄",期待他为国家建功立业。

抗倭杀敌

嘉靖三十二年(1553)六月,戚继光升任署都指挥金事,负责山东抗倭事宜,从此戚继光走上了抗倭战场。

倭寇就是日本海寇,最早起源于日本的九州以及山阴、山阳二道,主要成分有日本武人、浪人、海盗商人和破产农民。他们以壹岐、对马二岛为根据地,同内陆的奸民相勾结,不断掠夺中国、朝鲜沿海地区。从元末直到明朝万历年间为恶长达300年之久。

倭寇的烧杀抢掠,给东南沿海人民带来深重的苦难。沿海居民对倭寇产生极度的恐怖,纷纷出外逃难。许多繁华的村镇变成一片荒野,昔日肥美的良田杂草丛生。倭寇的野蛮行径极大地破坏了东南沿海地区生产力的发展,威胁着人民生命财产的安全。因此激起了沿海居民的强烈的愤怒和抵抗。地方官员和受威胁的地主绅士、商人、文士、生员、农民、医卜,以至于乞丐,都忍无可忍。他们一致行动起来,杀灭倭寇。倭寇的抢掠也严重影响到明政府的财政收入,官军经常遭到袭击,大批县城、卫所的沦陷被劫,终于引起了朝廷的忧虑,不能不予以重视,加以对付。

嘉靖二十六年(1547)七月,明政府派朱纨巡抚浙江。朱纨整顿海防,肃清内地与倭寇勾结的奸民,曾指挥都司卢镗等攻克倭寇据点双屿岛,杀死倭寇稽天等数百人,汉奸许栋、王直等遁海逃走。当时,闽浙沿海的不少官僚地主,都靠通倭牟取暴利。朱纨的抗倭措施,使这批奸豪"骤失重利"。于是,闽浙籍官僚便诬蔑朱纨"诬良为盗""擅杀"。朱纨被革职拿问,悲愤地服毒自杀。此后数年,人们摇手不敢言海事,倭寇势力更加猖獗。嘉靖三十一年(1552)四月,大批倭寇在王直等勾引下,侵犯浙江台州等地。这一年的七月,明政府又派都御史王忬提督军务,巡视浙江。王忬再度增强海防力量,并督参将俞大猷、汤克宽等,在嘉靖三十二年(1553)二月,痛击倭寇,取得普陀山之捷。汉奸王直等丧失普陀山老巢后,在海山积聚力量,于这一年四月,又勾结大批倭寇,舟船百余艘,蔽海而来,攻掠沿海诸地。浙江、南直隶诸省沿海州、县、卫、所,被倭寇攻陷20余处。从浙江的台州、宁波,中经南直隶的苏、松,直至淮北,沿海数千里,同时报警。

戚继光就是在上述倭寇势力日益猖狂的情况下,于嘉靖三十二年六月,被调到山东前线,督率登州、文登、即墨3营25卫所,备御倭寇的。当时山东沿海卫所士兵仅及原额的一半,且多为疲惫老弱,纪律松弛,号令不严,战守无备。戚继光深知,用这样一批毫无纪律的骄将惰兵去应敌,是绝难获胜的。因此,他一上任,便从"振饬营伍,整刷卫所"着手,进行整顿。但军中因循懈怠已久,人们对年仅26岁的戚继光并不放在眼中。在将校中,有一位戚继光的远房舅父,自恃长辈,拒不服从命令。为了整肃军纪,惩罚这种无纪律的恶行,戚继光当众给了他的远房舅父应得的处分。当晚,戚继光又以外甥的身份,把这位舅父请来,赔礼道歉,请他原谅。那位远房舅父深为感动,跪地而前,说道:"现在我知道你秉公执法,今后再也不敢违抗你的将令了。"这件事传扬开去,官兵们纷纷议论:"戚将军执法不讳私亲,说明他秉公断事;先按国法从事,而后自己赔罪道歉,说明他敬长谦让。对自己的舅父都不讲情面,何况是其他部下呢?如果再不约己守法,将会自招惩处了。"经过戚继光的一番整顿,军中的风气从此有了很大的转变。

嘉靖三十四年(1555)七月,戚继光被调到抗倭最为激烈的浙江战场。

嘉靖三十五年(1556)四月,徐海、陈东、麻叶等率万余倭寇,侵犯浙江。由于各个头目之间分赃不匀而发生龃龉。胡宗宪乘机使用离间之计,杀死徐海,俘获陈东、麻叶等。这支倭寇在平湖的沈庄、梁庄一带,被俞大猷率领的明军击溃。不久,所余倭寇800余人窜至慈豀,进攻龙山所。龙山所属于宁波府,恰好是戚继光所守卫的范围。刚刚升为参将的戚继光闻讯立即率军前往高家楼待敌。当时有数支明朝官军应战,人数超过万人,但这些军队缺乏统一指挥,又都想保存各自的实力,军心自然不齐,致使明军的战斗力极弱。倭寇根本不把他们放在眼里,在三个头目的率领之下,兵分三路,冲向明军各部。明军不堪一击,阵脚大乱,纷纷溃退。戚继光见此情景,立即飞身跳上一块高大的石头,弯弓射箭,三发三中,三个倭寇的头目应声倒地。已经溃散的明朝官军见状又合拢起来,三路倭寇则群龙无首,仓皇退走。戚继光也因此而声威大振。

嘉靖三十五年(1556)九月,又有一股倭寇进攻龙山。由于龙山千户所北临大海,东对烈港和伏龙山,地势十分险要。当倭寇攻来之时,浙江巡抚阮鹗亲督俞大猷和戚继光率军阻敌。双方在龙山附近展开了激战,明朝官兵奋起杀敌,三战三捷,倭寇乘夜间狼狈逃跑,官兵乘胜猛追。追至缙云,双方再次展开激战,明朝官兵又获胜利。但倭寇十分狡猾,退至桐岭之后,又一次战败,他们便在雁门岭暗暗设伏。当明朝官军乘胜追击时,进入了倭寇的埋伏圈。倭寇突然自两边夹击,明朝官员由于遭到突然袭击,纷纷败阵而走。只有台州知府谭纶与戚继光所率领的两部官兵阵脚不乱,密切注视倭寇动向,待机应敌。倭寇见这两路明军处变不惊,不敢轻易来攻,便向东退去。戚继光、谭纶因为后无援兵,也不敢再穷追不舍,倭寇便由乐清逃往海上。在这次战斗中,戚继光、俞大猷、谭纶三位著名的抗倭爱国英雄,开始建立起真挚的友谊。

嘉靖三十六年九月,汉奸王直先遣养子王滶随蒋洲来到杭州,随后自率死党3000多人占据舟山岛的岑港。胡宗宪继续使用招抚手段,劝说王直投降,王直竟然接受了招抚。在这之后,明朝官员内部在如何对待王直这件事上,产生了分歧,王直不久被捕并于次年被处死。王直被杀之后,其余党哗然,声言要为王直报仇,这伙死党在王滶的率领下,固守岑港进行顽抗。嘉靖三十七年(1558)春天,胡宗宪督众进攻岑港,戚继光也参加了攻击岑港的战斗。由于岑港位于舟山岛的两端,地形极其复杂,易守难攻,明朝官军久攻不下。

就在岑港之战正在进行之时,当年的四月,又有大批倭寇自北方窜来,在浙江台州登陆。胡宗宪急忙调戚继光率部增援台州。四月二十三日,戚继光督率所部兵马,从舟山渡海,准备前往台州。但探马来报说,倭寇已移攻温州,戚继光便又率众昼夜兼程,直奔温州。这次战斗从早晨一直打到午后,明军五战五胜,倭寇大败逃窜。

到了五月初,又有4000余倭寇,乘数艘战舰,屯泊乌牛、馆头,四处剽掠。戚继光率师在十里桥、白塔迎战,两创敌兵。倭寇溜回舟中,深藏不敢出。五月十日,又有倭船40余艘从龙湾方向来,屯泊大崎、黄华一带。连日来龟缩在乌牛、馆头之倭,联舟百余艘,驶往海上剽劫。戚继光命把总梅奎、邢镇率领征集的渔舟由水路,与自己率领的陆路军队两路追击倭寇。倭寇欺负明军渔舟矮小,用大福苍船迎战。明军渔舟两路夹攻,直追至小崎山下,终因船体过小,奈何不了倭寇的大福苍船。戚继光亲临前敌,审视战况。他弯弓射箭,射倒了倭船的舵工;其部下把总刘意又射死倭船橹手。舵橹皆歇，倭寇的大船只能在海上打转，使得倭寇一时间手忙脚乱。明军小船四面环攻，一边杀敌，一边纵火，熊熊烈火把倭寇的大福苍船烧毁，烧溺而死的倭寇无数。其余倭寇吓得急忙开船逃走。这一年的秋天，戚继光又被调回岑港战场。岑港虽已被围攻半年多，但一时还难以攻克。朝廷便以岑港久攻不克为由，将俞大猷、戚继光等革职，令其戴罪杀敌，并命其在一月之内必须攻取岑港。戚继光等率众拼命冲杀，拒守岑港的倭寇在明军的强有力进攻之下，终于抵挡不住，不得不放火烧寨，移往柯梅。明军本可乘胜一举攻灭这支败寇，但总督胡宗宪却不肯力剿，只希望倭寇赶快离开浙江，以使自己的驻守之地得以安宁。这支败寇便由柯梅开往福建，大肆焚掠，福建舆论大哗。御史李瑚疏劾胡宗宪嫁祸邻省，因为李瑚和俞大猷同为福建人，胡宗宪便怀疑李瑚所劾是俞大猷提供的情况。胡宗宪为了开脱自己的罪责，竟诬陷俞大猷等"纵寇南奔，播害闽广"。由于严嵩的庇护，结果胡宗宪升官，俞大猷被逮捕下狱，戚继光也被加上"通番"的罪名。恰好攻克岑港的捷奏至京，戚继光才得以官复原职，仍旧镇守宁波、绍兴、台州三府。

嘉靖三十八年（1559）春夏间，倭寇又大举进犯浙江沿海。数千倭寇自温州、台州登陆，两府警报频传。温州倭寇多在平阳、乐清两县间抄掠，台州倭寇势头更甚。一府六县，沿海数百里，倭寇巢穴无数，其中危害最大的三大巢穴是栅浦、桃渚、海游。四月，戚继光接到往台州剿倭的命令，便召集部将召开会议。这时，倭寇已经包围了桃渚千户所。四月五日，戚继光率军从宁波出发，多次击败所遇倭寇。当明朝官军赶到桃渚时，桃渚所已经被困月余，危在旦夕。四月十六日，戚继光乘雨悄悄引军逼近敌营，设伏兵四支，待命杀敌。又令数十名鸟铳手潜入城中，广张旗帜，以为疑兵。第二天，倭寇便来攻城，城上鸟铳齐发，大批倭寇被击毙。倭寇抬头，见城上旌旗蔽日，以为明军大队人马到了，急忙撤围退走。倭寇退走之时，又被戚继光的伏兵一阵截杀，余寇逃往章安，与栅浦之倭合兵一处，返身迎战，其势十分猖狂。戚继光率军追击，列阵椒江岸边，亲自播鼓督战。明军精神大振，奋勇向前，与倭寇短兵相接。白刃战从早晨战至午间，明军越战越勇；倭寇也不示弱，猖狂反扑。处州义士胡元伦虽已身被数处创伤，仍血战不已，冲锋在前，众兵紧紧跟随，举刀砍敌。倭寇大败溃散，夺船奔命，来不及上船的，大批被淹死。败寇分两股，一半乘舟逃往南岸，另一半窜往椒江北岸的山区。戚继光率部紧追不舍，在黄蕉山包围了敌人。乘夜色朦胧之际，四面仰攻，一战而胜。

四月二十四日黎明，戚继光进军桃渚，离敌还有30里时，倭寇探知明军势锐，便立即解围而走，移营葛埠，据山港为险顽抗。戚继光亲临前敌，审视地形，指挥明军发动猛攻。戚继光命部将楼楠、丁邦彦率部浮水先登，复授计卢锜领兵往敌巢纵火。火起，敌营大乱，队长杨贵直入倭巢，奋勇杀敌。倭寇惊溃，慌不择路，大批被烧死淹死。残余冒着倾盆大雨，连夜开船，往栅浦方向逃去。桃渚之围终于解除了，被俘的1000多百姓得释。

消灭桃渚之倭以后，当年的五月初一，戚继光率师来到海门卫，正拟与谭纶商议扫平栅浦倭寇，探马突然来报，有3000倭寇从贾子、栅浦方向而来，要袭击海门卫。戚继光以军士急需休息，便令卫军暂为守城。这帮军官平时懈怠惯了，尽管接受了命令，却疏于防守。海门紧靠大海，卫城离海才一里来路。到了半夜时分，数百倭寇乘天色晦黑，悄悄潜来袭城，等到30多个倭寇已经爬上城头，守军才发觉，慌忙呼救。戚继光闻讯,见情势危急,也来不及整顿队伍,飞身上马,手舞双剑,往城门急驰而去。这时风雨交加,夜色漆黑,伸手不见五指。卫士匆忙大声疾呼:"主帅亲自冲上去了!"部众惊醒,将校兵卒齐往城头冲去。谭纶也率卫士奔出督战。众人杀倒登城之倭,袭城的倭寇匆匆奔回水上敌营。海门卫所保住了,戚继光为了严肃军纪,把负责守城的人斩首,城中的形势才逐渐安静下来。

倭寇知道海门有备,不敢再行进攻,便准备向南过新河,出南涧逃走。戚继光熟悉地形,料知倭寇必经此路,便事先命士卒钉桩连船,塞敌去路。倭寇只得停泊牛桥,爬上新河所前山,筑垒拒守。戚继光和谭纶早已率众等在新河,见倭寇退来,从容布置,出奇击敌。先以少量兵力出西城,引敌出动。倭寇见明军人少,都往西城涌来。戚继光立在城头瞭望敌人动向,见倭船都在城南牛桥。倭寇扑向西城,打不着仗之后,必奔牛桥而去,到时势必从南门经过。于是,戚继光命令全部精锐兵马,都伏兵城南待敌。果不出所料,倭寇又往南城急急奔来,早已等在这里的明军,一下子冲上去,三路合击。气喘吁吁的倭寇不敢再硬拼了,纷纷登船,隔水拒明军。明军发巨铳炸碎倭船两艘,倭寇又慌忙登岸迎战,复遭痛击,又不得已而退回舟中,逃往南岸。明军鸟铳齐发,枪弹横飞,纵火攻敌船。在这一次战斗中,焚毁倭寇双桅巨船32艘,烧死淹死倭寇有1000多人。

从南岸登陆的倭寇,往乐清逃去,打算同温州之倭会合。戚继光对谭纶说:"倭贼已经魂飞胆落了,应当急追!"五月十二日,明军在南湾追上了败寇。倭寇分五路占据海岸高山,凭险固守,又劫渔舟数十,随时准备出海逃走。戚继光先命卢锜等率军千人,从山背抄敌后路,正面分兵五路攻敌,故意只留海路一条,而在海口处预伏精兵,放敌自投罗网。战斗开始后,倭寇居高临下,箭石齐发,明军攻不上去。戚继光见山上有两个倭寇首领在摇旗指挥,遂同弟弟戚继美冲上前去,兄弟俩各射一箭,两个倭寇首领应声倒地,余寇吓得慌忙躲进树荫中避箭。各路明军乘机并力奋攻,刹那间,倭寇阵地背后一片杀声,原来卢锜等已率众从山后袭登山顶。于是,明军上下交攻,左右夹击,倭寇支撑不住,果然从戚继光留下的那条海路逃跑,正中明军埋伏。明军奋勇环击,倭寇蹈水而死者,不计其数。来不及逃跑的,跪地求饶,倭寇首领也俯首投降。残余倭寇往温州窜去,戚继光一直追到温州的盘石、馆头,终于将倭寇全歼,温州的倭寇也被戚继光分兵赶下海去。

五月十八日,戚继光奉命挥师北上,会合其他各路明军,剿灭盘踞台州府宁海的倭寇。盘踞宁海的倭寇听说各路明军齐集,心怯气馁,乘船往海上逃去。戚继光督率舟师,乘风奋击,把总任锦率所部水师追敌,在猫头洋击沉倭船六艘;把总邱泓又率所部水师,在清门洋击沉倭船五艘,焚毁四艘,救出被俘百姓5000多人。倭寇在海上势穷,转而登陆聚集,抢占民舍,据楼死守,被都司牛天锡所率明军全歼。至此,嘉靖三十八年入侵温州、台州二府的倭寇,被全部荡平,戚继光在这场平倭战争中纵横驰骋,已成为一位远近闻名的勇将了。

训练戚家军

戚继光通过一系列的抗倭斗争,深切地体会到:要战胜敌人,就必须有一支精兵;

如果无兵而议论打仗，就如同一个无臂膀之人同手执利剑者格斗一样，自然很难取胜。当时明朝政府在抗倭战场上的士兵，主要有两种：一是外省来的客兵，另一是浙兵。客兵中有两广的狼土兵，山东的箭手，湖广的漕卒，河南的毛兵以及川兵。这些客兵离浙江甚远，等奉命开到前线，倭寇早已饱掠一阵，开洋而去；待他们返回本省，倭寇又乘机而来。至于那些留下来的客兵，享受着优厚的待遇，但却骄横异常，不受节制，甚至相互火并，有的还伙同倭寇一起残害百姓，甚至比倭寇更坏。以至于老百姓非常气愤地说："宁遇倭贼，毋遇客兵；遇倭犹可逃，遇兵不得生。"而当地的浙兵由于受到军官的盘剥，生活极端贫困，缺吃少穿，打起仗来，更是"身无甲胄之蔽"。平时由于毫不训练，"手无素习之艺"。"战无号令"，"望贼奔溃，闻风胆破"。这种情况使戚继光不无忧虑，要靠这样的兵战胜倭寇，极为困难。

　　戚继光为了训练一支纪律严明、作战勇敢的军队，决定从兵员着手改革。这时，戚继光想起了处州义兵，更加想起了愤怒杀倭的浙江义士百姓，他决定从与倭寇有深仇大恨的老百姓中去募兵。嘉靖三十八年（1559）八月，戚继光再上练兵之议，提出自己到浙江义乌募兵。恰好义乌县令赵大河也上书胡宗宪，请招募当地矿徒为兵，胡宗宪便同意戚继光前往义乌募兵，并命令赵大河从中协助。同年九月，戚继光来到义乌招募新兵。开始之时，人们不了解募兵的意图，不愿前往。戚继光对其晓以杀倭保国的道理，募兵局面才得以逐渐打开，当地农民纷纷应募入伍。戚继光对应募者精心挑选，终于组成了一支由农民、矿工为主的军队，共计3000多人。这3000多人就是后来驰名的戚家军的最初基干。

　　到了十一月，戚继光率领队伍回到台州，一边御倭，同时加强训练。首先，戚继光把选入的士兵，立即编成队伍，加以统束。以12人为一队，设队长一人。四队为一哨，设哨长一人。四哨为一官，置哨官统领，每官配备鸟铳手一哨。四官为一总，以把总率领。戚继光自将中军，统率全营。戚家军的编制，以队为基本单位。在训练或实战时，每队则按鸳鸯阵的形式排列。鸳鸯阵是戚继光研究了倭寇的作战特点，发挥了他的严节制和齐力胜敌的军事思想而创造出的一种独特的战斗组合。每队12人，队长居前。次二人执盾牌，一圆一长，前者选年少便捷、手足灵活之人承当，后者选年壮力大且胆量过人者承当。牌手身携标枪二只，腰刀一把。再次二人是狼筅手，选年力健大雄伟老成者担任，持狼筅抵御敌人刀枪，保卫牌手。再次四人为长枪手，后二人持短兵器，他们是主要的杀手，均选精敏有杀气的30上下健壮好汉承当。最后一人为火夫，则以老实有力武艺稍次而甘为人下者充当。训练之时，强调相互配合，以整体力量杀敌。士兵入伍以后，即按鸳鸯阵中所定位置一一编好，不得随意错乱，违者严罚。每哨、每官、每总也都在军中占有特定的位置，整个军队军容整肃，联成一气，进退犹如一人。

　　其次，戚继光在训练之中极为重视军中号令。他采取的办法有两种：一是使全军上下必须身从号令。戚继光把军中各种金鼓、号炮、旗帜、锣钺、竹筒、灯笼所代表的号令，向军官和士兵们做了详尽明确的说明，命令他们必须准确掌握。同时，还把各种紧要号令编印成册，散发给士兵学习。识字者自己读，不识字者听别人讲读，人人必须熟记，绝对服从。二是做到心从。其办法是赏罚严明，恩威并施。同时，辅以说服教育，启发士兵自愿遵守。戚继光通过这些严明的号令，指挥约束部众，无论住营、行军、操练、出征，都能做到纪律严明，步调统一，使全军俨然一个整体。

最后是练习武艺。戚继光训练士兵学习武艺的特点,一是要求士兵学习防身杀敌的真实本领,决不要那些只在官府面前装饰门面的花架子;二是根据鸳鸯阵的不同需要,按照士兵的年龄、身材、体质、性格的不同情况,分别授以藤牌、狼筅、长枪、短刀等器械,加以精练,并特别强调实战中的相互配合,协调作战;三是不仅士兵要练武,各级军官,直至主将,都必须学习武艺。戚继光本人的武艺,尤其是箭法,极为娴熟,人称"万夫之雄"。戚继光深有体会地说:"军官只有自己武艺精强,平日方可督责士兵认真习武,战时才能身先士卒,以提高全军的战斗能力。"

素质优良的戚家军步兵,经过戚继光言传身教,精心操练,不久便成为当时一支行动快捷、以一当百、军纪严明的劲旅。

扬威福建

在福建境内的倭寇巢穴极多,其中最为集中的有两处:一是宁德境内的横屿,这里是倭寇经营多年的老巢;另一是福清境内的峰头,新来的倭寇多屯集于此,连营数处,互为声援。戚继光率部南下,横屿正当其冲。他听说福清的官军与倭寇对垒,相持不下,而宁德日日告急,遂决定先克横屿,继往福清。由于横屿是一座小岛,隔10里浅滩和大陆相望。这片浅滩潮来成海,潮退则为泥洼。用步兵攻打则难于涉渡,用水师进攻则船易搁浅。倭寇在岛上已经营三年,筑城建垒,加固设防,经常驾小舟出外,饱掠而归。离海岸10余里有个名叫章湾的村子,是倭寇在陆上的一大据点。村民数千都被倭寇裹胁,被迫作倭寇的向导和哨探,明军稍有动静,顷刻便知。这帮倭寇自恃天险,气焰十分嚣张。

这一年的八月,戚继光率领戚家军开抵宁德。戚继光研究了敌情和地形,预先进行部署,首先下了招抚令,免胁从之罪,使得章湾等地的大批胁从分子接受了招抚,分化瓦解了敌人,孤立了横屿的倭寇。倭寇派遣李十板、张十一,两人前来伪降,暗作奸细。但李、张二人见戚继光一意杀倭,对被迫胁从的百姓以诚相待,深受感动,便亮明了他们的身份,甘愿为明军效劳。

八月七日,戚继光先遣两支人马分屯金垂渡和石壁岭,防敌逃逸,自率大部人马进军章湾。戚家军进村,不杀一人,不烧一房。曾经从敌的居民前来跪伏请罪,戚继光说:"你们既然离开倭贼,就是中国的百姓。我既诚心让你们来归,定给你们一条自新之路,决不会因为从前之过而断绝你们的从善之心。"这些人听后深受感动,表示愿为官军效力。经他们入山相劝,又有1000多胁从分子离倭来归。这样一来,横屿之倭便形成孤立。

等到了第二天五鼓,戚家军开赴前线,戚继光留王如龙率兵两支屯港尾一带海岸边,截杀漏网之贼。然后用激将法进行战前动员,戚继光召集部下军官说:"从这里往横屿,现在是落潮,到了对岸就会涨潮。因此,必须全歼敌寇,才能在对岸等候落潮而回,否则就退无所归了。如果无此胆力,就不要到对岸去作战,我实在不忍心离弃你们。"

众将的情绪激动起来,争着说道:"我等不远千里而来,所为何事?难道能面对倭贼而心示胆怯吗?"

戚继光进一步激诸将说:"只怕力不从心。"

诸位将领的情绪更加激动,个个摩拳擦掌,跃跃欲试。戚继光看士气已经鼓得够足的了,于是大声说:"果真如此,我当为诸位擂鼓助威!"戚继光一声令下,戚家军列成鸳鸯阵式,冲向浅滩,每人背草一捆,铺在泥滩地上。壮士们赤裸上身在阵阵军鼓声中,艰难地匍匐前进。每走百步,稍息片刻,待队伍齐整再继续前进,终于排除天险,越过浅滩到达对岸。此时,岛上的倭寇早在沿山南麓一带列阵待战,还有大批倭寇据木城死守。戚继光命吴惟忠率部攻木城,陈子銮、童子明率部冲向敌阵,陈大成率部沿山脚潜往敌人背后,准备前后夹击。戚家军背水大战,倭寇也知不战即死,故拼命相抗。双方恶战,杀得天昏地暗,难解难分。虎将王如龙在对岸遥看形势紧急,大吼一声,挥师杀过滩去。王如龙所部一到,并力夹击,倭寇支撑不住,大败溃逃。明军追歼败敌,刚过午后,岛上倭寇已被消灭得干干净净,共斩首2600余级。被倭寇盘踞多年的横屿岛,终于被戚家军一举收复。

第二天,戚家军凯旋回到宁德,暂作休整。当时,福建地方后勤供应不上,戚家军物质生活十分艰苦。士兵屯居野外,八天不知盐味。八月十五是中秋节,为鼓舞士气,克服物质贫乏的困难,戚继光召集数百吏士,口授所作凯歌。

这一天夜里虽然没有酒,戚继光却和三军将士以歌代酒,共赏明月,过得非常愉快。一来为中秋而歌,二来为胜利而歌。

到了八月二十九日,戚家军开抵福清,戚继光初步了解了敌情之后,单骑直上大乌岭,瞭侦敌情,制订作战方案。接着又召集福建、浙江主客兵各路将领,歃血盟誓,解决戚家军和友军内部的团结问题,然后布置杀敌。九月初一,戚继光兵分三路:一路由戴冲霄统率,领兵六支,由锦屏山进攻;另一路为伏兵,命施明赐、童子明二军,埋伏林木岭,以防倭寇偷袭。同时,又命令福建将领率兵屯伏田原岭、渔溪、上径等地,以断敌退路。戚继光自率一路,由锦屏山进攻。

戚继光率军出城时,受到当地百姓夹道欢迎,哭请戚家军立即剿敌。戚继光虽然理解百姓的急切心情,但考虑到众人中难免混有敌人的奸细,便故意说:"我率军远道而来,须养精蓄锐待时而动,非朝暮可计也。"倭寇听此消息,果然麻痹,放松戒备。当夜二更天,戚继光率军驰向倭寇的一个据点——杞店,等他们将倭寇巢营暗暗围住之时,敌人还在蒙头大睡。壮士朱钰奋勇先登敌营,将敌营大门打开,倭寇方才惊醒。戚家军在呐喊声中冲进敌营,倭寇懵懵懂懂,晕头转向,来不及反抗,就被全部结果了性命。

杞店一战,干净利落。戚继光又率军回锦屏山驻扎。到了五更时分,大约有700名倭寇,骑兵在前,步兵随后,欲偷袭明军营寨。戚继光已事先得到消息,便伏精兵于山口待敌。倭寇进入戚家军的埋伏圈后,战鼓一响,明军伏兵火铳齐发,大批敌人纷纷倒下。倭寇欲逃,又被事先放置好的蒺藜等物刺破脚掌,行动变得迟缓。戚继光听到鼓铳声后,挥大军围敌,倭寇拼死突围,并抛出大把碎金,欲引诱明军拾金,好乘机溜走。戚家军全然不顾,奋勇杀敌,倭寇纷纷败退,戚家军且战且追,乘胜直捣牛田倭寇大寨,牛田倭寇匆忙列阵迎战。王如龙率明军一马当先,吴惟忠、胡大受、张谏等率部分兵两翼,包抄过去。戚家军攻势如潮,猛扑过来,倭寇抵挡不住,大败而逃。戚继光率军一鼓作气,连破牛田、上薛、闻读等倭巢。这时,戴冲霄率领的一路人马也赶了上来,两路人马成掎角之势,夹攻逃敌。一路呐喊着杀去,直追至新塘,倭寇披靡四散。明军分头追敌,又在阵中竖立白旗为信号,以收纳胁从分子,有数千胁从分子纷纷扔掉刀枪前来投降。戚家军接连获胜,除瓦解敌寇数千名外,还生擒倭寇10名,斩首688级,其余被烧死者无数。

屯据西林、木岭的倭寇,见牛田大营倭寇溃败,望风丧胆,不敢迎战,会同残寇往上径桥逃去。阻守上径桥的一名福建参将,不相信戚继光会如此神速取得了胜利,毫无准备,竟被疯狂败退下来的数千倭贼一下子冲散了队伍,幸亏戚家军及时赶到,他们才得以获救,但残余倭寇却漏网逃跑了。这股败退下来的倭寇,逃至泉州惠安县的南辋。由于当地异常荒凉,抢不到食物,地势平坦更无险可凭。倭寇估计浙江兵不会久留福建,于是又折回莆城县南20里的林墩,结巢据守。林墩四面阻河,直通海港,既易守又便逃。倭寇知道胁从分子不可靠,便不让他们住进林墩,只令出外充当哨探。固守在林墩的4000多名倭寇,都是狡诈凶狠的死党。

九月十二日,戚继光率师出发,在烽头、江口安营扎寨。为防止倭寇闻讯逃遁,戚继光命把总张谏、叶大正、金科、曹南金率兵1600人,于十四日五更前必须赶往宁海桥设伏堵敌。到时如果敌人尚未逃跑,一听到战鼓声响,即配合大军夹攻。戚家军为麻痹敌人,开进莆田县城。戚继光表面上从容宴请宾客,装作要休息数日的样子,一面迅速准备战斗所需物品。当天半夜,乘居民熟睡,戚家军快速整队,往林墩进发,行军十五里来到西洪,明月仍高悬天际。戚继光命士兵坐等月落,好乘黎明前的黑暗,再奔五里,直捣敌巢。

但是,戚继光未料到上了向导的当,那个向导原来是通倭的奸细。向导故意将戚家军带上西洪小路,却把黄石大道留着让倭寇逃跑。西洪小道一路泥泞,当戚家军走完最后的五里路时,东方已经发白,敌人发觉了戚家军的进攻意图,便砍断了小桥。戚家军几次冲杀,都被倭寇凭险打退。就在这时,预先埋伏在宁海桥的张谏、叶大正、金科、曹南金等部1600人,听到战鼓声赶来会战,从背后击敌,倭寇受挫,方才退回巢中,戚家军终于冲过河去。

敌巢近水,巷狭路曲,长兵器施展不开,双方短兵相接,白刃往还,倭寇大败,相互践踏,有1000多人落水淹死,余寇匆忙往黄石方向败逃。戚家军奋勇追击,一直追到窑兜,胁从分子漫山逃散,戚继光放过他们,独自率军紧追一股真倭寇不放。真倭寇被追得发急,逃进一家窑灶厂死守,明军登上屋顶,用草木夹杂火药火烧敌人,倭寇大乱。戚家军乘势杀入,全歼顽敌。这一仗,生擒倭寇26人,斩首960级,还有数千倭寇被烧死、淹死,救出被俘百姓2120人,戚家军也阵亡了哨官周能等69名壮士。戚家军获胜回城,官绅百姓,出城10里相迎。

十月三日,戚继光率军抵达福清,由于连日积劳,又加之涉水着凉,戚继光生了病,与数百名伤病员在县城中调理。到了十月五日,东营地方来报,新倭300人登陆后窜至葛塘屯据,县丞陈永恩请戚继光派兵剿杀,戚继光立即应允。次日黎明,戚继光命陈大成等率二支人马埋伏在上径桥,防止逃敌。然后分兵四路,由戚继光亲自督率击敌。陈永劝戚继光先行养病,不必亲自前往,但戚继光仍坚持带病出征。大约离城刚刚10里,哨探来报,又来了300余名倭寇,已至牛田,离戚家军很近。于是,戚继光决定先消灭这一支倭寇。戚家军冲至牛田,倭寇正据守巢穴之中,吴惟忠率兵往里冲杀,倭寇并力抗拒,凶恶异常,官军败退下来。戚继光抱病大喊一声:"大敌都被我们全歼,难道还惧此小小逆贼不成!"说着跃马冲上前去。退阵的兵士在戚继光的激励之下,重新又冲了上去。这时,其余三路人马也已赶到,四面合击,终于将倭寇杀得大败。倭寇退据巢穴,登屋抛瓦死战。吴惟忠带伤奋勇冲锋,大队明军一齐拥入,顽抗之敌,立即被歼,巷中积尸数层。其余倭寇躲在巢中,被放火烧焦。经过审讯俘房,证以敌人书信,得知这支倭寇头目就是著名倭寇首领双剑潭。双剑潭勇悍善战,多年来横行海上,在倭寇之中素负盛名。这次他们是应原来屯据福清之倭的邀请,前来攻打福州的。倭寇准备来1万人,由双剑潭和杨松泉各率300精锐打头阵。双剑潭,这个罪恶累累的寇匪,终于难逃戚家军的正义之剑。

杨松泉部倭寇在葛塘听到炮响,往上径桥奔来,陈大成等率伏兵冲杀,追杀到桥上。由于桥面太窄,双方兵力施展不开,不少倭寇被挤跌到桥下丧生,明军也有一些伤亡。陈大成抽兵下桥,倭寇立即砍断桥梁。这股倭寇虽未被全歼,但也被吓得乘夜逃往海上。不几天,登岸的倭寇越聚越多,他们一打听,得知原来福清之倭已被戚家军全歼,又听说双剑潭等也被剿杀无遗,大惊失色,胆怯地说:"戚虎已至此耶!我等已不敢犯浙矣,何又来万里外杀我也!"从此,戚继光就在倭寇中得了个"戚老虎"的绰号,倭寇每每谈"虎"色变,闻风丧胆。先后登陆的倭寇已达1万多人,听说戚继光在此,不敢过分作恶,悄悄遁往南方。戚家军这次援闽作战,转战千里,四战皆捷,但自己也有不少伤亡。再加上水土不服,生病者达一半,能战之兵只有3000。时值天气寒冷,冬衣未备,戚继光乃请福建官员坚壁清野,固守数月,自己先回浙江养息士卒,然后再来福建同倭寇大战。十一月初,戚家军班师回浙。

福建倭寇听到戚继光已回浙江,高兴地说:"戚老虎已去,我们还怕什么!"又大肆猖狂起来,从北至南,倭寇到处骚扰。嘉靖四十一年(1562)十一月,一支倭寇攻陷寿宁、政和二县。另有6000精锐倭寇,竟攻陷兴化府,这是倭寇第一次攻陷府治大城,福建为之震动。明朝廷对兴化失守深为不安,不久罢去巡抚游震得,起用谭纶为巡抚,又命抗倭名将俞大猷任福建总兵官,同时急调戚继光再次率军援闽。戚继光回到浙江后,因援闽有功,于嘉靖四十一年(1562)十二月,升任分守台州、温州、福州、兴化、福宁等处副总兵,兼统水寨,参将、游击以下武官,俱听节制。戚继光上《议处兵马钱粮疏》,请募新兵,加旧部共需2万,并请备足粮饷器械,得朝廷允准。嘉靖四十二年(1563)一月,戚继光接到援闽诏书。二月,又往义乌募得新兵1万多人,沿途一边训练,一边往福建开去。

攻陷兴化的倭寇,在城中作恶两月,听说戚继光又要来福建,吓得于嘉靖四十二年(1563)一月底,匆匆放弃兴化,往东南奔去,屯居崎头。平海卫都指挥欧阳深率兵拒阻,不幸中伏牺牲。倭寇乘胜攻占平海卫。俞大猷受命担任福建总兵官,在漳州招收农民武装6000人,赶来平海卫与广东总兵刘显军会师,屯兵五侯山,与倭营对垒,等候戚家军共同破敌。四月十三日,戚家军抵达福清,平海卫倭寇探得戚继光已到,其中一半吓得从海上逃跑,剩下3000多凶狡精锐之倭移往渚林南边的许家村,结寨据守。十九日,戚家军抵达东营扎寨,戚继光立即改装到前沿阵地,了解敌情,接着往访俞大猷、刘显,取得了联系。第二天,巡抚谭纶到达渚林,会集三大营,商讨作战部署。议决由戚家军担任中哨冲锋,俞大猷部为右哨,刘显部为左哨,三路军马分进合击。

　　四月二十一日,深夜四鼓,明朝官军各路人马悄悄向敌营进发。中路戚家军以哨总胡守仁部为先锋,戚继光督后队,疾驰至五党山侧岭。戚继光命军士坐等月落,乘晨昏扑进敌营。这时,有2000多名倭寇以100多骑兵为先锋,向明军阵地袭来。戚家军猛然漫山点起火把,火炬飞舞,一排排飞铳射去,倭马受惊,没命地四散狂奔。倭寇步兵又冲了上来,戚家军与敌人展开短兵相接的鏖战。戚家军摆开阵式,越杀越勇,倭寇经过交手,看着眼前这锐不可当的鸳鸯阵,明白真的遇上了戚家军了,心惊胆战,大败溃散。戚继光挥师猛追,直达许家敌营。这时,俞大猷、刘显二部与戚家军会合,围剿倭寇,展开一血战,明军乘风放火,顷刻间敌巢一片焦臭,焚尸无数。到了四月二十二日上午九点,战斗全部结束。共计斩敌2451级,缴获器械3961件,释放被俘百姓3000多人,一举收复平海卫。第二天,明军凯旋回到兴化城。

　　当戚家军自兴化班师,路经福清的时候,林墩一带的废墟上,老百姓已经重新盖起了房屋,种上了庄稼、蔬菜。当地群众见戚家军又来了,扶老携幼,向戚家军捧献茶果,一边拜舞,一边歌唱。

　　攻陷建宁府寿宁、政和二县的倭寇,饱掠之后,欲经宁德出海,与盘踞平海卫的倭寇会合。当他们得知平海卫之倭已被荡平,便退屯连江县的马鼻,窥测动向。五月三日,戚继光率军来袭,通往敌营的道路有两条,他便命胡守仁等率奇兵三支,由左路前进;陈禄等率兵三支,自右路前进。倭寇见明军右路兵至,暗遣精兵一支,乘黑夜从左路杀出,以抄截陈禄部的后路,正碰上戚家军左路奇兵。胡守仁率众拥上去格斗拼杀,倭寇败退回巢。戚家军两路人马夹击,倭寇退据高山,箭石齐下,凭险死守。戚家军摆开鸳鸯阵,以盾牌前挡,猛往上冲,个个奋勇登山,不一会儿就将倭寇砍倒一小半。余寇四散,一部分准备开船往海上逃命。船只早已被明军舟师烧毁,倭寇计穷,遁入海边泥淖中,寻物隐蔽,戚家军将其团团围住。夜半涨潮之时,倭寇都被汹涌的海浪卷走,戚继光率军紧追漏网残倭,直到离尤溪不远的肖石岭,终将残倭全歼。这一年的六月,戚继光以功升任都督佥事,不久又升任都督同知。

　　戚继光等人率军消灭了嘉靖四十一年冬天来犯福建的倭寇,收复了兴化、寿宁、政和后,戚家军进驻福宁州。从此,戚继光开始常驻福建,担负保卫福建沿海的抗倭责任。嘉靖四十二年(1563)四月,从平海卫逃回日本的数千名倭寇,都携带大量抢夺来的金银财宝,使其余倭贼十分眼红,他们纠合27000多人,计划当年冬天先出发15000人,余寇次年春天再至,打算在福建沿海全面进攻,重点则在仙游,最终攻占福州。十月,倭寇新的攻势开始了,他们北从福宁州的烽火门,南到泉州府的福全千户所,纷纷登陆。倭寇原指望可以饱掠一阵,再向福州进发,但由于戚家军守卫在沿海一带,使倭寇的梦想难以实现。从十月三日至十日的八天时间,戚继光积极指挥水陆各路人马,同倭寇展开战斗,共计10余战,连连取胜。其中规模最大的上径桥之捷,是在戚继光的直接指挥下取得的。当时,戚继光根据敌情分析,断定敌人意在深入内地,南去兴化、泉州,与已登陆之倭会合,上径桥是他们的必经之路。于是,戚继光命胡守仁率军在八日深夜赶至上径桥附近的渔溪埋伏。倭寇果然往上径桥奔来,一拥而上。可惜胡守仁点炮太早,戚家军伏兵杀出时,虽当场有数百倭寇挤落桥下淹死,但余寇还是匆忙退下桥去。戚家军一阵砍杀,斩敌92级,残寇从小路奔至惠安的东沙,抢了渔船往海上逃命。戚家军水陆连获12捷,共计击毁倭寇大小战船28艘,歼敌3000多名,给倭寇以沉重的打击。

十一月上旬，倭寇集中2万多兵力围攻仙游县，城中军民在知县陈大有、典史陈贤等率领下，坚守待援。嘉靖四十二年(1563)十一月，朝廷任命戚继光为总兵，镇守福建七府一州，并兼及浙江金华、温州二府，都督水陆军马战船，这一任命使得戚继光更有效地担负起闽、浙一带的抗倭责任。戚继光一面遣使催促浙兵速至闽作战，同时与谭纶一起进行决战前的周密部署：一是加强仙游方面的防御力量，预先派亲兵200名入城协助守城，并不断增援城中炮火矢石；二是张疑兵以分敌兵势。戚继光先调署守备胡守仁、把总蒋伯清等率兵在离仙游城不远的铁山据险屯扎，与敌垒相对。又从各营中挑选敢死勇士500人，不时袭扰倭寇。随后与谭纶率大队人马驻扎在俞谭铺和沙园一带，故意鸣炮击鼓，使军队往来不停，引敌生疑，分散其攻城之力；三是命署守备耿宗元等率兵一支随监军汪道昆往福州，保卫省会，防备福宁登陆的倭寇突然袭击；四是派兵堵塞仙游之倭通往泉州、漳州的道路，切断仙游倭寇与外面的联系；五是对于继续赶来会合的小股倭寇，分而歼之，以孤立攻击仙游的倭寇。戚继光之所以这样部署，是因为他所率领的军队全是浙兵，驻守福建采用轮班守卫的办法，他手中现班人数不足，下班兵马又未到达，与倭寇无法决战。

戚继光所设疑兵之计，曾一度使倭寇举棋不定，但贼寇见援兵久不到来，攻城之势更加激烈。十二月六日，倭寇聚集精锐，对仙游城发动猛攻，曾一度险些攻破仙游城。十二月二十三日，王如龙等率浙江兵赶到，明军势力大增，士气大振。巡抚谭纶亲自到大营之中填写令票，委托戚继光全权指挥。第二天，戚继光召集诸位将领，布置作战方略。当时，围攻仙游的倭寇兵力2万多人，分屯东、西、南、北四门，明军人数仅1万余人，若四门同时攻打，以寡击众，取胜极难。戚继光决定集中优势兵力打击敌人，命守备王如龙等率中左路人马，署守备胡守仁等率中右路人马，两路人马合力攻击南面倭寇。又命把总陈濠等率右奇兵攻击东面倭寇，游击李超等率左奇兵攻击西面倭寇，牵制住敌人以防止他们增援南面之敌，保证王如龙、胡守仁的胜利。等到王如龙、胡守仁得胜之后，再配合进攻。同时又命令指挥吕从周等率标兵一支同都司郭成所率的400苗兵屯扎铁山，设疑兵以牵制北面之敌。把总金科等率中军大营之兵，以备策应。

十二月二十五日，各路军马分道出发，进入指定地点，恰逢大雨倭寇竟然没有察觉。次日清晨，又是漫天大雾，伸手不见五指，各路军马乘雾驰向敌营。此时此刻，倭寇正集中兵力攻城，他们制造出八座比城墙还高一丈余的吕公车，车身三面围以数层竹木绵毡，以防枪弹。每车可容100多人，车上架飞桥，可翻越城墙，眼看城池难守。在此千钧一发之际，王如龙所部赶到，直冲倭寇南面巢穴。敌人只顾攻城，加之又有大雾，直到明军到达离城不远之时，倭寇才发觉情况有变，急忙停止攻城，迎战明军。王如龙率军硬攻上去，胡守仁所部也及时赶到，两路人马并力冲杀，倭寇大败，退入营中死守。戚家军拔掉营外木栅，斩墙而入，纵火焚烧敌营。倭寇鬼哭狼嚎，狼奔豕突，被砍杀了四五百人，余寇匆忙往东面敌营奔去。

南面倭寇被歼之后，王如龙、胡守仁各自依计而行，分头冲杀。胡守仁所部乘胜往东面敌营追杀过去，陈濠急率右奇兵协同夹攻。由于仙游城的东门集中了倭寇的精锐，而且那里多设埋伏，战斗打得十分艰苦。右奇兵中的童子明所部不幸中敌埋伏，全部壮烈牺牲。但其余各部殊死拼杀，终于攻破了倭寇的东面巢穴。王如龙所部在南面得手之后,乘胜往西面杀去,会同李超率领的左奇兵进攻西面倭寇巢穴。西面的倭寇听说南面巢穴已被攻破,吓得心惊胆破,不敢迎战,据寨自保。王如龙率军如猛虎般扑了过来,顷刻间攻破西面巢穴。

倭寇东西两巢数千漏网之寇,拼命突围北逃,企图与北面巢穴的倭寇会合。戚继光亲督金科等率领中军大营兵马,奋力攻杀,大败敌寇,捣毁倭寇的北面巢穴。倭寇全线崩溃,丢下无数尸体,狼狈逃窜,危急中的仙游城终于获救。仙游惨败的倭寇尚余1万余人向南逃窜,明军随后紧追。嘉靖四十三年(1564)二月四日中午,在福建同安县的王仓坪与敌相遇。戚继光折箭为誓,激励士气,督诸将率军冲入敌阵,一阵拼杀,倭寇不敌,匆忙往山上逃去。这时,有2000倭寇偷袭明军中军,直奔戚继光杀来,戚家军左右夹击,倭寇又逃往山上。戚继光挥众登山,追击逃敌,直杀到红日落山,倭寇支撑不住,没命地四散狂奔,纷纷跌落崖下摔死。所剩7000余倭寇,继续向南溃逃,二月十二日逃至漳浦,当地的汉奸15人与倭寇勾结,约定十六日夜间内外夹攻,夺取漳浦。倭寇于是屯兵蔡坡岭,准备袭击漳浦城。十五日,戚家军追至,得知上述情况之后,便于第二天猛攻蔡坡岭倭寇,倭寇大败,拼命突围不成,只好向丛林中躲逃。明军纵火焚烧,倭寇1000余人被烧死,其余大都带伤,突往诏安,由双港向广东逃去。后来,被广东总兵俞大猷率军追截剿杀,弄得草木皆兵,再也不敢在中国土地上为非作歹,只得从广东沿海寻船急急逃回日本。经过戚继光等人率领沿海军民的有力打击,许多倭寇终于明白,从今往后,如果再侵犯中华土地,除了送死之外,别无好处可捞。戚继光和他率领的戚家军在抗击倭寇的战斗中,为中华民族抗击外来恶势力的侵略,大写了一笔。

流芳百世

戚继光在剿灭倭寇的战斗中,立下了汗马功劳。在倭寇的骚扰基本被消灭之后,明王朝又面临北方鞑靼诸部的威胁。为了对付鞑靼诸部,隆庆二年(1568)五月,戚继光调到北方,为总理蓟州、昌平、辽宁、保定练兵事务,节制四镇,权力等同总督。为了守卫好祖国的北大门,戚继光采取了许多切实有效的措施:(一)加固长城,创建空心敌台。(二)采用车步骑多兵种配合作战,改变过去单一的守卫方法。(三)建立有效的侦察系统,准确掌握敌情,做到有备无患。(四)作战之时,要能分能合,各路军队互相协同杀敌。(五)创建辎重营,保证作战军队的有效供给。

通过戚继光的一系列措施的建立,蓟门一带的防线成为当时诸边之冠,可谓固若磐石。但戚继光对鞑靼诸部采取的总战略是以守为主,对来犯者则予以坚决还击。隆庆二年(1568)十二月,朵颜酋长董狐狸及其侄子长昂,依恃鞑靼小王子部的势力,屯聚会州,准备进犯蓟镇董家口、榆木岭、青山口等处。戚继光率军驻扎在墙子岭,闻警立即率兵援助,在青山口用枪炮、擂石、弓箭等击败敌兵前哨,又引兵出山口击敌,大获全胜,董狐狸等逃归。

隆庆五年(1571)三月,明王朝封俺答为顺义王。俺答严束所部,不使南犯,西北边境平静下来。但鞑靼小王子仍拥众10余万,勾结朵颜等部,不时侵犯蓟州和辽宁。万历元年(1573)二月,董狐狸等陈兵喜峰口,求索重赏不得,大肆抢掠杀戮,被戚继光督军击败。四月,董狐狸、长昂等又勾结小王子所部插汗儿等偷袭蓟镇,在桃林、界岭等地被明军分别击败,董狐狸几乎被擒。就在这一年,戚继光因功升为左都督。万历三年(1575)正月,长昂逼迫长秃率众侵犯董家口。戚继光率军从榆木、董家二关出师,南北夹击,大败朵颜军,一直追出城外150里,活捉长秃,长昂率部移住会城。于是,董狐狸和长昂不得已率所部酋长及亲族240余人叩关求降。戚继光和都督刘应节等商议,接受董狐狸的投降,释放长秃,允许他们和过去一样通贡。直至戚继光离开蓟门,董狐狸、长昂等始终没敢再来侵犯。

蓟门在戚继光的督率之下,防务十分坚固。鞑靼小王子见蓟门无隙可乘,便转掠辽东,因此当时唯辽东一带战争最为激烈。万历七年(1579)七月,戚继光上疏朝廷,主动提出率大军援辽。当年十月,小王子所部伯彦、苏把亥、黑石炭、银灯等率众5万多骑,经范儿营、锦川营进攻辽东,辽东守将李成梁请援,朝廷命戚继光率兵增援。戚继光率众驰往,与鞑靼兵转战于狗儿河、石河墩等处,重创鞑靼兵。伯彦见明军力量强盛,遂寻机悄悄撤出塞外,戚继光率军追敌数百里,直抵燕山,勒石纪功而还。戚继光也因功加官至少保兼太子太保。

戚继光镇守蓟门16年,提出和采取了一系列有成效的措施,使得边备修饬,一境平安。后来继任的将领,保持戚继光的办法不变,使蓟门边境保持了数十年平静,百姓得以安定地劳动生产和生活,促进了生产力的发展。

戚继光的一生,不但战功显赫,而且资兼文才,才华卓著。除了抗倭、镇北的显赫功劳之外,他还是一位杰出的军事科学家。戚继光主要的军事著作有《纪效新书》《纪兵实纪》《练兵实纪杂集》。另外,戚继光还写了大量的诗文,他自己将其编为《止止堂集》,共计五卷。明朝末年,陈子龙等还将戚继光的奏疏议论编成《戚少保文集》五卷。除了这些宝贵的精神财富之外,戚继光还发明创造了许多攻守兵器,如狼筅、刚柔牌、赛贡铳、艟𫸩、自犯钢轮火等。

万历十五年十二月初八,即公元1588年1月5日,60岁的抗倭名将、杰出的军事科学家戚继光与世长辞。这位名震寰宇的英雄,把他的英名和智慧留给了后来之人,他的光辉业绩也将流芳百世。

左宗棠传

人物档案

左宗棠：汉族，字季高，湖南湘阴人，号湘上农人，晚清重臣，军事家、政治家、著名湘军将领。一生经历了湘军平定太平天国运动，洋务运动，镇压陕甘回变和收复新疆等重要历史事件。自幼聪颖，14岁考童子试中第一名，曾写下"身无半文，心忧天下；手释万卷，神交古人"的对联以铭心志。

生卒时间：1812~1885年。

安葬之地：长沙。

性格特点：生性颖悟，少负大志，自尊心极强。他是在绝望中诞生的强者，是善于扼住命运咽喉的伟丈夫。壮志豪情，以天下为己任。

历史功过：左宗棠年少时曾屡试不第，转而留意农事，遍读群书，钻研舆地、兵法。后来竟成了清朝后期著名大臣，官至东阁大学士、军机大臣，封二等恪靖侯。一生经历了湘军平定太平天国运动，洋务运动，镇压陕甘回变和收复新疆等重要历史事件。

左宗棠

名家评点：林则徐还多次与人谈起这次会见，极口称赞左宗棠是"非凡之才""绝世奇才"。

少赋奇才

清朝嘉庆十七年十月初七日（1812年11月10日）的凌晨，在湖南省湘阴县东乡左家塅一个贫寒的知识分子家里，年近八旬的老祖母杨老夫人，恍恍惚惚，梦见一位神人从天空降落在她家的院子，自称为"牵牛星"，不禁一吓醒来，随即听到婴儿的啼哭，原来是媳妇余氏生下了一个男孩。这个在"牵牛降世"神话中诞生的婴儿，就是大器晚成的左宗棠。

左宗棠4岁时，随祖父在家中"梧塘书塾"读书。祖父左人锦，字斐中，号松野，国子监生，毕生以授徒为业。他为人和气，乐善好施，以孝义闻于乡里，因年近八旬，在家带养孙儿，作了宗棠的启蒙教师。左宗棠自幼聪敏，祖父教给的诗句，一读上口，就能背诵。

五岁那年，父亲左观澜到府城长沙设馆授徒，左宗棠和长兄宗械、仲兄宗植随父来到长沙读书。父亲课子很严，宗棠生性颖悟，记忆过人。一次，父亲教两个哥哥读书，其中一句："昔之勇士亡于二桃，今之廉士生于二李，"父亲问"二桃的典故出自何处？"

哥哥们还没来得及回答，宗棠就在旁应道："古诗《梁父吟》有一朝被谗言，二桃杀三士。"父亲大为惊异。原来，二位哥哥平时朗诵诗文，宗棠在一旁静听默记，过目而不忘。其父笑着对宗棠母亲说："将来老三有封侯的希望。"这一预言，60年后果然实现了。

左宗棠六岁开始攻读"四书""五经"等儒家经典，九岁开始学作八股文。

道光六年（1826），左宗棠参加湘阴县试，名列第一。次年应长沙府试，取中第二名。然而，就在左宗棠奋发读书、开始走向科举道路之时，家中却发生了一连串的不幸。先是，祖父母相继逝世，长兄因病早殇，母亲忧痛成疾，贫病交加，于道光七年去世。年过半百的父亲接连丧子、丧妻，又为了请医生、办丧事，到处奔走，到处借贷，二年多后也一病不起，与世长辞。父亲一生寒素，死后只是留下了数十亩薄田和数百两银子的债务。

这时，左宗棠的三个姐姐都已经出嫁，一个10口之家，只剩下他和仲兄宗植两人。而早已中了秀才的宗植，为了谋生，长年在外奔波，十几岁的宗棠，"早岁孤贫"，独立地走上了社会。但是，贫窘的生活并没有将他压倒，反而锻炼了他倔强的性格，培养了吃苦耐劳的精神。他从未为孤陋清贫的处境有过任何烦恼和忧伤，更没有向别人说过一个"穷"字。他把精力都放在学问上。这时，他已在专心致志地追求和研讨治国安邦的"经世致用"之学了。

道光九年（1829），18岁的左宗棠在书铺买到一部顾祖禹的《读史方舆纪要》，不久，又读了顾炎武的《天下郡国利病书》和齐召南的《水道提纲》。对这些涉及中国历史、地理、军事、经济、水利等内容的名著，左宗棠如获至宝，早晚研读，并做了详细的笔记，对于今后可以借鉴、可以施行的，"另编存录"。这些书使他大大开阔了眼界，对他后来带兵打仗、施政理财、治理国家起了很大的作用。当时，许多沉湎于八股文章的学人士子对此很不理解，"莫不窃笑，以为无所用之"。左宗棠却毫不理会，仍然坚持走自己的路。

道光十年（1830）十月，江苏布政使贺长龄因丁母忧回到长沙。贺长龄是清代中期一位著名的务实派官员和经世致用学者，曾与江苏巡抚陶澍针对时弊，力行改革，政声卓著，并请魏源选辑从清朝开国到道光初年有关社会现实问题和经世致用的论文，编成《皇朝经世文编》120卷。左宗棠早就十分钦慕贺长龄的学问、功业和为人，便前往请教。贺长龄见左宗棠人品不凡，知他志向远大，极为赏识，"以国士见待"。见他好学，又将家中藏书任其借阅。每次左宗棠上门，贺长龄必定亲自登梯上楼取书，频频登降，不以为烦。每次还书，都要询问有何心得，与左宗棠"互相考订，孜孜断断，无稍倦厌"。贺长龄还曾劝告宗棠：目前国家正苦缺乏人才，应志求远大，"幸勿苟且小就，自限其成"。

次年，左宗棠进入长沙城南书院。这是一所历史悠久、声誉颇高的书院，为南宋时抗金名将张浚与其子、著名理学家张栻所创办，大学者朱熹曾在此讲学。此时主持者即是丁忧在籍的原湖北学政、贺长龄之弟贺熙龄。他也是一位著名的经世致用学者，他教学的宗旨就是："诱以义理、经世之学，不专重制艺、帖括。"左宗棠在这里读汉宋先儒之书，求经世有用之学，又结识了后来成为湘军名将的罗泽南等，以志行道德相砥砺，以学问义理共研讨。贺熙龄很是喜爱，曾说："左子季高少从余游，观其卓然能自立,叩其学则确然有所得。"

贺氏兄弟以一代名流、显宦,如此地爱重左宗棠这个当时还十分贫穷的青年学子,使左宗棠感动不已,终生难忘。贺氏兄弟也一直没有忘记自己的这位有前途的得意弟子。他们始终保持着密切的往来。

一年后,贺长龄丁忧期满,仍回江苏原任,六年后,就升任为贵州巡抚。他曾几次致信左宗棠,邀请左宗棠去贵州任事。当时,左宗棠因已接受了在陶澍家教其孤子之约,才没有应邀前往。

道光十九年(1839)秋,贺熙龄因旨赴京。左宗棠和同学邓显鹤、罗汝怀、邹汉勋等会集城南,与先生饯行。当时,师生依恋不舍,一送行者特地画了一幅《城南饯别图》,左宗棠还赋诗作别,又与罗汝怀一直送到湘江岸边,目送先生乘坐的帆船北去,在远方消失后,两人"横渡而西",爬上岳麓山顶,到夕阳西下才觅舟归来。两人隈坐舟中,谈论先生的道德文章,无限追念,竟至彻夜不眠。

一年后,贺熙龄因病告假回籍。道光二十六年(1846)在长沙逝世。他去世前不久,左宗棠的长子孝威出生,他听说后,高兴地说:"宜婿吾女。"将最小的女儿许与刚出生的孝威。从此,贺熙龄与左宗棠又由师生变成了亲家,在清代史上留下了一段佳话。

绝意仕进

由于家境贫困,左宗棠在城南书院只待了一年。第二年,即道光十一年(1831)他又进入湖南巡抚吴荣光在省城长沙设立的湘水校经堂。这所学校给学生提供膳食,吴荣光还亲自在校教授经学。左宗棠学习刻苦,成绩优异,在这年内的考试中七次名列第一。

道光十二年(1832)四月,三年一届的湖南省乡试又将来临。这时,左宗棠已居忧期满,但由于在居忧期间不能参加院试,还没有取得秀才的资格,不能参加乡试。21岁的左宗棠迫不得已,东挪西凑,筹集到108两银子,捐为监生,与哥哥宗植一道参加了这次有5000多人投考的湖南乡试。

乡试在八月举行,共考了三场。考完之后,贺熙龄非常关心,曾去看了左宗棠的试卷,为之叫好,但说可惜格式不太合,恐怕考官们"无能辨此"。果然,他的卷子被斥入"遗卷",落选了。但这次乡试恰逢道光皇帝50寿辰,称为"万寿恩科"。因此,道光皇帝下诏命考官搜阅"遗卷",以示"恩宠"。正巧,湖南副考官胡鉴病逝,只得由主考官徐法绩来办。徐法绩独自一人阅看了5000多份"遗卷",从中又取出六名,其中第一名就是左宗棠。当试卷启封时,巡抚吴荣光正在场监临,一见左宗棠名列"搜遗"之首,连忙起身祝贺徐法绩得了人才。

不久,榜发,左氏兄弟双双中举,哥哥左宗植中第一名,得解元;弟弟左宗棠中第18名。

乡试后,左宗棠与湘潭周诒端结婚。周夫人字筠心,与左宗棠同年生。她出生于湘潭辰山一书香门第,家境富有,父亲周衡在已去世,母亲王太夫人知书能诗、慈祥和蔼。周夫人自幼随母读书,不仅也能作诗,而且性情贤淑。这门亲事,早在左宗棠的父亲和长兄在世时就订下了,只因家贫,一直没有举办。时至两人都已21岁,不能再拖,左宗棠只好来湘潭就婚,入赘岳家,后来在这里寄居了九年。

婚后,左宗棠和诒端伉俪情深、夫妻恩爱。岳母也很喜欢这位才华横溢的郎婿。但左宗棠生性高傲,对自己婚后不能自立,颇为苦闷,后来他回忆起这段生活曾说:"余居妇家,耻不能自食",又有诗云:

"九年寄眷住湘潭,庑下栖迟赘客惭。"

这年冬天,左宗棠与宗植启行北上,准备参加来年春季的会试,次年正月,抵达北京。会试在三月举行,兄弟俩住在专门接待湖南来京应试举人的湖南会馆,紧张地温习功课。左宗棠考试完毕,不久发榜,却名落孙山。

回到湖南,左宗棠仍寄居湘潭岳家。这年八月,长女孝瑜出世,左宗棠向岳母家借得西头的几间房子,自立门户。

道光十五年(1835),左宗棠再次赴京会试。这次考试,他的成绩不错,同考官温葆深极力推荐,会试总裁也很欣赏,评语为:"立言有体,不蔓不支""二场尤为出色",准备取为第15名。不幸在揭晓时,发现湖南取中的名额已超过一名,而湖北省却少取了一名,于是将左宗棠的试卷撤去,改换为湖北中一人,左宗棠只被录取为"誊录"。誊录是一种抄抄写写的文职人员,积劳议功,可以保举县令。左宗棠不甘心在京城当一名誊录,以待发迹,不久即回家中。

道光十七年(1837),应巡抚吴荣光的邀请,左宗棠离家到醴陵主讲渌江书院。该书院有住读生童60余人,但收入却很微薄,"几无以给朝夕"。40多年后,左宗棠回忆这段当书院山长时的情景曾说:"每遇岁阑解馆,出纸裹中物,还盐米小债。"生活虽然清苦,但他仍认真执教,从不马虎。他按朱熹所著《小学》,择取书中八条定为学规。对前来就读的学生,每人发给日记本一个,要他们随时将所授功课的心得记在本子上,每月初一、十五这两天要逐一检查。每天日落时分,大门下锁,生童都要在书房读书,左宗棠逐一来每间书房检查,并对所授课业详加解说。学生旷废课业,或虚辞掩饰不守学规,二次以上就要受到处罚,或予以斥退。左宗棠从严执教,注重诱导,不到几个月,学生渐渐能一心向学不以为苦。

不久,时任两江总督的陶澍阅兵江西,顺道回乡(湖南安化)省墓,途经醴陵。陶澍是当时赫赫有名的封疆大吏,嘉庆、道光年间,连任两江总督10余年。任职期间,他在林则徐、贺长龄、魏源、包世臣等的协助下,大力兴利除弊,整顿漕运,兴修水利,改革盐政,因而政绩卓著,深得时誉。陶澍出身贫寒,"少负经世志",又是当时倡导经世致用之学的代表人物。他和龚自珍、魏源、林则徐、贺长龄、姚莹、包世臣等一样,敢于正视现实,关心民生,揭露封建衰世的黑暗和腐败,要求改革内政,主张严禁鸦片,加强军备,防御外敌入侵。

道光十八年(1838),左宗棠第三次赴京会试,结果又不中。南归途中,他绕道去南京谒见陶澍。陶澍并不以左宗棠的连连落第为意。他格外热诚,留其在总督节署中住了10多天,"日使幕友、亲故与相谈论"。一天,陶澍主动提议将他唯一的儿子(时仅五岁)陶桄,与左宗棠五岁的长女孝瑜定婚。当时,陶澍已60岁,左宗棠才27岁。左宗棠为避"攀高门"之嫌,以亲家地位、门第、名位不合而婉言谢绝。陶澍一听,爽朗笑道,

"左君不必介意,以君之才,将来名位一定高于吾人之上",仍然坚持原议。左宗棠又以"年庚不合"相辞,联姻之议遂被搁置。直到几年后,陶澍去世,由于陶夫人一再提及,老师贺熙龄的敦促,这门亲事才定了下来。陶澍以一代名臣之尊,而求婚于一个会试下第的穷举人,表明他对左宗棠才学与人品的器重。

左宗棠在六年中三试不第,对他是个很大的打击。他虽然并不十分热衷于科场,不喜欢也不长于作空洞枯涩的八股文章。但在科举时代,读书人不中科举就难以进身,有志之士也只有通过科举获取地位,才能实践其志。左宗棠后来说过:"读书非为科名计,然非科名不能自养。"又说:"读书当为经世之学,科名特进身阶耳。"左宗棠自少年时代就志大言大,尤为自负,自尊心也很强,因此三试不第之后,就下决心不再参加会试,从此"绝意仕进",打算"长为农夫没世"。

心忧天下

科场失意,使左宗棠不能沿着"正途"进入社会上层,进而实现他的志向了。但是,他毕竟不同于那些不问世事、一心追求功名的凡夫俗子。他毕竟是一个有志气、有抱负的读书人。他最关心的还是国家的命运、社会的治乱兴衰,最感兴趣的学问还是那些有关国计民生的经世致用之学。即是在那奔求科举仕进的年头,也一直是这样。

他第一次赴京会试,曾去在詹事府任詹事的胡达源家中拜访,结识了后来也成为清朝"中兴"名臣的人物——胡达源之子胡林翼。

左家和胡家原是世交。胡达源,湖南益阳人,早年曾与左观澜同读书于长沙岳麓书院,交往密切,感情弥笃。而胡林翼与左宗棠是同年、同学,后来又兼了亲戚。他出生于嘉庆十七年六月,比左宗棠大四个月,后来也在贺熙龄门下求学。他自幼聪明异常,8岁时就被陶澍看中,招为女婿。少年时代,他常随岳父住在两江督署,风流倜傥,才华横溢,也深受陶澍、林则徐等人的影响,有匡时济世之志。

左宗棠与胡林翼一见如故,意气相投,从此成为莫逆之交。两人在一起谈古论今,朝政腐败、官吏无能、民生困苦和西方各国的侵逼,无所不及,都预感到天下将要大乱。为此,二人"辄相与欷歔息,引为深忧。"当时的人们见了,都为之诧异,不知他们忧叹些什么。

但是,在另一方面,左宗棠在京城看到的是,王公贵族的门前车水马龙,官场文恬武嬉,醉生梦死,一片歌舞升平的景象。左宗棠还看到了近年来西方殖民国家窥视我国边疆的形势,深为国家军备废弛而忧虑。

南归途中,左宗棠给座师徐法绩写了一封信,认为当前国家最难办理的事,莫过于垦荒、救灾、盐政、粮运、治河等,并表示今后要多读些有关书籍,切实加以研究,以"不负国家养士之意",报答老师的殷切期望。

第二次会试归来,左宗棠就开始专攻地理学。他认为,由于时代变迁,兴废交替,以往的地图却少有更改,有的甚至错误百出。于是,他计划绘制一幅全国地图,再画出分省、分府图。他依据古今史籍、志书,反复详考出古今地名、方位、里程,凡水道经过的地方、村驿关口的名称、山冈起伏的形势,都一一标记。陵谷的变迁、河渠的决塞、支源的远近、城治的兴废,以及古为重险今为散地、古为边陲今为腹地等沿革,都一一详加说明,再由本朝上溯,历明、元、宋……直到禹贡九州。

就这样,在湘潭周氏桂在堂的西楼,左宗棠孜孜不倦,披览古今图籍,手画其图。周夫人端坐一旁阅读史书,一炉香,一碗茶,十分相得。左宗棠每绘好一张草图,就交周夫人描绘。遇到问题需要查书,周夫人就随手从书架上检出,某函某卷,往往十得八九。历时年余,左宗棠在夫人的协助下,完成了这一项目。后来,他又抄录了《畿辅通志》《西域图志》和各直省通志,"于山川关隘、驿道远近,分门记录,为数十巨册"。

左宗棠也特别重视农学。第三次会试失败后,他以自己"少小从事陇亩",又以"农事为国家之本",展开了对农学的研究。他遍读了南、北农事之书,特别对"区种"感兴趣,认为农事以区种的办法最好,也就是因地所宜种植和区间种植,为此他写了一篇《广区田图说》的文章,专以论述区种的作用。

他钻研农学,几年后,在湘阴购置田地,署名"柳庄",亲自试验"区田法",并栽桑、养蚕、种茶、植竹等。他每自外地归来,即"督工耕作,以平日所讲求者试行之,日巡行陇亩,自号'湘上农人'。"他曾在一信中说:"兄东作甚忙,日与佣人缘陇亩,秧苗初苗,田水琤铮,时鸟变声,草新士润,别有一番乐意。"描绘了柳庄春忙耕作的景象,并抒发了自己从事农耕的舒畅心情。道光二十六年(1846),他还根据多年读书和实践所得,分门别类,编撰了一部《朴存阁农书》。

道光十九年(1839)六月,陶澍在南京逝世,家眷迁回安化。次年,左宗棠受老师贺熙龄之托,就馆陶家,教其子陶桄读书,达八年之久。

陶家藏书丰富,使左宗棠在教读之余得以博览纵观。一方面,他以《图书集成》中的《康熙舆图》和《乾隆内府舆图》,悉心考索,订正了昔年所绘舆图。另一方面,他又在这里钻研了有关荒政、水利、盐政、漕运的学问,特别是钻研了当时已成为突出需要的兵学和洋务之学。

这年,钦差大臣林则徐赴广州查禁鸦片。左宗棠把注意力转向了洋务之学。他在陶家勤奋地阅读各种有关书籍。"自道光十九年海上事起,凡唐宋以来史传、别录、说部及国朝志乘、载记,官私各书有关涉海国故事者,每涉及之,粗悉梗概"。

道光二十年(1840)五月,英国侵略中国的鸦片战争爆发,朝野为之震动。充满爱国情怀的左宗棠虽然僻处安化,但想方设法打听消息,密切地关注着时局的发展。当他听到英军犯浙江,陷定海,林则徐被撤职的消息时,悲愤万分,几次写信给贺熙龄,谈论自己对时局的看法,并"论战守机宜"。他以"天下兴亡,匹夫有责"之义,积极为反侵略战争出谋划策,撰写了《料敌》《定策》《海屯》《器械》《用间》《善后》等一组文章,提出了"练海屯,设碉堡,简水卒,练亲兵,设水寨,省调发,编泊埠之船,设造船之厂,讲求大筏、软帐之利,更造炮船、火船之式"等一系列作战措施。

然而,战争的进程使左宗棠大为失望。清军节节败退,琦善妥协求和,道光二十一年(1841),英军占领香港,进逼广州。左宗棠"愤懑已极",忧心忡忡,写了《感事》诗四首。在诗中,他对外国侵略者表示了强烈的愤慨,"和戎自昔非长算,为尔豺狼不可驯";赞颂了林则徐、关天培等爱国将领,"英雄驾驭归神武,时事艰辛仗老成"。"书生岂有封侯想,为播天威佐太平",并为自己满怀壮志,却报国无门而叹惜,"欲效边筹裨庙略,一尊山馆共谁论?"他又写信给贺熙龄,痛斥卖国贼琦善"以奸谋误国,贻祸边疆,遂使西人俱有轻中国之心,将士无自固之志,东南海隅恐不能数十年无烽火之警,其罪不可仅与一时失律者比,应当斩首军前"。他还给湘潭人黎吉云御史写信,建议上书朝廷，提出"非严主和玩寇之诛，诘纵兵失律之罪，则人心不耸，主威不振"。

道光二十二年（1842），英军先后攻陷吴淞、镇江。七月二十四日（8月6日），清廷在南京与英国侵略者签订了丧权辱国的《江宁条约》。左宗棠闻之，痛心疾首，大声呼啸："时事竟已至此，梦想所不到，古今所未有。虽有善者，亦无从措手矣！"

鸦片战争中，左宗棠只是一介"身无半亩"的寒士，僻处山斋，手无柯斧，但他"心忧天下"，表现了强烈的爱国热情。

夜话湘舟

中国在鸦片战争中的失败，使左宗棠受到极大刺激。他为自己虽有爱国热忱和报国之策，但得不到起用，眼睁睁地看着忠良被陷、奸臣误国、战事一败再败、及至被迫议和、丧权丧国，而悲愤、苦闷。因此，在战争结束后，他曾打算"买山隐居"，不再过问世事。

道光二十三年（1843），左宗棠以历年教书的积蓄在湘阴东乡柳家冲买下田土70亩，并自己设计，建造了一座小庄园。庄园内除了稻田外，还有坡地和池塘，为安全起见，还筑了围墙，挖了壕沟。庄园门上，他亲笔题上"柳庄"二字。次年九月，周夫人带着三个女儿从湘潭迁来。至此，左宗棠正式有了个家，结束了长期寄居岳家的"入赘"生活。这时，他仍在陶府执教，每当散馆回家，就"巡行陇亩""督工耕作"。几年后，他们又生了一个女孩、二个男孩，全家九口，诗书为伴，耕读相从。岳母也常常带着孙儿来探望女儿和外孙。阖家欢聚，尽享天伦之乐。

左宗棠似乎真的要"长以农夫没世"了。但是，以他从小所受的儒家文化的教育，满腹的"经世致用"学问以及他刚正清高的性格，在国家处于内忧外患、危急存亡之际，他是不可能长期退隐深山、不闻世事的。

周夫人最了解左宗棠。她深知宗棠惆怅苦闷之由，经常与他赋诗唱和。周夫人写道："树艺养蚕皆远略，从来王道重农桑。"支持宗棠暂隐溪山、钻研农事的主张。她又安慰说："书生报国心常在，未应渔樵了此生。"贤明的妻子当然知道自己的夫君是一位不甘沉沦的大丈夫，他的志向和才学也决不仅仅是成为一名农学家。

其实，左宗棠一时也没有将自己置身于"世外桃源"，他的眼睛还在关注着这个急剧变化的世道，忧国忧民的心愿始终没有泯没。

道光二十九年（1849），左宗棠离开安化，来到长沙开馆授徒。女婿陶桃仍跟他学习。学生还有长沙名流黄冕的三个儿子黄瑜、黄上达、黄济和益阳名宦周振之之子周开锡。

就在这年，发生了一件左宗棠一生认为"第一荣幸"的事。这年十一月，云贵总督林则徐因病开缺，途经贵州、湖南，回福建原籍养病。林则徐在鸦片战争中革职以后，遣戍新疆。道光二十五年释还，署陕甘总督，次年任陕西巡抚，二十七年升任云贵总督。作为一代名臣，林则徐威望卓著，忠心耿耿，尽管在革职流放中，始终不忘国事。在新疆，他极力讲求防边强边之策，大力倡导屯田，兴修水利。在云南，整顿矿政，努力加强民族团结。由于历尽艰辛，身患重病，乃奏请开缺，回乡调治。

林则徐的官船经洞庭湖沿湘江上行，于十一月二十一日（1850年1月3日）到达长沙，停靠在湘江岸边。湖南的文武官员知道后，都纷纷赶来拜会这位名满天下的大臣。林则徐却想起了一位从未见过一面的书生——左宗棠，并立即派人去湘阴柳庄请来一见。

左宗棠接到来信，兴奋不已。林则徐是他素所钦仰的伟人，能得到他的邀请，与他会面，这确实是一件十分荣幸的事。早在青少年时，左宗棠就从贺长龄、贺熙龄兄弟和陶澍、胡林翼等口中听到过林则徐的事迹，后来在小淹陶家读过陶、林的往返书信，已经了解到林则徐是一位学识渊博、才力超群、操守清廉的官员。鸦片战争中，林则徐卓越的爱国精神和伟大人格，使左宗棠为之倾倒，崇敬和向往之情到了极点。他在给胡林翼的信中，曾表达了这一心情。他说："天下士粗通道理者，类知宫保（指林则徐），仆久蛰狭乡，颇厌声闻，宫保无从知仆，然自十数年来闻诸师友所称述，暨观宫保陶文毅（指陶澍）往复书疏与文毅私所记载数呈，仆则实有知公之深。"

左宗棠还表达了他向往与追随林则徐的深情："海上用兵之苦，行河、出关、入关诸役，仆之心如日在公左右也。忽而悲，忽而愤，忽而喜，尝自笑尔！尔来公行踪所至，而东南，而西北，而西南，计程且数万里，海波、沙碛、旌节、弓刀，客之能从公游者，知复几人？乌知心神依倚，惘惘相随者，尚有山林枯槁、未著客籍之一士哉！"

林则徐对左宗棠也并非陌生。他与贺长龄曾经是陶澍的属下，又早与胡林翼有过密切交往。陶、林、贺等志同道合，经常一起谈论天下大事、评品古今人才，自然早就知道陶、贺、胡等人对左宗棠的推重。就在一年前，胡林翼任贵州安顺知府，还一再向林则徐推荐："湘阴左君有异才，品学为湘中士类第一。"林则徐马上就要胡林翼写信，请左宗棠来云贵总督幕府。当时，因左宗棠已受长嫂之托要为长兄的遗子世延办理婚事，又已接受陶家课读的聘约，不能前往，因而回信婉辞，表示"西望滇池，孤怀怅结"，深为遗憾。

左宗棠接信后马上赶到长沙。江岸上轿马纷纷攘攘，林则徐见家人递上一张大红拜帖："湖南举人左宗棠"，赶忙叫快请，同时吩咐对其他来客一概挡驾。左宗棠匆匆忙忙上船，走过跳板时，大概因为心情激动，一脚踏空，落入水中，待进舟仓盥洗更衣后，即与林则徐畅谈起来。天色近晚，林则徐命将官船乘着湘江乱流，驶到岳麓山下一个僻静处停泊。舟中掌起灯，摆上酒，二人一边喝酒，一边纵谈天下古今大事，林则徐的二个儿子随侍在旁。

两人从天下大势到西北塞防与东南海防，从舆地兵法到办理洋务，从新疆屯田水利到滇中战乱，无不各抒己见。双方对治理国家的根本大计，特别是西北军政事务，见解不谋而合。两人，一个是年逾花甲、名震中外的封疆大吏，一个是年方37的草野书生，毫无拘束，侃侃而谈，直到第二天清晨。后来左宗棠回忆这难忘的夜话湘舟，说两人"抗谈今昔，江风吹浪，柁楼竟夕有声，与船窗人语互相应答，曙鼓欲严，始各别去"。

会见中，林则徐将自己在新疆整理的宝贵资料，全部交付给左宗棠，并说："吾老矣，空有御俄之志，终无成就之日。数年来留心人才，欲将此重任托付。"他还说，将来"东南洋夷，能御之者或有人；西定新疆，舍君莫属。以吾数年心血，献给足下，或许将来治疆用得着"。

后来，林则徐还多次与人谈起这次会见，极口称赞左宗棠是"非凡之才""绝世奇才"。

这次左宗棠与林则徐的会见，是两人神交已久的第一次，也是最后一次会见。这次会见给左宗棠以重大的影响。20多年后，左宗棠经营西北，收复新疆、建置行省、屯田垦荒、兴修水利；在东南沿海编练渔团、创办船政、加强海防、抗击外侵，就是林则徐影响所致。

林则徐回到福建后，并没能休养多久。第二年，广西爆发天地会起义。清朝廷又起用林则徐为钦差大臣，前往镇压。当他刚到达广东潮州，突然染病去世。在临终前，他还没有忘记左宗棠，命次子聪彝向咸丰皇帝代写遗疏，疏中一再推荐左宗棠为难得人才。

一个月后（十一月二十一日），正是左宗棠与林则徐会见一周年的日子，左宗棠在长沙黄冕寓馆中听到这一噩耗，"且骇且痛，相对失声"。

林则徐去世以后，左宗棠一直在怀念着他，以他为自己人生的崇高典范，并以林则徐的继承者而自居。30多年后，左宗棠任两江总督，特地在南京为陶澍和林则徐建立"陶徐二公祠"，合祀两位先行者。

初露峥嵘

鸦片战争以后，中国社会很快进入一个急剧动荡的时期。战争的失败，暴露了清政府极端的腐朽和无能，沉重的战争赔款和残酷的封建剥削压在广大人民头上。水利失修，旱涝频仍，使人民生活痛苦万状，濒临绝境。广大人民忍无可忍，纷纷揭竿而起，走上了反抗的道路。战后八九年中，在湘、鄂、粤、桂、苏、浙、闽、鲁的广大地区都发生了较大规模的农民暴动。

"山雨欲来风满楼"，十几年前，左宗棠和胡林翼所担忧的"天下大乱"很快就要到来了。目光远大的左宗棠决定避地而居，"买山而隐"。

道光二十六年，左宗棠曾"缘崖涉涧凡三日"，考察了湘阴县东南一带的山地。30年，他的老朋友，同县籍的翰林院庶吉士郭嵩焘（字伯琛，号筠仙）回乡。左宗棠同他一起周游了湘阴东山，"为山居结邻之约"。湘阴与长沙交界一处叫青山的地方，群峰连绵，山谷深邃，他们便选定这里作为今后两家遇乱避难的地方。

但是，形势的迅猛发展很快就打破了左宗棠"买山而隐"的计划。1851年1月11日，洪秀全等领导的太平天国起义爆发。咸丰二年春，太平军进军湖南，势如破竹，于7月直抵长沙城下。湖南全省震动。

这时，湖南巡抚骆秉章奉调赴京，清廷命原云南巡抚张亮基任湖南巡抚。张亮基认为湖南局势严峻，责任非同小可，极需广搜人才协助料理军政事务。时任贵州黎平知府的胡林翼便极力向他推荐左宗棠："此人廉升刚方，秉性良实，忠肝义胆，与时俗迥异。其胸罗占今地图、兵法、本朝国章，切实讲求，精通时务，访问之余，定蒙赏鉴。"

8月，张亮基赶到湖南常德。此时太平军围攻长沙正急。左宗棠已带了全家由柳庄迁移到东山的白水洞，而郭嵩焘全家则迁居梓木洞，两家"诛茅筑屋"，比山结邻，打算在这里躲避战乱。入山才10多天，张亮基派来的专人就带着厚礼，到了白水洞，聘请左宗棠出山。但左没有应聘。

于是，胡林翼又写来一信，再三劝说。他知道左宗棠平生最崇敬林则徐，便反复介绍说，张亮基"肝胆血性，一时无两"，是林文忠荐于道光皇帝，才得以大用的，"固文忠一流人物也"。他又引桑梓之义和个人身家利害劝说："设先生屈己以救楚人，所补尤大，所失尤小……设楚地尽沦人贼，柳家庄、梓木洞其独免乎？"胡林翼情词恳切，终于打动了左宗棠，使他不能再犹豫了。加之同住山中的郭嵩焘、郭崑焘兄弟和仲兄宗植也不断劝勉,老朋友、新宁人江忠源带领他编练的楚勇尾追太平军到了长沙,也来信敦劝。左宗棠才改变主意,决定应聘出山。

刚过不惑之年的左宗棠,在清朝封建政权和忠实于封建儒家文化的知识分子们的呼唤下,终于投入到镇压农民反抗斗争、保卫大清江山的阵营。不久,他来到长沙,在围城中会见了巡抚张亮基。两人握手言欢,一如故旧。

当时,长沙城外炮火连天,太平军围攻已持续近二个月。城内外清军大集,达五六万人。城内有二巡抚(张亮基与尚未离长沙的骆秉章)、一帮办(帮办军务罗绕典)、二提督(湖南提督鲍起豹、广西提督向荣)。城外有十总兵。张亮基将全部军事委托给左宗棠。左宗棠"昼夜调军食,治文书","区画守具",各种建议都能被采纳,并立即付诸实施。左宗棠"负才气,喜言事",顿时大显身手,一生功名也就从此开始了。

太平军围攻长沙三月,久攻不下,遂撤围北去。长沙得以保全。第二年初,张亮基升任湖广总督,左宗棠也随张到了武昌。当时,太平军已经放弃武昌,全城官署民房焚毁殆尽。张亮基到任之初,修城郭,筹兵饷,通商贾,恤难民,整吏治,除积弊,其奏折批答,事无巨细都交给左宗棠一力主持。张亮基并以左宗棠防守湖南有功上报,得旨"以知县用,并加同知衔"。二个月后,复任湖南巡抚的骆秉章,又追叙左宗棠在长沙镇压浏阳征义堂之功,奏准朝廷,授之"以同知直隶州选用"。这是左宗棠一生最初所获得的官位,但他却视同草芥,一点也不放在心上。后来,张亮基因性格刚直得罪了满族权贵胜保,调任山东巡抚。左宗棠便辞职返归湘阴。

这时,太平天国已定都南京,改称天京,又举行北伐、西征,声势浩大。咸丰四年二月(1854年2月),西征太平军再次进入湖南,攻克岳州,连下湘阴、宁乡。长沙大震。

正当长沙四面楚歌、形势危急之际,湖南巡抚骆秉章听说左宗棠又回到湘阴,大喜过望,连忙派人入山邀聘。左宗棠因一年的幕僚生活过于紧张,"心血耗竭,"已有些心灰意懒,又鉴于太平军进展迅猛,前途未卜,决计静观时局发展,"不欲复参戎幕,"便托词回谢。不久,曾国藩统率湘军出师衡州,也来书邀请,他还是推辞未就。

而在这时,太平军也在搜寻左宗棠。太平军占领湘阴时,曾扬言要"入山追索"。不久,即派轻骑30余人来到梓木洞搜索捉拿。幸左宗棠早已闻讯,带了100名湘勇,将家眷接出山洞,送到湘潭辰山岳家,自己则带着女婿陶桃来到长沙。

骆秉章没有得到左宗棠,于心不甘,不久就生出一计。他知道左宗棠对陶桃最疼爱,一天,便发出请柬,请陶桃到巡抚衙门做客,并将他留住后花园,不让出门。同时,又派人在外扬言,巡抚"勒使公子捐资巨万,以助军饷,否则将加侵辱"。左闻讯大骇,急忙赶来抚署请见。骆秉章一听大喜,"倒履迎之",陪左宗棠来到后花园。左见爱婿无恙,后园"栋宇辉煌,供张极盛,如礼上宾",才知是骆秉章请他出山的苦心,"感其诚意",才应允出佐戎幕。骆秉章见左宗棠肯首,便向陶桃道歉,并以仪仗送回陶府。

左宗棠第二次入佐湖南巡抚幕府,长达6年之久(咸丰四年三月至十年正月)。6年中,他深得骆秉章倚重,使其学识才干得到了充分的发挥,从而在清统治集团中获得了很高的声誉。

当时,清王朝在湖南的统治已岌岌可危。全省四周烽火遍野,鄂南、赣西已成太平军天下;西边的贵州,发生了苗民起义,南边两广,会党暴动风起云涌。省内,太平军驰骋湘北,长沙周围城池多被占领;而湘东、湘南、湘西广大贫苦农民,连连举事,此伏彼起。

左宗棠焦思竭虑，日夜筹划，辅佐骆秉章"内清四境"，"外援五省"，苦力支撑大局。骆秉章对他言听计从，"所行文书画诺，概不检校"。

首先，左宗棠大力帮助曾国藩巩固和扩大湘军，使之成为一支与太平军拼死作战和残酷镇压各地农民起义的凶恶力量。

左宗棠入署后不久，曾国藩正聚众商议湘军作战计划，诸将领多主张北取靖港，独左宗棠建议南下湘潭。其后，曾国藩亲率战船 40 只、勇丁 800 人北进，惨败于靖港。曾国藩沮丧羞愤，投水自尽，被人救起，退回长沙。第二天一早，左宗棠缒城而出，到湘江船上去见他。这时曾国藩仍是极为狼狈，"气息仅属，所着单襦沾染泥沙，痕迹犹在。"左为之收点残余的船只、军械和火药，并劝慰他"事尚可为，速死非义"。曾国藩由于在湖南创办湘军，在官场遭到不少忌恨，靖港之败更加添人口实，因此打算一死了之。在这关头，左宗棠出面安慰，又在骆秉章面前为他说话。这时，湘潭又传来捷报，塔齐布、彭玉麟等率水陆各军大败太平军，攻占县城。湘潭战役后，太平军退到湘北，湖南战局转危为安，曾国藩度过了困境。其后，湘军向北挺进，太平军再败，退出湖南。

湖南解危后，曾国藩回到长沙，与左宗棠筹划出省作战。两人形影不离，"无一日不见，无一事不商"。咸丰四年八月，湘军进援湖北，攻占武昌。咸丰六年，石达开率太平军挥戈猛进，攻克江西大部分府州县，曾国藩被困南昌，左宗棠又建议急援江西，制定三路进兵之策，稳定了江西局势，又一次解救了曾国藩。咸丰七年，骆秉章在左宗棠的策划下，调蒋益澧等援广西，镇压天地会起义军；咸丰八年调田兴恕驰援贵州，围剿苗、汉起义军。咸丰九年，石达开再次入湘，所向披靡，全省震动。左宗棠飞檄各方，一月之内调集 4 万军队，组织宝庆会战，将石达开逼出了湖南。

左宗棠辅佐骆秉章，一方面，调发军队"内清四境""外援五省"；同时还要为各军筹设粮饷、军械、船只，他为此更是尽瘁心力。

当时，清政府为筹集镇压农民起义的巨额军费，采取了种种手段，如厘金、捐输、加征赋税、铸造大钱、滥印钞票等等，极尽搜刮，竭泽而渔。而左宗棠筹措军饷，则以抽厘、减漕，以革除弊政、开源节流的原则，"为大端"，支撑了军费的浩繁支出。

咸丰五年（1855），骆秉章委托左宗棠主持开征厘金事务。左宗棠废除衙署关务的一切旧规章，招请廉洁士绅管理关务，不用私人，不用旧官吏，并规定各关卡征收情况按月张榜公告，又派军队卫护商旅，从而简省了征收手续，减少了中饱肥私，使厘金收入增加，充实了军饷。

左宗棠又改革赋税办法。以前湖南征收赋税十分混乱，由于不肖官吏浮收滥取、居中盘剥，加之银价飞涨，以至"地丁正银一两，民间有费至数两者；漕粮一石，民间有费至数石者"。这样不但增加了农民负担和损害了地主阶级利益，也加重了财政困难。骆秉章采取左宗棠的建议，根据各县士民呈请的办法，制定统一的标准。他力排众议，规定：每石纳银一两三钱外，加纳一倍作军费，再加纳四钱充县政费用，以前的其他加派一律废除。这样每石纳银不过三两，全省"岁增银 20 余万，民乃得减赋数百万"。

左宗棠在骆秉章幕府，前后将近六年之久。开始，骆秉章还没有尽信于他。一年之后，左宗棠初显身手，湖南军事大有转机，骆秉章便全权交付，自己只是画诺签字而已。僚属有事上白，骆总是说："去问季高先生。"有一次，巡抚衙门外发炮，骆秉章忙问何事，旁边的人回答："是左师爷在发军报折子"。他也只是点点头说："拿来看看。"可见左宗棠专权之深。因此,当时就有人议论说:"巡抚专听左宗棠,宗棠以此权重,司、道、州、县承风如不及矣。"

左宗棠治军、理财的才干很快名噪一时,世人有"天下不可无湖南,湖南不可无左宗棠"之语。一些高官显贵也在皇帝面前竞相举荐,希望他为挽救摇摇欲坠的清朝统治发挥更大的作用。

咸丰五年十二月(1856年1月),御史宗稷辰上疏:"所知湖南有左宗棠,通权达变,为疆吏所倚重,若使独当一面,必不下于林翼、泽南。"

咸丰六年七月,署湖北巡抚胡林翼上疏,极力推荐左宗棠:"其才学过人,于兵政机宜、山川险要,尤所究心……湖南抚臣骆秉章、侍郎臣曾国藩招入幕中办事,其才力犹称。"

这些推荐,都引起了咸丰皇帝的重视,当时他就发出了有关"上谕",表示关注。咸丰八年十二月初三日(1859年1月6日),咸丰皇帝在养心殿召见翰林院编修郭嵩焘。又专门询问了左宗棠的情况。他吩咐郭嵩焘:写信给左宗棠,"可以吾意谕知,当出为我办事",并"劝一劝他"。"何必以科名为重,文章报国与建功立业所得孰多?渠有如许才,也须得一出办事才好。"

左宗棠出佐湘幕,初露峥嵘,已经引起了朝野的关注,进而得到清朝最高统治者的青睐,这为左宗棠后来的"中兴功业"和他的飞黄腾达打下了相当深厚的社会基础。

祸起萧墙

左宗棠辅佐骆秉章革除弊政、整饬吏治、筹兵办饷,成效大著,得到骆秉章的极大信任,却引起了一些人的忌恨和诽谤。他们嫉妒地说,湖南是"幕友当权,捐班用命";别有用心地称左宗棠为"左都御史",意以身为巡抚的骆秉章,其官衔不过为右副都御史,而左宗棠的权位比骆还要高。甚至有人写了一张传单:"钦加劣幕衔帮办湖南巡抚左宗棠",偷偷贴到湖南巡抚衙门的外墙上。

咸丰九年(1859)发生的"樊燮构陷事件",险些使左宗棠身败名裂。

樊燮,湖北恩施人,咸丰年间任湖南永州镇总兵。此人绿营出身,骄奢淫逸,在永州任上名声极坏,员弁兵丁莫不怨声载道。咸丰八年,骆秉章进京陛见,参他私自役用兵弁、乘坐肩舆。随后经派员到永州调查,查明他挪用公款银960余两、钱3360余串,此外还动用不少米折银两。骆秉章奉旨将樊燮革职。但他不服,向上级衙门控诉,攻击左宗棠。

事情的起因是这样,几个月前,永州知府黄文琛因公去岳州,适逢巡抚骆秉章正在岳州巡视,黄文琛便前往拜见,并就永州地方的穷困、兵勇杂乱、政务繁难等情一一禀报。随后这事被樊燮知道了,他自知酗酒狎娼、贪污公款,不可见人,便做贼心虚,认为黄文琛必在巡抚面前告了他的状,就与其幕僚魏龙怀商量办法。魏为他出主意说,巡抚衙门的幕僚左宗棠,只是个举人,骆巡抚对之十分信任,言听计从,何不先去见他,请他帮忙说几句话。樊一听有理,便依计而行,前往长沙。

左宗棠听到永州总兵来了,自得接见。但他为人心直口快,傲才恃物,不喜与人虚交,对这位总兵大人的劣迹早有所闻,不免有些成见。而樊燮是个刚愎自用之人,仗他出身武职,对文人幕客有所不敬,故见面时只是拱手作揖,没有按礼请安。左宗棠即毫无掩饰地说，武官来见，无论官职大小，照例都要先行请安，你不请安，何必来见。樊燮一听，顿时性起，便反唇相讥：朝廷体制，没有武官见师爷要行请安，本镇官至二品，向无此例！为了礼仪细节，两人争吵了起来。左宗棠负气之下，不顾一切地把樊燮骂了出去。樊燮怀恨在心，一直寻找机会图谋报复。

樊燮革职后，找到湖南布政使文格求情。文格是满洲人，这几年，骆秉章、左宗棠雷厉风行，在全省废大钱、减漕粮和整办贪官污吏。他很是不满，暗中忌恨。两人臭味相投，一拍即合，文格唆使樊燮向上告状。

当时，湖广总督官文有一门丁叫李锦棠，正以军功保荐知县。樊燮通过这门丁向官文打点，呈禀总督衙门，以幕僚越权干政为由控告左宗棠，并指控左为"劣幕"。同时，他又在京城都察院状告黄文琛与左宗棠，说黄、左通同勾结陷害他。

湖广总督官文，出自满族贵族，是两湖的最高军政长官。他向来目空一切，专横武断，曾因骆秉章对他不太顺从而记恨于心，并迁怒于骆所器重的左宗棠。同时，作为一位满族贵族大员，近几年来眼见汉人逐渐势大，如胡林翼、曾国藩、骆秉章等逐渐当权，正十分嫉恨。因此，在接到樊燮的禀帖之后，立即上奏朝廷。咸丰皇帝览奏后，发下密旨，将本案交官文和湖北正考官钱宝青审办，并说："如左宗棠果有不法情事，可即就地正法。"

八月二十五日（9月27日），骆秉章上奏朝廷，进行辩驳，并将查明的账簿、公禀以及樊燮的供词等咨送军机处。而满汉畛域之见极深的官文一意祖护樊燮，在奉旨之后又以骆秉章之奏章出自左宗棠之手，竟不与湘、鄂两省巡抚商量，就要召左宗棠前往武昌，对簿公堂。

由于此案来头太大，两湖官员，除任湖北巡抚的胡林翼为之斡旋外，都不敢贸然表态。二年后，左宗棠在家信中回忆："官相因樊燮事欲行构陷之计，其时诸公无敢一言诵其冤者"。可知其时事态已十分严重。

这时，此案被咸丰皇帝最为宠信的重臣户部尚书肃顺获悉。肃顺是满族人，但少满汉之见，是最早主张起用汉人的满族大臣，湘军的兴起，胡林翼、曾国藩的被重用，都得力于他的极力支持。他的幕府中，也都是汉人中有名的文人学者。肃顺看到朝廷密旨后，告其幕客高心夔，高告湖南湘潭人王闿运。王也是肃顺门客，又转告翰林院编修郭嵩焘。郭嵩焘闻之大惊，因自己与左宗棠是同乡、好友，不便率先讲话，乃请王闿运向肃顺求救。肃顺表示："必俟内外臣工有疏保荐，余方能启齿。"当时，郭嵩焘与侍读学士潘祖荫同值南书房，便请潘出面讲话。

于是潘祖荫连上三疏，"力辨其诬，"他说：

"楚南一军立功本省，援应江西、湖北、广西、贵州，所向克捷，由骆秉章调度有方，实由左宗棠运筹决胜，此天下所共见，而久在我圣明洞鉴中也……是国家不可一日无湖南，而湖南不可一日无宗棠也。"

"宗棠为人负性刚直，嫉恶如仇。湖南不肖之员不遂其私，思有以中伤之久矣。湖广总督官文惑于浮言，未免有引绳批根之处。宗棠一在籍举人，去留无足轻重，而楚南事势关系尤大，不得不为国家惜此才。"

潘祖荫的披沥上陈，对扭转此案的形势起了关键性的作用。其时，胡林翼也紧密配合，上奏《敬举贤才力图补救》一疏，称左宗棠"精熟方舆，晓畅兵略"，但"名满天下，谤亦随之"，为左剖白。

咸丰帝见到这些奏折，果然问肃顺："方今天下多事，左宗棠果长军旅，自当弃瑕录用。"肃顺连忙回答："闻左宗棠在湖南巡抚骆秉章幕中，赞画军谋，迭著成效，骆秉章之功，皆其功也。人材难得，自当爱惜。请再密寄官文，录中外保荐各疏，令其察酌情形办理。"官文等人见风转舵，"与僚属别商，具奏结案"。一场轩然大波才得以平息。

左宗棠深感官场险恶，忧心忡忡，"早已为世所指目，今更孤踪特立，日与忌我疑我者为伍"，便决定"奉身暂退，以待时机之可转"。于是，他以要去北京会试为由，向骆秉章提出辞职，并推荐其友、湘乡人刘蓉以自代，于咸丰九年十二月二十日（1860年1月12日）离开湖南巡抚衙门，结束了他长达八年的幕府生涯。

咸丰十年正月，左宗棠祭扫了祖墓之后，从长沙启程北上，渡过洞庭湖后，风雪交加，他仍踏雪而前，三月初三日到达襄阳。此时，雪仍未止，泥深没踝，行程十分艰难。驻襄阳的湖北安襄郧荆道毛鸿宾给他送来一封胡林翼的密信。密信中说，官文正在谋划构陷之策，而北京满城流言蜚语，劝他中止北行，以免自投罗网。另一位老友、原林则徐幕府中的谋士王柏心也来信说，自古功高招忌，不应因微言而隐退，劝他去投奔胡林翼或曾国藩，赞画兵谋。

左宗棠阅信以后，感到进退两难。在一封致友人的信中，他写到含沙者意犹未慊，网罗四布，足为寒心……侧身天地，四顾苍茫，"帝乡既不可到，而悠悠我里仍畏寻踪"。于是，他决定采纳王柏心之见，"栖身军旅"以自效。随后，他即由襄阳乘船顺汉水东下，经汉口再折而东去，进入安徽，闰三月二十七日（5月17日）由英山抵达宿松。这时，胡林翼进驻英山，曾国藩扎营宿松，正准备合力进攻太平军在安徽太湖、潜山的据点。左宗棠会晤了曾国藩，便留其幕中。

不久，曾国藩奉到咸丰帝的寄谕，特询："左宗棠熟习湖南形势，战胜攻取，调度有方，……应否令左宗棠仍在湖南襄办团练事，抑或调赴该侍郎军营，俾得尽其所长，以收得人之效。"曾国藩与左宗棠虽然性情、脾气多有不合，但交情颇重，对左宗棠身被诬陷十分同情，只因他熟习官场习气，为人小心谨慎，一直不敢出面张说。这时，见"天心大转"，便立即回奏：左宗棠"刚明耐苦，晓畅兵机，当此需才孔亟之时，无论何项差使，惟求明降谕旨，俾得安心任事，必能感激图报，有裨时局"。由于曾国藩的保荐，不到一个月，朝廷即发下谕旨，授予左宗棠四品卿衔，襄办曾国藩军务。

于是，刚刚走出巡抚幕府的左宗棠，因祸得福得到破格起用，他一生的飞黄腾达也就开始了。

征战江南

左宗棠奉到清朝廷要他襄办曾国藩军务的谕旨时，江南正一败涂地、糜烂已极。这年闰三月时，太平军的杰出将领陈玉成、李秀成联合作战，再次击溃清军的江南大营，太平军声势重振。随后，李秀成挥师东进，席卷江苏；陈玉成回军安庆，猛攻湘军。

为挽救危局，清朝廷任命曾国藩为两江总督，于是，他自宿松移军皖南祁门，并命左宗棠在长沙募练5000兵勇，另立一军，进援安徽。

咸丰十年五月，左宗棠在长沙树起了"楚军"旗号。他挑了崔大光、罗近秋、黄少春等一批勇敢朴实的湘军旧将，令其回各县招募，建立了四个营，每营500人；四个总哨，每哨 320 人；另外增选精锐之士 200 人，分为八队，作为亲兵；又接收了原湘军骁将王鑫旧部 1400 人，总共 5000 多人。

王鑫，湖南湘乡人，是左宗棠老友罗泽南的弟子，彼此早就熟悉。咸丰二年，王鑫和罗泽南在湘乡举办团练，后奉命带赴长沙，协助防守。不久，曾国藩以此为基础，编组操练，创办了后来闻名天下的"湘军"。王鑫谋勇兼资，但很有个性，不太顺从曾国藩的指划，因此不得曾的宠重。咸丰四年，他在岳州战败，自忖必将受处，而当时在巡抚幕府的左宗棠却给予勉励，骆秉章也以国士相待，仍让他带领湘勇去防守边境。从此，王鑫对左宗棠十分信服，作战也更加勇猛，后来他转战江西，被太平军称为"王老虎"。咸丰七年，在江西乐安阵亡。王鑫死后，旧部由其弟王开琳等统带，被称为"老湘军"，后来成为左宗棠部队的主力，转战南北，战功显赫。

楚军成立后，全部屯驻长沙城南的金盆岭，由王鑫堂弟王开化总管全军营务、宁乡人刘典和湘乡人杨昌濬为副，进行训练。为严明军纪，左宗棠亲自拟定了《楚军营制》，规定："行军必禁"，凡犯奸淫烧杀者斩首示众；"体恤百姓"，概不准搬民家门片板材、桌椅、衣服、小菜、桶碗；"买卖公平"，必须按市价平买平卖。

正当左宗棠加紧楚军训练时，清朝廷获悉太平军名将石达开将率部由黔入川，打算要他到四川督办军务，以扭转西南形势。曾国藩闻讯后，认为左宗棠必定从命而去，因为在湘军只是襄办，而去四川却是督办。但左宗棠认为自己"资望既浅，事权不属"，去也无济，表示"我志在平吴，不在入蜀矣"。曾国藩和胡林翼正合心意，便联名上奏，力主将他留下，仍按原计划让他率领楚军，支援安徽。左宗棠虽有"督办"之位不从，而安居"襄办"，但实现了他独领一军亲临前线的愿望。

八月，左宗棠率楚军由长沙出征，经过醴陵，进入江西，原拟去祁门与曾国藩部会合，半路中获知太平军已占领皖南重镇徽州，乃经由南昌、乐平，进驻江西东北门户景德镇。曾国藩目的是以其保卫祁门饷道，并阻遏太平军从皖南进入江西。

楚军到达景德镇后，有太平军别部一支进窥。左宗棠派王开琳率老湘营将之击退，另派王开化、刘典部半途截击，太平军连遭挫折，大败而去，楚军乘胜占领德兴，又昼夜追赶，占领婺源。楚军出师首战告捷，在江西站稳了脚跟。这是左宗棠独起一军后的第一次实战。

十一月，太平军李世贤部包围祁门、黄文金部数万人攻打楚军。左宗棠以黄少春从后绕击，将黄文金击退。其后又与曾国藩派来的猛将鲍超配合，伏击黄文金，攻占建德，祁门解围。楚军先后二捷，曾国藩奏准清廷，左宗棠升以三品京堂后补。他还在奏疏中说："臣在祁门，三面皆贼……赖左宗棠之谋，鲍超之勇，以守则固，以战则胜，乃得大挫凶锋，化险为夷。"

咸丰十一年二月（1859 年 3 月），李世贤部大举来攻，连克婺源、景德镇，楚军被挫，退往乐平。三月，两军大战乐平。太平军三路进攻，楚军坚城不出，掘壕引水，太平军扑壕作战，持续 10 余日，楚军伤亡累累。最后，左宗棠下令兵分三路出壕反击，自己督率中路，与太平军短兵相接。李世贤部遭此突击，纷纷败退，不久，退入浙江。

咸丰十一年六月，清廷又授予左宗棠太常寺卿，并以浙江紧急，命他率兵援浙，后因曾国藩奏留，移师婺源，以稳定江皖局势。

这时，国内接连发生大事。七月，咸丰帝在热河病亡，不久，西太后发动北京政变，肃顺等顾命八大臣分别被处死、流放、免职,西太后垂帘听政,改元同治。八月,湘军攻克长江重镇安庆,湘军已无后顾之忧。十月,清廷以江、皖大局已定,命曾国藩办理苏、皖、赣、浙四省军务,并命左宗棠督办浙江军务,援救浙江。

李世贤部太平军入浙只有几个月,所向披靡,攻占严州、绍兴、宁波、台州等重镇,十一月又攻克杭州,浙江巡抚王有龄自缢身亡。曾国藩奉旨后,乃密奏清廷,推荐左宗棠为浙江巡抚,又致信左宗棠说:"目下经营浙江,全仗大力,责无旁贷。"十二月,清廷即下诏,授予左宗棠为浙江巡抚。于是,左宗棠开始独当一面,一跃而成为清王朝的封疆大吏。

奉旨以后,左宗棠着手谋划援浙军务。楚军初出湘时仅有 5000 人,后陆续增加到8000 余人,这时又奏调广西按察使蒋益澧、总兵刘培元各率部前来,兵力达到 14000 余人。随后,他提出整顿浙江军事的措施:申明赏罚、汰弱挑强、保证饷需;在作战上,提出"避长围,防后路",宁可缓进,断不轻退,"得尺则尺,得寸则寸"的方针。

同治元年正月(1862 年 2 月),左宗棠统率楚军进入浙江,首先攻占开化,二月下遂安,由西而东,步步进击。太平军在浙人数众多,李世贤、汪海洋等将领英勇善战,势力仍很强大。两军在浙西反复争夺,长达一二年之久。

北京政变后,西太后、恭亲王奕䜣执掌朝廷大权,为了尽快将太平军镇压下去,采纳了沿海一带部分官僚、买办"借洋兵助剿"的主张。于是他们勾结了在华的外国人组织起"洋枪队",出面与太平军作战。当时,在浙东沿海就出现了中法"常安军""定胜军""常捷军"等,并于同治元年四月攻陷宁波等地,由浙东向浙西进攻。

对此,左宗棠十分反感,认为"借洋兵助剿",弊病很多,而且后患无穷。但朝廷一再下旨,要他指挥这些军队,他也只得遵旨。

十一月,楚军攻占严州,然后分路进击,直指杭州。同治二年春,各部先后占领汤溪、金华、武义、绍兴等城,太平军范围日益缩小。四月,清廷命左宗棠任闽浙总督,仍兼浙江巡抚,所统楚军也扩充到 3 万余人。八月,左宗棠指挥楚军和由法国军官德克碑带领的中法混合军"常捷军",攻破富阳城,随后进攻杭州。

杭州是浙江省会,关系全局。太平军获悉清军来攻,赶忙在城墙四周加筑堡垒,挖掘长壕,决心死守。八月底,楚军各部已兵临城下,并展开外围作战。十一月,左宗棠由严州进驻富阳,并到余杭视察各军。十二月,各军逼城,将四门包围。

这时,太平军的东南局势已十分紧张。李鸿章率淮军在江苏作战,连连得手,先后攻占苏州、无锡等城。曾国荃率湘军主力对天京的围困更紧,日夜攻城不息。而太平军内部人心动摇,江、浙一带发生多起叛变降清事件,杭州城内也军心已乱。

同治三年二月(1864 年 3 月),左宗棠下令加紧攻城,楚军水陆配合,首先攻破城外堡垒,而后分兵攻击五门。太平军经多次激战,已无力再守,乃于半夜从北门突围。楚军立即从其他各门拥进,攻占杭州。同日,踞守余杭的汪海洋也弃城而逃。清廷闻报大喜,立即下诏嘉奖,予左宗棠加太子太保衔,赏穿黄马褂。

杭州一失,太平军失去东南屏障,天京更为孤立,败局已无逆挽。六月,曾国荃军攻陷天京。太平天国农民起义持续 14 年,纵横十数省,波及全国,轰轰烈烈,至此宣告失败。

太平天国失败后,长江南北仍有太平军余部数十万人。长江以北为赖文光部,后与北方捻军合一,成为捻军之一部。江南即是从杭州、余杭突围而出的李世贤、汪海洋部，合计 10 余万众。随后，他们进入江西，又南下到达闽西南的汀州、龙岩、漳州一带，一路攻城略地，各地也连连告警。清廷又急忙命左宗棠前往福州，赴闽浙总督之任，并负责镇压这支进入福建的太平军余部。

十月，左宗棠由杭州起行，率刘典、黄少春、王德榜各部入闽，收拾残局。李世贤、汪海洋等受楚军追击，于同治四年春（1865 年）分部退入广东境内，沿途因多次战斗，遭受严重损失。左宗棠率各军紧追不舍，随即追入广东。七月，李世贤被汪海洋残杀，势力更孤。十二月，汪海洋退入嘉应州，组织最后的抵抗。同月左宗棠指挥各军发起总攻，汪海洋部全军覆没，汪海洋自己也中枪阵亡。至此，湘军与太平军长达 14 年的战争，在左宗棠手中宣告结束。

创办船政

同治五年二月（1866 年 3 月），左宗棠班师回闽，回到福州。军务倥偬，善后繁难，他日理万机，忙得不可开交。然而，也就是这时，他怀着强烈的"富国强兵"的愿望，提出并开始实行他怀之已久的一个重大计划。这年五月，他郑重地向朝廷提出了创办福州船政局，自行设计制造轮船的建议。

制造新式炮船，这是自 19 世纪 40 年代以来，中国有识之士、先进分子怀之已久的愿望，也是左宗棠怀之已久的志向。

早在第一次鸦片战争期间，林则徐就提出了制造炮船抵抗外国侵略的主张。稍后，魏源集中和发展这一思想，写了《海国图志》一书，提出"师夷长技以制夷"的著名主张，并介绍了西方先进的制炮造船及其他科学技术知识。这些主张震振发聩，极大地启发了一代爱国志士的思想。

左宗棠早在青年时代就开始研究西方情况，十分崇拜林则徐、魏源，特别欣赏"师夷长技以制夷"的主张。道光二十年，他就提出中国要自造炮船。第二次鸦片战争，英、法侵略者倚仗其船坚炮利，骚扰我国沿海，动辄就把轮船开到北方沿海，威胁京津，使左宗棠深受刺激，决心在将来也要制造轮船，抗击来自海上的侵略，但因长期忙于战争，一直不得施展。

同治元年，他曾向主管洋务的总理衙门建议，将来有经费时，必须仿造轮船，以巩固海防。同治三年杭州攻克，军务大定，他的这一心情更加迫切。他招募了一些能工巧匠仿造了一艘小火轮，放进西湖试航，并邀请法将德克碑和税务司日意格前来观摩。两位洋朋友表示赞扬道："大致不差，惟轮机须从西洋购觅，乃臻捷便"，并取出法国的造船图册请左宗棠过目。左宗棠又找来熟悉洋商商情的胡光墉，要他编制预算，采买图纸、机器。

胡光墉，字雪岩，是左宗棠一生事业的一个重要助手。他是安徽绩溪人，原是杭州钱铺里的一个伙计，为人精明，也颇有侠义之风。太平军攻克杭州前后，他乘机操纵银钱、粮食二行，开始发迹，后投靠巡抚王有龄，为之筹措粮饷。王自杀身死后，左宗棠进兵浙江，他将原筹运的粮船全部献出，从此深受赏识，为左宗棠办理赈济、粮饷，很是得力。因此，当左宗棠要制造轮船时，又委他以重责了。

然而，当左宗棠筹划之时，福建军情紧急，他只得暂时将此搁下，督军入闽。不久，回国的德克碑从法国寄来"船厂图册"和购轮机、雇洋匠的计划，并由日意格带到漳州行营。左宗棠督战之余，多次认真听日意格讲解造船技艺，"渐得要领"。因此，在广东嘉应州战役结束，他迅即回到福州，开始设厂造船的庞大计划。

正在这时，英国公使威妥玛和操纵我国总税务司的英国人赫德向清廷建议：中国想要自强，应"广求新法于外洋，轮船器械以购雇为便"。清廷颇有疑虑，便下诏密询各沿江沿海督抚大臣的意见。于是，左宗棠便将胸中蕴藏已久的思想，考虑已基本成熟的计划和盘托出，上了他著名的《拟购机器雇洋匠试造轮船先陈大概情形折》。

左宗棠首先揭露和批驳了威妥玛二人的主张及其目的，然后指出制造轮船对于海防的极端重要性，他说："国家建都于燕，津沽实为重镇，自海上用兵以来，泰西各国火轮兵船直达天津，藩篱竟成虚设。"

他还形象地比喻说："彼此同以大海为利，彼有所挟，我独无之，譬犹渡河，人操舟而我结筏；譬如使马，人跨骏而我骑驴，可乎！？"

他也根据当时国情，考虑了设厂造船的五大困难，即：船厂择地之难、轮船机器购觅之难、外国师匠要约之难、筹集巨款之难、驾驶之难。但又指出，"非常之举，谤议易兴关键是要有充分的自信心，表示"海疆非此，兵不能强，民不能富……虽难有所不避，虽费有所不辞"！

左宗棠不仅决心大，而且考虑的措施具体可行，对上述五大困难，一一提出了解决办法，从而打动了清朝廷。不久，清廷即下旨批准了他的主张，并命他兼任首届船政大臣，着手筹建。

七月，左宗棠亲至福州马江海口罗星塔踏勘择址，认为这一带"水清土实"，"为粤、浙、江苏所无"，购买了马尾山下民田200多亩。他聘请日意格、德克碑为船局正副监督，具体筹办。

他亲自为船局制订规划，计划兴建铁厂、船槽、船厂、学堂、住宅等工程；向外国订购机器、轮机、大铁船槽；聘请法英两国工程技术人员；设立"求是堂艺局"（附设技术学校），"招10余岁聪俊子弟，延洋师以教之，先以语言文字，继而图书、算学，学成而后制造有人，管驾有人，轮船之事，始为一了百了。"

他还为船局拟定了一个详细的五年预算，估算了五年中的全部用费。

正当船局筹备紧张进行时，八月十七日（9月25日），清朝廷因西北回民起义声势大张、陕甘局势危急，又想到了左宗棠，将他调任陕甘总督，前往镇压。左宗棠为此忧心忡忡，"至为焦急"。于是上奏清廷，说："轮船之事势在必行，岂可以去闽在迩，忽为搁置？"请求给假二月，"必期章程周妥，经理得人而后去"，并表示愿对船局负责到底，否则"请将臣交部议处"。清廷也很嘉赏左宗棠强烈的事业心和敢于负责的精神，下旨表示："创立船政，实为自强之计……左宗棠大臣谋国，所见远大，自当坚定，以期有效也。"

左宗棠获得批准，日夜工作。

首先，要找一位精明能干的接班人。这时，他想到了沈葆桢。沈葆桢是福建人，林则徐的女婿，为人能干坚毅，也很有见识，曾任江西巡抚。但这时他正丁忧居家。左宗棠找到他,但他以种种借口推托,不愿出来做官。"面辞者再,函辞者三,呈辞者再"。但左宗棠也是一个执拗而诚恳的人,他一连数次登门,反复劝说,终于把他请了出来,"总理船政"。然后,左宗棠责成福建布政使周开锡负责经费;胡光墉负责聘请匠师、雇工、开艺局,作沈葆桢的助手。一切安排就绪,他于同治五年十一月十二日(1866 年 12 月 18 日)离开福州,取道江西、湖北,赴陕西。在途中,他写信中还十分挂念地说:"身虽西行,心尤东往",为船局之苦心,令人感怀。

后来,左宗棠在西北尽管战事非常繁忙、艰巨,但一直很关心船局。他多次上奏清廷、写信,为船局排除干扰、解决困难,甚至在经费上也尽到他一份心力。

同治六年十二月二十四日(1868 年 1 月 18 日),福州船政局正式开工,以后虽多有周折,规模却几经扩大,共有院、所、厂共 11 家,各类员工 2600 多人,并有 50 名左右的欧州雇员,成为中国近代第一个也是远东最大的一个机器造船厂。

同治八年五月初一日(1869 年 6 月 10 日),船局建造的第一艘轮船"万年青"号下水,其排水量达 1450 吨。至同治十三年(1874),共造船 15 艘,以后洋员逐渐遣散回国。总计 35 年中,共造轮船 40 艘,装备福建水师全部和南洋、北洋水师的很大部分,为晚清中国海军的建设和后来的抗击法国、日本侵略的战争起了很大作用。

当左宗棠远在西北,听到"万年青"建成下水的消息时,兴奋异常,马上写信向沈葆桢致贺:"今船局、艺堂既有明效,以中国聪明才力兼收其长,不越十年,海上气象一新,鸦片之患可除,国耻足以振矣!"

左宗棠创办的"求是学堂",分为前学堂(学制造)、后学堂(学驾驶)和"艺圃"(即技工学校),体系完整,规模颇大,是我国近代第一所培养海军军官、造船专家和技术工人的摇篮,为发展我国造船工业和创建海军做出了贡献。其中一大批学生,毕业之后或献身反侵略战争,或献身我国工程技术事业,或投身改革政治的潮流,著名的有在中法战争中壮烈牺牲的吕瀚等,在中日甲午海战壮烈殉国的邓世昌、刘步蟾、林泰曾等;如中国近代杰出的铁路工程师詹天佑、传播西方文化的思想家严复……

左宗棠创办福州船政局,是他重大的历史功绩之一,从此他成为晚清洋务派代表人物之一。后来,他又在陕西办了机器制造局,在兰州办了机器织呢局,为推动西方科学技术在中国的传播,做出了重要贡献。

收复新疆

正当清政府忙于镇压太平天国、捻军与陕甘回民义军的时候,中亚浩罕王国的野心家、阴谋家阿古柏于 1865 年 1 月侵入我国南疆。1867 年自称"毕条勒特"汗,建立"哲德沙古国"。1870 年阿古柏又相继侵占北疆。新疆人民陷入阿古柏统治的黑暗地狱之中。1871 年 5 月,俄国也趁机侵占新疆伊犁地区。1874 年英国正式承认阿古柏政权,新疆面临被分裂的严重危机。

此时,日军又侵占台湾,东南海防告急,要不要收复新疆,巩固西北边防?清政府内部发生了以李鸿章为代表的"海防"与左宗棠为代表的"塞防"之争。李鸿章认为新疆北邻俄国，南近英属印度，即使劳民伤财收复了，将来断不能久守。以中国目前实力来看，实在无力顾及新疆。并强调说："新疆不复，于肢体元气无伤，海疆不防，则腹心之大患愈大。"李鸿章身为清朝文华殿大学士兼直隶总督，大权在握，权势显赫，一呼百应，很多人附和他的意见，连光绪皇帝的父亲醇亲王奕譞都认为李鸿章所说为"最上之策"。

在这个关键时刻，左宗棠挺身而出，据理力争："窃维时事之宜筹，漠谋之宜定者，东则海防，西则塞防，二者并重。日军侵台已经了结，西北边疆却是强敌压境，我师迟一步，则俄人进一步，我师迟一日，则俄人进一日。若新疆不固，则蒙古不安，非特陕甘山西各边，时虑侵轶，防不胜防，即直北关山，亦将无晏眠之日。我不能自强，则受英之欺侮，亦受俄之欺侮，何以为国？我能自强，则英俄不能逞志于西北，各国必不致构衅于东南。"最后，左宗棠老泪纵横地说："臣本一介书生，辱蒙两朝殊恩，高位显爵，出自逾格鸿慈，久为平生梦想所不到，岂思立功边域，凯望恩施。况臣年已六十有五，正苦日暮途长，乃不自忖量，妄引边荒艰巨为己任，虽至愚极陋，亦不出此。而事顾有万不容己者，伊犁为俄人所踞，喀什噶尔各城为阿古柏所占，事平后应如何布置，尚费绸缪。若此时即便置之不问，似后患环生，不免日蹙百里之虑。区区愚忧，窃有不敢不尽者。"其爱国之情，溢于言表。

左宗棠的正确主张和心忧天下的壮志，得到了武英殿大学士、军机大臣文祥的支持。光绪六年三月二十八日（1875 年 5 月 3 日），清廷发出"600 里加紧"谕旨（这是清廷的最紧急的一种文书，每到一个驿站，立即换人换马飞驰，每天限走 600 里），任命左宗棠为"钦差大臣，督办新疆军务"。

垂暮之年的左宗棠临危受命后，首先把筹粮和运输当作头等大事来抓，制定了"层递灌运"与"缓进急战"的战略决策，进军之前，筹备了 1500 万斤军粮，并从俄国进口了数百万斤粮食，从而保证了军粮供应。对粮食的运输，先后开辟了从凉州（甘肃武威）、甘州（张掖）、肃州（酒泉）到巴里坤的南路运输线和从归化、包头，取道射台、大巴至巴里坤的北路运输线，至光绪二年初夏，在安西、哈密、巴里坤、古城子等地区已集中了 2480 万斤军粮。此外，左宗棠还在上海设立采办转运局，负责购运枪炮弹药。1873 年初，设在兰州的兵工厂正式投产，生产仿造的螺丝炮和七响枪。1875 年，左宗棠又在兰州建立火药局，就近供应军火。

为了提高部队战斗力，左宗棠整军修武。将景廉所部 34 营汰弱留强，编为 19营，移归金顺节制，另调刘锦棠部湘军 25 营（包括董福祥等甘军），作为主力军。各军配备有大炮数尊，枪 1000 多杆，前线指挥官配备了双筒望远镜，还建立了一支专业化炮兵——侯名贵炮队。此外，还征调骆驼、驮驴 3 万多头、大车 4600 余辆。1876 年 6 月，集结在西北地区的清军计有百余营，人数达五六万。英国人包罗杰评论说："这支中国军队完全不同于所有以前在中亚的中国军队，它基本上近似一个欧洲强国的军队。"

1876 年 4 月 7 日，左宗棠由兰州抵肃州，制定了"先剿北路"，"而后加兵南路"的战略方针。1876 年 8 月 10 日，清军突袭黄田，攻拔坚卡，揭开了收复新疆之战的序幕。金顺部由右路进，刘锦棠部由左路进，谭拔萃、谭上连等率步兵从中间冲击，清军奋勇杀敌，敌人大败。8 月 12 日，清军进围牧地（今米泉区），次日，阿古柏派出骑兵数千人来救援，清军马队下山迎战，发兵配合，将敌军击溃，随后清军以开花大炮轰击牧地南关，将士们冒着枪林弹雨，攻破城关。8 月 17 日拂晓，清军大炮轰坍城东北两面城垛，三面猛攻，鏖战多时，刘锦棠部从东南角突入城内，金顺部从东北入城，两路大军很快在城内会师，全歼守军 6000 人。第二天，刘锦棠乘胜追击，一举收复乌鲁木齐。11 月 6 日，收复玛纳斯，至此，北疆全部收复。

1877 年春，刘锦棠率军 3 万南下，4 月，仅半个月时间就连克达坂城、七克腾木、吐鲁番等地，歼敌万余人，打开了通往南疆八城的门户。阿古柏见大势已去服毒自杀，其子伯克胡里杀死继承汗位的叔叔——海古拉，打败执掌军务的艾克木汗，自称汗。阿古柏旧部人心惶惶，纷纷投降。

8 月，刘锦棠部继续西进，白彦虎决开都河水阻止西征军，10 月 9 日，西征军越过水淹区，抵达库尔勒，已是一座空城，阒无人烟。为了不给敌人以喘息之机，刘锦棠挑选健卒 1500 名，精骑 1000 名作为前锋追敌，直到 10 月 17 日才在洋萨尔追上敌人后队，而白彦虎已逃往库车，刘锦棠追杀 40 里，歼敌数千人，于 18 日收复库车。10 月 24 日收复阿克苏，10 月 27 日收复乌什。左宗棠兴奋地向清政府汇报说："前茅既锐，后劲仍遒，戎机顺迅，古近罕比。"

乘胜追击，除恶务尽。西征军于 12 月 6 日渡阿克苏河，以秋风扫落叶之势，于 12 月 18 日进驻喀什噶尔，又连克叶尔羌、英吉沙尔，并于 1878 年 1 月 2 日克和田，至此，新疆南路全部收复。左宗棠上报清政府："克复四城，未逾一月，廓清二千数百里。"真可谓"运筹帷幄，决胜千里"。连当时欧洲人编的《西国近事汇编》也发出惊叹："左钦帅急先军食，谋定而往，老成持重之略，决非西人所能料。1876 年兵克乌鲁木齐，分略诸地，部署定，然后整军进征。强劲之虏阿古柏带领大队兵马迎敌，离喀城 2700 里之遥，狐火宵鸣，鼓角晓震，有气吞天南之概，乃中途陨命……汉兵自吐鲁番、库车进阿克苏，势如破竹，迎刃而解，其部伍严整，运筹不苟，如俄人攻基法一般……使欧人当此，其军律亦不过此。"

左宗棠收复天山南北路后，力主清军乘胜前进，从速收回"西路第一重镇"伊犁，他说："窃以腴地不可捐以资寇粮，要地不可借以长敌势。非乘此兵威，迅速图之。彼得志日骄，将愈近愈逼，而我馈运艰阻，势将自绌，无地堪立年府，所忧不仅西北也。"当时在俄国的要挟下，清廷派出吏部右侍郎崇厚谈判解决伊犁问题。在沙俄的威胁下，崇厚擅自签订了《交收伊犁条约》，沙俄虽交回伊犁，却割去霍尔果斯河以西，特克斯河流域的大片国土，并要支付 500 万卢布的所谓"代守费"作为俄撤军伊犁的赔偿。左宗棠十分气愤，他说："兹一矢未闻加遗，乃遽以捐弃要地，餍其所欲，譬犹投犬以骨，骨尽而噬仍不止，目前之患既然，异日之忧所极？此可为叹息痛恨者矣。"在人民的抗议声中，清政府将崇厚治罪，判为"斩监候"，改派曾纪泽赴俄交涉改约，同时令左宗棠统筹兵事，调兵备战。

左宗棠部署三路收复伊犁，东路由金顺率领，陈兵精河，阻截俄军东犯，另调金运昌步骑 2000 增援。中路以"嵩武军"统领张曜率马步兵 5000 人出阿克苏，径取伊犁。

西路由刘锦棠率领,统兵万余自乌什,经布鲁特进攻伊犁西南面,并断沙俄增援伊犁的通路。艰苦的边塞生活和繁忙的军务,对年近 70 岁的左宗棠来说很不适应,1879年夏天,他在肃州大营患风湿疹子,爬搔不止,夜难成寐。这年冬天因无片晷休息,终于病倒了。一天早晨,刚刚起床,忽吐鲜血数十口,为了收复伊犁,置疾病于不顾,亲率大队,出嘉峪关,进军哈密。为表示抗俄决心,"舁榇以行",抬着棺材去和侵略者拼命。5 月 22 日,左宗棠行抵玉门,6 月 15 日到达哈密,他豪怀满腔地说:"壮士长歌,不复以出塞为苦。"无论如何也要将沙俄侵占的领土收回不可。

尽管左宗棠调兵遣将,秣马厉兵,积极准备武力收复伊犁,但清政府却对用武力收复伊犁心存疑惧,希望通过谈判来解决这个问题,遂于 8 月 11 日将左宗棠调回北京,以备朝廷顾问。沙俄对左宗棠回京的真实意图不清,以为中国准备开战。又因其在对土耳其的战争中元气大伤,于是沙俄在威胁清朝谈判代表曾纪泽后,与之签订了中俄《伊犁条约》。这一条约,虽然是一个不平等条约,但沙俄把业已吞下去的领土又吐了出来,虎口夺肉,殊属不易。如果没有左宗棠在新疆的强大军威,沙俄是不可能让步的。1882 年,伊犁将军金顺接收伊犁,全疆恢复。

左宗棠用兵新疆的胜利,捍卫了祖国的神圣领土,振奋了民族精神。他的老朋友杨昌濬热情地歌颂了左宗棠的这一英雄壮举:"大将筹边尚未还,湖湘子弟满天山。新栽杨柳三千里,引得春风度玉关。"左宗棠的胜利也引起了西方人的震惊,认为"这是一件近 50 年中在亚洲发生过的最值得注意的事件,同时也是一个多世纪以前乾隆征服这个地区以来,一支由中国人领导的中国军队所曾取得的最光辉的成就。"

撒手人寰

光绪七年九月(1881 年 10 月),清政府刚刚结束与沙俄交涉收复伊犁的谈判,又因越南问题与法国发生了论争。

越南是我国西南的邻国,长期与我国保持友好关系。可法国频频发动侵越战争,先占湄公河,1882 年 3 月侵占河内,1883 年 3 月又占南定,殖民者狂妄叫嚣:"征服那个巨大的中华帝国是不成问题的……我们必须站在那个富庶区域的通路之上。"

面对法国咄咄逼人的态势,以李鸿章为代表的求和派主张:"未可与欧洲强国轻言战事。"左宗棠挺身而出,上书总理衙门,旗帜鲜明地提出抗法援越的主张,中越两国壤地相接,若法国侵占越南,则我西南藩篱尽撤,云贵永无宁日,只有一战,才是挽救时局的唯一办法。

左宗棠整军备战,巡视沿江炮台。他从下关起,沿长江东下,依次视察了乌龙山、象山、都天庙、焦山、江阴、吴淞各炮台,并郑重申明:"遇有外国兵轮闯入海口不服查禁者,开炮测准轰击得力获效者,照军功例从优给奖,临阵退缩、甘心失律以致误事者,届时由臣察实手刃以徇。"他自己也立誓前线,对将士们说:"老命固无足惜,或者 40 余年之恶气藉此一吐。自此凶威顿挫,不敢动辄挟制、要求,乃所愿也。""如敌冲过隙口,则防所即是死所,当即捐躯以殉。"

光绪九年十月,法国攻占越南首都顺化,左宗棠立即表示要"亲率大军一往图之，为西南数十百年之计，以尽南洋大臣之职，衰朽余生得以孤注万结，亦所愿也"。因清政府决定求和，左宗棠亲赴前线的请求遭到拒绝，于是改派手下得力干将王德榜回湘募兵，又调派有作战经验的提督陈广顺、张春发、杨文彪，总兵吴体全，副将谭家振，游击龙定太、杨肇俊等赴王营，并从亲军差官、大旗中挑选勇敢善战的骨干三四十人送往军前效力，还解去饷银 103000 两。这支新组成的援越部队，左宗棠命名为"恪靖定边军。"

　　1883 年 12 月，法军向驻守在越南北部的中国军队发起进攻，先后攻占山西、北宁、太原，自请赴越南"督师"的云贵总督岑毓英逃回云南。

　　其时，左宗棠因目疾严重，被批准休假四个月，两江总督由曾国荃代理。前线失败的消息传来，左宗棠甚为愤懑，遂提前销假，被诏入军机处，并奏请加派其旧部、前浙江提督黄少春募军赴援，令同王德榜、刘永福合力抗法。此时，法军在军事上得手之后，又伸出议和橄榄枝，清政府与法议和，左宗棠增兵前线的主张自然不可能实现。当他获悉李鸿章与法国签订《中法简明条约》之后，写了一份"时务说帖"，备陈法国侵越后，中国面临被瓜分的危机："适令越为法所据，将来生聚训练，纳税征粮，吾华何能高枕而卧？若各国从而生心，如俄人垂涎朝鲜，英人觊觎西藏，日本并琉球，葡萄牙据澳门，鹰眼四集，圜向吾华，势将舐糠及米，何以待之？"

　　左宗棠年已古稀，又百病缠身，却仍雄心勃勃，自请视师指挥中法战争，并愿立军令状，如有"不效，则请治其罪，以谢天下"。清政府仍然没有同意他的要求。不过他派出的"恪靖定边军"在王德榜率领下，在不得一旅之援时，拼死作战，有力配合冯子材部的反攻，取得了镇南关——谅山大捷，为扭转时局做出了重要贡献。

　　1884 年 8 月 5 日，法军进犯台湾基隆，为我守军击退，21 日又偷袭我福州马尾港，使福建水师和造船厂毁于一旦。万分急迫之中，清政府任命左宗棠为钦差大臣，督办福建军务，当时的《申报》赞曰："左侯相以闽事吃紧，慷慨请行，所谓一息尚存，此志不容少懈，方之古名臣，曾不多让！"

　　12 月 14 日，左宗棠抵达福州，当时正值马尾新败，福州城内人心惶惶，左宗棠到达后，人心迅速安定。有目击者回忆说："当其入城时，凛凛威风，前面但见旗帜飘扬，上大书'恪靖侯左，'中间则队伍排列两行，个个肩荷洋枪，步伐整齐"，"榕垣当此风声鹤唳之秋，经此一番恐怖，一见宫保，无异天神降临。"随后左宗棠着手整顿防务，加强战备，组织渔团，打捞被法击沉之舰炮，加固炮台，并至闽江口校阅长门、金牌防军，经过这一番整顿，福州前线防务大大地加强了。

　　当时最使左宗棠焦灼的是援台问题。1884 年 10 月，左在赶赴福州途中，法军攻陷了基隆，手握重兵的南洋、北洋大臣曾国荃、李鸿章坐视不救。左宗棠认为"台湾孤悬大洋，为七省门户，关系全局"，因此，奏请南、北洋各派兵船五艘，由帮办军务杨岳斌率领，自海道赴援。抵任后，左组成"恪靖援台军"，拟亲自统率渡海，以解台危，只因清廷未准，又有当地绅耆士庶再三挽留，才改派统领王诗正、营务处道员陈鸣志等率领赴台。当时法舰游弋洋面，封锁台湾海峡，福建水师在马江一战而覆灭，以至"无船飞渡"，左宗棠只得令援台清军"扮作渔人，黑夜偷渡"，历尽艰辛抵达台南，投入保卫台湾的战斗，从而使法国侵略者侵占台湾的阴谋没有得逞。

正当中国人民反法取得谅山、临洮战役胜利,捷报频传时,清政府却下令停战,左宗棠大为诧异,他说:"去秋至今,沿海沿边各省惨淡经营,稍为周密。今忽隐忍出此,日后办理洋务,必有承其敝者。"当时全国人民和多数官吏纷纷反对妥协求和,主战派把希望都寄托在左宗棠身上,两广总督张之洞打电报给左宗棠说:"公有回天之力,幸速图之。"但慈禧太后一意主和,左宗棠无力"回天",眼睁睁地看着清政府以军事上的胜利换取法国签订不平等条约的千古奇闻,气得口吐鲜血,晕倒在地。9月初,左宗棠进入弥留阶段,他口授遗折,谓"此次越南和战,实中国强弱一大关键,臣督师南下,迄未大伸挞伐,张我国威,遗恨平生,不能瞑目",表达了自己的未酬之志。

9月5日,福州城东北隅崩裂逾二丈,城下居民迄无恙,竟夕大雨如注,左宗棠带着满腹的悲怆和遗恨病逝于福州。清廷追赠太傅,照大学士例赐恤,予谥文襄,入祀京师昭忠祠、贤良祠。1886年12月10日葬于湖南长沙八都杨梅河柏竹塘。

特别提示:

本书在编写过程中,参阅和使用了一些报刊、著述和图片。由于联系上的困难,和部分作品的作者(或译者)未能取得联系,对此谨致深深的歉意。敬请原作者(或译者)见到本书后,及时与本书编者联系,以便我们按照国家有关规定支付稿酬并赠送样书。

联系电话:010-80776121 联系人:马老师